Global Politics

全球政治多棱镜

［英］安德鲁·海伍德（Andrew Heywood） 著
白云真　罗文静　译

中国人民大学出版社
·北京·

序 言

本书意在提供对国际关系/全球政治的最新的、完整的、前瞻性的导论。本书寻求真正的全球性却并不忽视世界事务的国际维度。此外笔者认为，“全球性”与“国际性”相得益彰，并不是竞争性或不可调和的理解方式。由此观之，全球政治不仅包括“全球性”层次上的政治（也即世界范围的过程、体系与制度框架），而且包括各个层次及其之间的政治（世界范围的、地区性的、国家层面与次国家层面的）。这种方法反映了如下事实，即在一系列问题上各个国家在全球相互依赖的条件下彼此互动，然而它们仍然是世界舞台上的主要行为体。

不过，这种政治的全球方法所意味的相互联系性产生了诸多挑战，即本书所关注的各种主题与问题应该如何组织起来与呈现出来。或许老生常谈的是，它表明世界事务中的一切事情现在影响着所有其他事情，但是难以否认的是它蕴含着一种真理。其中诸多意义之一是，它会阻挠将本书分成有意义的各部分的尝试，因为这些次领域将会对知识产生割裂性的影响，从而会使其难以自圆其说或限制而非增进理解。各个章节的安排当然并不是随意的，而是符合一系列慢慢形成的主题的逻辑。第 1 章的最后部分将概述这些章节。笔者特别强调，各个主题与问题是充分且适当整合在一起的，因此诸位读者能够理解所讨论的事件、概念与视角之间的联系。某种程度上，大量的交叉引用（cross-referencing）避免了不必要的重复，而且向读者表明它们如何、在哪儿能够扩大或加深理解。理论与实践也结合起来，因为尽管在一个章节集中介绍了全球政治的主要理论，但是重大问题的主要理论方法散见于每个章节。此外，笔者特别强调国际关系主要传统理论与更加多学科性方法的结合。最后，本书具有一系列广泛的教学性特点。

致 谢

尽管笔者一人撰写了本书，但是它当然不是一个人的成果。特别幸运的是，帕尔格雷夫·麦克米伦（Palgrave Macmillan）出版公司的出版者史蒂文·肯尼迪（Steven Kennedy）起初建议笔者应该撰写此书，而且密切关注出版的每个阶段。他非常热情，不断激励我。其他人也为本书的设计与出版作出了有价值的贡献，如斯蒂芬·韦纳姆（Stephen Wenham）、海伦·康斯（Helen Caunce）、基思·波维（Keith Povey）、伊恩·威尔曼（Ian Wileman）。此外，雅基·特鲁（Jacqui True）、加勒特·布朗（Garrett Wallace Brown）以及其他四位匿名评论者在不同阶段评论了本书。他们的意见反馈极大地有助于本书内容和结构的完善。他们细致且发人深思的评论与建议不仅提升了全书的整体品质，而且使写作过程更具启发性与趣味性。与卡伦（Karon）、道格·伍德沃德（Doug Woodward）、丽塔（Rita）、布莱恩·考克斯（Brian Cox）等同事与朋友以及鄙人之兄弟戴维（David）的讨论有助于提炼本书的观点与主张。笔者由衷地感谢妻子琼（Jean）。她承担了书稿的录入工作，还经常对风格与内容提出建议。笔者也感谢她对本书的写作使我们正常生活受到相当大影响的容忍。本书献给我的孙子们，由此也感谢我的两个儿子马克（Mark）、罗宾（Robin）以及两位儿媳杰西（Jessie）与海伦（Helen）。

目 录

第 1 章 导论 …… 1
什么是全球政治？ …… 2
全球政治的视角 …… 13
全球政治的持续与变革 …… 16
本书的使用 …… 20
总结 …… 21
问题讨论 …… 22
第 2 章 历史背景 …… 23
现代世界的形成 …… 24
“短暂的”20 世纪：1914—1990 …… 27
1990 年以来的世界 …… 41
总结 …… 47
问题讨论 …… 47
第 3 章 全球政治理论 …… 49
主流视角 …… 50
批判性视角 …… 63
全球性地思考 …… 73
总结 …… 77
问题讨论 …… 77
第 4 章 全球时代的经济 …… 79
资本主义和新自由主义 …… 80
经济全球化 …… 88
全球资本主义危机 …… 94
总结 …… 102
问题讨论 …… 103
第 5 章 全球时代的国家与对外政策 …… 105
国家及国家地位的变迁 …… 106
从国家政府到多层治理 …… 116
对外政策 …… 120
总结 …… 126
问题讨论 …… 127
第 6 章 全球时代的社会 …… 129
社会联系：不断淡化？ …… 130
全球化、消费主义和个人 …… 138
全球公民社会 …… 143
总结 …… 148
问题讨论 …… 149
第 7 章 全球时代的民族 …… 151
民族主义与世界政治 …… 152
全球世界中的诸多民族 …… 160
民族主义的复活 …… 168
总结 …… 172
问题讨论 …… 172
第 8 章 认同、文化和对西方的挑战 …… 173
认同政治的兴起 …… 174
宗教复兴 …… 181
对西方的挑战 …… 185
总结 …… 198
问题讨论 …… 199
第 9 章 权力与 21 世纪的世界秩序 …… 201
权力和全球政治 …… 202
后冷战时代的全球秩序 …… 207
美国霸权与全球秩序 …… 211

多极的全球秩序? …………………… 219
总结 ………………………………… 226
问题讨论 …………………………… 226
第 10 章 战争与和平 ………………… 227
战争的性质 ………………………… 228
战争面貌的变化 …………………… 233
为战争辩护 ………………………… 242
总结 ………………………………… 248
问题讨论 …………………………… 249
第 11 章 核扩散与裁军 ……………… 251
核扩散 ……………………………… 252
核军备控制与裁军 ………………… 260
总结 ………………………………… 266
问题讨论 …………………………… 267
第 12 章 恐怖主义 …………………… 269
理解恐怖主义 ……………………… 270
恐怖主义的意义 …………………… 275
反恐 ………………………………… 282
总结 ………………………………… 286
问题讨论 …………………………… 287
第 13 章 人权和人道主义干预 ……… 289
人权 ………………………………… 290
人道主义干预 ……………………… 301
总结 ………………………………… 311
问题讨论 …………………………… 311
第 14 章 国际法 ……………………… 313
国际法的本质 ……………………… 314
变化中的国际法 …………………… 321
总结 ………………………………… 330
问题讨论 …………………………… 331
第 15 章 贫困与发展 ………………… 333
理解贫困与发展 …………………… 334
一个更加不平等的世界吗? ……… 340
发展与援助的政治 ………………… 347
总结 ………………………………… 358
问题讨论 …………………………… 359
第 16 章 全球环境问题 ……………… 361
绿色政治的兴起 …………………… 362
气候变化 …………………………… 369
资源安全 …………………………… 383
总结 ………………………………… 385
问题讨论 …………………………… 386
第 17 章 全球政治中的性别 ………… 387
女性主义、性别和全球政治 ……… 388
全球政治的性别化 ………………… 393
总结 ………………………………… 405
问题讨论 …………………………… 405
第 18 章 国际组织与联合国 ………… 407
国际组织 …………………………… 408
联合国 ……………………………… 410
总结 ………………………………… 426
问题讨论 …………………………… 426
第 19 章 全球治理与布雷顿森林体系 … 427
全球治理 …………………………… 428
全球经济治理:布雷顿森林体系的变迁 … 432
全球经济治理的评估 ……………… 437
布雷顿森林体系的改革? ………… 444
总结 ………………………………… 448
问题讨论 …………………………… 449
第 20 章 区域主义与全球政治 ……… 451
地区与区域主义 …………………… 452
欧洲一体化 ………………………… 463
总结 ………………………………… 472
问题讨论 …………………………… 473
第 21 章 全球未来的镜像 …………… 475
镜像与现实 ………………………… 476
争论中的全球未来镜像 …………… 477
一个未知的未来? ………………… 487
总结 ………………………………… 488
问题讨论 …………………………… 488

参考文献 …………………………… 489

第 1 章

导　论

唯有连接。

——爱·摩·福斯特，《霍华德庄园》(1910)

预览

我们应该如何进行世界事务的研究呢？以何种方式会得以最好地理解世界呢？传统上世界事务的理解是以国际范式（an international paradigm）为基础的。以此看来，国家［经常被理解为“民族”的（nations），因而是“国际”的（international)］构成了世界政治的基本建筑材料，这意味着世界事务本质上可以归结为国家间的关系。这表明，一旦你理解了影响国家彼此互动方式的各种因素，就会理解世界是如何运作的。然而，自 20 世纪 80 年代以来，一个替代性的全球化、范式已经变得流行起来。这反映了这种信念，即由于全球化、相互联系与相互依赖的发展，近几十年来世界事务已经发生了转变。由此观之，世界再也不是以国家或“单位”的松散集合而运作，而是以一个一体化的整体或“一个世界”而运作。本书中所理解的全球政治尝试着跨越这些竞争性范式。以下两种观点同样是荒唐的，即国家与民族政府在世界事务中是不相关的，国家在一系列重大问题上并没有运行在全球相互依赖的背景下。然而，在何种意义上政治现在是“全球性”的呢？而且全球化如何、在多大程度上重塑了世界政治呢？我们对全球政治的理解也需要考虑不同的理论“透镜”，即观察世界的不同方式。特别是，全球政治的主流视角与批判视角之间的差异是什么呢？最后，世界倔强地拒绝保持不变。因此，全球政治是一个持续变化的舞台，而且许多人会认为它是加速变革的舞台。然而全球政治的某些方面似乎具有持久不变的特性。全球政治中连续性与变革性之间的平衡在何处呢？

关键问题

- “全球政治”的意思是什么?
- 国际政治如何转变成全球政治呢?
- 全球化对于世界政治意味着什么呢?
- 全球政治的主流方法如何不同于批判方法呢?
- 近年来全球政治如何改变了权力、安全与正义的问题?

政治:在其广义上,政治意指民众确立、维护以及修正生活中的一般规则的活动。政治不可避免地涉及冲突与合作的现象。一方面,竞争性观念、不同需要、竞争性需求以及对立的利益的存在导致了对规则看法的分歧。另一方面,民众意识到为了影响这些规则或确保其实施,他们必须与他人协作。然而政治是一个“本质上颇具争议性”的概念(Gallie 1955, 1956)。它被广泛地界定为政府的艺术、一般公共事务、争端的非暴力解决办法、权力与资源分配(Heywood 2007)。

全球化:相互联系的复杂网络的出现意味着我们的生活日渐受到远离我们所发生的事件或所作出的决策的塑造。

国家:在所界定的领土边界内确立主权权限的政治联合体。

什么是全球政治?

名称代表什么呢?

为何是“全球政治”?它意味着什么,是表明政治已经具有“全球性”吗?“全球性”政治如何不同于“国际”政治?“全球性”这个术语具有两个意义,而对于全球政治而言则具有截然不同的含义。首先,全球性意味着世界范围,具有星球(不仅仅具有区域性或国家性)的重大意义。实际上,全球就是世界。在这种意义上,全球政治意指在全球层次而非国家或区域层次上运行的政治。毫无疑问,近几十年来政治的全球或世界范围的层面变得更加重要。国际组织不断发展,其中一些几乎拥有全球性成员国,如联合国。越来越多的政治问题也呈现出“全球”特性,因为它们实际上或潜在地影响着世界上各个地方以及星球上的所有民众。这特别适用于环境问题,而且环境问题经常被视为“全球性”问题的一个范例,因为自然以相互联系的整体而运作着,其中每件事都会影响其他所有事情。我们经常被告知,这也适用于经济,其中意指“全球经济”或“全球资本主义”,因为越来越少的国家现在身处国际贸易体系之外而不受外来投资以及金融市场一体化的影响。对于**全球化**理论家而言,这种全球相互联系的趋势或许不仅仅是现代存在的界定性特征,而且传统的学习方法也必须被重新思考,在这种情况下可以采用“无国界”或“跨星球”的政治观。

然而政治以及其他事情已经陷入相互联系的旋涡的观点是非常难站住脚的,即这种联系有效地将所有各个部分或“单位”吸纳到一个无形的全球性整体之中。我们生活在“无国界的世界”中的主张或**国家**消亡了而且主权是不相关的断言(Ohmae 1990, 1996)仍旧是异想天开的观念。全球层面上的政治绝不是超越了国家、当地或任何其他层面上的政治。这就是本书中所使用的全球政治观利用“全球性”的第二个意思的原因。以此观之，全球性意味着综合性，意指一个体系中的所有因素，而不仅仅是整个体系。那么全球政治不仅发生在全球层次，而且在各个层次及各个层次之间——世界范围、区域、国家、次国家等(见图 1—1)。从这种视角来看，全球政治的出现并非意味着国际政治应该被扔到历史的垃圾箱里。相反，“全球性”和“国际性”共存：它们相互补充，不应该被视为竞争性或不相容的理解方式。

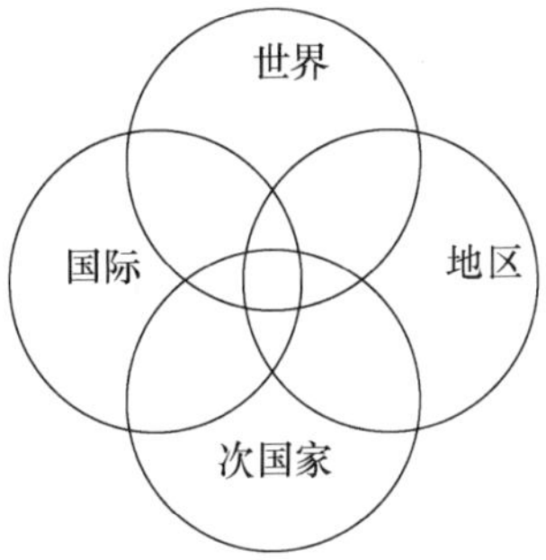

图 1—1 全球政治的维度

本书中所采取的方法承认，以下这两种观点是荒唐的，即国家与民族政府在世界事务中是不相关的，国家在一系列重大问题上并没有运行在全球相互依赖的背景下。《全球政治学》书名的选择反映了两个事实，即各国国内及其之间的事情很大程度上比以前更影响彼此了，越来越多的政治不再仅仅发生在国家内并以国家为媒介。鉴于此，全球政治超越了国际关系学科传统上的研究范围，采用跨学科方法以解释各种问题以及社会科学中的不同主题，并在这个过程中关注一系列广泛的争论与视角。然而同时国际关系学科也会受到特别关照，因为在这个领域中大多数相关研究以及理论化（theorizing）都已经很成熟了，特别是近几十年来的理论发展。

主权：主权是至高无上且毋庸置疑的**权威**的原则，反映了国家在其领土内成为唯一创造者的诉求。外部主权（有时称为“国家主权”或“民族主权”）意指国家在世界舞台上独立且自主地行动的能力。这意味着各国在法律上是平等的而且国家领土完整与政治独立是神圣不可侵犯的。内部主权意指在国家内的至高无上的权力/权威。然而主权制度是发展变化的，因为主权新概念（“经济主权”、“食物主权”等）的出现以及主权适应新环境（“合并性”主权、“负责性”主权等）的变化。

权威：以被认可的服从义务以及合法性所遮蔽的权力为基础影响他者行为的权利。

从国际政治到全球政治

“国际”政治以哪些方式转变成“全球”政治，而且这个过程已经发展到什么程度了呢？近年来世界政治的图景发生了哪些变化呢？最重要的变化包括下列问题：

- 世界舞台上的新行为体
- 日渐增长的相互依赖以及相互联系
- 全球治理的趋势

国家与新型全球性行为体

传统上世界政治以国际术语得以理解。尽管在整个历史中以领土为基础的政治单位之间冲突与合作的现象始终存在着，但是“国际关系”的术语并未出现，直到英国哲学家与法律改革家边沁（Jeremy Bentham，1748—1832）在其《道德与立法原理》（*Principles of Morals and Legislation*，[1789] 1968）中使用这一术语。边沁对这一术语的使用意识到一个重大转变：到 18 世纪末，以领土为基础的政治单位正逐渐具有更明确的国家特性，致使其关系似乎真正“国际化”（inter-national）。然而，尽管大多数现代国家是民族国家或渴望成为民族国家，但是其国家地位而不是民族地位的拥有允许它们在世界舞台上有效地行动。那么更恰当的是，“国际”政治应该被描述为“国家间”政治。但是国家是什么呢？如所界定的，一个国家必须拥有四项资格性特征：确定的领土、永久性的人口、有效的政府以及“参与与他国关系的能力”。由此观之，国家是世界舞台上的主要行为体，或许是值得严肃考虑的唯一行为体。这是世界政治的传统方法为何被视为**国家中心论**、国际体系为何经常被描述为**国家体系**的原因。这种国际政治观的起源通常可以回溯到《威斯特伐利亚和约》（the Peace Treaty of Westphalia 1648）。《威斯特伐利亚和约》确立主权为国家的显著特点。因此国家主权成为国际政治的基本组织原则。

国家中心论：将国家视为国内领域与世界舞台上主要行为体的一种政治分析方法。

国家体系：一种国家间关系的类型，确立了某种程度的秩序与可预测性。

混合行为体模式：该理论意指一系列更广泛的利益与群体塑造着国际政治，却未忽视国家与民族政府的角色。

然而，世界政治的国家中心论方法日渐难以站住脚。这种情况出现，部分是因为我们再也不可能视国家为世界舞台上唯一重要的行为体了。跨国公司（TNCs）、非政府组织（NGOs）以及大量其他非国家机构日渐发挥着影响。从“基地”组织、反资本主义运动、绿色和平至谷歌、通用以及罗马教皇等一系列群体与组织，以不同的方式、在不同程度上塑造着世界政治。自 20 世纪 70 年代以来，多元主义理论家的确赞成世界政治的**混合性行为体模式**（mixed-actor model）。然而尽管国家与民族政府被广泛地认为仅仅是世界舞台上许多行为体中的一个类别，但是它们仍旧是最重要的行为体。例如，跨国公司或非政府组织无法匹敌国家的强制性权力，在其边界内维持秩序的能力或军事上应对他国的能力。第 5 章将详细地考察国家不断变化的角色和重要意义。

聚焦

国际关系：大论战

国际关系学科（International Relations，经常简称为 IR）出现在一战（1914—1918）后。一战成为寻找确立持久和平的方法的重要推动力。学科的关键性关注点是国家间关系。传统上国家间关系基本上被理解为外交、军事与战略。然而，随着时间的推移，学科的性质与关注点发生了极大的变化，至少体现为一系列所谓的“大论战”。

- 第一次“大论战”发生在 20 世纪 30 年代至 50 年代的自由国际主义者与现实主义者之间。自由国际主义者强调和平性合作的可能性，而现实主义者崇信不可避免的权力政治。到 20 世纪 50 年代，现实主义在学科中获得了支配地位。
- 第二次“大论战”发生在 20 世纪 60 年代期间**行为主义者**与传统主义者之间。二者争论的问题是，国际关系的客观“规律”是否可能。
- 第三次“大论战”有时被称为“范式间的争论”，发生在 20 世纪 70 年代至 80 年代，涉及现实主义者、自由主义者与以经济术语解释国际关系的马克思主义者之间的争论。

- 第四次“大论战”起始于20世纪80年代末，涉及实证主义者与所谓的后实证主义者在理论与现实之间的关系。这反映了国际关系学科中一系列新的批判视角日渐增加的影响，如社会建构主义、批判理论、后结构主义、后殖民主义、女性主义以及生态政治。

聚焦

威斯特伐利亚式国家体系

一般而言，《威斯特伐利亚和约》(1648) 标志着现代国际政治的开端。一系列条约终结了三十年战争 (1618—1648)。三十年战争包括一系列宣战以及未经宣布的战争，涉及中欧的神圣罗马帝国与丹麦、荷兰等敌对国，尤其是法国与瑞典。尽管转型历经了很长时间，但是这些条约有助于改变欧洲中世纪的重叠权威、忠诚感与认同，使其成为现代国家体系。所谓的“威斯特伐利亚体系”是基于两项关键性原则：

- 国家享有主权权限，在某种意义上独立地控制其领土内所发生的事件（因此所有其他制度与群体都附属于国家，无论精神或世俗的）。
- 国家间关系以接受所有国家的主权独立为架构（这意味着国家在法律上是平等的）。

日渐增长的相互依赖以及相互联系

传统上，国际政治研究意味着研究被分化成国家集合的国际体系的意义。此外，由于拥有主权，这些国家被视为独立的自主性实体。这种国家中心论方法经常以所谓的“台球模式”(billiard ball model) 为例证。这种方法主导着20世纪50年代及其后国际关系的思考，特别与现实主义理论相关。这表明，国家像台球一样是无法渗透的独立单位，以外部压力的方式彼此影响着。国家体系中互动着的主权国家被视为像台球桌上滚动且彼此碰撞的台球一样（见图1—2）。由此观之，国家间互动或“碰撞”在绝大多数情况下关系到军事与**安全**事务，反映着如下的假设，即权力与生存是国家的基本关切。因此，国际政治主要围绕战争与和平的问题，**外交**与可能的军事行动成为国家互动的主要形式。

行为主义：一种信念，即社会理论应该仅仅基于可观察的行为来建构，可观察的行为为研究提供可量化的数据。

安全：免受伤害，威胁的缺失；安全可以用“国家”、“国际”、“全球”、“人类”的术语来理解。

外交：国家间谈判与沟通的过程以寻求解决冲突而不诉诸武力；对外政策的工具。

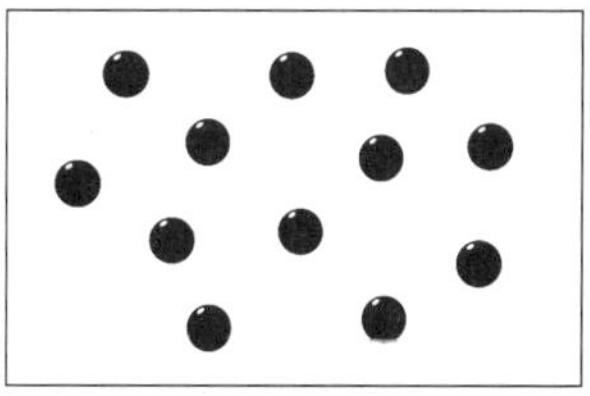

图1—2 世界政治的台球模式

全球行为体

非政府组织

非政府组织意指私人、非营利的群体或机构，寻求以非暴力手段实现其目的。世界银行将非政府组织界定为“意在减轻病痛、促进穷人利益、保护环境、提供基本社会服务或推动社区发展的私人组织”。这些机构的早期例子是，废除奴隶贸易协会（威廉·威尔伯福斯［William Wilberforce］在 1787 年组建）、创建于 1863 年的国际红十字会。1948 年联合国首次官方地承认非政府组织。随着《世界人权宣言》的确立，当时 41 个非政府组织获得咨询地位（的确一些非政府组织活动家认为，只有联合国正式承认的群体应该被视为“真正的”非政府组织）。经常区分的是，运作型非政府组织（operational NGOs）与倡议型非政府组织（advocacy NGOs）：

- **运作型**非政府组织的首要目的是与发展相关的项目的设计与执行；它们或者以救济为取向或者以发展为取向，而且它们可能是以社区为基础的，国家的或国际的。
- **倡议型**非政府组织意在推动或捍卫特定的事业；它们有时被称为推动型压力集团或公共利益集团。

意义：在 20 世纪 90 年代期间，非政府组织的数量呈爆炸式增长。到 2000 年，1 000 多个团体获得联合国的咨询地位。据估计，国际性的非政府组织总数超过了 30 000 个。如果考虑到国家非政府组织，数目会极大地增加：美国大概拥有 200 万个非政府组织；俄罗斯拥有 65 000 个非政府组织；作为一个发展中国家，肯尼亚每年大概出现 2 400 个非政府组织。主要国际性非政府组织已经发展成了大型组织。例如，国际关怀组织（Care International）致力于在世界范围内贫困的消除，并控制着 1 亿美元以上的预算；绿色和平组织拥有 250 万会员以及 1 200 多位职员；大赦国际相比于联合国人权署拥有更丰富的资源。

毋庸置疑的是，主要国际性非政府组织与整个非政府组织部门目前构成了全球舞台上的重要行为体。尽管倡议型非政府组织缺少跨国公司所能够发挥的经济平衡作用，但是它们实际上擅长动员“软权力”与公众压力。在这方面，它们拥有很多优势。主要非政府组织培养着良好的公众形象，经常因涉及公众抗议与示威而吸引媒体的关注。其典型的利他与人道主义目标促使其有能力动员公众支持以及实施道德压力，而传统政治家与政党会与这种方式奋力相搏。在一系列广泛的问题上，基于专家与学术的运用，非政府组织的观点具有权威性与公正性。对其来说，运作型非政府组织逐渐发放了国际援助的 15%，经常展现出比政府机构（无论是国家政府或国际机构）更快速的反馈以及运作效率。以救济与发展为取向的非政府组织也许能够在政治敏感领域中运作。在这些领域，国家政府乃至联合国将不会受欢迎。

虽然如此，非政府组织的崛起仍然激起了相当程度的政治争论。非政府组织的支持者认为，它们有益于而且正在丰富着全球政治。它们会抗衡公司权力，挑战跨国公司的影响；以表达全球化过程中失势的民众与群体的利益的方式而使全球政治民主化；担当一支道德力量从而扩大民众的公民责任感乃至推动全球公民身份。在这些方面，它们是日益显现的全球公民社会的重要组成部分。然而批评者认为非政府组织是自以为是的群体而且没有真正的民主证书，经常表达高级职业人士小团体的观点。在获得良好的媒体形象以及吸引支持与基金的努力中，非政府组织被控诉做出夸大的诉求，因而扭曲着公众感知与政策议程。最后，为了维持其“内幕”状态，非政府组织倾向于妥协其原则而成为“主流”，事实上成为温和的社会运动。第6章将进一步考察非政府组织的影响与重要意义。

世界政治的台球模式具有两个主要的含义：第一，它表明国内政治与国际政治之间明确的差异。国内政治关注国家在其疆界内维持秩序以及实施管制方面的角色，而国际政治关注国家间关系。在这种意义上，主权是台球的硬核，区分着“内外”。简而言之，边界至关重要。第二，这意味着国际体系中冲突与合作的类型很大程度上是由国家间权力分配所决定着。那么，尽管国家中心论的理论家承认国家形式上与法律上的平等，每个国家都是一个主权实体，但是他们也意识到一些国家比其他国家更加强大，而且强国的确有时会干预弱国的事务。事实上，并非所有台球都是同一尺寸的。这是国际政治研究传统上特别关注所谓“大国”的利益与行为的原因。

不过台球模式日渐受到新近趋势与发展的压力，其中的两个是特别重要的：第一个是，跨边界或**跨国**流动与交易的巨大发展——民众、货物、货币以及信息和观点的流动。换句话，国家边界变得日渐“可渗透”，致使传统的国内/国际或“内/外”的区分越来越难以站住脚。这种趋势尤其与全球化有关，如接下来的部分所讨论的。第二个发展与第一个相联系，即国家间关系逐渐以不断增长的相互依赖以及相互联系为特点。无论其多么强大，任何国家都不可能独立地完成这些任务，如促进经济发展与繁荣、解决全球变暖问题、阻止大规模杀伤性武器扩散以及应对传染性疾病。在这些情况下，国家被迫协作，依靠共同的努力与能源。对于基欧汉与奈（Keohane and Nye 1977）而言，这种关系的网络促成了“复合相互依赖”的状况。

大国：大国意指在等级制的国家体系中位列之最。界定大国的标准是一个有争议的主题，但如下四项获得了一致认可：(1) 大国处于军事技术的前列，具有维护自身安全以及潜在地影响他国的能力。(2) 它们是经济强国，尽管这是大国地位必要但非充分的条件（如日本所表明的）。(3) 它们具有全球的利益范围，而不仅仅是区域的利益范围。(4) 它们采用“前锋式”对外政策，对国际事务具有实际的而不仅仅是潜在的影响（在孤立主义阶段，美国并不是一个大国）。

跨国：很少考虑或不考虑民族政府或国家边界的结构而应用于事件、民众、群体或组织；跨国不同于“国际”与“多国”。

由于密切的贸易往来及其他经济关系等各种力量，各国进行合作与一体化。所谓的世界政治的蛛网模式说明了这一点（见图1—3）。不过，这样的想法有点离谱。一方面，在世界各地区一些国家显然仍陷于军事战略冲突之中，尤其是中东地区。这表明台球模式并不完全不恰当而且全球范围内相互依赖的程度差异巨大。另一方面，相互依赖并不总是趋向和平、合作与一体化的趋势。相互依赖或许是不对称的，这种情况下，它会导致控制与冲突，而不是和平与和谐。

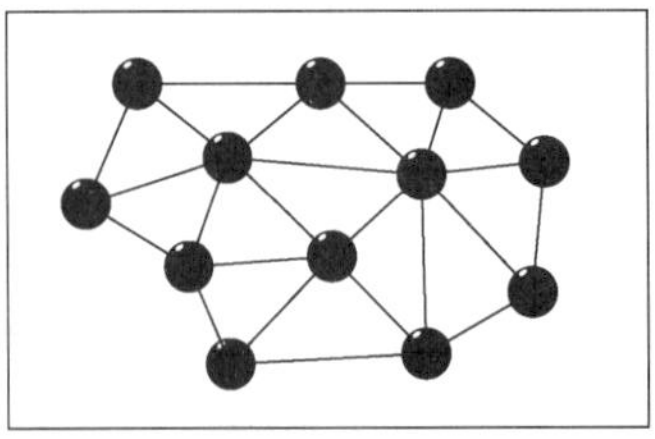

图 1—3 世界政治的蛛网模式

无政府状态：字面意思是无规则的；中央政府或更高权威的缺失，有时但并非必然地涉及动乱与混乱。

自助：对内部资源的依赖，经常被视为国家优先考虑生存与安全的主要原因。

均势：在这种状况下，没有一个国家支配着他国，倾向于造成普遍的均衡而且遏制所有国家的霸权野心。

相互依赖：相互依赖意指双方之间的关系，其中对方采取的决策会影响彼此。相互依赖意味着相互影响，甚至有关各方之间粗略的平等，通常产生一种相互脆弱感。因此，相互依赖通常涉及世界事务中合作与一体化的趋势。基欧汉与奈提出了"复合相互依赖"的概念，成为国际政治的现实主义模式的备选方案。这个概念强调以下三点：(1) 国家不再是自主的国际行为体；(2) 经济和其他问题在世界事务中日渐凸显；(3) 军事力量逐渐变成不太可靠、不太重要的政策选择。

集体困境：根源于国家间相互依赖的一个问题，意味着任何解决办法必须涉及国际合作，而不是单一国家的行为。

从国际无政府状态至全球治理？

国际政治的传统方法的主要假设是，国家体系在**无政府**背景下运行。这反映了这种观念，即比国家更高的权威是不存在的，意味着外部政治作为国际"自然状态"（state of nature）以及前政治社会（pre-political society）而运行着。国际无政府状态的意义是深远的。更重要的是，在缺少任何其他力量关照其利益的情况下各国不得不依靠**自助**（self-help）。如果国际政治作为一个"自助体系"而运作，一个国家寻求权力的倾向仅仅被他国的竞争趋势所调和，这意味着冲突与战争是国际体系不可避免的特征。由此观之，冲突仅仅受到**均势**的约束。均势或者是和平主义领导者的外交战略，或者是幸运的巧合。下面的观点已经修正了这种无政府状态的镜像，即国际体系更像一个"国际社会"那样运行。赫德利·布尔（Hedley Bull 2002）提出了"无政府社会"的观念，以取代国际无政府状态的传统理论。

然而，国际无政府状态的观念乃至更适度的"无政府社会"的观念变得更加难以为继，因为全球治理（时而是区域治理）的框架的出现，特别是 1945 年以来。这反映在各种组织日益增强的重要性，如联合国、国际货币基金组织（IMF）、世界贸易组织（WTO）、欧盟等。由于数个强大且迫切的压力，国际组织日益增加的数目和重要性显现出来了。显然，它们反映了这个事实，即国家日渐面临着**集体困境**的问题。这个问题日益加重，因为它们甚至困扰着最强大的国家。很显然，这首先关系到技术化战争的发展，特别是核武器的出现。此外，金融危机、气候变化、恐怖主义、犯罪、移民以及发展等挑战加剧了这个问题。不过，这些趋势致使国际无政府状态的观念完全多余。国际组织无疑成为世界舞台上的重要行为体，时而与国家、其他非国家行为体相竞争，然而其影响不应该被夸大。别的不说，它们在或大或小的程度上是其成员国的产物：它们仅仅能够做其成员国允许其做的事情，特别是强国。

全球化及其意义

全球化的出现极大地挑战着世界政治的国家中心论的传统镜像，然而任何其他发展都无法与其相比拟。全球化的确能够被视为我们时代的流行语。例如，在政治家之间的传统观点是，21 世纪将会是“全球世纪”。但是“全球化”实际上是什么呢？它实际上是否发生了呢？如果是，其含义是什么呢？

解释全球化

全球化是一个复杂、难以捉摸且颇具争议的术语。全球化意指一个过程、一项政策、一个营销战略、一个困局或一种意识形态。一些学者区分了作为一个或一系列过程的全球化（强调转型或变革的变化，与其他后缀“-ization”的词相同，如现代化）与作为条件的**全球性**（globality，表明全球化所产生的一系列情景，正如现代化所促成的现代性的状况），以试图更清晰地阐明关于全球化性质的争论（Steger 2003）。其他学者使用**全球主义**的术语以意指全球化的意识形态、指导或驱动这个过程的理论、价值观以及假设（Ralston Saul 2005）。全球化的问题在于，这与其说是一个“它”不如说是一个“它们”（it is not so much an ‘it’ as a ‘them’）：它并非一个单一的过程而是各个过程的复合体，时而交错与重叠而且时而相互矛盾与对立的过程。因此，将全球化缩减为一个单一的主题是困难的。不过，与全球化或全球性相关的各种发展与迹象能够回溯到相互联系的基本现象。不考虑其形式与影响，全球化塑造了以前毫无联系的民众、社群、制度与社会之间的联系。赫尔德和麦格鲁等（Held and McGrew 1999）将全球化界定为“世界范围内相互联系的加深、加强、加速以及不断增加的影响”。

全球化造成的相互联系是多向度的，通过不同的经济、文化与政治过程而运作。换句话，全球化具有许多向度或“面向”。尽管全球化理论家支持全球化的特定解释，但是这些解释绝不是相互排斥的。相反，它们捕捉到一个复杂且多层面的现象的不同方面。全球化以三种主要方式得以解释：

- **经济**全球化意指国家经济在较大或较小程度上被吸纳到单一的全球经济中的过程（第 4 章将更详尽地考察）。
- **文化**全球化是世界某地所生产的信息、商品以及镜像进入全球流动的一个过程，而且趋向于使各民族、地区以及个体之间的文化差异“变平”（第 6 章将更充分地讨论）。
- **政治**全球化是决策责任从民族政府转移到国际组织的过程（第 5 章会更详细地考察）。

全球性：一个完全相互联系的整体，如全球经济；全球化的终极状态（end-state）。

全球主义：致力于全球化扩展的意识形态计划，通常反映了对自由市场资本主义的价值观与理论的支持。

全球化：全球化是相互联系的复杂网络的出现，意味着我们的生活日渐受到远离我们的事件与决策的塑造。因此，全球化的中心特征是地理距离在缩小而且民族国家间的领土边界变得不太重要。然而，全球化绝不意味着“本地”、“国家”附属于“全球”。相反，它强调政治过程的加深与扩大，在某种程度上本地、国家与全球（或者本地、区域、国家、国际以及全球）的事件频繁地互动着。

全球化：神话或现实？

实际上全球化正在发生吗？尽管全球化或许是我们时代的流行语，但是关于全球化的影响与重要意义存在着激烈的争论。大概在20世纪90年代中期，学术界以及其他社会评论者似乎赞成，全球化正在“改变着所有的事情”，然而在21世纪初又流行性地宣称“全球化的终结”或“全球主义的消亡”（Bisley 2007）。赫尔德等进行了概述这种全球化争论中各种立场的最具影响力的尝试。全球化的争论被区分为三种立场：

- 超全球主义者（hyperglobalists）
- 怀疑论者（sceptics）
- 变革论者（transformationalists）

超全球主义：这种观点认为，一旦计算机化的金融贸易、卫星通信、手机以及互联网等技术得到广泛使用，全球化的经济与文化新模式将无法避免。

超全球主义者是全球化的主要“信奉者”。**超全球主义**把全球化描绘成一系列深刻乃至革命性的经济、文化、技术与政治转变。这种转变自20世纪80年代加强了。由此观之，特别强调的是诸如信息与通信方面的数字革命的发展、一体化的全球金融体系的发轫、世界上随处可见的全球性商品的出现。的确，超全球主义经常以一种技术决定论的形式为基础，表明一旦促其存在的技术是可利用的，促成单一的全球经济的各种力量就是无法抗拒的。“无国界的世界”观念捕捉到超全球主义的主要镜像（第21章将详细地讨论），表明国家边界、就此而言的国家本身在跨国力量日益主导的全球秩序中变得不相干了。因此，“国家”经济战略实际上在全球背景下是不实际的。对全球市场的反抗是颇具破坏性的——国家的繁荣在于其融入全球经济的程度——最终是徒劳的。因此，超全球主义者对全球化持有强烈的积极态度，通常认为在标志着市场胜于国家方面，全球化涉及经济活力以及不断发展的世界繁荣。

聚焦

全球化的界定

- “发生于千里之外的事件塑造着当地发生的事件，反之亦然。以此方式将遥远的地方联系起来的世界范围社会关系的强化。”（Giddens 1990）
- “国家经济以各种方式融合到国际经济之中，即贸易、对外直接投资、短期资本流动、劳工和人员的国际流动、技术流动。”（Bhagwati 2004）
- “具有不同的权力、取向、认同与网络的前景的跨国行为体渐渐破坏民族国家及使其相互交错的过程。”（Beck 2000）
- “具体体现社会关系与交往的空间组织转变的过程（或一系列过程）。”（Held et al. 1999）
- “各个民族之间跨星球以及超越领土的联系的发展标志着社会地理的重新组合。”（Scholte 2005）

不过，超全球主义至少在两个方面提供了一种失衡且言过其实的全球化观。首先，它高估了“无法抗拒的”经济与技术力量主导着决策者的程度，而低估了价值观、感知、意识形态取向的重要性。其次，“主权终结”、“民族国家的衰退”的镜像能够被描述成全球化神话的特点［有时称之为“全球胡话”（globalony）］。尽管国家可能日渐在后主权状况以及相互依赖与可渗透性的背景下运行，但是其角色与重要意义发生了改变，而不是变得不相干了。例如，国家变成“创业型”，以试图发展各种战略而改善其在全球经济中的竞争力，特别是提升教育、培训以及与工作相关的技能。它们在区域性培训集团、世界贸易组织等国际组织内或通过这些国际组织，更愿意“联营”主权。最后，全球恐怖主义的出现以及对移民模式的日益关切再次强调了国家在确保国内安全以及保护国家边界方面的重要性（第5章将更充分地考察全球化对国家的含义）。

国际社会：“国际社会”的术语表明国家间关系受制于规范与规则的存在。这些规范和规则确立了互动的正规模式而构成“一个社会”的特点。这种观点修正了现实主义者对权力政治与国际无政府状态的强调，表明“国家间社会”的存在而不仅仅是“国家体系”。这意味着国际关系是受规则管制的，而且这些规则有助于维系国际秩序。促成文化凝聚以及社会一体化的主要制度是，国际法、外交以及国际组织的活动。不过，或许社会一体化的程度极大地依赖于各国间文化与意识形态相似的程度。

相比之下，怀疑论者把全球化描述成是一个幻想，驳斥一体化的全球经济观。他们指出，绝大部分经济活动仍发生在国家疆界内而不是跨国界，而且高水平的国际贸易以及跨国界资本流动并不是新鲜事（Hirst and Thompson 1999）。而且怀疑论者认为，政治家与理论家把全球化当作意识形态的手段来使用，希望推进以市场为取向的经济议程。在这方面，全球化论具有两个主要优势：第一，它把一定的趋势（如趋向更大的灵活性以及较弱的工会的转变、对公共开支特别是福利预算的控制、商业管制的缩减）描述成必然的，因而是无法抗拒的。第二，它表明这些转变是客观的，而不是联系着如大企业的能动者（agent）的过程的一部分。全球化的趋势被视为服务于大企业的利益。然而，尽管这些怀疑有助于核实早期全球化论者过高的热情，但是“正常业务”（business as normal）的观点是难以站住脚的。货物、资本、信息以及民众的确比以往更自由地在世界各地来回流动，而且这对于经济、文化与政治生活带来了不可避免的影响。

全球化的方法

现实主义的观点

现实主义者一般对全球化持有怀疑的立场，更多的是就日益加强的经济相互依赖（即更多相同的）而不是相互交错的全球经济的出现来观察全球化。更为重要的是，国家仍旧是世界政治中占主导性的单位。国家不仅未受到全球化的威胁，相反其起调节与管制的能力可能提高了，而不是下降了。然而，现实主义者并不仅仅是全球化的否定者。

在评价全球化的性质与重要意义方面，他们强调全球化与国际体系并非是各自孤立的但有点竞争的结构。相反，前者应该被视为后者的一种迹象。全球化是国家造就的，而且服务于国家，特别是占主导地位的国家。开放的贸易体系、全球金融市场以及跨国生产的降临等发展促进了西方国家的利益，特别是美国的利益。此外，现实主义者怀疑这种观点，即全球化涉及趋向和平与合作的转变。相反，日益增强的经济相互依赖可能会产生“相互脆弱”，导致冲突而非合作。

自由主义的观点

自由主义者对全球化持有始终积极的态度。对于经济自由主义者而言，全球化反映了市场对“非理性的”国家忠诚以及“武断的”国家边界的胜利。市场的奇迹是，它优化地配置资源，从而会为个体、家庭、公司以及社会带来繁荣。因此，经济全球化的吸引人之处在于它允许市场在全球层次上运作，以单一全球经济的“深度”一体化取代了自由贸易的“肤浅”一体化与加强了的相互依赖。全球化所导致的生产率的提高和竞争的加剧有益于参与全球化的所有社会，这表明经济全球化是一个正和博弈（positive-sum game），即双赢的博弈。自由主义者也认为，全球化产生了社会与政治好处。世界范围内信息与观念更自由的流动扩大了个人自我发展的机会，也造就了更具活力与精力充沛的社会。此外，从自由主义的立场来看市场资本主义的扩展无可避免地涉及自由主义民主的推进，而且经济自由产生了政治自由的需要。对于自由主义而言，全球化标志着世界历史的分水岭，因为它结束了一个时期，即民族国家是占主导地位的全球行为体，而且世界秩序是由（本质上不稳定的）均势所决定着的时期。相比之下，全球时代是以趋向和平与国际合作的趋势、全球权力的流散为特点的，特别是全球公民社会的出现以及国际组织日益突显的重要性。

批判理论的观点

批判理论家对全球化持有否定或反对的立场。他们经常利用社会主义者对资本主义的批评或更具体的是马克思主义者对资本主义的批判，将全球化的本质描述为一个资本主义的全球秩序的确立（的确可以说，马克思预示了大多数“超全球主义者”的论述，强调资本主义生产方式固有的跨国特性）。像自由主义者一样，批判理论家通常接受这种观点，即全球化标志着一个重大的历史转变，而不仅仅是国家与市场之间的关系方面。国家失去对经济的权力，被降低到仅仅是全球资本主义利益下国家经济重构的工具。因此全球化被视为一个不平等与等级制的过程，以日益扩大的贫富两极化、由于快速发展的公司权力而导致的民主责任和公众反应的弱化为特点。世界体系论者以全球经济中“核心地带”与“边缘地带”之间结构不平衡来解释这种现象。女性主义分析者有时把全球化与日益加深的性别不平等联系起来。例如，这涉及发展中世界小农经济（small-scale farming）的毁坏、女性受到更多压力为养活家庭（support their families）而寻求在国外工作，而导致“移民的女性化”。后殖民理论者特别关注文化全球化，视其为一种西方帝国主义的形式。这种全球化破坏了土著文化及其生活方式，导致无情的消费主义的扩展。

变革论者的立场处于超全球化论者与怀疑论者之间，提供了一种中间道路的全球化观。变革论者认为，世界政治的模式与过程发生了深刻的变革但是其已有或传统的特征并未完全一扫而空。简而言之，大部分发生了变化，但并非全部。这已经成为广为接受的全球化观，因为它反对夸大与揭穿全球化过程的诱惑。不过，主要的转变发生在世界政治之中。这主要包括下面的问题：

- 相互联系的**广度**概述了跨越国界的、潜在的、全球范围的社会、政治、经济与文化活动，全球化从来没有预示着发展成一个**单一**的世界范围的体系。
- 伴随着跨国界乃至遍及全球的活动的日益增多，相互联系的强度增加了。这些活动广泛地涉及移民激增、国际贸易的发展、好莱坞电影或美国电视节目的更多可收看情况。
- 相互联系加速了，尤其是电子货币的大量流动，确保了货币及其他金融市场几乎会迅疾地对世界上其他地方的经济事件做出反应。

全球政治的视角

然而对全球政治的理解也需要我们理解解释世界事务的各种理论、价值观以及假设。不同分析家以及理论家如何**审视**世界呢？全球政治的主要透镜是什么呢？在近几十年全球政治研究的理论向度变成了一个日益丰富与多样的领域。第3章将翔实地考察这些互相竞争的理论传统。不过，这个引介试图说明广泛的争论领域，特别是主流视角与批判视角的区分。

主流视角

全球政治的两个主流视角是现实主义与自由主义。它们有何共同之处，而且在何种意义上是“主流”呢？现实主义与自由主义在下面意义上能够被视为主流视角，即在各种版本中它们自产生以来就主导着国际政治领域中传统的学术方法。现实主义与自由主义理论具有两个共同之处。第一，它们都根植于**实证主义**。这表明，以区分“事实”与“价值观”的能力而发展客观知识是可能的。简而言之，将理论与“真实世界”（“身外”的世界）进行比较是可能的。罗伯特·考克斯（Robert Cox 1981）将这种理论描述为“解决问题理论”，因为这些理论把世界看成“如其所是”，努力思考各种问题，向决策者提供审慎的建议以试图商议“真实世界”的挑战。第二，现实主义与自由主义理论拥有相似的关切，解决着相似的问题，意味着它们实际上彼此对话。特别是，现实主义与自由主义的核心关切是国家关系中冲突与合作的平衡。尽管现实主义者一般更强调冲突而自由主义者强调合作，但是，如现今的趋势所表明的，二者并非不注意彼此所提出的问题。久而久之，现实主义与自由主义之间的差异变得日益模糊。不过，现实主义与自由主义视角之间仍存在着重要差异。

实证主义：一种认为社会调查以及所有形式的调查应该遵从自然科学方法的理论。

托马斯·霍布斯（Thomas Hobbes，1588—1679）

英国政治哲学家。霍布斯是牧师的儿子，后来放弃了他的家庭。身处英国革命所导致的动荡与内乱时期，霍布斯发展了亚里士多德以来人性与人类行为的第一个综合性理论。其经典著作《利维坦》（*Leviathan* 1651）讨论了政治义务的基础，无疑反映了内战的影响。以人类追逐“权力之后的权力”（power after power）的假设为基础，该著作为绝对主义政府提供了现实主义的理由，从而使其成为“自然状态”的无政府状态的唯一替代方案。在自然状态下，生活是“孤独的、贫困的、恶毒的、残忍的、短暂的”。霍布斯视国家为秩序与安全的基本保证人，这种观点导致自“9·11”事件以来对其思想的兴趣复兴。

现实主义者如何看待全球政治呢？现实主义观念可以回溯到诸多思想家，如修昔底德（Thucydides）、《孙子兵法》的作者孙子、托马斯·霍布斯（Thomas Hobbes）。现实主义观是悲观的，它认为：国际政治以永无休止的权力斗争与冲突、一系列广泛的阻碍和平合作的障碍为标志。现实主义根植于对**权力政治**的强调，基于下面的假设：

权力政治：一种基于下面假设的方法，即对权力的追逐是人类的首要目标；该术语有时以描述的方式使用。

国际主义：基于国家间合作或和谐的政治理论或实践，反对国家政治的至高无上性。

- 人性是以自私与贪婪为特点的。
- 政治是权力与强迫所架构的人类活动的领域。
- 国家是主要的全球行为体。
- 国家优先考虑自身利益与生存，将安全置于所有其他考虑之上。
- 国家运行在无政府状态的背景下，因此依赖于自助。
- 国家间的权力（能力）分配架构着全球秩序。
- 均势是确保稳定与避免战争的主要手段。
- 道德考虑（应该）与对外政策的行为无关。

相比之下，自由主义者如何看待全球政治呢？自由主义提供了一个更加乐观的全球政治观，根本上基于人类理性与道德良知的信念（即使自由主义者也认为人本质上是自私的与竞争的）。自由主义者也倾向于认为，平衡或和谐的原则运行在所有的社会互动形式之中。就世界政治而言，这反映在**国际主义**的广泛承诺中，如伊曼纽尔·康德（Immanuel Kant）对可能的“普世的永久和平”的信念。全球政治的自由主义模式基于下面的主要假设：

- 人类是理性和有道德的动物。
- 历史是一个进步的过程，以国际合作与和平的日渐增长的可能为特点。
- 全球政治的混合行为体模式比国家中心论更现实。
- 贸易与经济相互依赖致使战争不太可能。
- 国际法有助于推进秩序，培养国家间由规则所管制的行为。
- 民主内在是和平的，特别是在减少民主国家之间战争的可能性方面。

批判性视角

自20世纪80年代末，世界事务的一系列批判视角已经相当发达了。直到那一刻，马克思主义构成了主流现实主义与自由主义理论的主要替代者。马克思主义方法的独特之处是，它并不强调国家间冲突与合作的类型，而是强调经济权力的结构以及国际资本在世界事务中所扮演的角色，因此产生了对国际政治经济学的关注，有时被称为国际关系学科的分支领域。然而，在冷战结束的催生下，一系列广泛的"新声音"开始影响世界政治的研究。著名的例子包括社会建构主义（social constructivism）、批判理论、后结构主义、后殖民主义、女性主义与生态政治。这些新颖的批判声音有何共同之处呢？在何种意义上它们是"批判的"？鉴于其各种各样的哲学基础与鲜明对比的政治观点，人们倾向于认为这些"新声音"联合在一起的唯一线索是对主流思想的共同反感。然而，两项极大的相似之处能够得以确定。第一，虽然以不同方式并且程度不同，但它们都试图超越主流理论的实证主义，强调意识在塑造社会行为与世界事务中的角色。因此，这些所谓的后实证主义理论是"批判性的"，是因为它们不仅仅对主流理论的结论持有异议，而且也批判地审视这些理论本身，揭示出其偏见并审视其含义。第二个相似之处与第一个相联系：批判理论的"批判性"是因为它们以不同的方式反对现代世界事务中占主导地位的力量与利益，而（通常）使自己与身处边缘或受压迫的群体相一致，从而对全球现状提出质疑。因此它们都寻求解释主流理论所忽视的不平等与不对称。

伊曼纽尔·康德（Immanuel Kant，1724—1804）

德国哲学家。康德一生都生活在柯尼斯堡（当时处于东普鲁士的控制之下），1770年担任柯尼斯堡大学逻辑学与形而上学教授。其批判哲学认为，知识不仅仅是感性知觉的聚合，而且是依赖于人类理解的概念性工具。道德的至关重要性塑造着康德的政治思想。康德认为，理性法则支配着绝对命令（categorical imperatives），其中最重要的是将他人视为"目的"而绝不是"手段"的义务。康德的重要作品包括《纯粹理性批判》（*Critique of Pure Reason* 1781）、《世界公民观点之下的普遍历史观念》（*Idea for a Universal History with a Cosmopolitan Purpose* 1784）、《道德形而上原理》（*Metaphysics of Morals* 1785）。

然而，批判理论家所关注的不平等与不对称是多种多样的：

- 新马克思主义者（包括事实上跨越实证主义/后实证主义分歧的一系列传统与趋势）强调全球资本主义体系中的不平等。在这个体系中，发达国家或地区主导与剥削发展中国家或地区，有时以跨国公司的方式或与"霸权"强国（如美国）相联系的方式。
- 社会建构主义与其说是一种实体理论（substantive theory），不如说是一种分析性工具。建构主义者认为人实际上"建构着"其所生活的世界，表明世界通过某种"主体间"（inter-subjective）意识运行。

建构主义者质疑主流理论的客观性的诉求。

- 后结构主义者（poststructuralists）强调，所有观念与概念都是以语言表达出来的，其本身陷入复杂的权力关系之中。特别是受米歇尔·福柯（Michel Foucault）著作的影响，后结构主义者运用“权力话语”（discourse of power）的观念，关注权力与思想体系之间的联系。
- 女性主义者（feminists）关注性别不平等的系统且无处不在的结构。性别不平等成为全球政治以及所有其他政治形式的特点。他们特别强调主流理论，特别是现实主义，基于对抗、竞争、不可避免的冲突的男权主义假设。
- 后殖民主义者强调殖民统治的文化层面，表明强加于世界其他部分的西方文化与政治霸权是如何维系的，尽管几乎整个发展中世界都实现了形式上的政治独立。

米歇尔·福柯（Michel Foucault，1926—1984）

法国哲学家与激进知识分子。作为一位成功的外科医生的儿子，福柯有成长的烦恼。他多次试图自杀，而且奋力忍受自己的同性恋倾向。其著作广泛地涉及疯狂、医学、惩罚、性欲以及知识本身的历史，他的著作是以下面的假设为基础的，即“权力话语”支持着每个时期的制度、概念与信念。这表明，“知识”结构的考察很大程度上揭示了权力关系，因为“真理服务于统治阶级或占主导地位的权力结构的利益”。福柯的重要作品包括《疯癫与文明》（*Madness and Civilization* 1961）、《词与物》（*The Order of Things* 1966）、《性史》（*The History of Sexuality* 1976）。

- 生态政治或生态主义日益关注对环境恶化的担忧，强调这在多大程度上是工业化的副产品和对经济增长的痴迷。这些都受到将人类描述为“自然的主宰”的思想体系的支持。

全球政治的持续与变革

最后，全球政治是一个不断变化的领域，如果有区别的话，就是加速的变化速度。近几十年见证了诸多重大事件，如冷战的结束、苏联的解体、“9·11”恐怖袭击事件、2007—2009 年全球金融危机。这些与其他事件一起已经改变了全球政治的轮廓，然而有时从根本上世界事务的某些特征被证明具有更持久的重要意义。对世界政治的三个主要方面在延续与变革中平衡的考察会证明这一点：

- 权力
- 安全
- 正义

权力

所有的政治形式都涉及权力。的确，政治学有时被视为对权力的研究，其核心主题是：谁在何时以及如何得到什么？现代全球政治提出了关于权力的两个主要问题。第一个是，权力所在的地点：谁拥有权力？在冷战期间，这似乎是一个非常容易回答的问题。两个超级大国主导着世界政治，将全球体系分裂成竞争的势力范围。

东西冲突反映了两极世界秩序的存在，

以美国和苏联各自的政治、意识形态与经济支配地位为标志。冷战的结束促成了对全球权力位置变化的讨论。在一些人看来，苏联的解体致使美国成为世界上唯一的超级大国，意味着美国已成为一个全球性**霸权**国家。这种观点也考虑到美国在多大程度上是全球化过程的建筑师与主要受益者、大量“结构性”权力的拥有者（参见第9章）、其在制度中的关键性地位，如联合国、世界贸易组织、国际货币基金组织、世界银行赋予美国在国家间联系、决定如何处理事情方面的框架上不成比例的影响。

然而关于全球权力配置变化的另一种观点认为，它正变得更具碎片化与多元化。例如，权力或许一般通过非国家行为体的日渐增加的重要性以及国际组织所扮演的日益重要的角色，而逐渐脱离国家。此外，全球化或许使权力更具分散性与不可捉摸性，增加了全球市场的影响而且使国家卷入一个经济相互依赖的网络，从而极大地限制了国家行动的自由。其更进一步地描绘了中国、印度与巴西等新兴国家崛起以及复苏的俄罗斯影响全球权力的意义。这些国家有时被称为“金砖四国”。由此观之，冷战的两极世界秩序正处于被多极世界秩序取代的过程之中（第9章将更详细地考察全球秩序性质的变化）。由于新技术改变社会内部以及各个社会之间权力平衡的能力，权力也得以多元化了，经常赋予传统上无能力者以权力。例如，通信技术的进步已经提高了松散组织的策略性效果，广泛地涉及恐怖组织、抗议团体与社会运动，特别是手机与互联网的使用。因此，自“9·11”事件以来，“基地”组织对世界政治的影响已经导致其组织与经济实力不太成比例，因为以炸弹与飞机为形式的现代技术给予恐怖活动一个全球性覆盖（global reach）。

第二个争论涉及权力性质的变化。可以说，这种情况已经发生了，因为“软权力”正变得与“硬权力”一样重要并影响着政治结果。这是因为新技术、全球性通信以及日益提高的识字率与教育标准。如第9章所讨论的，“软权力”是一种**吸引力**（attraction）而不是**强制**（coercion）的权力，即以劝说他人遵守或赞同规范与抱负的方式影响他者的能力，而不是运用威胁或奖赏。这已经激起了争论，例如，军事权力当下在全球政治中是否是多余的，特别是当军事权力无法与心理（hearts and minds）战略相比拟时。此外，近乎无所不在的电视传播、卫星技术的广泛使用意味着荒废与人类痛苦的图片几乎可以迅即传遍全球，无论是战争、饥荒还是自然灾难所导致的。除其他事情之外，这意味着政府与国际组织的行为受到世界范围内公共舆论的影响。这是以前从未曾有过的。

霸权：一个主导性或至高无上的权力。

安全困境：安全困境描述了这样一种状况，即一个行为体为改善国家安全所采取的行动被其他行为体解释为攻击性的，因而激起军事对攻（counter-moves）。这反映了两个构成性困境（Booth and Wheeler 2008）。第一，一种**解释性**困境存在着——他国在增强军事权力方面的动机、意图与能力是什么呢？因为武器固有的模糊的象征（它们或是防御性的或是进攻性的）使这些问题存在着无法解决的不确定性。第二，**回应性**困境存在着——它们应该以军事对抗的方式回应还是应该寻求发出安心的信号并尝试着调解紧张状态呢？错觉可能会导致一场无意的军备竞赛或国家灾难。

安全

安全是政治中最深奥且持久的问题。其核心是这样的问题：民众如何能够过上体面且值得付出的生活，免于威胁、胁迫与暴力呢？安全通常被视为国际政治中特别紧迫的问题，因为主权国家存在的国际领域是无政府状态的，因此是险恶的与不稳定的。对现实主义者而言，由于国家是国际体系中最重要的行为体，安全基本上以国家安全的术语得以理解。在一个自助的世界中，所有国家至少都处于所有其他国家的潜在威胁之中，因而每个国家都必须具有自我防御的能力。因此，国家安全优先考虑军事权力，就反映了这种假设，即一个国家的军事越强大，它可能会越安全。不过，基于所谓的安全困境，这种对军事安全的关注会使国家卷入一个彼此变化的竞争性关系。这是这样的一个问题，即一国为防御目的的军事增强（build-up）总是可能被其他国家解释为潜在的或实际上的进攻，从而导致报复性的军事增强等。这种安全困境触及国家间政治的核心，致使其成为国际政治的精髓性困境（Booth and Wheeler 2008）。因此，各国间永久的不安全感是许多生活在无政府状态下的国家所无法避免的。

国际安全：国家安全与相互生存的条件，通过防止或惩罚侵略的各种措施得到保证，通常在受规则管制的国际秩序之中。

安全机制：各国与其他行为体之间的合作框架以确保冲突的和平解决（参见国际机制）。

然而国家安全的国家中心论观点以及无法逃避的安全困境也已经受到了挑战。例如，自由主义理论根深蒂固地强调集体安全，反映了这种信念，即许多国家所采取的集体行动能够最好地抵制侵略。这种观点将关注点远离“国家”安全的观点而趋向更加广泛的**国际安全**观念（Smith 2010）。此外，现代全球政治中的安全议程在许多方面已经改变了。一方面，这些包括“和平区域”的扩展。在这些区域，安全困境所蕴含的紧张状态与初始的冲突似乎不存在了。因此，**“安全机制”**或“安全共同体”已经发展起来去处理争端且有助于避免战争，一种经常与日益增强的经济相互依赖（与全球化的联系）、民主化的推进相关的趋势。另一方面，“9・11”以及更广泛的恐怖主义威胁强调新安全挑战的出现，因为它们产生于非国家行为体并且利用现代世界更多的相互联系。因此国际安全或许可以让位于全球安全。进一步的发展已成为在更深层次上重新思考安全的趋势，这通常与“人类安全”观念相联系。对人类安全的兴趣已经发展起来，因为后冷战时代国家间战争的减少意味着来自暴力冲突的威胁现在通常发生在国家之内，产生于内战、叛乱与公民冲突；非军事威胁（如环境破坏、疾病、难民危机以及资源缺乏）而不是军事威胁将真正威胁到现代世界民众的安全与生存。

见诸行动的全球政治

“9・11”与全球安全

事件：2001年9月11日早上一系列恐怖袭击袭向美国，使用了四架载有劫持乘客的喷气式客机（后来被称为“9・11”事件）。两架客机撞向位于纽约的世界贸易中心的双子塔，导致北塔与南塔先后倒塌。第三架客机撞向五角大楼，即坐落在华盛顿特区之外的弗吉尼亚州阿林顿的国防部总部。第四架客机被认为飞向华盛顿特区的白宫或国会大厦，在乘客试图控制飞机之后，坠落在宾夕法尼亚州尚克斯维尔镇的一块田地里。任何航班都没有生还者。2 995 位民众丧生在这些袭击中，主要是纽约城。在 2001 年 10 月发布的录像带中，"基地"组织负责人本·拉登宣称对这次袭击负责，称赞其追随者为"伊斯兰教的先锋"。

意义："9·11"有时被描述为"世界改变的一天"。这当然可以从其后果中看出，尤其是"反恐战争"的展开、对阿富汗与伊拉克的侵袭及其衍生物。它也标志着全球安全的剧变，预示着一个时期的终结。在这个时期中，全球化与超级大国竞争的终止似乎与国际冲突逐渐减少的倾向相关。的确，全球化似乎引发了新的安全威胁与新的冲突形式。例如，"9·11"表明了技术时代国家边界变得何等脆弱。如果世界上最强大的国家的最大城市与国家首都都会遭受如此破坏性的打击，其他国家会有什么机会呢？此外，在这种情况下"外部"威胁并非来自另一国家，而是一个恐怖组织，一个以全球网络运作而非以国家为基础的组织。袭击背后的动机也不是传统的动机。"9·11"袭击没有寻求征服领土或获得对资源的控制，而是以宗教激发的意识形态、军事穆斯林的名义实施，意在对西方的文化、政治与意识形态主导地位实施象征性甚至精神打击。这促使一些人视"9·11"为正在出现的"文明冲突"的证据，甚至是穆斯林与西方世界之间的斗争。

然而，"9·11"没有标志着全球安全中新时代的开端，或许只是表明回到了"正常"(business as normal)。特别是，一个全球化世界的到来似乎更强调"国家"安全而不是"国际"或"全球"安全的至关重要性。新安全挑战的出现再次强调国家在保护其公民免受外部袭击方面的核心角色。"9·11"给予国家新的重要性，而不是使国家变得不太重要。例如，美国在国内（加强"国内安全"）、国外（增加军事开支、对阿富汗与伊拉克的袭击）极大地增强国家权力，以回应"9·11"。单边主义倾向也在其对外政策中变得更加明显，因为美国至少在一个时期内变得不太注重与各种类型的国际组织通力合作了。受恐怖主义影响的其他国家也表现出相似的倾向，这标志着对国家安全的重新强调，有时是以对公民自由与政治自由等考量的牺牲为代价的。换句话，"9·11"或许表明以国家为基础的权力政治是生龙活虎的（alive and kicking）。

正义

现实主义理论家传统上把正义视为是与国际或全球政治中极不相关的一个问题。与国家利益而非道德考量相关的冷静判断应该决定着国家间关系。相比之下，自由主义者坚信，国际政治与道德应该携手并进，不道德的权力政治是自私、冲突与暴力的秘诀。然而传统上他们基于各种原则捍卫着"国际"正义的观念，这些原则确定了民族国家应该如何举止得当的问题。对国家主权的尊重、对其他国家事务的不干预规范被视为国家独立与政治自由的保证。这是其中的一些例子。这些思考也反映在"正义战争"理论中。正义战争理论认为，战争中暴力的使用是正当的，如果战争起因与行为符合正义原则的话。

世界主义：按照字面意思，世界主义意指对国际都市（cosmopolis）或“世界国家”的信念。**道德**世界主义是这样一种信念，即世界构成了一个单一的道德共同体，因为民众对世界上所有其他民众（潜在地）拥有责任，不考虑民族、宗教以及种族等。所有的道德世界主义形式都基于下列信念，即每个个体都具有平等的道德价值（moral worth），通常与人权原则相连。**政治**世界主义（有时称之为“法律”或“制度”世界主义）是这样一种信念，即全球政治制度应该存在，可能是一个世界政府。然而大多数现代政治世界主义者支持这样的体系，即权力分散在全球、国家以及当地层次之间（Brown and Held 2010）。

然而，相互联系与相互依赖的发展已经扩大了对世界事务中道德的考量，特别是越来越强调“全球”或“世界主义”正义。全球正义的观点根植于普世的道德价值观的信念。这些价值观适用于世界上的所有民众，而不考虑其国籍与公民身份。普世价值观最具影响力的例子是国际人权原则。这种世界主义塑造着在全球分配正义问题上的思考，其表明富国应该付出更多的对外援助，而且世界上富国与穷国之间的财富应该重新分配。功利主义哲学家辛格（Peter Singer 1993）认为，由于两个原因富国的公民与政府具有基本的义务，以消除其他国家的绝对贫困。第一，如果我们能够阻止一些坏的事情而没有牺牲可比意义（comparable significance）的任何事情，那么我们应该做。第二，绝对贫困是糟糕的，因为它导致痛苦与死亡。对于波吉（Pogge 2008）而言，富国帮助穷国的义务不是源于贫穷的简单存在以及我们减轻贫困的能力，而是源于富者富裕与穷者贫困的**因果**关系。富者有帮助穷者的责任，因为国际秩序的架构是一些人与地区受益，而牺牲其他人和地区的利益。第15章所考察的关于全球贫困的新殖民主义与世界体系理论蕴含着相似的观点。同样的，全球环境正义的观念也得到了发展。例如，这些反映了为后代的利益而保护自然环境、富国解决气候变化的不成比例的义务等问题，因为它们很大程度上在最初造成了这个问题，而且任何具有法律效力的排放目标都应该以人均基数而非国家基数为基础，以利于人口众多的国家（一般意义上的发展中世界）。第16章将进一步探讨这些问题。

本书的使用

在本质上，全球政治是一个重叠和相互联系的领域。本书所面对的材料顽固地抵抗着划分。为此，书中存在着相关讨论的定期的相互参照（regular cross-referencing）。这些讨论也发生在其他章节，特别是相关的方框中的材料。不过，本书主要考虑什么问题可以成为一系列广泛的问题或主题。

第1章至第3章意在为全球政治研究提供理解的背景。

- 第1章已经考察了全球政治的性质，思考了诸多发展，也提供了各种相对照的全球政治的主流与批判视角。诸多发展致使世界事务的全球政治方法适当。
- 第2章考察现代全球政治的历史背景，特别是审视20、21世纪期间世界历史中的关键性发展。
- 第3章论述了全球政治的主要理论方法，而后更详细地考虑主流理论和批判理论以及全球思考（global thinking）的含义。

第4章至第8章讨论了世界政治的全球化所导致的已经和正在发生的各种转变。

● 第4章讨论经济全球化的性质、程度与含义，考虑除其他事情之外的现代全球资本主义的危机趋势。

● 第5章考察全球时代中国家的角色与重要意义、对外政策的性质以及对外政策决策。

● 第6章考察了全球化的社会与文化含义，谈及新兴的全球公民社会是否可能的问题。

● 第7章审视了各个民族与民族主义在全球世界中得以塑造以及再造的方式，关注民族主义弱化与强化的方式。

● 第8章考察了全球时代中的认同政治、文化冲突的发展，特别是对西方政治文化主导地位的各种挑战形式进行了考察，尤其是来自政治穆斯林的挑战。

第9章至第12章考量了全球秩序与冲突的广泛主题。

● 第9章考察了全球权力的性质以及21世纪全球秩序性质的变化以及这些变化对于和平与稳定的意义。

● 第10章审视了战争发生的方式与原因、战争性质的变化以及战争如何以及如何成功地正当化的问题。

● 第11章考察了核扩散的性质与含义，审视了不扩散以及核裁军的前景。

● 第12章讨论了恐怖主义的性质、反恐所使用的战略及其重要意义所产生的各种争论。

第13章至第17章关注与全球正义主题相关的各种问题。

● 第13章考量了国际人权的性质与重要意义、它们如何以及如何有效地得到保护、人道主义干预及其意义的各种争论。

● 第14章涉及国际法的问题，特别考察了现代时期国际法的性质与重要意义的变化。

● 第15章考量了全球贫困与不平等的问题，也审视了发展、国际援助的政治。

● 第16章关注全球环境问题，详细考察气候变化的挑战。

● 第17章讨论了全球政治的女性主义视角、性别视角如何改变着战争、安全与其他问题。

第18章至第21章以政府间或超国家制度的建立来考量解决全球或跨国问题的各种尝试。

● 第18章考察了国际组织的性质与发展，特别审视了联合国的角色与效果。

● 第19章讨论了全球治理的观念，以布雷顿森林体系的变迁考察了经济领域的发展。

● 第20章关注区域主义的原因与重要性，特别关注欧盟的性质与重要性。

● 第21章回顾与评价了全球未来的各种镜像并反思预测未来的各种尝试最终是否是徒劳无功的问题，从而构成了本书的结语。

总　结

● 全球政治是基于世界事务的综合方法，不仅解释全球层次的政治发展，而且涉及全球、区域、国家与次国家等所有层次及其之间的政治发展。在这种意义上，“全球”与“国际”相互补充，不应该被视为竞争或不相容的理解方式。

●“国际”政治通过各种各样的发展已经转变成“全球”政治，新行为体伴随着国家与民族政府出现在世界舞台上。世界政治中不同层次的相互联系与相互依赖已经增加了，尽管不均衡。区域与全球治理框架的出现修正了国际无政府状态。

- 全球化是一张相互联系的复杂网络，意味着远离我们的事件与决策日渐塑造着我们的生活。差别经常区分在经济全球化、文化全球化与政治全球化之间。然而全球化实际上是否正在发生以及它在多大程度上改变了世界政治的问题存在着重大的争论。

- 全球政治的两个主流视角是现实主义与自由主义，二者都根植于实证主义并且关注国家关系中冲突与合作的平衡，即使它们对这种平衡提供了迥然不同的论述。相比之下，批判理论倾向于对理论采取后实证主义的方法，将自己与边缘或受压迫的群体的利益相一致而质疑全球现状。

- 全球政治是一个不断变化的领域。如果有什么差别的话，那就是加速的变化步伐。关于下列问题的争论出现了，即权力性质的变化，全球权力配置的变化，国家安全是否被国际，全球甚或人类安全所取代了，现在正义必须在多大程度上以世界主义或全球术语来考虑。

问题讨论

- “全球”政治如何不同于“国际”政治呢？
- 政治的国际层面在哪些方面依然是重要的？
- 非国家行为体在多大程度上与世界舞台上的国家与民族政府相竞争呢？
- 相互依赖总是导致和平与合作，还是它也能够导致冲突呢？
- 全球化的哪个定义最具说服力，为什么呢？
- 全球化的影响与重要性被夸大了吗？
- 全球政治的主流方法与批判方法之间的主要差异是什么呢？
- 现实主义与自由主义理论家在哪些问题上存在着分歧呢？
- 近年来全球权力在多大程度上变得更加分散与不可捉摸呢？
- 对“人类安全”观念的兴趣为何日益增强呢？
- “全球”正义的观念言之有理吗？

第 2 章

历史背景

没有历史的民族是幸福的民族。

——切萨雷·贝卡利亚侯爵，《论犯罪与刑罚》(1764)

预览

政治与历史是息息相关的。在某种简单的意义上，政治是当前的历史，而历史是过去的政治。因此对于政治学的学习者而言，理解历史有两个方面的好处。首先，过去尤其是较近的过去为我们理解当前提供了必要的背景。其次，历史有助于我们洞悉当前的境况(甚至可能成为政治领导人的指南)，因为当前的事件与过去有着相似之处。在此意义上，历史则“提供教训”(teaches lessons)。“9·11”事件之后，乔治·W·布什(George W. Bush)总统便以20世纪30年代绥靖政策阻止纳粹扩张的失败为由而为“反恐战争”正名。“历史教训”的看法是有争议的，尤其因为历史本身总是一场争论。何事发生以及为何发生的问题，是绝不能以科学的精确来解决的。作为现今的关切，在某种程度上历史总是透过当下的领悟与态度才能理解。我们的领悟和态度有助于“创造”过去。值得一提的是，20世纪60年代当被问及1789年法国大革命的教训时，时任中华人民共和国总理周恩来认为，“现在下结论为时尚早”。然而如果没有对那些塑造世界历史的重大事件的理解，当今世界几乎没有意义，特别是20世纪以来。导致一战和二战爆发的事件告诉了我们什么战争原因呢？1945年以来并无世界战争的历史又告诉我们什么战争原因呢？

1914、1945和1990等年份作为世界历史的分水岭又有怎样的意义？世界历史会告诉我们全球政治未来可能如何吗？

关键问题

- 20 世纪前，什么进程影响了世界历史？
- 一战的原因与后果是什么？
- 什么因素导致了二战的爆发？
- 为什么冷战形成在 1945 年后？它是怎样结束的？
- 冷战后世界历史的主要影响因素有哪些？

西方世界：“西方世界”术语有两个相互重叠的意思。通常意义上，它意指经常以移民或殖民主义方式输出的欧洲文化和哲学遗产。这种遗产根源于犹太—基督教和古希腊与罗马的学识。这受现代时期自由主义观念和价值观的影响。狭义上讲，“西方世界”是指冷战时期盛行的反对苏联东方阵营的以美国为首的资本主义西方阵营。冷战的结束弱化了苏联东方阵营意义的相关性，但资本主义阵营的价值受到所谓的西方强国中政治和其他部门（political and other divisions）的质疑。

现代世界的形成

从古至今

世界历史的开端通常要回溯到一系列古代文明的形成，而这些古代文明取代了采集狩猎的早期公社。位于现今伊拉克境内的底格里斯河和幼发拉底河流域的美索不达米亚素有“文明发源地”之称。大约公元前 3500 年到公元前 1500 年（公元前，理论上由耶稣诞辰而设定）三大主要文明在这里诞生了，即苏美尔、巴比伦和亚述。另一个较发达的早期文明是尼罗河流域的古埃及。它存在了大约 3 500 年，随着罗马帝国的崛起而灭亡。这些早期文明的两个主要特征是，使定居和城市生活成为可能的农业发展、大约在公元前 3000 年发明的文字（最早的文字形式是美索不达米亚的楔形文字和埃及的象形文字）。中华文明的起源以大约公元前 1600 年商朝的建立为标志，与青铜时代相呼应。战国时期（公元前 403 年—公元前 221 年）后，中国最终由秦（由其名而得）统一。最早的南亚文明发源于印度河流域，即现今巴基斯坦。这一文明繁荣于公元前 2600 年到公元前 1900 年。古印度覆盖了印度河和恒河平原，延伸到如今阿富汗至孟加拉国的广大地区，公元前 500 年伴随着体现在梵文著作中的古典印度文化之“黄金时期”而诞生。

我们通常所知的“古典时期”可以追溯到大约公元前 1000 年。它见证了地中海区域孕育而生的多样化文明。伊特鲁里亚文化和腓尼基人航海贸易的扩大最为显著的发展是催生了古希腊和古罗马。公元前 800 年至公元前 600 年的古希腊常被奉为西方文明的文化先驱，因希腊人的定居延伸至东地中海沿岸，从而得以发展。与此同时，殖民地在小亚细亚和巴尔干南部的部分地区业已形成。公元前 509 年罗马君主政权被推翻（王政时代结束）。此后古罗马得以兴盛。它创立了一个寡头制共和国（贵族专政的奴隶制共和国），并发展成一个自东地中海横跨北非且包括欧洲大部分地区的庞大帝国。

然而，古代世界逐渐陷入危机，在公元 5 世纪时达到高峰。骑马的游牧民族导致了这个危机，最终发展成为一个由地中海延伸至中国的巨大的新月形古代社会文明，从而开创了所谓的“黑暗时代”。它不仅仅影响了希腊人和罗马人，而且影响了所有已有的亚欧大陆文明。只有中国成功地对付了侵略者，但恰好此时也经历了一段时期的政治分裂，直到公元 589 年隋朝①的建立。“野蛮人”的入侵、后来日耳曼人和斯拉夫人在公元 5、6 世纪的殖民开拓，维京人、马尔扎人、撒拉逊人在公元 9、10 世纪带来的更大入侵浪潮深深地困扰着欧洲。但是，这些早期游牧民族中最重要的是蒙古族。蒙古族发源于亚洲内陆，1206—1405 年间②开创了一个地域辽阔的帝国。蒙古帝国疆域从德国东部边境和北冰洋延伸至土耳其和波斯湾。它对世界历史的影响是深刻的。亚洲以及欧洲大部分地区的政治组织都得以改变，整个民族被根除和驱散，永久性地改变了许多区域的种族特性（尤其是将分布在西亚的土耳其人大范围地驱散），使得欧洲人通向亚洲和远东又有了可能。

西方世界的兴起

大约在 1500 年，西方世界开始兴起。最初以欧洲为基础的单一文明成为世界上占主导地位的文明。非西方的社会逐渐开始以西方社会的经济、政治和文化结构为模型，以至于**现代化**成为西方化的同义词。这个时期起始于所谓的“大发现时代”（age of discovery）或者“探险时代”（age of exploration）。从 15 世纪早期到 17 世纪早期，葡萄牙、西班牙以及英国、法国、荷兰的船队先后起航，发现了这个新世界。这个过程具有强有力的经济动机，起始于寻找直通印度和远东的航道的愿望，以获得香料并建立贸易帝国。这些贸易主要集中在茶叶、蔗糖、烟草、稀有金属和奴隶（800 万～1 050 万的非洲人被强迫运到美洲）领域。然而西方世界的兴起在政治、社会—经济和文化上有着重要的表现。

就政治而言，西方世界的兴起是与 16 世纪和 17 世纪期间主权国家的确立联系在一起的。这些主权国家都有着强大的中央政府。《威斯特伐利亚和约》（1648）结束了三十年战争，特别是确立了主权国家。三十年战争是欧洲历史上直到 20 世纪两次世界大战为止最残酷、最具毁灭性的战争。主权国家的出现一定程度上促进了欧洲社会和政治的稳定，有助于技术创新和经济发展。西方社会经济的兴起在于欧洲**封建制度**（feudalism）的瓦解、市场或资本主义社会的发展。最重要的是，这刺激了工业化的发展。这个工业化开始于 18 世纪中期的英国（“世界工厂”），并在 19 世纪拓展至北美且遍及西欧和中欧。工业国家极大地提高了生产能力。除此之外，这还增强了它们的军事实力。农业和工业技术的发展也推动了饮食的改善和生活水平的提高。随着时间的推移，这些对世界人口产生了巨大的影响（见图 2—1）。

现代化：社会成为“现代的”或者“发达的”过程，通常意味着经济增长、科技发展以及政治和社会生活的理性组织。

封建制度：一个以农耕为基础进行生产的制度，这种生产以固定的社会等级制度和呆板的义务模式为特征。

---

① 隋建国于公元 581 年，公元 589 年灭陈，完成统一。——译者注

② 经查证，元朝的起止时间为：1206—1368 年。——译者注

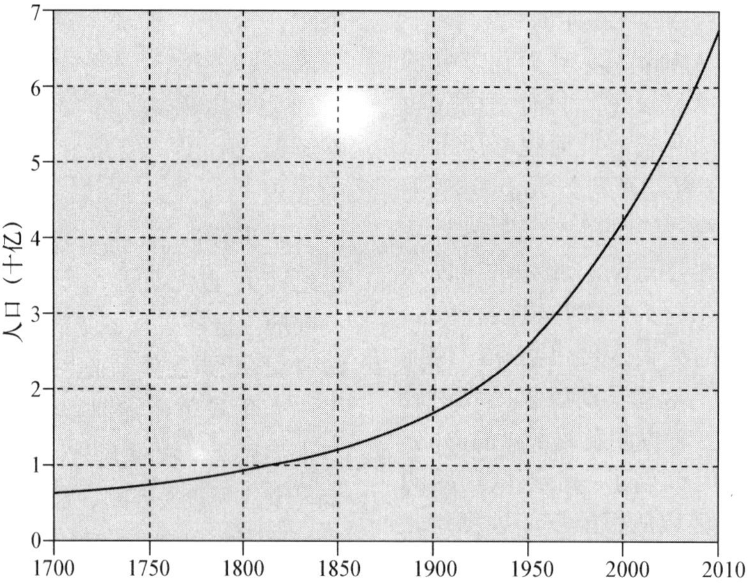

图 2—1 1750 年以来的世界人口增长

文艺复兴：源于法语，字面意思为"重生"；它是一场对古希腊与古罗马重新产生兴趣所推动的文化运动，见证了学识和艺术方面的主要发展。

启蒙运动：一场知识运动，一般以理性和进步的名义挑战宗教、政治、学问的传统信念。

美丽时代：源于法语，字面意思为"美丽的时代"，指欧洲介于 19 世纪晚期和一战爆发之间的那段和平与繁荣的时期，这段时期也被誉为"黄金时期"。

就文化而言，**文艺复兴**（the Renaissance）促成了西方世界的兴起。文艺复兴始于中世纪的意大利，重塑了欧洲人在哲学、政治、艺术、科学上的知识生活。反过来，这有助于激起其对更广阔的世界的兴趣和好奇心，并且与科学的兴起以及商业活动与贸易的扩展联系在一起。18 世纪晚期**启蒙运动**（the Enlightenment）达到顶峰，以理性、讨论、批判性考察的强烈信念渗透到西方世界的知识生活。这有利于科学文明和技术进步的发展，同时也鼓励以下观念，即社会应该按照理性的原则进行组织。

帝国主义时代

因帝国主义的发展，欧洲对其他世界的影响大大扩展。19 世纪晚期欧洲帝国主义伴随着以非洲为中心的所谓的"殖民地争夺"（scramble for colonies）而进一步增强。直到一战爆发前，世界大部分地区都在欧洲人的控制之下。英国、法国、比利时和荷兰几乎控制了世界人口的 1/3。一战前的**美丽时代**（belle époque）确立了诸多层次的经济全球化，可与当代经济全球化的水平相媲美。作为世界国民生产总值总量的一部分，19 世纪晚期的国际贸易不亚于 20 世纪晚期的规模。确实，作为这个时期世界上最重要的帝国，相比于美国等任何当代国家而言，英国更多地依靠其贸易。

1870年到1910年，跨境移民的大量流动达到了顶峰，成为这一时期的特征。19世纪中期以来移民美国的人数稳步增加，主要来自德国和爱尔兰，但也有来自荷兰、西班牙、意大利、斯堪的纳维亚国家和东欧的移民。加拿大、澳大利亚和南非也吸引了欧洲和亚洲最贫穷地区的大量移民。交通和通信方面的技术进步（以蒸汽轮船的发明、铁路的扩展、电报的发明与商用较为显著）推动了商品、资本和人员相对快速的流动。这致使19世纪成为人类社会第一个真正的普世时代（universal era）（Bisley 2007）。然而随着一战的爆发，肖尔特（Scholte 2005）称为“初始全球化”（incipient globalization）的时代戛然而止，葬送了“自由贸易的黄金时期”，导致了经济民族主义的回归和对移民的强烈抵触。在一个对当时全球时代的告诫中，有人甚至将一战的爆发解释为美丽时代全球化的结果，因为它致使欧洲国家陷入彼此冲突的状态中，欧洲国家在日渐缩小的世界中争夺资源和威望。

“短暂的”20世纪：1914—1990

一战的根源

1914年战争的爆发通常被视为“短暂的”20世纪的开端（Hobsbawm 1994）。期间资本主义和共产主义间的意识形态斗争主导着世界政治，直到1989—1991年这个时期才结束。一战被描述成世界史上最重要的战争。它是**全面战争**（total war）的第一个例子，意味着相比于此前的战争，国内民众和百姓生活方式（“后方战线”）受到更为深刻的影响。这场战争也是一场真正意义的“世界”战争，不仅因为土耳其卷入战争而且战场从欧洲扩大到中东，也因为欧洲**帝国**广泛征兵，美国也参战了。一战是第一场“现代”战争。在工业化的意义上，坦克、化学武器（毒气和火焰喷射器）和包括远程战略导弹在内的飞行器首次在一战中使用。大约6 500万人卷入各种战争冲突，其中死亡人数超过800万。约1 000万平民在战争中被杀或者死于1918—1919年冬天爆发于西班牙的流行性感冒。

帝国主义：从广义上说，帝国主义是一种国家权力或规则超国界扩展的政策，尤其以帝国（empire）确立的方式实现。在最初的使用中，帝国主义是军事扩张和帝国征服的一种意识形态，通常利用民族主义和种族主义的学说。在传统形式中，帝国主义包括正式的政治统治或殖民主义，反映了通过一系列征服和（可能是）移民而进行的国家权力的扩张。然而现代、更细微层面的帝国主义包括经济统治，这种经济统治不是建立在政治控制上，也叫新殖民主义。

帝国：一种统治性结构，其中不同文化、种族团体或民族都受制于一个权威。

全面战争：一场涵盖社会方方面面的战争，包括大规模的征兵，服务于军事目的的经济，通过大规模毁坏敌人目标、平民、军队而达到对方无条件投降的目的。

1914年6月一群塞尔维亚民族主义者组成的黑手党暗杀了奥匈帝国皇储弗朗茨·斐迪南（Franz Ferdinand）大公，从而点燃了第一次世界大战的导火索。奥匈帝国与俄国由此宣战。由于10年前形成的联盟体系，三国同盟（英国、法国、俄国）和轴心国（德国、奥匈帝国）之间发生了更大的战争。其他国家也卷入冲突之中，如支持轴心国的土耳其（1914）和保加利亚（1915）、塞尔维亚、比利时、卢森堡、日本（全部在 1914 年）、意大利（1915）、罗马尼亚、葡萄牙（1961）、希腊以及支持同盟国的美国（1917）。同盟国的最终胜利或许是因为它们在人力和装备的动员方面取得的更大成功可能与其民主制度相联系，因为它们更早和更有效率地运用了机械化的斗争，因为最终美国参战了。但是，关于战争起源的相当多的辩论依旧存在着。与一战相关并导致其爆发的主要原因如下：

- 德国问题
- 东方问题
- 帝国主义
- 民族主义

学者们对“德国问题”众说纷纭。现实主义理论家认为，仅有均势才能约束国家寻求权力的基本倾向和对国家利益的追求。他们认为，欧洲的不稳定源于结构性不平衡，而中欧主导性大国的出现导致了这种不平衡，即 1871 年德意志的统一。这种不平衡激发了德国对权力的追求，例如德国的殖民地欲望（德国的“阳光下的地盘”）和针对英国的日益增强的战略和军事对抗，特别是海军实力方面。然而，“德国问题”的另一种解释倾向于把德国扩张主义的根源归于其帝国政治制度和政治军事精英的吞并野心。对此最著名的解释在德国历史学家弗里茨·费舍尔（Fritz Fischer 1968）的著作中。费舍尔强调“世界政策”在德皇威廉二世（1888—1918）统治时期对于塑造德国的侵略性和扩张性对外政策的作用。实际上这种观点把一战的爆发归咎于德国（或者至少是其政治领导者）。其中一些谴责体现在《凡尔赛和约》（1919）的“战争罪行”条款中。

一战爆发于巴尔干，而且最初俄国、奥匈帝国宣战了。这些事实强调了所谓“东方问题”的重要性。“东方问题”意指 19 世纪晚期和 20 世纪早期巴尔干地区的结构性不稳定。这些不稳定来自于奥斯曼帝国领土和政治衰落所产生的权力真空。奥斯曼帝国曾经覆盖中东、东南欧大部分地区和北非部分地区。巴尔干地区存在着形式复杂的种族和宗教群体。在 19 世纪晚期之前，这些种族和宗教群体受到日益增强的民族主义情绪的刺激。这意味着巴尔干会激起欧洲两个传统强国——俄国和奥匈帝国的扩张野心。1914 年 6 月对奥地利王储斐迪南大公的刺杀仍是一场具有地方色彩的事件。尽管如此，这导致了俄国和奥匈帝国之间的战争，而后发展为大陆范围内的战争，最终成为了世界大战。

历史的视角

现实主义的观点

现实主义者认为，历史倾向于具有持久的特征。由此观之，不同历史时期的相似程度比其差异要大。特别是，权力政治、冲突、战争的可能性（尽管绝非无止境的战争）是无可回避的历史事实。如果你愿意，历史不会“前行”，而是不断重演。这至少有三个方面的原因。首先，人的本性是不会改变的：人是利己和寻求权力的动物，受欲望和冲动的支配。这些欲望和冲动不会因理性或者道德考量而受到约束。文化、技术、经济的进步所带来的变革不能改变这些“生活的事实”（facts of life)。其次，此类或彼类利己的政治单位塑造着历史。这些政治单位可能在不同历史时期采用不同的形式——部落、帝国、城邦、民族国家等——但是就其与其他政治单位的（潜在的或者实际上的）竞争而言，它们的基本行为是永恒不变的。再者，无政府是一个持久性的历史事实。这种假设通常被称为“无政府中心论”（anarcho-centrism）。尽管不同文明、帝国、强国或者超级大国长期地统治着，但是它们无一成功地确立全球霸权。当所有政治单位最终被迫依赖于暴力性的自助时，世界政府的缺失确保了每个历史时期都是以恐惧、怀疑和竞争为特征的。

自由主义的观点

自由主义的历史观是以进步的信念为特征的：当人类社会达到越来越高的发展水平时，历史不断前行。历史从“黑暗”走向“光明”的假设首先是基于对理性的信念。理性使人类从过去的束缚和传统习惯的负担中解放出来。人类知识和理解力大大提升，因而每一代都会超越前人而发展。在国际事务中，进步涉及从寻求权力的行为向以合作、和平共处为特征的状况的转变。在寻求权力的行为中，侵略与暴力通常被用作国家政策，然而经济相互依赖、国际法治的出现、民主的发展催生了合作的状况。这种构想具有一定的乌托邦色彩，因为它强调“永久和平”（康德）的可能性，遵从福山（Fukuyama）的观点，即世界范围内自由民主的胜利相当于“历史的终结”。然而自由主义对未来的乐观预期的范围和程度随着时间而变化。因此，在一战后和20世纪90年代初期苏东剧变后的这两个时期自由主义兴盛，但却在后1945年和“9·11”事件之后缄默无声。

批判理论的观点

最具批判性的历史方法脱胎于马克思主义。马克思主义的历史观——通常被称为“历史唯物主义”——强调物质或经济因素是历史发展的首要推动力。在马克思看来，历史是从一种“生产方式”发展到另外一种，从原始共产主义、奴隶制、封建制、资本主义制度到最终建立完全的共产主义社会，也即历史的决定性终结，这些历史阶段都会在各自内部矛盾的压力下崩溃，但是共产主义标志着历史的终结，由于财产公有，共产主义是无阶级的。尽管正统马克思主义者有时会将其解释为一种经济决定论，但罗伯特·考克斯等法兰克福学派的批判理论家拒绝决定论，认为除了物质性生产力以外国家及其关系也能影响历史的进程。然而，后结构主义者、社会建构主义者（social constructivists）和女性主义者拒绝这些本质上以阶级为基础的理论。后结构主义者通常追随福柯而运用一种所谓“谱系”（genealogy）的历史思想，试图揭露历史隐藏的意义和表现的事物。这些意义和事物服务于主导性阶级的利益，却排斥边缘性群体与民族。社会建构主义者批判唯物论，强调观念、规范和价值在塑造世界历史方面的能力。女性主义者有时注重连续性，将父权制描述为在所有历史和当代社会中是恒久不变的。

对一战爆发更宽泛的解释则集中在帝国主义的出现和民族主义的影响等方面。正如此前所讨论的，19世纪晚期是一段殖民扩张，特别是“争夺非洲”的不寻常时期。马克思主义历史学家有时会遵循列宁的思路，将帝国主义视为一战的核心解释。列宁（1916）将帝国主义阐述为资本主义的“最高阶段”。他认为，对原材料和海外廉价劳动力的追求使得资本主义列强的殖民地争夺愈发激烈，最终触发了战争。然而一些人批评列宁对一战的马克思主义解释。这些批评者认为，在解释本质上作为经济现象的帝国主义方面，列宁却未考虑民族主义这种更强有力的力量。19世纪晚期以来，民族主义已经深陷军国主义和**沙文主义**（chauvinism）中，使得政治精英和普通大众越来越支持扩张性和侵略性的对外政策。由此观之，不论沙文主义者还是扩张主义的民族主义，都受到“新式”帝国主义的推波助澜，致使国际冲突加剧，最终导致了1914年的战争。

沙文主义：对一项事业或群体的坚决且不可理喻的奉献，典型地以优越论为基础，如“民族沙文主义”。

通往二战之路

一战本来意味着“结束所有战争的战争”（war to end all wars），然而在一代人之内第二次世界大战爆发了。二战是世界上最大的军事对抗。9 000多万人被动员起来。据估计，包括平民在内的战争死亡人数在4 000万～6 000万。这场战争比一战更加“全面”，因为平民死亡所占的比例更大（由于不加区分的空袭和纳粹政权的屠杀政策，特别是针对犹太人），国内社会的分裂程度更加严重，而且经济发生调整以支持战争。二战期间，战事所涉及的范围也是真正全球性的。起初二战是1939年9月1日纳粹德国入侵波兰而导致的一场欧洲战争。在数天之内英国和法国对德宣战。因1940年德国闪电战（lightning war）的袭击，丹麦、挪威、比利时和荷兰卷入战争。1941年德国入侵南斯拉夫、希腊和最重要的俄国，确立了东方战线。1941年12月7日，日本袭击夏威夷的美国军事基地珍珠港，触发了亚洲的战争，同时也将美国拉入反对德国和意大利的战争中，导致了在缅甸、横跨东南亚和太平洋大部分地区的作战。1942年以来这场战争也蔓延至北非。1945年5月德国投降，欧洲战场随之结束。1945年8月美国在广岛、长崎各投掷一枚原子弹，随后亚洲战场也结束了。

关键性事件

世界历史，1900—1945

1900—1901年　中国义和团运动
1904—1905年　日俄战争
1914年　一战爆发
1915年　亚美尼亚大屠杀
1917年　俄国革命建立世界上第一个共产主义国家
1919年　凡尔赛和约
1922年　墨索里尼执掌意大利
1929年　华尔街崩溃（10月）；大萧条开始
1929年　斯大林开始在苏联推行集体化
1930年　日本入侵中国东北

1932 年 罗斯福成为美国总统，实施新政
1933 年 希特勒成为德国总理
1934 年 毛泽东率军开始长征
1935 年 意大利入侵阿比西尼亚（埃塞尔比亚）
1936 年 德国收复莱茵兰
1938 年 德国与奥地利合并
1938 年 慕尼黑协定
1939 年 二战爆发
1941 年 日本袭击珍珠港
1942—1943 年 斯大林格勒战役
1942—1945 年 种族大屠杀
1945 年 二战在欧洲结束（5 月），日本投降（9 月）

二战结果的决定性因素是苏联和美国的参战。对苏联的进攻使得德国陷入两面夹击，其中东方战线牵制了德国大部分兵力和资源。在 1942 年到 1943 年冬天的斯大林格勒战役之后，德国被迫转入退却。美国的参战从根本上影响了经济权力的平衡，确保世界最主要工业国家的资源能够被用于战争，从而打败德国和日本。但是相比于一战的根源，二战的根源则是一个更具历史争议的课题。与二战爆发相关的主要因素是：

- 一战的和平协定
- 全球经济危机
- 纳粹的扩张主义
- 日本在亚洲的扩张主义

爱德华 · H · 卡尔（Edward H. Carr，1892—1982）

英国历史学家、记者、国际关系理论家。卡尔曾任职于外交部并参加了一战后的巴黎和会。1936 年他被任命为位于阿伯里斯特威斯的威尔士大学伍德罗 · 威尔逊国际政治学教授。在 1953 年重回学术界之前，他担任伦敦《泰晤士报》助理编辑，因《二十年危机：1919—1939》（*The Twenty Years' Crisis*，*1919–1939*）广为人知。卡尔批评了 1919 年整个和平协定以及“乌托邦主义”对外交事务更广泛的影响，特别是对国际联盟等国际机构的依赖。卡尔通常被视为现实主义理论家中的一员，将注意力集中在“富国”和“穷国”之间冲突的解决上。然而他将玩世不恭的强权政治归咎于道德判断的缺失。卡尔的另外一些著作包括《民族主义及其之后》（*Nationalism and After* 1945）和准马克思主义色彩（quasi-Marxist）的 14 卷本《苏俄历史》（*A History of Soviet Russia* 1950—1978）。

许多历史学家将都将二战视为一战的重演，其中《凡尔赛和约》（1919）标志着通往战争之路的开始。从这个意义上说，1919 年到 1939 年的时期相当于“二十年

的休战”。《凡尔赛和约》的批评者倾向于认为，两个不相容的目标塑造着该条约。第一个目标是打破欧洲帝国并代之以一系列由国际联盟所管辖的独立民族国家，从而尝试着确立一个自由主义的世界秩序。国际联盟是世界上全球治理方面的第一次尝试。第二个目标特别是由法国、德国邻国所阐释的，期望德国进行战争赔款并从其战败中获得领土和经济的收益。这促成了“战争罪行”条款，而德国失去了其东西边境上的领土，也被迫**赔偿**。尽管其目标是恢复欧洲均势，但是《凡尔赛和约》使情况更糟。现实主义者经常遵循卡尔的学说，认为导致1939年战争的“二十年危机”的主要原因是对“乌托邦主义”或自由国际主义的更广泛的崇信。这促使“富国”（一战的胜利者）臆断国际事务将来会由利益和谐所引导，使它们倾向于忽视“穷国”的夺权（特别是德国和意大利）。

赔偿：补偿，通常包括财政付款或者物质上对物品的征用，是战胜者对战败者强制实施的惩罚或回报。

自给自足：经济自足，通常与扩张主义和征服联系起来，确保对经济资源的控制，减少对他国的经济依赖。

社会达尔文主义：一种信念，即社会存在是以竞争或斗争为特征的，“适者生存”（the survival of the fittest），意味着国际冲突、战争是无法避免的。

欧洲紧张局势加剧的第二个主要因素是1929年至1933年的全球经济危机。1929年10月华尔街股市崩溃，引发了全球经济危机。全球经济危机凸显了全球经济（通过其在工业化世界中的迅速扩展）相互联系的程度，特别是金融系统的结构性不稳定。这场经济危机的主要政治影响是失业率的上升和贫困的加剧。这致使德国等政治动荡的国家采取更具影响的激进或极端的政治解决办法。从经济上看，危机使得贸易保护主义，甚至**自给自足**（autarky）取代了自由贸易，从而转向经济民族主义，进而催生政治民族主义和国际猜疑。

然而关于二战起源的主要争议涉及纳粹德国的作用和重要性。历史学家们存在着分歧，即意识形态在解释战争爆发方面的重要性（德国的侵略和扩张是否很大程度上以法西斯主义特别是纳粹主义的兴起来解释呢?）、阿道夫·希特勒的目标、蓄意导致战争的程度。1933年希特勒和纳粹掌权，此后德国对外政策诚然变得更富侵略性。1936年德国占领莱茵兰，1938年吞并奥地利，1938年到1939年先后入侵了捷克斯洛伐克的苏台德及其余地区，继而1939年9月1日入侵波兰。此外，法西斯主义特别是纳粹的意识形态将**社会达尔文主义**（social Darwinism）与沙文主义的民族主义极端形式糅合在一起。这样的事实似乎赋予了希特勒德国一种救世主的感觉或狂热的使命：以战争与征服的方式实现民族复兴的前景、民族自尊心的再生。另一方面，其他人认为纳粹的对外政策较少地受到意识形态的支配，更多地受地缘政治因素或者19世纪统一进程所塑造的政治文化的影响。从这个视角来看，纳粹政权的对外政策目标与先前的魏玛共和国（1919—1933）、威廉德国（Wilhelmine Germany）的初期之间存在着重要的连续性。机会比意识形态更能说明其在20世纪30年代侵略扩张的转向。

聚焦

希特勒的战争？

希特勒对二战的个人责任方面的讨论尤为激烈。一些人同意希特勒的战争的论断，强调他在《我的奋斗》(1924）中为德国确立的三个目标与 20 世纪 30 年代纳粹扩张主义之间的明显联系。希特勒的“战争目的”首先是造就一个更强大的德国（通过与奥地利和苏台德的德国人合并成德意志第三帝国)；其次是扩张至东欧以寻求“生存空间”（通过入侵俄国来实现)；最后是击败主要海上帝国——英国和美国——从而获得世界权力。一些事实也支持这种观点，即纳粹德国实际上是作为希特勒的国家而运作，权力集中于一个无可置疑的领导手中。

另一方面，这一观点的反对者强调“伟大人物”的历史理论的局限性（历史被视为领导者所“创造”的，这些领导者的行为不受更大的政治、社会和经济力量的约束)。比如，马克思主义历史学家关注纳粹扩张主义与德国大企业利益相吻合的程度。其他人则关注希特勒、那些遏制纳粹侵略的人士的错判（miscalculation)。罪魁祸首通常被认为是欧洲挥之不去的自由国际主义信念、英国的**绥靖**（appeasement）政策。这种信念致使政治家一般情况下无视权力政治的现实，然而英国的绥靖政策诱使希特勒认为他能够入侵波兰而不会挑起与英国、美国的战争。

但是不像一战那样，二战并不起源于欧洲战争，而后扩展并影响到世界其他地区。显而易见地，亚洲的重要发展涉及日本日益增长的权力和帝国野心。日本在两次世界大战期间的地位在很多方面类似于一战前的德国：一个国家日益增长的经济和军事实力打破了大陆均势并推动了扩张主义的趋势。20 世纪二三十年代日本的殖民地野心膨胀了。特别是 1931 年日本占领了中国东北并建立了伪满洲国傀儡政权。1936 年，日本、德国和意大利结成了反共产国际协定，1939 年彻底发展成为一个军事和政治联盟，即《钢铁条约》（Pact of Steel)。最终 1940 年它们签订了《三国公约》（the Tripartite Pact)。但是，日本的亚洲扩张导致日本与英国、美国之间的局势日益紧张。据估计，1941 年日本在太平洋的海军力量与英美并驾齐驱。1941 年 6 月德国入侵俄国后，战争重心发生了转变。日本借此机会蓄意挑起了与美国的对抗，先发制人地袭击珍珠港。这一行为将美国拖入战争中，从而有效地决定了战争的结果。

绥靖：向侵略者妥协的对外政策战略，以期望其调整政治目标并避免战争。

第三世界：“第三世界”这个术语关注冷战期间没有划为所谓“第一世界”的资本主义或所谓“第二世界”的共产主义的世界其余部分。非洲、亚洲和拉美地区的欠发达国家属于“第三世界”，处于经济依附地位而且经常深受贫困之苦。这个术语也意指这些国家是“不结盟的”。第三世界通常是第一世界和第二世界国家进行地缘政治较量的战场。由于其轻蔑的意识形态色彩，共同殖民地历史的重要性的丧失，特别是亚洲的经济发展，自 20 世纪 70 年代这一术语逐渐被弃用了。

帝国的终结

在很多方面1945年都是世界历史的转折点。它开启了非殖民化的进程，见证了欧洲帝国缓慢但急剧的分崩离析。“帝国的终结”不仅象征着欧洲更大范围的衰落，也推动了亚洲、非洲和中东大部分地区政治、经济以及意识形态的发展。这些发展对全球政治具有深刻的意义。

超级大国：威廉·福克斯（William Fox 1944）首先使用了“超级大国”术语，意指比传统“大国”更强大的国家。对福克斯来说，超级大国拥有强大的实力与“权力转换的灵活性”（great mobility of power）。由于这个词语更倾向于具体指代冷战时期的美国和苏联，因此它更具历史而非概念的重要性。如果我们将美国和苏联描述为超级大国，这意味着它们拥有：（1）全球的势力范围；（2）在各自意识形态集团或实力范围中占主导地位的经济和战略角色；（3）占优势的军事能力，特别是核武器。

一战后欧洲逐渐丧失了对海外疆域和民族的控制。德国被迫放弃其殖民地，而1931年英国自治领获得了实际独立。由于三个因素，二战后这个过程极大地加快了。首先，传统帝国（特别是英国、法国、比利时和荷兰）都深受“帝国过度扩张”（imperial over-reach）之苦（Kennedy 1989）。其次，美国超越西欧和大部分西方资本主义国家，导致外交环境中反对欧洲殖民主义的决定性转变。二战后美国废除帝国主义的要求变得更加坚决，也更加难以阻挡。最后，亚非拉的反殖民主义活动变得如火如荼，更多地涉及政治问题。某种程度上这受到两种西方观点的影响，即民族主义和马克思列宁主义的影响。这些因素在大多第三世界国家共同造就了一种反殖民的民族主义形式。它们追求“民族解放”，不仅意味着政治独立而且包括社会变革，提供了政治、经济解放的前景。

英帝国的终结扩展到全球范围，在一战后达到极致，涉及6亿多人口。英帝国的终结尤其具有重要的意义。1947年印度、1948年缅甸和斯里兰卡、1957年马来西亚先后获得独立。在20世纪50年代晚期到60年代早期之间，英属非洲殖民地也获得了独立。直到1980年，津巴布韦（之前是罗德西亚）也获得了独立。英帝国的终结产生了49个新国家。尽管英国在马来西亚和肯尼亚面临着军事反抗，但是不可避免的非殖民地化逻辑已经被接受，从而意味着这个过程大体上是和平的。这可与法国经验相媲美。法国维持其帝国地位的更大决心导致1945年到1954年旷日持久但毫无结果的反对越南独立的战争、1954年到1962年同样毫无结果的反对阿尔及利亚独立的战争。最后解体的主要欧洲帝国是葡萄牙帝国。1974年它随着里斯本军事独裁的倒台而瓦解。1990年非洲的最后殖民地纳米比亚（以前称之为西南非）获得了独立，南非承认其不能赢得反对民族解放的战争。

非殖民地化的意义或许比冷战更深刻，的确其在更长的时期内产生了影响。首先，二战后的前几十年世界历史见证了国家构建剧烈且紧张的过程。欧洲在第三世界的非殖民地化不仅使联合国成员国数目扩大了2倍多，从1945年51个国家到1978年150多个国家（见图2—2）。这意味着1945年后源于17世纪的欧洲国家体系成为一个真正意义上的全球体系。然而帝国的终结同样大大扩展了超级大国的影响范围。特别是，非殖民地化和冷战并非两个独立和不同的过程，而是重叠和相互交织的过程。发展中国家逐渐变成东西方冲突的战场。如此看来，全球性国家体系的确立和主权独立原则的胜利与全球化发展的关键时期一致：几乎世界所有地区或多或少都整合成竞争性的权力集团。这个过程不仅造就了战略和军事相互依赖的网络，而且导致了对新独立国家更高程度的经济和文化渗透。

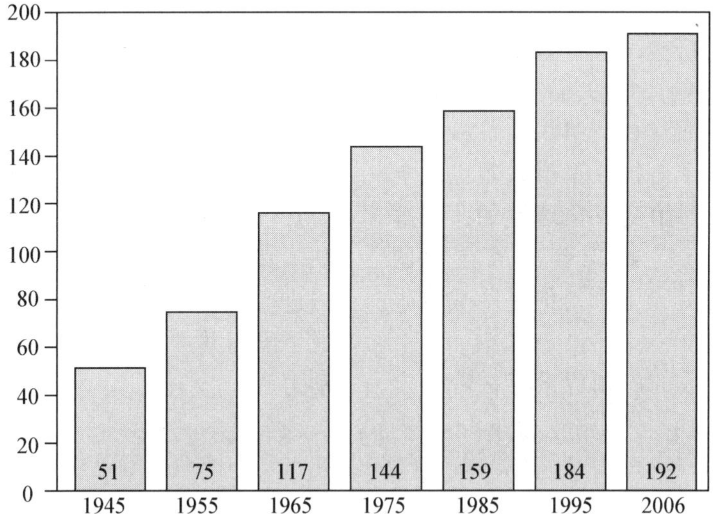

图 2—2　1945—2000 年联合国成员的增长

最终，正式取得独立给发展中国家和地区的经济和社会发展带来了一种复杂影响。就东亚、东南亚的亚洲“四小龙”（tiger economy）和海湾地区的许多石油生产国而言，它们取得了较快的经济增长速度，消除了贫困并带来了更广泛的繁荣。改革开放以来中国稳定的经济增长为接下来市场经济的转变以及 20 世纪 80 年代以来的高速增长奠定了基础。然而其他许多地区就没有这么好运了。20 世纪 70 年代以来，所谓的“南方世界”、撒哈拉以南非洲（“第四世界”）地区，贫困广泛存在着，有时是赤贫（acute poverty）。

冷战的兴衰

如果“短暂的”20 世纪是以资本主义和共产主义之间的意识形态斗争为特征的，那 1945 年标志着这场斗争在广度和深度上的急剧变化。世界秩序的重大转型催生了这场变化。尽管欧洲及欧洲强国受到一战的极大打击，并经历了特别是相对于美国而言的经济衰退，但是欧洲与欧洲强国仍旧是塑造 1939 年前世界政治的主要力量。然而 1945 年后世界是以美国和苏联作为“超级大国”为特征的。美苏成为世界舞台上占主导地位的行为体，显然使原来的“大国”相形见绌。超级大国时期则以冷战为特征，以美国主导的西方和苏联主导的东方之间的紧张状态为标志。这样二战前时期的多极状态让位于冷战的两极状态。

冷战的第一阶段发生在欧洲。德国失败（苏联红军从东边进军，美国和英国及其同盟国则从西边进攻）所导致的欧洲分裂的事实很快成为定局。正如 1946 年温斯顿·丘吉尔在密苏里的富尔顿的著名演讲中所提到的，从德国北部的吕贝克到亚德里亚海的迪里亚斯特，东西方间的“铁幕”（iron curtain）已经落下。一些人将冷战的起源追溯到 1945 年的波茨坦会议，因为战胜国在德国分裂和柏林一分为四的问题上存在着分歧。另外一些人将其与 1947 年"杜鲁门条约"联系起来，因为美国以此为由支持"自由民族"（free people），此后实施了马歇尔计划，为深受战争之害的欧洲的重建提供经济援助，希望能够借此抵御共产主义的影响。1949 年"两个德国"形成，而且北大西洋公约组织、华沙条约组织（1955）两个对抗性军事联盟也成立了。此后，冷战开始变成全球性的。朝鲜战争（1950—1953）标志着冷战在中国 1949 年革命后蔓延至亚洲。但是冷战首先是如何形成的呢？

关于冷战形成的广阔背景存在着一定的争论：与现实主义的理论假设一样，超级大国为扩张提供了不可抗拒的机会，使得世界上两个超级大国间的对抗不可避免。对美国和苏联而言，它们在欧洲的共同地缘政治利益、意识形态上深刻的相互猜疑加剧了美苏的竞争。然而，关于冷战爆发的责任问题存在着重要的争论。这些争论涉及推动冷战形成的竞争和意识形态观念。冷战的传统或"正统"（orthodox）解释则将责任归咎于苏联。苏联对东欧的控制反映了其长期存在的帝国野心。在世界范围内进行阶级斗争的马克思列宁主义学说促成了国际共产主义，从而为其增添了新的动力。

解构"冷战"

- "冷战"概念表明了一种"非战非和"的状态。但是，这一时期美苏关系被描述为"战争"（尽管是"冷的"战争）说明这两个国家间的对抗程度既深刻又激烈，以至于一旦条件允许它们会引发直接军事冲突。实际上，这种情况只适用在冷战开始时最充满敌意的阶段，因为 1962 年古巴导弹危机之后紧张局势开始缓和。因此，一场持久性"冷战"的观念可能受到意识形态假设的塑造，即资本主义和社会主义的势不两立。
- 所谓的冷战某种程度上意味着超级大国之间的对抗不会导致"战争"。就美苏没有进行直接军事冲突而言，的确是如此，而在隐蔽战、涉及东西方冲突（朝鲜战争、越南战争、阿拉伯—以色列战争等）的所谓代理人战争和冲突方面，冷战是"热的"。

缓冲区：潜在（与强大）的敌对国之间所存在的区域、国家或国家联合，以减少地面进攻（land-based attack）的可能性。

越南战争时期（1964—1975），加布里埃尔·科尔科（Gabriel Kolko 1985）日渐支持冷战的"修正主义"（revisionist）解释。这种观点将苏联在东欧的扩张视为防御性而非侵略性的，本质上受到在对立的西方与其自身之间建立**缓冲区**（buffer zone）、德国永远软弱的愿望驱使。各种"后修正主义"解释也得到发展。其中一些人承认两个超级大国的霸权野心，认为冷战是权力真空不可避免的结果，而权力真空是德国与日本战败、英国颓废的产物（Yergin 1980）。其他解释则更加强调误解、错失的良机（missed opportunities）。例如，罗斯福总统对联合国保护下和平合作的信心表现出了最初的希望。

争论

冷战不可避免吗?

将历史事件解读为不可避免的趋势总是存在着：它们发生是因为它们不得不发生；历史是一个前世注定的过程。就冷战而言，这个讨论由于特定的情绪变得白热化，因为它涉及解释世界政治的影响因素的竞争性理论。历史是由不可抗拒的政治或意识形态力量塑造着吗？历史时常是误解和误判的产物吗？

赞成

两极互动。现实主义理论认为，冷战最好以权力政治和国际体系的本质来理解。由此观之，国家首先关注自身生存，因此优先关切军事和安全方面。但是国际体系内更宽泛的权力分配决定着国家追求和维持权力的能力。冷战不可避免的原因是，二战后德意日的战败、英法等战胜国的长期衰落形成了一个美苏具有主导性影响的两极世界秩序。二战后全球政治的状况是明晰的。两极意味着美苏的竞争和敌对是不可避免的，因为双方都寻求巩固并在可能的条件下扩展自身的影响范围。这导致了以美国为首的西方阵营和以苏联为首的东方阵营之间的日益敌对。众多大国屈服于两个超级大国的世界统治，而且两个超级大国间的和平与协作是不可能的。

意识形态的“漫长战争”。冷战不可避免的另一种视角将意识形态描述为一种不可抗拒的驱动力。由此观之，冷战本质上是资本主义和共产主义之间的全球性意识形态斗争。共产主义产生于19世纪，但1917年俄国革命后成为一种更为具体的形式。资本主义和社会主义之间的敌对源于如下事实：它们代表着不相容的两种经济组织模式；实际上是竞争性的未来观。因此，冷战是资本主义西方以及社会主义东方之间的斗争，而且美国和苏联也仅仅以此作为斗争的工具。所以1945年法西斯主义溃败之后，冷战就不可避免了，因而东西方的冲突成为全球政治的架构。

反对

西方对苏联的误解。冷战并不受两极或者意识形态的支配，而是一系列错误、误算、错解的产物。两个主要行为体错失和平与合作的机会，相反不断加剧的错觉导致了一种“爆炸、美元和教条”的心态。这种心态致使相互怀疑和根深蒂固的敌意似乎不可避免。西方对苏联的误解是基于这一假设的，即意识形态而非领土安全决定着苏联的外交政策。苏联的首要关切是永远削弱德国并在东欧创造一个“友好”国家的缓冲区。但是到1946—1947年，美国政策分析者开始将苏联集团视为俄国根深蒂固的帝国野心的表现或者世界范围阶级斗争的马列主义学说的体现。杜鲁门政府的核心人士逐渐认为，他们正与一个决意要追求世界革命的苏联相对抗，并日渐据此而行动。

苏联对西方的误解。对西方的深刻猜疑影响着苏联，特别在斯大林统治下。苏联背负着战争期间对“资本主义包围”的恐惧。类似于西方的误解，苏联领导人认为，相比于战略关切美国对外政策更多地受到意识形态考量的指导，特别是反共产主义的考量。因此，美国迅速减少在欧洲的驻军（美国军队从1945年5月的350万人到下一年3月的

40 万人，最终减为 8.1 万人），对苏联决策者影响极小或没有影响。苏联决策者没能理解，二战后美国真正地希望合作。美苏有着共同利益，即确立一个可能的长期关系（基于减少防御负担和代之以对国内重建的投入的共同诉求）。但是这种共同利益不足以遏制向恐惧和对抗的转移。

关键性事件

冷战时期

1945 年　联合国成立（6 月）
1945 年　广岛、长崎的原子弹袭击（8 月）
1946 年　纽伦堡和东京审判开始
1947 年　杜鲁门主义出笼（4 月）
1947 年　马歇尔计划实施（6 月）
1948—1949 年　柏林封锁/空运
1949 年　苏联原子弹爆炸成功（8 月）
1949 年　新中国成立（10 月）
1950—1953 年　朝鲜战争
1955—1975 年　越南战争
1956 年　苏联入侵匈牙利
1961 年　柏林墙建立
1961 年　尤里·加加林成为遨游太空的第一人
1962 年　古巴导弹危机
1967 年　六日战争
1968 年　苏联入侵捷克斯洛伐克
1969 年　阿波罗 11 号登上月球
1971 年　共产主义中国重返联合国
1973 年　石油危机
1977 年　中国开始经济改革
1979 年　伊朗的伊斯兰革命
1980 年　苏联入侵阿富汗
1980—1988 年　伊朗—伊拉克战争
1985 年　戈尔巴乔夫成为苏联领导人
1989 年　柏林墙拆除（11 月 9 日）
1990 年　欧安会宣布冷战正式结束（11 月）
1991 年　苏联解体（12 月）

冷战并非一个持续且不间断的紧张时期，它经历了“热”与“冷”的不同阶段，有时可能成为“热”战。1962年古巴导弹危机很可能是两个超级大国间最接近爆发直接冲突的时刻。**边缘政策**（brinkmanship）的实施使其和平地告终了。这个事实也许体现了**相互确保摧毁**（Mutually Assured Destruction，MAD）情形在防止两个超级大国之间的紧张状态发展成军事冲突方面的有效性。然而20世纪70年代以来，冷战的两极模式逐渐不太准确了。首先，这是由于共产主义世界的日渐分裂（显著的是，莫斯科和北京之间日益加深的敌意），其次是日本和德国作为“经济超级大国”的复兴。1963年到1971年期间浮现的多极化、1972年到1980年东西方之间的**缓和**（détente）时期反映了这个问题。然而随着1980年“第二次”冷战的出现，缓和状态结束了。“第二次”冷战是里根政府军备竞赛以及更强硬的反共反苏的对外政策的产物。

然而，冷战以一种急剧迅猛、出人意料的方式结束了。在1989年到1991年两年间，苏东发生了剧变。中国等共产主义政权经受住了这场剧变，正发生着天翻地覆的变化。在1989这个颇具纪念意义的年份，东欧的共产主义统治退回到苏联边界；1990年欧洲安全与合作委员会的巴黎会议正式宣布冷战结束；1991年苏联解体。但是如其起源的争论一样，关于冷战终结的讨论陷入了意识形态的争议。苏东剧变、冷战结束的影响因素包括以下方面：

- 苏联式共产主义的结构性弱点
- 戈尔巴乔夫改革进程的影响
- 美国政策和“第二次”冷战
- 经济和文化的全球化

一些人认为，苏联结构性缺陷的必然结果注定苏联式政权的必然崩溃。这些弱点分为经济、政治两类。经济劣势与中央计划的固有缺点相联系。

边缘政策：避免对抗扩大为战争而说服敌对者让步的一种策略。

相互确保摧毁：指由于双方具备无懈可击的第二次打击能力，任何一方国家的核袭击都只能导致自毁的情形。

缓和：（法语词）字面意思是松懈；以前敌对国家之间紧张状态的松懈，经常被用来指冷战时期的一个阶段。

重建：（俄语词）字面意思是“重构”；在苏联意指将市场改革引入指令性经济或计划经济的过程。

开放：（俄语词）字面意思是公开；在苏联被用来意指一党执政的共产主义国家中的言论自由。

尽管结构性缺陷或许可解释共产主义制度更易崩溃的问题，但是这并不能解释其时机和瞬变。数十年所积累的政治经济低迷状态如何蔓延，在短短数月甚或数周之内导致了政权的垮台？答案在于米哈伊尔·戈尔巴乔夫始于1985年的苏联改革。改革过程涉及三个主要方面。基于**重建**（perestroika）的口号，第一个方面涉及市场竞争和私有产权的引入，以解决苏联中央计划的长期缺陷的问题。这利用了“市场社会主义”的最初试验，特别是南斯拉夫的试验。但是，戈尔巴乔夫的经济重建产生了灾难性的后果：它用一个根本不能发挥作用的经济体制取代了低效但仍发挥作用的计划经济。改革进程的第二方面是，在**开放**（glasnost）口号下解除言论和政治辩论的限制。但是开放仅仅为戈尔巴乔夫的反对者们提供了政治机会，即强硬派的共产主义者、激进分子。这些强硬派的共

勃列日涅夫主义：1968年勃列日涅夫所宣告的准则，即华沙条约国家仅享有"有限主权"，为苏联干预提供正当性。

产主义者反对可能威胁政党国家精英权力和特权的任何改革，然而激进分子希望废除中央计划和共产主义统治。因此戈尔巴乔夫日益孤立，从"改良共产主义"退却到更激进的变革，包括对共产党权力垄断的正式废弃。戈尔巴乔夫改革的第三个关键方面是对与美国、西欧关系的新看法，即对**勃列日涅夫主义**的舍弃。取而代之的是所谓的"辛纳特拉主义"（Sinatra doctrine），即允许东欧国家"各自行事"。这意味着当1989年至1990年共产主义政权接二连三地垮台时，戈尔巴乔夫和苏联拒绝干预。

见诸行动的全球政治

柏林墙的倒塌

事件：1989年11月9日，一位疲倦的民主德国政府发言人宣布将取消旅行限制。由于慌乱、受到进一步的质疑，他随之表示这将"立即"生效。这个宣告的效果是令人震惊的。在波兰和匈牙利共产主义政权的瓦解、每周一次的莱比锡群众游行、其他民主德国主要城市小规模游行的推动下，东西柏林人备受鼓舞而冲向柏林墙。兴奋的聚会气氛迅速弥漫起来，民众在柏林墙上手舞足蹈，相互帮助。在11月10日早晨，作为冷战时期主要象征的柏林墙的拆除工作开始了。在接下来的时日里，两德边界以及东西柏林也逐渐开放了。正如东欧其他地方的事件催生着柏林墙的倒塌一样，反过来这也是精神鼓舞的源泉。12月，捷克斯洛伐克的共产主义统治崩溃了。罗马尼亚的暴乱首先迫使共产党领导人齐奥塞斯库偕妻子埃琳娜（Elena）乘直升机逃走。后来他们被抓获，在圣诞节那天被迅速处决了。

意义：柏林墙的倒塌是1989这个重要年份中的标志性事件。东欧变革有效地使共产主义范围退回到苏联边界，引发了整个共产主义世界的改革进程。不无道理的是，1989年被广泛地视为世界历史上最重要的年份之一，比肩于1648年（欧洲国家体系的诞生）、1789年（法国大革命）、1914年（一战爆发）、1945年（二战结束和冷战开始）。1989年的势头直接导致了一系列世界历史性事件。首先，1990年德国重新统一，开启了欧洲重新整合的进程。随后欧盟东扩，某种程度上北约也东扩了。同年，华约和北约代表、东西方冲突的军方人士在巴黎正式会晤，宣布敌对状态结束了。这正式结束了冷战。1991年12月，世界上第一个共产主义国家——苏联最终正式解体了。

对弗朗西斯·福山来说，1989年标志着"历史的终结"，因为作为世界历史性力量的马列主义的失败意味着自由民主是世界范围内唯一可行的经济政治体系。对菲利普·博比特（Philip Bobbitt 2002）来说，1989年所发生的事情标志着界定民族国家宪政形式的自由主义、法西斯主义和共产主义之间"漫长战争"的结束。然而，一些人质疑1989年的历史重要性。关于这方面的质疑存在着两种观点。第一，一些人认为1989年前的时期和1989年后的时期之间存在着重要的连续性，因为二者都以美国的霸权地位为特征。的确，1989年可能仅仅标志着美国迈向霸权地位的漫长崛起的深入发展。第二，1989年到1991年或许只是标志着俄罗斯权力的暂时衰落。俄罗斯从20世纪90年代的危机岁月中走出来，在普京的领导下开始恢复其影响，使得俄罗斯与美国重新处于类似冷战的竞争之中。

关于冷战终结的其他解释一般不关注苏联内部和共产主义阵营的内部发展，反而关注共产主义所处环境的变化。共产主义崩溃的主要外部因素是美国里根政府的政策、经济与文化全球化的发展。20世纪80年代里根政府再次扩军而发起“第二次冷战”，特别是1983年的战略防御计划(SDI，所谓的“星球大战”计划)。无论故意与否，这将苏联拖入其脆弱经济所不能承受的军备竞赛中，从而引发了经济崩溃，增加了改革压力。经济全球化的作用在于扩大了东西方生活水平的差距。20世纪70年代以来，贸易和投资的不断国际化推动了以美国为主导的西方世界的技术和经济发展，然而以苏联为主导的东方世界身处全球市场之外，深受经济停滞之苦。文化全球化有助于无线电和电视技术的扩展，使思想、信息和图像从繁荣的西方渗透到东欧国家。反过来，这会激起不满，进而导致对政治经济改革的支持。

1990年以来的世界

“新世界秩序”?

后冷战世界伴随一波乐观主义和理想主义而诞生。超级大国时期是以蔓延至全球的东西方竞争为标志的。这种竞争导致了足以摧毁地球的核军备产生。当东欧共产主义崩溃，苏联在国内外退却时，美国总统老布什正式宣告“新世界秩序”的产生。尽管“新世界秩序”的观念通常缺少清晰的界定，但是它无疑体现了典型自由主义的希望与期望。尽管冷战是以意识形态斗争和恐怖平衡为基础的，但超级大国对抗的终结为自由主义和平提供了可能。自由主义和平是以国际规范和道德标准的共识为基础的。这个正在形成中的世界秩序的关键是对以下需要的认可，即和平解决争端、反侵略和扩张、控制和削减军备，以尊重人权的方式善待国内民众。正如弗朗西斯·福山（1989，1991）等“历史终结论”者所认为的那样，世界每一个角落都无可抗拒地被基于自由主义民主的经济政治发展的单一模式所吸引。

后冷战时期的世界秩序似乎轻易地经受住了第一轮考验，催生了自由主义的乐观态度。1990年8月伊拉克占领科威特，促成了西方国家与伊斯兰世界的广泛联盟。1991年海湾战争驱逐了伊拉克军队。1991年南斯拉夫的分裂导致了塞尔维亚与克罗地亚的战争。欧洲安全与合作会议（CSCE）[1994年改名为欧洲安全与合作组织（OSCE)] 首次成为解决国际危机的机制，有望最终取代华沙条约和北大西洋公约组织。欧洲安全与合作会议形成于1975年的赫尔辛基会议。超级大国的敌对状态致使欧洲安全与合作会议置身局外，但1990年11月在巴黎举行的欧洲安全合作会议的政府首脑会晤签订了条约，正式结束了冷战。然而国际和谐与合作的最初前景很快被证明是幻想，因为动荡和不稳定的新形式浮出水面。

冷战所掩盖的矛盾和冲突的释放产生

了新世界秩序中的压力。外部威胁（“国际共产主义”或者“**资本主义包围**”）促进了内部凝聚力并给予社会一种目的与认同感。例如，某种程度上西方世界以与东方世界的敌对定义自身，反之亦然。许多国家外部威胁的崩塌有助于产生离心性压力，通常体现为种族、族群、区域的紧张状态。这在世界很多地区都有发生，特别是东欧，如南斯拉夫的分裂和塞尔维亚、克罗地亚和穆斯林之间旷日持久的流血冲突。波斯尼亚战争（1992—1995）是20世纪下半叶时间最长和最为残暴的欧洲战争。国际社会并未形成基于正义和人权的世界秩序，袖手旁观原南斯拉夫，直到1999年科索沃危机，还允许塞尔维亚发动侵略战争而且实行二战中所使用的种族灭绝政策。然而，无论希望与否，2001年全球恐怖主义突然扰乱了后冷战的世界历史中这些最初的趋势。

资本主义包围：俄国内战（1918—1921）期间所产生的理论，即资本主义国家积极从事颠覆苏联的活动，以打垮共产主义。

“9·11”事件和“反恐战争”

对很多人来说，9月11日恐怖主义者对纽约和华盛顿的袭击在世界历史上是个关键时刻，“9·11”事件揭开了后冷战时期的真正本质，史无前例的全球冲突和不稳定时期也由此拉开序幕。另一方面，对“9·11”事件影响的夸大也是可能的。正如罗伯特·卡根（Robert Kagan 2004）所说，“9月11日美国并没有改变，只是变得更加自得”。众多理论解释着全球或者跨国性恐怖主义的出现。其中最具影响力、广泛讨论的是塞缪尔·亨廷顿（Samuel Huntington）的“文明冲突论”。亨廷顿（1996）认为，21世纪冲突基本上不会是意识形态和经济方面的，而是“不同文明”的国家和群体间的文化冲突。由此看来，“9·11”事件、所谓的“反恐战争”可以被视为西方世界和伊斯兰国家间“文明”冲突浮现的证据。此种观点表明，全球恐怖主义产生于西方自由民主观念与价值观、伊斯兰观念和价值之间可能无法调和的矛盾，尤其是伊斯兰原教旨主义。伊斯兰原教旨主义者希望确立宗教对于政治的首要地位。但是认为全球恐怖主义本质上是宗教或者文明问题的观点忽视了这样的事实，即激进的穆斯林出现于20世纪具体的政治历史环境中，连接着中东的紧张状态与危机，特别是阿拉伯世界。中东政治局势紧张的关键因素包括：

- 殖民主义的遗产
- 以色列和巴勒斯坦的冲突
- 石油“金库”
- 伊斯兰政治力量的崛起

全球行为体

美利坚合众国

类型：国家　**人口：**309 605 000

人均国内生产总值（GDP）：47 702美元

人类发展指数（HDI）排名：13/182　**首都：**华盛顿

1787年，依据美国宪法，美利坚合众国成为联邦共和国。在1776年独立战争后，13

个前英国殖民地创建了联邦。19 世纪是以美国如今现存的领土完整地确立为特征的。到 1912 年确立了美国大陆上的 48 个州（夏威夷和阿拉斯加在 1959 年加入）。美国是一个自由民主国家，包括：

- 由众议院和参议院（每个州有两个参议员代表，无论州大小）组成的国会。
- 领导政府行政部门的总统。
- 能废除违背宪法的法律和行为的最高法院。

美国政府体系是以宪政审查和平衡的网络为特征的，源于联邦制度和立法、行政、司法的三权分立。因此美国政府体系容易受到“政府瘫痪”的影响。例如，条约需要总统的签署和参议院的批准；尽管总统身为总司令，但只有国会才能宣战。

重要性：美国上升至全球霸权的地位始于 19 世纪的经济崛起。到 1900 年止，美国超过英国，成为世界上的主要工业国，生产了世界上大约 30%的制成品。美国放弃传统的孤立主义政策，迅速增长的经济实力逐渐体现在国际自信心上。1945 年这个过程完成了。那时美国崛起成为超级大国，具有无可匹敌的军事和经济实力，影响着整个西方资本主义世界。1991 年苏联解体致使美国成为世界上唯一的超级大国，而且美国与“已提速的”全球化之间存在紧密联系（它们的关系太过于密切以至于全球化有时被视为“美国化”）。因此，美国上升为全球霸权国家。剧增的国防开支支撑着后冷战时期的美国实力，使美国高科技军事设备处于无懈可击的领先地位，也使美国成为唯一一个可以同时在世界一地以上发动战事的国家，正如美国在“9·11”的反应中所体现的那样。

但是，美国实力具有自相矛盾的特征。比如，尽管美国军事优势是不容置疑的，但其政治功效是有待考量的。“9·11”事件表明了美国在跨国恐怖主义等新安全威胁方面的脆弱性。“反恐战争”是对“9·11”事件的反应。这突显了美国实力的局限性，并在一定程度上是事倍功半的。尽管 2001 年阿富汗行动、2003 年伊拉克行动都迅速成功地除掉了锁定的政权，但是这两场战争都演变成为旷日持久且高度复杂的平叛战争(counter-insurgency wars)。从传统意义上看，美国难以“取胜”这种反叛乱战争。此外，小布什政府的单边主义倾向，特别是“反恐战争”的方式损害了美国的“软权力”并滋生了怨恨，尤其是在伊斯兰世界。2008 年奥巴马成为美国总统以来，美国对外事务方面的转变使其认识到需要在一个更加相互依赖世界的多边主义框架中运行。然而也许对美国权力的最大挑战是所谓的新兴国家的崛起，尤其是中国。对美国霸权衰落的警告可追溯到 20 世纪七八十年代。那时越南战争的失败和相对于日本、德国的经济衰落被解释为“帝国过度扩张”的证据。但是中国崛起更为重要，因为这或许表明新的全球霸权的诞生，因为中国努力在 2020 年左右在经济方面超过美国。

中东政治的不稳定可追溯到 1918 年奥斯曼帝国的终结。这促成了英国和法国对叙利亚、黎巴嫩、巴勒斯坦以及伊拉克前身的“委任统治”（托管统治）。西方殖民主义弱化了这个地区，引起了屈辱与耻辱之感，特别是因为它导致了伊斯兰教法（*Shari'a* law）体系等传统穆斯林习俗和结构的解体；催生了反映西方列强利益而未考虑历史、文化与种族事实的政治边界；确立了以亲西方的“傀儡”统治者为基础的腐败的权威主义政府。尽管在20世纪三四十年代委任统治逐渐被取消了，但西方的影响力仍旧强大，殖民主义的遗产也很难以根除。

1947年以色列建国。新独立的阿拉伯邻国视其为西方殖民主义的延伸、西方前哨点，以弱化阿拉伯世界。一系列阿以战争的失败仅仅加深了阿拉伯世界的挫败感和羞辱感。“巴勒斯坦问题”的政治和象征性影响——1948年战争之后成千上万的巴勒斯坦籍阿拉伯人流离失所、1968年六日战争后“被占领土”的确立——是难以估量的，特别是在整个阿拉伯世界、许多其他伊斯兰国家。这导致对以色列国所体现的西方影响力的怨恨感日益加深。除此之外，这使得腐败和自满的军事独裁更容易获得权力并执政，要知道它们总能利用以色列和巴勒斯坦问题，以动员大众的支持。

专制：字面上意指一个统治者的统治；政治权力集中在一个统治者手中，一般是君主。

表面上来看，世界上最大石油储量成为政治紧张和不稳定的根源的观点会拉紧公信力（strain credibility），但是石油至少在两方面被视为中东“金库”。第一，石油为中东政权提供了一个可靠且丰富的财政来源，减少了国内政治改革的压力，由此巩固了自满且反应迟钝的政府。石油收益有时也逐渐被用来建立广泛的军事安全机构。这些机构负责镇压政治反对者和遏制不满情绪。因此中东的君主**专制**（autocracy）和军事独裁仍旧根深蒂固。石油的第二个缺陷在于其使得西方政治和利益集团持续插手中东，关切石油资源的获取并维持低油价，直到20世纪70年代初期石油输出国组织（OPEC）成功地将原油价格提高了两倍。中东也是冷战对抗的重要场所。这有助于推动反西方主义，有时更具体的是反美主义。20世纪六七十年代阿拉伯的社会主义形式体现了反西方主义，但20世纪80年代以来宗教原教旨主义逐渐出现。

政治伊斯兰是一种激进且强硬的伊斯兰教形式，以伊斯兰国家构建的方式寻求政治和精神复兴，从20世纪中东城市贫民与年轻知识分子的民族挫败、政治镇压、文化分离和社会挫折的有效结合中获得动力。在最初形式中，穆斯林兄弟会（Muslim Brotherhood）从清教徒般的非暴力运动逐渐发展为倡导暴力以抵制所有“外来”意识形态并且建立一个纯粹的伊斯兰国家。1979年伊朗革命极大地加强了政治伊斯兰的形象和影响。伊朗革命使奉行强硬路线的什叶派教士阿亚图拉·霍梅尼（Ayatollah Khomeini）执掌政权。此后，哈马斯和真主党（Hezbollah）等激进的伊斯兰团体倾向于取代巴勒斯坦解放组织（PLO）等世俗团体，领导反对以色列和西方帝国主义的斗争。1979年至1986年，伊斯兰原教旨主义的反侵略战士抵御苏联对阿富汗的入侵，此后建立了“基地”组织并发展成为全球恐怖主义的主要倡导者。它逐渐将美国视为直接袭击的目标。通过“9·11”事件，“基地”组织不仅表明了恐怖主义新的全球活动范围，而且表明21世纪组织松散的恐怖主义网络等非国家行为体与国家一样会发动战争。

“9·11”事件之后，美国“反恐战争”的方法很快开始现出雏形。2001年11月反恐序幕拉开了。美国领导的对阿富汗的军事打击，仅在数周内就推翻了塔利班政权。由于塔利班与“基地”组织的联系过于紧密并且为奥萨马·本·拉登（Osama bin Laden）及其同伙提供了一个大本营，因此这场战争获得了广泛的国际支持，也成了联合国授权的第二例军事行动（第一例是朝鲜战争）。因受到新保守主义的影响，根据全球政治更大程度的重构，小布什政府调整了战略，以推动民主的方式解决“流氓”国家的问题，必要时采用先发制人的军事打击。2002年1月，小布什总统将伊拉克、伊朗和朝鲜界定为“邪恶轴心”，之后又扩大到古巴、叙利亚和利比亚（后来从这个名单中去掉了）。但是很显然萨达姆·侯赛因统治下的伊拉克的“政权更迭”是小布什政府的下一个目标，以便为更广泛的阿拉伯世界的民主重建提供基础，这一意图很明显。这一切导致了2003年美国和“自愿联盟”（a coalition of the willing）所发动的伊拉克战争。

关键性事件

后冷战时期

1991年1—2月　海湾战争
1992年　南斯拉夫内战爆发
1993年　欧盟成立
1994年4—7月　卢旺达种族大屠杀
1994年9月　南非种族隔离制终结
1996年　塔利班夺取阿富汗政权
1997—1998年　亚洲金融危机
1999年　科索沃战争
2001年　“9·11”恐怖袭击
2001年10月　美国入侵阿富汗
2003年　美国入侵伊拉克
2008年　俄罗斯入侵格鲁吉亚（8月）
2008年9月　全球金融危机加剧

尽管阿富汗和伊拉克军事干预的最初目标很快实现了（清除塔利班、分别推翻萨达姆及其复兴党政权），但是“反恐战争”的追根究底变得有问题了。阿富汗战争和伊拉克战争都变成旷日持久的平叛斗争，凸显了现代不对称战争（在第10章有论述）所涉及的困难。尽管伊拉克的安全状况有所改善，但是公民秩序的确立、国家建设，甚至民族建设的漫长过程被证明是复杂艰巨的。此外，美国运用军事干预以“推动民主”的政策被伊斯兰世界广泛地视为帝国主义行为，这加重了反西方主义和反美主义情绪。因此，令人担忧的是“反恐战争”会适得其反，有可能导致而不是解决点燃伊斯兰恐怖主义的文明冲突。

2004年以来，小布什政府“反恐战争”的方法发生了显著的变化，特别是试图更多地将联合国纳入其中。但更重要的变化是2009年奥巴马总统上台后。这些变化首先是减弱对军事实力运用的强调，更强调美国“软权力”的增强。2009年5

月美国开始从伊拉克分期撤军，伊拉克军队承担起城乡安全的责任。美国向伊斯兰世界表达了重要的友好态度，更具体来说是对伊朗（鉴于其对伊拉克等国家的深刻影响，及其设法获得核武器的信念），号召加深跨文化的理解以及承认过去的错误。奥巴马政府的战略也试图更加注重恐怖主义的原因而不仅仅是其影响，消除怨恨长期存在的根源，更重要的是以强大的国际压力来推动解决巴勒斯坦问题。

全球经济的动态平衡

对于“不断加速的”全球化的现代阶段始于何时的问题，人们没有一致的看法。20 世纪 90 年代经济全球化的观点才得到广泛接受。但是当代全球化可以追溯至 1968 年至 1972 年间维系“固定”汇率的布雷顿森林体系瓦解后经济重心的转变。浮动汇率导致了更大范围的金融管制的解除，使国际货币基金组织和世界银行信奉“华盛顿共识”（Washington consensus）。在华盛顿共识下，许多发展中国家被鼓励采取“结构性调整”（structural adjustment）方案，严格地（有时是灾难性的）实施自由市场政策。20 世纪 80 年代，美国里根政府、英国撒切尔政府极其强调自由市场的优先地位。它极大地拓宽了国际资本主义的界限，将西方经济体系变成了一个真正全球性的经济体系。但是“休克疗法”（shock therapy）的市场化改革在后共产主义世界的不同地方有着不同的结果。比如，俄罗斯的市场化改革导致了生活水平和平均寿命的急剧下降，为 1999 年后普京的权威主义统治提供了基础。

但是全球经济的新平衡仍处于变动中。经济全球化本质上与美国上升的经济主导地位相连。20 世纪 70 年代以来，美国对国际货币基金组织、关税及贸易总协定（在 1995 年被世界贸易组织取代）和世界银行发挥着决定性的影响，致使这些制度信奉自由市场与自由贸易政策。正如 19 世纪英国那样，20 世纪晚期和 21 世纪早期自由贸易为美国提供了新的商品市场、原料与廉价劳动力。到 2000 年为止，美国控制了全球经济产量的 30％多。作为全球经济中最重要的行为体，美国的崛起与跨国公司、在海外拥有子公司的大公司的实力的急剧增长息息相关。这些公司能够调整生产和投资以从最有利的经济和财政环境中获益。在世纪之交，跨国公司占据了世界贸易量的 70％，其中几乎过半的世界五百强企业都在美国。

但是，全球资本主义的利益没有被平等地分配。特别是，非洲大部分国家都受制于全球化而非从中获益。相当一部分非洲人仍然身处未受教育和营养不良的状态，另一些则不同程度地患有艾滋病等痼疾。整体而言，跨国公司对非洲的影响通常是负面的。例如，跨国公司导致了农业生产集中在“经济作物”的出口而非满足当地的需求。世界其他地方受困于全球金融体系的不稳定性，或者因不完全采取新自由主义改革和市场改革而经受着增长的衰退。全球经济的不稳定性体现在一系列金融危机中，如 1995 年墨西哥金融危机、1997 年至 1998 年亚洲金融危机、1999 年至 2002 年导致经济严重衰退的阿根廷金融危机。

21 世纪新兴经济体的崛起或许主导着全球经济的趋势，其中最重要的是中国和印度。如此看来，1945 年后最重要的发展不是冷战的兴衰或美国经济军事霸权的确立，而是为 21 世纪超级大国的出现奠定基础的非殖民地化过程。如果19世纪是“欧洲的世纪”，20世纪是“美国的世纪”，那么21世纪将是“亚洲的世纪”。

大约1980年以来，指令经济转变到市场经济的影响开始变得明显。中国经济一直保持高速增长。2009年中国超过德国成为世界第三大经济体。如果这种增长速度持续下去，估计到2027年美国经济实力将会黯然失色。20世纪90年代以来，印度增长水平仅略低于中国。作为主要经济体的印度的崛起始于20世纪80年代的经济自由化。经济自由化推动了印度经济中新兴技术部门的发展，刺激了出口导向型产业的发展。2007年至2009年的全球金融危机在很多方面反映并推动了全球经济重心从西方向东方的转变。这场危机不仅产生于美国的银行危机并致使企业资本主义的美国模式受到了质疑，而且中国和印度经济复苏的最初迹象一定程度上表明了它们及其邻国经济体能够成功地从美国经济中“脱钩”。

总 结

- 一系列发展塑造着“现代”世界。这些发展包括古代文明的最终瓦解、“黑暗时代”的出现、欧洲通过“发现时代”逐渐占据主导地位并最终工业化、欧洲帝国主义的发展。
- 一战意欲成为“结束所有战争的战争”，但是在一代人期间，二战爆发了。二战爆发的核心因素包括一战的和平协定、20世纪30年代的全球经济危机、纳粹的扩张计划（有时与希特勒的个人影响有关）、日本在亚洲扩张的增强。
- 1945年通常被视为世界历史的分水岭，开启了两个重要的进程。第一是非殖民地化进程和欧洲帝国的崩溃。第二是冷战的产生，造成了美国主导的西方与苏联主导的东方之间日益激化的两极矛盾。
- 1989年至1991年的东欧剧变、苏联解体导致冷战的两极格局不复存在。苏联式共产主义的结构性缺陷、戈尔巴乔夫改革进程的影响、“第二次冷战”的产生、经济和文化全球化的更广泛影响等因素导致了这一结局。
- 在各种形式的民族主义兴起、宗教极端主义发展之前，后冷战时期的“自由主义”预期盛极一时。这尤其适用于“9·11”事件和被视为伊斯兰和西方之间文化争斗的“反恐战争”。
- 全球经济中的实力均衡以重要的方式发生了转变。尽管一些人将全球化与美国日益增强的经济主导地位相联系，但是也有一些人认为全球经济日趋多极化，特别是由于新兴经济体的崛起。

问题讨论

- 欧洲为何以及如何在1900年前的世界中发挥着主导性影响？
- 1871年德国统一后，德国在何种意义上以及为何成为一个“问题”？
- 二战的确重蹈一战的覆辙吗？
- 如果没有希特勒，二战是否会发生？
- 1945年后美国和苏联之间的抗争和矛盾是不可避免的吗？
- 冷战使世界更加和平与稳定，还是相反呢？
- 在冷战中有人“获胜”吗？

● 为什么国际合作与和平共处这一“新世界秩序”的希望会如此短命？

●“9·11”事件是世界历史上的一个转折点吗？

● 中国是否处于超越美国而成为全球政治中最强大力量的进程中？

● 历史是否给我们“教训”？何种迹象表明我们会从中吸取教训？

第 3 章

全球政治理论

狂人执政，自以为得天启示，其实他们的狂想来自若干年前的某个学人。

——J. M. 凯恩斯，《就业、利息与货币通论》(1936)

预览

没有人会“如其所是”地看待世界。我们都会借助理论、预想、假设，以审视这个世界。在这种意义上，观察和解释不可避免地联系在一起：当我们观察世界时，我们也赋予其意义。这是理论重要的原因：它塑造和构建了不成形（shapeless）且令人迷惑的现实。就全球政治而言，最重要的理论出自国际关系学科。国际关系学科具有丰富多样并且日益增加的理论传统。占主导地位的主流视角是现实主义、自由主义。它们各自提供了关于世界事务中冲突与合作之间权衡的不同论述。为什么现实主义者认为全球政治具有冲突的特性，然而自由主义者相信合作与永久和平的可能性呢？随着时间的流逝，为什么现实主义者和自由主义者的思想越来越相似呢？然而 20 世纪 80 年代以来，特别是共产主义的崩溃和冷战的结束催生了一系列新的理论声音。这些新的声音极大地扩展了世界事务的批判视角的范围。马克思主义传统曾经主导着世界事务的批判视角。新马克思主义、社会建构主义、后结构主义、女性主义、后殖民主义以及生态政治等理论如何批判地审视全球政治，它们各自又如何不同于其他理论呢？最后，全球化的出现提出了一系列新的理论挑战，特别是全球相互联系的道德和理论含义。如何“全球性地思考”（think globally）呢？全球性相互联系是否要求我们重新思考现有的理论，甚至完全抛弃这些理论范式呢？

关键问题

● 为什么现实主义者以权力和自私的术语理解世界事务呢?

● 为什么自由主义者认为世界事务趋向于相互依赖与和平?

● 批判理论家如何挑战全球政治的主流方法呢?

● 批判理论家以哪些方式质疑理论的性质以及目的?

● 全球性相互联系的经验和道德意义是什么呢?

● 理论范式是有助于还是妨碍理解呢?

主流视角

全球政治的主要主流视角是现实主义和自由主义。因为国际关系学科形成于一战后,所以国际关系学科极大地利用了自由主义思想和理论,尤其是国际政治运行在道德和法律规范框架中的愿望 (desirability)。20 世纪 30 年代以来,这种自由主义思想日益受到现实主义理论家的批判。现实主义者则强调权力政治是不可避免的事实。这使国际关系变成了“分歧性学科” (divided discipline),成为自由主义和现实主义之间的一个战场。1945 年以后,现实主义逐渐主导着国际关系学科的学术研究。然而,国际关系学科中所谓的第一次“大论战” (great debate) 一直未能休止。直到 20 世纪 70 年代,新现实主义和新自由主义出现了。久而久之,这些主流传统的分歧逐渐模糊了。

现实主义

现实主义(有时称之为“政治现实主义”)提供了一个“实际的”(realistic) 世界事务的论述。在某种意义上,世界事务是冷静的(如现实主义所认为的那样),避免了凭空的臆想和说教。对现实主义者来说,全球政治自始至终都涉及权力和私利。由此,现实主义经常被描述为国际政治的“权力政治”模式。正如汉斯·摩根索 (Hans Morgen-thau) 所指出的,“政治是人们的权力斗争。无论最终目的是什么,权力是政治的直接目标。获得、维系与展示权力的方式决定政治行为的技巧”。权力政治理论是以两个核心假设为基础的 (Donnelly 2000):

● 人本质上是自私的与竞争的,意味着**利己主义** (egoism) 是人性的界定性特征。

● 由于没有比主权国家更高的权威,所以国家体系运行在国际无政府状态的环境中。

因此,现实主义理论的核心主题可以概括为一个等式:利己主义加无政府状态等于权力政治。一些人认为,这个公式流露出了现实主义的一个基本理论缺陷,将其(现实主义)分为两种不同的思想派别。其中一种是**古典现实主义** (classical realism),以利己主义术语解释权力政治,另一种即**新现实主义** (neorealism) 或称“结

利己主义:对个人利益和福利的关切,或者自私自利;个人利益道德上优先于他人利益的信念。

古典现实主义:一种现实主义,即很大程度上以人性的自私自利或利己主义术语解释权力政治。

新现实主义:一种国际政治视角,强调国际体系的结构性约束,修正了权力政治的模型,有时称为“新现实主义”或“结构现实主义”。

构现实主义”，则以无政府状态术语解释权力政治。然而，这些替代性方法更多地反映了现实主义内部侧重点的差异，而不是竞争性“学派”的差异，因为即使在哪些因素最为重要的问题上存在分歧，大多数现实主义理论家也都接受现实主义的中心假设。

现实主义的关键主题如下：

- 国家利己主义和冲突
- 治国方略和国家利益
- 国际无政府状态及其含义
- 极性、稳定与均势

尼可罗·马基雅维利（Niccolò Machiavelli，1469—1527）

意大利政治家、作家。作为民权律师的儿子，马基雅维利从政治动荡、有时危险的佛罗伦萨获得了公共生活的知识。作为佛罗伦萨共和国公务员，他因外交任务曾出使法国、德国和意大利。在短期的监禁以及美第奇统治的复辟后，马基雅维利隐退，开始著述生涯。其代表作《君主论》（*The Prince*）写于1513年，然而直到1531年才出版。这本书被视为权力政治的古典现实主义分析，详细描述了对凯萨·波吉耳（Cesare Borgia）治国方略的亲眼观察。然而花了20年时间才写成的《李维史论》（*The Disourses*）却将他描述成一个共和主义者。后来“马基雅维利主义”（Machiavelllian）这个形容词（公平或不公平地）意味着狡猾的和奸诈的。

国家利己主义和冲突

古典现实主义的政治理论是以悲观的但所谓“真实”的人性观为基础的。古典现实主义者一直努力发展源远流长的思想传统。这种思想传统可以追溯到修昔底德对伯罗奔尼撒战争的解释、几乎同一时期的中国经典战略著作《孙子兵法》。其他重要人物包括马基雅维利、托马斯·霍布斯。马基雅维利的政治理论是以一成不变、极其消极的人性观为基础的。在其看来，人类是“贪得无厌的、傲慢自大的、狡猾多变的、尤其心怀恶意并且野蛮残暴的”。以此为基础，马基雅维利认为政治生活总是具有不可避免的冲突的特征，促使政治领导者以狡诈、残酷以及操纵的方式进行统治。霍布斯的思想也是以人性的悲观假设为基础的。霍布斯认为，人类受厌恶、恐惧、希望、欲望等非理性的嗜好驱动，其中最强烈的是“追逐权力”（power after power）的欲望。由于没有强大的个人或团体足以确立起主导地位、对社会［霍布斯称之为“自然状态”（state of nature）］的有序统治体系所有社会成员之间将陷入一场持续性内战。因此在**“自然状态”**下，生活是孤独的、卑鄙的、险恶的、残忍的以及唐突的。据霍布斯的说法，只有一个至高无上、不可挑战的权力才能避免如此残暴的社会，也即国家的建立。

自然状态：一个缺乏政治权威以及对公民的正式、合法监督的社会。

这种思想如何塑造着对世界政治的理解呢？首先，现实主义者认为任何形式的世界政府都无法建立，所以这意味着政治实际上在国际“自然状态”下进行。因此国际舞台是危险且不确定的，而且秩序和稳定永远是例外而不是规则。其次，尽管马基雅维利和霍布斯基本上关注解释个人或社会群体的行为，但是现实主义学者首先关注国家行为。现实主义者视国家为凝聚性与有凝聚力的“单位”，并视国家为世界舞台上最重要的行为体。因此国际政治的现实主义理论是以国家为中心的。最后，关键地，国家是由天生自私、贪婪且追逐权力的人所构成并领导的。这个事实意味着国家行为必定会显示出同样的特征。因此人类的自私决定了国家的自私。或如汉斯·摩根索（1962）所说，“社会世界是人性在集体性平面（collective plane）的投射”。人性的利己主义导致了个人和群体间无休止的冲突。正因如此，国家利己主义意味着国际政治也以不可避免的竞争和对抗为标志。作为本质上利己的行为体，每个国家的最终关切是生存，因而生存成为国家领导者的第一要务。所有国家都以军事或战略手段追求国家安全，可能以牺牲他国利益而寻求自身优势地位，因此国际政治的特征是无法抗拒的冲突趋势。

人性观

现实主义的观点

人性是许多现实主义分析的起点，以至于古典现实主义有时被描述为“生物现实主义”（biological realism）。受霍布斯、马基雅维利等思想家的影响，现实主义者信奉具有以下三个特征的人性论。第一，人性的本质核心是固定不变的，由“天性”（生物或基因因素）而不是“教养”（一般而言教育或社会的影响）所塑造。第二，本能最终会战胜智力。人类受厌恶、恐惧、希望和期望等非理性的欲望所驱使，其中最强烈的欲望是对别人实施权力的期望。智力和理性也许会引导我们追求这些欲望，但首先它们不会界定这些欲望。第三，人类本质上是追逐私利和自私的，因此他们之间的冲突是无法避免的生活事实。古典现实主义者认为，这种人类的自私决定了国家也是自私的，造就了一个不可避免地以竞争和追求国家利益为特征的国际体系。因此国际合作甚至“永久和平”的希望是乌托邦式的幻想。然而，在新现实主义学说中人性的假设是次要的，因为新现实主义者以国际体系结构而不是个体乃至国家特性的术语解释竞争和冲突。

自由主义的观点

自由主义者对人性持非常乐观的态度。人类是追逐私利并在很大程度上是自主的动物，但是他们具有理性思维，也有自我发展的能力。一方面，在个体、群体、国家间存在一个潜在且不可避免的竞争趋势。另一方面，对利益和谐的根本信仰（冲突能够而且应该得以解决），以讨论、辩论与谈判方式解决冲突的偏好会遏制这种竞争趋势。因此自由主义者往往谴责武力及侵略。例如，战争总被视为最后的选择。由此观之，由于自我防御或作为镇压手段，武力使用是正当的，但是总是且仅当在理性和争论失效以后。现实主义者将人类看成无情的权力最大化者。相比之下，自由主义者则强调人性的道德维度，主要体现在人权学说上。这个道德维度根植于对理性和进步的强烈信念。在理性的指引下，人们互相尊重。它也强调人类个人发展的范围，因为个体扩展其理解，改善自己的识别力，所以能够促进社会进步。

批判理论的观点

现实主义者和自由主义者倾向于认为，人性的核心方面是固定不变的而且是与生俱来的。然而批判理论者通常认为，人性是“可塑的”，受社会经验和社会环境的塑造，因此在教养—天性（nurture-nature）的争论中，他们支持教养。这具有两点关键含义。第一，这表明了人类是社会性动物的统一看法（unifying vision），受共同人性（common humanity）、世界主义道德敏感性（cosmopolitan moral sensibilities）的推动。例如，相比于自由国际主义者，批判理论者经常更认同“一个世界”的观点。“一个世界”的观点根植于全球正义的观念。“可塑性”的第二个意义是，它强调经济、政治或文化结构塑造人们的认同、欲望和认知的程度。如马克思主义者所说，社会存在决定社会意识。对社会建构主义者和后结构主义者而言，这或许表明，在适用于任何环境和社会的一系列持久趋势或倾向的意义上，“人性”并不存在。女性主义者通常支持人性的双性模式（androgynous model of human nature），这意味着女性和男性有着共同的人性，而性别差异是由社会和文化强加的。差异论的女性主义者认为男人和女人之间的差异是根深蒂固甚至是必要的，即男人倾向于竞争与主宰，而女人具有同情和宁静的本性。

治国方略与国家利益

尽管现实主义经常尝试从客观的或“科学的”立场理解国际政治，但是它也承认**治国方略**（statecraft）所扮演的重要角色。比如，在对两次世界大战之间的“二十年危机”的分析中，E. H. 卡尔批评了 1919 年至 1920 年巴黎和会的主要人物，因为“愿望”遮掩了“思考”。由于忽视了权力在国际政治中的重要性，他们将世界视为进一步滋生冲突的不可避免的进程。相似地，摩根索（1948）也强调“治国方略的艺术”，主张政治的实践行为应该遵循“政治现实主义的六项原则”，如下：

- 政治学是受深植于人性的**客观法则**所支配的。
- 理解国际政治的关键是以**权力**界定利益的概念。
- 国家权力的形式与性质因时间、地点和环境而不同，但利益概念是**普遍适用**的。
- 普世的**道德原则**不能引导国家行为，尽管这并不排除政治行为的道德意义。
- **不同**的国家有着不同的道德准则，普遍认同的道德准则并不存在。
- 政治领域是**自主**的，这意味着国际政治的核心问题是“这种政策如何影响国家的权力”。

治国方略：处理公共事务的技巧，或与之相关的技能、政治才能。

汉斯·摩根索（Hans Morgenthau，1904—1980）

生于德国的美国国际关系理论家。1937 年摩根索作为纳粹德国的犹太难民抵达美国，从此开始了学术生涯，而后被称为“国际关系学之父”。摩根索的《国家间政治》（*Politics Among Nations* 1948）在国际关系理论发展中产生了很大影响。他所称的“政治人”是天生自私的动物而且具有支配他人的无限冲动，明显回应了马基雅维利式的霍布斯（Machiavellian Hobbes)。基于这种认识，摩根索发展了“权力政治”的学科。他反对国际政治的“道德”(moralistic）方法，在对均势和促进国家利益的需要进行分析的基础上强调“实际的”(realistic）外交。其他主要著作包括《科学人与权力政治》(*Scientific Man Versus Power Politics* 1946)、《捍卫国家利益》(*In Defence of the National Interest* 1951）和《美国政治的目的》(*The Purpose of American Politics* 1960)。

国家利益：有益于整个社会的对外政策目标或政策偏好（外交政策相当于“公共利益”)。

体系理论：聚焦于“体系”运作的研究方法，以成员间互惠性互动的术语解释体系的运作和发展。

在现实主义传统中治国方略的关键指导是对**国家利益**的关切。这种关切凸显了政治道德问题上的现实主义立场。现实主义通常被描绘成本质上是不道德的，因为其认为人类是贪婪的、追逐权力的动物，而且道德考量被排除在对外政策决策之外。然而，现实主义分析也有规范性的重点，因为他们主张国家政策应该冷静地追逐国家利益，最终国家应以人民的福祉为指导。因此，现实主义者并不拒绝以国家为基础的政治道德观，而是拒绝任何情况下适用于任何国家的普世的道德原则。事实上从现实主义角度来看，后者的问题之一是其通常阻碍人们对前者的追求。此外，国家利益的考量提供了最可靠的基础，以决定战争发动的时间、地点以及原因。虽然现实主义通常让人联想到无休止的战争，但是现实主义者往往反对战争和咄咄逼人的对外政策。在他们看来，只有在至关重要的国家利益受到威胁的情况下战争才会发动，而且战争的决策是以就战略利益而言对战争结果的成本收益分析为基础的。例如，这种思维导致摩根索和大多数美国的现实主义者［除 1969 年至 1977 年间担任过国家安全顾问和尼克松、福特政府的国务卿的亨利·基辛格（Henry Kissinger）以外］反对越南战争。现实主义者还尖锐地批评了“反恐战争”。当美国在 2002 年秋季进行军事集结时，34 位知名美国现实主义学者共同签署了一份刊登在《纽约时报》的声明，反对伊拉克战争。

无政府状态及其含义

20 世纪 70 年代以来，现实主义传统内部的新思想开始出现。这是对“早期”或“传统”现实主义的批判。这个进程中的关键著作是肯尼思·沃尔兹（Kenneth Waltz）的《国际政治理论》(*The Theory of International Politics* 1979)。沃尔兹认为，国际政治理论可以“在三个层次进行分析，即个体、国家和国际体系”。鉴于此，古典现实主义的缺陷在于它无法解释超国家层次的行为。这是任何内源性或由内至外（inside-out）的理论的局限性（以“内部”术语，即主要行为体的意图或偏好，解释行为)。新现实主义（更确切地说是“结构现实主义”）运用了**体系理论**，以国际体系结构的术语解释国家行为。因此，新现实主义是一个外生性或“由外至内”(outside-in）的全球政治理论［这种理论以“外部性”(the outside）术语，即行为体运行的环境或结构，解释行为体的行为］。新现实主义的关注点从国家转移到国际体系，强调无政府状态的含义。国际社会的特点根源于这样的事实，即国家（及其他国际行为体）运行在一个没有正式中央权威的领域中。那么这个特点如何塑造行为呢？为什么新现实主义者声称国际无政府状态倾向于冲突而不是合作呢？

见诸行动的全球政治

巴黎和会（1919—1920）

事件： 在第一次世界大战后，1919 年 1 月同盟国代表（主要人物为美国总统威尔逊、法国总理克里孟梭、英国首相劳合·乔治）在巴黎会晤，安排对德国和平条约的事宜。1919 年 6 月他们最后签署了《凡尔赛和约》，后来又与其他战败国签署了一系列条约。这些条约有两个主要动机。首先，威尔逊明确阐述并且在“十四点计划”（1918 年 1 月在国会发表演说中宣布的一项和平计划）中所表述的愿望是，以“正义和平”（just peace）方式建立新的国际秩序，从而永久消除权力政治。根据民族自决原则，这导致了中东欧版图的重塑，从而促成了南斯拉夫、捷克斯洛伐克和波兰等新国家。不过，威尔逊对凡尔赛会议的主要贡献是国际联盟（the League of Nations）的创建。然而另一个主要动机，特别是克里孟梭所表达的是，惩罚德国和加强法国安全。这导致德国大规模的裁军、德国领土被迫割让、同盟国以“托管”名义对其殖民地的瓜分、“战争罪责”条款的实施。

意义： 巴黎和会之后的短短 20 多年，世界再次陷入全面战争。相比于一战，第二次世界大战带来更多的屠杀和灾难。究竟是哪里出了问题？“正义和平”为什么会失败？数代国际关系理论家在这些问题上持有不同的看法。现实主义者 E. H. 卡尔将 1919 年战争的爆发和巴黎和平缔造者的“理想主义”或“乌托邦”思想联系起来。巴黎和平缔造者认为，猖獗的军国主义和多民族帝国的“旧秩序”导致了第一次世界大战，因此他们寄希望于民主、自决和国际组织。特别是，他们没有认识到权力政治并不是战争的起因，而是防止战争的主要途径。当因一战而备受责备（或许有失公正）的德国重新成为一个雄心勃勃的重要军事强国时，在此过程中德国破坏了《凡尔赛和约》的许多条款，但是国际联盟却对此束手无策。自由主义政治家和理论家忽视了国际关系最基本的事实：因为所有国家根本上是受私利所驱动的，所以只有权力能够约束权力；对法律、道德和国际制度的依赖是无济于事的。二战以后这种分析得到了更广泛的接受，这有助于确定国际关系学科现实主义理论相对于自由主义理论的优势地位。

另一方面，自由国际主义者指出，自由主义原则并未在巴黎和会得到连贯一致的应用。《凡尔赛和约》绝不是“自由主义和平”（liberal peace），既因为它留下了许多尚未解决的民族冲突，甚至使其恶化（特别是德国割让领土给法国和捷克斯洛伐克），也因为在许多重要方面，惩治和永久削弱德国的愿望优先于正义和平的诉求。可以说，并不是“乌托邦”原则播下了二战的种子，而是《凡尔赛和约》在许多方面是“胜利者的和平”的事实导致的。对战败国的“虐待”积聚起强烈的不满，并且日积月累地导致满怀敌意和咄咄逼人的对外政策。更重要的是，让人引以为豪的国际联盟从来没有名副其实过，尤其重要的是因为世界上最强大的国家美国拒绝加入。在此意义上，巴黎和会产生了世界上最糟糕的情况：它加强了欧洲权力政治的趋势，却使战胜国确信权力政治已经消除了。

肯尼思·沃尔兹（Kenneth Waltz，1924— ）

美国国际关系理论家。沃尔兹对国际关系学的最初贡献是《人、国家与战争》（*Man, the State, and War* 1959）所概述的现实主义传统方法。这种方法仍是战争分析的基本出发点。其《国际政治理论》（1979）是当时国际关系理论中最具影响的书，确立其在学科中摩根索的继任者地位。沃尔兹忽视了人性和治国方略的道德，运用体系理论解释国际无政府状态如何有效地决定国家行为的问题。随着国家间实力分布的改变，国际体系也发生改变。沃尔兹的分析与冷战和下面的观点密切相关，即两极不仅比多极更稳定，而且为和平与安全提供更强大的保证。

自助：国家对自身能力与资源而不是外部支持的依赖，以确保安全与生存。

安全困境：由于防御性原因，一国增强军事权力总是可能被他国解释为进攻性而产生的困境。

相对收益：一国相对于他国的地位，反映在国家间利益和能力的分配方面。

新现实主义者认为，由于三个主要原因国际无政府状态必然趋于紧张、冲突，并且不可避免地发生战争。首先，国家是独立、自主且形式上平等的政治单位，所以它们最终必定依赖自己的资源以实现利益。因此，国际无政府状态导致了“**自助**”（self-help）体系，因为国家不能指望其他国家来“关照它们”。其次，国家间关系始终是以不确定和猜疑为特征的。对此，**安全困境**是最好的解释（Booth and Wheeler 2008）。虽然自助迫使国家以增强充分的军事能力的方式阻止他国的攻击，以确保自身的安全和生存，但是这种行动往往被解释为敌对的或侵略性的。他国动机的不确定性迫使各国将所有其他国家视为敌人，这意味着永久的不安全是生活在无政府状态下不可避免的结果。最后，各国的首要关切是，维系或提高自己相对于他国的地位，即**相对收益**（relative gains）。这也会导致冲突。除其他情况之外，这阻碍了合作，降低了国际组织的效力，因为所有国家都可能从一个特定行动或政策中获益，但是每个国家实际上更担心他国是否获益更多。虽然这种新现实主义思想在现实主义传统内外产生了深远影响，但是20世纪90年代以来现实主义理论往往试图将单位—层次（unit-level）方法与体系分析整合起来，从而催生所谓的“新古典现实主义”（neoclassical realism）或“后新现实主义”（post-neorealism）（Wohlforth 1993；Zakaria 1998）。

极性、稳定与均势

然而，各国倾向于将他国视为敌人的事实并不必然会导致流血和公开的暴力。相反，新现实主义者与古典现实主义者都认为均势能够遏制冲突。均势是所有现实主义理论家的一个关键概念。然而尽管古典现实主义者将均势视为审慎的治国方略的产物，新现实主义者却把均势当作国际体系的结构性变化、具体而言是各国之间的权力（或能力）分配的结果。简而言之，均势的可能性、甚至战争或和平前景的主要影响因素是国际体系中大国的数目。虽然新现实主义认为国际体系通常倾向于平衡而不是失衡，但是大国命运的改变决定着世界秩序。这体现在对**极性**（polarity）的强调。

新现实主义者一般将两极体系与稳定、战争可能性的减小联系在一起，而多极体系与不稳定、更大的战争可能性相联系。这促使新现实主义以较积极的术语将冷战的两极体系视为“长期和平”（long peace），而警告后冷战时代日益浮现的多极状态（第 9 章更详细地讨论）。然而，现实主义者对结构性不稳定与战争可能性之间的关系持有不同的意见。对于所谓的**进攻性现实主义者**（offensive realists）而言，国家的首要动机是获取权力，所以如果均势被打破了（往往在多极条件下），战争就很有可能会爆发（Mearsheimer 2001）。另一方面，**防御性现实主义者**（defensive realists）认为国家往往优先考虑安全而非权力。在这种情况下，不管国际体系的变化如何（Mastanduno 1991），国家普遍不愿意发生战争。

自由主义

自由主义是在西方政治思想中占主导的意识形态力量。事实上，一些人将自由主义描述为工业化西方世界的意识形态，并将其等同于西方文明本身。自由主义思想和理论对第一次世界大战后才形成的国际关系学科产生了重要影响，尽管它借用了所谓“理想主义”的传统。这个传统可以通过康德“普世的永久和平”思想而回溯到中世纪以及“正义战争”的早期思想家，如托马斯·阿奎那（Thomas Aquinas）。在二战后初期，由于受自由主义所激励的《凡尔赛和约》以及现实主义思想的兴起，自由主义思想被边缘化了。然而 20 世纪 70 年代以来以所谓的**新自由主义**（neoliberalism）为形式的自由主义思想日益受到关注。这很大程度上弱化了其理想主义的标志。冷战的结束（在世界事务中也被称为“自由的时刻”）、全球化日益增长的影响以及 20 世纪 90 年代新一波的**民主化**（democratization）浪潮都极大地推动了自由主义理论的发展。

极性：一个或多个重要行为体或“极”所构成的体系，影响了其他行为体的行为，塑造了体系本身的轮廓，并决定其结构性变化。

进攻性现实主义：这种结构现实主义的形式将国家描述成“权力最大化者”，因为国家控制国际环境的欲望永无止境。

防御性现实主义：这种结构现实主义的形式将国家描述成“安全最大化者”，将避免遭到攻击的愿望置于对世界权力的竞取之上。

新自由主义：根据现实主义、特别是新现实主义的挑战而重塑自由主义所形成的一种国际政治视角；它强调国际体系内合作行为的范围但并不否定其无政府状态的特性。

民主化：从权威主义向自由主义民主的转变，反映在基本自由和政治权利的保障、竞争性选举的确立、市场改革的采用上。

所有形式的自由主义的核心是竞争性利益之间和谐或平衡的观点。就此而言，个人、团体和国家会追逐私利，但一个自然的均衡会自我维系。在更深层次上，相互竞争的利益是相辅相成的，而且冲突并非是不可调和的。从自由主义角度来看，自然的均衡往往出现在经济领域。正像如此，利益往往在国家间形成平衡，使自由主义者相信和平与合作的可能性。然而需提及的是，自由主义**范式**（paradigm）与现实主义并非是泾渭分明的，因为它们对于国际政治运行方式具有共同的主流假设。最重要的是，自由主义者和现实主义者都认为，各国之间的竞争以重要的方式塑造着世界事务，意味着国际体系是而且必须仍是分散的。不过，自由主义者假设国际体系内的竞争是在一个更大的和谐框架内进行。这使自由主义者倾向于崇信国际主义，认为现实主义者极大地低估了分散的国家体系内合作与一体化的范围。

自由主义理论的重要主题如下：

- 相互依赖自由主义
- 共和自由主义
- 自由制度主义

范式：有助于构建知识探索进程的一系列相关联的原则、学说和理论。

商业自由主义：一种自由主义形式，强调自由贸易的经济收益和国际利益导致互惠、共同繁荣和国家间和平。

理想主义：理想主义（有时称为"乌托邦主义"）是一种国际政治方法，作为对外政策决策的指导强调道德的价值观和理想，而非对权力与国家利益的追逐。理想主义本质上是自由国际主义的变体：它反映了对国际和平前景的强烈的乐观主义，通常期望以加强国际法与支持世界主义道德的方式改革国际体系。然而，理想主义并不是自由主义的延伸：理想主义比自由主义更广、更模糊，而且现代自由主义理论化（modern liberal theorizing）常常脱离理想主义色彩（idealist impulse）。现实主义者轻蔑地（pejoratively）使用这一术语，暗示其虚假的说教以及经验上精确的缺失。

自由贸易：不受关税或其他保护主义形式所限制的国家间贸易体系。

相互依赖自由主义

关于相互依赖自由主义的理论根源于贸易和经济关系的思想。这种思想可以回溯到 19 世纪**商业自由主义**（commercial liberalism）的诞生。商业自由主义以大卫·李嘉图（David Ricardo，1770—1823）的古典经济学、理查德·科布登（Richard Cobden，1804—1865）与约翰·布莱特（John Bright，1811—1889）"曼彻斯特派自由主义者"的思想为基础。商业自由主义的关键在于相信**自由贸易**（free trade）会带来好处。自由贸易具有经济益处，因为它允许各国按照"比较优势"在商品生产和服务方面进行专业化分工。然而同样重要的是，自由贸易促使各国形成一个经济相互依赖的网络，这意味着国际冲突的物质代价如此之大以至于战争变得几乎不可想象。科布登和布莱特认为，自由贸易将不同种族、不同信仰以及不同语言的人聚合起来，即科布登所描述的"永久和平的纽带"。自由贸易不仅因其消极因素（被剥夺重要商品的恐惧）维系着和平，而且在确保不同民族会因共同的价值观和商业文化而团结起来以及彼此更好的理解方面也有积极作用。简而言之，"商业精神"（the spirit of commerce）最有效地阻止了侵略和扩张。

相互依赖是商业自由主义的基础。后来新自由主义者将其进一步发展成基欧汉和奈（1977）称为的"复合相互依赖"（complex interdependence）。最初复合相互依赖至少被视为一种替代现实主义的理论模式。复合相互依赖反映了现代世界中各个民族和政府被其他地方发生的事情，特别是被他国同行（counterparts）的行为所影响的程度。这不仅以全球化发展的方式适用于经济领域，还与气候变化、发展、减少贫困以及人权等一系列其他问题相联系。这种观点认为，现实主义者狭隘地关注国际政治的军事和外交方面等，即涉及安全与生存的所谓**“高级政治”**（high politics），是不恰当的（misplaced）。相反，福利、环境保护和政治正义等**“低级政治”**（low politics）也日益受到关注，因而国际议程变得更为广泛。国家间关系也发生了变化，因为现代国家更倾向于优先考虑贸易而非战争，而且更密切的合作甚至一体化的趋势不断扩大，如欧盟。然而对这种趋势的意义，相互依赖自由主义者持有不同看法。所谓“坚定的”自由主义者认为，国际体系发生了质变，极大改善了无政府状态、自助和安全困境的影响，造就了实现和平、合作和一体化的不可阻挡之势（Burton 1972；Rosenau 1990）。另一方面，“软弱的”自由主义者接受新现实主义的假设，特别是关于国际无政府状态的含义。他们以无政府状态作为分析的起点，强调现代现实主义和自由主义理论时常重叠的程度（Axelrod 1984；Stein 1990）。

高级政治：最重要的问题领域通常指国防与对外政策，特别是国家自我保护的事务。

低级政治：对外或国内范围不涉及国家核心利益的问题领域。

聚焦

新现实主义稳定论：数字的逻辑？

从新现实主义角度来看，两极体系趋于稳定并增加了和平的可能性，原因如下：

- 仅仅两个大国的存在会鼓励它们维系两极体系，因为在这个过程他们也保持自身实力（maintain themselves）。
- 更少的大国意味着大国战争可能性的减少。
- 仅仅两个大国的存在会减少误判的机会，并且使其更容易运行一个有效的威慑体系。
- 每个集团被迫依赖于内部（经济和军事）资源，权力扩展的外部手段（与其他国家或集团联盟）并不奏效，因此权力关系更为稳定。

另一方面，多极体系往往具有固有的不稳定性，原因如下：

- 许多大国会增加大国冲突的可能性。
- 多极造就了对流动性（也许是不稳定性）的偏好，因为大国拥有扩大影响力的外部手段，从而导致联盟的变化。
- 由于权力更加分散，现有大国可能会更加不安和雄心勃勃，同时弱国也可能会结成联盟，以挑战、取代现有大国。

这种理论在冷战期间颇为盛行，当它被用以解释超级大国时代的变化时。自此以来，该理论仅以国际体系的结构性变化解释稳定和冲突，导致其逐渐风光不再。

共和自由主义

如古典现实主义一样，国际政治的自由主义视角也采用“由内而外”（inside-out）的方法进行理论化，因此国际和全球事务的重要结论源自对基本要素的假设。虽然相比于现实主义者对权力政治的崇信，自由主义强调和平与国际协调，但是这两种视角都视国家为本质上追逐私利的行为体。因此，每个国家都对他国造成至少一个潜在威胁。然而与现实主义者不同的是，

共和自由主义：一种自由主义形式，强调共和（而非君主）政府的益处，特别强调民主与和平的联系。

国际主义：国际主义是以国家或民族间合作为基础的政治理论或实践。它根源于普世主义的人性假设，不同于政治民族主义。政治民族主义强调民族性塑造政治认同的程度。然而国际主义与民族主义相匹配，提倡已有民族间合作或团结而不是完全消除或放弃民族认同。因此国际主义不同于世界主义。自由国际主义根源于个人主义的承诺，体现在对自由贸易与经济相互依赖的支持、创建或加强国际组织的承诺。

民主和平论：民主与和平间存在内在联系的观念，特别是民主国家之间不会彼此兵戎相见。

自由主义者认为，一个国家的外部行为受到其国内政治及宪政的重要影响。这反映在**共和自由主义**（republican liberalism）传统中。这个传统可以回溯到若非康德，就是伍德罗·威尔逊（Woodrow Wilson）。独裁或权威主义国家被认为具有军国主义和侵略的天性，然而民主国家被视为天生是爱好和平的，尤其是在与其他民主国家的交往中（Doyle 1986，1995）。权威主义政权的侵略特征源于这样的事实，即它们不受公众的压力，而且通常拥有强大而且政治素质过硬的军队。由于它们习惯于以使用武力的方式维持自己的权力，因此武力成为自然机制，以此与更广阔的世界打交道并解决与他国的争端。此外，自由主义者还认为权威主义国家本身是不稳定的，因为它们缺乏制度性机制以回应大众压力以及平衡竞争对手，却极力推行冒险性对外政策而将其视为政权巩固的一种手段。如果无法以参与和民众同意的方式确保民众的支持，“爱国主义”战争也许是唯一的解决办法。

鉴于此，自由主义者将民主视为和平的保证。共产主义瓦解后，**民主和平论**（democratic peace thesis）以特定的力量重新出现，尤其在弗朗西斯·福山的著作中。福山认为，自由民主的原则和结构的广泛接受、市场资本主义的扩展导致了“历史的终结”，也给予了一个更加稳定与和平的全球秩序的希望。自由主义者声称经验及理论支持着这种观点，特别是两个民主国家之间从未彼此兵戎相见（尽管战争仍发生在民主国家和其他国家之间）。他们还将民主化的普遍扩展与“和平地带”的建立联系起来，相对于其他地方的“动荡地带”（Singer and Wildavsky 1993）。欧洲、北美和大洋洲等成熟的民主国家组成了和平地带。然而，共和自由主义也陷入巨大的争议，尤其是所谓的“自由干预主义”、民主推进能够而且应该以军事上“政权更迭”方式实现的观念。第 9 章会联系“反恐战争”，更加详细地分析这个问题。

聚焦

现实主义者—自由主义者的分歧缩小了？

现实主义者强调自私、权力和冲突，而自由主义者强调道德、和平与合作。尽管现实主义和自由主义通常被描述为相对立的国际政治理论，但是它们之间的差异随着时间的推移逐渐淡化。新自由主义者的特征之一是接受新现实主义的某些假设，致使其比"传统"自由主义者更倾向于用"自私"术语解释国家行为，并承认国际体系本质上是无政府状态的。相似地，大多数现代现实主义者是"软弱"或"受束缚"的现实主义者。他们认为，国际政治不能仅靠权力、自私和冲突解释。因此，所谓的"新—新之争"越来越成为技术性而不是基础性的争论。

一些人意识到冲突与合作的平衡力量（counter-balancing forces），认为最好以现实主义和自由主义术语解释国际政治。20 世纪 60 年代以来，持有"国际社会"概念的理论家支持这种观点，时常被视为国际关系的"英国学派"（English School）。这种观点表明"国家间**社会**"（society of states）的存在而不仅仅是"国家体系"，修正了现实主义者对权力政治与国际无政府状态的强调。这意味着国际关系是受规则管制的而且这些规则有助于维系国际秩序。国际法、外交以及国际组织等主要制度促成了文化凝聚以及社会整合。赫德利·布尔提出了"无政府状态社会"的概念，取代了国际无政府状态的现实主义传统观点。国际社会理论可被视为一种自由现实主义（liberal realism）形式。

自由制度主义

自由主义所信奉的约束主权国家野心的主要"外部性"机制是国际组织。这反映了所谓**自由制度主义**（liberal institutionalism）的观点。这种看法是以"国内类比"（domestic analogy）为基础的，即对国内政治结构的思考能够获得国际政治的洞见。尤其考虑到霍布斯和约翰·洛克（John Locke，1632—1704）等思想家提出的社会契约论，这突显了一个事实，即只有主权权力的建立才能使公民免受"自然状态"的混乱和残暴伤害。如果国内政治秩序只能"自上"（from above）施加，那么国际政治也必定如此。这为"**法治**"（rule of law）建设提供了基础。如伍德罗·威尔逊所说，这会把国际政治的"丛林"变成"动物园"。国际联盟是将这种思想付诸实践的第一次尝试，尽管也有缺陷。联合国吸引了更广泛的支持，并使自身成为全球政治的一个看似永久的特征。自由主义者希望这些机构确立一个以集体安全及尊重国际法为基础并且由规则所支配的国际体系。

自由制度主义：一种强调制度（包括正式的与非正式的）在实现自由主义原则和目标过程中的作用的研究方法。

法治：必须以法律"统治"的原则，即法律确立一个所有行为所运行的框架。

绝对收益：国家从政策或行动中获得的利益，不考虑这些政策或行动对他国造成的影响。

现代新自由主义者依赖于国际组织的这种积极方法，并将所谓"新自由制度主义"（neoliberal institutionalism）付诸实践。他们远离一些早期自由主义者的世界主义梦想，反而以功能性术语解释日益增长的合作和一体化。因此制度作为调解者而存在，促进各国在共同关心的事务方面的合作。新现实主义者认为，这种合作是很困难的并且容易破裂，因为各国都强调相对收益（relative gains），然而新自由主义者声称国家更关注**绝对收益**（absolute gains）。国家并不总是要争强好胜的。假如它们判断自己的收益会增加，各个国家总是愿意合作的。新自由主义者不仅以此解释世界贸易组织、国际货币基金组织、欧洲联盟等区域经济集团等正式制度的起源和发展，还关注更多的非正式制度。在这方面，他们信奉所谓的“新”制度主义。新制度主义并不将制度界定为已设立的正式机构，而是更为广泛的一系列规范、规则和“标准性操作程序”。这解释了新自由主义理论对国际机制角色的强调。

争论

民主是和平的保证吗？

大多数自由主义者支持“民主和平论”，表明民主与和平是相连的，尤其是民主国家之间不会彼此兵戎相见。然而，现实主义者和其他学者认为民主并不必然导致和平。

赞成

和平地带。关于“民主和平论”的许多兴趣来自经验分析。随着民主的传播，“和平地带”纷纷涌现。在这些地带，军事冲突几乎变得不可想象。当然这也适用于欧洲（之前因战争和冲突而分裂）、北美洲和大洋洲。历史似乎表明，民主国家之间不会彼此兵戎相见。不过，民主和平论者也承认，战争仍在民主国家和权威主义国家之间继续发生。

民意。自由主义认为，政府而不是人导致了战争。这是因为公民本身很可能是战争的受害者：他们杀戮而命在旦夕，还经受分离和苦难。简而言之，他们并无战争的想法。因此在国际冲突事件中，民主国家将寻求和解而不是对抗，武力仅是最后的手段，并且只能出于自卫的目的。

非暴力冲突的解决。民主治理的本质是妥协、调解和谈判的过程。竞争对手或团体通过这个过程找到谋生方式，而不是诉诸武力和使用赤裸裸的权力。这毕竟是选举、议会、压力集团等的目的。以妥协和调解为基础的制度很可能将这种方法应用于外交政策、国内政策，同时，不惯于使用武力解决内战的政府也不太倾向于以武力解决国际冲突。

文化纽带。民主国家之间的文化联系不断发展，因为民主统治倾向于培育特定规范和价值观念。这些包括宪政理念、对言论自由的尊重和对财产所有权的保证。民主政府的共同道德基础意味着民主国家视彼此为朋友，而不是敌人。因此，民主国家之间和平共处似乎是一个“自然”状况。

反对

交战的民主国家。民主国家和权威主义国家之间持续交战的证据破坏了民主国家本质上是和平的观点。大多数民主和平论者也承认这些事实。此外，何为“民主国家”的疑惑也困扰着民主和平论的经验性证据。如果普选权和多党选举是民主治理的核心特点，那么 1999 年北约轰炸科索沃塞族军队、2008 年俄罗斯入侵格鲁吉亚都是民主和平论的例外。此外，阿富汗和伊拉克战争都表明，民主国家不会只为了自卫目的而发生战争。

国家本性不会改变（states are states）。现实主义理论家认为，导致战争的因素同样适用于民主国家和权威主义国家。特别是一个国家的宪法结构永远不能改变自私、贪婪和潜在的暴力，因为这些是人性的一部分。民意远非始终反对战争，有时民意推动民主政府在外交政策上倾向于冒险主义和扩张主义（欧洲帝国主义、第一次世界大战和“反恐战争”都说明这一点)。此外现实主义者认为,战争的倾向并非源自于国家宪法结构,更多地来自于国际无政府状态下不可避免的恐惧和猜疑。

其他手段所实现的和平。虽然世界上“和平地带”和“动荡地带”的划分可能是现代世界政治中不可否认的特征,但这种差异仅是甚或主要是根源于民主的问题很不明朗。例如,自由贸易导致的经济相互依赖模式也许比公众压力更有效地维护民主国家间的和平。相似地,相比于国家是自由的还是民主的,成熟的自由民主国家是富国也许更重要。由此观之,战争对于富国没有吸引力,因为它们几乎没有以征服方式获益的冲动,而且非常害怕失败。

批判性视角

国际政治和世界事务的主流视角日渐受到一系列广泛的批判性视角的挑战,其中许多批判性视角自 20 世纪 80 年代末以来才凸显出来。虽然这些视角互不相同,但是它们具有两个共同之处。第一,除了正统马克思主义和大多数生态政治以外,其他视角以不同的方式信奉**后实证主义**(post-positivist)方法,将主体和客体(subject and object)、理论和实践紧密联系在一起。正如罗伯特·考克斯(1981)所说的那样,“理论总是为某些人、某种目的服务的”。另一个相似之处也与第一个有关,即批判性视角挑战着全球现状及其所依赖的规范、价值观和假设。批判理论家揭示了主流理论家所忽略的不平等和不对称,因此他们倾向于将现实主义和自由主义视为隐藏或合法化现有全球体系的权力失衡现象的方式。因此,批判理论是解放性理论(emancipatory theories):它们都致力于推翻压迫,从而有意识地按照被压迫群体的利益做事。由于涉及政治,将批判理论与公平的学术传统协调起来时常是困难的,尽管批判理论家认为这凸显了后者而非前者的局限性。全球政治的主要批判性视角如下:

国际机制:机制意指一系列管理国家和非国家行为体之间在国际政治特别问题领域互动的原则、程序、规范或规则。鉴于此,它们是正式或非正式的社会制度。机制包括条约、会议、国际协定及国际组织。这些机制运行在广泛的问题领域,包括经济、人权、环境、交通、安全、监管、交流等。机制的更重要意义反映了相互依赖的增长、合作与协调会给各方都带来绝对收益的认识。机制甚至提供一个调节性框架的网络,总体上类似某种形式的全球治理。

后实证主义:质疑“客观”现实观念的知识论,转而强调人类设想或“构建”自己所处世界的程度。

- 马克思主义、新马克思主义和批判理论
- 社会建构主义
- 后结构主义
- 女性主义
- 生态政治
- 后殖民主义

马克思主义、新马克思主义和批判理论

马克思主义历来被视为是对现实主义和自由主义主流思想的主要批判思想或激进的非主流(alternative)思想,尽管其对

学术理论的影响总是有限的。然而，马克思主义是一个非常广阔的领域，就其国际理论而言包括两种截然不同的趋势。第一个趋势主要关注经济分析，揭示资本主义在国家和国际层面运行的阶级压迫体系。这也适用于经典马克思主义和大多数**新马克思主义**（neo-Marxism）。第二种倾向更强调压迫的意识形态和文化方面，逐渐信奉后实证主义、后马克思主义的理论化模式。这适用于所谓的“批判理论”，受葛兰西（Gramsci）的思想、所谓的法兰克福学派的影响。

新马克思主义：一种马克思主义的新形式，反对决定论、经济的首要地位以及无产阶级的特权地位。

不平等发展：利润、竞争和对经济剥削的追求所产生的压力导致了资本主义经济内工业、经济部门和国家发展速度不同的趋势。

依附论：一种新马克思主义理论，强调国际资本主义的结构性失衡导致贫穷国家和地区的依附和不发达。

从经典马克思主义到新马克思主义

马克思主义的核心是历史哲学，概述了为什么资本主义是不可避免的而且最终社会主义和共产主义注定会取代它。这种哲学是以唯物史观（materialist conception of history）为基础的，即经济因素是人类历史的最终决定力量。在马克思看来，辩证的过程推动历史向前发展。在这个过程中，每种“生产方式”的内部矛盾都体现为阶级冲突，导致社会革命和新的更高级的生产方式的发展。这个过程是以一系列历史阶段（奴隶制度、封建制度、资本主义制度等）为特征的，从而最终建立一个无阶级的共产主义社会。对马克思而言，资本主义的发展总是具有明显的跨国性质，因而一些人视其为早期的“超全球化”理论家。对利益的追逐推动资本主义“努力消除一切交往的障碍”以及“为了市场而征服整个地球”（Marx 1973）。然而列宁在《帝国主义是资本主义的最高阶段》（[1916] 1970）才充分地探讨资本主义作为国际体系的意义。列宁把帝国主义描绘成一种本质上是经济性的现象，反映了国内资本主义以剩余资本输出方式维持利润水平的需求。反过来，这会使主要资本主义国家陷入彼此冲突，导致本质上是帝国主义性质的战争（第一次世界大战）。在这个意义上这是争夺非洲、亚洲和其他地区殖民地的控制权。后来马克思主义者着重关注全球资本主义的“**不平等发展**”（uneven development），并进一步发展了这种思想。

20 世纪 70 年代期间，新马克思主义理论解释全球贫困和不平等的模式，从而复兴了对马克思主义的兴趣。例如，**依附论**（dependency theory）强调二战后传统帝国主义让步于新殖民主义的程度。新殖民主义时常被称为“经济帝国主义”，或更具体地意指“美元帝国主义”。世界体系理论认为，世界经济最好理解为“连锁的资本主义体系”（an interlocking capitalist system），并例证了国际层次上国家资本主义所具有的许多特点，即以剥削、动荡与危机的趋势为基础的结构性不平等根植于经济矛盾。“核心”、“边缘”和“半边缘”之间的相互关系组成世界体系。发达的北方地区等一些核心区域是以资本集中、高工资和高技能的制造业生产为特征的。因此，它们受益于技术创新和高层次的持续性投资。欠发达的南方地区等边缘区则因对原材料出口的依赖、最低工资和软弱的国家保护框架而受到核心区域的剥削。半边缘地区在经济上附属于核心区域，但反过来利用边缘地区的优势，从而构成一个核心与边缘之间的缓冲区。这种有关全球资本主义固有的不平等和不公正的思想是 20 世纪 90 年代末以来反全球化或“反资本主义”运动的影响因素之一。

卡尔·马克思（Karl Marx，1818—1883）

德国哲学家、经济学家和政治思想家，通常被称为 20 世纪“共产主义之父”。他曾经短暂任职大学教师，逐渐投身于社会主义运动，最后定居在伦敦。他后来成为一名积极的革命者和作家，并得到他的朋友和终身合作者恩格斯（1820—1895）的支持。马克思的思想核心是对资本主义的批判，而且马克思关注体系的不平等性和不稳定性，从而强调资本主义的过渡性质。马克思赞成“历史目的论”（a teleological theory of history），即社会发展将以共产主义的建立而告终。他的经典作品是《资本论》三卷（[1885, 1887, 1894] 1969），然而众所周知且易于理解的作品是与恩格斯合著的《共产党宣言》（[1848] 1967）。

批判理论

“批判理论”（通常被称为“法兰克福学派批判理论”，以区别于范畴更广的批判理论或视角）已发展成为马克思主义国际理论中最有影响的思想流派之一。葛兰西的思想对批判理论产生了重要影响。葛兰西（1970）认为，资本主义阶级体系不仅是由不平等的经济和政治权力所支撑的，而且包括资产阶级思想与观念的**霸权**（hegemony）。霸权意味着领导或统治。在意识形态霸权的意义上，它意指资产阶级思想取代竞争性观念而实际上成为时代的“共识”的能力。葛兰西的思想影响着对世界或全球霸权的现代看法。传统上，霸权意指军事强国对另一国的统治。然而现代新葛兰西学派（modern neo-Gramscians）强调霸权以强制与同意（coercion and consent）相结合的方式运行的程度，强调经济、政治、军事和意识形态力量之间的相互作用、国家和国际组织之间的互动。罗伯特·考克斯不仅以军事优势的术语分析美国霸权，而且以其对所代表的“世界秩序”产生广泛认同的能力分析美国霸权。

霸权：体系内一个要素相对于其他要素的优势地位或支配地位；对马克思主义者来说，霸权意味着意识形态的支配地位。

全球行为体

反资本主义运动

类型：社会运动

一般而言，反资本主义运动（也称为“反全球化”、“反企业”、“反新自由主义”、“全球正义”、“改变全球化”运动）可回溯到 1999 年 11 月所谓的“西雅图之战”。当时大约 5 万名活跃分子迫使世界贸易组织会议开幕式被取消。这场“亮相派对”（coming-out party）

为反资本主义运动提供了一个“新政治”模式。这种模式是以活跃分子为基础的戏剧式政治（theatrical politics），而且伴随着大部分国际峰会及全球会议而出现。在某些方面，反资本主义运动有两个层面。一个层面是以强势的活跃分子为取向，由民众（通常是年轻人）与社会运动组成松散的、非等级组织的国际联盟，表达环保团体、工会、宗教团体、学生团体、无政府主义者、革命的社会主义者、为本地民众争取权利的活动家等的关切。在另一个层面上，反资本主义运动以专家为取向，关注许多知名学者和重要著作而且依靠其影响囊括了更广范围的民众。其中许多人并不直接参与活动，但他们普遍同情运动的目标。领军人物（但绝不是“领导者”）包括诺姆·乔姆斯基（Noam Chomsky）、娜奥米·克莱恩（Naomi Klein）和赫兹（Noreena Hertz 2002）。

意义：社会运动的影响通常难以作出判断，由于其非常广泛且有时模糊的文化目标。例如，仅仅因为资本主义世界体系范围的存在而将反资本主义运动描述成失败的行为是非常荒谬的。反资本主义运动的支持者认为，它是最接近现代全球政治的反霸权力量，其角色在于揭露和质疑新自由主义的全球化理论及实践。它被恰当地描述为一个“各种运动的运动”（movement of movements），因为公司全球化所产生的不平等和不对称是多种多样的。因此，反资本主义运动提供了一种工具。由此，全球化所导致的边缘化或失去权利的不同民族和群体能够获得政治发言权。在此意义上，这个运动是一种民主力量，受压迫者、看似手无缚鸡之力的人的抗议。反全球化运动改变了对一系列广泛的跨国问题的思考，甚至重塑了全球政治议程。环境问题、特别是全球气候变暖、以市场为基础的发展的失败、减贫战略等意识不断增强，能够体现这一点。如今世界贸易组织，世界银行和国际货币基金组织等联合国会议和机构运行在不同于20世纪八九十年代的政治与知识氛围之中。反资本主义运动极大地推动了这一状况。

然而反资本主义运动的评论时常被谴责。最为严重的是，反资本主义运动既未系统、连贯地批判新自由主义全球化，也未阐明切实可行的替代方案。这反映了反资本主义运动的高度多样性、目标并不相容的事实。然而只有少数反资本主义者是真正“反资本主义”的，对资本主义进行马克思主义分析，强调其固有的缺陷。大多数群体和支持者只想消除资本主义“最恶劣的暴行”。相似地，反资本主义运动也在全球化问题本身上产生了分歧。民族主义者、文化活跃分子和为当地民众争取权利的活动家等原则上反对全球化，然而大部分支持者只希望打破全球化和新自由主义的紧密联系并试图建立一种全球化的替代形式，或称“改变全球化”（alter-globalization）。反资本主义运动的另一严重分歧存在于，将全球正义与在国家和全球层面调节联系起来的人士和不信任任何形式政府及治理的无政府主义者之间。

安东尼奥·葛兰西（Antonio Gramsci，1891—1937）

意大利马克思主义理论家、社会理论家。作为小职员的儿子，1913年葛兰西加入社会党，但 1921 年转入新成立的意大利共产党，1924 年成为该党领导人。1926 年他被墨索里尼囚禁并在狱中度过余生。葛兰西在 1929 年和 1935 年之间写了《狱中札记》(*Prison Notebooks* 1970)，试图纠正正统马克思主义对经济和物质因素的重视。他拒绝任何形式的“科学”决定论，而是以霸权理论强调政治和知识斗争的重要性。葛兰西坚持认为资产阶级霸权只会受到政治和知识水平的挑战，按照无产阶级利益、社会主义原则、价值观和理论进行“反霸权”(counter-hegemony) 斗争。

另一个对批判理论产生关键影响的是法兰克福学派的思想。法兰克福学派意指在法兰克福社会研究所进行研究的一群受马克思主义影响的理论家。1923 年社会研究所在法兰克福成立，20 世纪 30 年代迁至美国，在 20 世纪 50 年代初又重新建立(1969 年解散)。批判理论的界定性主题是以将实质性社会研究与哲学联系起来的方式而将批判观念扩展至所有社会实践的努力。“第一代”法兰克福的主要思想家包括西奥多·阿多诺（Theodor Adorno，1903—1969)、马克斯·霍克海默（Max Horkheimer，1895—1973)、赫伯特·马尔库塞（Herbert Marcuse，1899—1979)；“第二代”法兰克福学派的主要倡导者是尤尔根·哈贝马斯（Jürgen Habermas，1929—　)。早期法兰克福思想家们主要关注分析离散型社会（discrete society)，然而考克斯（1981，1987）和安德鲁·林克莱特（Andrew Linklater 1990，1998）等理论家至少以三种方式将批判理论应用于国际政治研究。首先，批判理论强调知识和政治之间的联系、将理论和理解嵌入价值观和利益框架的程度。这意味着，所有理论建构都是规范的，那些寻求了解世界的学者应该采取更大的**理论性反思**（theoretical reflexivity)。其次，批判理论家作出了解放性政治（emancipatory politics)的明确承诺：他们想要揭露全球政治中压迫和不公的各种结构，以推动个人或全体自由事业的发展。最后，批判理论家质疑国际理论中政治共同体和国家之间的传统联系，以此增加更具包容性，甚至带有世界主义色彩的政治认同概念的可能性。

理论性反思：一种价值观和假设会对理论分析产生影响的意识、对使其流行的历史变化的理解。

社会建构主义

社会建构主义是国际理论中最具影响力的后实证主义方法，冷战结束以来越来越获得人们的重视。建构主义分析方法的基础是，独立于我们的理解的客观社会或政治现实并不存在。因此建构主义认为，就具体对象的外部世界的意义而言社会世界不是“外在的”，相反作为一种主体间互动的意识(inter-subjective awareness）仅存在于“内部”。在最终的分析中，无论作为个人或社会团体人们根据建构规则“建构”了其所处的世界。人们的信仰和假设变得尤为重要，当它们被广泛接受，特别是它们赋予共同体或人们以身份认同和独特利益时。鉴于此，建构主义分析强调全球政治中“结构—能动性”之争所忽视的维度。在某种意义上，建构主义介于“由内向外”和“由外向内”两种方法之间，因为建构主义者认为，能动者(agent）和结构之间的互动总是受“理念性因素”（ideational factors)（信念、价值观、理论和假设）**干预**的。这些理念性因素既影响了能动者如何看待自己，又影响着能动者如何理解和回应其所处的结构。然而这意味着社会建构主义与其说是一种或一系列实质性理论（substantive theory），不如说是一种分析工具与理解方法。

聚焦

结构或能动性?

全球政治最好以“结构”（行为所发生的环境）或“能动性”（agency）（人类行为体影响事件的能力）的术语解释吗？全球政治的许多方法具有结构主义特性，即它们运用所谓的“由外而内”（outside-in）方法理解。然而这些环境的性质不同。新现实主义者（有时称为“结构现实主义者”）以国际体系的结构术语解释国家行为，然而马克思主义强调国际资本主义的关键性影响。新马克思主义理论家有时将国际资本主义看作“世界体系”。甚至自由主义也认识到其所描绘的经济相互依赖的复杂网络，特别是全球化力量对各国的限制。结构主义的优点之一是，它以外部或外源性因素解释人类行为而摒弃了人类意志和决策的异常行为，宣称理论科学精确。但其缺点是它会导致宿命论，将自由意志完全排除在外。

其他理论强调能动性多于结构，赞成目的论（intentionalism）和唯意志论（voluntarism），并赋予人类行为体的自我行为以决定性的解释意义。这些理论具有“由内而外”（inside-out）的特征：它们以主要行为体的意图或倾向解释行为。因此，这些理论是内生性的。“古典”现实主义等认为，理解国际关系的关键是要认识到国家是世界舞台上的主要行为体，每个国家都追求私利。自由主义者也倾向于“由内而外”的理论，强调各国对外政策受其宪法结构（民主国家或权威主义国家）影响的程度。虽然目的论拥有重新提出人类行为体的选择和角色的优势，但是缺点是其“还原主义”（reductionist）：它将社会解释降低到主要行为体的某些核心事实，所以低估了塑造人类行为的结构性因素。根据结构主义和目的论的共同弊端，批判理论家们尤其试图超越“结构与能动性”的争论，并意识到结构和能动性彼此影响，因为行为与其所发生的环境之间的明确区分是不存在的（Hay 2002）。

社会建构主义最具影响的表述之一是亚历山大·温特（Alexander Wendt）的断言：“无政府状态是国家所造就的。”这意味着国家行为不是如新现实主义者所断定的那样是由国际体系的结构所确定的，而是取决于特定国家如何看待无政府状态。一些国家可能将无政府状态看作是危险和威胁，然而其他国家则可能将其视为自由和机会的基础。那么“朋友间的无政府状态”（anarchy of friends）与“敌人间的无政府状态”（anarchy of enemies）是非常不同的。此处最关键的不是国家所面对的客观环境，而是国家的自我认同、对他国的态度。这也体现在民族和民族主义的问题上。民族并不是客观性实体，是恰巧享有共同的文化遗产的一群人。相反，它们是由其成员通过一系列特定的传统、价值观念和情感所界定的主观性实体。建构主义分析强调世界政治的易变性：民族国家和其他重要的全球行为体改变了其关于自己是谁或是什么的看法，因此它们的行为也会发生变化。这一立场具有乐观主义或悲观主义的含义。一方面，它为下面的情况留有余地，即各国可能会超越狭隘的自私观念而追求全球正义甚至世界主义的事业。另一方面它又强调这种可能性，即各国和其他国际行为体会深受扩张和侵略的政治信条之害。然而，建构主义的批评者认为，建构主义未能识别社会、经济和政治现实塑造信念的程度。综上可以看出，思想不会像雨一样从天而降。它们是复杂社会现实的产物，反映了思想和物质世界之间不间断的关系。

后结构主义

后结构主义（poststructuralism）伴随着**后现代主义**（postmo-dernism）而出现。这两个术语有时交替使用。后结构主义强调所有思想和观念都是以语言表述的，而语言本身嵌在复杂的权力关系中。尤其是受到米歇尔·福柯著作的影响，后结构主义运用**话语**（discourse）或“权力话语”（discourse of power）概念，关注权力和思想体系之间的联系。粗略而论，这意味着知识即权力。然而，在普世的参考框架或包罗万象的视角缺失的情况下，只有一系列相互竞争的视角，每种视角代表特定的权力话语。这种观点有时与雅克·德里达（Jacques Derrida［1967］1976）的著名论断联系起来：“文本之外别无他物”（There is nothing outside the text）。后结构主义或后现代主义思想日益影响着国际关系理论，特别是德里安（Der Derian）与夏皮罗（Shapiro）的《国际性/互文性》（*International/Intertextual* 1989）一书出版以来。后结构主义关注下面的事实，即任何政治事件都易受竞争性解释的影响。“9·11”事件便是一个例子。对于后结构主义而言，“9·11”事件是否最好理解为关于恐怖主义行为、犯罪行为、邪恶行为及报复行为（可能是合理的）等问题之间无法消除的争论。除此之外，“行为”本身的性质也有不确定性——它本身是袭击、计划的过程、“基地”组织的形成、美国新殖民主义的起始还是其他？在这些情况下，经典后结构主义方法揭示出特定概念、理论及解释所隐藏的意义，即**解构**（deconstruction）。然而，批评者指责后现代主义/后结构主义的相对主义（relativism），因为他们认为不同的认知模式都同样有效，从而拒绝科学可以区分真理和谬误的观点。

后现代主义：一种以下面的信念为基础的知识传统，即真理总是存在着争议而且是多元的；有时归结于“对元叙述的怀疑”（an incredulity towards metanarratives）（Lyotard 1984）。

话语：人类的互动，尤指交流；话语会揭示及阐明权力关系。

解构：对哲学或其他文本的细读，着眼于其各种盲点与矛盾之处。

亚历山大·温特（Alexander Wendt，1958— ）

国际关系理论家。温特出生于德国但主要在美国工作。温特是运用建构主义分析提出对新现实主义和新自由主义的批判的元理论家（meta-theorist）。他承认国家是国际政治理论的基本分析单位，但认为各国及其利益并不是理所当然的。国家体系的主要结构是“主体间互动的”(intersubjective) 而不是物质的，因为国家在社会建构成的认同和利益的基础上行动。因此，温特认为新现实主义和新自由主义是有缺陷的，因为二者都没有考虑到国家行为体的自我认知。温特的主要著作包括《国际关系理论中的能动者—结构的问题》(The Agent-Structure Problem in International Relations Theory 1987)、《无政府状态是国家造就的》(Anarchy is What States Make of it 1992) 和《国际政治的社会理论》(*Social Theory of International Politics* 1999)。

然而20世纪80年代以来，国际政治的实证主义方法受到一系列所谓“后实证主义”方法的批评，包括批判理论、建构主义、后结构主义、在某些方面来说还有女性主义。这些方法的共同之处是，它们质疑这样的信念，即独立于观察者的信仰、思想和假设的“外在的”客观现实是存在的。当我们观察世界时，我们也赋予它意义，我们仅会像我们所认为的那样观察世界。这种方法导致了更为批判和反思的理论观。理论具有构成性目的 (a constitutive purpose) 而不仅是解释的目的。因此理论所体现的偏见和隐藏的假设受到更多的关注，意味着公正的学术也许是永远无法实现的理想。后现代主义思想家将这种观点发展到极致，认为所有的知识都是片面和相对的，因此应该完全放弃对客观真理的追求。

女性主义

女性主义理论在许多方面影响着全球政治研究 (True 2009)。所谓的“经验性”女性主义者 (empirical feminist) 挑战着“性别歧视者”将女权及女权问题排除在传统分析之外的做法。由此观之，国际政治的传统方法几乎排他性地关注男性占主导地位的机构和制度——政府、国家、跨国公司、非政府组织和国际组织等。作为外交官妻子、家庭仆人、性工作者等，妇女的角色被忽视了。国际甚至全球过程也是如此，往往使妇女处于从属与被剥削的地位。J·安·蒂克纳 (J. Ann Tickner) 等“分析性”女性主义者 (analytical feminist) 揭露了全球政治的理论框架以**性别** (gender) 偏见为基础的程度。这种性别偏见遍及其主要理论与概念。分析性女性主义者有时借鉴建构主义和后结构主义的观点。占主导地位的“权力政治”现实主义范式尤其是批评的对象。女性主义者认为，权力政治的理论是以对抗、竞争和不可避免的冲突的“男权主义”假设为前提的，源于以一系列追逐权力的自主行为体之间的互动方式审视世界的趋势。分析性女性主义者不仅揭露这种偏见，而且支持一些替代性概念和理论，如将权力与合作而不是冲突联系起来的理论与概念。第17章将更详细地探究女性主义理论和以性别为基础的分析的意义。

聚焦

心理在作祟吗?

理论与现实之间的关系是什么呢？理论仅仅解释世界，还是某种意义上也“建构”世界呢？现实主义、自由主义和正统马克思主义等全球政治的传统方法是以实证主义（时常称为自然主义或理性主义）为基础的。实证主义根植于这样的假设，即一个“外在”的世界现实是存在的，而且我们能够以重复实验、观察和推论（即运用科学方法）的方式确立我们对这个世界的认知。由此，世界具有可靠而具体的特性，而知识是“客观”的，不受情感、价值观或任何偏见的影响。随着行为主义在美国的出现，构建这种“国际政治科学”的热情在 20 世纪 60 年代和 70 年代达到高峰。从实证主义角度来看，理论具有完全的解释性目的：它们是解释世界的工具，以其符合现实的程度证明这些理论是“正确”或“错误”。

然而 20 世纪 80 年代以来，国际政治的实证方法受到一系列所谓的“后实证主义”方法的批评，包括批判理论、建构主义、女性主义和后结构主义。这些方法的共同之处是，它们质疑这样一种信念，即独立于观察者的信仰、思想和假设的“外在”的客观现实是存在的。当我们观察世界时，我们也赋予它意义，我们仅会像我们所认为的那样观察世界。这种方法导致了更为批判和反思的理论观。理论具有构成性目的（a constitutive purpose）而不仅是解释的目的。因此理论所体现的偏见和隐藏的假设受到更多的关注，这意味着公正的学术也许是永远无法实现的理想。后现代主义思想家将这种观点发展到极致，认为所有的知识都是片面且相对的，因此应该完全放弃对客观真理的追求。

J·安·蒂克纳（J. Ann Tickner，1937—　）

美国女性主义国际关系理论学者。作为女性主义立场的倡导者，蒂克纳揭示了传统的国际关系研究将性别边缘化的方式，而且国际关系研究本身是性别化的。其知名著作《国际关系中的性别》（*Gender in International Relations* 1992）强调了国家安全的男性与地缘政治观念的偏见和局限。它可能增加而不是减少个人的不安全。蒂克纳还指出，和平、经济公正和生态可持续性对女性安全是多么的重要。尽管蒂克纳认为性别关系塑造了对知识的探索，但是她的最终目标是以克服性别不平等的方式超越性别。其他作品包括《汉斯·摩根索的政治现实主义原则：一个女性主义者的表述》（*Hans Morgenthau's Principles of Political Realism: A Feminist Reformulation* 1988）和《“9·11”事件的女性主义视角》（*Feminist Perspectives on 9/11* 2002）。

生态政治

在 20 世纪 70 年代，“增长极限”、“人口定时炸弹”等诸如此类的问题开始在政治议程上出现。自此，生态政治或称生态主义开始对国际理论产生影响。然而自 20 世纪 90 年代以来气候变化（常被看作典型的全球性问题）日益受到关注，人们才真正对生态政治感兴趣。生态政治的核心主题是人类与自然之间的内在联系的观点，时常与詹姆斯·拉夫洛克（James Lovelock）提出的“盖亚假说”（Gaia hypothesis）相联系。但是，生态政治涵盖了一系列广泛的理论立场，对国际事务和全球政治具有特别不同的意义。主流或改革派的生态思想一方面试图维持现代化和经济增长之间的平衡，另一方面需要解决环境恶化问题。其核心主题是“可持续发展”的概念。可持续发展的概念将经济目标与环境目标连接起来，对发展理论产生了相当大的影响，特别是发展中国家的发展理论。然而激进的生态理论家更进一步，例如，一些人认为激进的社会变革才能恢复人类与自然之间的平衡。对于“生态社会主义者”来说，环境危机的根源是资本主义经济制度。资本主义经济制度使自然“商品化”了，将其纳入市场交换体系。“生态无政府主义者”从环境角度批判了等级性和权威性，认为对人的控制是与对自然的控制相关的。“生态女性主义者”从环境角度批判了男性权力，表明对妇女的控制导致对自然的控制。“**深层生态学家**”（deep ecologists）认为只有“范式的改变”（paradigm change）——采用一种以激进**整体论**（radical holism）为基础的全新的哲学和道德视角，而不是机械和原子式的传统思维——才会使环境不再恶化。实际上，这将自然作为一个整体来对待。每一个物种都具有“繁衍生息”的平等权利（Naess 1989）。第16章将更充分地讨论生态政治的性质和意义。

深层生态学：一种生态的意识形态观，拒绝人类中心说，优先考虑自然维护。这种观点与物种平等、生物多样性、分散化等价值观相联系。

整体论：整体不仅仅是部分的集合的观点，而且整体论意味着理解来源于对部分间关系的认识。

詹姆斯·拉夫洛克（James Lovelock，1919—　）

英国大气化学家、发明家和环境思想家。作为火星生命探测任务的一员，拉夫洛克曾受雇于美国宇航局，在四十多年间他曾作为一个独立科学家在工作。他对科学采用了整体论方法，强调相互关联性而否定学科的区分。拉夫洛克因“盖亚假说”而闻名于世。盖亚假说提出，地球最好理解为一个复杂的、自我调节的、活着的“生命”。这意味着人类的前景是与下面的问题紧密相连的，即人类这个物种是有助于维持还是威胁地球生态系统。拉夫洛克也是警示世人全球大气中氟氯化碳广泛存在的第一人。主要作品包括《盖亚》（*Gaia* 1979）和《盖亚年代》（*The Ages of Gaia* 1989）。

后殖民主义

全球政治的最后一种批判视角是后殖民主义。后殖民主义理论家们通常确立非西方或反西方的思想、文化和传统的合法性，揭露殖民统治的文化层面。在一本最具影响的后殖民理论著作中，爱德华·萨义德（Edward Said）提出了“东方主义”的概念，强调西方世界对世界其他地区、特别是东方的文化与政治霸权。西方世界以精致刻板的虚构的方式贬低非西方的民众和文化，以此维系其霸权。这种刻板的例子包括“神秘的东方”、“高深莫测的中国人”和“充满贪欲的土耳其人”等镜像。然而殖民主义所产生的文化偏见的确不仅影响、征服了前殖民地民众，它们也对西方国家产生了持续性的影响。西方国家承担了“国际共同体”的责任，声称拥有“清理”世界上不受青睐的地区的权威。由此观之，人道主义干预可以被视为**欧洲中心主义**（Eurocentrism）的一个例子。因此，以其所声称的人道主义为基础的强制干预、国际援助等对发展中国家的干预形式可以被视为殖民主义以其他方式的延续。第 8 章将更深入地讨论后殖民主义的思想和理论。

全球性地思考

20 世纪 80 年代以来，全球化的加速不仅促成了世界政治的重构，而且产生了一系列新的理论挑战。最重要的是，日益出现的全球相互联系状况的概念化（conceptualizing）的问题。在这种状况下，政治日渐陷入世界、地区、国家、次国家层次上相互依赖的网络中。换言之，“全球性地”思考何以成为可能呢？全球性思考的意义是什么呢？特别是三个挑战浮现出来了。第一个挑战关注全球性相互联系对经验性理解所造成的困难：我们如何能够理解彼此相互影响的世界呢？第二个挑战涉及全球性相互联系的规范意义：人与人之间更广泛的社会联系扩大了我们所生活的道德世界吗？第三个挑战涉及理论或范式的价值问题：相互联系意味着我们应该超越范式思考而不是在范式之间选择吗？

相互联系的挑战

无论主流或批判理论，已有的理论在多大程度上涉及全球性思考呢？它们涉足全球化问题的程度在许多方面体现了这一点。此处图景显得更为复杂。对于现实主义而言，其核心关切在于单位层次的分析。现实主义者认为，国家是世界舞台上的主要行为体，与大部分全球化主张相去甚远，尤其是其错综复杂的全球经济的思想观念。因此在现实主义者所涉及的全球化问题的范围内，现实主义者认为全球化并不是新颖或不同的事情：全球化“更多的是”国家间博弈。从现实主义角度来看，备受吹捧的“相互依赖的世界”很大程度上是个神话。另一方面，自由主义和新马克思主义者都能够将全球化现象纳入自己的思考中。对于自由主义者来说，全球化正与经济相互依赖、自由贸易的好处等根深蒂固的观点相吻合。许多“超全球化论者”的理论的确是基于自由主义假设的，特别是市场达到长期均衡的趋势会带来普遍繁荣以及扩展自由。因此亚当·斯密的市场竞争中“看不见的手”的镜像被视为为以市场为基础的、积极的全球相互联系模式提供了基础。相似地，马克思主义者和新马克思主义理论家毫无困难地谈及全球化问题。毕竟，马克思也许是第一位关注资本主义国际与跨国特性的经济思想家。对于新马克思主义者而言，经济全球化仅仅是资本主义世界体系或全球资本主义兴起的迹象。然而，这种全球化的镜像显然是消极的，以“核心”区域和“边缘”区域之间日益分裂为特点。因此关于 20 世纪 90 年代日益加深的全球相互联系的益处和负担的争论出现了，然而这些争论基本上是些熟悉的面孔。支持全球化的主张很大程度上源自自由主义思想，而反全球化的观点明显但不完全基于新马克思主义或准马克思主义的思想。

> **欧洲中心主义**：源自欧洲文化的价值观和理论在其他群体和民族的应用，意味着带有偏见或扭曲的观点。

然而一些人认为，全球相互联系挑战

了所有现有的理论，并实际上需要发展全新的思考方式。这是因为复杂的相互联系形式的兴起使以“原因”和“影响”的传统术语思考变得困难，甚至不可能。在相互依赖的世界中，两个或两个以上的因素、进程或变量之间的关系具有互为因果或相互制约的特点。因此，如果A、B和C是相互依赖的，那么B的任何改变将导致A和C的变化，A的任何变化将导致B和C的变化，C的任何变化也将导致A和B的变化（Hay 2010）。然而复杂性并不止于此。事实上，A的改变不仅改变了B和C，而且改变了A本身。这意味着以“A性”（A-ness）、“B性”（B-ness）或任何意义上“实物性”（thingness）的术语思考是很难的。鉴于此，复杂的相互联系可能挑战了西方传统的理性基础。这个西方传统可回溯到亚里士多德的断言，“一切事物非是即非”（everything must either be or not be）。虽然这种二元或“非……即……”的思考方法意味着世界能够以线性、因果关系的术语来理解，但是复杂的相互联系需要其他的整体性、非二元性、非线性的理解方法。一般而言，东方思想特别是佛教［由于其对一元性（oneness）的强调，植根于所有概念和事物自身都是自性“空”（empty of own-being）的］（Clark 1997）往往被视为非二元思维的典型例子，“模糊思维”（fuzzy thinking）（Kosko 1994）、深层生态学（Capra 1996）、系统思维（systems thinking）（Capra 2003）等是其他超越“非……即……”的区别来思考的尝试。但是，非线性或非二元论的思维将带领我们去往何处？其重要意义之一是，因为因果关系的模式越来越难以确定，所以事件具有随机和看似随意的特征。混沌理论（chaos theory）强调了这一点，它描述了行为难以预测的体系，因为它包含着如此之多的变量以及未知因素。例如，混沌的倾向或许体现在全球金融市场固有的不稳定性（Soros 2000）、整个社会趋于风险和不确定的普遍趋势（Beck 1992）。

世界主义

全球相互联系不仅挑战着我们如何理解世界的问题，而且挑战着我们的道德关系。全球化的发展无疑具有道德的层面，因为它导致了对世界主义的重新关注，往往表现在对全球正义或世界道德（Dower 1998；Caney 2005）等思想的日渐增长的兴趣。世界不断“缩小”，因为人们更多地认识了生活在他国的人们。因此将人们的道德义务限制在仅仅一个政治社会的做法变得越来越困难。人们了解得越多，会关心得越多。对于世界主义理论家来说，这意味着世界逐渐形成了一个道德共同体。因此人们对世界上所有其他民众具有（潜在的）义务，不论国籍、宗教、种族等。这种观点通常是以人权学说为基础的。波吉（2008）将这种以权利为基础的世界主义分成三种要素。首先，它信仰**个人主义**，因为人类、或者说个人是道德关怀的终极单位。其次，它承认**普世性**，在某种意义上每个人的道德价值是平等的。最后，它承认**一般性**，因为它意味着人们是所有人而不仅是其同胞的关切对象。不过，其他各种形式的道德世界主义也出现了。因此，奥尼尔（O'Neill 1996）运用康德的观点，即我们应该依照我们愿意适用于所有人以及所有情况的原则而行动。对此，奥尼尔认为，人们具有不伤害他人的义务，而且这种义务具有普世意义。另一方面，辛格（2002）认为，全球化的道德观要求我们应采取行动，以减少所有形式的全球苦难，以“一个世界”而不是分立的国家或民族集合体的角度思考。

不过，道德世界主义也受到了批评。一方面，世界主义的激进批评者否定全球正义或世界道德等思想，因为对所有人和所有社会具有约束力的普世价值观是无法确立的。这种**文化相对主义**（cultural relativism）往往主张，人权本质上是西方理念，因而在非西方文化中无立足之地。从更广的视角来看，世界主义经常被拿来与**社群主义**（communitarianism）作对比。从社群主义角度来看，道德价值观只有在特定的社会和特定的历史时期才具有意义。这意味着人类是道德建构的，以满足那些与其共有文化和民族认同的群体的需要和利益。另一方面，温和的批评者接受人权等普世价值具有道德意义的观点，但他们仍反对道德世界主义所考虑的优先问题（Negal 2005）。由此观之，虽然减少各种形式的全球苦难的愿望值得称赞，但这被视为不可靠的、的确不现实的日常道德推理的向导。这将不可避免地受到更多的个人和地方性关切的塑造。因此世界主义道德可能存在，但仅以“淡薄的”道德相互联系感为基础，而不是以国家和地方社群内“深厚的”道德相互联系感为基础（Walzer 1994）。

混沌理论：作为数学的一个分支，混沌理论出现在 20 世纪 70 年代，以寻找线性微分方程的替代方案。线性是预测的一个重要元素（如台球被另一台球碰撞后如何反应）。相比之下，混沌理论考察非线性系统的行为（如天气系统）。其中如此广泛的变量因素存在着，以至于任何因素的改变都会对其他因素产生不成比例并且似乎随意的影响。典型的例子是所谓的“蝴蝶效应”：一只蝴蝶翅膀的轻轻拍打能够导致地球另一边的飓风。

文化相对主义：事物正确与否完全由文化决定的观点，通常意味着文化无优劣之分。

社群主义：个人以社群而构成的观点，即个体是其所属的社群所塑造的，从而尊重与关心社群（Negal 2005）。

争论

道德义务会扩展到全人类吗?

全球正义观的核心是普世人权与义务扩展到全球的概念，确立“超越国界的正义”。那么这种思想的基础是什么，它有多大的说服力呢?

赞成

作为道德动物的人类。世界主义道德的核心特征是，个人而非任何特定的政治共同体是道德价值观的首要来源。通常人权学说证明了这一点，即人们有权得到过上有意义生活的最低限度的条件。这些权利是基本和普世的，因为这些权利由于其人性而属于人类，并且不能依据民族、宗教、文化认同或其他理由而否认这些权利。因此，人权学说意味着仅一个道德共同体存在，即人类社会。任何地方的人都是同一道德世界的一部分。

道德敏感性的全球化。在日益相互联系的世界中，将道德敏感性仅仅局限在我们自己的社会越来越难以为继。跨国信息和沟通，特别是电视的影响，极大地减少了人们对地球另一边的人们和社会的“陌生感”。新闻报道、特别是图片引发了世界其他地区的大量人道主义关切，为重大紧急救援方案提供资金，如 2004 年印度洋海啸。因此，全球化具有一个重要的、无法抗拒的道德层面。

全球公民身份。对世界其他地区人们的道德义务在重要方面根源于我们对他们生活的影响。因此世界某地的决策会影响世界其他地区的就业机会、工作条件和贫困程度。不管我们喜欢与否，我们在道义上是应受责备的，因为我们的行为对他人具有道德意义。这种思想借鉴了功利主义理念，即我们应该行动以实现整个世界上最大可能的幸福，而且每个人的幸福与痛苦应得到平等的考量。因此，“世界公民”的基本道德原则是：不伤害。

反对

道德始于家庭。社群主义理论家认为，仅当道德是以本地为基础、植根于我们所属且塑造着我们的生活和价值观的社群时，道德才有意义。一个简单的事实是，所有地区的人们都将道德优先权赋予自己最了解的事物，最明显的是他们的家人和亲密的朋友、当地社群成员，然后是具有相同民族或文化认同的人。道德不仅是特定社会的独特历史、文化和传统所塑造的，而且很难看到，我们的义务如何扩展到共享类似的道德框架的人们之外。

能动性问题。如果能够确定谁有义务去做某些事，那么普世权利的观念才有意义。如果道德义务落到个人身上，那么作为个人他们在自然灾害或内战等事件中可能会几乎无所作为。如果各国与国家政府承担着我们的义务，那么问题就在于各国具有不同的能力。因此公民和国家的义务仅是其社会的财富和权力的反映。假如普世义务仅在世界政府背景下才有意义，那么这将会造成全球专制的前景。在世界政府的背景下，超国家机构伸张着全球正义。

自助的美德。普世权利和义务的学说总是认为，世界上富裕和成功的地区应该以某种方式帮助贫困和不幸的地区。然而，这种干预往往适得其反：它加深了依附，并破坏了自立。也许我们对其他人和社会的主要义务是不干预。这可能会导致短期的道德代价，但是会带来长期的道德益处，使社会能够更好地保护其公民不再遭受苦难。因此国家主权既具有良好的道德意义，也具有良好的政治意义。

范式：予以启迪或制约？

一个相互关联或相互依赖的世界需要我们放弃分立的学科和自洽的理论吗？我们必须学会跨越范式或者超越范式地思考吗（Sil and Katzenstein 2010）？正如托马斯·库恩所说，范式意指“一个特定群体共有的一整套信仰、价值观、技术等”（Thomas Kuhn 1962）。库恩的主要观点是：知识探索行为总是在一系列对“真实世界”的特定假设中进行的。这种立场意味着建构主义者的结论，即所有知识都在并且只能在一个具体范式中建构。这种观点表明，随着已有范式的失败以及新范式的确立，理解是以“范式转移”的方式推进的。各种范式的价值在于它们帮助我们理解极其复杂的现实。各种范式界定着何为重要的研究内容，并强调重要的趋势、模式和进程。但是，各种范式也可能成为牢笼。各种范式会限制我们的知觉场（perceptual field），意味着我们只能“看到”我们所青睐的范式所展示的东西。此外，各种范式倾向于在相似的学生与学者之间趋于一致，使其不能或不愿在目前占主导地位的（或流行的）范式外思考。全球政治领域强调这些缺点，因为全球政治本质上是多层面、多维度的，约束着任何范式或学科完全理解它的能力。

那么这将我们置于何处呢？当然鉴于全球化的趋势，国际关系和政治科学之间的区分越来越难以维系，正如国际关系或政治科学和经济学、文化研究、社会学、人类学等之间的区分一样。相似地，一种范式——无论现实主义、自由主义、建构主义、女性主义或其他范式——极不可能对任何特定主题或问题形成最有效的解释。不过，在一些问题上这些范式或多或少地是相关的且令人信服的。就范式而论，仅仅选择一种理论“工具箱”是无益的，如同以“放之四海而皆准”的方法建构理论只会导致前后不一致的问题一样。范式充其量是洞见和理解的一个来源，是有价值的透视镜。但是重要的是要记住，任何范式都不能独自充分地解释其试图揭示的几乎无限复杂的现实。

总　结

- 权力政治的现实主义模式是以人类自私和国际无政府状态的结构性意义为基础的。这意味着一个强大的冲突趋势，然而均势能够约束流血、公开暴力。国际体系的主要变化产生于国家间的权力（或能力）分配。
- 国际政治的自由主义观的核心主题是和谐或平衡的理念。和平、合作和一体化的趋势是自由贸易致使的经济相互依赖、民主的传播和国际组织的成立等因素所造成的。然而随着时间的推移，自由主义（新自由主义）与现实主义间的差异日趋模糊。
- 全球政治的主要批判性视角是各种形式的马克思主义、社会建构主义、后结构主义、女性主义、生态政治和后殖民主义。这些理论以各自不同的方式挑战着全球现状所依赖的规范、价值观和假设。批判理论家倾向于将现实主义和自由主义视为隐藏或合法化全球权力不对称的方式。
- 许多批判理论家信奉后实证主义视角，强调主体与客体、理论与实践之间的密切联系。后实证主义者质疑这样的信念，即独立于观察者的信仰、思想和假设的“外在”客观现实是存在的。因此，现实最好以“主体间互动”术语进行解释。
- 不断提高的全球相互联系水平是与日益加速的全球化相联系的，产生了一系列新的理论挑战。这些理论挑战包括复杂性对传统线性思维所造成的困境、世界构成一个道德共同体的可能性、理论范式的价值的降低。各种范式会产生洞见和理解，但也会约束我们的知觉场。

问题讨论

- 所有政治都可归结为权力和对私利的追逐吗？
- 现实主义在多大程度上是一种连贯的理论？
- 现实主义者如何解释和平、稳定的时期呢？

- 为什么自由主义者认为世界事务是以平衡或和谐为特征的？
- “民主和平论”是令人信服的吗？
- 国家更关注相对收益还是绝对收益呢？
- 主流理论仅仅使全球现状合法化吗？
- 所有知识根本上是社会“构建”的吗？这又意味着什么？
- 全球政治的哪种批判视角最具“批判性”？
- 现有理论能否应付复杂的相互联系的挑战？
- 将世界视为一个单一的道德共同体有意义吗？

第 4 章

全球时代的经济

生产的不断变革，一切社会关系不停的动荡，永远的不安定和变动……一切坚固的东西都烟消云散了。

——马克思恩格斯，《共产党宣言》(1848)

预览

许久以来，经济问题总是意识形态与政治争论的中心问题。19 世纪和 20 世纪的大部分时间里，政治领域的核心战场是资本主义与社会主义两种竞争性经济模式的竞争。因为市场、私人产权与竞争被世界广泛地接受为创造财富的唯一可行方式，所以资本主义成为全球性资本主义。然而资本主义在政治上仍颇具争议。首先，资本主义并不是一个体系而是许多个体系：资本主义的不同形式扎根于世界上许多地区。这些资本主义如何不尽相同呢？这些不同的社会—经济组织形式的意义是什么呢？此外，20 世纪 80 年代以来，资本主义发展的特定形式获得了全球性优势地位，通常戏称为新自由主义。新自由主义“胜利”的主要影响是什么呢？进一步的发展是经济全球化过程的重大加速，通常涉及新自由主义的发展。新自由主义全球化推动了繁荣与机会，还是造成了不平等与不公正的新形式呢？鉴于似乎不断加剧的危机与经济动荡的趋势，这些问题变得特别紧迫。经济危机是长期经济成功的代价，还是它们是全球性资本主义根本性缺陷的征兆呢？

关键问题

- 现代世界中主要资本主义的类型是什么?
- 为何新自由主义会占主导地位，其主要意义是什么呢?
- 经济全球化如何得到最佳的解释呢?
- 现代世界经济在何种程度上全球化了?
- 资本主义为何总是处于兴衰的交替呢?
- 近来经济危机揭示出我们全球性资本主义的性质是什么呢?

资本主义：一种普遍商品生产的体系，其中财富是私人占有的而且经济生活是以市场原则为基础的。

市场：深受供需力量塑造以及价格机制调节的商业交换体系。

劳动分工：生产任务日益分化且更加专门化的过程，以提升经济效率。

资本：在一般意义上，任何财政或其他“资产”；马克思主义者以此术语意指“生产方式”所体现的累积财富。

社会民主：一种温和或改良的社会主义，支持市场与国家之间的平衡，而不是资本主义的废除。

资本主义和新自由主义

世界上的资本主义

资本主义的起源可以回溯到17、18世纪的欧洲，产生于占支配地位的封建社会。封建主义的特点是以土地为基础的生产，以适应地产、固化的社会等级、僵化的责任与义务模式的需要。资本主义实践最初植根于以**市场**为取向的商业农业形式，且越来越依赖于雇佣劳动（waged labour）而不是农奴。市场机制是新兴资本主义体系的核心，其的确加剧了技术创新的压力并且导致了生产能力的极大扩展。这主要表现为“农业革命”，意味着土地的过度放牧、化肥的使用和科学生产方法的增加。

然而，资本主义历史上最重大的发展是工业革命，始于18世纪中期。工业革命首先发生在英国，但很快扩展到美国和欧洲大部分地区。随着机械化且往往以工厂为基础的生产形式、广泛使用的**劳动分工**、人口急剧城镇化的出现，工业化完全改变了社会。在这个过程中，工业化极大地扩大了资本主义的生产能力，使工业资本主义在19世纪中叶成为世界范围内占主导地位的社会经济体系。工业资本主义的发展也标志着世界经济变迁的关键阶段，因为它导致**资本**从欧洲向北美、南美和亚洲的流动，也导致了各国以及世界不同地区之间劳动分工的加剧。正如后面所讨论的，现代全球性资本主义以这些方式在19世纪末奠定了其基础。然而，资本主义并未仅仅形成一个单一的社会经济形式，而是多种社会经济形式（Brown 1995；Hall and Soskice 2001）。它可以被分为三种类型的资本主义体系：

- 企业资本主义
- 社会资本主义
- 国家资本主义

企业资本主义

企业资本主义被广泛地视为“纯粹”的资本主义，特别是在西方世界，即其他资本主义不可避免所模仿的理想对象（Friedman 1962）。企业资本主义的发源地是美国与英国，尽管1945年之后的初期英国转向凯恩斯主义式的**社会民主**，然而，由于经济全球化的影响，企业资本主义的原则已经远远超出英美世界的范围，与**市场化**的发展密不可分。企业资本主义以亚当·斯密、李嘉图等古典经济学家的思想为基础，是奥地利经济学家和政治哲学家弗里德里希·冯·哈耶克（Friedrich von Hayek，1899—1992）和米尔顿·弗里德曼（Milton Friedman）等现代理论家所更新的新自由主义形式。其主要特征是对市场竞争不受限制运行的信仰，即市场是一个自动调节的机制（或如亚当·斯密所说的"看不见的手"）。亚当·斯密的至理名言表达了这种观点，即"我们的晚餐，可不是来自屠夫、酿酒商和面包师的仁慈，而是来自他们对自己利益的关注"。在美国，这类自由市场原则有助于使公共所有权降到最低限度，并确保福利仅仅为安全网。美国公司往往是被利益驱动的，重视高生产率和劳动弹性化（labour flexibility）。工会通常是软弱的，其反映了这样一种恐惧，即强大的工人组织是利润最大化的绊脚石。这种对于发展和资本主义形式的企业的强调某种程度上源于这个事实，即保险公司和养老基金等金融制度很大程度上拥有生产性财富，这些金融制度要求很高的投资回报率。

市场化：市场关系的扩展，是以经济与社会之间的商业交换与物质私利为基础的。

亚当·斯密（Adam Smith，1723—1790）

苏格兰经济学家与哲学家，通常被视为"沉闷的科学"（经济学）的奠基者。斯密先后担任格拉斯哥大学逻辑学、道德哲学教席，此后成为巴克勒（Buccleuch）公爵的家庭教师，从而使斯密有机会去法国与日内瓦旅行，构建其经济理论。《道德情操论》（*The Theory of Moral Sentiments* 1759）开创了动机论，试图使人类的自私与未经调节的社会秩序相一致。斯密久负盛名的著作《国富论》（*The Wealth of Nations* 1776）是第一次系统的尝试，以市场的角度解释经济运行问题，强调劳动分工的重要性。尽管斯密经常被视为自由市场的理论家，但是他仍然意识到市场的局限性。

美国无可置疑的经济实力证明了企业资本主义的活力。尽管明确证据表明了美国经济的相对衰退（1945年美国工业品出口量占了世界总量的一半，然而2007年这个比例已经下降到不足1/5），但是美国平均生产率仍然高于德国或日本。美国显然享有自然优势，受益于市场原则的应用、庞大的国内市场、丰富的自然资源、被视为"前沿思想"的个人主义大众文化。然而企业资本主义也有严重的缺点。或许最严重的缺点是广泛的物质不平等和社会分裂的趋势。美国绝对贫困的程度、受教育程度低且依赖社会的弱势阶层的发展证实了这一点。

社会资本主义

社会资本主义意指根植于中欧和西欧大部分地区的一种资本主义形式。这种制度起源于德国，但在奥地利、比荷卢经济联盟国家、瑞典、法国和斯堪的那维亚半岛大部分地区呈现出各种形式（van Kersbergen 1995）。这种经济形式很大程度上利用了弗里德里希·李斯特（Friedrich

List，1789—1846）等经济学家灵活务实的思想。李斯特是一位颇具影响力的经济民族主义理论家。这种资本主义模式的中心理念是**社会市场**（social market）的观念，也就是，一个将市场竞争规则、社会凝聚力与团结的需求所融合的一种尝试。这反映在对长期投资而不是短期利润的强调。所谓的莱茵河—阿尔卑斯资本主义（Rhine-Alpine capitalism）的商业组织也不同于英美资本主义，因为它是以社会伙伴关系为基础的。工会在劳资协议会享有代表权，参加行业内的年度工资谈判会议。这种关系得益于良好全面的福利制度，从而为工人和其他弱势群体提供了社会保障。

社会市场： 市场原则所架构的经济体，很大程度上不受政府干预，运行在综合性福利体系以及有效福利服务维系凝聚力的社会中。

“经济奇迹”即20世纪60年代饱受战乱的德国成为欧洲主要经济强国，显然证实了社会资本主义的优势，较高且稳定的资本投资水平、对教育和培训的高度重视，特别是职业和工艺技巧的培训促使德国生产力达到了欧洲最高水平。然而，社会资本主义的优点却未被普遍接受。其缺点之一是，它非常需要协商、谈判和达成共识，因此它往往导致企业僵化且很难适应市场情况（例如，经济全球化，东亚、拉丁美洲与其他地方的激烈竞争）。提供优质福利的相对较高的社会开支水平进一步增加了这种压力。这些推高了税收，从而使雇主和雇员负担倍增。社会资本主义的支持者坚持声称社会和市场本质上是联系的，然而其批评者则认为，社会资本主义只不过是个自我矛盾的说法。

国家资本主义

国家资本主义有很多种定义。例如，托洛茨基主义者强调斯大林统治下的苏联运用对生产力的控制以压迫工人阶级的趋势，某种意义上，这类似于资本主义社会。然而在现代用法中，国家资本主义通常用来描述一种资本主义经济体，其中国家扮演了至关重要的指导角色。它们通常是非自由主义的资本主义社会。霍尔和索斯凯斯（Hall and Soskice 2001）区分了“自由主义式市场经济体”与“协调式市场经济体”。在自由主义式市场经济体中，公司在竞争性市场安排的基础上协调其活动，然而协调式市场经济体很大程度上依赖非市场的安排。国家资本主义的某些方面体现在1945年以后的日本中。这是东亚和东南亚“四小龙”[①] 所急切模仿的一种模式，在某些方面甚至影响到了俄罗斯资本主义的发展。

国家资本主义的独特之处在于强调长期的合作关系，因此它时常被称为“集体资本主义”（collective capitalism）。这使得经济不受客观的价格机制而受所谓的“关系性市场”（relational market）的指导。例如，交错的股权模式确保了日本工业和金融之间的密切关系，促使日本公司能够实施基于长期投资而不是短期或中期利润的战略。企业本身成为国家资本主义中社会生活的核心。劳工（特别是较大企业的男性劳工）作为公司职员的方式并没有出现在美国甚或欧洲的社会市场中。作为对其忠诚感、责任和辛苦劳作的回报，劳工们传统上期望终身雇佣、养老、社会保障和休假娱乐的福利。团队协作和对集体认同的塑造承受着特别的压力，而且管理者和员工之间相对较小的收入差距加剧了这种压力。这种混合经济体的最后因素是政

① 原文如此。——译者注

府。虽然东亚公共开支和税收水平相对低于国际标准（通常低于国民生产总值的30%），但国家在指导投资、研究和贸易决策方面扮演着至关重要的角色。毫无疑问，日本通商产业省（MITI）俯瞰了战后日本“经济奇迹”。

全球政治经济学的方法

现实主义的观点

现实主义经济理论深深地植根于、有时等同于“经济民族主义”或“重商主义”。重商主义将国家视为最重要的经济行为体，强调政治权力决定经济关系的程度。由此观之，市场并非是“自然的”，其存在于社会背景之中。国家权力的使用很大程度上塑造着这种社会背景。因为国家体系是无政府状态的，全球经济倾向于以冲突为特点，因而国家彼此以零和游戏方式竞逐权力与财富。重商主义的经典战略是增强国家财富、权力与声望，为此而达成良好的贸易平衡。这需要生产出口商品，同时维持低水平的进口。其主要手段是保护主义。**防御性**重商主义意在保护“幼稚”产业以及疲软的经济免受强大经济的“不公正”竞争。然而**进攻性**重商主义意在加强国家经济以为扩张主义与战争提供基础，因而强国的利益塑造着全球经济，时常以新殖民主义和自由贸易协定的方式迫使弱国开放其市场。对于一些现实主义者而言，一个稳定的世界经济需要一个单一主导性权力的存在，如霸权稳定论所暗含的。

自由主义的观点

自由主义经济理论基于以下信念，即作为自私的理性动物或效用最大化者的个体是主要经济行为体（效用最大化者实现最大程度的幸福，以物质消费而衡量之）。由此，商业是组织生产与催生财富的重要手段。按照自由主义对竞争性力量之间平衡或和谐的深刻信念，经济自由主义的关键观念是不受管制的市场经济趋向于长期的均衡（价格机制，即市场这只“看不见的手”，促使“供”与“需”相一致）。由古典自由主义政治经济的视角观之，这意味着**自由放任**的政策，即国家不干预经济，而是市场自行管理。因此，经由市场的经济交换是正和游戏，因为更大的效率催生了经济发展，使每个人都受益。因而全球经济是以合作为特征的，因为贸易与其他经济关系将会产生双赢与普遍的繁荣。这进一步意味着一种对经济全球化的积极观点，其被视为市场对国家边界等“非理性”妨碍物的胜利。新自由主义进一步发展了这一观点。然而自凯恩斯以来，另一种自由主义政治经济的传统意识到市场会失效或是有瑕疵的。在这些情况下，市场需要在国家与全球层次上被管理或调节。

批判理论的观点

马克思主义主导着经济学的批判方法，将资本主义描绘为阶级剥削的体系而且视社会阶级为主要经济行为体。因为阶级忠诚感被视为比国家忠诚感更强有力，所以由马克思主义观之，政治经济总是具有国际向度。在现代经济环境中，资本家阶层或资产阶级的利益逐渐等同于跨国公司的利益。跨国公司被广泛地视为比国家政府强大得多，而且经济优先于政治。因此，资本主义固有地具有全球化的趋势，拥有不顾及国家边界而扩展的不懈欲望。全球经济是以冲突为特征的，源于资本主义体系本身的压迫性。对于一些马克思主义者而言，帝国主义及其获取原材料与廉价劳动力的愿望表达了这一观点。然而沃勒斯坦等新马克思主义者将全球资本主义解释为世界体系。世界体系是以所谓的“核心”地区与“边缘”地区之间的剥削关系为架构的，具体而言是跨国公司与发展中国家之间的剥削关系。其他新马克思主义者采用了新葛兰西学派的方法，强调霸权的角色、经济权力与政治权力协调运行的程度。

日本式国家资本主义在二战后初期似乎是非常成功的，解释了日本从战时破坏中复兴而成为世界第二大经济大国的能力、亚洲“四小龙”（韩国、中国台湾、中国香港、新加坡）的崛起。然而20世纪90年代日本经济衰退（“失去的十年”）和1997年亚洲金融危机也给国家资本主义投下了阴影，凸显了其僵化性、对变幻莫测的全球经济压力的调整乏力的问题。此外，日本的经济成功必须付出代价，对劳工及其家庭提出了强大的需求。长时间的劳作和纪律严明的工作条件意味着个人主义受到压制而且劳作成为存在的中心。

在20世纪90年代的混乱之后，当叶利钦实施“休克疗法”的市场改革时，俄罗斯转变为国家资本主义。1999年之后，普京重新确立了国家权力在政治和经济生活中的地位，某种程度上以从所谓“寡头”手中夺回权力的方式。这些商业新贵备受质疑，因其从国家攫取财富及其所导致的1998年俄罗斯金融危机。普京经济战略的一个主要方面是利用俄罗斯的能源储藏，既促进经济增长，又赋予俄罗斯对邻国和大部分欧洲国家的影响力。国家资本主义的力量源于其实用主义和灵活性。强国能够专心致志、时常无情地优先发展经济，这是那些自由民主政体无法与其相比拟的。因此，重大基础设施项目和经济结构调整更容易实施，而且资本和货币市场的异常行为对经济决策的影响不断减小。

聚焦

中国经济模式？

20世纪70年代末市场改革以来，中国令人注目的经济成功的根源是什么呢？中国经济模式具有许多鲜明特征。第一，中国人口达13亿多，而且民众史无前例地从农村迁移到迅速发展的城镇，特别是东部沿海的城镇。中国受益于似乎取之不尽的廉价劳动力的供应。第二，与日本以及亚洲“四小龙”一样，中国实施出口导向的发展战略，以制造业以及“世界工厂”的目标为基础。第三，高储蓄率意味着，不像美国与许多西方经济体，中国投资很大程度上来自于国内财源。这不仅表明，相比于美国、英国与其他西方国家的银行体系，中国银行体系更具活力，此外，这也允许中国大量外借。这些借贷使中国货币相比于美元而贬值，因而提升了中国出口的竞争力。第四，干预型政府支撑着经济成功。政府大量地投资于基础设施项目，使其对外政策趋向于实现资源安全，保证石油、铁矿石、铜、铝以及许多其他工业资源的供应。这些工业资源是迅速发展的经济体所急需的。

不过，大量因素威胁着中国经济模式，或迫使中国探索新的经济模式。这些包括以下事实，即 2000 年中期以来中国呈现出工资膨胀（wage inflation）的迹象，从而表明廉价劳动力并非是取之不尽的，而且这置中国削弱世界其他地区制造商品的能力于危险境地。对出口市场的过分依赖造成了刺激中国国内消费水平的需要，特别是 2008—2009 年全球经济衰退所表明的。然而日益增加的国内消费或许“吸纳”了更多的进口，减少了当下中国很大的贸易顺差。另一个威胁来自于中国的独生子女政策，开始产生相反的效果，因为中国符合工作年龄的人口数在未来几十年中急剧下降。

新自由主义的胜利

20 世纪 80 年代以来，世界各地的经济发展都或多或少地伪装成自由主义的形式。新自由主义反映了企业资本主义优于其他形式的资本主义，而且其主要信仰成为**市场原教旨主义**（market fundamentalism）的形式。事实上“新自由主义革命”是一场相反的革命：其目标是阻止“大”政府和国家干预的趋势。在 20 世纪，特别是二战后初期是以此为特征的。新自由主义的主要学术代表是哈耶克和弗里德曼。他们主要攻击**凯恩斯主义**（Keynesianism）和“税收与消费政策”，声称二者是 20 世纪 70 年代“滞胀”的元凶［经济停滞、不断上升的失业率、高通货膨胀（物价水平的普遍上升）］。新自由主义的解决方案是国家的“退却”和市场力量的充分或至少较充分的发挥。

新自由主义最早的尝试是在智利。1973 年中央情报局支持军事政府推翻了萨尔瓦多政府。此后，新掌权的皮诺切特（Pinochet）将军听信了一帮美国和在美国学习的自由市场经济学家的意见，进行了彻底的市场改革，即所谓的“芝加哥男孩”改革（这反映了弗里德曼和芝加哥学派的影响）。随后他们的影响又蔓延到巴西、阿根廷和其他南美国家。20 世纪 80 年代，新自由主义分别以“里根主义”（里根执政于 1981—1989 年）和“撒切尔主义”（撒切尔执政于 1979—1991 年）的形式扩展到美国和英国，而且加拿大、澳大利亚和新西兰等其他国家也很快效仿。20 世纪 90 年代受到全球经济治理机构和全球化的影

新自由主义：新自由主义（时常被称为新古典自由主义）是古典自由主义，特别是古典政治经济学的新版本。其中心主题是，当政府不干预时经济运行最优，反映了对自由市场经济学与原子式个人主义的信仰。不受管制的市场资本主义带来效率、增长与普遍的繁荣，然而国家的“死亡之手”减少创新并且妨碍企业。简而言之，新自由主义哲学是：“市场：好；国家：坏。”新自由主义的主要政策包括私有化低公共支出（privatization low public spending）、放松管制、减税（特别是公司与直接税）、不断减少的社会福利。新自由主义的术语也被用来描述自由主义国际关系理论的现代发展，其融合了自由主义与现实主义思想（如第 3 章所讨论的）。

市场原教旨主义：对市场的绝对信仰，反映在如下信念之中，即市场机制为所有经济与社会问题提供了解决办法。

凯恩斯主义：凯恩斯所创见的理论或经济管理的政策，涉及总需求的调节以实现充分就业。

响，新自由主义产生了更广泛的、似乎不可抗拒的影响。20 世纪 80 年代期间，世界银行、国际货币基金组织转向后来众所周知的“华盛顿共识”，向里根和撒切尔的经济议程靠拢，同时也关注自由贸易、资本市场自由化、灵活的汇率制度、平衡预算等政策。1989—1991 年东欧革命后，这种思想促使俄罗斯、匈牙利和波兰等国家实施从中央计划经济转向自由市场经济的“休克疗法”。自由市场改革也以强制性的“结构调整”计划的方式扩展到许多发展中国家。

经济全球化以许多方式支持了新自由主义的发展。特别是，不断增强的国际竞争鼓励政府对经济放松管制，降低税收水平，以此吸引外来投资和防止跨国公司迁移到其他地方。公共支出承受着强大的下降压力，尤其是福利预算。事实上，在全球竞争日趋激烈的情况下，控制通货膨胀已取代了维持充分就业，成为经济政策的主要目标。这类压力、美国经济复苏的发展与生产率、日本和德国等其他国家资本主义模式的相对萧条的绩效意味着，20 世纪 90 年代末新自由主义似乎无可挑战地成为“新”世界经济中占统治地位的意识形态。只有中国等少数国家能够根据自己的情况应对新自由主义全球化，以降低汇率的方式限制竞争的风险。

米尔顿·弗里德曼（Milton Friedman，1912—2006）

美国学者与经济学家。弗里德曼是罗斯福新政的坚定批评者、哈耶克的亲密同事。1948 年他成为芝加哥大学经济学教授，创建了所谓的芝加哥学派。弗里德曼也是美国《新闻周刊》的专栏作家以及美国总统顾问。1976 年他获得诺贝尔经济学奖。弗里德曼是货币主义与自由市场经济学的主要倡导者、凯恩斯理论与“税收与开支”政府政策的强有力的批评者，有助于改变 20 世纪七八十年代经济的重点，特别是美国和英国。其主要著作包括《资本主义与自由》(*Capitalism and Freedom* 1962)、《自由选择》[*Free to Choose* 1980（与其妻子合著)]，对正在出现的新自由主义思想产生了相当大的影响。

新自由主义的意义

新自由主义表面上的全球性胜利已激起了大量争论。对新自由主义及其支持者来说，有益于市场改革和经济自由化的最清晰主张是，它们起作用。新自由主义的发展不仅与美国 30 年的经济增长及其复兴的经济崛起（有力地回击了在 20 世纪 70 年代到 20 世纪 80 年代甚嚣尘上的预言，即日本和德国将会使美国黯然失色）相一致，而且与世界经济 30 年的发展密不可分。由此，新自由主义是以新的发展模式为基础的，同时也清晰地展示出了其对凯恩斯—福利的正统理论的优势。新自由主义发展模式的关键是金融市场和**金融化**（financialization）过程。这使经济体的金融部门大规模扩张，解释了华尔街、伦敦城、法兰克福、新加坡和其他地方重要性的不断增长。在这个过程中，资本主义变

金融化：商业、公共机构以及个体公民的财政重构，允许其借贷，从而导致其开支的增多。

成了“涡轮资本主义”（turbo-capitalism），受益于极为扩张的货币流动。货币流动从扩大投资与高消费中寻求出路。尽管这一过程涉及相当多的公共和私人债务的增加，但是由于债务所刺激的基本发展被视为可行的。新自由主义发展模式的其他主要特点是，国内经济日益融入全球经济（以及经济全球化的加速）。许多主要经济体从制造业转向服务业，积极地引进新信息技术，从而被视为“知识经济”的发展。

然而，新自由主义备受批评。例如，批评者指出，新自由主义减少了社会福利而且推动了物质私利（“贪婪是好事”）的道德规范，努力维系作为经济学说的广泛合法性，然而其加剧了不平等与社会崩溃。这导致了 20 世纪 90 年代新西兰、加拿大、英国等国家对“新自由主义革命”的修正而不是扬弃，甚至是美国总统奥巴马 2009 年执政以来对新自由主义优先问题的重新评估。此外，市场改革中许多“休克疗法”尝试的失败揭露了新自由主义作为发展计划的局限性，如智利、许多发展中国家结构性调整计划令人失望的后果。在俄罗斯等国家，失业率和通胀的增长、新自由主义原则的“休克疗法”所释放的不安全感使市场改革备受阻力，也加强了对民族主义和权威主义运动的支持。更深入的问题是，新自由主义的“涡轮式”特点或许不太涉及市场活力或技术创新，更涉及消费者支出和借款及商业投资的意愿，致使这种经济模式特别容易受金融市场的变化无常、消费者或商业信心的转变的影响。本章随后将更详细地考察这个问题，连同资本主义危机的问题。

聚焦

“华盛顿共识”

约翰·威廉森（John Williamson 1990，1993）杜撰了“华盛顿共识”的术语，描述了位于华盛顿的国际制度——国际货币基金组织与世界银行、美国财政部所采取的政策。这些政策帮助发展中国家进行经济重建。以“作为现代化的发展”（development as modernization）的“正统”模式为基础并且吸收了新自由主义的观念，华盛顿共识的本质是“稳定化、私有化与自由化”。华盛顿共识支持以下措施：

- 财政纪律（削减公共开支）
- 税制改革（削减个人税和公司税）
- 金融自由化（放松金融市场管制与资本控制）
- 浮动与竞争性汇率
- 贸易自由化（自由贸易）
- 开放对外直接投资
- 私有化

由于对这些政策的反弹以及时而的失败，改进的华盛顿共识出现了，其也强调法律或政治改革，反腐、劳动力市场的流动性以及减贫等政策。

按照罗伯特·考克斯（1987）的观点，新自由主义或其所称为的“超级自由主义的全球化资本主义”植根于主要矛盾的斗争，意味着其优势注定会受到挑战，最终被推翻。这些矛盾包括“国家国际化”（国家回应全球经济而不是公众舆论的趋势）所产生的“民主赤字”、不断增大的保护环境免受无情经济发展所导致的破坏的压力、国家权威屈从于公司的金融和经济利益。娜奥米·克莱恩（Naomi Klein 2008）提出了对新自由主义的更悲观的解释。她强调“灾难资本主义”（disaster capitalism）的兴起，关注新自由主义发展卷入“休克”、紧急状态以及各种危机的程度。因此从阿连德政府的倒台到“反恐战争”，表明了美国对外政策的冒险行为涉及新自由主义的扩展。对很多人来说，2007—2009年全球金融危机暴露了新自由主义模式的根本缺点，如本章稍后所讨论的。

聚焦

“知识经济”？

“知识经济”的观念是有何意义呢？知识经济（时常称之为“新”经济，甚或“无重”经济）意指知识被视为竞争与生产力的主要来源，特别是信息与通信技术的应用。知识经济时常被描绘为从工业社会向信息社会转变的经济表述。知识经济观的支持者认为，它在数个方面不同于传统经济。例如，因为知识（不像其他资源）并不因使用而耗尽，所以知识经济更关注丰裕的经济学而不是稀缺的经济学。它们实质上减少了本土化（而且加速全球化）的影响，因为知识会“流向”最高的需求或回报的地方，而不考虑国家边界。最后，它们意味着利润与高生产率本质上与提高劳动力的技能，而不是获取“硬性”资源相关。

然而，知识经济的镜像或许是误导性的。首先，与信息通信技术相关的现代技术发展或许不是新颖之事：迅速且发达的技术变革一直是工业资本主义的特征。此外，一些评论者质疑信息通信技术的广泛使用与生产率提高之间的联系。例如，20世纪90年代中期以来美国生产率的提升或许涉及信息通信技术的投资之外的因素。几乎没有证据表明，信息通信技术的不断使用在其他经济体中促进了经济发展。最后，以知识为基础的生产很大程度上局限于北方发达国家，而且很难看到南方国家将信息通信技术视为发展重点。例如，非洲在个人电脑和互联网普及率方面或许落后美国15年左右，但是在基本识字率和医疗方面落后100多年。相比于手机与互联网，改善清洁水、抗疟疾计划、优质学校以及廉洁政府是世界上穷国的优先议题。

经济全球化

经济全球化的原因

怎样才能最好地解释经济全球化的出现，而且经济全球化会走多远呢？经济全球化并无新颖之处。跨境与跨国经济结构的发展一直是帝国主义的主要特征。可以说，经济全球化的高潮出现在19世纪末欧洲国家争夺亚洲和非洲殖民地的时期。然而，全球化的现代和过去形式在许多方面是不同的。早期的全球化时常被认为是“第一阶段的全球化”（proto-globalization），其通常将跨国公司经济组织确立在扩张主义的政治计划之上。不管其扩张和成功，这些帝国们从未成功地消除边界和边境，只是根据政治上占主导地位的强国利益重新调整自身，往往是在“文明”世界和“野蛮”世界之间确立新的界限。相比之下，就当代全球化现象而言，经济相互联系和相互依赖网扩展得如此远，以至于将世界经济设想为一个**单一**的全球实体是可能的。在此意义上，经济生活已经变得“无国界”了（Ohmae 1990）。

现代全球化经济形成于 20 世纪下半叶。它是两个阶段的产物。第一阶段是从第二次世界大战结束到 20 世纪 70 年代初期，以战后国际金融体系管理的新安排为特征，即布雷顿森林体系（如第 19 章所讨论的）。布雷顿森林体系以固定汇率制度、管制和支持的方式意在防止回到“以邻为壑”的经济政策，因为这种政策曾导致了 20 世纪 30 年代的大萧条，而且推动了政治极端主义和侵略。布雷顿森林体系、马歇尔计划为欧洲提供了财政援助，特别是支持战后重建。凯恩斯式经济政策的广泛使用意在实现可持续的增长，而且布雷顿森林体系巩固了战后所谓的“长期繁荣”。在大幅度扩大生产能力，推行资本主义的消费主义形式的过程中，它为后来经济全球化的快速发展奠定了基础。

然后，20 世纪 70 年代布雷顿森林体系的崩溃促使浮动汇率代替固定汇率，开启了全球化资本主义发展的第二个阶段。布雷顿森林体系是以下面的假设为基础的，即世界经济是由一系列相互联系的国民经济所组成的，其目的是以调节民族国家之间贸易关系的方式确保国家层次上的经济稳定。但是，体系的崩溃削弱了民族国家经济，因为浮动汇率使民族国家经济面临更大的竞争压力。因此，由于浮动汇率、跨国公司日益重要等其他因素，民族国家经济越来越卷入一个相互联系的网络之中。由于 20 世纪 90 年代共产主义在东欧及其他地区的崩溃、中国经济开放，这种经济相互联系实现了真正的全球化。然而，虽然在使全球经济形成的许多事件上存在着广泛共识，但是在有助于塑造或许决定这些事件的深层次力量和基本动力方面存在着更多的争论。这些争论反映了全球政治经济的竞争性视角、经济环境如何得以最好地解释的不同立场，或通过生产组织等结构性因素，或通过国家、公司或个体等经济行为体的自由选择。

在实践中，全球资本主义体系出现等复杂的经济发展最好以结构和能动者之间（O'Brien and Williams 2010）的动态关系来解释。关于全球经济出现的最具影响力的结构主义解释是马克思主义观点，即资本主义是一种本质上普世主义的经济体系。简而言之，全球化是资本主义生产方式的自然且不可避免的后果。如马克思在《政治经济学

经济全球化：经济全球化意指所有国家经济或多或少地融入相互交错的全球经济的过程。经合组织（1995）将全球化界定为“从独立的国家经济构成的世界向全球经济的转变，其中生产国际化了，国家间金融资本自由与迅速地流动”。然而，经济全球化应该区别于**国际化**。国际化产生于“浅表整合”（shallow integration），因为不断增加的跨国交易导致了国家间日益增强的相互依赖。然而前者标志着向“深度整合”（deep integration）的定性转变，因为生产、分配和消费的全球市场的形成超越了领土边界。

国际化：国家之间关系与流动（如商品、金钱、人员、信息与观念）的增长，造就了深层次的相互依赖。

批判大纲》（［1857—1858］1971）中所解释的，资本主义的本质是拆掉贸易的每个当地的阻碍、将整个世界视为自己的市场。之所以如此，是因为资本主义体系的根本动力是资本积累。反过来，资本积累造就了对开拓新市场的无法抗拒的愿望、对廉价的新经济资源的渴求。根据马克思主义者的观点，正如19世纪末维系利润水平的欲望推动着帝国主义一样，20世纪末以来全球化的加速是二战后"长期繁荣"结束、20世纪70年代全球性衰退的开端。

重商主义：一项经济哲学，从15世纪到17世纪末在欧洲颇具影响，强调国家在管理国际贸易与确保繁荣方面的角色。

消费主义：一种心理与文化现象，其中个人幸福等同于物质财富的消费。

虽然自由主义者强烈地拒绝马克思主义关于资本主义的批判观点，不过他们认为基本的经济逻辑推动着全球化。对他们来说，这并非与资本主义企业的冲动相联系，而是涉及人性的内容，特别是人类对经济改善的天生和合理的欲望。由此观之，全球经济仅仅是如下事实的反映，即不考虑不同的文化、传统，各地的民众逐渐意识到市场互动（market interaction）是物质安全和生活水平改善的最佳保障。这特别体现在自由贸易学说与竞争性优势理论中。第19章将对此更加密切地考察。就这种"全球性"的趋势何时以及如何开始出现而言，自由主义者通常强调技术创新的作用。毋庸讳言，技术长期以来在促进各民族跨界与环球联系方面扮演着重要角色——如电报（1857）、电话（1876）、无线电（1895）、飞机（1903）、电视（1926）、液体燃料推进的火箭（1927）、海上集装箱运输（20世纪60—70年代）。然而先进的信息和通信技术（ICT）在鞭策向全球化的进步中扮演着重要的角色，尤其是推动了全球金融市场的发展和公司的全球管理。最显著的例子是20世纪60年代末光学纤维、1971年硅晶片和1981年个人电脑的发明。在所谓超全球化论者（hyper-globalist）看来，一旦计算机化的金融交易、手机和互联网等技术得到广泛使用，全球化的经济和文化模式实际上将变得不可避免。

然而，全球化经济不仅仅是经济和技术的产物，政治和意识形态因素也扮演着至关重要的角色。现实主义理论家复兴**重商主义**观念，却遭遇自由主义者和马克思主义者的驳斥。后者认为，全球化是经济对政治的最后胜利，强调在关键方面全球经济是国家政策和制度管制的产物。全球化并没有迫使国家退却，在某些方面可能是美国等强国实现其目标的手段。例如，美国在布雷顿森林体系的形成与崩溃方面是工具性的。在此意义上，全球化或许是对20世纪七八十年代美国经济相对衰落的反映。趋向更加开放和"自由化"的贸易体系是扩大以美国为基础的跨国公司机会的手段，从而支撑了美国经济的兴旺。事实上，二战后所构建的经济治理制度有助于实现这些。美国对世界银行、国际货币基金组织异乎寻常的影响及其在关税及贸易总协定（GATT）向更强有力地支持自由贸易的世界贸易组织转变的过程中所扮演的角色表明，经济全球化符合如华盛顿共识所安排的美国要务的程度。

最后，这些发展也具有意识形态的维度。例如，不同于19世纪的帝国主义，20世纪和21世纪的全球化并不是强迫与政治支配所促成的。自由主义者认为，"同意下的全球化"（globalization by consent）反映了各个国家加入世界贸易组织的渴望，也反映了对经济互益的基本认可。然而批判理论家强调对全球化好处的分享是不均的，而且认为市场的价值观、**消费主义**和唯物主义文化的扩展制造着这种同意。由此观之，新自由主义意识形态的发展支撑着经济全球化的进程，并宣扬全球资本主义体系可行的经济替代方案并不存在，而且这个体系是公正的，也会使所有人受益。

经济生活是如何全球化的?

经济全球化是神话抑或现实呢？国家经济有效地参与到单一的全球体系中，或没有什么改变，即世界经济仍然是相互联系的国家经济的聚合吗？在这场辩论中完全不同的两种观点经常被提及。一方面，超全球化论者描述了一个“无国界的”全球经济的镜像。经济互动具有跨界或环球特性的趋势，而且是无法抗拒的。信息通信技术的发展推动甚至支配着这种趋势。另一方面，全球化怀疑论者指出，国家经济的崩溃被过分夸大了，往往具有意识形态的目的：经济全球化被描述为先进的且无法回避的，以使向自由市场或新自由主义政策的转变成为必然(Hirst and Thompson 1999)。然而，单一的全球经济、或多或少相互依赖的国家经济的聚合之间的选择是令人迷惑的。这并不是说全球经济这类事情并不存在，而是说这种镜像仅仅捕捉到了更加复杂与有区别的现实的一部分。世界经济或许最好理解为“正在全球化”的经济而不是“全球性”经济：现代经济生活日益受到各种过程的塑造，然而这些过程不仅具有国家特性，还具有区域性、全球性特性。然而，国家、地区和全球层次的重要性在不同的经济部门与活动类型中、在世界不同地区是截然不同的。经济全球化当然不会是“平坦”的过程。不过全球性相互联系以各种方式增强了。最重要的部分包括：

- 国际贸易
- 跨国生产
- 全球劳动分工
- 全球化的金融体系

国际贸易的增长是 1945 年以来世界经济最显著的特点之一。在此期间，国际贸易的增速平均是国际生产的两倍。例如，世界出口从 1960 年的 6.29 亿美元增长到 2003 年的 7.3 万亿美元。受到普遍接受的贸易与经济发展之间的联系推动了这些趋势。20 世纪 50 年代以后德国和日本等出口导向型经济的成功、20 世纪 70 年代亚洲“四小龙”以及自由贸易的普遍趋势说明了这一点。20 世纪 70 年代保护主义的复兴短暂地打断了自由贸易。当代世界经济中国际贸易的全新特点之一是，同一产业而不是不同产业（极大地加剧了价格竞争）之间国际贸易比例的提高和所谓的公司内部交易的增加。跨国公司的崛起使公司内部交易的增加成为可能。公司内部而不是公司之间贸易的增长是全球化不断增强的非常明显的信号。另一方面，怀疑论者认为这种国际贸易的趋势并不是全球化程度的有力佐证。例如，国际贸易的现代水平和历史水平并没有很大差异。除了公司内部贸易之外，国际贸易推动了“浅层”整合和更大程度的相互依赖，而不是单一的全球化经济。此外，现代贸易体系是否真正地覆盖全球的问题颇受质疑，因为大约 80%的世界贸易发生在发达国家之间，其中大部分发生在特定地区内——尤其是北美、欧洲、东亚和东南亚地区——而不是不同地区之间。

跨界生产和跨国公司的兴起密切相关。跨国公司逐渐占据大部分的世界生产以及一半左右的世界贸易。这类公司利用全球采购，有能力从世界任何地方吸引原材料、配件、投资和服务。关键是，它们也能够在各个国家或各地区内定位与转移生产以有利于效率和赢利能力——比如廉价但技术相对娴熟的劳工，或公司税低且工人权利有限的地方。然而，这些趋势缺乏一个充分的全球化生产体系。大多数跨国公司不仅与其母国保持着紧密联系而似乎仅形式上是跨国的，而且生产仍然压倒性地集中在发达世界。

不断加强的全球劳动分工进一步证实了经济全球化。尽管这并没有确立一个单一的世界劳动力市场（据估计，仅约 15％的世界劳工被视为真正全球性地流动），但是更清晰的经济分工模式已经很明显了。特别是，高新技术制造业日益集中在了发达国家，然而许多穷国融入全球经济的过程意味着出口农产品或原材料。新马克思主义者、沃勒斯坦等世界体系论者认为，经济全球化是一个不均衡和分层的过程，一个赢家和输家的游戏。经济权力集中在经济“核心”，以牺牲“边缘”为代价。在一定程度上这些差异也反映出世界经济中不同程度的整合。核心地区或国家更为完整地融入全球经济而且收获其利益，然而边缘地区或国家仍置身事外或收益颇微。

全球化的金融体系经常被描绘成经济全球化的驱动力甚至是全球经济的基石。全球金融体系的形成经历了两个过程。首先，20 世纪 70—80 年代布雷顿森林体系解体促成了浮动汇率，从而呈现出放松管制金融市场的普遍趋势。这致使货币与资本能够更加轻易地在各国家内部与其间流动。随后，20 世纪 90 年代新信息和通信技术在金融市场的应用赋予金融交易以真正超越领土的特性，也使跨境交易更具实效性。其中的例子是环球货币（transworld money）的出现，其反映了这样的事实，即货币失去了其民族性，因为它们在全球范围内交易而且其价值是由全球市场力量所决定的。2001 年每天大约 4 万亿美元——这一数字比整个美国国内生产总值还要多——在全球货币市场上被交易。然而金融全球化对国家经济稳定、全球资本主义的影响是个颇具争议的问题。

最后，要记住，关于经济生活的全球化程度的传统争论所涉及的少数参数，是由经济上比较活跃的所谓的生产工人所确立的。尽管苏联解体了而且社会主义更广泛地退却了，但是重要的非资本主义或至少非商业的经济形式仍存在于世界上许多地方。女性主义的经济学家特别关注大量非正式的“无形”（invisible）经济。这种经济依赖于家务劳动、儿童护理、照顾老人以及小农经济等领域的无偿劳动，主要是女性所承担的。这种经济在发展中国家是特别重要的，按照完全脱离全球经济的交换与物质安排而运行。不过这种经济承担着供养世界上绝大多数人口的责任。例如，虽然妇女所管理的宅园仅占尼日利亚东部家庭农田的 2％，但是占农田总产出的一半左右。在印尼，20％的家庭收入和 40％的国内粮食供应来自宅园（Shiva 1999）。对这种“无形”经济的认识越来越受到联合国和世界银行所支持的发展战略的影响，尤其是因为以市场为基础的传统发展战略会破坏“无形”经济。第 15 章将会详细讨论这些问题。

全球行为体

跨国公司

跨国公司意指控制在两个或两个以上国家的经济活动的公司。母公司通常位于一国（“母国”），然而其子公司则在其他国家（“东道国”），尽管子公司或许拥有不同的附属公司。这些公司现在一般称为**跨国**公司而非**多国**公司以反映其公司战略与过程超越国家边界而不仅仅是跨越边界的程度，因为跨国公司与多国公司形成鲜明的对照。经济部门之间的整合与公司内部贸易日益增强的重要性允许跨国公司凭借自身实力而运行，受益于地理上的灵活性、生产创新的优势以及实施全球营销战略的能力。

一些早期跨国公司的发展伴随着欧洲殖民主义的扩张，其中经典例子是成立于 1600 年的东印度公司。然而 1945 年以来跨国公司在数目、规模以及全球覆盖范围方面急速地发展。在数国拥有子公司的大公司数目从 1970 年的 7 000 个增加到 2009 年的38 000个。最初，跨国生产的扩展很大程度上是个美国现象，涉及通用、国际商用机器公司(IBM)、埃克森美孚（Exxon Mobil)、麦当劳。欧洲与日本公司紧随其后，将跨国公司现象扩展到全球的北方国家。70%左右的世界 200 强跨国公司的母公司位于三个国家——美国、德国与日本，90%位于发达国家。

意义：跨国公司拥有巨大的经济权力，发挥着巨大的政治影响。其经济的重要意义反映在这个事实中，即它们占世界工业生产的50%左右、世界贸易的 70%多。跨国公司往往在经济规模方面使一些国家黯然失色。以公司销售额与国家国内生产总值的比较为基础，世界上百强经济体的 51 个是公司，仅有 49 个是国家。通用公司在此意义上相当于丹麦，沃尔玛大致相当于波兰，埃克森美孚的经济实力相当于南非。然而经济规模并不必然转化为政治权力或影响，毕竟国家能够做跨国公司仅能向往的事情，如制定法律与招兵。跨国公司与国家政府相比具有的战略优势是，其以“跨界”甚至“环球”交流与互动的方式而超越领土范围的能力，尤其反映在其在生产转移与投资方面的灵活性。实际上，跨国公司到处搜寻有助于赢利的环境。它们可能被吸引到这样一些国家和地区，比如，这些国家和地区能够提供稳定的政治环境、低水平的税收（特别是公司税)、低程度的经济与金融管制、廉价或技术娴熟的劳动力、软弱的贸易工会、有限保护的劳工权利、高收入消费者所构成的市场的准入。这促成了国家与跨国公司之间的结构性依赖关系，其中国家依赖于跨国公司提供工作与资金流入，但是仅能以提供有助于其利益的环境而吸引跨国公司。

公司的捍卫者认为，公司会产生巨大的经济收益，而且其政治影响被夸大了：反全球化运动“妖魔化”了跨国公司。从这个视角来看，跨国公司是成功的，因为它们起作用。其两个巨大的经济收益是其效率和高水平的消费者反应。很高的效率源自其历史上前所未有的能力，以收获规模经济、新生产方法的发展以及新技术应用的收益。跨国公司在研究、发展以及产品创新方面的巨大投资反映了消费者反应。不过，批评者描述出跨国公司更加凶险的镜像，认为跨国公司积累了过多的经济权力、无法接受的政治影响程度而且造就了“品牌文化”，从而以商业镜像扩展的方式败坏了公共领域，操纵着个人偏好。

伊曼纽尔·沃勒斯坦（Immanuel Wallerstein，1930—　）

美国社会学家、世界体系论的开拓者。深受新马克思主义的依附论以及法国历史学家布罗代尔（1902—1985）思想的影响，沃勒斯坦认为现代世界体系是以“中心”与

“边缘”之间的国际劳动分工为特点的。核心地区受益于资本集中，然而边缘地区依赖于向核心地区出口原材料，尽管基本矛盾最终会导致世界体系的终结。沃勒斯坦也将核心地区霸权国（主导性强国）的兴衰回溯到世界体系的变换，认为论战的结束标志着美国霸权的衰落而不是胜利。其主要著作包括三卷本的《现代世界体系》(*The Modern World System* 1974，1980，1989)、《地缘政治与地缘文化》(*Geopolitics and Geoculture* 1991) 以及《美国权力的衰落》(*Decline of American Power* 2003)。

全球资本主义危机

繁荣和衰退的解释

资本主义经济中繁荣、衰退以及危机的趋势并不是简单地符合古典自由主义政治经济学。经济自由主义很大程度上是以这种假设为基础的，即市场经济会自然地趋向均衡状态，供给与需求以价格机制运行的方式彼此相协调，即亚当·斯密的“看不见的手”。但是，在国家和国际层面上资本主义的历史没有证实这种均衡和稳定的镜像。相反，资本主义总是易于受到繁荣、衰退，甚至剧烈波动与危机的影响。早在 1720 年，所谓的南海泡沫（South Sea Bubble）（英国股份公司南海公司的疯狂投机交易，以获得在西班牙的南美殖民地的贸易垄断）的破裂造成成千上万投资者的经济损失。

通货紧缩：价格总体水平的下降，与经济体中经济活动水平的下降相关。

似乎与经济波动相关的一个因素是战争。许多最具戏剧性的持久不变的**通货紧缩**（deflation）的历史事件都是战争的后果。以维也纳会议（1814—1815）为标志，美国独立战争之后持久不变的经济萧条终结了拿破仑战争。欧洲经历了数十年的通货紧缩，其中工业投资是有代价的而且许多公司破产了。在 19 世纪中期，意大利和德国的统一战争、美国内战都产生了即时的投机泡沫。泡沫的破裂导致普遍的破产和股票市场的崩溃。第一次世界大战导致了 1919 年短暂的复兴繁荣。1920—1921 年主要西方经济体崩溃了，十年后大萧条出现了。1945 年以后，朝鲜和越南的冲突导致通胀飙升。这些冲突最初降低而后又提高利率，这反过来导致了工业投资的飙升和下降。战争与经济绩效之间的联系产生于各种因素：非生产性军事活动的融资的代价、商业的破坏、资本流动的冻结、复兴的代价等。

争论

经济全球化会推动繁荣且为所有人提供机会吗?

因为资本主义与社会主义之间的意识形态斗争（明显地）已经托付给了历史的垃圾桶（dustbin of history），所以政治争论转而趋向于关注经济全球化的影响。经济全球化应该受到欢迎与支持，还是应该受到抵制呢？

赞成

市场的逻辑。由经济自由主义视角观之，市场是创造财富、繁荣与经济机会最可靠的唯一手段。这是因为市场、竞争与赢利动机为工作与企业提供激励，也最有效地分配资源。由此观之，经济全球化是以市场经济的跨边界扩展为基础的，确保所有国家的民众都能够受益于更大的繁荣以及不断扩大的机会。然而仅有资本主义能够带来这些繁荣和机会。

每个人都是赢家。经济全球化的巨大优势是，它是赢家的游戏。尽管经济全球化致使富者更富，但是它也使穷者富裕。之所以如此，是因为国际贸易使各国在商品或服务生产方面专业化，从而具有“比较优势”；其他收益产生于专业化所促成的规模经济。相似的是，跨国生产是一种利好的力量。例如，跨国公司转移着财富，扩大了就业机会，提高了发展中国家的现代技术，从而有助于解释为何发展中国家政府如此渴望吸引对内投资。因而，经济全球化是减少贫困的最稳妥手段。

经济自由推动其他自由。经济全球化并不仅仅使社会更加富裕。同时，一个开放的市场经济也会带来社会和政治收益。社会流动增加了，因为民众能够利用更广泛的工作、职业以及教育机会。习俗与传统的“专制”会弱化，因为个人主义与自我表现能够充分发挥。因而经济全球化与民主化相关，20世纪90年代这两个过程明显同时发生了。之所以如此，是因为享有广泛的经济与社会机会的民众很快会要求更多的政治参与机会，特别是对多党选举的采用。

反对

加剧贫困与不平等。全球化的批评者关注根深蒂固的不平等新模式的出现，因此全球化是赢家与输家的游戏。批判理论家认为，赢家一般是跨国公司与工业发达国家，特别是美国，然而输家是发展中国家。在发展中国家工资很低，管制是软弱的或并不存在，而且生产逐渐以全球市场而不是国内需求为取向。因此，经济全球化是一种新殖民主义形式：经济全球化迫使穷国开放其市场，允许富国掠夺其资源。

政治与民主的“空洞化”。经济全球化减少了国家政府的影响，因此会约束其公共责任。吸引对内投资的需要、不断增强的国际竞争所产生的压力推动着国家政策，因此融入全球经济通常意味着税收改革、放松管制以及福利的缩减。全球资本主义与民主化之间所谓的联系也是个神话。许多国家实施市场改革，寻求融入全球经济，却仍是权威主义，符合国家资本主义原则。

消费主义的物质主义的堕落。甚至当经济全球化成功地使民众更加富裕时，全球化是否改善了其生活质量仍不甚清楚，更不要说使其富足了。之所以如此，是因为全球化推动了消费主义与物质私利的道德规范。文化和社会独特性丧失了，因为全世界的人们都消费着同样的商品，买自同一商店，拥有相似的工作方法与生活条件。这尤其体现在“品牌文化”的发展方面，其以创造一种欠考虑的消费主义的方式，败坏了公共与个人空间。通过将其转化成为消费品，“品牌文化”甚至成功地消解了对消费主义主导地位的巨大挑战（Klein 2001）。

然而，关于繁荣和衰退的其他解释是资本主义体系本身的性质。其中的经典例子是马克思对资本主义的分析。马克思不仅强调以不可调和的阶级冲突为特点的资本主义固有的不稳定性，而且分析了资本主义发展的本质。特别是，他关注经济危机不断加深的趋势。在大多数情况下，生产过剩的周期性危机致使经济停滞、工人失业及其生活困苦。每一次危机都会比前一次更严重，因为马克思认为从长远看利润率会下跌。这将最终不可避免地促使占社会大多数的无产阶级奋起革命。马克思主义者认为，资本主义危机的"不断加深"无法抗拒地导致体系崩溃和更换，但是这种镜像已被证明是站不住脚的。相比之下，资本主义则被证明是富有弹性和适应能力的，能够抵御各种金融和经济风暴，同时也能实现长期增长和扩张。尤其是，资本主义的技术创新能力已经远远超过了马克思的预期。因此几乎没有人会继续认为，繁荣与萧条周期的趋势是资本主义的致命缺陷，更不用说是社会革命的导火索。

自由放任：自由放任（字面意思是"不干预"）是经济事务中的不干预原则。它是当政府听其自然时经济运行最优的学说的关键。这个术语源于18世纪法国的重农主义者，其发明了如下箴言：让个体自由，让商品自由流动。自由放任的核心假设是，不受管制的市场自然趋向均衡。"完全竞争"通常解释了这一点。由此观之，政府干预被视为破坏性的，除非政府干预限于推动市场竞争的行为，如对垄断的审查、价格稳定的维系。

经济周期：商业活动水平的规律性波动，有时被称为"商业周期"。

最具影响的非马克思主义理论家是奥地利经济学家和社会理论家约瑟夫·熊彼特（Joseph Schumpeter，1883—1950）。基于马克思的资本主义**经济周期**理论，熊彼特（1942）认为资本主义处于其所称为的"创造性破坏"的动荡状态，而且创新的爆发破坏着老企业，催生着新企业。"创造性破坏"的概念捕捉到两种观点。其一，企业家推动着经济增长，以成功与失败的方式催生着经济周期。其二，创新是财富的主要动力。然而，熊彼特自己对资本主义的长远前景持悲观态度，他认为周期性衰退的人类和社会代价、活力与创造力的缺失，个人主义和国家干预最终将导致资本主义的死亡。不过1945年以后，尤其是不断加剧的全球化和"涡轮资本主义"时代的诸多发展表明，熊彼特严重低估了资本主义对创造性破坏的持续性需求。更传统的经济学人倾向于以决定商业投资的因素及其对国内生产总值水平的影响解释繁荣与衰退周期。由此观之，商业投资水平天生地不稳定，由于乘数效应（multiplier effect）（夸大了的消费和投资的影响，因为它影响经济）、加速原理（accelerator principle）（投资水平随产出率变化而变化的假设）等原因。

大崩溃的教训

国际资本主义所面临的最大挑战是20世纪30年代的经济大萧条。1929年华尔街股灾加速了这次大萧条。1926年以来，美国经历了一场虚假繁荣。一连串的投机和对股价不断上升的期待造成了虚假繁荣。在1924年与1929年，平均股价增长了近300%。然而，1929年当商品销售开始下降时，经济信心突然蒸发。1929年10月24日（"黑色星期四"），恐慌袭击了股票

> **衰退**：普遍的经济衰退时期，是通常的商业周期的一部分。
>
> **以邻为壑政策**：以牺牲他国为代价的政策，被视为符合本国短期国家利益；通常被用来描述保护主义。
>
> **贬值**：相对于其他货币的币值的减少。

市场，因为当天 1 300 万支股票易手。10 月 29 日，1 600 万支股票被售出。银行随后破产，大企业开始倒闭，失业率开始上升。美国严重的经济衰退传至国外，某种程度上影响了所有工业化国家，华尔街股灾导致了经济大萧条。然而华尔街股灾和大萧条之间的关系是什么呢？金融危机是否会发展成为经济危机呢？

华尔街股灾是相对容易解释的。如 J. K. 加尔布雷斯（J. K. Galbraith）在其经典之作《1929 年大崩溃》（*The Great Crash*，1929［1955］2009）中所说，这仅是“另一次投机性泡沫”，尽管是历史上前所未有的规模。他认为，这是一场“对幻想的逃避”（escape into make believe），由这样一种信念所刺激，即无须努力和没有工作也可能变富。股票市场危机影响着“实体”经济，并不是一场意外，因为股票价格的下跌必然导致商业和消费者信心的下滑，减少了投资与国内需求所需的基金。然而，**衰退**必然会成为全面萧条吗？就华尔街股灾而言，两个关键性错误出现了。首先，考虑到对“不加掩饰的个人主义”、自由放任论的坚定信念，胡佛政府减少公共开支，试图实现预算平衡，从而应对华尔街股灾。这不仅意味着失业者不得不依靠私人慈善（如流动厨房）而生存，也意味着它会加剧而不是治愈这场危机。

凯恩斯（Keynes）关键地传授了这场经验教训。其著作《就业、利息和货币通论》（*The General Theory of Employment, Interest and Money*［1936］1963）挑战着古典经济思想，拒绝对自动调节性市场的信仰。凯恩斯认为，经济体中的总需求决定着经济活动就业的水平。这意味着政府可以调整其财政政策，扩大经济衰退时期的需求，以增加公共开支或降低税收而增加就业，从而管理其经济。因此，政府干预而不是资本主义“看不见的手”能够解决失业。在这种情况下政府可能会出现预算赤字，这意味着其实际上超支了。美国罗斯福新政首先尝试着运用凯恩斯思想，然而即便罗斯福也不愿意预算失衡，这有助于解释为什么大萧条贯穿了 20 世纪 30 年代，只有以二战爆发后军事支出的增加而告终。仅德国大萧条较早地结束了是因为德国 20 世纪 30 年代中期开始重整军备和军事扩张，充当了“无意的凯恩斯主义”形式。

大崩溃的第二个教训是，**以邻为壑政策**（beggar-thy-neighbour′ policies）的普遍趋势极大地加剧了大萧条的经济影响。在经济衰退的背景下，20 世纪 20 年代末到 20 世纪 30 年代各国均采取措施以最大限度地增加出口，同时减少进口，方式是多种多样的。第一，财政紧缩以减少政府开支或以提高税收的方式减少对进口产品的需求。如前面指出的，问题是国内总需求水平降低不仅会影响进口，也会影响国内经济。第二个策略是**贬值**（devaluation），寄希望于出口产品对海外顾客而言更为便宜，并且进口产品会相对更加昂贵，进而减少需求。然而虽然率先贬值的国家相比于随后贬值的国家往往会更迅速地实现经济复苏，但竞相贬值具有净通货紧缩的影响，因而加剧了经济危机。第三，政府提高进口关税以保护国内产业，减少失业。甚至凯恩斯也支持这种政策。然而，以邻为壑政策的总体影响是弄巧成拙，只能深化和延长经济大萧条。国家不能使其出口最大化而使其进口最小化，如果所有国家都努力做同样的事情。在 1945 年以后许多政策很大程度上都试图阻止国际经济受到冲击，如二战后布雷顿森林体系的形成。然而一些经济学家质疑，以邻为壑政策导致大萧条的程度，认为 20 世纪 30 年代国际贸易的下降是经济危机的结果而不是原因。

现代危机和“蔓延”

二战后初期，西方政府普遍认为凯恩斯主义的原则会解决商业周期不稳定的问题，这似乎提供了一个抵消繁荣和萧条趋势的手段。然而，20 世纪 70 年代“滞胀”危机之后对凯恩斯理论的信奉下降了，而且假借新自由主义的自由放任思想的复兴加剧了这种现象。不过这不会治愈而是凸显了资本主义体系内的波动，强化了其创造性破坏的趋势。这是所谓“风险社会”的发展的一个重要方面。特别是，更大的不稳定是金融化趋势的直接后果。

> **赌场资本主义**：极不稳定且变幻莫测的资本主义形式，因为它易受到金融资本中以投机为取向的升降的影响。
>
> **蔓延**：受世界某一地区危机的恐慌，投资者从世界其他地区转移资金的趋势，因而使恐慌超出了最初问题的范围。

金融市场总是易受到波动和不稳定的影响，因为投机性泡沫导致了这些波动和不稳定。然而，全球化的金融系统的出现使国家在全球市场的异常行为面前更加脆弱，从而加剧了这些趋势。这造成了苏珊·斯特兰奇（Susan Strange 1986）所谓的**赌场资本主义**（casino capitalism）。大量“疯狂金钱”在世界各地流动，造成了金融**蔓延**（contagion）的现象。一个事实更加剧了这种不稳定性，即最现代的金融增长发生在纯粹货币经营的货币与证券交易的形式中，如所谓的“对冲基金”（hedge funds）和“衍生品”（derivatives）。对冲基金关系到未来而非实际生产的收益，然而衍生品的价值依靠基本证券或资产的价格。因此，虽然全球资金流动可以创造虚假繁荣和衰退，使全球投机者收获巨额回报，但某种意义上，全球投机者从“实体”经济的绩效中迈出一步。金融泡沫形成的趋势也关系到“奖金文化”（bonus culture），其不同程度地扎根于世界上银行与金融制度中。大量奖金激励着短期风险，致使银行和金融制度更加不安全，在泡沫破裂时更容易崩溃。

约翰·凯恩斯（John Keynes，1883—1946）

英国经济学家。凯恩斯在《和平的经济后果》（*The Economic Consequences of the Peace* 1919）中批评了《凡尔赛和约》，从而确立了其声望。其主要著作《就业、利息与货币通论》（[1936] 1963）背离了新古典经济理论，大大有助于现在所知的宏观经济学的形成。凯恩斯质疑自由放任原则，为需求管理政策提供了理论基础。在二战结束的初期，西方政府广泛地采用了这种政策。在其暮年时，凯恩斯致力于改变战后国际货币秩序的性质，即包括国际货币基金组织和世界银行在内的布雷顿森林体系。

20 世纪 90 年代中期以来，赌场资本主义的经济动荡及其金融危机的趋势体现在墨西哥、东亚和东南亚、巴西、阿根廷等其他地方。亚洲金融危机是 2008 年全球金融危机之前最重要和影响深远的危机。亚洲金融危机始于 1997 年 7 月。当时在泰国的投机者预期政府将不得不抛售使其货币泰铢贬值，从而把其预想变成了现实。这导致了金融蔓延，因为类似的投机性冲击随后发生在印度尼西亚、马来西亚、韩国、中国香港和台湾地区，甚至中国内地也可能有动荡的风险。因为这些国家或地区的政府用完了外汇储备，所以经济产出下降，失业增加，工资大幅下挫。1997 年底，整个东南亚地区处于金融危机的痛苦之中，使全球经济稳定面临着被扰乱的危险。国际货币基金组织为泰国、印度尼西亚和韩国所提供的救市基金（bail-out fund）促成了金融稳定甚至经济复苏。然而，这是以其金融体系的自由化为代价的，因而导致其国内经济控制的下降。相比之下，马来西亚抵制了国际货币基金组织的压力而实施资本控制，成功地防止跨国资本的进一步快速流动。这场危机也表明了金融市场的表现和实体经济表现之间的分离，尽管 20 世纪 60 年代初期到 20 世纪 90 年代东亚和东南亚大多数国家保持较高的增长率，特别是亚洲“四小龙”。

关键性事件

现代全球资本主义的危机

1994—1995 年　墨西哥经济危机始于墨西哥比索的突然贬值，对拉丁美洲其他地区产生了影响（“龙舌兰效应”）。

1997—1998 年　始于泰国泰铢崩溃的亚洲金融危机扩展到东南亚大多数国家和日本，货币暴跌而且股票市场崩盘。

1998 年　在商品价格下降的背景下，紧随亚洲金融危机俄罗斯金融危机见证了股票、债券和货币市场的崩溃。

1999—2002 年　在国内生产总值下降的背景下，阿根廷经济危机始于投资者对阿根廷经济的信心的丧失，导致金钱从阿根廷的逃离。

2000 年　网络危机见证了“网络泡沫”的爆发，是 1998 年以来与互联网相关的股票戏剧性地投机性上涨的产物。

2002 年　乌拉圭银行危机见证了银行的大规模赎回，而且乌拉圭经济与阿根廷经济的下滑相联系。

2007—2008 年　美国次贷危机加剧了全球金融危机。

2007—2009 年　全球金融危机。

2007—2009 年全球金融危机被广泛地视为大萧条以来最严重的金融危机。它加剧了全球经济更深与更加严重的动荡，特别是那些放松金融管制且公共和私人债务负担日益加重的国家。然而这一次蔓延不仅是区域性而且是全球性的。对乔治·索罗斯（George Soros 2008）而言，信用危机演变成全球金融危机，然而全球金融危机反映了市场原教旨主义的失败。市场原教旨主义支撑着以前占主导地位的新自由主义经济思想。索罗斯没有理性地回应，也没有在完全知识（perfect knowledge）的基础上确信资源最大效用地得到分配。他强调所谓的“新范式”，即资产价格不仅由市场基本面决定而且会影响它们。因此，放松管制的金融市场允许了25年左右“超级泡沫”的发展，呈现出不可持续的巨额债务的形式。当超级泡沫破灭以后，许多之前大量交易的金融工具（债券、证券、衍生品等）突然变得几乎毫无价值了。这种分析表明，金融危机最恰当的应对方式是国家与全球层次上金融管制新框架的确立。第19章将详细讨论对金融危机的各种应对。

当代主要经济理论家

乔治·索罗斯（George Soros，1930—　）

匈牙利裔股票市场投资者、商人与慈善家。索罗斯是崇信自然均衡的市场原教旨主义者的批评者。他特别强调反思性（因果趋势是相连的，因为行为本身会“回转”）的作用，从而表明理性行为体的经济模式为何不起作用。索罗斯的主要著作包括《开放社会》（*Open Society* 2000）、《金融市场的新范式》（*The New Paradigm for Financial Markets* 2008）。

保罗·克鲁格曼（Paul Krugman，1953—　）

美国经济学家与政治评论者。其学术著作基本上关注国际经济学。作为新凯恩斯主义者，他将扩张性财政政策视为衰退的解决办法。克鲁格曼批评小布什政府的减税政策以及赤字扩大，因为这些政策从长期来看是无法持续的。其知名著作包括《一个自由主义者的良知》（*The Conscience of a Liberal* 2007）、《萧条经济学的回归与2008年危机》（*The Return of Depression Economics and the Crisis of 2008* 2008）。

本·伯南克（Ben Bernanke，1953—　）

美国经济学家、2006年以来美联储主席。伯南克有助于美国应对2007—2009年全球金融危机。其学术著作很大程度上关注大萧条的经济与政治原因，强调美联储的作用、银行与金融制度削减借贷的趋势。其主要著作是《大萧条论文集》（*Essays on the Great Depression* 2004）。

赫尔曼·戴利（Herman Daly，1938—　）

美国环境经济学家，因其静态经济学而知名。其理论表明永恒的经济增长既是不可能的，也不是理想的。戴利支持定性界定的发展而反对定量界定的增长，支持富国减缓其经济增长以为穷国腾出资源和生态空间来。其主要著作包括《静态经济学》（*Steady-State Economics* 1973）、《支持共同的善》[*For the Common Good* 1990（与J. 科布合著）]。

另请参阅约瑟夫·斯蒂格利茨（第440页）。

见诸行动的全球政治

2007—2009 年全球金融危机

事件：2007 年中期全球金融危机开始爆发，始于所谓的“信贷危机”（credit crunch），特别是美国和英国。然而这仅仅提供了 2008 年 9 月引人注目事件的背景。当时全球资本主义似乎在滑向深渊的边缘，将要陷入系统性失败。决定性事件发生在美国。联邦政府搭救了其所支持的两个房贷公司房利美（Fannie Mae）、房地美（Freddie Mac）。拥有 158 年历史的投资银行雷曼兄弟（Lehman Brothers）趋于破产。850 亿美元的政府救援计划挽救了保险巨头美国国际集团。花旗集团收购了美国第四大银行美联银行，吸收了 420 亿美元呆账。其他地方银行危机也爆发了，而且世界范围内股票市场一泻千里，极大地减少了股票市值（share values），预示着全球衰退。一些惊恐产生于 2008 年 9 月份的银行危机，当时美国政府承诺将危险债务从美国银行体系中消除，使其成为现代金融史上最大的救助。

意义：关于 2007—2009 年全球金融危机意义的争论与关于其基本原因的分歧密切相关。这场危机根源于美国银行体系、英美企业资本主义还是资本主义体系本身的性质呢？某种程度上，这场危机与美国银行与房贷机构所采取的不恰当的借贷策略，即所谓的次贷抵押市场相关。对于糟糕或根本不存在的信用记录的申请者而言，这些高风险的贷款很可能是无力偿还的。当“赌债”（toxic debt）规模变得显而易见时，冲击波就会席卷美国金融体系。然而在更深层次上，美国次贷问题仅仅是根植于美国和英国的新自由主义资本主义的缺点与脆弱性的迹象。新自由主义资本主义是以自由市场与监管不够的金融体系为基础的。此外，这场危机也被解释为资本主义体系本身而不是资本主义特定形式的严重缺陷，反映在繁荣与衰退周期，或许是不断加剧的危机的趋势。

不过，金融危机的全球影响几乎没有受到质疑。尽管危机的根源或许是局部的，但是其影响当然并非如此。世界范围股票市场大幅下跌，几乎同时股票市值大幅缩水，证明了现代金融市场与蔓延的敏感性之间交错的性质。20 世纪 70 年代滞胀危机以来，这是世界经济中第一次真正的全球危机，导致了 20 世纪 30 年代大萧条以来全球生产水平大幅下跌。在此背景下，国际社会给出真正全球性的回应，反映了高水平的国际合作与相互脆弱性的强烈意识。协调性大幅降息迅速地实施了（货币刺激）。关税提高的压力与经济民族主义的回归受到抵制。经济发达国家同意增加国内需求（财政刺激）。前所未有的国际救助挽救了希腊、葡萄牙、西班牙、匈牙利、立陶宛以及爱尔兰等脆弱国家。欧洲中央银行与国际货币基金组织出资救助。另一方面，全球经济的主要脆弱性仍是盲目的而且是未改革的。这些包括如下的事实，即许多国家（和许多企业）仍然深陷巨债之中，积聚了通胀压力，造成了财政紧缩（高税收与公共开支缩减）的迫切需要。此外，因为各国在不同时间以不同速度从衰退中复苏，所以国际社会的分歧开始更加明显，特别是对于财政刺激的正确判断的问题。最后，大肆吹嘘的将会在未来避免类似的全球金融危机的“新布雷顿森林”体系发展缓慢。

信贷危机、全球金融危机的全部影响需要许多年才会显现出来。对一些人来说，这些危机相当于新自由主义全球化的终结或至少是终结的开始。然而也有一些人认为，危机正好展示了全球经济的基本抗跌性，并强调周期性动荡是三十年发展所值得的代价。然而普遍共识是，危机将会加速全球经济中权力平衡的转移。正如大萧条一样，尽管它起源于美国，但最终导致经济霸权从英国转移到美国。普遍认为，2007—2009 年危机损害了美国。美国经济需要根据其所领导的新自由主义资本主义暴露出的缺陷进行重组与重新定位。另一方面，奥巴马总统领导下的美国努力解决全球经济衰退问题，发挥着主导作用。中国等任何其他国家都没有能力而且也不愿意去担当全球领导责任。不过，中国可能以相对强势的地位从金融危机中复苏，表明其银行体系的活力，当然是相比于西方国家银行体系和其脱离于美国经济的程度。然而中国和美国两国经济是共生共存的关系，因为以购买美元为基础的廉价货币支撑着中国在工业产品方面不断增长的优势地位。因此资本从东方流向了西方：2007 年美国发行了 8 000 亿美元国债，然而中国经常项目盈余为 2 000 亿美元，而且其中大部分购买了美国国债。在许多方面，全球经济的未来形态和发展以及 21 世纪世界秩序的性质（第 9 章将详细阐述）将依赖于美国与中国关系是否共生，或是否会因为猜疑与竞争加剧中美关系的崩溃。

总　结

- 资本主义是普遍的商品生产体系，其中财富是私人占有的而且经济生活是按照市场原则组织起来的。企业资本主义、社会资本主义以及国家资本主义是截然不同的，因其国家与市场之间的内部平衡。
- 新自由主义的发展反映了企业资本主义相比于其他资本主义形式的优势地位。新自由主义的支持者声称，新自由主义与经济全球化相关，是推动全球增长的可行工具。然而批评者将其与不断扩大的不平等、各种类型的财政危机与政治“动荡”相联系。
- 经济全球化意指国家经济或多或少地融入相互交错的全球经济的过程。然而关于经济生活全球化的程度、经济全球化或好或坏的影响存在着争论。
- 资本主义总是容易受到兴衰交替的影响。马克思主义者以资本主义固有的生产过剩的趋势解释这些危机，然而熊彼特关注经济周期，其根源于资本主义“创造性毁灭”的趋向。
- 一些人认为，现代危机与“传染病”源于新自由主义全球化所暗含的趋势，支持着“金融化”。这也导致了所谓的“赌场资本主义”——一种极不稳定且无法预测的经济体系，导致了经济泡沫的发展与崩溃而且其影响潜在地扩展到全世界。
- 2007—2009 年全球金融危机的根源引起了激烈的争论，即这场危机源于美国银行体系与英美企业资本主义还是资本主义体系本身的性质。这场危机或许加速了全球权力的重大转移，但它是否会导致支持国家或全球金融管制的重大转变这一点还不甚清楚。

问题讨论

- 企业资本主义的主要优缺点是什么？
- 资本主义在何种程度上相匹配于综合性社会福利呢？
- 国家资本主义的确是个悖论吗？
- 中国是否具有连贯一致的经济模式呢？
- 在何种程度上新自由主义与经济全球化是相联系的呢？
- 经济全球化的主要推动力是什么呢？
- 全球经济的观念是个神话吗？
- 跨国公司是一种有益还是有害的力量呢？
- 资本主义天生是不稳定的而且容易发生危机的吗？
- 2007—2009 年全球金融危机揭示了关于现代世界经济性质的哪些内容？

第 5 章

全球时代的国家与对外政策

传统民族国家成为在世界经济中反常甚至不可能成为行为体。

——大前研一，《民族国家的终结》(1996)

预览

长久以来，国家被视为世界舞台上最重要的行为体、全球政治的最基本“单位”。它的优势地位源自国家的主权管辖，由于国家在其边界内拥有不容置疑的权力，国家在世界事务中能够或应该成为独立和自主的实体。然而，现在国家从未像以前那样受到威胁。特别是全球化以经济与政治形式导致国家的退却，甚至形成了所谓的后主权国家（post-sovereign state)。另一些人则认为，流动和变革的状况更需要秩序、稳定和方向感，而只有国家比以往更能提供这些。国家是衰落还是复兴了呢？全球化的趋势也对政府的本质和进程产生了影响。曾被视为国家“大脑”的政府自上而下地控制政治机器（body politic)，而现在似乎让位于治理。治理是一系列松散、无形的进程，使公共领域和私人领域的区分变得模糊，在次国家、国家和超国家层次上运作。政府为何以及怎样转变为治理呢？这一过程的影响是什么？最后作为国家政府处理和其他国家以及国际机构的关系的重要机制，对外政策是重要的，从而凸显了选择和决策在全球政治中所扮演的角色。如何制定对外政策？对外政策的影响因素有哪些？

关键问题

- 民族国家体制与全球化的世界相一致吗？
- 民族国家变成了市场型或后现代国家吗？
- 国家在哪些方面变得更为重要？为什么？
- 在何种程度上国家政府让位于多层治理？
- 对外政策的概念仍有意义吗？
- 对外政策决策的哪一个理论是最具说服力的？

国家及国家地位的变迁

国家和主权

国家是一项历史制度，作为一种中央集权体系，它起源于15、16世纪的欧洲。它成功地战胜了其他世俗和宗教的制度和群体。一般来说，《威斯特伐利亚和约》（1648）正式确立了现代国家观。它确立了国家作为主权实体的地位，使国家成为国际舞台上最重要的行为体。因而，国际政治被视为一种“国家体系”。国家体系逐渐从欧洲扩展到北美，随后19世纪又扩展到南美和日本。在20世纪，主要由于亚非拉和大洋洲的非殖民化过程，民族国家体系真正成为世界体系。21世纪，与以往任何时期相比国家似乎变得更受欢迎和追捧。1945年只有50个国家。与之相比，2009年联合国已经承认了192个国家。但是，究竟什么是国家？国家有哪些关键性特征？

由于国家具有两个面孔，所以国家具有双重结构，即对内与对外（Cerny 2010）。国家对外的面孔主要是处理对外关系以及保护国家免受外部侵略。国际法对国家的经典定义可以在《蒙得维的亚国家权力和义务公约》（the Montevideo Convention on the Rights and Duties of the State 1933）中找到。按照条约第一款，国家具有以下特点：

- 确定的领土
- 固定的人口
- 一个有效的政府
- 与他国交往的能力

> **主权**：绝对、无限制性权力的原则；在内部或外部事务中一个更高权威的缺失。

由此观之，国家的政治存在并不依赖于他国的承认。即使没有承认，国家也有权力保卫其领土完整和独立，使国家繁荣，建立自己所认为适当的政府（条款3）。国家对内的面孔包括处理领土范围内国家与个体、群体的关系，维护国内秩序的能力。从这个角度讲，国家常被视作统治的工具（instrument of domination）。德国社会学家马克斯·韦伯（Max Weber，1864—1920）将国家定义为对“合法暴力”手段的垄断。约瑟夫·熊彼特（1954）对这个定义加以补充，认为国家还具有财政的垄断，因为国家垄断了向公民征税的权力。从国家的双重结构看，所谓“国家地位”可被视为一种能同时保护国家免受外部侵略和维持国内秩序的能力（Brenner 2004）。

然而《蒙得维的亚国家权力和义务公约》没有明确提及国家的基本特征，而且韦伯也没有提及这一问题，但是国家的基本特征乃是单一核心特征所确立的：**主权**（Sovereignty）。归根到底，国家之所以是国家，是因为国家能够在其领土范围内实施主权管辖，是自主、独立的行为体。现实主义理论家采用世界政治的台球模式，即国家是相互碰撞的台球而主权是台球坚硬的、无法穿透的外壳而使台球经受住碰撞的影响。法国政治哲学家让·博丹（Jean Bodin，1530—1596）是主权理论的创始者。他将主权定义为“一个共和国所拥有的绝对和永恒的权力”。他认为，政治、社会稳定的唯一保障就是拥有最后立法权的主权者的存在。在此意义上，法律体现了主权者的“意志”。托马斯·霍布斯认为，主权的需要来自人类的自私性与权力欲，即在主权者缺失的情况下——一种“自然状态”——生活蜕变为一切人反对一切人的战争。在这种状态下，人们的生活是“孤独、贫穷、龌龊、野蛮和短暂的”。因此，他将主权定义为对强制性权力的垄断，提倡将主权授予一个统治者（霍布斯所钟爱的君主制、寡头制甚或民主议会制）。然而按照国家的双重结构，主权可以在内部或外部意义上理解。

内部主权（internal sovereignty）概念意指一国国内权力或权威的分配，其对于国家结构和统治体系的发展是至关重要的。在一个政治体系内，终极权威来自哪里？如前所述，早期思想家倾向于认为主权应该归予一人之手，即君主。绝对君王将自己描绘成“主权者”，甚至可以像法国国王路易十六那样宣称“朕即国家”。18 世纪瑞士政治哲学家让·雅克·卢梭（Jean-Jacques Rousseau）拒斥君主制而支持人民主权说（notion of popular sovereignty），开始彻底地脱离这种绝对主权观。卢梭认为，终极权威掌握在人民自己手中，以“公意”（general will）表达了这种观点。人民主权说经常被视作现代民主政治理论的基石，激励着自由民主观念，即政治权威的唯一合法来源是定期、公平、竞争性的选举。但是一些自由主义思想家提醒道，绝对主义的起源总是影响着内部主权概念。他们认为，权威的绝对、终极来源的观念与现代民主国家的权力分散、多元竞争的现实难以吻合。尽管对主权权力的内部分配的争议甚或疑惑仍存在着，但国家可被视为人民和领土之上的主权者。这是**外部主权**（external sovereignty）概念。

内部主权：一国国内至高权力/权威的观念，其决策约束着领土范围内全体公民、团体、制度。

外部主权：作为世界舞台上行为体的国家所拥有的不受限制的绝对权威，意味着在对外事务中一个更高权威的缺失。

外部主权界定了一国与他国、其他国际行为体的关系。它确立了国家在世界事务中担当独立、自主行为体的能力。鉴于此，主权形式对全球政治是至关重要的。比如，外部主权提供了国际法的基础。联合国按照主权平等原则运行，允许所有国家以联合国大会会员国身份平等参与国际关系。更为重要的是，外部主权保障了每一个国家的领土完整和政治独立是不容侵犯的。相似地，世界政治中许多深层次的分歧包括对外部主权的争议性主张（disputed claims）。例如，巴以冲突涉及外部主权问题。很久以来巴勒斯坦人寻求在以色列所主张的领土上（包括以军 1967 年六日战争中所占领的领土）建立家园并最终建立主权国家。反过来，以色列常将这类要求视作对其主权的挑战。

尽管如此，随着外部主权的道德和实践意义受到质疑，外部主权的理念也日益成为争论的主题。道德关切之所以被重视是因为，外部主权似乎允许国家随心所欲地对待其公民，或许包括虐待、折磨乃至种族屠杀。因此，外部主权原则和人权学说、任何全球或世界主义正义标准之间存在着张力。这种张力特别体现在第 13 章所讨论的人道主义干预问题上。对外部主权实际意义的关切也变得更加敏锐。在某种意义上，国家间权力的差别总是会产生主权意义的问题。强国能够、时常老套地侵犯弱国的独立和自主。然而，当代一系列变化趋势使国家处于前所未有的压力之下，导致了“主权终结”、“国家的黄昏”的预言。其中最为重要的变化和全球化的高歌猛进有关。

国家：国家是在确定的领土范围内确立起主权管辖的政治机构。在政治理论中，国家常被定义为相对于公民社会的机构，它包括被认作为“公共”的制度，因为这些制度对群体生活的集体组织负有责任；以征税的方式获得资金(政府制度、法院、军队和民族工业、社会保障体系等)。然而在国际政治中，国家常以外部视角定义，因而包括公民社会。由此观之，国家具有四个特征：确定的领土、固定的人口、一个有效的政府、主权。事实上，这意味着国家（a state）等同于国土（a country）。

治理：广义上指协调社会生活的多种方式，政府只是其中一种方式而已。

超领土性：以“跨界”和“跨全球”交流和互动发展的方式，社会生活超越领土的状态。

国家和全球化

全球化的兴起催生了一场关于全球化世界中权力和国家重要性的大论战。这里存在着三种对比鲜明的立场。在第一种观点中，一些理论家大胆地宣称“后主权**治理**”（Scholte 2005）的出现，全球化的兴起必然标志着国家作为重要行为体的衰落。这种主张的极端（由所谓的超全球主义者主张）观点认为，国家已经被“掏空”，实际上已经变得多余了。另一方面，现实主义者并不倾向于认为全球化已经改变了世界政治的核心特征，即如同先前一样，主权国家仍是国家内部事务的主要决定因素、世界舞台上的主要行为体。然而，这两种观点之间的第三种折中观点认为，全球化导致国家重要性与角色、主权性质方面的质变，而且这些变化改变了国家，而不仅仅是国家权力的增强或削弱。

国家和主权不受全球化各种力量影响的观点是难以站住脚的。在国家领土的管辖上更是如此。传统的主权理论是以这样的观念为基础的，即国家对领土范围内的事务具有至高无上的控制权，也控制着跨越国境的事务。但是全球移民的兴起和全球文化的传播等诸多发展倾向于使国家边界日益具有“可渗透性”。这体现在广播、卫星电视、手机和互联网带来的跨界交流和信息传播的发展。这些信息传播数量大、速度快，以至于任何国家不仅无法监测它们，更不用说控制了。关于国家性质与权力变化的大多数探讨关系到经济全球化的影响。经济全球化的核心特征之一是**超领土性**（supraterritoriality）的出现，反映在领土位置、地理距离和国家边界重要性的日益式微。一系列经济活动日益发生在“无国界的世界”（Ohmae 1990）。这特别明显地体现在真正全球化的金融市场上，因为世界范围内资本流动似乎同时进行着。这意味着世界其他地方的金融危机致使任何国家都无法独善其身。这也体现在领土国家的权力和“去领土化”的跨国公司之间平衡的变化上。如果国家政策不利于利润最大化和公司利益的追逐，跨国公司就将投资和生产转移到世界其他地方。此外，全球化与地区化的趋势紧密相连。这体现为欧盟（EU）、北美自由贸易区（NAFTA）　等地区贸易集团日益突出的地位。

国家观

现实主义的观点

现实主义者倾向于从外部审视国家，即国际体系的角度。首先，现实主义将国家作为单一的、一致的行为体，的确国家常常被描绘成国际体系的基本“单位”。这种单一性和一致性源自这样一个事实，即无论国家内部结构如何，国家领导人的言行代表各自国家，按照他们的意愿与选择部署人力与资源。国家行为取决于单一的压倒性动机——生存的意愿（Waltz 2002），当然现实主义者也对下面的问题持有异议，即这是否意味着国家避免入侵和袭击的防御性愿望或是将权力最大化并获得支配地位的进攻性愿望。因此，国家的宪政、政治和社会构成是与国家外部行为无关的。在此意义上，国家是一个“黑匣子”。新现实主义者尤其认为，国家的差别仅在于其“能力”或权力资源（大国、小国等之分）。然而所有现实主义者都认为，国家是占主导地位的全球性行为体，因而持有全球政治的国家中心观。比如从现实主义视角来看，全球化与国家并非互不相干，更不用说截然对立。相反，全球化是国家所造就的，因而服务于国家利益。其他因素仅在国家允许的范围内发挥影响。

自由主义的观点

自由主义者相信，国家产生于社会的需要，反映着个体公民的利益。所谓的社会契约论认为，国家是以公民一致同意的方式确立的，以创造一个最高权力从而避免“自然状态”（无国家或前政治的社会）的混沌和残暴。因此国家的核心角色是，以为社会上相互竞争的个体和组织仲裁的方式确保秩序。因而国家扮演着裁判或仲裁人的角色。这意味着社会结构的变化能够而且将会改变国家的角色和国家权力。所以与现实主义者相比，自由主义者不太愿意将国家视为占主导地位的全球性行为体，而是采用世界政治的混合行为体模式（mixed-actor model）。的确自由主义者一般认为，因为权力不仅从国家向全球市场和跨国公司转移，而且也向个体转移，所以全球化是以国家的式微（或许从民族国家转变为“后现代”或“市场型”国家）为标志的。此外，自由主义者坚信，国家的宪政与政治结构极大地影响着外部行为。特别是，自由共和主义者认为，民主国家比非民主国家天生地更热爱和平（Doyle 1986）。

批判理论的观点

批判理论家既拒斥现实主义的国家中心主义，也拒斥国家退却的自由主义断言。他们以不同的方式理解国家。新马克思主义者和后马克思主义理论家放弃了正统马克思主义的信念，即（资本主义）国家仅是阶级体系的反映。对此，他们则进一步认为国家结构和世界秩序是根植于社会关系的。事实上，全球化导致了市场与国家相互依赖的加深，考克斯（1993）将其称为“国家的国际化”。社会建构主义者否认国家具有固定且客观的特点，相反国家认同取决于一系列历史和社会因素，而这些因素反过来塑造了国家利益及其行为。比如，温特（1999）区别了国家的社会认同（取决于国际社会赋予国家的地位、角色或个性）和国家的集体认同（取决于内部物质、意识形态和文化因素）。女性主义者对国家持有矛盾性的看法。自由主义女性主义者相信，以在各个层面增加妇女代表的方式从内部进行国家改革是可能的。然而激进女性主义者则强调国家和男性权力体系之间的结构性联系，而认为国家具有与生俱来的父权特性。

经济主权：国家对领土范围内经济生活实施控制的绝对权威，涉及财政和货币政策、对贸易和资本流动的独立控制。

如果边界是可渗透的，传统地理确定性已经动摇，那么至少传统意义上的国家主权无法生存下去。在此意义上，21 世纪治理具有真正的后主权特征。特别难以审视的是，**经济主权**（economic sovereignty）如何与全球化的经济协调一致。只有在国家经济相互孤立的世界中，国家主权才能实现对经济生活的控制。国家经济倾向于或多或少地融入单一的全球化经济中，使经济主权变得毫无意义。诚如苏珊·斯特兰奇（1996）所言，“国家曾是市场的主宰者，而现在市场在众多问题上却成为国家的主宰者”。然而，“无国界”的全球经济的言辞也许过头了。例如，虽然全球化也许改变着国家用以确保经济繁荣的战略，但它绝没有使作为经济行为体的国家变得多余。正如本章后面所讨论的，国家在经济现代化中仍起着关键作用。至少，人们日益意识到以市场为基础的经济体在有序的法治和社会环境中才能有效运作，而只有国家才能提供这些。此外，虽然一些国家无法单独控制跨国经济活动，但是借助于经济调节的宏观框架，国家仍具备控制跨国经济活动的能力，如 20 国集团、世界贸易组织和国际货币基金组织所提供的框架。

毋庸置疑，国家权力及其重要性受到政治全球化进程的影响。然而，其影响是复杂的，甚至在一些方面相互矛盾。一方面，联合国、欧盟、北约和世界贸易组织等国际机构削弱了国家作为自治单位的能力。例如，欧盟成员国身份很显然威胁着国家权力，因为越来越多的决策（例如货币、农业、渔业政策，欧盟内人员货物的流动）是由欧盟机构而非成员国自身所做出的。毫无疑问，政府间或超国家层面的决策的范围和重要性不断增加，迫使国家以地区或国际组织的方式施加影响力或在其框架内运作。例如，世界贸易组织是国际贸易争端的仲裁和判决机构，也是成员国之间进行贸易谈判的论坛。这类趋势反映了这样一个事实，即在相互联系的世界中因为国家日益受到跨国层面（如果不是全球层面的话）的挑战和威胁，国家无法单独行事。

全球行为体

20 国集团（G20）

类型：国际经济论坛　**创建时间**：1999 年　**成员国数量**：20

创建于 1999 年的 20 国中央银行行长和财长协调机制既是对 20 世纪 90 年代末期金融危机的回应，也是对下面意识日益增强的回应，即重要的新兴国家并未纳入世界经济谈判与治理的核心中。自创建以来，20 国集团成员国身份并不存在正式标准，而且其成员国组成仍未发生变化（阿根廷、澳大利亚、巴西、加拿大、中国、法国、德国、印度、印度尼西亚、意大利、日本、墨西哥、俄罗斯、沙特阿拉伯、南非、韩国、土耳其、英国、美国和欧盟）。该组织包括了世界上大多数（并非全部）主要经济体，因而总共大约占世界国民生产总值的 90%。但是地区平衡（来自各大洲的成员）、人口代表性（代表世界人口的 2/3）等因素也起着主要作用。与七国或八国集团一样，20 国集团是一个旨在促进各国中央银行、政府首脑对话的非正式论坛，没有固定的场所和工作人员。然而 2009 年 9 月匹兹堡峰会上各国首脑同意为 20 国集团提供更多资源和人员编制。在 20 国集团内，无论其经济发达程度或人口规模如何，各国都一律平等。

意义：在最初的数年中 20 国集团是一个相对边缘化的机构，当然没有像八国集团那样重要。但是随着 2007—2009 年全球金融危机的爆发，这一现象得到改变。发达国家认识到其经济命脉很大程度上依赖于全球协调一致的危机应对。它们急切地与发展中国家联手，而将 20 国集团视为应对危机的论坛。相比之下，八国集团突然似乎成为历史陈迹，特别是因为它将中国、印度、南非、墨西哥和巴西等新兴经济体排除在外。20 国集团分别在 2008 年 11 月和 2009 年 4 月举行了华盛顿和伦敦峰会以全球性地应对危机，彰显了 20 国集团日益重要的地位。应对措施的核心是，20 国集团成员同意为全球刺激计划（programme of global reflation）出资 5 000 亿美元。各国也开始改革全球经济治理机制，同意扩大国际货币基金组织的借款计划，敦促重新分配发展中国家在国际货币基金组织和世界银行的投票权。匹兹堡峰会决定 20 国集团替代八国集团，使 20 国集团成为促进国际经济合作的主要论坛。

20 国集团的兴起是历史性转变的预兆。其高度的包容性和代表性或许暗示着新的制度性世界秩序的到来。这种新世界秩序更好地反映了当前经济现实，因而享有更大程度的全球合法性。相比之下，八国集团、国际货币基金组织、世界银行和联合国（安理会）将全球决策聚集在少数国家手中。然而 20 国集团也招致了批评。第一，它的显赫性或许是暂时的，具体地涉及全球金融危机的特殊环境。在金融危机中，发展中国家和发达国家都意识到它们“同命相连”。在气候变化和世界贸易等问题上，发展中国家和发达国家的利益迥异，因而在这些问题上它们更难以作出全球性协作。第二，即使 20 国集团转变为永久性机构，它也并没有强制力。它只能谴责被判定为不负责任的国家，谴责国家和国际层面金融监管不力，在银行家奖金等事务上采取某种姿态。但是 20 国集团缺乏实施其意志的能力，更别说惩罚违规者了。第三，虽然 20 国集团比八国集团更具代表性，但 20 国集团成员国身份的选择具有随意性，排除了世界上一些富国和赤贫国家。20 国集团的关键成员死抱着那些支持市场和全球化（尽管是更受管制的全球化形式）的主流经济哲学。

另一方面，政治全球化为国家打开了机遇之门，同时也削弱着国家。国际组织与机制扩大了国家能力，允许国家在全球化和相互依赖的世界中继续扩大影响力。当国家将其主权“共享”之时，这种情况会发生。**共享主权**（pooled sovereignty）的观念最明显体现在欧盟，同时也适用于任何其他国际组织。欧盟成员国以主权“共享”的方式将某些权力从国家转移到欧盟，进而获得更大和更有意义的主权。这

政治全球化：政治全球化指国际组织日益增强的重要性。这些组织是跨国性的，因为它们并非在单个国家内发挥影响，而是在数个国家所构成的国际领域内发挥影响。但是政治全球化的本质及其对国家的意义取决于政治全球化是以政府间主义（intergovernmentalism）还是超国家主义（supranationalism）原则为模式的问题。至少在理论上，政府间国际组织提供了一种机制，使国家采取协调一致的行动而没有丧失主权。另一方面，超国家机构能够将其意志强加于国家。大多数评论家认为，政治全球化明显滞后于经济全球化和文化全球化。

共享主权：两个或两个以上国家将主权共享；主权“共享”意味着获得比单个民族国家更大的主权。

集权国家：一种试图废除私有制企业并确立中央计划或指令性经济的国家。

福利国家：国家以一系列社会保障、医疗、教育以及其他服务（虽然不同的国家情况不同）的方式，承担起公民社会福利的主要责任。

种观点认为，主权并非零和博弈：欧盟的共享主权至少比欧盟成员国的主权大得多，因为在这种情况下一个地区组织在全球化的世界中施加的影响力比单个成员国大得多。

国家转型

全球化的趋势不仅质疑着国家主权原则的持续相关性，而且也可能塑造着国家本身的性质和角色。作为一项历史制度，国家经历了多种变革。19 世纪初期以来民族主义的兴起造就了民族国家。民族国家将作为中央集权统治体系的国家与作为社会凝聚力和政治合法性来源的国家地位结合在一起。自此以后，民族自决的诉求成为国家建设背后的主要动力（第 7 章会论及）。在 20 世纪多数时间里，国家是以不断扩展的社会和经济角色为特征的。其中的极端例子是**集权国家**（collectivized states）。它们试图将整个经济生活置于国家控制之下。这类国家的最好例子是原苏联和东欧等正统共产主义国家。资本主义世界的国家也表现出对经济和社会干预的显著倾向，虽然方式更为温和。这包括经济管理的凯恩斯式策略的运用以及社会保护的加强，从而导致**福利国家**（welfare state）的出现。因此，使国民富裕、保护公民免受社会剥夺的能力成为大多数国家合法性的主要来源。

然而 20 世纪 80 年代以来，许多评论家注意到国家的“挖空”，并声称这种现象造成了一种新的国家形式。它常常被描绘为竞争国家（competition state）或市场型国家（market state）（Bobbitt 2002）和后现代国家（postmodern state）（Cooper 2004）。这种现象的最常见解释是，经济全球化所产生的压力导致国家与市场关系的变化。它反映在新自由主义的一般趋势中，其中最为引人注目的表现是 20 世纪 90 年代原共产主义国家从集体经济向市场经济的转型。在某种程度上，它也反映在世界各国的私有化政策、放松管制、福利的“减低”等方面。全球化至少以三种方式推动着这些发展。第一，世界市场促使许多国家采取吸引外国资本、内部投资等措施，即放松金融和经济管制。第二，不断加剧的国际竞争迫使各个国家保持低工资水平，推动劳动力流动，从而意味着削减福利费用和其他对国际竞争的障碍。第三，在一个全球化的经济中，如果国家政策不能充分满足公司利益的诉求，跨国公司可以通过重新配置生产和投资，削弱国家的控制力，因而跨国公司日益获得更多的影响。

但是，国家与市场关系的变化并不仅仅意味着国家角色的削弱，更意味着国家的**不同角色**。国家处于转型之中，而不是完全黯然失色（Sørensen 2004）。罗伯特·考克斯认为，生产、金融的全球性组织的发展改变了社会与政府的传统观念，造成了“国家的国际化”。在这个过程中，按照全球资本主义经济的变化，国家制度、政策和实践仅仅成为重构国家经济的工具。虽然这意味着国家丧失了相当一部分控制国家经济的权力，但是经济全球化的进程需要国家所提供的政治框架，特别是“实施者的军事—领土权力”（Cox 1994）。在当代全球经济中，很大程度上美国扮演着这种角色。

鲍勃·杰索普（Bob Jessop 2002）将市场性国家的出现描绘为“凯恩斯式民族国家”向其所谓的“熊彼特式竞争国家”的转变。**竞争国家**的目标是以在更加广泛的世界经济中获得竞争优势的方式确保国内经济增长。竞争国家（或地区）意识到加强教育和培训的必要，以此作为在技术依赖性的新经济中确保经济成功的主要手段。20 世纪 70 年代以来，亚洲“四小龙”采用了这一方法。虽然它们试图以推进企业家精神（entrepreneurialism）与劳动弹性的方式增加市场的反应力，但是也意识到反对社会排斥以及夯实社会道德基础的必要。在某种程度上，竞争国家（或地区）的发展体现了从所谓的“需求方”经济（比如以凯恩斯式刺激的方式鼓励消费者消费）向“供应方”经济（例如以得到改善的教育、培训、劳动弹性、放松管制的方式刺激生产者进行生产）的更广泛转变。

竞争国家：国家所采用的战略能够在全球化的经济中保持长期的竞争力。

罗伯特·考克斯（Robert Cox，1926—　）

加拿大国际政治经济学家，批判理论的主要代表人物。20 世纪 70 年代前，考克斯曾任职于国际劳工组织。考克斯采用理论的“反思主义”方法，即理论与其语境和主体紧密相关。在其颇具创新性的著作《生产、权力与世界秩序：社会力量在缔造历史中的作用》（*Production，Power，and World Order：Social Forces in the Making of History* 1987）中，考克斯考察了三个时期的物质生产力量、观念和制度之间的关系：自由主义国际经济（1789—1873）、竞争性帝国主义（1873—1945）、新自由主义世界秩序（1945—　）。考克斯探究了全球化的意义、美国全球性霸权的本质等问题，特别强调反霸权的社会力量的前景。考克斯的主要著作包括《影响力的剖析》[*The Anatomy of Influence* 1972（与 H. 雅克布森合著）]、《社会力量、国家和世界秩序》（Social forces，states and world orders 1981）、《世界秩序的诸多方法》[*Approaches to World Order* 1996（与蒂莫西·J·辛克莱尔合著）]。

“后现代国家”的观念特别与罗伯特·库珀（Robert Cooper 2004）的著作相联系。在库珀的分析中，后冷战的世界被分为三个部分，每一个部分都有独特的国家结构——“前现代”、“现代”和“后现代”的世界。在后现代的世界中，武力不再是争端解决的手段，相反对法治的尊重与多边制度合作的意愿维系着秩序。在这样的世界中，安全是以透明、相互开放、相互依赖、相互脆弱的意识为基础的。适合于这个世界的后现代国家，相比于其所替代的现代官僚国家更具多元性、复杂性、较少的中央集权。后现代国家不太具有民族主义情绪，允许乃至鼓励多种认同的衍生。后现代国家的特征是，私人组织在治理进程中发挥更大作用，而且政府职能越来越倾向于围绕促进个人发展和消费而展开。诚如库珀（2004）所言，“个人消费替代了集体荣耀，成为国家生活的核心主题”。就其外部取向而言，后现代国家以其热爱和平而著称于世，反映在道德意识在国际关系中的运用、对均势的否定等方面。在此基础上，后现代国家最明确的例子是欧洲。欧盟是后现代雏形国家的例子。

军阀：在主权国家缺位时地方武装集团争夺权力的状态。

失败国家：失败国家意指一种无法以在领土范围内垄断暴力使用的方式发挥其保障国内秩序的关键作用的国家。近年来失败国家的例子包括柬埔寨、海地、卢旺达、利比里亚和索马里。失败国家不再是有效的政治单位，因为它缺少可信的法律体系和秩序，常常受到内战和军阀混战的困扰。它们也不再是一个有效的经济单位，因为它们无法为国民提供福利，没有能正常运行的基础设施。虽然相对而言，很少国家会完全崩溃，但是大多数失败国家政府已经失灵并且几乎处于崩溃的边缘。

然而，处境最为窘迫的当属“前现代国家”。库珀将其描述成后帝国的混沌。在这样一个世界中，所存在的这类国家结构无法确立（用韦伯的话说）对武力使用的合法垄断，进而导致地方**军阀**（warlord-ism）、猖獗的犯罪和社会混乱。当然，这种情况并不总适用于发展中国家。印度、韩国等成功地推动了经济现代化和社会发展。然而其他发展中国家则孱弱不堪，有时被描绘成“弱”国、“准国家”或“失败国家”。世界上的弱国多数集中在撒哈拉以南的非洲地区。典型的例子是索马里、塞拉利昂、利比里亚和刚果（金）。这些国家未能通过国家权力最基本的考验：它们无法维持国内秩序和保障个人安全，内乱乃至内战几乎成为家常便饭。失败国家不仅是国内问题。它们常常具有更为广泛的影响，如制造难民危机，为贩毒者、走私军火者和恐怖主义组织提供庇护，制造地区动荡，煽动外部干预以提供人道主义救援和维持和平。

这些国家的失败主要源自其殖民主义的经历。殖民主义的终结（主要是 1945 年以后）使这些国家实现政治独立，而它们缺少作为独立个体而有效运行的政治、经济、社会、教育发展的适当水平。由于这类国家的边界通常代表殖民野心的程度而非具有文化向心力的民族，后殖民国家常常蕴含着深刻的种族、宗教和部落分裂。因而，失败国家是失败的后殖民国家。但是，殖民主义本身并不能解释后殖民国家的孱弱或失败。国家失败的其他原因源自内部因素，比如社会精英的存在、落后的体制、阻碍从前工业的农业社会向现代工业社会转型的地方性价值体系，同时也源自于外部因素，特别是跨国公司和新殖民主义的影响。

国家的回归

21 世纪初期的国家话语总是充斥着国

家的退却或衰落。国家主权常常被贬斥为无关紧要，也被视作奄奄一息的“恐龙”，但是事实更为复杂。现实主义者和其他国家中心主义的评论家认为，经济、文化和政治全球化的影响总是被夸大：国家仍是决定性的政治行为体。然而，近年来一些发展有助于加强国家，强调其基本的重要性。什么会解释国家的回归呢？

第一，21 世纪出现的新安全挑战，特别是跨国恐怖主义强有力地凸显国家的独特能力，即维持国内秩序，保护公民免受外部侵略。这强调了博比特（Bobbitt 2002）所认为的一个基本事实：“国家的存在是为了控制暴力。”因此，国家本质上是一个“立法制度”。随着“9・11”恐怖袭击事件后全球军费开支的大幅上升和反恐战争的发动，冷战后军费开支下降的趋势，即所谓的“和平红利”（peace dividend）在 20 世纪 90 年代后期发生了逆转。因其巨大的军费预算，美国成为影响当代世界趋势的主要决定因素。但与此同时，中国、法国、英国、俄罗斯和其他一些国家的军费开支也迅速增长。此外，许多国家已经采取措施，以更严厉的领土控制的方式加强作为领土单位的国家的不可侵犯性。反恐战略常常意味着国家有更大的监控权甚至拘留权，乃至发展成为“国家安全体制”。

第二，虽然指令—管制经济的时代一去不复返，但国家时常声称自己是现代化的能动者。新自由主义的神话是，繁荣和发展仅仅是市场机制的产物。事实上，只有在一个有序的法治和社会秩序下，市场经济才能成功运作，然而只有国家才能保障法治与秩序。这特别适用于法治、产权保护方面。若非如此，经济活动最终将受制于威胁、贿赂和暴力。然而除此之外，现代化的国家会制定和实施确保长期经济繁荣的战略。为此，竞争国家改善教育和培训以提高生产力，为关键性的出口产业提供支持。中国和俄罗斯等国家对市场做出重大的让步，从而实现了经济现代化，但是国家控制的这项重要因素仍保留着或重新加强了（第 3 章更详细地审视了这些发展）。在更广泛的层次上，国家在经济事务中的关键作用体现在 2007—2009 年的全球金融危机中。虽然 20 国集团为国家提供了一个协调一致地共同应对危机的论坛，但只有国家才能实施大规模的财政救市和干预方案。的确一些人将这次危机视为 30 多年的反国家主义的新自由主义全球化与受管制的新全球化时代之间的分水岭。在受管制的新全球化时代中，国家以国际组织或时而单边行动的方式扮演着更加积极的经济角色。

第三，人们日益意识到国家在促进发展方面的角色。这体现在对**国家建设**（state building）的日益强调，以作为更大范围的和平建设进程的主要方面。在缺少有效法治和秩序的情况下，人道主义救济和冲突解决的任务变得极为艰巨。20 世纪 90 年代早期以来对人道主义干预的更广泛接受意味着，外部力量提供着有秩序的统治，至少最初是如此。然而这终究不是长远之计。索马里、伊拉克和阿富汗等例子表明，外部强加的秩序只能维持很短的时间，既因为从长期看干预大国的人力和财力成本高昂而使干预难以为继，也因为外国军队迟早会激起怨恨和敌意。因此，外国干预逐渐关注当地有效领导力量的创建并建立合法的国家制度，如军队、警察、司法机关、中央银行、政府部门、地方政府、税务机关和有效的教育、交通、能源和医疗体系。但是国家建设进程常常是极为困难的。

国家建设：以合法制度的确立来制定与实施政府各领域政策的有效政府的建设。

聚焦

国家建设问题

国家建设进程为何如此困难呢？成功的国家建设必须克服哪些挑战呢？至少三种重要挑战凸显出来。第一，新的或改革后的制度和结构常常必须在深刻的政治和种族冲突和普遍贫困的背景下建构起来。比如，在未被内外强权长期统治的阿富汗，它有 50 多个民族或部落，34 种语言和 270 万人以及部族之间的相互仇杀。因此，在这种背景下统一的国家领导层建设困难重重。

第二，地方领导层和新制度需要享有相当程度的合法性。这是国家建设总是与善治（good governance）发展相关的原因。善治的主要目标是铲除腐败。但是，善治所意味着的民主化使国家建设更加困难，不仅使种族和其他冲突浮出水面，也暴露了制度的缺陷和失误。第三，国家建设也涉及本质上对西方政治模式的强制接受，然而这种模式并不适合发展中国家。发展中国家更适合传统的部落治理模式。在这种模式下，共有的种族认同使相互依赖的团体团结一致。如果国家是一项普世制度的西方假设是混乱和残暴唯一可行的替代方案的看法是毫无依据的，那么国家建设的任务则注定会失败。

善治：社会中决策过程的标准，包括（根据联合国）全民参与、尊重法治、透明度、反应力、共识、平等、包容性、有效性、效率和责任性。

等级制：一种基于等级和明确的自上而下权威结构的组织。

从国家政府到多层治理

从政府到治理

国家角色和重要性的变化对政府本质和效能产生了重要影响。政府意指维护秩序且推进集体行动在国家层次上运行的正式制度进程。它的核心特征是作出集体决策并执行这些决策的能力。但是 20 世纪 80 年代以来，国际政治学者和政治分析家越来越流行谈论“治理”（governance）而非“政府”（government），如“全球治理”、“**善治**”、“公司治理”等术语成为老生常谈。国际政治和国内政治研究中所谓的“治理转向”（governance turn）是许多发展的产物。其中的核心是，政府作为**等级制**或是等级制集合的传统观点日益变得多余。等级制以马克斯·韦伯（1948）的术语来讲是官僚制（bureaucracy）。等级制是现代工业社会的典型组织形式。其特征是，管辖、明确的法律或规制的固定和正式范围的存在，以确定的行政系统为基础的稳固有序的等级制。这种命令—控制系统的好处可能是其理性：按照韦伯的观点，官僚化反映了可靠、可预测、有效的社会组织手段的发展。

因此，官僚制或等级制在军队、警察机构、学校、大学、现代国家中各个政府部门、行政机关中发展起来。相似地，资本主义经济对更高的经济效率产生了压力，使大公司成为 20 世纪主导性的商业组织形式。

争论

国家主权概念是过时的概念吗?

国家主权传统上被视为国际体系的核心原则。然而，一些人认为全球化和其他发展从根本上改变了国际体系，而另一些人则认为国际体系的基本轮廓本质上仍未改变。

赞成

可渗透的边界。国家边界，这个领土主权的传统保障具有可渗透性，因为它们越来越被外部力量所渗透。这些外部力量包括国际旅游、借助于互联网的信息和知识流动。全球金融市场和跨国资本流动意味着经济主权成为累赘。如果国内/国际的传统区分越来越难以为继，那么国家就不再是有意义的领土单位。

非国家行为体的兴起。国家不再是国际舞台上唯一或必然的主导性行为体。相比于许多国家，跨国公司掌控着更大的财政权力。跨国公司能够轻而易举地在全球化的经济中配置生产和投资，从而有效主导着国家政策。绿色和平与大赦国际等非政府组织发挥着全球性影响。像受到其他国家的威胁一样，国家安全很有可能受到“基地”组织等全球恐怖主义组织的威胁。

集体行动的困境。在现代环境中，国家越来越面临着集体行动的困境问题。即使最为强大的国家也无力单独应对这些问题。非常简单，全球性问题需要全球性的解决办法。一系列问题具有集体甚或全球性特征——气候变化、恐怖主义、跨国犯罪、流行病、全球移民等。只有国际组织而非主权国家能够解决这些问题。

国际人权。尊重国家主权的原则越来越受到这种观念的侵蚀，即就国家对待其民众来说，一种所有国家都应遵守的行为准则是存在的。这一观念是以人权观、基本人权在道德上高于国家独立自主权利的观念为基础的。这明显地体现在国际法（第 14 章所论述的）的演变、对人道主义干预的更广泛的接受上。

反对

“无国界世界”的神话。世界政治受跨国进程支配的镜像充其量是无限夸张。例如，因为经济活动发生在国家内与国家间，所以国家经济并不仅仅被吸入“无国界”的世界经济中。此外，全球化的趋势必然剥夺国家权力的观点具有误导性。相反，国家是出于自身利益的考虑而**选择**参与到世界经济中。

国家仍是主导行为体。虽然国家仅仅是世界舞台上众多行为体之一，但它们确是最重要的行为体。国家行使任何其他行为体所无法取代的权力。特别是，对政府行政过程的使用、对无可匹敌的强制性权力的依赖、对领土范围内事情的控制几乎没有受到挑战。只有一小部分国家已经无法控制领土范围内的事务，即“失败”国家或“弱”国。

共享主权。政治全球化的发展和全球治理框架的出现并没有导致主权的弱化。相反，它们为国家提供了更多机遇，特别是带来了合作的好处。国际组织是国家建立并为国家服务的机构，它们总是国家用以实现自己目标的工具。的确国家在一起分享主权，能够比各自单独行动获得更大的能力和影响力。

民族国家持久的吸引力。只要国家继续享有国民的忠诚，国家就几乎不可能丧失其控制力。因为大多数国家是民族国家，作为世界上最为强大的意识形态力量，民族主义确保了国家的存在。与民族主义相比，世界主义，以宗教、文化、种族为基础的忠诚等竞争性理念则相形见绌。

治理：治理是比政府更为宽泛的术语。虽然关于治理还没有形成一致认可的定义，但在广义上它指协调社会生活的各种方式。因此，治理是一个过程（或是一个复杂过程）。其主要模式包括市场、等级制和网络。虽然政府或许涉及治理，但是“没有政府的治理”是可能的。治理的典型特征是国家与社会之间区分的日益模糊（私人机构与制度、公共机构与制度之间密切配合）、涉及许多层次（地方、省、国家、地区和全球）。国际事务协调的过程日渐被称为“全球治理”。

政府向治理的转变是更具流动性和分化的社会的政治反映（如第 6 章所讨论的）。在这种背景下，自上而下的权威结构被解读为效率低下、反应迟钝乃至多余。因此治理的出现与经济趋势相伴随。这种经济趋势被视为是以大规模生产为基础的“福特式”商业组织模式向强调灵活性、创新和分散决策的“后福特式”模式的转变。政府行为与治理方式调整的压力有许多原因。这些原因包括“长期繁荣”终结所产生的国家财政危机、20 世纪 70 年代世界经济形势的急转直下。20 世纪五六十年代持续的经济增长至少在发达国家确保了国家福利和社会责任的扩大，有助于增强对政府效能的信念，但是不断减少的税收导致了人们对政府的期望与政府实际上所能提供的服务之间的潜在矛盾。政府必须降低民众的期望，或探索更廉价、高效的政府服务方面更富创意的新方法。一系列深层次的压力来自 20 世纪八九十年代向自由市场或新自由主义意识形态的转变。美国里根主义和英国撒切尔主义激进地实践新自由主义政策，但是某种程度上新自由主义几乎影响着所有国家。它摧毁了“大政府”的理念，即当市场力量调节着经济时经济运行最有效率，因此个人应该从“保姆国家”（nanny state）的暴政下解放出来。经济全球化在这个过程中扮演着主要的角色。国家经济或多或少地融入单一的世界经济中，使所有国家面临激烈的竞争压力，从而造就了一场“紧追不舍”的比赛。政府削减征税、放松对经济生活的管制、推进更灵活的劳动力市场，以寻求吸引或留住私人投资。

政府如何适应这些情况呢？治理模式的转变至少体现在三个相关的发展中。首先，政府职能被重新界定，在某种意义上缩小了。政府的任务不再是“划船”（即管理和提供服务），而是限定在“掌舵”（即设定目标和战略目的）。相比于私有企业或慈善、社区组织和非政府组织等“第三部门”机构，这在某种程度上确认了传统公共行政的无效率、反应不灵。这种观念产生于美国并且受到追捧，“划桨”职责的转变被描述成“政府再造”（reinventing government）（Osborne and Gaebler 1992）。第二，政府与市场之间、公共领域与私人领域之间的界限变得十分模糊。它通过多种方式实现，比如以公私伙伴关系的发展和“内部市场”在公共服务领域应用的方式将公共服务“外包”或者全面私有化、以私人部门管理模式和结构在公共领域应用的所谓“新公共管理”。第三，政府过程从等级制转向网络，伴随着“网络社会”与“网络公司”出现了卡斯泰尔（Castells 1996）所宣称的“网络国家”（network state）。因为这些网络实际上在推动日益复杂的背景下社会生活交流与协调方面极为高效，所以政策制定、有时包括政策实施的任务逐渐从政府部门转移到了**政策网络**（policy network）。

多层治理

政府向治理的转变不仅体现在现代社会中更加复杂的社会生活协调方式中——如市场和网络的更广泛角色、私人领域和公共领域之间分野的弱化——也体现在政府在多个层次的“延伸”。换言之，政府不能再被认为是发生在不同社会内的具体国家活动。这导致了**多层治理**（multi-level governance）现象。决策责任不仅被“上移”而且也被“下放”，造就了一种复杂的互动进程（见图 5—1）。如前面所讨论的，政治全球化的出现、区域性与全球性治理日渐增加的重要性催生了决策责任的“上移”。

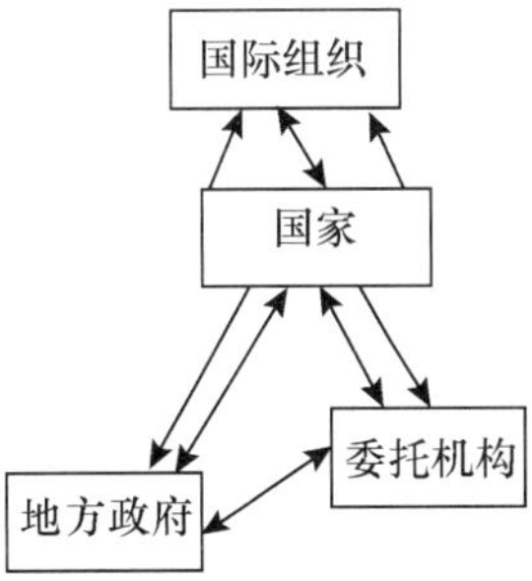

图 5—1　多层次的治理

决策责任的“下放”反映了**分权**（decentralization）的过程。在 20 世纪大多数时期中，大多数国家表现出分权的独特趋势，这很大程度上是经济与社会角色扩展的产物。就其管理经济与提供一系列更为广泛的公共服务的能力而言，相比于边缘机构，中央政府具有明显优势，不仅仅因为中央政府具有更大的财政能力。但是 20 世纪 60 年代以来，这一趋势经常出现逆转，让位于一种**地方化**（localization）的相反趋势。在许多情况下，这体现在边缘或次国家政治机构的发展或巩固上。例如，1947 年印度独立后，它采用了美式联邦制而非英式单一制。在 1975 年佛朗哥将军逝世后，作为向民主政府转型的一部分，西班牙也采取了**权力下放**（devolution）的政策，形成了 17 个自治社区。这些自治社区都有民选议会和更广泛的政策制定权。1982 年，法国将其“功能性区域主义”战略发展为成熟的地方政府体系，以 22 个直选的地方议会为基础。20 世纪 90 年代末英国开始下放权力，催生了苏格兰议会、威尔士议会和北爱尔兰议会以及准联邦主义的形式。

政策网络：某一领域中具有共同利益或倾向的政治行为体之间一系列的系统性关系，通常打破了正式制度性安排和政府与非政府组织之间的界限。

多层治理：一种相互重叠、相互关联的公共权威模式，源于超国家和次国家机构的发展或其日益凸显的重要性。

分权：以权力与责任从国家机构转移的方式的地方自治的扩大。

地方化：一种支持地方作为政治活动、文化认同或经济组织的基础的趋势，通常与次国家治理的重要性的日益彰显有关。

权力下放：从中央政府向附属但并不享有主权的地区或省级机关的权力转移；然而它们的责任与权力完全来自中央。

虽然地方化看似与全球化背道而驰，但这两个过程与生俱来地密切相关，正如“全球地方化”（glocalization）（Robertson 1992）概念所反映的那样。地方化的主要驱动力之一是文化和种族政治的兴起，本身与传统民族主义的式微有关。20 世纪 60 年代末期与 70 年代初期，分离主义集团和各种形式的种族民族主义在西欧和北美多地涌现。加拿大魁北克、英国苏格兰和威尔士、西班牙加泰罗尼亚与巴斯克地区、法国科西嘉岛和比利时佛兰德斯尤为明显地体现了这一点。它导致了政治分权的压力，有时加剧了宪政制度的动荡。加拿大和美国的印第安人、澳大利亚土著人、新西兰毛利人出现了种族自信心的相似迹象。其他本土化的例子包括宗教复兴的趋势。

联邦主义：联邦主义（来自拉丁语 *foedus*，意指“协定”或“契约”）指在两级政府间分配权力的政治、法律结构。在这种结构中彼此都不附属。因此，其核心特征是“**共享主权**”。“经典”的联邦屈指可数：美国、瑞士、比利时、加拿大和澳大利亚。然而更多的国家具有类似联邦的特征。多数联邦或类似联邦的国家则是诸多政治共同体合众为一的结果，它们常常疆土辽阔，拥有文化多元的人口。但是正如“欧洲联邦主义”那样，联邦主义也具有国际维度，特别是提供了区域一体化的基础（如第 20 章所讨论的）。

共享主权：一种主权在两个政府层级之间划分的宪政安排，每一个层级都是在一系列具体问题上实施最高的、自治的控制。

对外的：（来自拉丁语 *foris*，意思是“外部的”）处理和另一个国家、地区或民族的关系；这个词意味着生疏或不熟悉。

伊斯兰教、基督教、印度教、犹太教，甚至佛教的信徒们以此变得“本土化”，以重申他们的信仰。他们采纳原教旨主义的信仰和习俗，在反资本主义运动中强调抗争性政治与政治运动，这反映在其“放眼全球，立足本地”（think globally，act locally）的口号中。

文化、经济，特别是政治形式的本土化对治理进程有着深远的影响，使得政策过程更加碎片化和地方化。欧盟是多层治理的最佳例证，以次国家、国家和超国家层面上的多种复杂过程而运行。地方权威和分权机构常常绕过国家政府，在布鲁塞尔直接寻求代议，加强对欧盟层次上的经济规划、基础设施建设的参与。此外 20 世纪 80 年代末以来，“各地区的欧洲”（Europe of the Regions）的理念深入人心，地区和省级政府积极游说，希望得到欧洲地区发展基金的直接援助，并从中获益。随着时间流逝，地区援助超过农业援助，成为欧盟最大的开支领域。

对外政策

对外政策的终结？

对外政策决策传统上被视为国际政治的核心特征之一。它反映了治国之术的重要性。国家政府以对外政策处理与其他国家和国际组织的关系。的确对外政策决策有时被认为是一种高尚的活动。与经济和其他次要国家活动的“低级政治”相比，对外政策决策被视为“高级政治”，因为它处理主权与安全的问题——事实上关系国家的存亡。然而，近期的一些发展趋势质疑对外政策的概念，特别是质疑对外政策的传统观念，即对外政策涉及高层次的政治领域、国家间正式的外交互动。这些压力来自多个方面。首先，20 世纪 70 年代晚期新现实主义的出现似乎表明，对外政策乃至国际政治中更广泛的决策过程已无关宏旨。肯尼思·沃尔兹和其他理论家认为，国家行为本质上可以以塑造国际体系的均势加以解释。体系因素被视为至关重要，因而政府首脑、外交部长、国防部长和主要外交官等对外政策行为体几乎或完全没有什么作用。“无政府的逻辑”放之四海而皆准。

全球化和“复合相互依赖”的发展产生了更多的压力。这些发展极大地拓宽和加深了国家间互动的范围。由于国内与国外、内部与外部、“高级政治”与“低级政治”之间的界限日益模糊，**“对外”**政策和“国内”政策之间的分野也不再泾渭分明。如果“对外”的概念毫无意义，那么对外政策还能继续存在吗？下面的事实使这个问题扑朔迷离，即全球化的趋势与后主权治理和非国家行为体（如跨国公司、非政府组织、恐怖主义团体和国际组织等）的迅速发展密切相关，至少，这意味着对外政策不再仅仅是“国家怎样和他国交往”的问题。

但是，至少由于两个原因对外政策研究仍是一项很有意义的活动。第一，虽然对外/内政不再泾渭分明，但这并不意味着不需要对外与内政的分野。一个简单的事实是，世界被划分为各色各样的共同体，而不是一个单一的、整齐划一的统一体（Hill 2003）。因此，这些团体如何处理它们之间的关系仍是一项有趣而重要的问题。第二，对外政策彰显了结构（structure）和能动性（agency）之间的重要关系，强调事件既无法完全以“自上而下”的体系压力解释，也无法完全以“自下而上”的个体决策解释。这时，对外政策彰显了全球政治中决策、选择和意图的重要性。

对外政策： 公共政策制定政府及其各种机构的行动路线。广义上对外政策是指政府影响或管理国家边界之外的事件的努力，通常并不局限于与外国政府的关系。对外政策决策涉及目标的确定以及实现手段的选择。在现代全球政治中，国内与对外事务日益相互渗透。由此观之，“外部关系”的术语成为对外政策优先考虑的问题，考量许多行为体在许多层次上的互动。至少对外政策的领域再不能仅仅局限于外交部/外交部长或国家外交机构之间的关系。

决策是如何制定的

决策的制定、具体的大量决策是政策过程的关键所在。虽然决策也关系到起草和实施的行为，但是决策和得出结论通常被视为其核心特征。然而，人们很难确定决策的过程和原因。在对外政策决策中，按照沃尔兹（1959）分析战争起源的三个层次，人们常常会使用层次分析法：

- 个体决策者层次（包括个体偏好、心理与认知倾向等）。
- 民族国家层次（包括国家本质、政府类型、官僚结构等）。
- 体系层次（包括国际体系中的均势、国家相互依赖的网络、全球资本主义的变化等）。

然而，大量政治决策的一般理论产生了。其中最为重要的是理性行为体模式、增量模式、官僚组织模式、认知过程和信仰体系模式。

理性行为体模式

这一决策模式强调人类理性是以经济理论为基础建构起来的，而经济理论本身源自功利主义学说。安东尼·唐斯（Anthony Downs 1957）等思想家提出了这些理论。它们通常以所谓的“经济人”观念为基础。这种人性模式强调以功效（使用价值，幸福和痛苦之间的平衡）术语测算的物质满足的私利追逐。以此观之，决策可以通过以下程序作出：

- 问题本质的确定。
- 以个体偏好的优先次序为基础所选择的目标或目的。
- 以有效性、可靠性、成本等评估实现这一目标的有效手段。
- 以最可能实现所期望目标的手段的选择方式作出决策。

国家利益：从广义上讲，国家利益意指使整个社会受益的对外政策目标、目的或政策偏好（对外政策等同于“公共利益”）。然而，这一概念常常是模糊的，备受争议。现实主义者广泛使用国家利益的概念。对于现实主义者而言，国际无政府的结构性意义界定了国家利益，因此其与国家安全、生存和权力追逐密切相关。对于决策理论家来说，国家利益意指负责对外政策的那些人所追求的战略、目标，尽管这意味着国家利益仅是一种口号。或者，国家利益意指由民主程序所制定的对外政策目标。

增量模式：决策并非依据清晰的目标而是依据环境变化所导致的微调的理论。

这类决策过程假定清晰目标的存在，人类能够以理性、一致的方式追求目标。这种方法的最佳例子是商业决策所运用的成本—收益分析法。按照利润最大化的目标，商人所作出的决策将会确保以金钱加以衡量的最小成本与最大收益。现实主义理论家对国际政治中的决策作出了类似假设。他们认为，外交政策受单一目标的支配：对核心国家利益的追逐（至少确保国家的生存），除此之外，追逐权力以使国家实现其国家野心。这或许受体系层次压力（如新现实主义所揭示的那样）或国家本身的私利压力（如传统现实主义所认为的）的支配，或者它意味着个体决策者的作用很大程度上受限于实现预定目标的最佳手段的选择。

理性行为体模式很具吸引力，某种程度上是因为它反映了大多数人所认为的决策方式。当然，政治家和其他一些人倾向于将他们的行为描述成以目标为导向的、深思熟虑与审慎思考的产物。但是当仔细思考时，理性计算模式似乎并不是特别可信的决策模式。第一，实际上决策经常是以不充分、时常不精确的信息为基础的。这一困境促使赫伯特·西蒙（Herbert Simon 1983）提出了“有限理性”观念。该观念意识到，由于人们不可能对所有可能的行动路线进行分析与选择，决策本质上是不同价值和不准确的计算结果妥协的结果。西蒙将此过程描述成“满意”（satisficing）。理性行为体模式的第二个问题是，它忽略了感知（perception）的作用，即信念与对现实的假设而不是现实本身塑造行为的程度。因而，理性行为体模式不太或没有重视决策者的个体和集体心理或价值观和意识形态倾向。

增量模式

增量模式（incrementalism）经常被描述成理性决策模式的主要替代模式。大卫·布雷布鲁克（David Braybrooke）和查尔斯·林德布卢姆（Charles Lindblom 1963）将此模式描述成“脱节的增量”（disjointed incrementalism），林德布卢姆简洁地将其总结为“敷衍了事的科学”。这一观点认为，实际上决策倾向于以不充分的信息和低层次的理解为基础，从而阻碍了决策者采取大胆、富有新意的行动路线。因此，决策是一个连续、试探性的过程，即由于缺乏核心目标和清晰的手段，决策者倾向于在既定模式或框架下行动，根据先前决策后果的反馈信息而调整决策。的确增量模式展示了一种规避策略，即决策者倾向于回避问题而不是解决问题。

林德布卢姆的增量模式既是规范性的，也是描述性的。它对现实世界的决策方式提供了或许更加精准的论述。除此之外，林德布卢姆认为该模式具有考虑到灵活性和不同观点表达的价值。“敷衍了事”至少意味着灵活性、反应力、商议和妥协。然而，这一模式最适用于决策者更倾向于惰性而非创新的情形。因此，与那些试图修正或推翻现状的国家相比，它更易于解释维持现状国家的对外政策。比如，增量模式似乎能解释 20 世纪 30 年代英法的绥靖政策。绥靖政策包括向希特勒德国的要挟投降，本希冀避免战争，最终反倒助长了德国的气焰。绥靖政策使希特勒相信西方列强不会制止纳粹侵略扩张。另一方面，纳粹本身的扩张、1942 年日本偷袭珍珠港、2003 年美国侵袭伊拉克等例子几乎不能以增量模式描述。新现实主义者进一步认为，均势比决策者“敷衍了事”的倾向能够更好地解释现状国和修正国的不同对外政策。最后，增量模式几乎未强调价值观和信念的作用，而价值观和信念是纳粹德国对外政策的关键驱动因素。

见诸行动的全球政治

2003 年侵袭伊拉克

事件：2003 年 3 月 20 日，美国及其盟国（“自愿联盟”）开始侵袭伊拉克。起初部队包括 25 万美军、45 000 英军和来自波兰、澳大利亚和丹麦的小派遣队。美国发动了地面与空中袭击，旨在“震惊和威慑”伊拉克军队和政府以及将萨达姆·侯赛因“斩首”和复兴党军政要员。所谓的“伊拉克自由行动”强调国防部长唐纳德·拉姆斯菲尔德（Donald Rumsfeld）所提倡的战争新思维。它侧重使用更为灵活机动的常规部队，同时使特种部队发挥更大作用。截至 4 月 9 日，美国海军陆战队已抵达巴格达，复兴党政权被推翻（尽管萨达姆一直藏匿至 12 月）。5 月 1 日，乔治·W·布什总统在停靠在圣迭戈的航母上宣布战争结束：“使命完成了。”截至 2003 年夏末，证据表明伊拉克频发的暴乱使美国及其盟友卷入了一场血腥而复杂的反暴乱战争中。

意义：伊拉克战争是一场“可选择的战争”而非“必要的战争”，所以 2003 年侵袭伊拉克的起因成为人们辩论和思考的话题。此外，小布什总统所提出的两大关键正当性——萨达姆政权拥有大规模杀伤性武器，必须解除其武装；萨达姆的伊拉克与“基地”组织勾结，因而牵涉“9·11”袭击——无法经受仔细检验。在第一个正当性中，国际原子能机构（IAEA）经过三个月的核查，并未发现伊拉克重启核武计划的证据或可能的迹象，侵袭伊拉克之后也未发现此类证据。对于第二个正当性，侵袭前后并未发现所宣称的伊拉克与“基地”组织之间的勾结。当然，这也并不表明侵袭伊拉克的行动不能以理性行为体模式解释，而是仅表明侵袭的动机未公之于众（石油与美国的能源安全），或仅仅暗指其属于更广泛战争的组成部分（如下文所述，伊拉克在重塑中东的“新保守主义”计划中的角色）。

在解释侵袭伊拉克的决策中，个体、小团体、意识形态因素都起着重要作用。在个人层次上，20世纪90年代末乔治·W·布什反复声称，他毕生愿望之一是“除掉”萨达姆·侯赛因。这种动机体现在这样的事实中，即将萨达姆的苟延残喘视作海湾战争留下的“未完成的事业”。其父亲老布什总统将伊拉克部队从科威特驱逐出去后，拒绝跨越边界，继续追缴伊拉克部队的残兵败将。此外，布什主义高层顾问间存在着“集体迷思”（groupthink）的迹象。迪克·切尼（Dick Cheney）、唐纳德·拉姆斯菲尔德、保罗·沃尔福兹（Paul Wolfowitz）和理查德·佩尔（Richard Perle）等关键人物都曾任职于老布什政府，是共和党的新保守主义派。他们敦促美国在新的单极世界中承担军事和外交领导角色。对新保守主义者来说，伊拉克“政权更迭”是迈向中东民主化的第一步，以推动这一以动荡著称的地区的和平与稳定。这一信念是将乔治·W·布什总统高层顾问团体维系在一起的“黏合剂”，这意味着一些重要错觉相对而言未受到挑战。这些包括夸大了萨达姆治下的伊拉克对地区稳定乃至世界和平的威胁；高估了美国军事力量及其新军事手段；低估了陷入伊拉克战争泥潭的危险，特别是未能考虑到伊拉克复杂的宗教与民族成分；未能仔细规划战后伊拉克重建。

官僚组织模式

理性行为体模式和增量模式本质上是“黑匣子”的决策理论，都没有关注决策进程的结构对最终决策的影响。另一方面，在民族国家层次上运行的官僚或组织模式强调过程影响结果的程度，试图打开“黑匣子”。格拉汉姆·埃里森（Graham Allison 1971）研究了美国和苏联在1962年古巴导弹危机中的决策过程，开创了这一理论。这一研究产生了两种截然不同却相互关联的模式。第一种模式常常被称为组织过程模式，强调任何大型组织所体现的价值观、假设和常规行为模式对决策的影响。决策并非按照理性分析和客观评估的模式进行，而是被认为反映着政府部门或机构的根深蒂固的文化。第二种理论被称为官僚政治模式，强调追求不同利益的机构和人员之间讨价还价对决策的影响。这一理论否定了这样一种观点，即国家是单一的、铁板一块的、围绕单一观点或利益而运作的行为体。这一模式认为，决策是一个优势对比不断变化的竞技场。

虽然这些模式无疑注意到了决策的重要方面，但也有其缺陷。首先，组织过程模式几乎不考虑自上而下的政治领导。例如，组织压力和知觉塑造着所有决策的看法是愚蠢的，因为它忽略了个人所扮演的角色，如乔治·W·布什发动的反恐战争或希特勒对德国侵袭波兰的影响。其次，如官僚政治模式那样，这一观点过于简单了，即政治行为体所持的观点是以其自身的地位、所处组织的利益为基础的。虽然“屁股决定脑袋，立场决定观点”的谚语经常是适用的，但个人情感和目标并不能完全忽略不计。最后，完全以“黑匣子”的考量而解释决策不会关注来自更广泛的政治、经济、文化和意识形态环境的外部压力。

聚焦

知觉还是错觉?

对外政策的错误是如何产生的呢?特别是,对外政策决策者为何有时会曲解或误解其所要处理的情况呢?理性行为体的决策模式认为,政策错误基本是不充分或瑕疵信息的产物。如果决策者能准确地评估行动的潜在成本与收益,那么他们通常会选择最能增进国家福祉的政策。可惜的是,国际关系史,特别是战争的频度(必然损害至少冲突一方的国家利益)并不支持这种理想、冷静选择的镜像。个体和小群体层次的许多因素增加了错觉的可能性。例如,时间压力常常迫使决策者"仓促决断",意味着决策者不太可能考虑新的或"不方便"的信息,会不假思索地相信支持其所偏爱的行动的信息。24小时不间断的世界新闻和时事更加剧了这些压力。在此过程中,政治领导人必须在事件发生的第一时间对主要事件作出反应。危机情形更加剧了这一困境,这意味着政策是在一种高压力和充满感情的氛围下制定的。

错觉还源自对自身和他者的错误镜像。从某一层面上说,安全困境致使错觉不可避免,因为安全困境系统性地纵容决策者高估潜在敌人的侵略意图,将防御性行为解释为敌意性行为。对敌方领导、政权、民众或意识形态的曲解或夸张的镜像会极大地增加错觉,导致出现过度反应(如冷战的升级)或有时反应不足(绥靖)。错觉在小团体中尤其普遍,呈现出集体迷思的特点(Janis 1982)。当领导人倾向于选择与自己观点相似的高级顾问时,集体迷思就会发生。进一步说,小团体可能倾向于培养自己的道德和知识优越感,以其批评者所认为的虚弱、邪恶或愚蠢的成见而得以维系。小团体内潜在的持异见者仍被压制,而不是能够表达其异见或疑虑,因为团体的力量在某种程度上源自全体一致的幻觉。因此,集体心理会使成员倾向于表示自己的忠诚以及对所选择的道路的承诺,而不允许"捣乱"。

认知过程和信仰体系模式

认知过程和信仰体系的决策模式强调关注知觉建构行为的程度。在某种程度上,人们的见解取决于其概念与价值观所允许或鼓励的东西。在大多数情况下,这种趋势很大程度上是潜意识的,所以它根深蒂固。虽然决策者认为他们是理性的、缜密的、公正的,但是其社会、政治价值观也许会成为强有力的过滤器,为决策者界定什么是可思考的、什么是可能的以及什么是可期望的问题。因此,某些信息和特定选择并不受欢迎,甚至不加考虑,然而其他一些信息和行动路线则鲜明地体现了决策算计。事实上,肯尼斯·布尔丁(Kenneth Boulding 1956)强调了这一过程的重要性。他指出,如果没有一种过滤信息的机制,那么决策者会淹没在巨大的信息量中。

> **种族中心主义**:以基于观察者自身文化或经验的价值观和理论理解其他群体或民族的行为或意图的一种理解模式。

然而,关于过滤过程的起源与实质存在着不同的观点。比如,罗伯特·杰维斯(Robert Jervis 1968, 1976)注意到了国际事务中错觉对于决策者的影响。他认为,错觉很大程度上源于**种族中心主义**(ethnocentrism)。这些现象的例子包括 1956 年苏伊士运河危机期间安东尼·艾登(Anthony Eden)和英国政府将纳赛尔将军视为“希特勒第二”;1959 年美国将卡斯特罗视为马克思主义革命者。另一方面,欧文·贾尼斯(Irving Janis 1982)认为,他所称的**“集体迷思”**能够解释国际关系领域的许多决策。这有助于解释决策过程中异议为何以及怎样被排除在考虑之外的问题。

集体迷思:一种心理和职业压力所产生的现象,以使群体决策者采用统一、一致的立场。

激进主义理论家、建构主义、女性主义各自以不同的方式强调了信仰在外交政策制定中所扮演的重要角色。激进主义理论家认为,无论国家层次还是国际组织层次的资深决策者都受到意识形态的影响。这些意识形态支持着占主导地位的经济和社会集团的利益。因此,资本主义经济结构被视为“自然的”和有益的,这意味着自由贸易、市场改革和全球化都被视为积极的,而且其替代方案几乎不予考虑。对于马克思主义者而言,它是统治阶级意识形态的反映。建构主义者认为,对外政策决策是一个主体间互动的(intersubjective)世界,更多地受到观念、认同而非客观事实的影响。因此,影响对外政策的利益并不源自国际体系的压力或国家性质,而是受国家或国际层次上理念进程(ideational process)的影响。简言之,观念和认同决定了利益。女性主义者认为,决策者中男性的主导地位决定了政治“黏合剂”源自父权制的理念和价值观。正如 17 章所讨论的,其所导致的政策偏见有助于维系男性权力体系。

总　结

- 国家四要素:确定的领土、固定的人口、一个有效的政府、与他国家交往的能力。但是其核心特征是主权,一种拥有绝对、无限权力的原则。然而主权具有内部和外部的维度。
- 全球化被广泛地认为削弱了国家主权,造就了“后主权治理”。特别是,跨界的贸易、资本和其他流动削弱了经济主权。一些人认为,这一趋势改变了国家本质,促成了竞争国家、“市场型”国家或“后现代”国家。
- 与“衰落论”不同,国家权力回归的迹象日趋明显。这是对下列问题的回应,即新安全威胁、国家日益被用作经济现代化的工具、将国家建设作为促进发展的手段。
- 许多人声称,国家所处环境的变化意味着治理取代了政府,意味着政府由命令—控制向协作的转变。这一趋势也与政府在许多层次上的“延伸”有关,从而导致了多层治理。
- 对外政策决策传统上被视为国际政治的关键特征之一,反映了治国之术(statecraft)的重要性。但是,鉴于国际体系的变化和全球化的发展等因素,一些人质疑对外政策是否还有意义。
- 学者们提出了许多对外政策的一般理论。其中最为重要的是理性行为体模式、增量模式、官僚组织模式、认知过程和信仰体系模式,尽管它们并不必然地相互排斥。

问题讨论

- 在何种意义上国家具有双重结构？
- 为什么主权被视为国家的核心特征？
- 国家外部主权的主要威胁是什么？
- “后主权治理”的概念有意义吗？
- 国际组织的发展状态具有什么意义呢？
- 在何种程度上全球化的趋势重塑了国家的性质和作用？
- “国家回归”是神话还是现实？
- 治理和政府有何不同？
- 对外政策决策最好在个体、国家、体系层次上理解吗？
- 新现实主义如何挑战了对外政策的传统概念？
- 为何对外政策行为体很难做出一个理性和审慎的决策呢？

第 6 章

全球时代的社会

根本没有社会这样的东西，只有单个的男人和女人及其家庭。

——撒切尔夫人，1987 年采访

预览

国际政治研究传统上极少关注社会力量或社会因素。“国家”而非“社会”被视为世界舞台上的主角，并且国家间关系被认为是由严格的政治考量（与权力和安全相关）而非社会考量所决定的。某种程度上，全球化的出现加剧了对“社会性”（the social）的忽视，因为超全球论者尤其将全球化描述为一个完全的经济或科技现象。然而，这两种观点未能意识到国家等制度和经济内嵌于社会关系网络的程度。社会关系网络有助于塑造政治与经济发展，而且反过来政治与经济发展塑造着社会关系网络。事实上，现代社会正如现代经济那样快速且激烈地变革。关键性转变包括社会联系的性质的不断变化，尤其是所谓的后工业社会的兴起和通信技术的大量增长。“微弱”的联系形式取代了“密厚”的社会形式?此外，文化全球化的进展正在重塑社会准则和价值观，特别是但绝不仅限于发展中国家，尤其是通过消费主义的传播和个人主义的兴起。这个过程的主要驱动力是什么呢？它是否导致了全球单一文化的传播呢？最终，跨国集团、全球运动的发展已促使一些人认为，所谓的“全球公民社会”的出现正在重塑社会关系与认同。全球公民社会这样的事情是否存在，而且它对全球政治的未来状况有什么意义呢?

关键问题

- 后工业社会和通信革命的出现具有哪些社会意义呢?
- 为什么风险和不安全成为现代社会的显著特点?
- 全球化如何以及在什么程度上改变了社会规范和文化信仰呢?
- 为什么非政府组织和社会运动近年来发展壮大了呢 ?
- 全球公民社会是善的力量还是恶的力量呢?

社会联系：不断淡化?

何为社会呢? 所有社会都是以有规律的互动模式为特点的，而且社会不仅仅是碰巧生活在同一领土范围的人群的汇集。社会是由其成员之间的一系列稳定关系所促成的，涉及“联系”感，体现为相互感知的形式，至少是某种程度的合作。例如，战争部落（warring tribes）无法被视为一个社会，即使它们可能居住地如此亲近并经常接触。不过，各个社会呈现出不同的相互联系程度。在国家或国内层次上，特定国家经常被视为社会，关注共有文化和政治忠诚感反复灌输共同认同感的能力。英国学派的理论家认为，社会也有国际维度，因为共有规范和价值观、各国间互动的规律性模式创造了其所谓的“国际社会”。从更高层面上讲，一些人认为社会已具有全球维度，呈现出“世界社会”（Burton 1972）或“全球公民社会”的形式，正如本章最后部分主要所讨论的。

然而随着时间的推移，社会、社会联系的性质发生了巨大变化。主要适用于国家或国内社会的现代社会似乎是以社会联系的空洞化为特征的，从社会联系与固定忠诚感的“密厚”联系像更具流动性、个体化的社会安排的“微弱”联系的转变。这些变化的许多方面涉及全球化的社会和文化意义。但是这些变化的其他方面关系到后工业社会的来临、“信息时代”的出现、动荡、不安全、危险的趋势等诸多发展。

福特主义/后福特主义： 福特主义和后福特主义是用以解释现代社会的经济、政治、文化转型的术语，涉及生产形式和组织的不断变化。福特主义是指由亨利 · 福特在美国底特律所开创的大规模生产方法。福特使用直到 20 世纪 60 年代仍广为模仿的技术，依靠机械化和高度管制的劳动生产线以生产标准化、价格相对便宜的产品。后福特主义产生于更灵活的微电子机械的应用。这种机械赋予个体劳工们更大的自主权，使转包（sub-contracting）和批量生产（batch production）等创新成为可能。后福特主义涉及工作场所的分权、社会与政治的碎片化，更为强调选择和个性。

社会阶层： 广泛地说，一群人共有类似的社会和经济地位，以其与生产手段的关系或其职业群体的收入和地位为基础。

从工业化到后工业化

工业化一直是塑造现代社会结构和特点的最强有力因素。工业化有助于城市化进程所促成的地域流动性的急剧增加（到 21 世纪初，世界 63 亿人中大多数居住在城镇和城市而不是农村地区）。工业化的进展也改变了社会结构，而且**社会阶层**（social class）成为社会的核心组织原则。阶层分化取代了更为传统的社会的固定社会等级。传统社会通常与土地所有权相关。然而在这个过程中，社会联系的性质改变了。德国社会学家费迪南德·滕尼斯（Ferdinand Tönnies，1855—1936）试图标签化这种转型的努力，成为最具影响力的尝试。他区分了 *Gemeinschaft* 或"共同体"、*Gesellschaft* 或"社团"。共同体典型地体现在传统社会而且以自然感情和相互尊重为特点。社团意指城市与工业社会中更为松散、人为和契约式的联系。

然而，阶级团结仍是大多数工业社会的一个重要特征，即使自由主义者和马克思主义者对于阶级不平等的性质持有完全不同的观点（前者强调个人能力及工作意愿等个体差异，但是后者更关注涉及财产所有权的结构性分工）。尽管如此，阶级忠诚感通常建构着政治联盟："蓝领"（体力）工人普遍支持左翼政党，然而"白领"（非体力）工作者通常支持右翼党派。然而，20 世纪 60 年代以来所谓的**后工业社会**（post-industrial societies）出现了。这类社会的主要特征之一是，去工业化的过程，反映在煤矿业、钢铁行业以及造船业等劳动密集型重工业的减少。这些产业倾向于以根植于明确的政治忠诚感的团结文化（solidaristic culture）、强大的工会组织为特征。相比之下，不断扩大的经济服务部门助长了更多个人主义者和工具主义者的态度。因此，后工业社会是以越来越多的**原子论**（atomism）、社会联系的日渐削弱为特征的。皮埃尔和赛伯（Piore and Sabel 1984）将这些变迁解释为从福特时代向后福特时代转变的一部分。福特主义的主要特征是大规模生产和大众消费体系，然而这种体系的黯然失色导致了更加松散与多元化的阶级形式（class formations）。

传统工人阶级的萎缩导致了所谓的"2/3、1/3"型社会（two-thirds-one-third society）的发展。其中 2/3 是相对成功的，是与大众教育、日渐富裕、与消费主义相关的社会层级化的显著趋势的产物。加尔布雷斯（1992）强调这种趋势，指出了在现代社会，至少是政治活跃分子之间，"心满意足的大多数"的出现。物质富裕、经济安全促使这些人在政治上日趋保守。对现代社会中社会不平等与贫困性质的争论不再关注工人阶级，反而关注时髦的（但有争议的）**底层阶级**（underclass）。底层阶级不太遭受传统所理解的贫困（对物质必需品的剥夺）的折磨而是遭受社会排斥的折磨，反映在有意义地参与到经济与社会生活中的文化、教育和社会障碍。

> **后工业社会**：以服务业而不是制造业为基础的社会，并且伴随着白领劳工的大幅增长。
>
> **原子论**：社会由自私且很大程度上自立的个体所组成的趋势，因而个体像独立的原子那样运行。
>
> **底层阶级**：不好界定且政治上有争议的术语，广义上意指遭受综合贫困的民众（失业或低收入、糟糕的住房、不完整的教育等）。

新技术和"信息社会"

技术变革往往与社会变迁密切相关。例如，蒸汽动力、钢铁等重工业机械化的工业技术创新导致了人口快速增长，并且大幅度地增强了社会、地理流动性。家庭、友谊和工作关系模式极大地转变了。当然这也适用于信息和通信技术的发展，从印刷的诞生到时常所说的现代三大信息革命。第一场信息革命涉及电话、电报和无线电的发展；第二场革命集中于电视、早一代的计算机和卫星；第三场革命目睹了所谓的“新”媒体的兴起，特别是移动电话、电缆和卫星电视、更便宜且更强大的计算机、更为重要的**互联网**。第三场信息革命涉及**连通性**（connectivity）的技术，并且其意义重大。一些人认为，信息和沟通交流的非凡爆炸标志着“信息时代”（代替了工业时代）的诞生。社会正在转向“**信息社会**”（information society），而且经济成为“知识经济”。

互联网：连接世界各地计算机的诸多网络的全球性网络，使用者能够获取与传播在线信息的“虚拟”空间。

连通性：意指一种工具（通常是计算机）与另一种工具之间联系的计算机热门词汇，影响着信息交流的速度、舒适度、程度。

信息社会：关键资源是知识/信息的社会，其基本动力是技术发展与扩展的过程。

社会的方法

现实主义的观点

现实主义理论家很少关注任何术语意义上的社会。这反映了其关注点是国家。他们将国家视为“黑匣子”，因为国内社会的、政治的、宪法的和文化的安排无关乎其在国际体系中的行为。因为现实主义者将国家视为强有力的自主性单位而且有能力从社会汲取资源并将自己的意志施加于社会，所以对权力和安全的考量首要地决定着对外政策。此外，国家间关系本质上是“战略性的”而不是“社会性的”：国际体系是以竞争和斗争而非社会互动的正规模式为特点。规范、共同价值观以及合作意愿的出现促成了社会互动的正规模式。

自由主义的观点

自由主义的社会观是以个人主义为基础的。因此自由主义者并不将社会视为一个凭借自身力量的实体而是诸多个体的聚合。就社会存在的程度而言，社会是由自私自利的人类所确立的自愿契约性协议所组成的。不过多元论者关注团体在表达社会中不同利益的角色。然而，无论是将社会简单理解为自私自利个体的聚合还是竞争性团体的聚合，自由主义者认为社会中存在着各种利益的普遍均衡，从而倾向于促进和谐与均衡。很大程度上国家催生了这种和谐状态。国家充当着社会中竞争性利益和群体的仲裁者，以确保社会秩序。这个任务也影响着对外政策。因此或许社会中不同团体及其所能发挥的政治影响塑造着对外政策。这样，自由主义者承认，对外政策决策可能会以社会为中心。相比之下，现实主义者持以国家为中心的观点。自由主义者通常欢迎全球公民社会的出现，将其视为权力多元化、使政府间决策更深思熟虑且更被普遍接受的手段。他们也倾向于认为，国家间互动具有重大的社会构件（social component），赞成“国际社会”观，相信国家与非国家行为体之间的互动趋向于是由原则、程序、规范或规则所建构的，这往往导致国际机制的形成。

批判理论的观点

批判理论的社会观极大地受到社会建构主义的影响。建构主义者强调世界事务中的认同和利益是社会建构而成的，从而将社会学考察（sociological enquiry）置于全球政治的中心。因此，社会、文化、历史因素是影响国家和其他行为者行为的重点。主流理论家将社会视为一个“战略性”领域，而建构主义者将社会视为一个“构成性”领域。在战略性领域中，行为体理性地追求各自不同的利益，而在构成性领域中行为体的身份塑造其认同和利益。然而，建构主义更是一个分析性工具而不是实质性的社会学理论，强调学术考察的社会学维度，如新马克思主义者和女性主义者所提出的。

然而正统马克思主义者以阶级体系的术语解释社会，视无产阶级为解放力量，但是法兰克福批判理论家等新马克思主义者往往崇信“反文化”的社会运动，如妇女运动、绿色运动与和平运动。由此观之，通常全球公民社会，尤其是“反资本主义”运动时常被视为反霸权的力量。女性主义者基本上以性别不平等术语分析社会，视所有当代和历史上的社会是以父权社会和女性附属地位为特征的。然而，女性主义者在一些问题上存在着很大的分歧，如父权社会是否受生物或文化因素的影响、性别和阶级等级相联系的程度。从生态政治视角来看，社会是以机械或“社会生态学”术语得以理解的。前者反映在人类与自然间传统社会的分裂，然而后者反映了人与人之间、人类和自然之间的自然和谐。

“新”技术的出现极大地推动着全球化的进程。事实上，超全球论者赞成某种**技术决定论**（technological determinism），因为他们认为一旦这些技术广泛可用，不断加速的全球化将成为必然。新媒体的全球化趋势最明显的证据是，就通信而言国家边界越来越是可渗透的（如果不是无关紧要的）。工业时代创造了国家而不是当地层次上的新沟通机制（如全国性报纸、电话系统、广播和电视服务等），然而信息技术时代本质上是跨国性的——移动电话、卫星电视和互联网（通常）不考虑边界而运行。反过来，这促进了跨界团体、个人和机构的发展，广泛地涉及从非政府组织、跨国公司到国际犯罪组织、“基地”组织等全球恐怖集团。国家不仅奋力控制和约束跨境结构的团体和组织，而且其控制其公民所见、所听与所知的能力也极大地下降。例如，尽管有些国家在不同时候试图限制手机和互联网的跨境交流，然而长期看来技术变革的速度会削弱这种控制。

技术决定论：技术创新与发展被视为社会、经济或政治变迁的主要动力的历史理论。

网络：以民众或组织之间松散与非正式关系而协调社会生活的手段，通常意在知识传播与交流；大量计算机之间共享信息与硬件的联系。

信息社会不仅使社会联系的**范围**发生了史无前例的变化（甚至有时赋予它跨境的特点），而且也已经改变了社会联系的**本质**。越来越多的人与其他更多人保持着联系，但以不同的方式。曼纽尔·卡斯特尔（Manuel Castells 1996）提出的“网络社会”概念，成为颇具影响的尝试性解释。工业社会的主导性社会组织模式是等级制，然而更加复杂与多元化的信息社会以市场（反映了市场经济更为广泛的角色、经济全球化的影响）或更为松散的**网络**为基础而运行。根据卡斯特尔所述，企业越来越作为“网络公司”起作用。例如，很多跨国公司是由连锁经营和子公司网络所组织起来的。类似的趋势也出现在社会和政治生活中。例如，工会和压力集团等等级制度的机构已渐渐失去其影响力，而且以网络为基础的社会运动出现了，如反全球化运动和环保运动。甚至“基地”组织等恐怖组织也采用了组织的网络形式。几乎无处不在的谷歌等搜索引擎尤其推动了“新”媒体和互联网的广泛使用，导致了社交网络（social networking）的繁荣，极大地扩展了大众对信息的获取渠道。尽管这些发展的影响是毋庸置疑的，但是其社会影响仍是个颇具争议的问题。

关键性事件

通信技术的发展

1455 年 《古腾堡圣经》(Gutenberg Bible) 发行，第一次使用了可移动和可重复的印刷类型，从而引发了印刷革命。

1837 年 电报发明，首次提供了超越领土交流的手段。

1876 年 亚历山大·贝尔发明了电话，尽管 1861 年德国科学家约翰·菲利普建造了第一台电话设备。

1894 年 古列尔莫·马可尼发明了收音机，因此 1901 年无线电信号首次成功地跨越大西洋。

1928 年 约翰·贝尔德发明了电视，20 世纪 30 年代末得以商用，20 世纪 50 年代和 60 年代赢得广大观众。

1936 年 康拉德·楚泽发明第一台可自由编程的计算机。

1957 年 苏联成功发射第一颗人造地球卫星，开启了通信卫星时代（有时称之为卫星通信）。

1962 年 使用集成电路（或微芯片）的第三代计算机开始出现（尤其是美国国家航空航天局的阿波罗制导计算机）。

1969 年 互联网的最初版本成形，体现为美国加利福尼亚大学和斯坦福大学研究所之间阿帕网联系的方式，三年后电子邮件出现了。

1991 年 **万维网**雏形初见，成为可公开获得的全球信息媒介。用户能够以此经过与网络相连的计算机读取和写入。

1995 年 网景和网站实现了数字化，极大地拓宽了互联网和其他技术的访问范围。

万维网：以超文本为基础的体系，给予互联网使用者获取全世界服务器上所储存的在线文档的通道；往往称之为 www 或网络。

风险、不确定性和不安全性

虽然社会联系的“淡化”具有深刻意义，但是其范围的扩大可能同样重要。人们从未如此地受到（人们、事件与过程的）影响。这些影响超越了家庭、朋友、同事等面对面的交流的因素。鲍曼（Bauman 2000）说道，社会联系的淡化与扩大已改变了人类状况的每个方面。社会已经从“沉重的”或“稳固的”且以硬件为基础的现代性过渡到“轻盈的”或“流动的”且以软件为基础的现代性。鲍曼所称的“流动性社会”的特点是全球化进程的新偏僻感和不可触及性，人们日常生活松散的、定义不全的流动状态。此外，这导致了社会中不确定和不安全程度的大幅增加：当一切事物都是短暂的而且没有什么会停滞不前时，人们会感到焦虑，不断保持警惕。

全球行为体

谷　歌

组织类型：上市公司　**创建时间：**1998

总部：美国加利福尼亚州山景城　**职员：**20 000 名左右全职雇员

1998 年斯坦福大学学生佩奇（Larry Page）和谢尔顿·布林（Sergey Brin）创建了谷歌（Google 源于单词“googol”的错误拼写，指 10 的 100 次方）。谷歌迅速地成为世界上的主要搜索引擎（一个用来在万维网检索数据和搜索信息的工具），因而公司很快崛起。据估算，2009 年世界范围内 65%的互联网搜索使用了谷歌。谷歌以并购与合作策略迅速地扩大，而且使其产品多样化，如电子邮件（Gmail）、电子地图（Google Earth）、自定义主页（iGoogle）、视频分享（You Tube）、社交网站等服务。谷歌成为了世界最强大的品牌之一，因环保、慈善、积极的员工关系赢得了美誉。其非官方标语是“不做恶”。

意义：作为商业组织谷歌的成功是不容置疑的。其广泛使用与不断扩大的产品范围已经帮助“谷歌”从名词转变为动词（比如“谷歌某人或某事”）。年轻人有时被称为“谷歌一代”。然而，谷歌对文化、社会以及政治的影响是个颇具争议的问题。谷歌的支持者认为，在推动网站、在线数据与信息访问方面，谷歌有助于赋予公民与非国家行为体权力，增强了全球公民社会但牺牲了国家政府、国际官僚和传统政治精英。老生常谈的陈词滥调是，知识是传统上为政府机构以及政治领袖利益服务的权力。然而在网络时代，新闻以及信息的更便捷以及更广泛化的获取意味着，公民以及公民团体第一次知晓大量信息，这些信息也许可以与政府信息相较量。因此，在专业学科方面，非政府组织、智囊团、利益集团以及抗议运动更有效地挑战着政府的地位、行为，甚至会取代政府而成为专业化主题的看法与信息的权威来源，如从环境与全球贫困到公共卫生与公民自由。在此意义上，谷歌和其他搜索引擎已经将万维网转化为一种民主化的力量。

另一方面，谷歌、互联网上大量杂乱无序的知识与信息也备受批评。其最大缺点是网络质量控制的缺失：我们不能确定网络上所阅读的信息是否真实（注意：例如，维基百科条目会被非法用于自我服务或恶意企图）。我们也不能确定，当我们使用谷歌搜索特定信息时搜索引擎所提供的网站或博客所持的观点。与此相关的是，互联网并不会区分好信息和坏信息。它不仅为具有社会价值和政治中立的观点提供了平台，而且也为政治极端主义、种族和宗教偏见以及各种各样的色情文学提供了平台。更为危险的是“信息崇拜”的增长。由此，数据和信息的积累本身变成了目的，损害了人们分辨信息与知识、经验、智慧的能力（Roszak 1994）。因此“谷歌一代”或许会知道很多，但是其明智决断的能力会逐渐弱化。这个评判与一个断言相联系，即网上“冲浪”会削弱人们思考和学习的能力，因为这会鼓励他们从一条信息到另一条信息的浏览，从而破坏其注意力集中的能力。因此，谷歌会使人们变得愚笨而非见多识广（Carr 2008，2010）。

一般来说，联系性的扩大实质上越发展，风险、不确定性和不稳定性会越大，因为它扩展了一系列影响决策和事件的因素。正如混沌理论表明的，因为越来越多的事物影响着更多的其他事物，所以这些事件不仅具有影响更加深远的后果而且这些后果会变得更难以预测。因此一个相互联系的世界具有随机、不稳定甚至危机倾向的特点。乌尔里希·贝克（Ulrich Beck 2006）的进一步分析表明，现代社会中风险的盛行反映了从“第一现代性”向“第二现代性”的转型，即一个“无法控制的世界”。在“第一现代性”中国家提供民主、经济增长与安全，因而是可以依赖的，至少在西方世界如此。贝克所谓的“风险社会”的出现的后果之一是“**悲剧性的个人主义**”（tragic individualism）的增长。在工业社会中，商品分配界定着政治冲突。一般情况下，政府供给这些商品或资源，如补助、补贴、就业、医疗保健和养老金。相比之下，在风险社会中公害的分配界定着政治冲突——风险、威胁或问题。此外，这些公害通常不是自然灾难而是人为的危险，如污染、不易处理的工业废物、核辐射、资源枯竭和疯牛病。

悲剧性的个人主义：个体被迫独自地应对全球性世界的不确定的状况，因为科学、政治与其他专家体系未能管理好风险。

现代社会充满了各种“制造性”风险、不稳定性。工业化的蔓延、管制性框架的消除已造成了一系列的环境威胁。这些威胁没有国界之分，事实上可能会影响整个世界。其中最明显的是河流和湖泊的化学污染、臭氧消耗、酸雨和气候变化（第 16 章所考察的）。经济全球化的发展也意味着，世界某地的经济状况和生计更容易受到世界其他地方事件或决策的影响，如跨国公司投资或迁移的决策、全球化的金融体系（第 5 章考察了此问题，涉及资本主义危机问题）中股市崩溃的更广泛且几乎即刻的影响。此外，大规模杀伤性武器的蔓延和全球恐怖主义的增加破坏了个人安全的程度。生化武器以及核武器的广泛获得极大地加剧了国家间或国内武装冲突对平民的威胁，同时，恐怖主义本质上产生了变幻莫测、看似偶然的一种威胁。

全球化的主要社会学理论家

曼纽尔·卡斯特（Manuel Castells，1942— ）

西班牙社会学家。他特别关注信息社会的观念、沟通研究。他认为，我们生活在一个“网络社会”。知识流动的权力破坏着领土边界、传统认同，因而卡斯特强调网络社会的信息基础，说明人类的时空经验是如何变化的。其著作包括《网络社会的兴起》（*The Rise of the Network Society* 1996）、《互联网荟萃》（*The Internet Galaxy* 2004）、《沟通权力》（*Communication Power* 2009）。

乌尔里希·贝克（Ulrich Beck，1944—　）

德国社会学家。贝克所探究的主题广泛，如工作新世界、全球化的危险、资本的全球权力的挑战。在《风险社会》（*The Risk Society* 1992）中，贝克分析了经济全球化产生不确定性和不安全感的趋势。在《个性化》［*Individualization* 2002（与其妻子伊丽莎白合著）］中，他倡导以权利为基础的个性化，反对自由市场的个人主义。在《全球时代的权力》（*Power in the Global Age* 2005）中，贝克探讨了公民社会运动如何挑战资本的策略的问题。

罗兰·罗伯逊（Roland Robertson，1938—　）

英国社会学家、全球化研究的开拓者之一。罗伯逊将全球化描述为“世界的浓缩、世界作为一个整体的意识增强”，体现了全球化的心理学观点。他关注“相对化”（relativization）（当本土文化和全球压力混合时）、“全球地方化”（glocalization）（全球压力被迫符合当地状况）这两个过程。其在这一领域的著作是《全球化：社会理论和全球文化》（*Globalization：Social Theory and Global Culture* 1992）。

萨斯基亚·萨森（Saskia Sassen，1949—　）

荷兰社会学家。萨森以对全球化与国际移民的分析而闻名。在《全球城市》（*The Global City* 2001）中，她研究了纽约、伦敦和东京等城市如何已成为全球化创造矛盾性空间的能力的象征，其是以全球公司雇员和大量低收入“他者”（通常是移民和女性）之间的关系为特点的。其他著作包括《资本和劳工的流动性》（*The Mobility of Capital and Labour* 1988）、《领土、权威、权利》（*Territory，Authority，Rights* 2006）。

简·阿特·肖尔特（Jan Aart Scholte，1959—　）

荷兰社会学家和全球化理论家。肖尔特认为，全球化最好理解为社会地理的重构，以人们之间环球与超领土联系的发展为标志。虽然肖尔特并不是全球化所产生的“超领土主义”的批评者，但是他强调了“自由主义全球化”加剧不安全感、不平等与民主赤字的趋势。其主要著作包括《社会变迁的国际关系》（*International Relations of Social Change* 1993）、《全球化：一个批判性导言》（*Globalization：A Critical Introduction* 2005）。

齐格蒙特·鲍曼（Zygmunt Bauman，1925—　）

波兰社会学家。鲍曼兴趣广泛，如从亲密的性质到全球化、从大屠杀到《大哥哥》真人秀电视节目。有时他被描绘成一个“后现代的先知”，强调了诸多趋势，如剥夺与排斥的新模式的出现、消费社会的心灵腐败、社会关系呈现出“流动性”的趋势。其主要作品包括《现代性和大屠杀》（*Modernity and the Holocaust* 1994）、《全球化》（*Globalization* 1998）、《流动的现代性》（*Liquid Modernity* 2000）。

全球化、消费主义和个人

全球化的社会和文化意义

全球化是个多维过程。尽管全球化往往以经济术语得到理解，涉及相互交错的全球经济的确立，但是其社会和文化的意义是同样重要的。例如，人类社会传统上具有明确的领土基础。人们认识其共同体内的他者，并与之交往，在较小程度上也与邻近共同体的人们相知。简言之，地理和距离很重要。然而，全球化已导致的“超领土性”或“**去领土化**”（deterritorialization）的兴起（Scholte 2005）。地理和距离传统上所形成的约束已经被大大克服。显然，通信和运输技术的改进推动了全球化的进程。然而，移动电话、互联网和航空旅行不仅彻底改变了我们对空间的理解，而且改变了我们的时间观，尤其是看似瞬时的信息流动。有鉴于此，大卫·哈维（David Harvey 1990，2009）将全球化与“**时间/空间压缩**”（time/space compression）现象相联系，意味着人类互动第一次发生在时间和空间两者的限制以外的地方。时间/空间压缩以各种不同的方式改变了人们的经历。例如，它意味着生活的速度正在增长，因为事件、交易记录和旅行发生得更快。

去领土化：就领土空间、领土距离与领土边界而言，社会空间不再完全地限于领土范围的过程。

时间/空间压缩：在全球化世界，时间和空间不再是交流与互动的重要障碍。

同质化：所有各部分或因素（在此状况下国家）变得相似或相同的趋势。

文化帝国主义：外来信念、价值观和态度对土著文化的取代，通常涉及经济或政治控制的巩固或合法化。

文化全球化的进程时而被视为更加重要。以此看来，全球化的本质是各民族和地区的文化差异倾向于扁平化的过程。这种全球化观将其与文化**同质化**（homogenization）联系在一起，因为世界的文化多样性受到削弱或毁坏。我们观看同样的电视节目、购买同一商品、吃同样的食品、支持相同的体育明星、遵循相同的“全球知名人士”的滑稽动作等。助长文化全球化的主要因素是跨国公司的发展，特别是全球媒体公司（如美国在线、时代华纳、新闻集团、维亚康姆、迪士尼、维旺迪环球和贝塔斯曼）、日益普及的国际旅行和旅游、信息和通信革命。

许多评论家把文化全球化描绘成一个“自上而下”的过程、单一的全球体系的确立、事实上全球性的单一文化。以此看来，文化全球化相当于一种**文化帝国主义**（cultural imperialism）的形式。文化流动发生在不平等的伙伴之间，是强国对弱国施加统治的一种手段。因此，一些人将文化全球化视为“西化”或更具体地说“美国化”。全球化的同质性现象充其量是局部的，然而全球化经常伴随着本土化、区域化和多元文化主义。同质化的恐惧或威胁激起了文化和政治上的反抗，特别是当它被视为“从上面”或“从外部”强加时。这体现在对下面问题的兴趣的复兴，如衰落的语言、少数民族文化、宗教原教旨主义的传播。不过，文化全球化的两个主要方面是消费主义的传播和个人主义的发展。

娜奥米·克莱恩（Naomi Klein，1970— ）

加拿大记者、作家和反对公司的活跃分子。克莱恩的《没有标识：关注小品牌》（*No Logo*：*Taking Aim at the Brand Bullies* 2000）是对品牌生活方式、劳工滥用的广泛批判，讨论了日益浮现的泛全球化和公司统治地位的各种形式。此书被描述为“运动的一部分”，但是在激起对消费资本主义的性质和品牌文化的暴虐的思考方面具有更广泛的意义。在《灾难性资本主义》（*Disaster Capitalism* 2008）中，她关注新自由主义的发展暗含在“休克”、紧急状态、这样或那样危机的程度。克莱恩是活跃且颇具影响的媒体评论家。她生活在多伦多，但广泛游历于北美、亚洲、拉丁美洲和欧洲，支持反对全球化负面影响的各种运动。

消费主义全球化

更为常见的是，文化全球化涉及消费资本主义文化在世界范围的扩展，它往往被视为“涡轮消费主义”（turboconsumerism）。其中一个方面就是所谓的“可口可乐殖民化”，即 20 世纪 50 年代法国共产党率先强调的一个过程。在某种程度上，可口可乐殖民化意指全球**品牌**（可口可乐是个基本例子）、全球商品的出现。它们逐渐控制了世界上越来越多的地区的经济市场，造就了一个单调一致的形象。然而在更深层次上，它还捕捉到这些品牌所逐渐获得的心理与情感权力。这些品牌实施极为复杂的市场营销、广告策略，使其成为自由、青春、活力、幸福等的象征，因此，马克思主义者称之为**商品拜物教**（commodity fetishism）。消费主义已经成为现代反公司批评的主要目标之一。如第 16 章所讨论的，生态运动特别强调这一点。

关于全球消费主义趋势的论述中颇具影响的人物之一是本杰明·巴伯（Benjamin Barber 2003）。他将新兴世界描述为“麦当劳世界”（McWorld）。技术、生态、通信、贸易连接成了麦当劳世界，造就了一种“融合与一致性的闪闪发光的场景”。在此场景中，各地的人们感受到“快节奏的音乐、快电脑、快餐的魅力”。音乐电视、美国麦景图、麦当劳迫使各民族形成一个商业上同质化的主题公园。商业组织和实践的标准化反映了这些发展，人们通常称之为“**麦当劳化**”（McDonaldization）。物质主义价值观看似无情的传播支撑着麦当劳世界的出现。这种价值观是以财富和幸福之间内在联系的观念为基础的。对于许多人来说，这些趋势具有明显西方更具体地是美国的特点。文化全球化的“西方化”模式源于这个事实，即西方是消费资本主义和工业社会的故乡。物质利己主义的伦

品牌：往往由名称、商标或象征所构成的象征性概念，传达了一种或一系列产品的前景、“个性”或镜像。

商品拜物教：商品被赋予象征性与社会意义的过程，允许其对人类施加影响。

麦当劳化：与快餐产业相关的全球商品、商业与市场行为逐渐主导着越来越多的经济部门的过程（Ritzer 1993）。

理是个具体的西方的价值观，源于西方自由主义。文化全球化的“美国化”模式反映了商品与镜像主导现代商业的不恰当程度，意味着世界不仅仅是由消费资本主义所主导的，而且也是由非常特殊的消费资本主义的美国模式所主导的。

文化全球化：文化全球化意指世界上某地所产的信息、商品和镜像全球流动的过程，从而倾向于“抹平”民族、地区与个体之间的文化差异。文化全球化与经济全球化、通信与信息革命是密切相关的。然而，文化全球化是一个产生同质化或文化扁平化、多极化与多样性的复杂过程。后者之所以如此，不仅仅是因为如果它们适应当地传统与理解，文化产品更容易扩展，而且还因为外来观念、价值观和生活方式的控制能够造就文化反弹，推动种族、宗教或民族运动的兴起。

共同体：以社会团体的集体认同、同志般的联系、忠诚感与责任为基础的原则或情感。

经济个人主义：在经济决策事务中个体有权自主的观念；经济个人主义时常等同于私人产权，意味着自由放任。

不过，文化全球化的趋势绝不会广受指责。对于许多人来说，消费文化的出现、一系列更广泛的商品和文化产品的使用扩大了机会，为传统社会的狭隘乡土观念提供了一种替代性方案，例如，文化全球化可能会与狭隘民族主义相比。然而，文化全球化的大多数诠释是批判性的或悲观的。其中至少三条主要的批判线路得到采用。第一，文化全球化被视为服务于经济或政治统治的利益。鉴于此，新的全球化经济中的主导性利益推动着文化全球化，如跨国公司、西方世界，特别是美国。文化全球化塑造着价值观、欲望和生活方式，以确保全球资本主义的市场渗透和优势地位。第二，文化同质化被谴责为对当地、地区和国家独特性的冲击。这是一个一切看起来一样、每个人都同样地思考和行动的世界，因而也是一个没有根深蒂固之感、归属感的世界。第三，消费和物质主义被谴责为一种囚禁的形式，一种扭曲价值观和拒绝幸福的操控形式。

个人主义的兴起

现代社会中“微弱”的社会联系的趋势、全球化所产生的压力都更强调个体，而不太强调**共同体**（community）。在世界许多地方，“个体”观念是如此常见，以至于其政治和社会意义、相对并不久远的渊源往往被忽视了。在传统社会中，个体拥有自己利益或独特的个体身份的观念是几乎不存在的。相反，人们被视为其所属的社会团体的成员：家庭、村庄、部落、当地社区等。他们的生活和身份很大程度上是由这些团体的特性所决定的，而且代际之间很少有变化。个人主义的兴起被普遍视为作为主导性社会组织模式的工业资本主义确立的产物。工业资本主义首先出现在西方社会，由于全球化而超越了西方社会。工业资本主义意味着人们面临着一系列更加广泛的选择和社会可能性。他们也许首次被鼓励为自己着想，以个人术语思考自身。例如，农民的家人可能永远生活和工作在同一块土地上，他则变成“自由人”，获得一些能力而选择为谁工作，或许有机会完全离开土地而在城镇或城市找工作。作为个体，人们可能是自私的，按照他们的利益（通常是物质利益）行事。在承担其经济与社会环境的责任方面，他们受到鼓励而自给自足。这产生了**经济个人主义**（economic individualism）学说。

然而，关于个人主义扩展的意义问题存在着分歧。对于许多人来说，个人主义的扩展深刻地削弱了共同体、我们的社会归属感，由此或许意味着传统意义上的社会并不存在了。例如，学术性社会学（academic sociology）很大程度上出现在 19 世纪，它试图探索工业化和城市化扩展（通常是负面的）的社会意义。工业化与城市化推动了个人主义和竞争。对于滕尼斯而言，这导致了所谓的人为的契约式社会关系（Gesellschaft-relationships）的发展、增长，反映着个人收益而不是对有意义的社会忠诚感的渴望。埃米尔・涂尔干（Émile Durkheim，1858—1917）强调产生于“社会反常状态”扩展的社会规范和准则弱化的程度：孤立感、寂寞和无意义感。在涂尔干（[1897] 1997）看来，这些导致了工业社会自杀事件的攀升。现代社群主义思想家（communitarian thinkers）表达了对个人主义兴起的类似忧虑，他们将利己主义与原子论、社会责任和道德责任的弱化联系在一起。当人们被鼓励去考虑自己的利益和权利时，由于社会的崩溃，一种道德真空形成了。例如，罗伯特・普特南（Robert Putnam）强调了现代社会中**社会资本**（social capital）的衰落，反映在共同体活动、政治参与的衰落，包括投票权和党员资格。社群主义关切的一个特别根源是所谓的“育儿赤字”（parenting deficit），即现代父母只关心自己的快乐和幸福，然而却未能有效地控制和使其孩子融入社会，从而导致德行的普遍弱化和犯罪水平的上升。

社会资本：网络、规范以及信任等文化与道德资源，有助于推动社会凝聚力、政治稳定与繁荣。

聚焦

消费主义是个陷阱?

消费主义是个人满足感甚至自我表达的根源呢，还是它是操纵和社会控制的一种形式？消费主义作为陷阱的观念将会使很多人视其为一派胡言——毕竟，没人被迫去购物！对财富以及源于物质获得的幸福感的渴望被广泛地视为人性的表达。此外，备受尊崇的社会与经济理论支撑着这类思想。功利主义是广泛接受的道德哲学传统。功利主义假设，个人行为的目的是使快乐最大化，使痛苦最小化，而且痛苦与快乐能够以效用或使用价值的术语测量。其使用价值通常被视为源于物质消费的满足感。因此，消费主义规范的全球传播仅仅是人类根深蒂固的物质欲望的证据。

不过，对消费主义的批判能够回溯到马克思主义的“商品拜物教”概念，即物体逐渐支配那些拥有或希望获得它们的人们的过程。对于马尔库塞（1964）而言，现代广告技术允许既得利益操纵需求，正在造就一个“单向度的社会”。现代市场营销技术大幅扩展了这种操纵能力，尤其是“品牌文化”（Klein 2000）的发展。反消费主义的核心主题是，无数形式的广告和营销造就了服务于公司利润的“虚假”需求，并且往往破坏了心理和情感的福祉。它们造就了更大的物质欲望，使消费者处于永远不满足的状态，因为无论他们获得和消费多少，他们总是希望更多。因此，消费主义并不是以欲望的满足而是新欲望的产生来起作用，从而使人们处于永远贫穷、愿望和需要的状态。幸福经济学的新兴学科证明了这一点。据此，一旦公民享有相当舒适的生活水平（一般年收入20 000 美元左右），更多的收入产生更少的额外幸福感（Layard 2006）。

消费主义：消费主义是心理与文化现象，即个人幸福感等同于物质财富的消费。它往往涉及“消费型社会”或“消费型资本主义”的出现。新广告与市场营销技巧利用了大众媒体的发展与大众财富的扩展，从而塑造着消费型资本主义。消费型社会是以消费而不是以商品与服务生产为基础组织起来的。这种转变具有重要的社会经济与文化意义。“生产型”社会强调规训、责任与劳作（例如，新教徒的工作规范）的价值观，然而消费型社会强调物质主义、享乐主义、即时而非延迟的行乐。

社会反思性：个体与其他社会行为体反思自身行为状况的趋势，意味着更高的自我意识、自知之明以及沉思。

另一方面，自由主义理论家特别将不断兴起的个人主义视为社会进步的标志。由此观之，个人主义的发展关系到进步性甚至文明的社会价值观、宽容与机会平等的扩展。如果人类首先被视为个体，他们必须享有相同的权利和同样的尊重。也就是说，所有形式的不良或歧视在道德上都被视为是值得怀疑的——如果不是站不住脚的话。所有这些形式都是以性别、种族、肤色、信仰、宗教或社会背景等因素为基础的。所有现代工业社会都或多或少地受到这种思想传播的影响，尤其是女性主义扩展所导致的性别角色和家庭结构的变化。现代社会中**社会反思**（social reflexivity）的传播也强调个人主义与选择、机会扩大之间的联系（Giddens 1994）。种种原因导致了这种现象，包括大众教育的发展，以电台、电视、互联网等对信息的更广泛获取，社会内部及其之间不断加强的文化流动。然而，社会福利产生了收益和危险。一方面，它极大地扩大了个人自由的范围、人们界定自我以及希望如何生活的能力，这一趋势反映在所谓“生活方式”不断增强的政治控制上。另一方面，它的发展伴随着消费主义和物质主义道德的不断加强。

不过，重要的是不要夸大个人主义的发展、共同体的弱化。英语世界急切地支持个人主义，鉴于新教徒宗教观的影响——涉及个人救赎、个体自我奋斗的道德利益，个人主义在文化上是最可接受的。相比之下，欧洲和其他地方的天主教社会更加成功地抵制个人主义并且维系着社会责任的道德，这反映在拥护福利政策的更强大愿望上。福利政策既是一种社会责任感的表达，也是维系社会凝聚力的手段。然而，成功的反个人主义社会的最佳例子在亚洲，特别是日本和亚洲“四小龙”。这导致了一系列所谓“亚洲价值观”可行性的争论，尤其是与儒学相关的价值观。特别是，亚洲价值观是否会成为西方自由主义社会所主张的个人主义的替代方案。此外，现代社会日渐受社会联系的“微弱”形式的支配。在许多社会，“密厚的”社会联系的再现破坏了上述镜像，特别是认同政治形式、世界事务中文化、种族和宗教不断增强的重要性。因此，一个新兴的全球单一文化概念或许是个神话，因为全球化不仅涉及种族性民族主义和宗教原教旨主义的兴起，而且涉及消费主义与逐利的个人主义的扩展。事实上，巴伯（2003）认为麦当劳世界的兴起紧密地联系着激进伊斯兰教或“圣战”的出现。后者某种程度上是对外来与威胁性的西方文化与经济实践的强加的回应。第 8 章将更详细地考察文化和宗教在全球政治中不断增长的重要性。

全球公民社会

解释全球公民社会

全球化的发展、经济、文化和政治生活的“去领土化”逐渐弱化了仅仅以国内或国家术语理解社会的观念。社会是由其成员之间一系列稳定的关系所构成的，涉及相互感知（至少是某种程度的合作）。这有时表明全球化的后果之一，是“跨国”或“世界”社会的出现（Burton 1973；Buzan 2004）。然而社会认同在世界民众中确立的程度不应该被夸大。也许卓有成效地思考社会的跨国维度的方式是所谓的“全球公民社会”。20 世纪 90 年代期间，对全球公民社会观念的兴趣开始出现了。一些团体、组织与运动寻求挑战或抵制所谓的“公司”全球化，阐明了社会、经济和政治发展的替代模式。此事发生在世界范围内民主化需求扩展的背景下。民主化需求是冷战之后，全球联系不断强化的过程的产物。在一些情况下，这些团体及组织完全拒绝全球化，将自己视为“反全球化运动”的一部分。但在另一些情况下他们支持全球化的改良模式，这时常被视为“社会民主”或“世界主义”的全球化。

加尔布雷斯（1963）开创的**抗衡性权力**（countervailing power）理论，能最好地解释日益浮现的全球公民社会的发展。

个人主义：个人主义是对个体远重于任何社会团体或集体机构的信念。鉴于此，个人主义具有两个主要意义。首先，每个个体具有独立且独特的认同，反映了其“内在”或个人品性。这反映在**个性**观念上，涉及人类是自私且很大程度上自主的动物的观念。第二，所有个体享有作为“人”的相同道德地位，不考虑种族、宗教、国籍、性别与社会地位等因素。个体道德上平等的观念反映在权利观念上，特别是人权学说。

个性：自身独特认同或品性的实现而达成的自我实现，使自身有别于所有其他人。

抗衡性权力：权力集中往往是暂时的理论，因为它们推动了反抗性力量以及竞争性权力中心的出现；往往被用以解释对公司权力的挑战。

由此观之，日益浮现的全球公民社会是对全球化过程中公司利益的支配地位的直接反应。全球公民社会的兴起某种程度上是对新自由主义胜利的反弹。这有助于解释大多数这些新团体和运动的意识形态取向。它们广泛地支持全球社会正义或世界道德议程，这反映在这样一种期望中，即扩展人权的影响与效能，深化国际法，发展监管和施压于国家与国际组织的公民网络（Kaldor 2003）。全球治理框架的出现也推动了这些团体的发展，为公民社会团体提供资金来源，并赋予它们参与政策制定、政策实施的机会。其他因素还包括先进信息通讯技术的更广泛使用推动了跨国沟通和组织，发达国家和发展中国家一些受过教育的专业人士的增多。全球化的资本主义体系以各种方式与不同原因使其感受到异化。

争论

全球化正在促成全球单一文化吗？

全球化的主要形式是文化差异趋向消失，不断推进一致性、减少世界范围内的差异。然而，现代社会中的一股强大的趋势也体现为多样性和多元化。

赞成

作为同质化的全球化。对象、形象、观念和经验传播到世界上有人居住的各地。例如，经济全球化和跨国公司的兴起导致全球商品的出现（星巴克咖啡、芭比娃娃等）。通信技术的传播，如电视、电影、广播，当然还有网络，使全球文化流动融合，并导致了全球文化的创造（如“小甜甜”布兰妮和大卫·贝克汉姆）。并且，英语很好地成为了全球性的主要语言——世界上大约35%的邮件、传真、连线是英文的，世界上近40%的无线电广播节目使用英语，大约50%的互联网传输用的是英语。

“世界的美国化”。对许多人来说，全球化——平均化的论点隐藏了一个更深的过程：西化，尤其是美国化的进展。全球的同化反映在占主导地位的经济、社会和文化模式强加于世界所有地方。越来越多的同一化流行文化的兴起，是由基于纽约、好莱坞、伦敦和米兰的西方“文化产业”推进的。西方国家，尤其是美国的规范和生活方式淹没了脆弱的文化、领导，比如，巴勒斯坦青年穿着芝加哥公牛队的运动衫。美国经济和文化的影响也反映在了“麦当劳式”的世界，反映了似乎不可阻挡的美式消费资本主义的增长。

全球自由化。第三版同质化的论文强调了自由主义思想和结构日益增长的全球性的支配地位。在经济方面，这反映在全球的发展趋势倾向于自由市场和自由贸易。在政治上，这明显表现在自由民主的传播上，基于选举民主和政党竞争的结合。在文化和意识形态上，反映在个人主义的崛起，强调理性主义和将人权学说发展成为世界政治信条。

反对

全球化的融合。文化交流不是一个自上而下的单向过程。相反，全社会，包括经济和政治力量，由于全球化文化市场的出现变得更加多样化和多变化。所谓反文化的流动反映了混合或克理奥尔化的增长（当不同的文化互动时发生的交融）。作为对出口可口可乐、麦当劳和MTV的报答，发达国家越来越受非西方宗教、食品（酱油、印度咖喱调料、饼）、药物和治疗措施（针灸、瑜伽、佛教徒冥想）、体育运动（柔道、空手道、武术）等的影响。

本土的回归。全球化适应本土的情况或加强当地影响的程度破坏着全球化乃至同质化的观点。例如，在发展中国家，西方消费品和影像通过本土化的过程已经被吸收到传统文化实践中（通过外来货物和实践的本土化能适应当地的情况和需要）。实例包括宝莱坞电影产业和卡塔尔半岛电视台电视网络。当地参与者基于大量的全球可能性选择和修改借鉴文化的过程就是罗伯逊（1992）所描述的“全球本土化”。

文化两极化。经济和文化的全球化加强了外来的价值观和实践的威胁，有时会激起反感，结果不是均化而是极化。这可以由鲍勃（2003）的世界文化形态看出，其由“麦当劳世界”和“圣战”之间的共生联系塑造。同样的，塞缪尔·亨廷顿摒弃了宣称全球单一文化的观点。相反，他认为出现了“文明的冲突”。这表明冷战结束后，全球政治已经跳出了它的西方阶段，日益成为西方文明与非西方文明、非西方文明之间的互动。因此，中国与美国、西方世界与伊斯兰之间将会爆发重大的文明冲突。

1992 年所谓的地球峰会在里约热内卢举行，它经常被援引为全球公民社会的最早证据。2001 年世界社会论坛的形成，赋予全球公民社会部门更大的引人注目和组织性的方向，使其有能力挑战其强大的资本主义对手——世界经济论坛。在此意义上，全球公民社会成为跨国公司和国际组织之外的第三种力量，既不代表市场也不代表国家。然而，全球公民社会的概念仍然是有争议的。20 世纪 90 年代全球公民社会的理念迅速成为时尚，受到世界各国领导人和决策者以及政治活动家的关注。但它是现实，还是仅仅是一个愿望呢？例如，全球公民社会的参与限于相对少的人。全球公民社会的各种团体尚未构成一个真正的大众运动，例如相比于 19 世纪末和 20 世纪初工会运动或政党的大批成员。此外，人们怀疑全球公民社会内相互联系的程度：它是一件事还是一些事情呢？特别是，全球公民社会的两个主要行为体之间存在着差异：跨国社会运动和非政府组织。

全球公民社会：“公民社会”的术语意指独立于政府而运行的自主性团体与协会的领域。因而，全球公民社会强调跨国非政府团体与协会互动的领域。这些团体往往是自愿且非营利性的，有别于跨国公司。然而全球公民社会的术语是复杂且饱受争议的。在其“活跃分子”版本中，跨国社会运动是全球公民社会的主要能动者，赋予其“旁观者”的取向、对人道主义目标与世界主义理念的强大关切。在其“政策”版本中，非政府组织是全球公民社会的主要能动者，赋予其“当事人”取向，意味着它与全球治理极为重叠。

新左派：否定正统共产主义与社会民主而支持以分权与参与性民主为基础的解放的新政治左派思潮。

新政治：怀疑代表机制与官僚过程而支持大众动员与直接行动策略的政治风格。

跨国社会运动和非政府组织

跨国社会运动时常被称为“新”社会运动，在 20 世纪 60 年代和 70 年代产生于不断增长的学生激进主义、反越南战争的抗议、“反文化”态度与识别力的兴起。主要例子包括妇女运动、环保或绿色运动、和平运动。这些运动吸引着受过良好教育、相对富裕的年轻人，他们往往支持“后物质主义”道德，相比于传统意义上的社会进步，他们往往更关心生活问题和文化变革的品质。虽然他们阐明了不同群体的观点，但他们同意一个共同但不总是能够清晰界定的意识形态。这种意识形态广泛地涉及“**新左派**”思想。从一开始，这些运动具有跨国甚至全球性取向。这反映了一个事实，即在许多情况下对各种运动（例如妇女运动）的支持自然会溢出国界，而且鉴于其关切的性质，国家部门被视为问题的一部分，而不是解决办法的一部分（例如和平运动和绿色运动）。

20 世纪 90 年代以来，社会运动的新一波行动加剧了这种趋势。与之相伴的是，所谓的反全球化、反资本主义、反公司或全球正义的运动的出现。这种松散的和意识形态上多样的诸多“运动的运动”是所谓的“**新政治**”的前沿，它们强调分权、参与性决策，支持更具创新性和戏剧性形式的抗议政治。这些例子包括1999年“西雅图之战”与其他类似的反资本主义抗议。在“西雅图之战”中，反对世界贸易组织的大规模游行活动陷入警察和示威者群体之间的暴力性冲突中。现在反资本主义抗议往往伴随着世界贸易组织、经济合作与发展组织、20国集团等组织的会议。

见诸行动的全球政治

1992年里约热内卢“地球峰会”

事件： 1992年6月3日至14日，联合国环境与发展会议在巴西里约热内卢举行，即大家所熟知的地球峰会。就其规模与关注度而言，里约热内卢地球峰会是联合国会议中前所未有的。大约172个国家代表，其中108位国家元首或政府首脑出席了此次会议。这使地球峰会成为历史上国家领导人参会最多的会议。此外，大约2 400个非政府组织代表出席了会议，约17 000人参加了一个平行的非政府组织“全球论坛”(Global Forum)。几乎10 000名现场记者将峰会信息传递到世界各地。大约30 000人参与了地球峰会，由此其成为至今最大的环境会议。地球峰会达成了两项国际协议、两项原则声明以及一项世界范围可持续发展的行动议程：

- 《生物多样性公约》
- 《气候变化框架公约》
- 《森林可持续管理的原则声明》
- 《里约环境与发展宣言》
- 《21世纪议程》(联合国行动方案)

意义： 里约热内卢地球峰会至少在3个方面有着重要意义。第一，对全球公民社会蓬勃发展的影响而言，它是一个分水岭。地球峰会是第一个伴随着大规模活动、日益提高的非政府组织参与的全球会议。鉴于此，里约热内卢有助于两个不同的发展。一是，非政府组织的更大自信，这反映在稍后会议的各种尝试中。这些会议不仅提出建议和措施，而且试图控制政策议程，甚至有时在制定政策过程中取代政府官员和政治领袖。因此，地球峰会也为后续的更大会议做好了准备，例如1995年在北京举行的第四届世界妇女会议。189个国家政府和2 100个非政府组织参与了此次会议。二是，里约热内卢为未来维权斗争提供了一个范本。自此重要会议和国际峰会将伴随着示威和民众抗议。在此方面，里约地球峰会类似于随后反全球化或反资本主义抗议的预演，例如1999年“西雅图之战”。

第二，地球峰会影响着所有后续的联合国会议的范围和关注点。之所以如此，是因为地球峰会完全认识到全球问题之间的相互关系。人权、人口控制、社会发展、性别正义和环境保护再也不能视为各自的挑战，而是必须以整体主义方式解决。

第三，地球峰会标志着全球环境政策发展的重要步骤，尤其是气候变化。《气候变化框架公约》可能没有明确国家冻结或减少其二氧化碳排放量，但它促使各国从2000年起将碳排放量稳定在1990年的水平。因而，里约热内卢会议为1997年《京都议定书》具有法律约束的目标铺平了道路。此外，里约热内卢会议对可持续发展的强调确保了此后环境和经济发展问题将不再分别对待。

然而，里约热内卢会议也备受争议，暴露了全球治理过程中“当事人”和公民社会“旁观者”的差异，尤其是绿色运动中的激进分子。里约会议所确定的目标不仅是谦逊且没有法律约束力的，而且有关反贫困、环境改善的许多安排并未实现。各种意见和利益（此次会议范围和规模的讽刺性缺点）、发达国家与发展中国家在应对气候变化的责任问题之间的张力阻碍着进步。

后物质主义：后物质主义是以经济发展水平解释政治关切与态度的性质的理论。它是以马斯洛（Abraham Maslow，1908—1970）的“需求层次”为基础的。马斯洛将尊重与**自我实现**置于物质或经济需要之上。后物质主义假设，物质稀缺的状况产生了利己与贪婪的价值观，意味着经济问题支配着政治。然而，在日益繁荣的状况下，个体对后物质或生活品质更感兴趣。这些往往涉及道德、政治正义、个人实现，而且包括女性主义、世界和平、减贫、种族和谐、环境保护以及动物权益。

自我现实：识别力改善所产生的个人实现，而且自我实现通常与利己主义、物质主义的超越相联系。

鉴于此，跨国社会运动代表着全球公民社会的“旁观者”态度。其“旁观者”的地位很大程度上是其意识形态与政治目标的性质的产物。这些目标相比于主流是激进的，因而与国家和全球层面上的传统决策者的目标格格不入。游行、示威和抗议等“旁观者”策略是吸引媒体关注而且将潜在的支持者变为活动家的手段。然而“旁观者”的地位也极大地约束了全球社会运动的政策影响。至于其所产生的影响是，它导致了价值观和文化意识的更广泛和更模糊不清的转变。这清楚地体现在环境运动和妇女运动中。反全球化运动虽然很年轻，但是也有助于使政治与文化态度（尤其是年轻人的）向自由贸易实践与消费主义价值观转变。

不过，很多人视非政府组织为全球公民社会的关键因素。非政府组织的优势是其制度化、专业化的“当事人”。几乎毫无疑问的是，主要的国际非政府组织、整个非政府组织部门现在成为了全球舞台上一批重要的政治行为体。倡导型非政府组织拥有各种备受瞩目的成功，因而往往制约着跨国公司的影响，改变各国政府和国际组织的政策方向。1992年联合国里约地球峰会期间，非政府组织的压力有助于一项条约的签订，以控制温室气体的排放。国际禁止地雷运动是90个国家14 000多个非政府组织所构成的网络。1997年国际禁雷运动有效地使大约120个国家同意禁止杀伤人员地雷的使用、储存、生产。经合组织所达成的《多边投资协定》旨在使外国投资自由化而且减少国内管制，然而持久的非政府组织活动将其推离了政治议程。

当关键性决策者、政策影响者甚至政策实施者认可了非政府组织时，非政府组织就逐渐发展成为“顺从”的社会运动。它们参与全球治理过程的代价是，他们接受更加主流或“负责任”的政治立场。这种趋势反映在这个事实中，即非政府组织和各国政府、国际组织之间，非政府组织和跨国公司之间的差异日渐变得模糊。非政府组织不仅拥有国际组织正式的咨询权利，被视为专业建议和信息的来源，而且非政府组织、国际组织经常一起制定和实施一系列人道主义工程。政府也为许多非政府组织提供部分的资助。例如，无国界医生组织（Doctors without Borders）基金的一半几乎都来自政府。非政府组织与跨国公司之间的联系也不断扩展。例如，世界经济论坛现在接受主要非政府组织的代表，而且“旋转门”①（revolving door）得到了发展，因为跨国公司雇佣非政府组织的前领导者与专家以承担公司的社会责任。

直接行动：宪政与法律框架之外所采取的政治行动，涉及从消极反抗到恐怖主义的一系列活动。

自下而上的全球化？

全球公民社会有助于全球权力的重构吗？全球公民社会是否会成为自上而下的公司全球化的替代方案，即一种自下而上的文明世界秩序的民主版本或“自下而上的全球化”呢？乐观主义者认为，全球公民社会具有两大优点。第一，它提供了一种对公司权力的必要平衡。直到20世纪90年代，跨国公司利益的发展几乎没有遭受所有有效的抵抗，这意味着国际组织特别容易地受到新自由主义议程的影响。而新自由主义议程致力于自由市场和自由贸易。跨国社会运动与非政府组织则有助于确信，这些利益和观点会受到核对、挑战与详细考察，但这并不是为了阻碍公司利益或抑制经济全球化，而是为了将更多的观点与声音带到谈判前从而加强全球决策过程。第二，日益浮现的公民社会往往被视为一种萌芽状态的全球政治的民主形式。之所以如此，是因为公民社会机构表达了全球化过程中被边缘化的民众与团体的利益，扮演着一种反霸权的力量。相似地，全球公民社会将公众审查与责任引入国际机构、会议与峰会等运行中，使之成为个体与全球制度之间的交流渠道。

然而日益浮现的全球公民社会也备受批评。第一，非政府组织与社会运动的民主凭据完全是虚假的。例如，当非政府组织完全是非选举而是自我任命的机构时，它们如何能够处于民主化的最前沿呢？大量成员、坚定的活动者、动员大众抗议与游行示威的能力无疑赋予社会运动与非政府组织以政治影响，但是并未赋予其民主权威。第二，群众行动主义（popular activism）与**直接行动**的策略明显涉及一些社会运动和某些非政府组织，这点也备受批评。例如，伴随许多重大反资本主义抗议的暴力活动离间了许多潜在的支持者，赋予整个运动以鲁莽与不负责任的印象。最后，非政府组织与社会运动希望获得媒体的关切以吸引支持和资金并且发挥影响，这扭曲了国家与全球层面的政治议程。这会使其做出夸张性诉求以“大肆宣传”政治问题，沉迷于下意识的抗议性政治。

总　结

● 社会是由其成员之间一系列稳定的关系所构成的。然而密切联系与固定忠诚感的“密厚”的社会联系让位于更具流动性、个体化的社会安排的“微弱”的联系。这反映了后工业主义与通信技术的广泛使用的影响。

● 社会联系的淡化与扩大使得风险、不确定性与不稳定性普遍增加。现代社会的风险与不稳定性包括不断发展的环境威

① “旋转门”指的是个人在公共部门和私人部门之间双向转换角色、穿梭交叉为利益集团谋利的机制。——译者注

胁、经济联系增强所导致的经济危机和新安全威胁的出现。

● 文化全球化意指世界上某地所产的信息、商品和印象全球流动的过程，从而倾向于“抹平”民族、地区与个体之间的文化差异。文化全球化经常涉及消费主义在世界范围的传播与个体主义的兴起。

● 不过日益浮现的全球单一文化镜像受到了挑战。由于文化产品对当地传统与理解的适应，以及对外来观念、价值观和生活方式的反弹等因素，现代社会中的多样性与多元化得到了发展。

● 20 世纪 90 年代期间，新团体、组织与运动的兴起被解释为全球公民社会的出现。它们寻求挑战“公司”全球化。然而全球公民社会得到的不同解释，依赖于跨国社会运动或非政府组织是否被视为其主要能动者。

● 全球公民社会的支持者认为，全球公民社会有效地重构了全球权力，提供了一种“自下而上”的文明世界秩序的民主观。另一方面，批评者质疑社会运动与非政府组织的民主依据，谴责其直接行动，控诉其扭曲了国家与全球政治议程。

问题讨论

● 社会何以成为社会？

● 社会联系为何变得“更淡”？

● 文化全球化事实上仅仅是文化帝国主义的一种形式吗？

● 个体主义是社会团结与凝聚力的敌人吗？

● 亚洲价值观是否提供了西方个人主义的一种可行方案？

● 网络社会将会以“虚拟”共同体取代真实的共同体吗？

● 新的交流形式已经改变了全球权力分配吗？

● 消费主义是解放还是奴役了民众呢？

● 非政府组织仅仅是自私的与不负责任的机构吗？

● 在何种程度上全球公民社会被视为民主化的力量？

第 7 章

全球时代的民族

民族是人类共同体中不可替代的细胞。

——**弗拉尼奥·图季曼，《当代欧洲民族主义》**(1981)

预览

200 多年来，民族主义或许已成为世界政治中最强有力的力量。它导致了战争与革命。这与新国家的成立、帝国的瓦解和边界的重塑密切相连。它也被用以改造或支持现有政权。民族主义的最大成就在于将民族确立为政治统治的主要单位，意味着所谓的民族国家已逐渐被接受为最基本的政治组织形式。民族主义者认为民族国家是唯一合法的政治组织形式。然而，民族主义的特性及其对世界政治的意义是颇具争议的。民族主义确实推动了政治自由的事业还是仅仅使侵略和扩张合法化呢？然而，现代民族处于前所未有的压力之下。

全球化被广泛地认为削弱了民族主义，因为领土民族国家已陷入全球政治、经济和文化网络中，迅速增加的国际移民导致了跨国共同体的发展并赋予越来越多的社会以多元文化特性。民族主义是一股退却中的政治力量吗？民族主义能在混杂的多元文化主义环境中幸存下来吗？最终，尽管预言频频与此相反，但仍有迹象表明民族主义的复兴。冷战结束以来，时常强势的新民族主义形式已经出现，并经常涉及文化、种族或宗教信仰。作为对全球化的同质化影响的反应，和抵制移民与多元文化主义的手段，民族主义再度出现。民族主义的复兴如何能够得到最好的解释？它将呈现出何种形式呢？

关键问题

- 什么是“民族”？民族主义如何得到最好的理解？
- 民族主义如何以及在何种程度上塑造着世界政治？
- 民族主义本质上具有侵略性和压迫性吗？
- 民族主义处于被跨国主义或多元文化主义取代的进程中吗？
- 冷战结束后，民族主义为什么会复苏？
- 当代民族主义是否不同于早期的民族主义形式？

民族主义与世界政治

现代国家和民族主义观念产生于18世纪晚期，一些评论者将之视为1789年法国大革命的产物（Kedourie 1966）。以前，国家被视为“领地”、“封邑”、或“王国”。一国居民为“国民”，而且其政治认同是对统治者或统治王朝的忠诚所促成的，而不是任何民族认同感或**爱国主义**（patriotism）。然而，反对路易十四的法国大革命正是以人民名义发起的起义，并将人民理解为“法兰西民族”。民族主义因此成为革命和民主信念的产物，这反映出一个观念，即“王权的臣民”（subject of the crown）应转变为“法兰西公民”。然而这些思想并非法国独有的财富。19世纪早期，不断高涨的民族主义浪潮席卷整个欧洲，并在1848年一系列革命中爆发。这一系列革命影响了从伊比利亚半岛到沙俄西部边界的整个欧洲大陆。在20世纪期间，因为亚非人民反抗殖民统治，诞生于欧洲的民族主义学说传遍全球。

民族：民族（来自拉丁语 *nasci*，意思是“诞生”）是由文化、政治和心理因素等所促成的复杂现象。在文化上，一个民族是由共同语言、宗教、历史和传统所聚合的群体，尽管所有民族都表现出不同程度的文化异质性。在政治上，一个民族是视自己为“自然”政治共同体的群体，通常以确立或维系主权的方式表达出来。在心理上，一个民族意指共有忠诚感或情感的群体，体现为爱国主义形式。尽管有些人缺乏民族自豪感，但他们仍然承认他们“属于”同一族类。

爱国主义：从字面上意指对祖国的忠诚，是忠诚于自己民族或国家的心理附属感。

理解民族主义

然而，民族主义是复杂而饱受争议的政治现象。在最简单的意义上，民族主义是一种信仰，即一个民族是或应该是政治组织的最基本原则。什么是一个“民族”？在常用语中，“民族”、“国家”、“国土”甚或“种族”等词常常混淆或交换使用。例如，联合国显然是一个误称，因为它是一个由各个国家而不是民族所组成的组织。在国际政治中，“美国人”、“中国人”、“俄国人”等说法是习以为常的，实际上意指这些民众所属的政府的行为。以英国为例，关于它是否应作为一个民族或一个包括英格兰人、苏格兰人、威尔士人和北爱尔兰人（也可分成两个民族，工党视自己为大不列颠人，而共和党人视自己为爱尔兰人）四个独立民族的国家的问题是存在疑问的。中东、北非的阿拉伯人也遇到了类似的问题。例如，埃及、利比亚、伊拉克和叙利亚是应该被视为不同民族还是基于共同语言（阿拉伯语）、共同信仰（伊斯兰教）和贝都因部落（Bedouin tribal past）后裔的统一的阿拉伯民族的一部分呢？

这些困难产生于这样一个事实，即所有民族都是由客观与主观因素、文化、政治特征所构成的混合体。在最基本层次上，民族是文化实体，是以共同价值观和传统联结起来的民众集合体，尤其是共同的语言、宗教、历史，并且通常生活在同一地理区域。由此观之，客观因素能够界定民族：满足必要的文化标准的人能够被视为同属一个民族；那些不能够满足必要的文化标准的人被列为非本族类或外来民族成员。当然，这些因素塑造了民族主义政治。例如，在加拿大，魁北克人的民族主义很大程度上是以法语区的魁北克省和英语占优势地位的加拿大其他省之间的语言差异为基础的。印度的民族紧张局势必然产生于宗教分歧，例如旁遮普邦的锡克教徒为了独立家园（哈利斯坦）的斗争、克什米尔地区的穆斯林试图将克什米尔并入巴基斯坦的运动。然而，仅仅以客观因素界定民族主义是不可能的。所有民族都或多或少地以文化异质性为特点，一些民族的异质性更大。但瑞士民族已被证明是可长久的和可行的，尽管三种主要语言（法语、德语和意大利语）以及许多方言被同时使用。天主教徒和新教徒之间的分庭抗礼导致了北爱尔兰地区的竞争性民族主义，然而这种状况在英国大陆很大程度上是无关紧要的，并且在德国等国家也仅具有很小的影响。

因此，民族本身所表达的文化统一是难以下结论的。充其量，它反映了文化因素的不同结合，而不是任何确切的公式。这强调了一个事实，即民族根本上仅是由其成员主观上所界定的。归根结底，民族是一个心理政治实体，视自己为自然的政治共同体的群体，并以爱国主义形式的共有忠诚和情感为特征。政治属性明显地体现在民族与**种族群体**（ethic group）之间的差异上。毋庸置疑，一个族群拥有社群认同、文化自豪感，但不同于民族的是，它缺乏共同的政治期望：它不寻求确立或维系主权独立或政治自治（political autonomy）。民族的心理层面显而易见地体现为期望保存民族主义，尽管存在着深层次的客观性困难，例如没有土地、人口少或经济资源的缺乏。例如，1991年拉脱维亚成为一个独立民族，尽管人口只有260万（其中一半几乎都是拉脱维亚人），没有能源，只拥有极少的自然资源。同样，中东库尔德人保留着民族主义的抱负，即使库尔德人从来没有拥有过正式的政治团结且目前散居在土耳其、伊拉克、伊朗和叙利亚的一些地区。

> **种族群体**：共有共同文化和历史认同的群体，常常与拥有共同血统的信念相联系。
>
> **原生论**：该理论认为，民族是古老而根深蒂固的，由于心理、文化和生物等因素而表现出各式各样。

关于民族主义现象的争论使界定民族的许多因素受到了干扰。民族主义是一种情感、认同、政治学说、意识形态或社会运动吗？抑或是所有这些内容吗？此外，如何才能最好地解释民族主义的出现：它是一种自然现象还是某种程度上被创造出来的呢？20世纪70年代以来，民族主义学者日渐陷入两大阵营：原生论者与现代论者（Hearn 2006）。**原生论**（primordialism）将民族认同描述为历史嵌入的（historically embedded）：植根于一个共同文化遗产和语言的民族可能远早于国家，或其独立地位的诉求。在此意义上，所有民族主义者都是原生论者。原生论的主导性主题是：

● 人们天生具有群体的倾向，民族是这一倾向的表现。

● 民族认同是三个关键因素所塑造而成的：共同血统、领土归属感以及共同语言。

● 民族是历史性实体：它们从更简单的种族社区中有机演进而来。

● 民族主义以类似于血缘关系的深厚情感依附为特征。

解构民族

将一群人描述为民族意味着他们拥有共同文化遗产。在此意义上，所有民族都是神话或幻想，因为没有民族在文化上是同质的（也许大和民族是这方面的例外）。在此意义上，民族是“创造的”或“想象的”。

民族似乎是有凝聚力的实体，充当着有机统一的整体。这导致了所谓的“方法论民族主义”。这种理解方法将各个民族视为基本的全球行为体。在实践中，这种明显的凝聚力仅由这样的事实而实现，即世界舞台上主导性行为体国家或政府宣称自己代表“民族”而使其行为合法化。因此，将“中国人”、“俄罗斯人”或“美国人”视为全球行为体是颇具误导性的。

将人们视为民族成员的假设表明，民族认同是集体认同的主要形式。而集体认同的其他来源是次要的，如社会阶层、性别、种族或宗教，特别是这些都具有跨国或次国家的意义。

这种观点可以追溯到德国哲学家约翰·赫德尔（Johann Herder，1744—1803）的著作。赫德尔认为，每个民族都拥有**民族精神**，以歌曲、神话、传说展现出来，并赋予民族以创造力的源泉。赫德尔的文化主义的意义是，各个民族是自然或有机的认同，能够追溯到远古时代。由此类推，只要人类社会存在，各个民族将继续存在。现代评论家提出了类似的观点。例如安东尼·史密斯（Anthony Smith）强调现代民族和前现代种族社区（他称之为“族群”）之间的连续性。这意味着民族主义是种族性的变体。现代民族本质上是远古种族社区的升级版。

民族精神：（volksgeist，德语）字面上意指民众的精神；文化与语言所显示的民众的有机认同。

相比之下，民族主义的现代观表明，民族认同形成于对不断变化的社会和历史环境的反应。在许多情况下，现代主义将民族主义起源与现代化进程联系在一起，特别是工业化的出现。虽然不同的现代主义理论家强调不同的因素，现代主义涉及三大广泛的主题：

● 工业和资本主义经济的出现削弱了传统社会联系并产生了新的社会紧张局势，因此导致了一个统一的民族认同的需求。

● 各国往往在民族认同感的塑造中扮演着关键性角色，意味着国家早于民族而在某种意义上“建构着”民族。

● 公民识字率和大众教育的普及极大地有助于民族认同的建构。

因此厄内斯特·盖尔纳（Ernest Gellner）强调，虽然前现代或“农耕”社会是以封建联系和忠诚的网络为结构的，然而新兴工业社会促进了社会流动、自我奋斗和竞争，因而需要一种文化凝聚力的新源泉（如第 6 章中讨论的）。民族主义成为这种文化凝聚力的新源泉，由此意味着民族主义造就了民族，而不是相反。虽然盖尔纳的理论表明，民族是在特定社会状况和环境下聚合起来的，但是这也意味着民族社群根深蒂固，并将经久不衰，因为面向前现代的忠诚以及认同的回归是无法想象的。本尼迪克特·安德森（Benedict Anderson）也将现代民族视为社会经济变迁的产物，强调资本主义的出现和现代大众传播问世的共同影响，即其所称的“印刷—资本主义”（print-capitalism）。在他看来，民族是个“想象的共同体”（imagined community），因为在民族内，个人仅是那些具有共同民族认同的很少的一部分（Anderson 1983）。如果民族存在，那么它们作为想象的手腕（artifice）而存在，以教育、大众媒体、政治社会化过程的方式建构着我们。霍布斯鲍姆（Hobsbawm 1992）等马克思主义者倾向于将民族主义作为一种工具，统治阶级以此抵制社会革命的威胁，确保民族忠诚感强于阶级团结感（class solidarity），从而将工人阶级与现存权力阶层联系起来。

民族国家组成的世界

200 多年来民族主义有助于塑造和重塑世界政治。然而，关于其影响的本质一直是激烈辩论的主题。民族主义是一种变色龙般的意识形态，能够承载五花八门的各种政治形式。在不同的时期，它被视为进步和反动、民主和权威主义、解放和压迫、侵略与和平等。因此，一些人区分了有益的民族主义、糟糕的民族主义，而完全放弃了民族主义是一种连贯一致的单一政治力量的想法。民族主义的解放或进步面孔明显地体现在经常被视为古典的政治民族主义。古典民族主义可以回溯到法国大革命，并体现了民族主义的许多价值观，民族主义思想迅速遍及大部分欧洲。例如，意大利民族、德意志民族的统一运动，奥匈帝国境内独立运动的发展表达了这种思想。后来民族主义思想也在俄罗斯帝国和奥斯曼帝国扩展。意大利统一的提倡者朱塞佩·马志尼（Giuseppe Mazzini，1805—1872）较清楚地表述了欧洲古典民族主义的观念和期望。或许 1918 年美国总统伍德罗·威尔逊所提出的“十四点计划”最清楚地表达出了古典民族主义。“十四点计划”被视为第一次世界大战后欧洲重建的基础，并提供了《凡尔赛和约》（1919）所实施的彻底领土变更的蓝图。

民族主义观

现实主义的观点

现实主义者一般并不强调此类民族主义。在他们看来，现代国际体系发展的关键阶段是 1500—1750 年期间（特别是通过 1648 年威斯特伐利亚和平）主权国家的出现，而不是从 19 世纪初以来这些国家以民族主义的方式向民族国家的转变。因此更确切的是，国际体系被视为国家间体系。尽管如此，现实主义者仍倾向于从广泛的积极视角看待民族主义。从现实主义角度看，民族主义是国家权力的附属部分，是加强民族国家的外部有效性和内部凝聚力的源泉。通常现实主义者将国家利益解释为“民族利益”（national interests），将民族主义视为一种维系国际无政府状态、约束国家间合作范围的力量，从而意味着人权等普世价值观是有缺陷的。

自由主义的观点

长久以来自由主义者认可民族主义。事实上，特别是在19世纪的欧洲，一个自由主义者就意味着他是一个民族主义者。自由民族主义（liberal nationalism）是民族主义的主要形式，其首先是以民族自决观为基础的。民族自决将民族视为一个主权实体而且意味着民族独立和民主统治。虽然像所有民族主义者一样，自由民族主义者将民族视为一个“自然”社群，但是他们认为民族本质上是民间实体（civic entities），是以共同价值观和政治忠诚感的存在为基础的。这使得这种民族主义形式是宽容和兼容并包的。从自由主义角度看，民族国家是一个政治理想，代表着自由的目标、每个民族决定自己命运的权利。此外，自决是一项普世权利，反映了民族平等（至少在道德意识上），意味着自由主义者并不致力于实现其特定民族的主权国家地位，而是构建一个独立民族国家的世界。自由主义者认为，这样的世界以和平与和谐为特征，也因为民族国家可能会相互尊重彼此的权利和自由，也因为民族国家不会危及其自身的公民和文化统一。自由主义者却认为国家主义和国际主义的原则是互补而非冲突的。自由国际主义最突出的形式是支持自由贸易与促进经济相互依赖，致使战争代价如此之高，从而使战争几乎无法想象，建构政府间国际组织或超国家机构以确保国际法治。

批判理论的观点

批判理论的民族主义观体现在马克思主义、社会建构主义、后结构主义和女权主义传统中。马克思主义者认为，民族性是个“虚假意识”（false consciousness）的典范，迷惑和困扰工人阶级而防止其意识到自己的真正利益。特别是，民族主义强调民族情感处于社会阶级情感之上，从而歪曲和掩盖了不平等阶级力量的现实并且妨碍了社会革命。社会建构主义者特别批评“固定”的种族和民族认同的原生论，反而强调民族归属感是社会、政治和其他进程所“建构”的。因此，他们倾向于认为，民族主义本身塑造着民族，与霍布斯鲍姆（1983）的民族是“造就的传统”的论点产生了共鸣。

后结构主义和后现代主义的民族主义观倾向于表明，民族主义的核心是叙事或叙事的集合。史书、小说作品、符号、神话等讲述着民族的故事，其特别强调基本性的神话。这种神话将民族起源定位在远久的时代，而且浸透着民族的诸多特质。民族主义的女权主义理论强调民族认同的性别层面。民族经常被描绘为女性（female）的倾向，例如“祖国母亲”而非“祖国父亲”。这种倾向强调女性是民族的（生物层面的）再生者、民族价值观以及文化的象征角色（通常强调家园、纯洁和无私）。另一方面，当民族被建构为男性倾向时，往往将民族认同与英雄主义、自信和侵略联系起来，倾向于将军国主义和民族主义混为一谈。

聚焦

两种民族主义：孰优孰劣？

民族主义赞成两种泾渭分明的传统吗？民族主义具有“优”、“劣”的面孔吗？实际上，“两种民族主义”的观点通常是以下面的信念为基础的，即民族主义具有对比鲜明的公民和种族两种形式。共同的政治忠诚感和政治价值观基本上塑造着所谓的**公民民族主义**（civic nationalism），因此民族是“诸多公民的协会”。公民民族主义被捍卫的理由是，它是开放的和唯意志论的（voluntaristic）：民族成员是以选择和自我界定为基础的，而不是以任何预定的种族或历史认同为基础的。这种民族主义形式一般符合宽容、自由主义价值观，是颇有远见的（forwarding）并与相当程度的文化和种族多样性相一致。然而批评家质疑公民民族主义是否有意义的问题（Kymlicka 1999）。大多数公民因出生而非自己的选择获得民族身份，甚至在“公民”或“政治”民族中亦是如此。此外，在没有种族联系的情况下，语言与历史、政治忠诚感和公民价值观无法产生赋予民族主义牢不可破（rootedness）的完全归属感。

相比之下，**种族民族主义**（ethinc nationalism）直接根植于种族团结、浓浓的文化归属感。这种民族主义形式常常备受批评，因其封闭或固定的特性：非公民（non-citizens）难以或不可能成为民族成员。因此，民族主义获得了同质化的特性，滋生了外国人的恐惧或猜疑，加强文化独特性的观点，往往与伟大民族的信仰交织在一起。因此种族民族主义是非理性的，倾向于部落制、甚至残忍好杀（bloodthirsty）。另一方面，塑造封闭和固定的政治归属感的能力也许是种族民族主义的优点。“种族性”或“文化性”民族倾向于以高水平的社会团结和强烈的共同宗旨感（sense of collective purpose）为特征。

古典民族主义已经与自由主义思想和价值观密切相关。事实上，在 19 世纪的欧洲，民族主义者意味着自由主义者，反之亦然。与所有民族主义形式相同的是，古典民族主义是以下面的基本假设为前提的，即人类自然分成为不同的民族，而且每个民族拥有不同的认同，因此，民族是真正或有机的共同体，而不是政治领导人或统治阶级的人为产物。然而古典民族主义颇具特征的主题是，它将民族思想与人民主权（popular sovereignty）信念相联系。人民主权信念根本上源于让·雅克·卢梭（1712—1778）所提出的“公意”（general will）。这种融合形成的原因在于，19 世纪欧洲民族主义者所反抗的多民族帝国也是专制和压迫性的。例如，马志尼不仅希望统一意大利国家，而且希望摆脱奥地利专制的影响。伍德罗·威尔逊不仅希望欧洲民族应该获得民族地位，而且它们应该在美国式自由共和主义（liberal republicanism）基础上重建。因此，这种民族主义形

公民民族主义：这种民族主义形式强调以平等公民的社群观为基础的政治忠诚感，尊重那些不会挑战核心公民价值观的种族和文化多样性。

种族民族主义：这种民族主义形式强调民族的有机的且通常种族性的统一，以保护或加强其民族“精神”和文化同一性（cultural sameness）。

民族国家：一个民族国家是一个由公民身份和民族性相互重叠的联系结合在一起的自主性政治共同体，意味着政治和文化认同不谋而合。因此民族国家反映了马志尼的目标：“一个民族即为一个国家，整个国家只有一个民族。”大多数现代国家是民族国家，因为古典民族主义民族已经被视为政治统治的基本单位。然而相比于政治现实，民族国家更是个政治理想，因为所有国家某种程度上都存在着文化和种族的异质性。然而，“民族国家”（通常被误解）成为了大多数公众与一些学者对“国家”的代名词。

式的中心主题是对**民族自决**（national self-determination）原则的承诺。因此其目标是民族国家建设。

民族自决：民族是一个主权实体的原则；自决意味着民族独立和民主法治。

对于世界政治，这种民族主义形式具有深刻的意义。19 世纪初期以来，民族国家形成的似乎无法阻挡的过程改变着国家体系，重塑着政治权力乃至全球性政治权力，并赋予民族国家之前所缺乏的内部凝聚力、目的与认同感。然而这是一个复杂的过程。如安东尼·史密斯（1986，1991）所言，虽然原生论者倾向于将前现代种族社区视为现代国家的某种样板，但是民族国家的形成改变民族主义，完全如同民族主义改变了国家体系一样。民族主义是遍及欧洲的 1848 年革命的重要方面。1848 年欧洲革命涉及从伊比利亚半岛到沙俄的边界的广大区域。然而，民族主义运动并未强大到足以独立完成民族建设的进程。民族主义目标之所以在意大利和德国（均在 1871 年统一）等地方实现，因为民族主义恰逢强大国家的雄心抱负，如皮埃蒙特和普鲁士。民族主义的特性也发生着变化。以前民族主义与自由主义和进步主义的运动相联系，但保守派和反动派政客逐渐采用了民族主义，以提高社会凝聚力、秩序和稳定或者接下来所讨论的帝国扩张计划。

20 世纪期间，领土性民族国家取代多民族帝国的过程扩展到非洲和亚洲。某种意义上，19 世纪欧洲帝国主义催生了发展中世界大部分地区的“反殖民”和“民族解放”运动，将民族主义转变成真正全球性的信条。两次世界大战期间蓬勃兴起的独立运动从二战获得了新的动力。在风起云涌的民族主义面前，不堪重负的英帝国、法兰西帝国、荷兰帝国和葡萄牙帝国崩溃了。1947 年印度获得独立。1949 年共产主义革命之后，中国实现了真正的统一和独立。在 20 世纪 50 年代和 60 年代初，非殖民化进程完全重绘了非洲政治版图。非洲最后的殖民地——西南非——1990 年终于成为独立的纳米比亚。这个过程的最后阶段是世界上最后的主要帝国——俄罗斯帝国——的崩溃。1991 年共产主义的垮台和苏联解体导致了俄罗斯帝国的崩溃。

然而诸多主权民族国家的世界镜像仍具误导性。第一，尽管主要帝国崩溃了，但是悬而未决的民族主义的巨大张力仍持续存在。这些包括俄罗斯车臣和高加索其他地区、中东的库尔德人以及西班牙的巴斯克。第二，民族国家本质上存在瑕疵，因为民族国家在种族和文化上并不是“纯粹的”，并且某种程度上都依赖政治环境来维系自身的存在。南斯拉夫的兴衰证明了这一点。最后，因为民族国家将注定一直存在，但经济与政治权力上的不平等，将使得真正的民族自决难以实现。全球化进程的发展和国家主权的弱化进一步加剧了这种趋势。

主要民族主义理论家

厄内斯特·盖尔纳（Ernest Gellner，1925—1995）

英国社会哲学家和人类学家。盖尔纳在很多学科领域作出了重要贡献，包括社会人类学、社会学和政治哲学。盖尔纳是民族主义研究中现代派阵营的最杰出代表，将民族主义的兴起解释为工业社会的需求。工业社会的需求不同于农业社会。盖尔纳的主要著作包括《合法性信仰》(*Legitimation of Belief* 1974)、《民族与民族主义》(*Nations and Nationalism* 1983)、《文化、认同与政治》(*Culture, Identity and Politics* 1987)和《理性与文化》(*Reasons and Culture* 1992)。

安东尼·D·史密斯(Anthony D. Smith, 1933—　)

英国学者、民族主义跨学科研究领域的奠基人之一。史密斯特别关注超越原生论和现代论之间争论的问题。虽然他并没有全面地解释民族主义的出现和特性,但他探究了民族的种族本源和进行塑造各种民族主义形式的历史力量。史密斯的主要作品包括《民族主义理论》(*Theories of Nationalism* 1972)、《民族的种族本源》(*The Ethnic Origin of Nations* 1986)和《全球时代的民族和民族主义》(*Nations and Nationalism in a Global Era* 1995)。

本尼迪克特·安德森(Benedict Anderson, 1936—　)

主要在加利福尼亚州长大的爱尔兰学者。安德森的民族主义主要出版物是著名的《想象的共同体》(*Imagined Communities* 1983)。安德森认为,民族和民族主义是特定类型的文化人造物(cultural artefacts),将民族定义为一个"想象的共同体"。在此意义上,民族主义会产生深刻而平等的同志情谊,并不涉及民族内的实际不平等,尽管民族主义不是一个个体面对个体的共同体。安德森的其他出版物包括《比较的幽灵》(*The Spectres of Comparison* 1998)、《在三大旗帜下》(*Under Three Flags* 2005)。

军国主义:以军事手段达到目的或军事思想和价值观在平民社会的传播。

沙文主义:一种认为自己所在的群体或民族拥有优越感或统治力的非理性信仰,能够应用到一个民族、一个族裔群体、一种性别等。

民族主义、战争和冲突

然而,民族主义不仅支持涉及国家统一和独立的解放事业。民族主义也已通过侵略性政策、**军国主义**(militarism)和战争得到表达。扩张性民族主义在许多方面是平等权利与自决原则的对立面,然而平等权利与自决是古典民族主义的核心所在。在此背景下民族权利并不意味着对所有民族权利的尊重而是对凌驾于其他民族之上的特殊民族权利的尊重。因此扩张性民族主义反复出现的与界定性的主题是民族**沙文主义**(chauvinism)思想。民族沙文主义得名于法国士兵尼古拉·沙文(Nicholas Chauvin)。尼古拉·沙文因对拿破仑与法国事业的狂热效忠而知名。下面的信念巩固了沙文主义,即民族具有特定的特性与品性,因而具有截然不同的命运。一些民族适于统治,然而其他一些民族适于被统治。通常情况下,种族优越理论阐明了这种民族主义形式,因而将民族主义和种族主义融合在了一起。沙文主义者把自己的民族视为独特的,某种程度上是"上帝的子民"(chosen people),将其他民族都视为弱者和卑劣者或敌对者和威胁者。德国纳粹是一个极端的例子，其雅利安主义（Aryanism）将德意志民族（雅利安人）描绘为注定一统天下的“优等民族”（master race），其得到恶毒的**反犹太主义**（anti-Semitism）的支持。

反犹太主义： 对犹太族的偏见或仇恨；闪米特人（Semites）传统上是闪族（Shem）的后裔、诺亚（Noah）的儿子。

仇外心理： 对外国人的恐惧或仇恨；病态的种族中心主义。

泛民族主义： 这种民族主义致力于以扩张或政治团结（“泛”是指全部或每一个）统一迥然相异的民众。

种族清洗： 强行驱逐的委婉说法，涉及一个种族群体或多个种族群体因种族纯度而进行的行动，往往涉及种族灭绝暴力行为。

从这个视角来看，民族主义的发展与独立民族国家间的均衡与和谐之间的相关性，比不上其与独立民族国家之间竞争和持续不断斗争的联系。的确，一些学者认为，从一开始民族主义深受沙文主义的影响，总是至少隐含着种族主义信念。种族主义信念是以下面的假设为基础的，即自己的民族“自然”优于其他民族。由此观之，民族主义似乎与生俱来地是压迫性与扩张性的。因此所有民族主义形式都表现出某种形式的**仇外心理**（xenophobia）。19 世纪晚期以来，民族主义的侵略性外衣日渐明显，因为欧洲强国以民族荣誉及其“阳光下的地盘”的名义沉湎于“瓜分非洲”。侵略与扩张也体现在**泛民族主义**（pan-nationalism）中。沙俄和德国在数年中孕育着泛民族主义，从而导致了第一次世界大战。类似地，德国、日本、意大利所实施的帝国扩张计划也受到民族主义的刺激，塑造着第二次世界大战。因此民族主义被视为 20 世纪两次世界大战的主要因素。1945 年这种民族主义形式也没有黯然失色。例如 20 世纪 90 年代初南斯拉夫的解体导致的波斯尼亚塞族人对“大塞尔维亚”的诉求，就是以军国主义、**种族清洗**（ethnic cleansing）的侵略计划为特征的。

全球世界中的诸多民族

民族主义的讽刺之一是通过内外部力量削弱了民族国家，正如民族国家完成了其最大成就——世界上最后残存帝国的崩溃。因此一些学者谈论“民族国家的危机”甚或“民族国家的末日”。它们包括经济全球化减少国家以自主性经济单位而运行的能力的趋势（如第 4 章所考察的）、文化全球化削弱了民族国家文化独特性的趋势（如第 6 章所讨论的）。同时强有力的威胁也源自国际移民的高涨、大多数现代社会（即使不是全部）中混杂性与多元文化主义的发展。除其他事项外，这些发展特别阐明了认同观念，提出了下列问题，即民族认同是否处于被各种竞争性认同所取代的过程中。这些竞争性认同涉及种族、文化和宗教（第 8 章进一步讨论这些主题）。

见诸行动的全球政治

南斯拉夫的兴衰

事件： 第一次世界大战促成了南斯拉夫（南部斯拉夫人的土地）的建立。1918 年，塞尔维亚、克罗地亚和斯洛文尼亚联合王国成立，是一个由斯洛文尼亚、克罗地亚和黑塞哥维那、塞尔维亚和黑山组成但塞尔维亚所主导的异质性国家，1929 年更名为南斯拉夫，然而在二战期间纳粹占领了南斯拉夫，导致其分裂。1946 年，在民族解放游击军首领约瑟普·铁托领导下，南斯拉夫社会主义联邦共和国成立。当时南斯拉夫包括六个共和国（波斯尼亚和黑塞哥维那、克罗地亚、马其顿、黑山共和国、塞尔维亚、斯洛文尼亚）以及科索沃和伏伊伏丁那两个自治省。其后，在东欧剧变和苏联解体的背景下，南斯拉夫正式解体。南斯拉夫的解体始于 1991 年斯洛文尼亚的分离，紧随着克罗地亚、马其顿和波斯尼亚和黑塞哥维那发布独立声明。1992 年南斯拉夫仅剩下塞尔维亚和黑山。2006 年黑山宣布独立，而且 2008 年科索沃宣布从塞尔维亚（有争议的）独立。

意义：南斯拉夫的历史提供了关于民族主义性质和国家认同的认识。首先，南斯拉夫一直是一个人为的民族国家，是外部强权在巴黎和会上人为创建的。它的建立反映南部斯拉夫人之间没有那么多共同的文化纽带，相反反映了作为地区强权的塞尔维亚的主导地位以及克罗地亚、斯洛文尼亚和波斯尼亚和黑塞哥维那的相对弱势。南斯拉夫的创建是奥匈帝国衰落和溃败以及担心被纳入奥地利或意大利的一部分的结果。其次，南斯拉夫社会主义联邦共和国（1946 年至 1991 年期间宗教和种族多样性很少引起民族主义或分裂主义的紧张局势）相对成功地证实了民族地位依赖于政治因素的程度。除了镇压之外，铁托巧妙地造就了斯拉夫诸民族的联邦联盟的神话。南斯拉夫的外部成功也维系着“民族”团结，因为冷战期间，南斯拉夫处于苏联和美国势力之间的地缘政治情境，而且民族团结致使南斯拉夫相对繁荣并且独立于苏联。

最后，仅仅以根深蒂固的历史、宗教或种族认同解释南斯拉夫的最终解体是误导性的。历史、宗教或种族认同迟早会表现出竞争、仇恨与民族自决的诉求。20 世纪 90 年代，由于特殊环境，种族、政治民族主义形式浮现在南斯拉夫。最重要的是，苏联解体破坏了南斯拉夫的权力平衡，并质疑着塞尔维亚的统治地位。在塞尔维亚本身，20 世纪 80 年代末斯洛博丹·米洛舍维奇利用塞尔维亚民族主义而掌权，尤其是宣布支持生活在科索沃的塞族人。南斯拉夫的崩溃日益赋予塞尔维亚民族主义侵略和以种族为基础的特性，促发了反对克罗地亚人的战争、波黑内战（见证了第二次世界大战以来欧洲最严重的大屠杀）、对科索沃的军事占领。1999 年以美国为首的轰炸活动才使其告终。1991 年以来，分离性民族主义（the secessionist nationalism）爆发在西部南斯拉夫，折射了塞尔维亚地位弱化的感知和西欧国家不再有领土主张的认知。此外，欧洲一体化的成功意味着，对于斯洛文尼亚人、克罗地亚人和其他人而言，脱离南斯拉夫而融入欧洲的前景越来越具有吸引力。事实上，与苏联命运一样，南斯拉夫的解体变得无法阻挡。

前行中的世界

纵观历史，移民一直是人类经验的一部分。事实上，村落（约8 000年前农业所产生的）是相对近来发生的，即人类社会出现了打猎—采摘（hunters and gatherers）的流动性群落，可回溯到 300 万年前。但是大量村庄以及随后城镇和城市的发展并未使迁移终结。例如，在公元前 3000 年到

种族主义：广义上说，种族主义是一种信仰，即政治或社会结论来源于人类从物种上被分成截然不同的**种族**。因此种族主义理论以以下两种假设为基础。第一种假设是，世界各民族之间存在着基因或物种类型的基本差异（不同于现代科学知识的言论）。另一种则是，这些基因或种族差异体现在文化、知识和道德差异中，使其具有重要的政治和社会意义。在政治方面，种族主义表现出种族隔离的诉求（如南非的种族隔离或“冷漠”）以及“血统”优越或低劣论（例如雅利安主义和反犹太主义）。

种族：（据说是）一群以共同血统为基础而具有相同的物理和生物特性的人。

公元前 1000 年期间，赫梯人（Hittites）、腓尼基人（Phoenicians）和希腊人的早期帝国改变了欧洲大部分地区、北非部分地区、近东和中亚的文化。这个过程特别显著地体现在印欧地区密切相关的语言分布，涵盖了梵文（Sanskrit）和波斯语以及希腊语、拉丁语、法语、德语和英语等欧洲语言。维京人（Vikings）、马扎尔人（Magyars）和撒拉逊人（Saracens）在公元 9—10 世纪侵袭欧洲北部和中部的大部分地区，而且维京人也在冰岛、格陵兰和纽芬兰建立定居点。欧洲海外扩张始于 16 世纪西班牙对墨西哥和秘鲁的侵袭，随后是北美的殖民化，主要是英国人造成的。简而言之，世界上几乎任何民族都能够声称它们一直生活在现在所处的地方。

各种各样的原因导致了移民。如上文的例子，直到现代早期，移民通常是征服和侵略的产物，伴随着定居与殖民化。在美国、加拿大、澳大利亚和整个拉丁美洲的案例中，征服和定居导致了移民的诸多民族，然而往往由于疾病、压迫和歧视的综合性影响，土著民族被降低到边缘化的少数族群的地位。大规模的移民也是个强制性过程，其中最好的例子是奴隶贸易和契约劳工（indentured labour）制度。据估计，美洲和加勒比地区的 4 000 万人是奴隶的后裔。在 16 世纪中期到 18 世纪中期之间，非洲奴隶经由欧洲运输到“新大陆”（New World），在不断扩大的糖和烟草种植园中劳作。契约工人被贬损为苦力（Coolies），生活在与奴隶制相似的条件下。19 世纪中国和印度苦力在英国、法国、德国和荷兰世界各地的殖民地劳作。在这些情况下，大约 3 700 万人被送往国外。尽管奴隶制一被废除，许多曾离开印度的人就返回了，但加勒比和东非的现代印度人社群主要是由契约劳工的后裔构成的。

争论

民族主义与生俱来就富有侵略性与压迫性吗？

一般而言，民族主义整体上是站得住脚的吗？一些人认为，其与扩张主义和压迫的联系揭露了民族主义本身所固有的黑暗力量，然而另一些人认为，民族主义在适当的情况下是和平的并具有社会启蒙意义。

赞成

自我陶醉的民族主义。所有形式的民族主义都以党派偏见和对本民族的偏爱为基础。本民族具有特殊或独特品质的信念巩固了对本民族的偏爱。因此，民族主义是普世价值和全球正义的敌人。民族主义会促进世界各民族的自爱，鼓励每个民族限于本族民众的道德关怀并笃信自身利益与地位无论如何居于任何其他民族的利益之上。因此，民族主义本质上是沙文主义并体现为最低限度的潜在侵略。唯一的问题在于，民族沙文主义是显性还是隐性的，侵略是公开的还是潜在的。

消极的整合。民族认同不仅受到自己民族是独特或“特别”的信仰的塑造，而且以消极整合的方式塑造着，即另一民族或种族被描绘为威胁或敌人。因此，民族主义滋生了“他们”和“我们”之间明确的区分。“他们”必然会被嘲笑或仇恨，以塑造“我们”的意识。这种将世界分成“族群内”与“族群外”的趋势意味着，民族主义总是易受到黑暗与病态力量的影响。作为一种必然同质化的力量，所有形式的民族主义都拥有偏狭、敌意与种族主义的倾向。因此，“真正的”民族主义是种族民族主义。

民族主义与权力。民族主义必然与对权力的追逐相关，因此会导致竞争和冲突而非合作。弱者的民族主义在所感知的不公正和压迫的背景下来自于无能为力与屈服的感觉、维护民族权利与认同的期望。然而一旦民族成为主权国家，那么对权力追逐会减弱。这种看法是海市蜃楼般的幻想。在业已存在的国家，民族主义与自信密切相关，因为民族认同会围绕着自我扩张和对“伟业”的追求而重塑。

反对

民族主义与自由。民族主义是一种变色龙式的意识形态。其特征是由民族主义者的诉求所产生的环境及其所阐释的（非常不一致的）政治事业所决定的。当民族主义是对外来控制或殖民统治的反抗时，它倾向于具有解放的性质，并与自由、正义和民主的目标相联系。致力于自决原则的民族主义是反扩张主义和反帝国主义的力量，从而将自由在世界范围内扩展。此外，自决原则对于国内组织的政治权力具有强大的意义，意味着平等的公民身份和民主问责。

公民民族主义。当民族以狭隘的种族术语界定时，民族主义只能是偏狭和压迫的。然而，一些民族是非常明确地“政治性”民族，是由对特定价值观和公民理念的忠诚感所建构的，而不是建立在文化同一性的基础之上。在这些情况下各种民族主义形式往往是宽容与民主的，成功地维系着社会和谐与政治团结而解构宗教、语言、文化和种族多样性的环境。因此，民族认同是包容的、灵活的、总是不断发展的，适应着不断变化的政治和社会环境。

文化归属感。民族主义的核心利益是，它赋予民众以文化传承感，使其知道自己“是谁”、“是什么”，并将民众联系在一起且促进社会交往。民族主义在这方面的成功有助于解释为什么公民身份和民族性总是相互重叠的。民族主义的“内在”好处有利于促进政治稳定和社会凝聚力，而并不总是或必然地与扩张、征服和战争计划相联系。因此，民族主义和军国主义之间的联系在严格意义上是有条件的，特别是当国际竞争和冲突催生民族主义情绪时，才倾向于发生。

聚焦

国际移民：人们是因吸引还是被拖累呢（pulled or pushed）?

移民理论可分为强调个体角色的理论和突出结构性因素重要性的理论。事实上，这些因素极有可能是互动的，因为个人决策不能单独从其所发生的结构性背景理解。

个体理论强调个体决断在作出移民决策时的作用，受到对理性私利追逐的影响。这是一种移民的经济模式，依赖于成本—收益的分析。这意味着，因为潜在的移民者意识到移民的可能收益将大于其可能成本，所以民众受到这种意识的“吸引”。由此观之，移民成本的增加（例如，移民配额和控制的实施）或其收益的减少（例如，限制移民者所获得的社会保障和实施工作限制）会限制移民。

结构理论强调社会、经济或政治因素影响或决定个人行为的程度。因此，移民是受其原籍国的“拖累”（如长期贫困和赤贫、政治动荡和内乱等因素），或被其定居国所“吸引”（经济发展对额外劳工的需要，特别是那些国内人口不愿意或由于缺乏技能而无法承担的工作）。从这个视角来看，全球不平等的减少以及稳定治理的扩展等战略最能够限制移民。

一些民众因为其他经济原因选择移民，比如时常陷入贫困。这适用于19世纪中叶到第一次世界大战爆发之间从欧洲到美洲的自愿大规模迁移。例如，约100万爱尔兰人是为了摆脱1845—1847年的马铃薯饥荒，而且300多万德国人因农村贫困和周期性农作物歉收而逃离。迁移的最后原因是宗教或政治迫害。**犹太人散居**（Jewish diaspora）是个典型的例子。罗马在朱迪亚地区的镇压开启了犹太人的散居。中世纪时英国、法国、西班牙、葡萄牙和许多德国城市驱逐犹太人。在殖民地时期和19世纪末期，从欧洲到北美的移民也反映了清教徒、各种新教徒、天主教徒以及犹太人团体逃离宗教迫害的渴望。

犹太人散居：（希伯来文）字面意思指分散；意味着以武力驱散，但也用以指由这种驱散而产生的跨国社群。

然而这种国际流动已经成为现代世界的一个特殊景象。现代是个“移民时代”的观点不仅强调在超级流动性星球（hyper-mobile planet）上跨境迁移的加剧，而且强调移民在经济、社会、文化和政治方面日渐增大的重要意义（Castles and Miller 2009）。换句话说，像货币、商品及其他经济资源流动一样，跨国与跨境人口流动也界定着全球时代。近年来移民模式如何以及为何改变呢？首先，20世纪70年代以来迁移速度显著加速，20世纪90年代初达到高峰。其中的两个主要原因是难民的增加（1993年达到了约1 800万）和1989—1991年的东欧剧变。难民源于从阿尔及利亚、卢旺达和乌干达到孟加拉国、印度—中国和阿富汗的战争、种族冲突和政治动荡。东欧剧变几乎一夜之间创造了一个新的移民群体并触发了一系列种族冲突，尤其是在原南斯拉夫。

其次，国际移民逐渐与经济发展因素关联更密切，特别是那些与经济全球化相关的因素。虽然经济移民者在数量上无法与战争和政治动乱所导致的移民高峰相匹敌，但是20世纪70年代以来全球化的发展已经成为移民稳步增长的原因之一。在1945年之后初期，在战后重建和经济再发展的过程中许多欧洲国家政府特意从国外招募工人。例如，英国和法国分别将目光投向加勒比和北非的原殖民地，德国从土耳其和原南斯拉夫招募所谓的“客籍工人”(guest workers)。全球化以各种方式加剧了国际移民的压力。这些压力包括真正全球性劳动力市场的发展、全球化所导致的重构孕育创造了许多国内劳动力难以满足的技能需求与新的经济机会的事实。在一个由于资金与货物流动而不关注边界的世界中，对工人自由流动的约束变得越来越困难，甚至是不可能的。

跨国社群：跨国社群是一个文化认同、政治忠诚和心理取向跨越或超越国界的社群。在此意义上，它们挑战着民族国家理想，清楚地将具体的地区或“祖国”与政治和文化认同联系起来。因此，跨国社群被视为“去领土化的民族”或“全球部落”。然而，不是每个侨民社群都是跨国社群，在此意义上其成员保留对其原籍国的忠诚。然而，跨国社群通常具有多种依恋，因为对原籍国的忠诚并不阻碍对定居国依恋的形成，造就不同公民身份的形式。

同质化：移民社群为了适应定居社会的价值观、忠诚和生活方式而失去其文化独特性的过程。

跨国社群和侨民

现代移民流动对各国国内政治产生了重大影响。这些影响包括以跨国而非国家层面的忠诚感所联结的许多社区型社会的发展。当然，分散居住的社群没有新的变化，仍然维系着其文化独特性，抵抗着**同质化**（assimilation）的压力。犹太人散居能够回溯到公元前8世纪，是跨国社群的典型例子。颇具讽刺意味的是，各种形式反犹太主义的歧视与迫害的历史能够极好地解释犹太人以及希伯来语在失去犹太人家园的情况下惊人的适应能力。其他例子包括亚美尼亚人。许多亚美尼亚人由于连绵不断的入侵和征服而被迫流亡，这可以回溯到拜占庭帝国。然而，许多人认为跨国社群的出现是现代、全球化世界的主要特点之一（Basch et al. 1994）。

国际移民的增加本身并未造就新的、跨国社会空间。对于跨国社群的确立而言，移民群体必须形成并且关键性地维系着其原居社会与现居地社会的关系。现代世界的许多发展使其更容易些。然而，例如19世纪迁往美国的爱尔兰移民没有返回故土的预期，仅仅以邮件与朋友、家人保持联系。而海湾地区的菲律宾人、澳大利亚的印度尼西亚人以及英国的孟加拉人的现代社群则受益于更廉价的运输和便利的通信。空中旅行能够使民众定期回“家”，造就了一个既不受限于出生地社会也不受限于现居地社会的流动性社群。近乎无处不在的移动电话也已成为新移民者的一个基本资源。除其他事项外，这还有助于解释其对发展中国家的渗透，包括亚洲和非洲的农村地区。此外，家庭关系网络和经济流动将跨国社群联系在一起。例如，移民可能会维持而非削弱扩大了的血缘联系，因为早期的移民者会为其家族或村庄的后来移民者提供基地和工作机会。相似地，现代国际移民往往是维持相距甚远的家庭的工具，因为移民者将其大部分收入以汇款形式寄回家，使其家人和国内经济都受益，尤其是通过注入急需的外汇的形式。例如，据统计，2002年700万在海外工作的菲律宾人寄回80多亿美元。

多元文化主义：多元文化主义是个描述性和规范性术语。作为描述性术语，它意指源自两个或两个以上群体所构成的社会内部存在的文化多样性。这些群体的信仰和习俗产生了独特的集体认同感，通常与种族、民族或语言差异有关。作为规范性术语，多元文化主义意味着对社群多样性的积极认可，是以对不同文化群体的尊重和承认权利为基础的，或是以道德和文化多样性的更大社会的所谓好处为基础的。在此意义上，多元文化主义承认信念、价值观和生活方式在确立自我理解以及个体和集体的自我价值观方面的重要性。

跨国主义：超越或跨越国界的政治、社会、经济或其他形式。

混杂性：社会和文化混杂的状况；这一术语源于不同基因的植物或动物之间的杂交。

但是，对于领土性民族国家向去领土化的跨国社群转变的看法不应该言过其实。与**跨国主义**（transnationalism）的简单概念所隐含的影响相比，现代移民模式以及各种形式的全球化的影响复杂得多。首先，同质性民族（在某种程度上）总是个神话，是民族主义意识形态本身所造就的神话。跨国社群的出现可能使同质性民族处于险境。换言之，在超级流动性的世界出现以前，文化融合的新事物并不存在。其次，跨国社群是以差异和分工、通用性和团结为特征的。侨民社群中最明显的分歧是性别和社会阶级分歧，其他分歧也许长期存在于种族、宗教、年龄和代际之间。第三，跨国忠诚不像民族主义忠诚那样稳定和持久。很简单，并未植根于领土和地理界定的社会联系长期而言可能是不可行的。回归迁移（return migration）现象质疑着跨国社群的持久性。原籍国的政治或经济形势的好转刺激着移民的回归。例如，一个趋势是移民们趁着 20 世纪 80 年代以来经济前景的改善而返回亚洲，尤其是中国。最后，有一点是颇具误导性的，即当彼此（事实上）相互影响时跨国主义某种程度上取代了民族主义。尽管跨国主义创造出一个更复杂的混合性认同网络。因此**混杂性**（hybridity）或"克理奥尔化"（creolization）成为全球化的主要特征之一，并在与多元文化主义现象的关系中得到最好的考察。

混杂性和多元文化主义

20 世纪后几十年以来不断增长的国际移民最显著的意义在于，社会和文化多样性已经到达如此水平，以至于传统民族国家文化同一性回归（总是更倾向于神话而非现实）的观念被视为是难以实施的，或者难以想象的。这方面的转折点或许出现在 20 世纪 90 年代左右。越来越多的社会因此接受甚至（虽然有不同程度的热情）支持他们的多元文化特征、放弃同质化的政治或自愿遣返（voluntary repatriation）战略。多元文化主义宣称"求同存异"（togetherness in difference）（Young 1995）的观念，特别是考虑到以种族、民族或语言为基础的文化差异。多元文化主义不仅认识到文化多样性的事实，而且主张这种差异应得到尊重和公开肯定。虽然作为移民社会的美国一直是一个多元文化的社会，然而多元文化主义的事业在此意义上并没有被接受，直到 20 世纪 60 年代黑人觉醒运动的兴起。20 世纪 70 年代以来，意识到日益加深的"亚洲化"，澳大利亚已正式致力于多元文化主义。新西兰也意识到毛利文化（Maori culture）在塑造独特的民族认同中的角色。加拿大试图实现法语区的魁北克省和以英语为母语的大多数人之间的和解，并承认因纽特土著人（the indigenous Iniut Peoples）的权利。

然而，文化多元主义是一个宽泛的概念，包含着一系列含糊不清之处和应对多样性挑战的不同方法。多元文化主义的含糊之处体现在种族归属感和对多样性的信奉（甚至是颂扬）二者之间的张力。多元文化理论家强调种族性作为认同基础的重要性。多元文化主义被视为一种社群主义（communitarianism）形式，因为它关注群体而非个体，视个体的自身价值与其对其种族社群的信念、价值观和实践的尊重与认同有着千丝万缕的联系。因此多元文化主义的发展紧密伴随着少数民族权利运动，有时称之为"特殊"或"多种族"权利。这些权利寻求承认并保护一个社群的种族独特性，影响到服饰、语言、教育和公定假日等事务。在加拿大、澳大利亚和新西兰等国家，扩及土著民族的特殊性代表或领土性权利。然而，同时多元文化主义也宣称文化融合和混杂性具有预期效益，即每个社群的价值观均可以存在于以文化差异为特征的社会中。因此，文化可以相互学习和丰富，扩大文化机会并加强对跨文化的理解。因而，一种"混合与匹配"的多元文化主义将文化全球化串联起来，在现代社会创造更深程度的社会和文化融合，在这一过程中模糊了民族独特性。

此外，多元文化主义的竞争模式为多样性和同一性协调一致提供了不同的方法，也为多元文化主义和民族主义之间的复杂关系提供竞争性视角。自由主义多元文化主义者（liberal multiculturalist）倾向于强调公民团结的重要性，认为多样性可以而且应该限于私人领域，使公共领域成为整合的领域（a ralm of integration）。因此道德、文化和生活方式的选择很大程度上可以交由个人，然而共同的政治或公民效忠有助于将民众结合在一起。由此观之，多元文化主义与民族主义是相容的，甚至可能造就 21 世纪的新型民族认同模式，即多元文化民族主义形式。多元文化民族主义平衡着共同公民身份下的文化多样性。这也破坏了民族和种族之间的联系。在这种情况下，它显然是以公民民族主义的形式为基础的。然而保守派认为，稳定和成功的社会必须是以共同价值观和共同文化为基础的，而且认为民族主义和多元文化主义根本上是不相容的。由此观之，人类是有限而依附性的动物，自然地吸引与其相似的他者，但是（同样的道理）害怕或不信任在某些方面与其不同的人们。因此，多元文化社会与生俱来地是支离破碎的、饱受冲突之苦的：不同种族社群之间的猜疑、敌意，甚至暴力并非是偏狭、无知或社会不平等的产物，而是个社会心理学的简单事实。因此，种族和文化多样性是民族团结和政治稳定的死敌。

> **种族性**：种族性是对独特的人口、文化群体或领土领域的忠诚情感。这个术语是复杂的，因为它具有种族和文化的双重色彩。种族群体的成员经常被视为（正确或不正确）共同祖先的后裔，意味着他们倾向于被视为是由血缘所联结的扩大了的血族团体（kinship group）。然而更常见的是，种族被理解为文化认同的一种形式，尽管它在情绪的深层次上运作。一种"种族性"文化包括价值观、传统和习俗，但关键的是，它通常关注其出身和血统而赋予人们以共同认同和独特性。

然而多元文化社会的纪录表明，种族间的冲突或敌对并不是自然或必然的。这能够反映在20世纪末民族主义的复兴中（本章稍后讨论）、种族冲突和社会经济部门之间的密切关系中。某种意义上，社区的紧张状态（communal tensions）涉及社会阶级与种族性：不同种族群体倾向于在经济体中处于不同的地位，并享有不同层次的经济和社会保障。在一些方面，这些以经济为基础的种族张力在全球化时代变得更加严重。这至少体现在两个方式上。第一种方法，如蔡美儿（Amy Chua 2003）所说的，在许多发展中国家，财富日渐集中在那些利用全球市场好处的人手中，从而往往使得少数民族获得极不相称的经济权力。经济上“主导市场”的对少数民族的例子包括东南亚大部分地区的中国人、东非的印度人和（尽管不那么极端的形式）西非的因波斯人（Ipos）。在这些情况下，不断扩大的经济部门已经激起了对少数民族越来越多的敌意和种族歧视，越来越体现在暴力行为上，造成了蔡美儿所谓的“惊天动地的事情”（a world on fire）。经济和种族紧张态势交织在一起的第二种方法存在于发达国家，在发达国家少数民族经常局限于边缘、地位低微和低收入的职业。这些情况通常与歧视、其他形式的结构性劣势相联系，也导致内乱甚至少数族裔青年之间的暴乱。这样的例子包括1981年英国各地、1992年洛杉矶、2004年澳大利亚昆士兰州、2005年席卷法国的暴乱。

民族主义的复活

随着20世纪的发展，人们越来越预测民族的衰落甚至“后民族主义”世界的建设。不仅野蛮与第二次世界大战的破坏力造成了对民族主义的厌恶，即民族主义似乎是一种天生与扩张主义和冲突相联系的意识形态。而且，不断发展的文化、经济和人口跨境流动似乎致使主权国家多余了。当然政治认同处于重新界定的过程中，即民族主义是否为多元文化主义、跨国社群、世界大同主义或其他形式所取代的问题尚未明朗。现实已经截然不同了。民族主义已经表现出了非凡的适应力和持久性：在21世纪全球范围内绝大多数民众都认为，他们属于某一民族，而且民族性作为政治效忠的基础仍然处于无与伦比的地位。事实上，民族主义在许多方面死灰复燃了。这种情况怎样以及为何发生呢？当然，原生论者也许认为民族主义的存在仅仅证明了其理论的精确性：民族主义不是一个垂死的学说，因为种族社群有并且不会消失。现代论者追随盖尔纳，以全球范围内工业资本主义的同时扩展而解释20世纪后期民族主义的兴起。然而，民族主义复兴有大量迹象，因此也有大量根本原因。其主要迹象是，后冷战时期民族自信的增强、文化和种族民族主义的崛起以及反全球化。

后冷战时期的民族自信

冷战时期并未见证民族主义的黯然失色。然而冷战期间，民族主义冲突发生在东西方对抗、资本主义和共产主义之间意识形态敌对的背景下。例如，1978—1979年越南对柬埔寨的入侵和占领是马克思主义革命政权之间唯一一场大规模常规战争（Anderson 1983）。冷战的终结、作为全球政治组织原则的意识形态的式微为民族主义作为一股现代化力量的复兴提供了机会。当然这发生在东亚和东南亚。亚洲“四小龙”故意将民族建设作为全球背景下经济成功的战略。虽然全球化为民族主义提供全新、富有挑战性的情况，但是这样的例子同时表明全球化如何能够为重新界定民族地位和民族认同提供新的机遇。新加坡是个特殊的例子。新加坡缺乏传统民族国家所具备的民族和文化团结，但是它却可能成为世界上最全球化的国家。这一过程的基本目的是，执政的人民行动党（PAP）试图向国家公共部门灌输自豪感而且向人们灌输爱国主义自豪感，以灌输公民民族主义。为此，新加坡慷慨地投资于精湛一流的公共设施。因此公民民族主义有助于权威主义统治的合法化，并确保社会控制。反过来这会吸引外资，从而维系巩固爱国自豪感和国家效忠的发展水平。

民族自信也已成为对强国日益重要的战略，特别是鉴于后冷战世界中世界秩序的流动特性。因此民族主义再次证明了其推动经济和政治发展的能力，即以实力观（vision of strength）、团结和自豪感为基础的精神动力。例如，很显然中国显著的经济复苏伴随着明显上升的民族主义。中国坚定地反对“台独”、“疆独”，而且反日情绪时而高涨。2008年北京奥运会、一系列其他工程和科技成就已经被用于在国内灌输爱国主义自豪感，在国外建构进步且成功的中国形象。印度民族主义的兴起尤其是印度教民族主义，导致了1998年印度人民党（BJP）政府的建立。印度人民党政府大力发展核武器，1998年取得成功，此后将核武器作为一个大国地位的象征而广受欢迎。1999年弗拉基米尔·普京执政俄罗斯以来，民族主义明显更加突出，如车臣地区战争侵略性的复活、所谓的“资源型民族主义”（fuel nationalism）、为控制资源依赖的邻国而实施的石油天然气价格调整和输出的限制、对西方特别是美国所采取的更坚定和更加好战的立场，尤其是通过2008年格鲁吉亚战争。

全球行为体

俄罗斯

类型：国家 **人口：**141 927 **人均国内生产总值：**15 738美元
人类发展指数排名：71/182 **首都：**莫斯科

作为苏联解体的产物，1991年12月31日俄罗斯联邦成立。这发生在1989年至1991年期间整个苏联集团共产主义崩溃的背景下，强化非俄罗斯苏维埃共和国的民族主义、俄罗斯内部对共产主义统治的不断反对。20世纪90年代叶利钦执政时期，激烈的经济改革导致生活水平下降、物价飞涨、工业衰退和金融动荡。弗拉基米尔·普京1999年担任总理，后来成为总统，2008年后再次担任总理。普京的崛起与政治领导的巩固、经济复苏和“选举性威权主义”（electoral authoritarianism）的出现相联系。俄罗斯是一个具有以下主要机构的非自由主义民主国家（illiberal democracy）：

- 国家杜马，450名成员组成的下议院立法机关；联邦委员会，59个联邦单位中每个联邦派出两名成员组成的上议院。
- 半总统制的行政机关，由负责内阁会议的总理和直接选举产生的行政总统所构成。

意义：俄罗斯的权力很大程度上源于其幅员辽阔。它是世界上最大的国家，几乎是美国的两倍。到18世纪，俄罗斯帝国已经成立，是历史上第三大帝国。俄罗斯帝国版图从欧洲波兰延伸至北美的阿拉斯加。俄罗斯跻身世界强国的历史可以回溯到1917年俄国革命和苏联（1922年成立）作为世界上第一个共产主义国家的建立。二战期间，苏联在盟军胜利方面发挥了决定性的作用。凭借其军事力量、对不断扩大的共产主义世界的控制，1945年苏联成为一个超级大国。20世纪90年代的混乱和动荡之后，俄罗斯权力复兴的政治基础是强大政府、复兴的民族主义（尤其是车臣战争）以及作为现代化工具的国家。然而，经济复苏支撑着这些发展，以俄罗斯天然气、石油、煤炭和贵金属的充裕供应为基础。这被用于促进工业和农业的投资，并影响着邻国（俄罗斯的“近邻”）和欧洲。2008年俄罗斯对格鲁吉亚的侵袭被广泛解释为俄罗斯作为一个全球大国重新崛起的标志。俄罗斯影响力的扩大基于这样的事实，即庞大的核武库意味着它是能够毁灭美国的唯一国家。

然而，俄罗斯权力不应该被高估。首先，俄罗斯作为一个“资源型超级大国”，相当大程度上与石油、天然气和矿物质价格的高涨相关。全球化和世界经济的扩张推动了价格的高涨，这使俄罗斯经济易受世界商品价格低迷的影响，特别是因为关税、燃料和能源部门的税收占联邦政府收入的近一半。在某些方面，商品驱动型增长已经削弱了俄罗斯经济的远景，因为它减缓了经济多元化步伐并掩盖了其他的结构性弱点。2007—2009年全球金融危机使俄罗斯遭受严重打击，因为金融危机导致油价的下降，从而减少资本流动，仅2008年工业生产就下降了16%。对俄罗斯权力的进一步关注源自这一可能性，即“选举性威权主义”根本不可能是现代化的可靠基础。由此观之，如果强大政府持续存在，最终将会损害经济灵活性和现代化。如果自由民主改革的压力是无法阻挡的，那么这很可能导致长期的政治和社会动荡。由于欧盟和北约的扩张，俄罗斯受到的最后一个威胁是不断变化的东欧政治和经济局势。因此俄罗斯战略利益可能仍是区域性的而非全球性的，试图确保其“近邻”国家不脱离其影响范围，特别是乌克兰、格鲁吉亚、中亚的原苏联共和国。

文化和种族民族主义的兴起

文化民族主义：民族主义的一种形式，首要重点放在民族作为一个独特文明的再生而不是自决。

证据表明，虽然全球化可能已经削弱各种形式的古典民族主义，但是它已经强化了文化和种族民族主义的形式。古典民族主义是以民族国家为基础的，它在一个“无国界”经济流动时代越来越难以维系。如果传统民族国家不再有能力产生有意义的集体认同，那么以区域、宗教、民族或种族为基础的排他主义者民族主义（particularist nationalism）可能会取而代之。这种趋势可以回溯到20世纪60年代。当时分裂团体和各种**文化民族主义**（cultural nationalism）形式在西欧和北美许多地方涌现，如加拿大的魁北克、英国的苏格兰和威尔士、西班牙的加泰罗尼亚和巴斯克地区、法国的科西嘉以及比利时的法兰德斯。它造就了政治分权的压力，并且时常促成重大的宪政动荡。种族自信的类似迹象是美国黑人、美国与加拿大的印第安人、澳大利亚的原住民以及新西兰毛利人的民族主义。在后两种情况中，这至少产生了对民族认同的重新评价。

冷战结束后种族民族主义变得更为突出。时常所称的“新民族主义”（Kaldor 2006）在20世纪90年代导致了原南斯拉夫的一系列战争，其中包括“种族清洗”的分裂计划和二战以来欧洲最严重的屠杀。许多新民族国家形成了，但这个过程所产生的其他国家深受激烈的种族对抗和紧张态势之苦。例如，波斯尼亚分为“种族纯正的”穆斯林、塞尔维亚和克罗地亚地区，然而2008年科索沃的独立宣言加剧了占少数的科索沃北部塞族和占多数的穆斯林之间的紧张局势。种族自信的其他例子包括车臣和其他高加索分裂主义者的起义和1994年卢旺达爆发的种族灭绝大屠杀。当时80万图西族人和100万温和的胡图族人在好战胡图族发动的起义中被屠杀。

对于后冷战时代种族民族主义高涨的解释如下：共产主义统治与东西对抗倾向于使宗教、种族和民族认同被压抑，然而一旦抑制性因素消除了，这些认同就会浮出水面。然而这一进程更加复杂，而且某种意义上是根深蒂固的。史密斯（Smith 1995）强调三种因素，以解释20世纪后期为什么民族主义会重新浮出水面。首先是他所谓的“族群史（ethno-history）的不均匀分布”，即贫困或相对贫困的社群被吸引去仿效那些更强大的民族，这些强大的民族能够毫无畏惧地赞美自己的认同感。其次，民族主义有能力号召宗教信仰的“深层次资源”而使规则合法化并且动员民众。这种能力有助于解释种族民族主义和原教旨主义之间存在的对比。最后，“祖居之地”的观念仍是并且继续是个强有力的象征。这突出这样的事实，即在一个不平等的强大民族构成的世界中，自决诉求不能得到充分实现（第8章将进一步探讨种族民族主义以及政治认同的兴起）。

反全球化的民族主义

某种形式的民族主义已经成为允许各国管理全球化进程的手段，而更为常见的是，民族主义是对全球化的反应、一种抵抗形式。民族主义常在恐惧、不安全和社会动乱状况下蓬勃发展，而且其实力就是其代表团结和确定性的能力。在此种环境下的各种民族主义形式并不趋向于以民族国家的建立为取向，反而为右翼政党运动提供机会，以打击（mount campaigns against）传统政治。20世纪70年代以来，最显著的是极右派反移民政党的兴起。这些政党倾向于以“看似落后的”、文化上或种族上“纯正”模式的术语界定民族认同。

这些政党已成为许多欧洲国家政治的一个特征。1980年以来让·玛丽·勒庞（Jean-Marie Le Pen）所领导的法国国民阵线吸引了越来越多的选民的支持，很大程度上成为反对移民的平台。2002年，勒庞获得580万张选票（18%）并接近总统大选的决胜阶段。2000年约尔格·海德尔（Joerg Haider）所领导的奥地利自由党在大选中赢得27%的选票，成为联合政府成员。意大利的北方联盟（the Northern League）反对移民并且提倡其所称的“北意大利”（Padania）的意大利北部地区自治，任职于西尔维奥·贝卢斯科尼（Silvio Berlusconi）的联合政府。佛兰芒·勃洛克（Vlaams Blok）反对移民但支持弗拉芒（Flemish）独立运动，已成为比利时政治的一股重要力量。2002年遭暗杀的皮姆·佛杜恩（Pim Fortuyn）领导的荷兰极右翼政党，宣扬移民的危险，倡导穆斯林移民特别是向西方自由主义政治文化的同化。斯堪的纳维亚半岛反对移民的主要政党是挪威和丹麦的两个进步党（Progressive Party）、丹麦人民党。1995年丹麦人民党脱离了进步党。然而反移民的民族主义已经不局限于欧洲。例如，澳大利亚一国党（One Nation party）公开拒绝政府对多元文化主义的承诺。

总 结

● 民族主义是个复杂且颇具争议的政治现象。这某种程度上源于一个事实，即所有民族包含着文化和政治、客观和主观的特点。民族主义也是交叉性的意识形态，涉及一系列广泛的学说、运动和事业。

● 从原生论的观点看，民族认同已被视为根植于文化遗产和语言，可能远早于于民族地位或独立诉求而存在。从现代论观点看，民族认同形成于不断变化的社会和历史环境，特别是工业化。

● 民族主义的解放性“表现”反映在世界向民族国家集合体的重构，是以民族自决原则为基础的。但是其压迫性“表现”明显体现在侵略、军国主义和战争政治的普遍联系之中。一些人认为，民族主义与生俱来地富有侵略性和好战性，其他人认为存在民族主义的“优”和“劣”之分。

● 国际移民运动的高涨弱化了现代世界中的民族主义，因为国际移民导致了大多数（也许并非全部）社会中混杂性和多元文化主义的发展。迁移流动导致跨国社群和散居的形成，因而一些人视其为传统民族提供了一个替代性方案。

● 多元文化主义不仅承认了文化多样性的事实，也承认这些差异应被尊重和肯定。然而，它也产生了广泛争论，不仅是只关于文化多样性与政治凝聚力相一致程度的问题。

● 民族和民族主义展现了显著的适应性。事实上民族主义复兴了，因为民族主义被用以支持“去意识形态化的”后冷战时代的国家自信。文化和种族民族主义出现了，从而提供了一种工具，以挑战和抵抗全球化所产生的转变。

问题讨论

● 如何区分民族性和种族性呢?

● 民族仅仅是“发明”或“想象”的共同体吗?

● 为什么民族国家是如此成功的政治形式?

● 在何种程度上民族主义是单一的学说?

● 民族主义与生俱来地富有侵略性和好战性吗?

● 日益扩大的国际移民是经济全球化的必然产物吗?

● 跨国社群是传统民族的可行性的替代方案吗?

● 多元文化主义和民族主义是相容的?

● 多元文化主义的趋势是被欢迎还是抵抗?

● 民族主义如何及为何在后冷战时代复苏?

● 在全球化世界中民族主义有未来吗?

第 8 章

认同、文化和对西方的挑战

认同就是自我的盗用。

——埃斯蒂·马丁

预览

冷战的终结，特别是“9·11”事件和“反恐战争”等以重要的方式改变了对全球秩序、世界事务中冲突与合作之间平衡的思考。除了对国家间均势变化的关切之外，一些人认为，新兴力量似乎逐渐塑造着全球秩序，特别是与认同和文化相关的力量。一些人甚至认为，文化取代了意识形态，而成为全球政治的主要组织原则。在世界事务中种族、历史、价值观和宗教等因素的重要性日益凸显，从而反映了上述问题。如何最好地解释这种所谓“认同政治”的趋势呢？它的后果又是什么呢？最为重要的是，文化不断增强的重要性意味着冲突或者不同文明间的冲突是更可能发生呢，还是无法避免呢？作为世界事务的影响因素，文化日渐增强的突出性特别体现在宗教问题上。在某些情况下，宗教信仰复兴了，而且更激进或“原教旨主义”的宗教运动已经出现了。这类运动宣扬政治事实上是宗教。宗教的复兴特别是宗教原教旨主义的趋势在何种程度上影响着全球政治呢？最后，认同、文化和宗教问题在挑战和代替西方政治—文化霸权的努力中发挥着特别突出的作用。前殖民地国家试图确立非西方（有时反西方）的政治认同。这个过程影响着亚洲，但是在伊斯兰世界尤其关键。它使得一些人将这一现象说成伊斯兰世界和西方世界的文明冲突。伊斯兰和西方世界之间冲突的起源是什么？这一冲突能否化解呢？

关键问题

- 为何认同政治成为世界事务的显著特征？
- 文化替代了意识形态而成为全球政治的组织原则了吗？
- “文明冲突”出现了吗？
- 宗教在当代全球政治中多么重要呢？
- 伊斯兰和西方世界的冲突不可避免吗？
- 西方如何应对“穆斯林问题”？

殖民主义：殖民主义是确立对外国领土的控制并且将其转化为殖民地的理论或实践。因此殖民主义是一种帝国主义的特殊形式。殖民主义通常是以殖民与经济控制为特点。来自于母国的移民社区管理着殖民地政府，在种族上不同于当地居民。在法属殖民地，殖民地被视为母国的一部分，意味着殖民地人民具有正式的公民权利。相比之下，新殖民主义并不是直接的政治控制而涉及经济控制，如所谓的美国在拉美的“美元帝国主义”。

启蒙运动：在18世纪达到高潮的一种文化运动，以理性、进步的名义挑战着宗教、政治和学识的传统观念。

个人主义：这种信念强调个人超越任何社会团体或集体机构的极端重要性。

认同政治的兴起

作为现代化的西方化

传统意义上，现代化带有西方的色彩。西方社会常常被描绘为“发达”或“先进”社会，意味着它们提供了一种模式，而且假以时日所有其他社会会接受。16世纪以来，欧洲国家确立的政治、经济和军事霸权，助长了这一观念。贸易的扩展更强化了这一观念，从而导致了工业革命的出现和殖民主义的扩展。19世纪以来，欧洲前殖民地的重要性日益凸显，因而欧洲霸权发展为西方霸权，最为显赫的当属美国。截止到19世纪，欧洲或是与欧洲有关的强国控制着全球整个陆地面积的90%左右。

犹太—基督教、欧洲近代早期对古典希腊与罗马学识的新发现奠定了西方文明的哲学与知识根源。这些发现为17世纪科学革命和随后的技术进步奠定了基础。在18、19世纪，自由主义观点深深地渗透在欧洲政治、经济和文化生活中，以至于自由主义与西方文明有时似乎没有什么区别。受**启蒙运动**（the Enlightenment）影响的自由主义思想家们宣扬**个人主义**（individualism）、理性、自由和宽容的价值理念。这种自由主义具有普世主义：它意味着人类历史以自由主义观念和制度逐渐并最终取胜为标志。简言之，进步是以自由主义术语来理解的。

这种现代化的西方模式的特征是什么呢？西方化有着重要的经济、政治和文化含义。用经济学的语言来讲，它意味着市场或资本主义社会的发展。以个人财产和竞争为基础的资本主义史无前例地激发了经济活力。个人奋斗的伦理也激发了这种活力。资本主义导致了工业化、城市化及新的社会分层。因为商业和各种职业的扩展，工厂劳动工人的日益增长，以中产阶级为基础的社会分层出现了。从西方的视角看，市场资本主义是创造财富和广泛繁荣的唯一可行制度。西方化的政治层面表现为自由主义民主的发展。这种体系的关键特征是，统治权的获得需要竞争性选举的定期成功。一种开放、多元主义的政治体系补充着以竞争性和以市场为基础的经济体系。这种经济和政治安排对西方社会的文化产生了重要影响。

虽然自由主义社会倾向于信奉普世价值，强调个人自主与选择自由的重要性，但是它们经常被认为也削弱了文化纽带和认同。这体现为自由主义社会中社会关系的不断变化。滕尼斯提到了共同体（Gemeinschaft）或者“社区”的衰落、社会（Gesellschaft）或者“社团”的兴起。共同体常存在于传统社会，以自然感情、相互尊重为特征。然而社会通常存在于城市和工业化社会中，是不受束缚的、人为的契约性关系。社会关系倾向于将人们从其文化传统中解放出来，允许人们采用与个人爱好和偏好相一致的信仰、价值和规范。自由主义社会倾向于将文化问题“私人化”，因为宗教信仰、道德原则和性行为越来越被视为个人选择而非社会选择之事。这种情况反映在所谓**“放纵”**（permissive）的价值和社会规范的扩展中，特别是 20 世纪 60 年代以来。传统价值观和传统等级制度（不仅仅局限于性别角色的制度）的权威的弱化、**顺从**（deference）的整体式微与这种趋势有关。

在 20 世纪最后几十年中，西方化为现代化提供唯一可行模式的观念得到了极大推动。全球化似乎导致了西方经济模式的普及，并伴随着消费主义价值观与偏好的扩展。正如福山和其他“历史终结论”者乐观地宣称的，共产主义的崩溃和冷战的终结似乎预示着西方自由民主制度的普世化。然而同时普世主义的自由主义在西方与非西方世界也面临着压力。在西方社会本身，反对自由主义价值观、原子式个人主义的迹象也存在着。在美国以及其他地方，这种迹象表现为对**社会保守主义**（social conservation）的支持，仇视“纵欲的 20 世纪 60 年代”，号召向深深根植于宗教的传统价值观的回归。自由主义的压力来源于社群主义（communitarian）理论家。社群主义理论家认为，自由主义将个人视为逻辑上先于和“外在于”社群，使自私利己的行为合法化，贬低了集体认同的重要性。他们认为，社会碎片化、崩溃成为西方社会的特征，某种程度上因为个体沉迷于个人权利，拒绝承担互惠责任和道德责任。所谓的“双亲赤字”（parenting deficit）证明了这一点，即父母抛弃家长责任，而更关注他们自己的事业和生活。但是，西方社会之外崛起了寻求挑战、推翻普世自由主义霸权的力量。普世主义的自由主义认为，西方化代表着现代化的唯一合理模式。这些力量与新的**认同**（identity）政治的崛起有关，其中认同与文化、种族性、地方性和宗教等“特殊主义”（particularisms）有关。

放纵：允许人们作出他们自己的道德选择的意愿；放纵意味着权威性价值观并不存在。

顺从：愿意遵循他人的愿望或期望。

社会保守主义：一种信念，即社会应该以共有价值观与共同文化为基础，从而为社会提供“黏合剂”。

认同：一种相对稳定且持久性的自我感知；认同或许是个人的（个体独有的）、社会性的（群体所享有的）或人类的（所有人所享有的）。

集体认同的政治

意识形态对抗主宰了“短暂”的 20 世

纪的政治，特别是冷战时期。但是文化差异的问题似乎逐渐建构着政治。共产主义和资本主义之间东西方对抗的基础是工业社会不同模式之间的冲突。这两种工业模式都为社会经济弊端提供了可能具有普世性的解决办法。它们分别实践着所有权的政治（politics of ownership）。资本主义支持以市场竞争为基础的私有产权；社会主义则支持以中央计划为基础的集体产权。资本主义的全球性胜利深受质疑。特别是20世纪80年代以来，认同政治日渐重要。认同政治的所有形式都具有共同点。它们将自由普世主义视为压迫之源甚至是将从属群体与民众边缘化与教化的文化帝国主义。在普世主义的外表下，自由民主社会的文化符合占主导地位的群体的利益，如男性、白人、富人等群体。从属群体和民众要么被赋予了低等或下贱的刻板形象，要么认同主导群体和压迫者的价值观念和利益。

认同的方法

现实主义的观点

现实主义者相对较少地关注认同问题。其基本关注点在于国家利益和行为，而不是国家的人口构成。现实主义者认为国家是占主导地位的全球性行为体。虽然如此，因为国家被视为统一且凝聚在一起的实体，这反映了对政治忠诚和社会归属感的假设。显而易见，因为大多数国家是民族国家，现实主义者倾向于假设国籍与公民身份的多重联系塑造着认同。事实上，国家认同也许是“自然的”，因为国家认同反映了人们的一种无法抗拒的心理倾向，即倾向于认同与自身相似的他人。

自由主义的观点

自由主义者一般以完全个人主义的术语理解认同问题。人类首先是具有独特认同的个体。但是，对个体重要性的强调会产生两个对比鲜明的意义。“内在”品质与特点界定着个体，但是这种想法也是普世性的，因为它意味着作为个体所有人类享有同样的地位、权利与机会。这反映在自由主义对人权观的支持方面。因此对于自由主义者而言，认同是独特且普世的。自由主义对个人主义的信奉对所有社会或集体认同理论都产生了重要的意义。特别是它强调种族、宗教、文化、性别和社会阶级等充其量是次要的：它们并非人类认同的“核心”。然而，自由主义对此类问题有着一系列广泛的观点，同时也意识到个体认同的社会向度（social dimension）。自由主义社群主义（liberal communitarianism）（Taylor 1994）和自由民族主义（liberal nationalism）（Miller 2007）显然体现了这一点。

批判理论的观点

认同的许多批判方法显现出来。马克思主义传统的理论家一般以社会阶级术语理解认同。他们认为，人们倾向于认同与自己具有相同经济地位与阶级利益的人，因此其他的认同形式（如民族、宗教、种族等）被仅视为“虚假意识”（迷惑的、捏造的观念）。但是，阶级认同是暂时的而不是根本性的。它们本质上是资本主义体系不平等的表现，因而一旦一个无阶级的共产主义社会建立，所有的不平等都会烟消云散。对此，社会建构主义强调，不论对于国家还是个人，全球行为体的利益和行为受其认同观念所塑造的程度。反过来，认同观念受到非物质性因素的约束。正如温特所言，“认同是利益的基础”。这一理论立场否定了任何固定不变的认同观，也反对行为体以预先给定的偏好互动的观点。因此，个体可以在不同的文化和理念（ideational）环境下采用不同的认同，包括未来可能的世界主义认同。

但是 20 世纪 70 年代以来，来自不同流派的批判理论学者越来越以“差异”的术语理解认同。这反映了社会阶级政治的式微，对与性别、种族、族裔和性倾向相关的社会不公正问题的日渐察觉。传统意义的认同模式逐渐被视为一种文化控制和服从的形式，因为这种认同模式是以占主导地位的团体的规范和特点为基础的。相比之下，对差异的强调容许边缘性、从属的群体（subordinate）接纳，甚至庆贺其独特的而更“真实的”认同。因此认同成为一种政治上自我肯定的工具，如“黑人解放”、“妇女解放”和“同性恋解放”等观念。女性主义理论家特别信奉此类观点，因为其认同身份与性别相关联。平等主义论的女性主义者关注性别差异的减少或消除（因为性别区分了本来相同的人类），然而差异论女性主义者（difference feminists）认为性别是认同的根源。性别认同理论认为，妇女应该被“认同为女性”，以妇女独特的能力、需要和利益来审视自身。

然而，对政治的认同也是自由与权力的来源。它向人们许诺，旨在培养一种“纯正”或“真正”认同观念的文化自我肯定过程能够实现社会和政治的发展。在许多方面，认同政治的原型是 20 世纪早期兴起的黑人觉醒运动。马库斯·加维（Marcus Garvey）宣扬“回到非洲”。受其鼓舞，20 世纪 60 年代以来黑人民族主义异军突起，并伴随着改革派和革命派运动的高涨。在其改革派的外表下，运动呈现出为民权而斗争的形式。在马丁·路德·金（Martin Luther King，1929—1968）以及全国促进有色人种协会（NAACP）的领导下，美国民权运动举国闻名。然而，蓬勃兴起的黑人权力运动（Black Power Movement）拒斥抗议和非暴力不合作的策略，主张黑人的分离主义，在成立于 1966 年的黑豹党（the Black Panthers）的领导下推动了暴力和武力对抗。创建于 1929 年的黑人穆斯林对美国政治产生了更为持久的影响。他们基于一种理念号召分离主义，即美国黑人是古代穆斯林部族的后裔。但是黑人民族主义的根本策略乃是通过唤醒黑人的自我意识，对抗占主导地位的白人文化。认同政治的其他形式也逐渐采用了这种策略。

马库斯·加维（Marcus Garvey，1887—1940）

牙买加政治思想家和活动家，黑人民族主义的早期倡导者。加维是 1914 年全美黑人促进协会（the Universal Negro Improvement Association，UNIA）的创建者。1916 年他离开牙买加来到纽约，其宣扬的黑人自尊以及经济自立的观点使其广受欢迎，特别是在哈莱姆等贫民窟。虽然他的黑人企业倒闭了，回归非洲的号召很大程度上被忽视了，但是加维对于黑人自尊和非洲“家园”观的强调为后来黑人权力运动打下了基础。塔法里主义（Rastafarianism）也主要是以他的思想为基础的。加维因1923年邮件欺诈而入狱，随后被驱逐出境，最终在伦敦悄无声息地去世。

聚焦

认同政治：我们是谁？

认同政治是社会理论化（social theorizing）和政治实践的一种取向，而非固定政治人物的一系列连贯理念。其核心特点是，它是一种相当于政治—文化的自我肯定而重塑的某一群体的认同，从而寻求挑战和推翻压迫。认同政治的表现形式是多样的，从第二波女性主义、同性恋运动（the gay and lesbian movement）到种族民族主义、文化多元主义、宗教原教旨主义。诸多原则塑造着认同——性别、文化、种族、宗教等。认同政治的所有形式都展现出两种颇有特色的理念。

首先，群体的边缘化不仅被理解为一种法律、政治或者社会现象，而且更是一种文化现象。认同通过占主导地位群体的定势和价值观而运作，从而建构了边缘群体如何认识自己以及他者如何审视边缘群体的问题。因而，传统的认同观反复灌输着一种自卑感甚至羞耻感，有助于牢固地确立边缘群体的从属地位。

其次，通过给予相关群体一种自豪感（通常公开宣扬）和自尊而重塑认同，从而挑战着从属地位，如“黑人美丽”、“同性恋的自尊”等。因此对积极的社会认同的皈依与赞扬充当着反抗的行为（使民众从他者决定其认同的权力中解放出来），以及对群体团结（group solidarity）的肯定（鼓励民众认同那些具有与自己拥有同样认同的人）。认同政治的批评者认为，这种仅仅以群体归属（group belonging）的术语理解人的方式将人“微型化”了。常常因为认同政治信奉排他性和准专制主义的观念，所以它制造了分裂。认同政治还表现出对抗和矛盾（如女性解放运动和宗教原教旨主义之间）。

为何20世纪最后几十年以来认同政治蓬勃兴起了呢？第一，正如本章后面所述，这一现象常常与后殖民主义以及欧洲前殖民地的作用相关。欧洲前殖民地发展非西方（有时甚至反西方）的认同感，赋予政治独立以文化维度（cultural dimension）。第二个因素是东欧剧变，苏联解体。社会弱势群体和弱势民族通过社会主义的多种形式，表达其政治抱负，直至20世纪70年代，这一趋势仍然明显。社会主义批判剥削和压迫，支持社会发展和平等，在世界许多地区对被压迫民族产生了巨大吸引力。这种情况也常常（虽然不总是）与原苏联的广泛影响有关。发展中国家的反殖民民族主义（anticolonial nationalism）通常以社会主义价值观和目标为取向，有时候信奉马克思列宁主义。

但是，发展中国家的社会主义政权，特别是那些苏联式中央计划体制国家未能消除贫困，实现繁荣。这意味着后殖民民族主义（postcolonial nationalism）逐渐会被改变，以使其符合深深植根于发展中国家的价值观和认同。这鲜明地体现在种族民族主义的日益彰显、宗教原教旨主义的兴起上。东欧剧变加深了这一趋势。共产主义统治通过迫使其转入地下的方式固化了种族和民族忠诚感。另外，东欧剧变所催生的政治动荡和经济波动成为某种政治形式的温床，这种政治形式提供了“有机的”（organic）集体认同感。20 世纪 90 年代南斯拉夫的解体尤为明显地说明了这个问题。南斯拉夫共和国日益强调民族和种族认同的政治，最终导致一系列战争，从而致使原南斯拉夫的波斯尼亚共和国分裂为“种族纯正”的穆斯林、塞尔维亚和克罗地亚地区。

第三个解释认同政治兴起的因素是全球化。在某种意义上，认同政治被视为抵抗全球化带来的文化冲击的形式。如第 6 章所说，全球化与同质化的进程密不可分。一种相对小范围的共同文化日趋被全世界所接受。同质化的特征包括城市化、使用同样的技术（电视、电脑、手机等）、所谓的全球产品、消费主义和物质主义的出现以及民族文化传统的“多元化”所促成的文化融合。因此，全球化在世界许多地区被视为是对民族文化和传统认同形式的威胁。但是，本杰明·巴伯所谓的“麦当劳世界”（McWorld）是西方，特别是美国的影响、欲求、价值观的复合体。对这种观念的抵制很少呈现出**传统主义**（traditionalism）的形式。传统的社会归属感是“给定的”（given），某种意义上来源于毋庸置疑的（甚至是无可非议的）情谊和忠诚。然而认同政治所产生的社会归属感是“现代的”，或多或少涉及自我界定的过程，因为个体化的过程塑造着这些社会归属感。它是个体认知过程与广泛的文化、政治和经济力量的融合，在此意义上赋予认同以政治力量和感染力（emotional power）。这有助于解释认同政治为何并不植根于传统社会，而是在现代社会，或者存在于传统归属感被现代影响所破坏的社会中。

文化：文化在广义上意指一个民族的生活方式、信仰、价值观和习俗。社会学家和人类学家倾向于区分“文化”和“自然”。文化包含通过学习传承而非生物遗传的事物，因而文化体现了语言、宗教、传统、社会规范和道德原则。有“高雅文化”与“低俗文化”或“民间文化”的区分。艺术与文学代表的高雅文化被认为是知识与个人发展之源，然而以大众消费、民粹思想（populist instincts）为取向的低俗文化也许会给社会带来不良影响。

文明冲突论：这种理论认为，在后冷战世界中冲突基本上不是意识形态或经济方面的，而本质上是文化方面的。

文化冲突是不可避免的吗？

认同政治的兴起被视为更为广泛的现象的一部分：作为影响国际关系与世界事务的文化因素的日渐突显。一些人认为，冷战结束以来文化有效地替代了意识形态，而成为全球政治的组织原则。塞缪尔·亨廷顿所提出的“**文明冲突论**”强调文化在当代全球政治中的重要性，这一问题被广泛讨论并饱受争议。尽管该理论产生于冷战结束的背景下（Huntington 1993，1996），但在 20 世纪 90 年代期间，“文明冲突”的观点才日益受到关注。原南斯拉夫、卢旺达和其他地区种族冲突的涌起动摇了自由主义的“新国际秩序”的乐观期望。然而在“9·11”事件之后这一观点引起了极大反响，此时它被广泛地用来解释世界秩序性质的变化，因为全球恐怖主义被视为伊斯兰世界和西方世界之间日益浮现的冲突的征兆。但是因为文明冲突论并不主张在伊拉克和阿富汗采用民主化战略，所以它影响小布什政府“反恐战争”的程度不应该被夸大。

亨廷顿的基本观点是，全球政治的新时代出现了，其中主要的力量是文明。“文明是文化的放大”。因此，“文明冲突论”与新自由主义的世界事务观大相径庭。新自由主义者强调相互依赖的发展，特别是在全球化条件下。然而亨廷顿与现实主义的关联更为复杂。亨廷顿也认为，受权力驱动的传统国家仍是世界舞台上的主要行为体，因而他是一个现实主义者。但是亨廷顿坚持认为，权力斗争发生在更大的文明冲突而非意识形态冲突的框架下，因此他修正了现实主义。亨廷顿认为，文化冲突可能发生在“微观”和“宏观”层面。“微观”层面的冲突发生在文明之间的断层线上，其中“人类部落”（human tribe）相互冲突，可能导致族群战争（communal war）。在此意义上，文明像地壳一样运行，在脆弱的地方相互摩擦。在“宏观层面”，冲突会发生在诸文明之间，而且其“核心”国家间的冲突极有可能促成这种冲突。亨廷顿特别告诫中国（虽然经济高速增长，但致力于独特的中华文化）与西方之间、西方与伊斯兰世界之间的潜在冲突。他也指明了西方与“他者”之间的潜在冲突可能来自由儒家文化国家与伊斯兰国家结成的反西方联盟。

文化主义：这种信念认为，人类是文化所界定的生物，文化是一切个人和社会认同的普适基础。

然而，这种对日益浮现且似乎不可抗拒的文化冲突的论述饱受诟病。比如，亨廷顿的文明“板块”观赋予文明更多的同质性，然而事实并非如此。实际上，各个文明总是相互渗透，产生模糊或混合的文化认同。此外，正统马克思主义者过分强调经济与阶级因素在决定认同方面的重要性，犯下了“经济论”的错误。像正统马克思主义者一样，亨廷顿没有意识到文化认同受政治和社会环境影响的程度，他犯下了**文化主义**（culturalism）的错误。因此，这或许是所有认同政治形式的缺陷。看似像文化冲突的现象或许有着相当不同、更为复杂的解释。例如，20 世纪 90 年代原南斯拉夫的种族冲突并非是表面上的仇恨和对抗，而是东欧剧变所导致的权力真空造成的民族主义和种族主义上升的结果。相似的是，各个文明之间的冲突也许更多的是对所感知的经济和政治不公的宣泄而不是文化竞争。因而，中东，特别是阿拉伯世界的紧张局势与危机更好地解释了穆斯林武装分子（随后在本章中讨论）出现的原因。穆斯林武装分子的出现通常与殖民主义的遗产、阿以冲突、石油资源丰富但不受民众欢迎的独裁政体的苟延残喘、城市失业及贫困有关，而并非是由于西方和伊斯兰价值体系之间文化上的水火不容。

尽管“文明冲突论”只是部分地论述了 21 世纪全球秩序，但是它有效地使全球政治的重要趋势备受关注。这些趋势包括在一个显然去意识形态化（de-ideologized）的世界中，文化政治意义的增强成为抵抗全球化和西方全球霸权的权力。鉴于此，它提供了一个背景，有助于解释后冷战时代宗教运动的复兴。另外，亨廷顿强调文化差异造成政治冲突的**能力**，即使这经常被描绘为一种自然而非政治的过程。但是与其批评者所考虑的相比，亨廷顿的理论常常更灵活与复杂。例如，亨廷顿意识到世界主要文明的“核心”国家之间不太可能出现全球性战争（当然不是完全没可能），也意识到诸文明之间全球性冲突的前景与文明之间和核心国家之间均势的变化有关，特别是中国的崛起。亨廷顿也意识到政治干预（political intervention）能够平衡文明冲突。比如，他告诫西方不要追求促使民主，因为这样会激怒非西方文化，从而促使它们形成反西方联盟。

宗教复兴

宗教和政治

文化日益增长显示了它的政治重要性，其最突出方面无疑是宗教复兴和宗教运动的兴起。亨廷顿（1996）认为，宗教是文明的“核心的界定性特征”。在这种情况下，文明冲突实际上意味着宗教的冲突。然而这样的观点很难成立。从印度教发展而来的佛教、源于对圣经《旧约》的共同信仰的基督教、伊斯兰教和犹太教等世界宗教不仅有大量的相同之处，而且宗教在不同社会与文化的作用迥异。例如，尽管犹太—基督信仰是西方文明的组成部分（虽然东正教文明和拉美文明也同样有这些信仰），但不一定是其**界定性**（defining）特征，至少希腊—罗马的影响以及启蒙运动的理性主义遗产是同样重要的。因此，社会平等、宽容、批判理性和民主是西方文化的核心因素，但其中任何一个因素都不能直接回溯到基督教。事实上，西方社会，特别是欧洲社会的特征之一是**世俗主义**（secularism），但是美国 1/4 的选民将自身界定为“涅槃的基督徒”是个例外。这些变化是以所谓的**世俗化理论**（secularization thesis）为基础的。当然，世俗化的大行其道并不必然意味着宗教的式微。相反，世俗化关心“适当”领域的确立以及宗教的角色，符合自由主义所谓公共/私人领域的观点。其目标是将宗教圈囿于私人领域。在私人领域中人们可以自由行动，而将公共领域完全建立在世俗基础上。因此，宗教信仰自由成为自由民主制度的关键原则。但是，理性主义和科学主义的发展、物质主义和消费主义价值观的增强等其他力量加强了许多社会对“现世”（this-worldly）的关切。

世俗主义：这种信念认为，宗教不应该侵入世俗事务，常常表现出政教分离的期望。

世俗化理论：这种理论认为，现代化总是伴随着下面的情况，即理性战胜信仰、世俗价值观替代精神价值观。

争论

“文明冲突”出现了吗？

文明冲突论认为，21 世纪全球秩序的特点是冲突和对抗，但这种冲突本质上是文化的而非意识形态的、政治的或经济的。但这一理论有多大的说服力呢？

赞成

文化的兴起。文化注定是 21 世纪国际政治的主要力量，因为正如亨廷顿所言，“如果不是文明，那又是什么呢”？冷战结束以来，意识形态的重要性不断消退，全球化削弱了国家塑造公民归属感的能力，而全球或世界主义认同没有成为现实。在此背景下，民族和国家面对这样一个人类的基本问题：我们是谁？这促使人们越来越多地以血统、宗教、语言、历史、价值观和风俗界定自身，简言之以文化界定自身。因此，相同文明的国家和群体将团聚在一起支持“亲缘国家”（skin state），而社会主义和民族主义等政治信条让位于“伊斯兰化”、“印度教化”、“俄罗斯化”等。

文化冲突。强烈的文化归属感必然导致冲突与对抗。第一，这是因为不同的文化与文明不可调和：它们确立了不同的价值观和意义体系，事实上是对世界的不同理解。无论跨文化交流是多么地需要，它都不可能出现。第二，人们关于他们是谁的认识不可避免地被“他者”意识的存在所强化：所谓的“他者”就是与自身不同的人或与自身对立的那些人。这一趋势将人们分为“我们”和“他们”或者“文明”与“野蛮”。

文明对抗。毋庸置疑，亨廷顿所注意的某些趋势产生了对抗，使世界日益具有多极或“多文明”的特征。这些趋势包括西方的衰落、具体说来是美国霸权的式微；亚洲特别是中国经济崛起导致的所谓“亚洲宣言”；一个不稳定的伊斯兰世界的人口爆炸导致的伊斯兰复兴。因而，中国和美国、伊斯兰和西方之间的紧张状态不可避免地具有文明冲突色彩。

反对

复杂、碎片化的文明。亨廷顿的文化和文明观充其量因简单而被驳回。在“文明冲突论”里，文化被描绘成僵硬的、“封闭的”，导致了诸文明间有限的联系，一系列似乎毫无变化的传统、价值观和理解。诸文明间“断层线”的冲突乃是以文明的同质或建构模式（homogeneous or tectonic model）为基础的。事实上，文明并非铁板一块，而是复杂的、碎片化的、易受外部影响的。比如，“伊斯兰文明”或者“西方文明”的观念没有考虑到每个“文明”内部的政治、文化和社会差异的程度，或者伊斯兰文明与西方文明相互影响并将继续相互影响的程度。

文化和谐与和平共处。文化差异总是不可避免地与政治对抗相关的观点是值得商榷的。比如，文化相似性并非是和平与稳定的保障：大多数战争发生在同一文明而不是不同文明的国家之间。此外，足够的证据表明，不同文化、宗教和种族的人们能够相对和平与和谐地同居同乐，如同奥斯曼帝国时代的巴尔干人那样。最后，当文化或文化群体之间冲突时，这不太可能是“自然”的厌恶或对抗的表现，而是深层次的政治与社会因素的反映。这些政治与社会因素与权力或财富的分配有关。

文化同质化的倾向。“文明冲突论”充其量提供了一种关于当代文化趋势的片面论述。特别是，它忽略了全球化和其他力量早已模糊了世界各地的文化差异。尽管所谓的超全球化主义者和自由国际主义者所提出的“一个世界”的论点也许是天真的，但是经济相互依赖和融合的强大趋势至少抵消、或者遏制了文明竞争所造成的任何离心主义倾向。

但是，20世纪晚期以来一些趋势使世俗化论的支持者感到困惑。宗教变得更为重要，而非无足轻重。如新形式的、咄咄逼人的宗教狂热的出现、宗教运动影响的增强、宗教与政治关系的日益密切。这在20世纪70年代伊斯兰内部表现得尤为明显，特别是1979年伊朗“伊斯兰革命”。“伊斯兰革命”使阿亚图拉·霍梅尼上台执政，成为世界上第一个伊斯兰国家领袖。然而不久这些运动显然不局限于伊斯兰的发展。所谓的“原教旨主义”运动也产生在基督教内部，特别是美国所谓的“新基督教右翼"、印度的印度教、锡克教原教旨主义。其他的迹象还包括拉美、非洲、东亚美式五旬节信仰的传播、后共产主义时代东正教在俄罗斯的复兴、日本奥姆真理教的出现、西方社会中对东方神秘主义及宗教治疗方法（瑜伽、沉思、普拉提、按摩疗法等）的浓厚兴趣。

虽然宗教复兴可以看作认同政治高涨的结果，但是宗教被证实是现代社会中再塑个人和社会认同的有力手段。由于现代社会日益变得原子式、分散和多元化，人们似乎越来越渴望拥有由宗教意识所提供的安身立命之所。这是因为宗教为信仰者提供了更高或者至高无上权威（因为这种权威来源于神圣权威）的世界观、道德观。因此在一个**道德相对主义**（moral relativism）甚嚣尘上的世界中，宗教界定了人们存在的理由，赋予人们最终的参照系和道德取向。此外，宗教也创造了一种强大的社会团结感（sense of social solidarity），相比于现代社会中那种常见的"微弱"联系，在更深更广厚的层面将人们联结在一起。

然而，宗教复兴服务于很多政治目的。其中三个政治目的特别突出。第一，宗教日益成为社会保守主义的重要组成部分，有助于以宗教价值观和实践回归的方式加强社会的道德组织（moral fabric of society）。这种以宗教为取向的道德保守主义特别明显地体现在 20 世纪 70 年代以来的美国，因为新基督教右翼试图"将美国重新变成救世主"，将宗教与政治融合起来。新基督教右翼影响着共和党，特别是罗纳德·里根与乔治·W·布什等总统。它造成许多道德与文化问题，诸如反堕胎、"创世论"（creationism）和反对枪械管制、同性恋权利、干细胞研究，这些问题在美国政治中像经济与对外政策等传统问题一样突出。第二，宗教越来越成为各种形式的种族民族主义的重要成分乃至界定性特征。宗教而非民族成为政治认同的主要来源，因为宗教为群体成员身份的确立提供了原生性且似乎不易变化的基础。印度历经了印度教民族主义和锡克教民族主义的高涨。印度人民党（Bharatiya Janata Party，BJP）的印度教民族主义者、更为极端的世界印度教会（World Hindu Council）及其上级机构（parent body）试图将印度教变成民族认同的基础，提倡将穆斯林、锡克教徒、耆那教徒和其他社群"印度教化"。锡克教民族主义者则试图建立位于现今旁遮普省的"卡利斯坦"（Khalistan），使锡克教成为国教，政府保证锡克教的兴旺发达。在以色列，由正统犹太教的极端分子组成的政党与团体的地位变得日益突出，将犹太复国主义变为"大以色列"的

宗教：在最一般意义上，宗教意指拥有共同信仰的民众所组成的有组织的社区（organized community），而这些信仰涉及超验性的实在（transcendent reality）。然而在此语境中，"超验性"既可指任何一种对"彼岸世界"（otherworldly）中的至高存在或造物者的信仰，也可指"此岸世界"（other-worldly）中个人超脱的体验（如佛教的"涅槃"概念）。一神论宗教（基督教、伊斯兰教、犹太教）仅有一个或若干数量的神圣经文和权威体系，然而泛神教、无神教、自然宗教（印度教、佛教、耆那教、道教等）具有更松散的、更分散的、更多元化的结构。一神论宗教和它们有重大差异。

道德相对主义：绝对的价值观是不存在的信念，或是道德问题存在根深蒂固的分歧的状态。

堡垒。他们在1967年“六日战争”所占领的领土上建立犹太人定居点。第三，按照霍梅尼的说法，“宗教就是政治”。基于此种信念，宗教为激进政治文化的复兴奠定了基础，从而获得巨大的政治影响。宗教作为政教合一计划（a theo-political project）的理念通常被称为“宗教原教旨主义”。

阿亚图拉·霍梅尼（Ayatollah Khomeini，1900—1989）

伊朗宗教和政治领袖。作为什叶派神职人员的儿子和孙子，霍梅尼在1964年遭流放之前一直是主要神学中心库姆的顶级学者之一。1979年，他结束流亡生涯回到伊朗，触发了“伊斯兰革命”，阿亚图拉（字面意思是“安拉的礼物”）成为世界上第一个伊斯兰国家的最高领袖，直至去世。霍梅尼毅然与神职人员游离于政治之外的传统决裂，其世界观植根于压迫者与被压迫者的明显对立中。被压迫者主要是穷人、被排斥的发展中国家，而压迫者主要指美国和苏联、资本主义与共产主义。因此伊斯兰教成为政教合一的工具，旨在通过摆脱外部侵略和堕落，复兴伊斯兰社会。

原教旨主义的兴起

“原教旨主义”（fundamentalism）这一概念最先用于20世纪早期美国新教徒之间的论战中。1910至1915年期间，福音派新教徒发行了一系列题为《原教旨主义者》的小册子，在面对基督教对《圣经》的现代诠释中，捍卫文本的绝对正确性。但是，这个概念仍有争议，通常与僵化、教条和权威主义相连。因此，由于它过于简单或者具有贬义，许多被划为原教旨主义者的人拒绝使用这一概念。他们更倾向于将自身描述为“传统主义者”或“保守主义者”、“福音主义者”、“复古主义者”等。然而与替代性概念（alternative terms）所不同的是，原教旨主义者有助于宣扬宗教—政治运动或计划，而非仅仅宣扬**经文文本主义**（scriptural literalism）（虽然这是一些原教旨主义的特点）。因此宗教原教旨主义是以否定宗教与政治的区分为特点的。实际上，政治本身就是宗教。

原教旨主义：一种思潮，其中某些原则被视为基本真理，而且这些真理具有无可置疑的绝对权威，通常与狂热的忠诚有关。

经文文本主义：对神圣文本字面真理的信仰，因为文本是不可置疑的上帝权威的启示录。

这意味着宗教信条不仅仅局限于个人或私人生活，而且被视为公共生活的准则，包括法律、社会行为、经济与政治在内。虽然一些人宣称原教旨主义的趋势可以在世界各主要宗教——基督教、伊斯兰教、印度教、犹太教、佛教和锡克教——中找到，而其他人则认为原教旨主义倾向于仅仅局限于伊斯兰教和新教，因为尽管这些宗教有着不同的特点和理想，但只有这些宗教传统有能力引发政治复兴的综合计划（comprehensive programmes of political renewal）。

20世纪晚期以来世界各地区原教旨主义崛起的原因是难以归纳的，因为原教旨主义在世界不同地区呈现出不同的理念，表现出截然不同的意识形态特征。但是明显的是，原教旨主义兴起于深陷困境的社会中，特别是那些受困于实际或所感知的认同危机的社会中。鲁思文（Tuthven 2005）强调，在一个困惑和充满不确定性的世界中，原教旨主义受“寻求意义”（a search for meaning）驱使。许多发展推动产生了这类困惑与不确定性。三种因素特别强化了宗教原教旨主义的冲动，从而促成了这类危机，即世俗化、全球化和后殖民主义。世俗化导致传统宗教的式微，削弱了源远流长的道德。在此意义上，原教旨主义代表了对颓废和虚伪道德的反抗，旨在恢复“公正”的秩序，重新确立世间与天国之间的联系。因此，原教旨主义被视为挽救道德相对主义的良方。

宗教原教旨主义也许内在地与全球化的发展相关联。因为人、商品、观念和镜像的全球流动扰乱着传统社会，所以宗教原教旨主义作为反革命性力量，作为一种反对道德堕落与腐败的力量而兴起。这有助于解释为何原教旨主义者通常有摩尼教的世界观。这种世界观强调“光明”与“黑暗”或者善与恶的冲突。如果“我们”是上帝的选民并按照上帝意志行动，那么“他们”不仅仅是与我们持异议者的敌人，而且是尘世间积极破坏上帝意志的人：“他们”代表着一种“黑暗的力量”（forces of darkness）。因而对于原教旨主义者来说，政治冲突是一场战斗或战争，最终要么信徒获胜，要么异教徒获胜。最后，后殖民主义的影响有助于解释为何原教旨主义在发展中国家，特别是伊斯兰国家中成为强大且有影响力的力量，尽管原教旨主义遍布全球。后殖民主义社会继承了弱化了的认同感，同时融合了对西方价值观和制度的无力依附（debilitating attachment），特别是在精英群体中。在此情况下，宗教原教旨主义颇具吸引力，因为它提供了一种非西方乃至反西方的政治认同，而且特别是自 20 世纪 70 年代革命社会主义式微以来，原教旨主义表达了城市贫困人口和中低阶层的愿望。

宗教原教旨主义：“原教旨主义”一词来源于拉丁文 *fundamentum*，其意思是基础。宗教原教旨主义的核心观点是，宗教不能也不应该被局限于私人领域，而应该在大众动员和社会再生的政治中得到最高且准确的表达。虽然宗教原教旨主义与经文文本主义有关，但两者不能等同，因为“原教旨主义者”的称谓乃是从魅力型领导的“动态”解释过程获得的。宗教原教旨主义也不同于极端正统主义（ultraorthodoxy），因为原教旨主义推动符合宗教原则的社会道德与政治变革的计划。与此相反，极端正统主义主张从堕落的世俗社会中隐退，过着纯粹的修道生活。

对西方的挑战

认同、文化和宗教问题日益凸显。它们关系到挑战并取代西方政治文化霸权的努力。这标志着对两个问题的认可。第一，西方的物质与政治支配地位具有重要的文化维度，反映在所谓“西方”价值观的发展上，诸如个人主义、形式平等、世俗主义和物质主义。第二，如果文化被打上了西方控制的印记，那么一种非西方的甚至反西方的文化就会取而代之。下面的问题体现了这一点，即广泛的后殖民主义现象的发展、亚洲发展独特的价值观体系的努力。然而，最明显的是政治伊斯兰教的兴起以及这种观念的出现，即相较于西方自由主义，伊斯兰教代表着道德上更为优越的替代方案。

后殖民主义：后殖民主义起源于文学与文化研究的一种趋势，寻求解释新独立国家的文化状况。它的基本目的是揭示、破坏殖民统治的文化和心理层面，并意识到在殖民主义的政治结构铲除后，“心灵”的征服仍能苟延残喘。后殖民主义的主要推动力就在于确立非西方乃至反西方的政治观念以及传统的合法性。然而，后殖民主义展现出多种形态。这广泛地涉及从甘地将非暴力与自我牺牲精神融合到印度民族主义的努力，以及各种形态的宗教原教旨主义，特别是伊斯兰原教旨主义。

不结盟运动：1961 年成立于贝尔格莱德的国际组织，该组织避免与冷战权力集团任何一方在政治和经济上的正式联盟，致力于实现和平共处、互不干涉等价值观。

后殖民主义

在西方文化和意识形态的支配地位备受质疑之前，西方对于世界其他地区的政治支配结构已经受到了挑战。反殖民主义（anti-colonialism）兴起于两次世界大战之间。第二次世界大战后，英国、法国、荷兰和欧洲其他帝国在日益高涨的民族独立运动面前轰然崩溃，因而反殖民主义达到了高潮。在某种意义上，欧洲殖民者播下了毁灭自己的种子，即民族主义原则。因此，反殖民主义同样是基于民族自决原则。在 19 世纪，民族自决激励着欧洲国家进行民族国家建设，一战后则为欧洲战后重建提供了基础。尽管自治和宪政主义的自由主义观念影响巨大，但是大多数亚非拉反殖民主义运动仍受到某种社会主义形式的吸引，特别是革命的马克思主义。马克思主义受到启蒙运动原则的启发。马克思主义的力量既在于其阶级斗争理论以资本逐利论证解释帝国主义，也在于其革命热忱为殖民地人民提供了以武装斗争的形式获得解放的手段。然而如前所述，20 世纪 70 年代后，因为后殖民主义反映了对非西方甚至反西方的政治哲学的追求，所以社会主义，特别是马克思主义，在发展中国家的影响力逐渐下降。后殖民主义兴起的主要影响因素是对前帝国权力（ex-imperial power）的日益憎恨。在许多情况下，前帝国权力继续对那些其以前统治的殖民地国家实施经济、文化控制。因此，后殖民主义和新殖民主义经常是相互联系的过程。

后殖民主义的关键性特征是，它寻求赋予发展中国家一种独特的政治声音，而不同于自由主义和社会主义的普世主义伪装。颇具影响的早期例子是 1955 年 29 个大多数新独立亚非国家参加的万隆会议。埃及、加纳、印度和印度尼西亚倡导了这次会议，而后来发展为世人所知的**不结盟运动**（Non-Aligned Movement）。它们将自身视为独立的权力集团，提供了观察世界政治、经济和文化优先性的“第三世界”视角。这种“第三世界主义”（third-worldism）的自我界定不同于西方和苏联的发展模式。更为激进的第三世界政治形式则起源于 1966 年在哈瓦那召开的三洲会议（the Tricontinental Conference）。拉丁美洲（包括加勒比地区）首次与非洲和亚洲团结在一起，由此得到“三洲”的称号。

然而，作为一种受本土宗教、文化和传统启发的认同政治形式，后殖民主义理论形态各异。这反映在甘地的政治哲学中，其理论基础乃是源于印度教的非暴力和自我牺牲的宗教伦理。由此观之，暴力是西方强加给印度的，即“刀剑理论”（the doctrine of sword）。相比之下，生于马提尼克岛的法国革命理论家弗朗茨·法农（Franz Fanon，1925—1961）则强调反殖民主义与暴力之间的联系。他认为，去殖民化（decolonization）事实上需要一类新人，而这很大程度上能够实现，因为暴力的净化经验（cathartic experience）会摆脱殖民征服带来的心理负担。爱德华·萨义德或许是一名最具影响力的后殖民主义理论家。他研究了欧洲中心主义的价值观和理论如何被用来确立西方对其他地区的文化和政治霸权的，特别是通过**东方主义**（Orientalism）的工具。然而后殖民主义的批评者认为，东方主义反叛着西方知识传统，同时也放弃了进步性政治（progressive politics），而且经常被用来为传统价值观和权威结构正名。在涉及文化权利与妇女权利之间的张力时，这个问题颇具争议。

亚洲价值观

在 20 世纪 80 年代到 90 年代间，一种观念异军突起，即亚洲文化和观念成为西方文化与观念的替代者。日本作为经济超级大国的崛起和所谓的亚洲“四小龙”——中国香港、韩国、泰国和新加坡经济的成功助长了这种观念。1993 年《曼谷宣言》清晰地表达了这一观点。当时，为了筹备在日内瓦召开的世界人权大会，伊朗、蒙古等亚洲各国代表发表了支持所谓“**亚洲价值观**”（Asian Values）的声明。尽管没有排斥普世人权，但是亚洲价值观关注西方与亚洲价值观体系的差别，将文化差异因素纳入人权论述中。当时马来西亚总理马哈蒂尔·穆罕默德（Mahathir Mohamad）、新加坡总理李光耀（Lee Kuan Yew）是积极的倡导者。以此观之，传统上人权往往以带有文化偏见的西方假设为基础。个人主义强调对共同体利益的超越，权利被置于责任之上，公民与政治自由优先于社会经济福祉，而亚洲价值观寻求修正这点。亚洲价值观的核心在于，根植于对各种权威（包括对待父母、老师和政府）形式的尊重和忠诚的社会和谐与协作观。积极进取的职业道德（work ethics）与节俭一道被视作社会稳定与经济成功的一剂良方。

儒学： 儒家学说（Confucianism）是孔子（公元前 551—前 479）和其弟子所提出的伦理体系，主要反映在《论语》中。儒家思想主要涉及两大主题，即人伦关系和自我修养。对于仁（人性或者爱）的强调常被解释为对传统观念与价值观的推崇，特别是孝、尊、忠、善。对君子（道德高尚的人）的强调则意味着教育可以实现人的发展与自我完善。许多人将儒家思想视为与中华文明一样悠远，儒家与佛教、道教被视为三种主要的中国思想体系。

东方主义： 一种对东方或东方文化的刻板描绘，是以西方对东方扭曲的、贬义的臆想为基础的。

亚洲价值观： 一种被认为反映亚洲国家历史、文化和宗教背景的价值观，包括社会和谐、尊重权威和对家庭的信赖。

聚焦

文化权利或妇女权利？

女权本质上是西方概念吗？哪一种认同更为重要，文化还是性别？女性主义者和其他人经常认为，文化权利（也与多元文化主义有关）和对西方的反对，为一系列对妇女权利的侵犯行为辩护或提供正当性，从而巩固了男权。这一点特别明显地体现在以宗教为基础的重构文化和政治的努力中。比如，鲁思文（2005）将宗教原教旨主义的主要特征之一视为控制、限制妇女的社会角色以及扮演“父权抗议运动”（patriarchal protest movement）角色的趋势。在这方面，从对妇女的着装要求、一夫多妻制到所谓的“殉葬”等习俗，使伊斯兰社会的价值观与规范饱受诟病。这种文化观念和习俗不仅阻碍了普世人权的发展，也以压迫妇女的方式阻碍着经济与社会发展，提高了出生率而且扭曲了性别关系，从而使这些社会更加贫困，甚至更具有暴力倾向。

但是，后殖民主义的女性主义者认为，妇女权利应该在一种文化背景下加以理解，而且性别问题不能独立于种族、宗教和民族因素。以此观之，以普世自由主义为基础的西方性别平等观念让妇女们感到失望，因为这种观念是以女性认同模式为基础的，然而这种认同模式将妇女从家庭、社会、文化背景中抽象出来，而恰是家庭、社会与文化环境赋予了妇女以意义与目的。性别平等贬低了妇女作为母亲和家庭主妇的传统角色，但又将她们置于公共生活的残酷与压力下。在伊朗、巴基斯坦、苏丹、土耳其等伊斯兰国家中，“伊斯兰教女性主义”兴起了。由于受西方观念与价值观的威胁，伊斯兰教法、传统道德和宗教教条的回归被描绘成一种提高妇女地位的手段。以此观之，面纱及其他着装规范、公共生活中对妇女的排斥被一些穆斯林妇女视为妇女解放的象征。

1997—1998年亚洲金融危机使亚洲价值观遭受重创。之所以如此，不仅仅是因为金融危机对“亚洲崛起”产生了疑问。更为严重的是，所谓的亚洲价值观有时对金融危机需负首要责任。以此观之，亚洲经济踌躇不前，是因为没有接纳诸如企业家精神、竞争和“恶劣的”个人主义等市场原则。这种失败源于亚洲文化的某些方面，特别是对顺从、权威、责任和忠诚的强调。尽管亚洲价值观的现代形态更倾向于中华文明，特别是儒家思想的力量，但中国、乃至印度的崛起重新激发了对亚洲价值观的兴趣。然而，亚洲价值观的一般观点也饱受诟病。对一些批评者来说，亚洲价值观仅仅是权威主义统治的苟延残喘、亚洲众多地区自由民主改革缺失的借口。由此观之，亚洲价值观的核心乃是政治被动性（political passivity），不质疑以经济福祉与政治自由之间的权衡为基础的权威。一系列独特的价值观起源于“亚洲文明”的观念，但是按照诸文明的“建构”模式（the tectonic model of civilizations）的更大范围关切的亚洲文明观念也深受批评。亚洲文化不仅包含了一系列广泛的民族传统和多种宗教（伊斯兰教、印度教、佛教、基督教等），而且其民族传统也是多种多样的。比如，所谓的“中华文明”不是由儒家学说所界定的，而是由儒家学说、佛教与道教的竞争性影响所界定的。在当代它也受到马克思列宁主义引导下的毛泽东思想的影响。

爱德华·萨义德（Edward Said，1935—2003）

爱德华·萨义德是一位生于耶路撒冷的美国学术与文艺评论家。萨义德是巴勒斯坦运动的支持者，也是后殖民主义理论的奠基者。20 世纪 70 年代以来，他发展了对西方启蒙运动的人文主义批判，揭示了启蒙运动与殖民主义的关联，强调了“压迫的叙述”、文化和意识形态偏见，以将殖民地人民描绘成非西方的“他者”的方式而剥夺殖民地人民的权力。这特别适用于中东地区。他因“东方主义”论而声名鹊起。“东方主义”体现了“对阿拉伯—伊斯兰民族和文化的微妙却持久的欧洲中心主义偏见”。萨义德的主要著作包括《东方主义》(*Orientalism* [1978] 2003)、《文化和帝国主义》(*Culture and Imperialism* 1993)。

伊斯兰教与西方

政治伊斯兰教的兴起，特别是“9·11”事件与“反恐战争”造就了伊斯兰教与西方之间深层次或许是文明性质的冲突的镜像。“文明冲突”的理论家很快宣称这将是 21 世纪全球政治的主要断裂带之一。然而，伊斯兰教与西方之间根深蒂固的紧张情况具有两种截然不同的面孔。第一种将伊斯兰教描绘为政治伊斯兰教，甚至将伊斯兰教本身描绘成为反西方力量。它致力于使伊斯兰世界摆脱西方影响，或者在更广的范围内颠覆西方世俗主义。因此，西方必须应对“伊斯兰威胁”，不仅仅是打败恐怖主义和**吉哈德**分子（jihadist insurrection），而且必须摧毁培养、煽动这些人的原教旨主义。第二种观点认为，西方宣扬贬义、侮辱性的“伊斯兰恐惧症”，使阿拉伯国家成为西方干涉与控制的受害者。换言之，问题在于西方而非伊斯兰教。伊斯兰世界和基督教西方之间的冲突不可避免吗？宗教在煽动这种敌意中扮演着什么角色呢？

吉哈德：（阿拉伯语）一个伊斯兰教术语，字面意思为“奋斗”或“抗争”；虽然该术语有时与“圣战”同义，但更确切的理解是内心信仰的斗争（大吉哈德，greater jihad）。

政治伊斯兰教的本质

伊斯兰教是世界第二大宗教并处于迅速发展中。世界上有 13 亿～15 亿穆斯林，大约占世界人口的 1/5，分布在 70 多个国家中。从地理上看，伊斯兰的力量集中在亚洲和非洲。据估计，超过一半的非洲人口将成为穆斯林。但是，伊斯兰教徒也散布在欧洲以及世界其他地区。伊斯兰教绝不仅仅是一种宗教，而是一种生活方式。它含有对个人和国家的道德、政治和经济行为的教导。“伊斯兰教的生活方式”是以先知穆罕默德（约公元 570—632）的教诲为基础的，诚如《古兰经》所揭示的那样，所有穆斯林都视《古兰经》为安拉（Allah）的启示和圣行（Sunnah）或者“常规”（beaten path）。据说《古兰经》是以先知的一生为基础的。伊斯兰教有两大主要派别，起源于穆罕默德逝世后的50年中。逊尼派（Sunni）是穆斯林中的多数派，而什叶派（Shi'a或者Shi'ite，有时候被叫做Shi'ism）包含了穆斯林人口的1/10，主要集中在伊朗和伊拉克。

神权政体：字面意思是神统治；通常以教会主导国家的方式而使宗教权威在世俗权威之上的原则。

伊斯兰教法：（阿拉伯语）字面意思是“道路”或“路径”，以《古兰经》为基础的伊斯兰神法。

伊斯兰教的原教旨主义并不意味着对《古兰经》文本真理的信仰，因为所有穆斯林都接受《古兰经》，在此意义上，所有穆斯林都是原教旨主义者。相反，原教旨主义的意思是对伊斯兰教作为社会生活、政治和个人道德根本原则的强烈、好战的信念。伊斯兰原教旨主义者希望确立宗教对政治的优先地位。事实上，它意味着“伊斯兰国家”的建立，即一种由精神权威而非世俗权威统治的**神权政体**（theocracy），并使用**伊斯兰教法**（Shari'a）。伊斯兰教法成为合法、正当行为的法典，包括犯罪惩罚体系、男女个人行为准则。在此意义上，伊斯兰教有别于“伊斯兰主义”。伊斯兰主义意指以伊斯兰观念和原则为基础的政治信条，或其所感召下的政治运动。伊斯兰主义的核心目标如下几点：第一，伊斯兰主义促进了泛伊斯兰的团结（pan-Islamic unity），将伊斯兰主义与传统的政治民族主义区别开来。第二，伊斯兰主义试图铲除伊斯兰国家的“叛教”领袖（世俗化或亲西方领袖），从而净化伊斯兰世界。第三，它号召清除西方，特别是美国在伊斯兰世界的影响，以及更广泛意义上反抗西方的政治文化斗争。然而，伊斯兰教和伊斯兰主义的关系较为复杂，也备受争议。伊斯兰主义者宣称他们的理念体现了消除西方与殖民统治对伊斯兰教影响的深刻洞见。但批评者则认为，由于对宗教文本进行了断章取义的解释，伊斯兰主义是对伊斯兰教的政治扭曲。

伊斯兰原教旨主义可以回溯到20世纪20年代，特别是1928年埃及穆斯林兄弟会的成立，随着1979年伊朗伊斯兰革命运动导致霍梅尼上台执政并宣布伊朗成为伊斯兰共和国，原教旨运动迎来了高潮。1979—1989年苏联对阿富汗的战争导致了圣战组织（Mujahideen）的出现。圣战组织是一个受宗教鼓动的反抗组织的松散结合，并接受美国、巴基斯坦、伊朗的军事或经济援助。1996—2001年统治阿富汗的塔利班组织便是从圣战组织中蜕变而来的。伊斯兰主义者也在苏丹、巴基斯坦、索马里和黎巴嫩等国家暂时夺取了政权（在亲伊朗的真主党运动的影响下）。20世纪90年代以来，一系列新的圣战组织兴起，宣扬一种更为激进的伊斯兰主义。其中最为有名的当属由奥萨马·本·拉登所领导的“基地”组织。对于这些人，他们用“圣战”形式表达对伊斯兰教的信仰，特别是实施反对美国和以色列（“犹太—基督十字军”）的活动，寻求消除西方对阿拉伯世界，特别是沙特阿拉伯的影响。激进伊斯兰教的意义何在呢？我们应该怎样理解它？目前有三种广义的解释。

聚焦

伊斯兰主义：作为政治的宗教？

伊斯兰主义（也被称作“政治伊斯兰教”、“激进伊斯兰教”或“伊斯兰积极分子”）

是个颇具争议的术语，而且具有很多定义。它通常被用来描述一种政治性与宗教性的意识形态，而非仅是对伊斯兰教的信仰（尽管伊斯兰主义者拒绝这种差异，因为伊斯兰教是一种适用于公共和私人领域的整体道德体系）。一些人将伊斯兰主义与瓦哈比教或萨拉菲主义联系起来。瓦哈比教或萨拉菲主义是 19 世纪兴起于沙特阿拉伯的逊尼派伊斯兰教运动，致力于根除西方现代化的影响，对经文做严格的文本解释。然而，什叶派伊斯兰主义则由伊朗“伊斯兰革命”发展而来，对经文进行“激进”的解释。虽然伊斯兰主义意识形态没有单一的信条或者政治表述，但是一些共同信念是可以确定的，包括以下几个方面：

- 社会应该建按照伊斯兰教的宗教原则与理念而重建，因而伊斯兰主义经常被描绘为“政治伊斯兰教”。
- 支持“伊斯兰教国家”，反对现代世俗国家。这意味着宗教原则（通常表现在伊斯兰教法中）和权威凌驾于政治原则和权威之上。
- 西方与西方价值观被视为堕落、腐化的，因而伊斯兰教为一些人提供了“圣战”对抗西方的正当性。

伊斯兰主义呈现出两种广泛的趋势。其一，伊斯兰主义主要是一种认同政治的形式，寻求一种独特的伊斯兰教的政治认同，强调宗教复兴。其二，它是一种神权和反民主的政治计划，旨在以恢复哈里发帝国（Caliphate）（哈里发的字面意思是“继承者”或“代表者”，在此指由哈里发统治的伊斯兰教共和国）的方式复兴伊斯兰教。

第一，伊斯兰激进主义的源头存在于伊斯兰教自身之中。这一观点和“文明冲突论”不谋而合，因为两者都认为伊斯兰教价值观和西方自由民主的价值观水火不容。以此观之，伊斯兰教与生俱来地具有极权主义性质：以伊斯兰教法为基础建立伊斯兰教国家的目标完全是反多元主义的，并有悖于公共/私人领域的观念。换言之，美国新保守主义理论家所谓的“伊斯兰教法西斯主义”并非是对伊斯兰教的曲解，而是伊斯兰教某些核心信念的表现。但是，这种观点严重曲解了伊斯兰教的核心信念。例如，按照先知穆罕默德的说法，“大吉哈德”并非是反对异教徒的政治斗争，而是内心的斗争，即以道德和精神戒律方式自我完善的斗争。此外，这一观点忽略了这样一个事实，即伊斯兰教某种程度上不仅吸收了亚里士多德的哲学等西方理念，也对西方，特别是对欧洲艺术和文化产生了重大影响。

见诸行动的全球政治

伊朗“伊斯兰革命”

事件：1979 年 2 月 1 日，阿亚图拉·霍梅尼结束了巴黎的流亡生涯，回到德黑兰。上百万伊朗人欢迎他。一系列不断升级的群众抗议迫使穆罕默德·礼萨·巴列维流亡海外（1979 年 1 月 16 日）。作为“半神式”人物和反抗国王的代表，霍梅尼的巨大声望使其迅速建立了个人统治并打败了其他反对派。1979 年 4 月 1 日，在一场受操纵的全民公决（98.2%的支持率）之后，伊朗宣布建立“伊斯兰共和国”。1979年12月新的神权宪法正式通过。在该宪法下，霍梅尼被任命为最高国家领袖，负责掌管由民选国会和总统组成的宪法体制，但实质性权力仍在什叶派宗教精英手中。

意义：伊朗“伊斯兰革命”对伊朗国内、中东国家间乃至更广泛的伊斯兰教与西方关系都产生了深远影响。霍梅尼什叶派的体制起初运用“圣战”方法，以重新组织、塑造伊朗内外政策的优先议题。伊朗表现出强烈的宗教意识，反映在对“大撒旦”（美国）的强烈不满、严格的伊斯兰教教义在社会和政治生活中的运用。在伊朗，妇女必须穿戴面纱和头巾。伊朗废除了对一夫多妻制的限制，禁止避孕，当众鞭笞或处决通奸，判处同性恋死刑。然而伊朗是一个极度复杂的社会，激进主义者与改良主义者、传统主义者与现代主义者的势力相互交织。1980—1988年两伊战争的结束以及霍梅尼的逝世似乎为伊朗温和派的崛起铺平了道路。这些温和派包括拉夫桑贾尼（Hashemi Rafsanjani）、穆罕默德·卡塔米（Mohammed Khatami）。然而2005年艾哈迈迪·内贾德被选为总统，而且霍梅尼的继任者伊朗最高领袖哈梅内伊（Khamenei）极力支持内贾德。这意味着保守主义政治的回归和明确的“霍梅尼主义”形式的出现。2009年内贾德残酷镇压了抗议他再次当选的人群，损坏了其政权的民主公信力，凸显出其依靠革命卫队和巴斯基（Basiji，准宗教志愿军）支持的程度。

伊朗革命也重构了中东政治，标志着激进伊斯兰教的兴起。伊朗什叶派政权的政治和精神要旨与主要由逊尼派所控制的伊斯兰世界并不合拍。尽管阿拉伯国家与伊朗之间存在着文化和其他方面的张力，但1979年“伊斯兰革命”反映了中东以及世界其他地区穆斯林的愿望。与西方交往的痛苦经历使他们感到耻辱与灰心，鉴于此，它激励与鼓舞着政治伊斯兰教的各种力量，特别是因为伊朗似乎提供了政治、社会发展的伊斯兰教具体模式，不受西方霸权的影响。伊朗更广泛的影响体现在1979年11月革命追随者对美国驻德黑兰大使馆的占领、1982年伊朗所支持的黎巴嫩革命团体——真主党的建立。一些人认为，伴随着伊朗对哈马斯的巨大影响，伊朗对真主党的支持构建了一张对以色列产生威胁的恐怖主义网络。2003年，随着萨达姆的倒台和伊拉克什叶派政府的建立，伊朗的地位得到极大巩固。这一系列事件更加助长了伊朗对核武器的渴求。鉴于伊朗对以色列根深蒂固的敌意以及伊朗政权的动荡和冒险倾向，伊朗逐渐成为确保核不扩散的核心所在。

第二，复兴的伊斯兰主义被描绘成特定历史环境的具体反映。例如，伯纳德·里维斯（Bernard Lewis 2004）认为，伊斯兰世界危机四伏，很大程度上是由于中东的衰落和停滞以及阿拉伯世界的屈辱感困扰着伊斯兰教。中东的衰落根源于盛极一时的奥斯曼帝国的崩溃、第一次世界大战后法国和英国的瓜分、旷日持久的阿以冲突所产生的无力感。此外，二战后殖民主义的终结并没有给阿拉伯世界带来多少好处。这既是因为中东政权大多腐败无能，也是因为新殖民主义继承了传统殖民主义，特别是因为美国在这一地区的影响不断扩展。在20世纪的最后几十年中，阿拉伯世界人口膨胀、经济停滞、外国势力的干涉以及阿拉伯社会主义的失败都使得伊斯兰主义观念和信条对年轻人和政治狂热分子产生了吸引力。

第三，伊斯兰主义被解释成一种更广且更深刻的意识形态趋势：反西方主义。因而，保罗·伯曼（Paul Berman 2003）将激进伊斯兰主义置于一战后从自由社会失败中出现的极权主义运动的背景下。第一次世界大战的意义是，它粉碎了对于进步、理性发展的乐观主义信念，支持了更为黑暗的反自由主义运动。就此而论，政治伊斯兰教与法西斯主义、共产主义有许多共同之处，因为它们都承诺铲除腐败和堕落，使社会重新变得“坚若磐石，永不磨灭”。布鲁默和玛格丽特（Buruma and Margalit 2004）将伊斯兰主义描绘成一种**西方主义**（Occidentalism）形式。由此观之，西方社会的特征是个人主义、世俗主义和相对主义，而且西方社会是以贪婪和物欲为基础的机械文明（mechanical civilization）。相比之下，西方主义提供了有机团结、道德可靠性和政治—宗教复兴的前景。这一观念首先来源于 19 世纪早期德国反启蒙思想家的著作，并对两次世界大战之间欧洲法西斯主义和日本军国主义起到推波助澜的作用。然而，在当代世界这些观点在政治伊斯兰教中得到了清晰的表达。

但是，伊斯兰主义也并非只有一种教义或政治特征。最具影响的两种政治伊斯兰教是哈瓦比教（Wahhabism）和什叶派伊斯兰教。哈瓦比教（或者一些信徒更倾向将其称为萨拉菲主义）是沙特阿拉伯的官方宗教。沙特阿拉伯是世界上第一个伊斯兰原教旨国家。哈瓦比教可以追溯到 18 世纪，当时倡导严格、禁欲的伊斯兰教信徒与沙特王朝的早期权贵联盟。哈瓦比教派信徒试图清除异教徒与现代发明，以重新恢复伊斯兰教。此外，他们取缔了图片、画像、乐器、歌唱、影视电视和穆罕默德生日的庆贺。瓦哈比教的理念和信仰对遍布埃及、约旦、苏丹、叙利亚的穆斯林兄弟会产生了巨大影响。主要理论家萨义德·库特卜（Sayyid Qutb）坚决地表述了这种观点。埃及作家穆罕默德·阿伯丁·萨拉姆·法哈吉（Mohammad Abd al-Salam Faraj）提出了“库特卜主义”的革命模式。1982 年他因牵涉谋杀总统萨达特而被处死。在“库特卜主义”中，吉哈德作为“被忽视的义务”或“被遗忘的责任”，被字面上理解为反抗真主宿敌的斗争。这些激进理念影响了本·拉登和“基地”组织、阿富汗塔利班政权、后来阿富汗和巴基斯坦的塔利班叛乱。与逊尼派原教旨主义不同，什叶派原教旨主义来自什叶派截然不同的教义与倾向。什叶派相信，随着“伊玛目”（hidden imam）的回归或受真主直接引导的马赫迪（Mahdi）的出现，神的指引将再次降临尘世。复活或现世救赎的这种观念赋予了什叶派一种弥赛亚情结的特征，然而传统上更严肃的逊尼派则不具有这种特征。这体现在伊朗“伊斯兰革命”的大规模游行示威、伊朗民众反抗美国和西方势力影响的骚动、真主党和哈马斯反抗以色列的运动中。

西方主义：对西方政治、文化传统的拒绝，特别是宗教改革和启蒙运动所塑造的传统；反西方主义的另一称谓。

关键性事件

阿以冲突

19 世纪 80 年代　犹太人开始向巴勒斯坦地区移民，犹太复国主义出现。

1917 年　在英国委任统治时期（1917—1947），《贝尔福宣言》确立了英国对在巴勒斯坦建立“犹太民族之家”的支持。

1947 年　联合国分离方案提出在巴勒斯坦建立阿拉伯和犹太国。阿拉伯人拒绝这一方案。

1948 年　以色列宣布建国，导致阿以战争在 1948 年爆发。阿以战争使许多巴勒斯坦人沦为难民。

1956 年　苏伊士运河危机使以色列入侵西奈半岛，尽管以色列在美国和国际社会压力下撤出了西奈半岛。

1967 年　以色列在六日战争中打败了埃及和叙利亚，并占领加沙地带（从埃及手中）、西岸（从约旦手中）和戈兰高地（从叙利亚手中）。

1973 年　在犹太人斋戒日的联合突袭后，以色列在赎罪日战争中打败了埃及和叙利亚。

1978—1979 年　在美国的斡旋下，《戴维营协议》促使埃及、以色列在 1979 年签署和平协定。

1982 年　以色列袭击了黎巴嫩，以回应巴勒斯坦的恐怖袭击，而且截至 1985 年从大部分黎巴嫩领土撤军。

1987—1993 年　巴勒斯坦人为反抗以色列对西岸和加沙地带的占领，发动了第一次起义。1988 年巴勒斯坦宣布建国。

1990—1991 年　在海湾战争中，伊拉克导弹袭击了以色列城市和以色列的核设施。

1993—2000 年　以色列和巴勒斯坦解放组织（PLO）签署了《奥斯陆协议》，为巴勒斯坦自治政府的建立铺平了道路。

2000—2005 年　巴勒斯坦第二次起义标志着巴勒斯坦反抗和战斗的再度崛起。

2006 年　以色列和真主党的冲突使以色列袭击贝鲁特和黎巴嫩南部大部，然而真主党轰炸了以色列北部城市。

2007—2008 年　以色列与哈马斯的停火谈判失败后，以色列大规模入侵加沙地带。

萨义德·库特卜（Sayyid Qutb，1906—1966）

萨义德·库特卜是作家、宗教领袖，时常被视为现代政治伊斯兰教之父。身为富农之子，在美国两年研究访学期间，库特卜走向了激进。他对所经历的物质主义、道德滑坡和荒淫无度深恶痛绝。库特卜的世界观或“库特卜主义”强调西方化给世界造成的野蛮与腐化，只有在生活所有方面重新推行严格的伊斯兰教义才是拯救这个世界的唯一办法。库特卜首要抨击了西方化的埃及和其他伊斯兰国家的统治者。1954—1964 年在纳赛尔统治时期他入狱，最后被判叛国罪而实施死刑。

但是认为所有伊斯兰主义都是激进与革命的观点是错误的。相较于基督教，伊斯兰教一般比较宽容其他宗教和竞争性信仰体系。这一事实成为伊斯兰主义和政治多元主义之间和解的基础。这最明显地体现在土耳其政治发展中。土耳其军队与不断发展的伊斯兰主义运动之间存在着张力。土耳其承诺严格遵循其立国基础的世俗主义原则。2003 年，正义与发展党（AK）掌权并推动伊斯兰主义的宪政形式。正义与发展党试图平衡以伊斯兰教价值观为基础的温和的保守政治与土耳其世俗的民主框架。土耳其并不是在东西方之间做出选择，而是试图建立一种土耳其身份，使其能够和谐地存在于两者之间。这种妥协的主要方面是，土耳其不断努力，以获得欧盟成员国身份。然而不明朗的是，宪政伊斯兰主义是否具有长期的可行性：对人权和自由民主原则的接受必然意味着政治必须脱离宗教吗？跨文化理解的其他趋势包括半岛卫星电视网络影响的不断上升。虽然“9·11”事件后半岛电视台为本·拉登和其他“基地”组织头目提供了发表声明的平台而声名鹊起，但是半岛电视台也为更多中东事件的公正报道做了大量努力，也有助于抵抗西方媒体霸权的现象。

全球行为体

半岛电视台

类别：电视卫星网络　**建立时间：**1996 年　**地点：**卡塔尔

1996 年作为阿拉伯语的电视卫星网络——阿拉伯半岛电视台（Al Jazeera 阿拉伯语的字面意思是“半岛”）创立。它的创立起源于英国广播公司阿拉伯电视台的倒闭。大约 120 名英国广播公司的记者迁往位于卡塔尔半岛酋长国的新电视台。半岛电视台从卡塔尔酋长国获得了大量贷款并受卡塔尔政府的慷慨资助。它迅速成为中东地区广受争议的阿拉伯语电视网，24 小时不间断地提供世界各地的新闻报道。2000 年对以色列占领区内的巴勒斯坦人暴乱的报道使之在阿拉伯世界中名声大噪。然而“9·11”事件之后，半岛电视台播放本·拉登录音声明、2002 年在卡拉奇一秘密地点对“9·11”袭击事件两名策划者的采访才使其备受瞩目。半岛电视台网络不断增长的影响表现在美国对半岛电视台办公室发动的袭击，即 2001 年 11 月在喀布尔与 2003 年 4 月在巴格达的袭击。后者导致记者塔里克·阿尤布（Tareq Ayyoub）丧生。2005 年半岛电视台创立了英语频道（半岛英语），从英国广播公司、美国有线电视新闻网、星空、路透社以及其他地方招募著名记者，在多哈、伦敦、吉隆坡和华盛顿等地发布新闻。据称半岛电视台拥有近 5 000 万名观众，旗下的阿拉伯语半岛电视台可与英国广播公司媲美。另据估算，1 亿家庭能收到半岛电视台英语频道。

意义：半岛电视台的影响应在媒体权力不断扩大的背景下理解。有时媒体被描绘成世界上“隐秘的超级大国”，因为科技变革（卫星和有线电视、手机和卫星电话、电脑和互联网等）极大地提高了人们在全球范围内获取新闻、信息、图像和观念的能力。因此，半岛电视台在中东以及其他地区起着特殊作用。事实上，它变成了“阿拉伯世界的美国有线电视新闻网”，成为该地区时事新闻的主要来源。其优势是，相比于两种替代方案，即美国有线电视新闻网、星空、福克斯新闻网、英国广播公司等西方媒体和政治保守、狭隘的阿拉伯国有电视台，半岛电视台被广泛认为更可靠和真实。因而，半岛电视台既是一种民主力量，也是政治化的能动者。它是民主的力量，因为消息更灵通的阿拉伯民众会在政治上更加自信，更难以容忍权威主义的统治。当阿拉伯世界的一些事件（诸如伊拉克战争费卢杰的两场战斗中人们遭受的痛苦，或者以色列对黎巴嫩的进攻）给国内阿拉伯民众产生巨大影响时，政治化（politicization）或许会发生。实际上，半岛电视台对民族主义的影响大于其对民主的影响。

半岛电视台的更广泛影响（特别是通过其英语频道和网站），或许可以增进伊斯兰和西方之间的相互了解。在阿拉伯世界内，与其他电视台相比半岛电视台更为中庸。比如它愿意报道以色列，承认以色列在武装冲突中的伤亡。对西方来说，半岛电视提供了这样的机会，可以使其感知到广大穆斯林对中东乃至世界的更广泛的看法。虽然半岛电视台宣称致力于“公正、中庸、独立、可信”的报道，但它在诸多方面因政治偏见受到指责。这些指责包括关于伊拉克的报道中亲复兴党的偏见、反西方特别是反美的偏见而使其时常成为“基地”组织的喉舌、激进伊斯兰主义者所认为的亲以色列和亲美偏见。但是，半岛电视台所遇到的最大威胁是，在追求知名度和全球影响的过程中，它会丧失其独特魅力，从而蜕变为另一个主流电视网络而已。

西方与“穆斯林问题”

在与“现代化”的西方的遭遇中，不仅伊斯兰世界受到挑战并感到困惑，而且有时西方在与伊斯兰教相处中也倍感艰难。这是时常所称的“穆斯林问题”。“伊斯兰教威胁论”存在着两个不同版本，即内部威胁论和外部威胁论。伊斯兰教作为“内部敌人”（enemy within）观念的出现并非来自穆斯林移民的增长，而是来自20世纪80年代以来穆斯林认同逐渐呈现出政治色彩。这一点特别适用于欧洲和美国的第二代穆斯林移民。与其父母相比，这些移民较少认同“母国”文化。与此同时，在社会和文化上他们感到被东道国边缘化。这种情况有利于宗教意识的出现，以一种全新的狂热唤起伊斯兰教认同。1989年所谓的“拉什迪事件”（Rushdie affair）既是西方社会内部不断增长的文化张力的明证，也加剧着这种文化张力。当时穆斯林团体抗议刊登萨曼·拉什迪（Salman Rushdie）的撒旦诗。他们认为这些诗是反伊斯兰教的，正如同2005年丹麦刊登12幅卡通漫画的行为被指控亵渎先知穆罕默德一样。国际发展也起到了强化伊斯兰教认同意识的作用。伊朗革命和阿富汗反抗苏联占领提供了穆斯林自作主张的证据。然而阿以冲突解决的失败、20世纪90年代西方对波斯尼亚穆斯林种族屠杀的不作为、“反恐战争”特别是阿富汗和伊拉克战争更是让穆斯林愤愤不平。这有时反映了西方社会广泛存在的“伊斯兰恐惧症”（Islamophobia）。2005年伦敦爆炸案（所谓的“7·7”事件）等催生了所谓“本土”（home-grown）恐怖主义的出现。值得注意的是，“基地”组织的建立者和参与“9·11”袭击的大部分恐怖分子并非第二代穆斯林移民，而是那些接受过西方教育且熟悉西方社会的穆斯林。

西方社会以各种方式对穆斯林意识的发展做出了反应。在一些情况下，基于下面的信念导致了对多元文化主义的抵制，即由于伊斯兰教本质上是反多元主义和反自由主义的，穆斯林社群（Muslim communities）永远无法适当地融入西方社会。这一理念在法国受到了广泛支持。法国禁止在公立学校穿戴宗教服饰，旨在阻止穆斯林女孩穿戴伊斯兰式面罩。其他的例子包括对温和派穆斯林团体、温和派理念的支持，对自由党“Hizb al-Tahrir”等极端组织的取缔或限制。然而，这些捍卫自由社会的努力时常以反恐的名义，也会适得其反，因为这些做法将伊斯兰妖魔化并使穆斯林社群受到攻击（在第 12 章探讨）。此外，这一内部“伊斯兰教威胁”的规模和性质也许被严重夸大了，因为民意调查一直显示，西方社会的绝大多数穆斯林支持自由主义和多元主义价值观。尽管许多穆斯林将美国视为“大撒旦”，但美国“本土”恐怖主义也明显是空穴来风。这或许是因为所有西方社会、美国以其宪法和人权法案明确载明了社会所依赖的价值观与原则。

聚焦

推广民主：支持或反对？

为了推广民主，民主国家有权利甚至有义务去干涉他国事务吗？如果“推广民主”（democracy promotion）是一种正当的对外政策目标，那么如何追求这一目标？至少四种方式为推广民主提供了正当性。第一，民主建立在人的尊严、自由权利和政治平等等价值观之上，因而不论其历史、文化和价值观，民主统治乃是普世的善（universal good），放之四海而皆准。因而，那些有能力推广民主的国家有义务这样做。事实上，这假定了一种对民主治理的渴望到处存在着。第二，由于权威主义政体压制异见，否定公民的政治参与权，所以民主不可能仅通过内部压力就能建立，因而需要外部支援。这种支援可能涉及武力使用，因为权威主义政府几乎不可能自愿放弃权力。第三，正如“民主和平论”所揭示的，民主能增加和平与合作的可能性，至少在民主国家之间。第四，民主的实际优势在于，民主不断扩大政治参与度，减少了不满和不安，有助于抵制政治激进主义乃至恐怖主义。以此观之，权威主义或专制统治乃是动荡和政治暴力的主要原因之一。

但是，民主推广的政策饱受诟病。对一些人而言，它是以徒有其表和自私自利的推理为基础的。冠冕堂皇的正当性在实践中相当于旨在扩展西方霸权和确保获取重要能源资源的帝国主义。另一种关切来源于对西式民主普适性的质疑。一些人认为，阿拉伯民众、更广大的穆斯林尚未做好“民主的准备”，另一些则认为民主在世界不同地区会呈现出不同形式。在此，对自由民主制改革的狭隘关注成为欧洲中心主义的例证，这可能站不住脚。第三种关切是，民主与政治现代化之间的联系绝不是确定无疑的。比如，1991 年阿尔及利亚多党制选举看上去很可能导致极端伊斯兰教的救亡阵线（Salvation Front）的全面胜利，如果阿尔及利亚军方没有干预并压制了民众支持的宗教原教旨主义的话。最后，以干涉推广民主的方式被指责为道德和政治的混淆。为了推动政治自由而违反民族自决原则的行为似乎是自相矛盾的。除了这种方式的道义不妥（moral qualms）之外，它还激起普遍反感和敌意的危险，反过来使国家建设（或民主建设）困难重重。

然而，伊斯兰教有时被描绘成“无敌”(enemy without) 的，在远离自己疆土的地方对抗着西方。随着“反恐战争”演变为阿富汗、伊拉克旨在消灭伊斯兰教恐怖组织和其依附的激进意识形态的反叛战争(counter-insurgency war)，这一理念得到进一步巩固。在某种意义上，“反恐战争”背后的思维方式反映了反伊斯兰教或反阿拉伯的假设。例如，以美国军事干预方式将民主“强加”给中东的观念反映了这样一个信念，即伊斯兰世界特别是阿拉伯社会如此落后，权威主义价值观如此根深蒂固，以至于它们无法以自身努力的方式实现民主化。这反映了 20 世纪 90 年代以来美国执政者重视运用“推行民主”战略给中东带来和平，特别是为了阻止极端伊斯兰主义的扩散、与此相关的恐怖主义威胁的蔓延。“民主和平论”支持了这种想法。“民主和平论”可以追溯到伍德罗·威尔逊乃至康德。美国克林顿政府大力推广民主，某种程度上是为了回应对美国政府支持中东非民选、权威主义政府以换取石油供应的指责。这背离了老布什冷战后的“新世界秩序”设想，因为在“新世界秩序”中，不管一个国家宪政结构如何，互不干涉和互不侵犯规范适用于所有国家(如 1991 年海湾战争乃是为保卫科威特)。然而，以推广民主之名在麻烦不断的中东用武力强行推行“政权更迭”的政策，使得克林顿的“软”**威尔逊主义** (soft Wilsonianism) 在乔治·W·布什统治下蜕变为“硬”威尔逊主义。推广民主的问题仍然备受争议，特别是由于其与“反恐战争”的相关性。

威尔逊主义：一种强调以推广民主的方式保障和平的对外政策，与伍德罗·威尔逊的理念一脉相承。

总 结

- 西方社会常常被描绘为“发达”或“先进”社会，意味着假以时日它们所提供的模式会被所有其他社会所效仿。西方化是与一些因素有关的，即市场或资本主义经济的发展、自由主义民主的推进、个人主义、世俗主义和物质主义等价值观的传播。
- 冷战结束以来政治更多地被文化差异问题而不是意识形态竞争所架构着，特别是那些与认同相关的差异。政治—文化的自我确证过程，各种形式的认同政治重塑了群体的认同，寻求挑战和推翻压迫。
- “文明冲突”理论家认为，21 世纪全球政治越来越以“不同文明”的群体、国家之间的冲突为特征。但是除此之外，这一观点忽略了诸文明的复杂性和碎片性，不同文化之间和谐、和平共处的程度。
- 文化的政治重要性日渐增长，其最为显著的方面在于宗教运动的兴起。这一点特别反映在原教旨主义的勃兴上。原教旨主义体现为宗教—政治运动，时常但非必然地涉及圣经文本的字面真理信念。
- 通过挑战、替代西方政治—文化霸权的努力，认同、文化和宗教问题获得了显著关注。它体现在后殖民主义的一般现象中，也体现在独特的亚洲价值观和文化信念中。
- 西方最大的挑战来自政治伊斯兰教的兴起。西方和伊斯兰教之间冲突的镜像建立在伊斯兰主义根深蒂固的反西方理念上，或建立在伊斯兰教特别是阿拉伯世界不断成为西方干涉和操纵的受害者的理念上。

问题讨论

- 何谓西方？
- 何种因素能解释认同政治的出现？
- 认同政治是解放性还是压迫性力量？
- 文明的“板块”模式有多少说服力？
- 宗教原教旨主义在何种方式上与全球化相关联？
- 妇女权利本质上是个西方概念吗？
- 亚洲价值观仅仅是权威主义统治的借口吗？
- 伊斯兰教与西方的冲突有文明的因素吗？
- 伊斯兰极端主义的根源在于伊斯兰教本身吗？
- 什么是“穆斯林问题”，它有解决的办法吗？

第 9 章

权力与 21 世纪的世界秩序

新世界秩序初见端倪，其速度如此之快，以至于政府和公民难以跟上事件的步伐。

——米哈伊尔·戈尔巴乔夫，《华盛顿邮报》，1990 年 2 月

预览

全球秩序的问题至关重要，因为它反映了国家和其他行为体之间的权力分配，影响全球体系内的稳定程度和体系内冲突与合作的均衡。然而，这产生了权力本质的问题。权力是国家与其他行为体所**拥有**的一种属性还是隐含在各种全球政治结构中呢？权力总是涉及支配与控制，还是以合作与吸引力运作？冷战期间，人们普遍认为全球权力具有两极特性：两个超级大国美苏相互对抗，这是导致了和平与稳定还是日益加剧了紧张气氛与威胁在这个问题上人们存在着分歧。冷战结束以来，存在着关于世界秩序本质问题的深入争论。传统观点认为，超级大国时代的终结造就了以和平和国际合作为特征的世界新秩序。“世界新秩序”是什么？其命运又是什么？第二种观点强调，作为唯一超级大国的美国创造了一种以美国为“霸权”的单极世界秩序。美国是个“全球霸权”，单极性又意味着什么呢？第三种观点强调多极化的趋势和全球权力的碎片化。新兴强国（中国、印度、俄罗斯、巴西等）的崛起、全球化的发展、非国家行为体日益增强的影响、国际组织的发展等影响着多极化的趋势以及全球权力的碎片化。多极世界秩序会带来和平、合作和一体化，还是预示着新冲突和激烈动荡的出现呢？

关键问题

- 何为权力？
- 权力的本质如何、在何种程度上发生了变化？
- 冷战的结束对世界秩序意味着什么？
- 美国是个霸权国还是江河日下的大国？
- 当下世界在何种程度上是多极的？这种趋势会持续下去吗？
- 不断增长的多极趋势将如何影响着全球政治？

权力：从广义上讲权力意指影响事件结果的能力，某种意义上拥有做某事的“权力”。在全球政治中，这种权力包括一国不受他国干预而自主处理事务的能力，接近于自主性的含义。但是通常权力被视为一种关系，即影响他国使其做其本不愿做的事的能力或对于他者的“权力”。因此，权力是在任何时间A让B做其本不愿做的事。当然，潜在/实际权力，关系性/结构性权力和“软/硬”权力之间存在着区别。

权力和全球政治

政治本质上是权力：一种以任何手段取得想要的结果的能力。哈罗德·拉斯韦尔（Harold Lasswell）的《政治：谁得到什么？何时和如何得到?》（*Politics*：*Who Gets What*，*When*，*How*? 1936），标题灵巧地概括了这一观念。但这仅仅提出了另一问题：权力到底是什么？应该怎样最准确地理解权力，特别是全球政治中的权力？权力是一种复杂、多维度的现象。约瑟夫·奈（2004）将权力比作爱：“易于体会但难以定义和测量，依然真实存在。”权力的问题是，它是一个本质上有争议的概念：固定或统一的权力概念并不存在，仅是一系列竞争性概念。权力可以以能力（capability）来理解，即国家或其他行为体“拥有”的一种特性。权力能够理解为一种关系，即对其他行为体施加的影响。权力能够理解为结构的属性，即控制政治议题以及塑造做事方式的能力。更加令人困惑不解的是，关于权力本质的变化也存在着争论，特别是行为体相互影响的关键因素。

作为能力的权力

国际政治对权力的传统理解是用能力来解释权力。因此权力是一种特性或获得性。例如，这种方法反映在列举国家权力的“要素”或“成分”的努力中。其中最为关键的因素包括军队的数量和质量、人均财富和自然资源、人口规模、幅员和地理位置、人口数量及其技能等。这种方法的优势是，它以军事和经济力量等有形因素而非无形因素作为基础分析权力，这意味着权力是可测量的。尽管如此，士气和领导技能等无形因素也受到更多关注。权力的能力观的重要意义是，它能够在国家所拥有的权力或资源基础上对国家分类，以等级制为基础分析国际体系。因而国家能被分成“大国”、“超级大国”、“中等国家”和“地区强国”等。

但是，以能力测量权力的观点有若干缺陷，从而使其成为测定事件结果的一种不可靠的方法。越南战争的例子经常被引用来证明这一点。尽管相比于北越以及它的共产主义盟友越共，美国拥有大量的经济、技术和军事优势，但是美国未能在越南战争中取得胜利。充其量，能力界定着**潜在**权力而非**实际**权力，将一种能力转换为真正的政治资产很困难，甚至是不可能的。这有以下几个原因：

- 权力特性的相对重要性是不确定和有争议的。大规模的人口比地理位置更重要吗？经济权力比军事权力更重要吗？
- 国家权力的一些因素不再那么有益，相比于其最初出现时。比如，受过良好教育（highly educated）的人可能约束国家发动或供养战争的能力。自然资源可能会阻碍经济发展，即所谓的“丰裕的悖论”（paradox of plenty）。
- 主观因素和可测量的客观因素一样重要。这包括军队的意志和决心以及民族精神。战略和领导能力也至关重要，使得在非对称性战争中较弱一方战胜强大的一方。因而恐怖主义和暴动也是“弱者的力量”的例子（Ignatieff 2004）。
- 在特定情形下将资源或能力转化成真正的政治效能才是可能的。比如，当国家面临恐怖主义威胁或进行游击战时核武器毫无作用，并且这类武器在大多数政治情景下是“不可使用”的。
- 权力是动态的、不断变化的，意味着权力关系从来不是固定或“给定的”。比如，由于经济增长或萧条、经济危机的出现、新能源的发现、新式武器的获得、自然灾害、民族冲突的加剧等，权力会发生转移。

关系性权力和结构性权力

许多人将权力描述为一种关系。在其经典论述中，权力可视为任何时间内A让B做原本不愿做的事。如果对能力的关注使权力相当于“实力”，那么对关系的关注使权力相当于“影响力”。当然，能力与关系并非迥然不同。国家或其他行为体之间的权力关系反映各自能力的均衡状况。在这种情况下，权力的关系模式具有上面所述的诸多缺陷。鉴于此，**关系性权力**（relational power）是以行为和结果来理解的，即以一行为体对另一行为体的影响来理解，而并非以能力的对比性评价来理解。这是因为权力涉及感知（perception）。国家与其他行为体的互动以相对权力的各自算计为基础。这意味着，尽管一国在“客观”力量方面处于衰落，但是声望仍能维系着国家权力。因而对外政策决策是以对其他行为体权力的低估或高估为基础的，也是以各种误解及其错觉为基础的。此外，特别在军事领域，A以两种方式对B施加影响：A让B做其原本不愿做的事［**胁迫**（compellance）］，或阻止B做其原本要做的事［**威慑**（deterrence）］。一般来说，前者比后者更有风险，需要更多的资源。这体现在2003年入侵伊拉克以“政权更迭”（胁迫的例子）和先前以“禁飞区”阻止对库尔德人和什叶派穆斯林的进攻（威慑的例子）政策的对比中。

关系性权力：一个行为体影响其他行为体不遵从其本身意愿的能力。

胁迫：以战争或侵略威胁迫使敌对者作出违背其意愿的策略或战略。

威慑：强调可能发生的军事反应的规章而防止侵略的策略或战略（一次攻击的代价比可能带来的收益都大）。

结构性权力：塑造全球行为体互动所处的框架的能力，因而影响着“行事的方法”。

权力的能力和关系模式假定一个行为体或施动者的存在（通常是国家），然而**结构性权力**（structural power）将权力分配和社会结构中的偏见联系起来。在社会结构中，行为体彼此互动，作出决策。苏珊·斯特兰奇（1996）提供了对结构性权力最具影响的论述，将结构性权力定义为“决定行事方法的权力，塑造国家间、国家与民众之间以及国家与公司间互动框架的权力”。斯特兰奇进一步区分了 4 种不同的权力结构：

知识结构，影响行为体的信念、观念和认知；

金融结构，控制信贷和投资的获取；

安全结构，塑造防务和战略性议题；

生产结构，影响经济发展和繁荣。

聚焦

国家权力的因素

（如果现在不太时兴）一种常见的获得权力的方法是确认国家或其他行为体施加影响的能力。特别是当谈及国家的等级排名时。在此观点下，有以下几个国家权力的关键要素：

- **军事实力**。对于许多评论家特别是现实主义学者来说，国际政治中的权力归结为军事能力。比如，现实主义者传统上赞成权力的“基本力量”模式，因为军事能力促使国家保护其领土和民众免受外部侵略，以征服与扩张的方式追逐国家利益。因此关键因素是军队规模、在士气、训练、纪律和领导力方面的有效性、关键先进武器与装备的使用。
- **经济发展**。国家在国际事务的“分量”是与其财富和经济资源紧密相连的，因为经济发展支撑着军事能力。财富能使国家发展大规模的军队，获得现代武器以及发动代价沉重或持久的战争。现代科技和先进的工业基础也赋予国家和贸易伙伴相关的政治影响，特别是如果一国货币如此强大、稳定，以至于广泛地作为国际交换的手段。
- **人口**。大规模的人口在经济和物质上有利于国家，赋予其相当多的劳动力和发展大规模军队的潜力。然而识字率、教育与技能也很重要。经济发展、特别是工业化需要公民识字率、至少是基本的劳动技能水平。因为生产、分配和交换越来越依赖现代科技，所以高科技与信息技术技能已成为经济成功的必要条件。
- **地理**。地缘政治传统上强调着陆地、位置、气候、地形、自然资源等地理因素的基本重要性。有利的地理特性包括出入海洋（贸易和军事目的）的通道；远离地震带与热带风暴的温带气候；用以运输、贸易和能源生产（可水力发电）的适航河流；可耕地；矿产和能源的获得（煤、石油、天然气）。

斯特兰奇坚持认为，同一个国家无须支配所有这些结构，其结构性权力在不同结构之间存在着差异。这种权力分析提供了国家中心主义（state-centrism）的替代方案，强调了机制（regimes）和国际组织所扮演的重要作用。尽管如此，结构性权力与关系性权力一起运作，从而提供了一种解释结果是如何被决定的替代性解释。结构性权力的问题也充分表明了，权力的本质问题是如何与世界秩序轮廓的争论紧密关联的。20 世纪 80 年代，斯特兰奇运用结构性权力理论，重塑了霸权稳定论的辩论，挑战了当时认为美国衰落的新兴观念（在本章后面讨论）。美国衰落的观念是以美国经济相对衰落为基础的，特别是相对于德国与日本。

苏珊·斯特兰奇（Susan Strange，1923—1998）

英国学者、国际政治经济学的主要倡导者。斯特兰奇自称为"新现实主义者"，她在许多领域作出了贡献。其结构性权力观挑战了流行的现实主义权力论，重新设计着20世纪80年代时兴的美国衰落及其意义的争论。在《国家与市场》（*States and Markets* 1988）一书中，斯特兰奇分析了20世纪70年代以来市场相比于政治权威不断上升的支配地位。在《赌场资本主义》（*Casino Capitalism* 1997）、《疯狂的金钱》（*Mad Money* 1998）两书中，斯特兰奇考察了市场经济的动荡与反复无常，特别是考虑到金融市场运行方式的创新方面。

权力本质的变化

硬权力：一个行为体（常常指国家，当然不是所有情况下都指国家）以威胁或奖赏的方式影响他者的能力，涉及军事"大棒"或经济"胡萝卜"。

软权力：影响其他行为体的能力，以说服其他行为体遵守或同意规范和产生预期行为的愿望。

最近关于权力本质变化的争论更多地反映了关系性权力如何行使的机制变化，而较少反映概念上的权力形式。在这方面的两个变化引起了关注。第一个是，从军事权力向经济权力的一般性转移。军事权力是世界政治的传统货币。现实主义者特别强调军事权力，因为在其看来，安全和生存建构着国际体系。在自助的世界中，国家只有拥有自卫的能力，才能免受国家灾难。然而，新自由主义者挑战着这种以军事权力为基础的权力政治观念，声称不断增长的贸易联系增加了相互依赖，从而使国家间战争代价由于更为高昂而成为天方夜谭。因而军事权力变成一个不太靠谱和不太重要的政策选项。在现代世界中，国家以贸易而非使用武力的方式展开竞争。

第二个转移是，**"硬权力"**（hard power）在更大程度上的衰落。"硬权力"包括军事和经济权力。"硬权力"是"指挥权"（command power），即一种以诱导（胡萝卜）或威胁（大棒）方式改变他者行为的能力。相比之下，**"软权力"**（soft power）也在不断增长。"软权力"是"合作性权力"，它是一种以**吸引力**（attraction）而不是**强制力**（coercion）塑造他者偏好的能力（Nye 2004）。"硬权力"依靠诸如武力、制裁、付酬和贿赂等资源，然而"软权力"很大程度上以文化、政治理念和对外政策（特别是当这些被认为具有吸引力、合法性或具有道德权威的时候）而运作。对一些女性主义者而言，软/硬权力的区分体现了权力和性别之间关系的更为深层的因素。由此观之，"支配权"（power over）的概念反映了现实主义权力理论的"男性"偏见，特别是当其与强制、使用威胁和奖赏等"硬"战略相关联时。另一方面，女性主义者强调权力在国内和跨国社会关系中以灌输、合作和分享方式行使的程度。与权力的冲突性和能力概念不同，这表明了权力作为协作或“共享权力”（power with）的看法。“硬权力”与“软权力”之间的差别体现如图9—1所示。

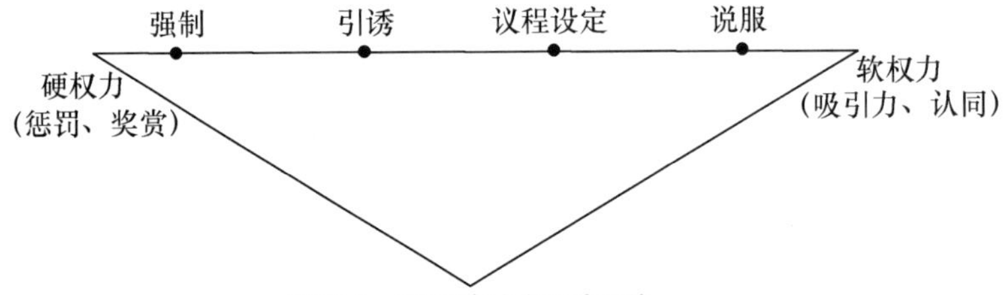

图9—1 硬权力、软权力与巧实力

从“硬权力”向“软权力”的转移是如何发生的呢？关键性解释是，相互依赖和相互联系的发展意味着人们看到、听到并获悉更多全球范围内的事件。图文、信息和观念的跨国界交流使得人们能够更容易地判断他国的文化和价值观、其政府的内外政策。这一趋势受益于全球范围内不断提高的识字率和教育水准、民主的传播，特别是很大程度上以“软权力”机制（领导人的个性、政党的形象与价值观等）方式而运作的民主体系。在这类情况下，国家运用“硬权力”的战略也许会承受丧失“民心”（hearts and minds）的风险。比如，小布什政府的“反恐战争”，特别是2003年入侵伊拉克结果适得其反，因为它在阿拉伯和伊斯兰世界激起了反美主义，甚至可能支持了恐怖主义。值得注意的是，2009年以来奥巴马政府更强调“软权力”战略。然而在大多数情况下，软硬权力相互交织。奥巴马政府要员大力提倡“巧实力”的概念，即依靠“硬权力”的“软权力”。但是也有不依赖“硬权力”的“软权力”的例子，比如梵蒂冈、加拿大和挪威。

聚焦

超越支配权

作为支配和控制的传统权力观是可持续的吗？传统权力观也意指对他者的物质性支配权。权力具有单一还是多样的表现与形式呢？直至20世纪80年代，权力的流行理解是以现实主义基本假设为基础的，即国家的首要地位，军事实力、经济实力在世界事务的重要性。这符合世界政治的台球镜像。在这种情况下，当台球（代表国家）相互碰撞时权力才表现出来。由于人类的发展，这种权力观随着时间的流逝越来越不令人信服。这些变化不仅包括冷战后两极体系的崩溃、美国在“9·11”事件后以军事手段应对恐怖威胁的做法，还包括发展中国家不断增强的影响和与人权相关的话语更为突出，特别是地区与全球治理形式的出现。

鉴于此，巴纳特和杜瓦尔（Barnett and Duval 2005）以四种不同（但可能会有重合）的概念为基础，提出了更为细微的权力方法，即“强制性”、“制度性”、“结构性”和“生产性”权力。前两者类似于传统的现实主义与自由主义观。强制性权力通常以军事或经济手段对其他行为体施加直接控制。制度性权力出现在当行为体对其他行为体实施间接控制时，例如，当国家建立对其长期有利而对他者不利的国际制度时。批判理论家更经常使用其他两种权力概念。结构性权力以各种结构方式而运作。这些结构塑造行为体对于他者的能力和利益，正如全球资本主义体系中造就资本与劳动力之间不同关系的趋势［斯特兰奇（1996）的“结构性权力”观包含了这种观点和“制度性权力”］。生产性结构在某种意义上指“主体间互动”的权力，即有能力塑造自我或他人的信念、价值观、认知的权力。受社会建构主义、后结构主义、女性主义思想的影响，生产性权力界定着“合法”的知识以及决定着谁的知识是至关重要的。

约瑟夫·奈（Joseph S. Nye，1937—　）

美国学者、对外政策分析家。奈和罗伯特·基欧汉是“复合相互依赖”理论的主要支持者。复合相互依赖论提出了现实主义无政府理念的另类解释（Keohane and Nye 1977）。在《注定领导世界》（*Bound to lead* 1990）和《美国权力的悖论》（*The Paradox of American Power* 2002）中，奈强调在全球化和信息革命等条件下，美国需要重新界定国家利益，而且全球相互依赖的新状况更强调多边合作。如其所说的，美国不能“独断专行”。奈创造了“软权力”（吸引和说服的能力）术语，与后来的“巧实力”密切相关，即“软权力”与“硬权力”的融合。他的其他著作包括《软权力》（*Soft Power* 2005）、《理解国际冲突》（*Understanding International Conflict* 2008a）和《领导世界的强国》（*The Powers to Lead* 2008b）。

后冷战时代的全球秩序

冷战两极格局的终结

尽管对 21 世纪**世界秩序**（world order）的性质存在着大量争论，但是人们对冷战期间世界的秩序轮廓也存在着一些共识。其最为显著的特征是，两大权力集团（即美国所主宰的西方世界、苏联所主宰的东方世界）相互对抗。在第二次世界大战中德国、日本和意大利战败了，英国在战争中也受到削弱并遭受长期的经济衰落，因而美国和苏联成为超级大国，即比传统“强国”强大得多的国家。它们的地位是以

两极：两极意指以两个极（主要的权力集团）为中心的国际体系。这一术语常常和冷战有关，仅用以描述“超级大国时代”东西方对抗的变化。对于一个真正两极的国际体系而言，两个出类拔萃的国家或国家集团之间必须在权力上大致相当，特别是在军事能力方面。新现实主义者认为，这种均衡意味着两极体系是稳定和相对和平的，有利于均势。然而自由主义者认为，两极与紧张、危险有关，产生于霸权野心和穷兵黩武的趋势。

世界秩序：国家与其他主要行为体之间的权力分配造成的一种相对稳定的行为和关系模式。

压倒性的军事权力（特别就核武库而言）和意识形态领导的范围为特征的。随着相互敌对的军事联盟形成，两极格局得以巩固，即 1949 年的北约组织和 1955 年的华沙条约组织。两极格局反映在 1961 年以柏林墙的建立为标志的欧洲分裂。20 世纪 60 年代后，冷战的两极格局模式变得越来越不准确。这首先是由于共产主义世界的分裂（最主要是 1949 年新中国成立之后莫斯科和北京之间不断加深的敌意），其次是日本和德国作为经济超级大国的复兴。这种日益浮现的多极体系（multipolarity）的结果之一是东西方之间的缓和（détente）。这反映在 1972 年尼克松总统的历史性访华、1967—1979 年之间限制战略武器会谈（Strategic Arms Limitation talks）。这些会谈促成了《第一阶段限制核武器条约》（SALT Ⅰ）、《第二阶段限制核武器条约》（SALT Ⅱ）。

冷战两极格局的国际体系意味着什么？特别对于新现实主义者来说，两极格局有利于保持稳定和秩序。这是有很多原因的。首先，最为重要的是两极体系趋向于均势。冷战期间，美苏大致相等的军事（如果是动态的话）使双方倾向于威慑战略。一旦确保相互摧毁（Mutually Assured Destruction，MAD）的条件达到了，两个超级大国即有效地抵消了相互力量，尽管这是以"恐怖平衡"（balance of terror）方式达到的。其次，一个事实确保了这一时期的稳定，即仅存在两个主要行为体。较少的大国降低了大国间战争的可能性，关键是减少了误算的可能性，使有效的威慑体系更容易运行。最后，冷战体系中的权力关系更为稳定，因为每个集团必须依赖内部（经济和军事）资源，然而权力扩展的外部手段（与其他国家的联盟或阵营）并不有效。一旦欧洲分裂实际上演变成世界分裂，可能破坏均势的联盟的变化在很大程度上就被排除了。因而，两极格局促成了 1945 年至 1990 年间的"长期和平"，特别是给 20 世纪经历了两次世界大战的欧洲带来了和平。

然而，并非所有理论家都对冷战两极格局持积极观点。对两极格局的一种批判观点认为，因为美苏抑制了双方间的直接对抗，寻求扩大或巩固自己的影响范围，因而两极体系强化了美国和苏联的帝国主义倾向。在西方资本主义世界，两极体系造成了新殖民主义、美国对拉美的政治干预和越南战争。然而在东方共产主义世界，两极体系导致了华约国家入侵匈牙利（1956），苏联入侵捷克斯洛伐克（1968）和阿富汗（1979）。对两极格局的进一步批评是，两个超级大国竞争和核威慑战略造就了持续不断的紧张局势，总是可能使冷战变为"热战"。换言之，冷战保持"冷"主要依赖于幸运因素或领袖的良好判断力，而不是体系本身的结构性变化。

即使新现实主义在强调冷战两极格局的好处方面是有效的，但是它很难解释冷战的崩溃。从 1985 年戈尔巴乔夫开创了加速改革的计划，以苏联放弃许多核心战略成就而告终，特别是放弃对东欧和非俄罗斯族的苏联加盟共和国的军事、政治控制。另一方面，冷战两极体系中的均衡表象总是颇具误导性的。正如随后所讨论的，1945 年美国在许多方面成为霸权国，然而苏联仅是一个挑战者，并不能和美国势均力敌。这反映在这样的事实中，即尽管苏联毋庸置疑是军事超级大国，但从未拥有经济超级大国的地位。此外，其军事能力和经济发展水平之间的失衡使苏联变得脆弱。20 世纪 80 年代里根时期的"第二次冷战"利用了这一弱点。当时，美国增加了军费开支，向脆弱和无效率的苏联经济增加了巨大压力，从而成为戈尔巴乔夫改革的背景。

“世界新秩序”及其命运

冷战的终结催生了对自由国际主义（liberal internationalism）理念的热情高涨，令人回忆起伍德罗・威尔逊一战后对于国际秩序的设想以及二战后创建联合国和布雷顿森林体系（the Bretton Woods system）的进程。1988 年 12 月，最先是戈尔巴乔夫在联合国大会发言中提出后冷战时代将以“新秩序”为特征的观念。戈尔巴乔夫号召强化联合国职能，振兴其维和角色，而且号召国家间关系的去意识形态化以实现更大范围的合作。戈尔巴乔夫建议使用或威胁使用武力在国际事务中不应该被视为合法的。在 1989 年马耳他会晤中，老布什和戈尔巴乔夫致力于从遏制和超级大国对抗时代向以新安全协定为基础的超级大国合作时代转变。1990 年 9 月老布什在国会发表《迈向世界新秩序》的演讲，具体勾勒了后冷战时代的蓝图。世界新秩序的特点包括确保美国领导国际法治、美苏之间的伙伴关系。美苏伙伴关系包括帮助苏联融入世界经济，和以集体安全推进的方式监督武力的使用。老布什和威尔逊的世界新秩序观的区别在于，正如海湾战争所表明的，“国际社会”应保护所有政权的主权独立而不考虑其形式；不能因为自由民主国家可能更热爱和平而赋予自由民主国家优先权。

冷战终结的方法

现实主义的观点

冷战的终结极大地震惊了绝大多数现实主义理论家，造成了现实主义理论的某种危机。问题是，1989—1991 年的事件并不符合国家行为方式的现实主义假设。国家应该追逐国家利益，特别是以军事和领土安全维系的方式。然而在戈尔巴乔夫领导下，苏联准备放弃其对东欧的军事和政治控制，接受非俄罗斯族加盟共和国的脱离。而且，这发生在苏联未受到不可抗拒的外部压力的情况下。尽管如此，现实主义或许为这些发展提供了清晰的思路。从现实主义来看，冷战以一个超级大国的失败而告终，或以一个或两个超级大国相对实力的衰落而告终，这都会导致两极格局的崩溃。20 世纪 70 和 80 年代苏联的相对衰落影响着两极格局的轮廓。然而就军事而言，很难说两极格局完全会烟消云散。

自由主义的观点

冷战的终结导致自由主义者乐观情绪的高涨。自由主义理论家盼望着道德而不是权力政治成为国际外交的中心。自由主义者对冷战终结的预测略强于现实主义者。但是 20 世纪 70 年代以来，自由主义一直强调有利于合作而避开军事权力使用的一般趋势。这是以经济现代化造就的“复合相互依赖”模式为基础的趋势，以贸易而非战争手段支持一体化并鼓励国家竞争。因此，冷战式敌对和以军备竞赛为形式的军事对抗被视为逐渐过时了，正如缓和（détente）趋势所体现的那样。以此观之，苏联不愿使用武力来控制东欧和维护其领土完整，很大程度上是因为苏联意识到东西方对抗的结束可能带来经济收益。

批判理论的观点

虽然冷战的终结使许多批判理论学者感到不安，但在批判主义和激进主义圈内，对苏联的幻想逐渐破灭。众多理论家特别是马克思传统的理论家们，仍然将社会主义制度作为一种替代西方资本主义的可行方案，尽管它不是完美的方案。因而，共产主义政权通常被视作稳定的和有凝聚力的，特别是在提供经济和社会保障制度方面。1989 年横扫欧洲的公众对共产主义的不满使大多数批判理论家们大为惊讶，特别当这些革命试图以资本主义代替社会主义而改变历史时。批判思想家唯一能解释的方式是宣称戈尔巴乔夫的改革进程受到“市场社会主义”模式（market socialism）的影响。一些人视市场社会主义模式为非权威主义或“改革”共产主义的最佳希望。然而，戈尔巴乔改革的失败仅仅证明了市场社会主义的局限性。

冷战的终结极大地推动了社会建构主义的发展。传统理论未能充分地解释冷战的终结，某种意义上凸显出它忽视的向度：认知和观念所扮演的角色。20 世纪 90 年代期间，苏联的认同（identity）发生了变化。苏联认同塑造着其利益，反过来也塑造着其行为。戈尔巴乔夫和苏联年轻一代领导人的国内外行为所依据的“新思维”（new thinking）重新塑造着苏联认同。他们认为，跨越共产主义和资本主义分野的国际接触最大限度地符合苏联利益，不再将美国和西方资本主义世界视为安全威胁。他们推测对于东欧政治和军事的支配不再是苏联的重要战略利益，反而变成了苏联的绊脚石。

然而，后冷战时代的乐观主义和理想主义的浪潮并没有持续多久。许多人很快将“世界新秩序”定位为仅仅是传统的口头禅，并不植根于成熟的战略观。这个“新世界”将如何运作的大多数问题仍是模糊的。比如，联合国应该如何以及在何种程度上被加强？何种制度安排会确保持久的美苏伙伴关系？放弃使用武力如何符合美国“世界警察”的角色？对此，超级大国合作的出现仅仅是苏联软弱的表现，至少很大程度上是由于老布什和戈尔巴乔夫的私人关系。

此外，后冷战时代世界秩序的其他解释迅速出现。一些人预测一种无序的新世界，而非世界新秩序的兴起。其中一个原因是，冷战时期压力与紧张局势的释放。冷战以维持外部威胁（国际共产主义抑或资本主义包围）的方式促进内部凝聚力，赋予社会使命和认同感（a sense of purpose and identity）。然而，外部威胁的消逝有助于释放出离心的压力，通常体现为民族、种族和地区冲突的形式。这种现象发生在世界许多地方，特别是 1990 年东欧原南斯拉夫在塞尔维亚人、克罗地亚人和穆斯林旷日持久的流血冲突，1994 年分离主义的车臣共和国与俄罗斯之间的战争。国际社会并没有以正义和尊重人权为基础建立世界秩序，而是对原南斯拉夫袖手旁观。直到 1999 年科索沃危机，这致使塞尔维亚发动扩张战争，实施种族灭绝政策，从而令人回想起二战中曾使用的政策。同时，日益浮现的自由世界秩序观的最大弱点是，没考虑美国角色和地位的变化。冷战终结的重要意义是作为美国重要挑战者苏联的垮台，从而使美国成为世界上唯一超级大国。事实上，“世界新秩序”的讨论仅仅是一种将美国在全球行使权力合法化的意识形态工具。换言之，世界事务的

“自由时刻”（liberal moment）的结果是“单极时刻”（unipolar moment）。但是新兴的单极形态是什么，而且美国如何应对其新地位呢?

霸权：在其最简单的意义上，霸权（源于希腊语 hegemonia，意思为“领导”）意指体系中一个要素对其他要素的领导或支配地位。葛兰西运用霸权意指资产阶级对从属阶级的意识形态领导。在全球或国际政治中，霸权国是国家体系中的主导性国家。霸权地位是以结构性权力的拥有为基础的，特别是对经济与军事资源的控制，从而使霸权国有能力塑造其他国家的偏好与行为。霸权国往往促进自愿的同意而不是使用武力。根据葛兰西的定义，这个术语意味着，国际或全球领导在某种程度上以理念性或意识形态手段运行着。

超级强权：一个比竞争对手强大得多而且支配世界事务的国家。

美国霸权与全球秩序

霸权的崛起

冷战结束以来，美国常被称为“美利坚帝国”、“全球霸权”或“**超级强权**”（hyperpower）。人们经常将美国和 19 世纪大英帝国、16 世纪西班牙和荷兰（尽管不是那么有说服力）做比较。然而，美国是与众不同、独一无二的霸权。一些人认为，历史上唯一可望其项背的当属罗马帝国。如果美国成为一个“帝国”，它通常会避免传统帝国主义的战争、征伐、殖民的统治方式。这主要是由于两个原因：首先，作为革命的产物，美国更多地是由意识形态而非历史或文化所界定的“政治性”民族。1776 年美国革命反抗着英国殖民主义，不仅赋予刚刚诞生的美国一种反帝形象，而且强调一系列“美利坚价值观”，例如政治自由、自给自足和宪政政府。这种意识形态遗产不仅使美国倾向于反对欧洲传统帝国主义，也赋予了美国对外政策一种经常使用的道德维度。其次，与英国等中等国家不同，美国的领土规模使其能够以内部而非外部扩张方式发展经济。因此，19 世纪 80 年代美国工业依靠其似乎无限的大规模国内市场、相对较低的国际贸易水平，从而在大多数工业指标上超越英国。与定居者的殖民地（settler colony）形成鲜明对照的是，美国是个接收移民而非输出移民的国家。此类因素意味着，19 世纪和 20 世纪初欧洲大国（具有广袤领土的俄国或许是个例外）日渐变得向外看（outward-looking），将国家权力与帝国扩张联系在一起，然而美国仍是内向型的而且经常是孤立主义者。

20 世纪通常被描绘成“美国世纪”。然而尽管美国是世界上最大的经济体（20 世纪 20 年代和二战后初期美国约占全球工业产量的 40%），但是这种描述某些方面具有误导性。美国参与了第二次世界大战，随后成为真正全球性的行为体。事实上，“美国世纪”从 1941 年珍珠港事件（美国的参战决定了战争结果）一直延续至 1949 年苏联第一颗原子弹爆炸（美国不再是唯一拥有原子弹的国家）。尽管如此，美国逐渐在西方资本主义世界占据经济、政治、军事领导地位，冷战确保其无法再回到战前的孤立主义（isolationism）。美国是战后世界“多边主义”制度的主要缔造者（联合国、国际货币基金组织、世界银行等）。美国支撑了战后饱受战乱的西欧、日本的经济复兴，而且美国公司在大多经济部门迅速获得了国际支配地位。罗伯特·考克斯等理论家以美国霸权的崛起解释这些发展。由此观之，美国为日益发展的世界经济提供了政治框架，实施着“强制者的军事—领土权力”（military-territorial power of an enforcer）（Cox 1994）。

帝国过度扩张：当更广泛的军事责任超过国内经济增长时，帝国扩张无法维系的趋势。

单极：单极意指存在一个强国或“极”的国际体系。单极体系有且只有一个强国，意味着制衡或竞争对手的缺失。然而因为单极意味着某种形式的世界政府，所以单极常常是相对而非绝对的。支持单极的理由是，主导性行为体能够充当“世界警察”，解决争端而且防止战争（如“大不列颠治下的和平”和“美国治下的和平”），而且确立与维系经济运行的基本规则，从而确保经济和金融稳定。批评者则认为，单极体系会导致主导性行为体的骄纵狂妄、其他行为体之间的恐惧、憎恨和敌意。

单边主义：片面性；由一个国家的利益与目标所决定而不受其他国家或机构约束的政策。

但是20世纪70年代和80年代，美国霸权衰落论风靡一时。这产生于国内外挑战。20世纪60年代以后国内民权运动、青年对“反文化”运动的抵制和妇女运动的发展导致了政治—文化的紧张态势。这些运动挑战了种族、消费主义、堕胎、性别角色等问题的传统观念。1974年导致尼克松总统辞职的水门事件（Watergate scandal）所产生的国民心理震荡更加剧了这些趋势。外部挑战包括美国在越战的失败、伊朗人质危机（美国驻德黑兰大使馆遭到逮捕，66个美国公民从1979年11月到1981年1月被扣押444天），尤其是德国、日本、亚洲“四小龙”等经济竞争者的崛起。事实上，在此期间一种断言日益普遍，即美国重蹈先前大国的**帝国过度扩张**（imperial over-reach）的覆辙。诚如保罗·肯尼迪（Paul Kennedy 1989）所说的，“军事冲突必须放在经济变革的背景下加以理解”，大国的崛起与衰落因而不仅取决于其参与持久性军事冲突的能力，也取决于这种冲突对于其他大国相对经济力量的影响。

尽管如此，美国仍是个经济上和政治上颇具弹性的国家。里根政府（1981—1989）宣扬企业家精神（entrepreneurialism）、减税和“重回”福利的“前沿思想”（frontier ideology），采用更为强硬的反共政策，从而强化了美国民族主义。这涉及对苏联的军备竞赛，而被称为“第二次冷战”。此外，随着往昔的经济对手特别是德国和日本在20世纪80和90年代开始衰退，美国大量的研发经费和人才培养有助于美国提高生产力，使美国在世界经济的高科技领域具有无可匹敌的优势。然而，最为重要的事件当属1989—1991年的苏东剧变，这为美国在单极世界中建立全球霸权提供了难得机遇。

冷战的终结极大地推动了全球化，特别是美国和资本主义企业的新兴市场和新机遇。在国际货币基金组织的支持下，许多前共产主义国家开始了“休克疗法”（shock therapy），即从中央计划经济向自由资本主义的过渡。此外，许多前共产主义国家以及世界其他国家对美式自由民主政体趋之若鹜。海湾战争和20世纪90年代后人道主义干预不断增强的趋势反映了美国承担“世界警察”角色的愿望。但是，单极体系中的趋势和动力不同于其替代的两极体系。单一支配者的存在不仅产生了他国的怨恨和敌意，也使这个全球霸主无视多边性约束。这些多边性约束限制了国家操控的自由。2000年小布什当选后美国对外政策的**单边主义**（unilateralism）趋势表明了这一点，如退出国际刑事法院的决策和拒绝签署关于全球气候变化的《京都议定书》（the Kyoto Protocol on global climate change）。然而“9・11”事件极大地改变了美国外交政策的取向及其世界秩序的均势。

“反恐战争”及其超越

与 1945 年或 1990 年一样，2001 年“9・11”事件常被视为世界秩序形成的关键时刻。事实上，一些评论家认为“9・11”事件正是后冷战时代本质显现的转折点，也标志着史无前例的全球冲突和动荡时期的开始。在此意义上，“反恐战争”而非共产主义的垮台标志着“真正”21 世纪的诞生。另一方面，“9・11”事件的影响也许被夸大了。正如罗伯特・卡根（2004）所言，“9 月 11 日之后美国并没有改变。美国仅仅变得更加我行我素”。

许多理论解释了全球或跨国恐怖主义的出现和“反恐战争”的本质。最具影响的理论当属塞缪尔・亨廷顿的“文明冲突论”（如第 8 章所讨论的）。该理论认为，恐怖主义是文化，更具体地是宗教冲突的一个主要趋势。这种冲突将在 21 世纪全球政治中变得更加突出。其他解释则强调世界秩序变化的重要意义。按照罗伯特・库珀（2004）的观点，旧世界秩序中的东西方冲突将让位于由三部分所构成的世界：

- 在前现代世界，动荡占优势地位。其中前殖民地国家未受益于政治稳定与经济发展，包括索马里、阿富汗和利比亚。这些国家时而被称为“弱国”、“失败国家”（failed states）或者“流氓国家”（rogue states）。
- 在现代世界中，国家持续有效并受其主权的拼命保护。世界按照均势运行，因为一国的利益和抱负受到他国能力的约束。
- 在后现代世界中，库珀主要指欧洲和欧盟。国家“超越”了权力政治，不再将战争作为维护安全的手段，而是支持多边协议、国际法和全球治理。

然而，这种国际新秩序观具体表现为一系列新的挑战和安全威胁。这些并不仅仅来源于大规模杀伤性武器的扩散。在前现代世界中，这种武器能够轻易地落入“流氓”国家或恐怖主义组织等非国家行为体手中。核武器从所谓的“核俱乐部”5 个大国（美国、俄罗斯、中国、法国和英国）扩展到 9 个国家，因而人们对核扩散深表关切。印度、巴基斯坦、以色列、朝鲜获得了核武器，而且伊朗等其他国家被视为正在发展核武器。尽管欧洲是“安全地带”，但是欧洲之外仍是“危险和动荡地带”。在这些危险和动荡地带，前现代国家的动荡可能外溢到现代甚至后现代世界。库珀（2004）承认，或许一种“新”帝国主义是恢复秩序的唯一办法。

聚焦

“反恐战争”

美国政策界所称的全球反恐战争（GWOT）的“反恐战争”意指美国及其盟友消灭和摧毁应为全球恐怖主义负责的恐怖主义集团和组织的努力。反恐战争始于“9・11”事件，是一种为应对 21 世纪世界秩序主要安全威胁的“长期战争”的战略。反恐战争旨在反击新形势下非国家行为体，特别是恐怖主义组织、所谓“流氓”国家、大规模杀伤性武器和伊斯兰极端主义所造成的历史性新威胁。“反恐战争”观念的批评者认为，“反恐战争”固有的模糊性为一系列几乎不受约束的国内外政策干预提供了正当性。此外，恐怖主义增强了恐惧和威胁的氛围，使美国和其他国家操纵公共舆论而且为帝国主义和偏执行为创造合法性。其他批评者则质疑由于一个抽象名词而发动战争是否可行。

这种论调在一些重要方面与新保守主义观念（the neoconservative 或 ‘neo-con’）不谋而合。新保守主义观念对“9·11”事件后的数年中的美国小布什政府产生了特别重要的影响，并反映在逐渐熟知的“布什主义”（Bush doctrine）中。按照布什主义，美国有权利将窝藏或援助恐怖主义的国家等同于恐怖分子本身。新保守主义（neoconservatism）寻求维护和加强美国的“全球仁慈霸权”（Kristol and Kagan 2004）。新保守主义的主要特征包括美国军事力量的加强以获得“无可匹敌的力量”（strength beyond challenge）地位、世界范围内“民主扩展”的政策。民主扩展的政策主要关注中东地区。中东地区被视为冲突和动荡的地区。

“9·11”事件后美国“反恐战争”政策迅速成形。首要行动是，2001 年 10 月美国所领导的对阿富汗的军事打击。这一行动数周内推翻了塔利班政权。2002 年 1 月，小布什将伊拉克、伊朗、朝鲜列为“邪恶轴心”（axis of evil），并随后将其扩展到古巴、叙利亚（随后将其从名单中删除）和利比亚。然而“反恐战争”向更为极端和颇具争议的方向发展，因为很显然伊拉克“政权更迭”成为小布什政府的下一目标。这造成了 2003 年美国和“自愿联盟”（coalition of the willing）领导下的伊拉克战争。使伊拉克战争具有争议性的是，美国以先发制人（the doctrine of pre-emptive attack）的名义发动战争，而阿富汗的塔利班战争被广泛视为一种自卫形式（阿富汗向“基地”组织提供了藏身之所而且和“基地”组织之间存在着政治和意识形态的密切联系）。尽管小布什政府宣称（没有多少证据）萨达姆政权与“基地”组织相互勾结，断言（与随后的证据大相径庭）伊拉克拥有大规模杀伤性武器，但是关键的理由是，萨达姆政权等“流氓”国家积极寻求，甚至可能已经拥有大规模杀伤性武器，然而大规模杀伤性武器在 21 世纪是无法容忍的。

尽管在阿富汗和伊拉克，美国及其盟友初获成功（塔利班与萨达姆政权的推翻），但是很快它们发现自己陷入了一场进退两难、旷日持久的战争。两场战争都蜕变为复杂的反叛乱战争。叛乱者使用游击战、恐怖主义和自杀性爆炸手段，证明了占优势地位的美国军事权力的局限性，如第 10 章所讨论的。战术失误和战略困境破坏了“反恐战争”。其中的战术失误包括最初在伊拉克未部署足够数量的部队、万一美国目标难以实现时退出战略的缺失、入侵伊拉克之前没有设计推翻萨达姆之后清晰的伊拉克蓝图。关键的是，伊拉克战争将美国的注意力和资源从阿富汗转移到伊拉克，使塔利班叛军死灰复燃。

“反恐战争”的战略手段同样是充满缺陷的。三个问题受到特别关注。第一，美国可能高估了军事权力的效力。如越南战争那样，游击战术不仅对一个军事力量强大和资源充足的敌人来说极其有效，而且军事手段的使用削弱了美国的“软权力”，破坏了其在中东的声誉，甚至可能疏离了温和派穆斯林。在此意义上，美国可能自己创造了自己欲摧毁的“极端主义之弧”(arc of extremism)。第二，“自上而下”强加民主的战略充其量是幼稚的，特别是没能认识到“国家建设”的困难，也未意识到稳定的民主制度通常依赖一种民主文化以及某种程度的社会经济发展水平。第三，“巴勒斯坦问题”的缓慢进展继续使中东政治恶化。作为一种信条，新保守主义者倾向于支持以色列，但是这可能会激怒阿拉伯世界中反美、反西方的舆论，而且在此过程中加强了对穆斯林武装分子的支持。

随着伊拉克和随后阿富汗叛乱日益恶化，“反恐战争”举步维艰。这使小布什政府在 2005—2009 年第二个任期内逐渐采用**多边主义**（multilateralism）。然而 2009 年 1 月奥巴马总统执政以来更大的转变出现了。“软权力”理论家建议，美国应“学会合作和聆听”（Nye 2004）。对此奥巴马当然会改变美国处理世界事务的**基调**，特别是与伊斯兰世界。在 2009 年 6 月开罗的主题演讲中，奥巴马号召美国和世界上穆斯林之间“新的开始”，坦白“任何政体不能或不应当强加于他国”。2009 年 3 月，刚好也是伊朗新年，他发布了一段附有波斯语字幕的视频。在此视频中，他宣称美国打算终结数十年来与伊朗（新保守主义的敌视对象，特别是伊朗宣称试图获取核武器）的敌对关系，号召德黑兰缓和其反美言辞。这种拉拢伊斯兰世界的套近乎和确立更为广泛的跨文化理解的努力与其他倡议相关。这些倡议改变着美国“反恐战争”的方式。尤其是，美国签署禁止使用严刑的命令，承诺关闭关塔那摩营（the Guantanamo detention camp）（尽管这一承诺在奥巴马上任第一年内就废止）。美国也更为强调巴勒斯坦问题的进展。然而这一问题事实上与先前一样困难重重。

多边主义：一种与他国或国际组织协调共事的政策，或三个或三个以上行为体相互协调关系的制度。

聚焦

先发制人

先发制人（时常称为预防性战争）是一种旨在预先阻止或防止未来可能入侵的军事行动。因此，它是一种基于预期的自卫形式，涉及“预先报复”。因此，它将威慑、遏制和“建设性接触”作为一种应对潜在侵略者的替代性战略。20 世纪 90 年代以来，它受到特别的关注，关系到“流氓”国家和恐怖主义的威胁，特别是在 2003 年伊拉克战争中。

先发制人的吸引力在于，军事行动发生在潜在侵略者变得强大之前（比如，在对手获得大规模杀伤性武器前），意味着军事冲突的总体代价的减少。此外，其他战略会演变成绥靖政策，助长潜在侵略者的气焰。但是，先发制人的缺点是，作为先发制人所依据的未来行动或威胁的估计可能是错误的。另外，先发制人以预期而非实际侵略为根据，很难得到国内外的相应支持。最后，《联合国宪章》只在单独或集体防卫时才准许战争，因而先发制人在宪章规定下几乎是非法的。

然而即使“反恐战争”的言辞有所缓和，战略手段也得以修正，但是奥巴马政府的军事接触仍起着重要作用。这反映在奥巴马政府所谓的“阿富—巴”政策，将重点从伊拉克转向阿富汗和巴基斯坦。始于2007年的美国的增兵成功地减少了伊拉克的内乱和平民伤亡。2009年，美国联军将维护伊拉克城镇安全的职责转交给伊拉克部队，而且2010年8月美国的战斗任务结束了。在奥巴马增兵阿富汗的战略下，2010年初美国启动了类似的增兵战略。美国在阿富汗部署了大约3万名美军，试图重新聚焦与激励北约的使命。与此同时，将2011年7月设定为美军撤出阿富汗的时间。这和巴基斯坦军队在巴西北部部落地区打击塔利班的行动有关。但是，对于奥巴马政府战略转移的重要意义，分歧仍然存在。一些人将其视为美国权力以“巧实力”方式的确认，涉及使用“软权力”与“硬权力”的复杂方法以解决以宗教为基础的武装分子和全球恐怖主义的挑战。然而其他人将此视为美国局限性的象征，或许反映了美国霸权时代的终结。

新保守主义：新保守主义是一种对外政策决策的方法，寻求使美国有能力利用其在单极世界中无与伦比的地位和影响力。它融合了新里根主义和“硬的”威尔逊主义。新里根主义表现为摩尼教的世界观，即“善”（以美国为代表）将对抗着“恶”（以“流氓”国家、拥有或试图拥有大规模杀伤性武器的恐怖主义组织为代表）。这意味着美国应该获得“望其项背”的军事力量，扩张全球影响力，从而威慑对手。“硬的”威尔逊主义包括在世界各地以“政权更迭”的手段，甚至在必要情况下以军事手段（参见“自上而下的民主”）扩展美式民主。

仁慈或恶性霸权？

冷战终结以来，特别是“9·11”事件以来，对美国的态度成为全球政治的主要断层线，某种程度上取代了左右两派在资本主义和社会主义问题上的论战。美国是“不可或缺的国家”（indispensable nation）、是仁慈的霸权国家，而且其不断扩大的影响力会带来安宁与繁荣吗？抑或，美国是个恶性霸权国、是现代世界中大多数动荡与不公正之源？对美国霸权的“恶性”解释体现在两种截然不同的反应中，不同于北方发达国家对美国的广泛同情，南方发展中国家对“9·11”事件做出了截然不同的反应。不断增长的反美主义（Anti-Americanism）是对美国对外政策中单边主义转向的回应。当在没有获得联合国授权军事行动的情况下美国悍然发动伊拉克战争时，反美主义达到顶峰。从现实主义视角看，所有全球霸权注定是恶意的，不管其政治、经济和意识形态特性。正如所有国家都追求积累权力而追逐国家利益，霸权国仅能够以更为残酷和武断的方式追逐国家利益，因为它们不受强劲竞争对手的约束。因此，新保守主义分析家所钟爱的“全球仁慈霸权”只不过是一个幻想。

尽管如此，对美国最为犀利的批评来自于激进主义理论家，其中最为知名的是诺姆·乔姆斯基。乔姆斯基的国际事务分析受无政府主义以及一种信念的影响。这种信念认为，暴力、欺诈、无法无天是国家的自然功能。在乔姆斯基的“激进性”现实主义中，一个国家越强大，它越有暴政和压迫的倾向。他对美国的分析强调美国持久不变的、在许多方面不断强化的帝国主义趋势。美国的扩张主义体现在美国公司权力的不断增强、新殖民主义的扩展以及对越南、巴拿马、索马里、阿富汗、伊拉克等地方的大小规模的军事干预，这些行为都受一种欲望驱使，即确保经济优势和控制重要资源的欲望。因而，美国的中东政策和更大范围的“反恐战争”很大程度上受其石油安全供应需求的驱使。为此，美国不断颠覆民主政权，培养了一大批威权主义的附庸国（client states）。由此观之，作为一个“超级流氓大国”，美国是全球范围内恐怖主义和暴力的主要根源。

然而，这类观点也遭到批评，而且以很不一样的美国形象呈现出来了。例如，一些人欣然接受乔姆斯基的“新帝国主义”论，因为乔姆斯基阐明了美国深藏不露的暴政、不义和伪善。甚至这些人也认为，乔姆斯基的观点往往是简单和片面的。美国权力培育了而不仅仅是颠覆了民主（比如战后日本和德国的重建）。“美国是个问题”的流行观点往往忽略了或许合法化了其他或许更为严重的压迫和威胁安全的根源。一种本质上积极的美国霸权观是建立在霸权稳定论的基础上的。霸权稳定论强调全球霸权给其他国家、整个国际体系所带来的好处。美国主要以 1945 年以来全球经济治理制度的领导和美元作为国际货币的地位（尽管两者在 21 世纪受到威胁），表现了其成为这样的霸权的意愿和能力。维持美国的“仁慈霸权”形象的最后基础是，美国对世界事务的道德观（也许是独特的）。尽管美国不忽视追逐国家私利——毕竟，美国与其他国家一样是个国家——但是，美国作为自由国土和提供机会的自由主义形象使美国倾向于在世界事务中进行自我克制，并执行多边主义。这一点明显地体现在美国对两次世界大战战后重建的贡献上。一旦“反恐战争”的影响消退了，21 世纪，其私利和自我克制之间的平衡为何不能够恢复呢？

争论

美国仍是全球霸权吗？

美国全球霸权衰落的争论了无新意。这些争论可以回溯到 20 世纪 50 年代晚期苏联人造卫星的发射以及 20 世纪 70 年代与 80 年代人们广泛预测日本和德国的复兴使美国黯然失色。然而，“反恐战争”及其他发展再次激起了人们对该问题的兴趣。

赞成

全球军事支配地位。美国军事力量大大超过其他国家。截至 2007 年，美国占全球军费开支的 46%，是第二大军费支出国中国军费的 9 倍。美国在 100 多个国家拥有大约 700 个军事基地，在高科技武器和空中力量上也拥有无可匹敌的地位。美国是唯一一个可以在世界任一地区进行干预并展开多项行动的国家。

经济活力。美国占世界研发支出的 40%，在科技水平以及生产力水平上拥有他国无法企及的优势。在高科技经济部门的竞争中，中国与美国相距甚远。此外，虽然美国和德国在经济上超越了英国，但是大英帝国在 20 世纪中期以前一直是全球霸主。同样的，在一个美国不再是经济头号强国的世界中，美国仍将保持其全球领导地位。

美国人口。随着西班牙裔和拉美裔人口的剧增，2050 年美国人口有望达到 4.39 亿，这有助于支撑其经济业绩，使其与快速老龄化的欧洲、日本和中国相比具有年龄的相对优势。与此相关的是美国人口的较高的劳动技能，特别是在科技领域中。

无可匹敌的结构性权力。美国对全球经济治理制度和北约发挥着巨大影响。尽管发展中国家和新兴经济体的影响也在不断增加，但是没有一个国家能够挑战美国对全球经济决策的影响。这体现在2007—2009年全球金融危机的应对方案中美国所扮演的领导性角色上。

反对

多余的军事权力。占优势地位的军事权力不再是霸权稳固的基础。美国军事机器的毁灭能力和其所实现的政治目标之间存在鸿沟。美国被迫在1984和1993年从黎巴嫩、索马里撤出，赢得对伊拉克和阿富汗的非对称性战争的困难证明恐怖分子、游击战和叛乱战术能够挫败最为发达的国家。

经济相对衰落。尽管美国仍是世界上最大的经济体，但是其竞争对手，特别是中国和印度在最近数十年中快速发展。据预测，2020年中国经济将超过美国。2007—2009年全球金融危机也许进一步削弱了美国，暴露出美国经济模式的缺陷，质疑着美元作为世界主要货币的地位。

受损的"软权力"。美国"软权力"在众多方面已经衰落了。公司权力、不断加剧的全球不平等、对"全球化即美国化"的憎恶损害着美国的声誉。反恐战争，特别是伊拉克战争严重损害着美国的道德权威，关塔那摩虐囚和阿布格莱布监狱虐囚事件更使其雪上加霜。

外交影响力的衰落。美国丧失了在拉美（曾经被称为"美国的后院"）的影响，不得不依靠中国对朝鲜施加影响，需要借助欧盟影响伊朗，甚至其影响以色列的能力也是有限的。此外，中国（比如在西藏问题上）和俄罗斯（比如在格鲁吉亚问题上）很大程度上不受美国外交压力的影响。美国结构性权力的衰落也体现在20国集团作为全球经济决策主要论坛的兴起上。

诺姆·乔姆斯基（Noam Chomsky，1928—　）

美国语言学家、激进知识分子。乔姆斯基出生于费城，其父母是来自东欧的移民。其《句法结构》（*Syntactic Structures* 1957）中的"转换语法"理论使语言学发生了一场革命。该理论提出人类先天具有习得语言的能力。乔姆斯基在越战中变得激进，随后成为美国对外政策的激进批判者。其众多观点表现在《美国权力和新官僚》（*American Power and the New Mandarins* 1969）、《新军事人道主义》（*New Military Humanism* 1999）、《霸权与生存》（*Hegemony and Survival* 2004）等一系列广泛的著作中。在《制造同意》[*Manufacturing Consent* 1988（与爱德华·赫尔曼合著）] 等著作中，他猛烈地批判了大众传媒，考察了大众对帝国主义侵略的支持是如何被动员的。

多极的全球秩序？

美国霸权衰落甚至终结的争论总是与日益兴起的多极学说密切相关。这涉及两个主要问题。第一，在何种程度上、哪些方面世界秩序具有多极特征？第二，多极潜在的意义是什么？

多极的兴起

在现代世界，多极趋势塑造着世界秩序。其中最为重要的是所谓的“新兴大国”的崛起，21世纪新兴或是潜在的大国出现。一些国家已经具有巨大的地区影响，如巴西，也许也包括南美的阿根廷、智利、墨西哥和委内瑞拉；非洲的南非和尼日利亚；中东的以色列、埃及、沙特阿拉伯和伊朗；亚洲和大洋洲的韩国、印尼、巴基斯坦和澳大利亚。但是，一些其他强国或地区已经拥有或正在拥有更为广泛也许是全球性的影响力。这些国家包括中国、俄罗斯和印度，也包括日本和欧盟（参见第20章）。它们和美国的人口超过世界人口的一半，大约占全球国内生产总值的75%和军费开支的80%。

聚焦

霸权稳定论

霸权稳定论是现实主义和众多新自由主义学者所接受的一种理论。该理论认为，一个占支配地位的军事和经济霸权国对于自由主义世界经济的稳定与繁荣是必要的(Kindleberger 1973；Gilpin 1987)。这类自由主义霸权的两个重要例子是19世纪晚期与20世纪早期的英国、1945年以来的美国。

该理论有两个关键组成部分。首先，它指出自由主义世界经济总处于被兴起的民族主义和蔓延的保护主义所颠覆的危险境地。这明显地体现在所谓的“以邻为壑”政策中。这项政策导致了20世纪30年代的大萧条。因此，一系列经济竞争的基本规则特别是自由贸易规则是需要的，以实现一国的经济繁荣。其次，占支配地位的霸权性国家有意愿和能力确立并实施这些规则。其**意愿**来源于这个事实，即霸权国的利益和体系的利益极为吻合。它在体系中承担着巨大责任：霸权国负责保证世界经济的稳定，霸权国关心其自身的长远利益（并非利他）。霸权国这样做的能力来自于以下事实，即只有霸权国拥有提供**公共产品**（public goods）的能力，公共产品指能够带来集体收益而非仅满足自身利益的产品。换言之，霸权国足够强大，以至于其能够按照“绝对收益”（absolute gains）而非“相对收益”（relative gains）行事。相反，小国、中等国家被迫按照狭隘的国家利益行事。因而，想成为一个霸主，国家必须拥有：(1) 实施规则的足够权力；(2) 使用权力的意愿；(3) 致力于使多数国家受益的体系。

毫无疑问，所有大国中最有可能与美国竞争甚至超过美国的国家当属中国。事实上，许多人预测21世纪将是“中国世纪”，如20世纪被称为“美国世纪”一样。中国的大国地位是以20世纪70年代中期邓小平（1904—1997）进行市场改革以来

> **公共产品：**一种本质上为每个人带来好处的产品或服务，意味着没有任何一方能阻止获得这种服务和产品。

快速的经济发展为基础的，其中高速发展始于20世纪90年代。中国年均增长率在8%至10%之间[①]（大约是美国和其他西方国家的两倍）几乎持续了30年。2009年中国成为世界上最大的出口国。2010年中国超过日本，成为世界第二大经济体。截至2010年，中国经济规模是1978年经济规模的90倍。由于拥有世界上最庞大的人口规模（2007年为13亿），中国似乎有取之不尽的廉价劳动力，逐渐使其成为全球经济的制造中心。中国经济模式的活力深刻体现在2007—2009年全球金融危机时的淡定。中国军事能力也在不断增长，而且就军费开支而言已经位居世界第二位，仅次于美国。中国日益浮现的全球角色体现在其在世界贸易组织和20国集团内的地位，气候变化等议题上的影响，与非洲、澳大利亚和中东部分地区及拉美之间不断增强的资源合作等方面。中国日渐增长的影响常被忽略的方面是其“软权力”的异军突起。这反映在儒学提供了东亚合作的基础，反帝国主义遗产对非洲和南方发展中国家产生的吸引力。相比之下，各种形式的殖民主义玷污了美国和西方大国的声誉。第21章中将详细讨论21世纪将成为“中国世纪”的前景。

多极：多极意指由三种或以上的权力中心所组成的国际体系。但是，它包含三极（20世纪最后数十年中的美国、日本、欧洲）到无极（Haass，2008）的诸多安排。在无极世界中，权力是如此分散，以至于没有行为体被视为“极”。新现实主义者认为，多极造成了流动性和不确定性的偏见，从而导致动荡和战争（“无政府”的多极）。但是，新自由主义者认为多极体系是以多边主义的趋势为特征的，因为更均衡的全球权力分配促进了和平、合作和融合（“相互依赖”的多极）。

尽管如此，中国崛起经常被视为全球权力平衡从西方向东方（特别是亚洲），或是从美国向“金砖四国”大转移的一部分。“金砖四国”时常被戏称为“世界其他地区”。一些人则认为，21世纪并不是“中国世纪”，而是“亚洲世纪”，特别是因为印度和日本被视为主要行为体。印度成为崛起中的大国是以稍逊于中国的经济增长率为基础的。据估计，如果这种趋势持续下去，2020年中国和印度国内生产总值将占世界的一半左右。但是，印度经济模式和中国模式截然不同。作为世界上最大的自由民主国家，印度经济增长来源于20世纪90年代早期展开的自由经济改革，比中国市场改革晚了将近10年。印度在计算机软件和生物科技等产业领域成为佼佼者，而且宝莱坞电影成为全球性娱乐现象。另一方面，日本通过战后的“经济奇迹”成为大国，20世纪70年代期间成为世界第二大经济体。事实上，日本和德国直至20世纪90年代还被广泛视为经济超级大国，也许它们能够被视为21世纪以“非军事化”方式成为大国的典范。

然而，中国所领导的亚洲的阔步前进不是理所当然的。20世纪90年代日本经济困顿（日本“失去的十年”），而且21世纪其经济与政治影响很大程度上依赖于与亚洲其他新兴大国的关系，特别是印度与中国。20世纪50年代日本10%的增长率在随后数十年里下滑了，其中也有中国和印度长期维持高增长率所要吸取的教训。许多因素约束着印度的大国崛起。由于失

① 原文如此。——译者注

控的人口增长危机，印度仍深受赤贫和文盲之苦。尽管 2001 年已经加入了“核俱乐部”，相比于中国，印度对发展军力不太感兴趣。这很大程度上是因为其与巴基斯坦和中国的地区紧张关系分散了印度对扮演更重要的世界角色的注意力。就中国而言，它能否被视为美国的强劲竞争对手的问题则疑窦丛生。中国经济严重依赖于廉价劳动力，仍待转换为依靠高技能和先进生产技术的高科技经济。1979 年中国实施独生子女政策，也意味着中国拥有世界上快速增长的老龄化人口，致使中国未来经济前景处于危险境地。

全球行为体

中　国

类型：国家　**人口：**13.4 亿　**人均国内生产总值：**7 240 美元

人类发展指数排名：92/182　**首都：**北京

1949 年 10 月 1 日毛泽东创建了中华人民共和国。20 世纪 50 年代期间，中国公有制经济确立，中国社会与文化的意识形态统一。1976 年以后，中国发生了翻天覆地的变化。邓小平的实用主义迅速再次崛起，开启了市场化改革。中国是中国共产党执政的国家，以下为基本情况：

- 全国人民代表大会，一个 3 000 人左右的立法机构，其开会的时间很短暂。
- 总理所领导的国务院。

意义：中国作为世界大国的再度崛起可以回溯到 1949 年新中国成立。但是当代中国的崛起源于 1977 年以来的以市场为基础的经济改革。30 多年来，中国连续保持年均 10%[①]的增长率，使其成为美国之后的世界第二大经济体。中国是世界第二大贸易国、世界最大的出口国和第二大进口国。如果目前趋势持续下去，那么 2020 年前后中国将成为世界最大经济体。中国的世界大国地位与其经济崛起密切相关，其在其他领域的影响力也在增长。中国目前拥有世界上规模最大的军队，就军费开支而言已位居美国之后。基于能源、原材料相关的大规模投资，中国对非洲的影响力不断提升。中国的结构性权力不断增长，表现在 20 国集团日益提升的影响力、在世界贸易组织所发挥的作用以及 2009 年全球气候变化哥本哈根会议的结局。中国的“软权力”与其反殖民主义以及其代表南方国家形象的能力有关。

然而，中国的全球权力不应被高估。首先，中国难以挑战作为世界头号强国的美国。事实上，中国领导似乎意识到，美国霸权具有很多持续性优势，至少就中国而言，中国能够拥有全球权力而没有全球责任，因而，在协调应对 2007—2009 年全球金融危机方面，美国而非中国发挥了重要作用。中国更倾向于与其他国家一道共同行动。在此意义上，中国对外政策很少建立在投掷全球力量的基础上，而建立在更多地有利于经济持续繁荣的环境之上。

① 原文如此。——译者注

见诸行动的全球政治

2008年俄格冲突

事件：2008年8月7日至8日晚，正当北京奥林匹克运动会开幕时，格鲁吉亚军队发动对南奥塞梯（人口5万，1990年从格鲁吉亚分离的少数民族自治领）的大规模军事进攻。8日俄罗斯武装部队开始调往南奥塞梯，次日在阿伯卡茨共和国（人口20万，另一个从格鲁吉亚分离的少数民族自治领）开辟了第二战线。在这场持续5天的战争中，军队人数占优势的格鲁吉亚军队被从南奥塞梯和阿伯卡茨共和国逐出，俄军进入了格鲁吉亚而未遭反抗，占领了波蒂和哥里两座城市。通过欧盟的斡旋，双方于12日达成了初步停火协议，在南奥塞梯和阿伯卡茨建立了缓冲区，俄军开始撤出。8月26日，俄罗斯承认了南奥塞梯和阿伯卡茨的独立，两国同意俄罗斯驻军。

意义：这场战争的背景是俄罗斯和格鲁吉亚之间不断加剧的冲突。这种冲突可回溯到1991年苏联解体以及其造成的分崩离析。格鲁吉亚与美国的不断接近也加剧了冲突，特别是格鲁吉亚渴望成为北约成员国。在此背景下，南奥塞梯和阿伯卡茨成为更大冲突的炮灰。南奥塞梯的战争事实上是俄罗斯和格鲁吉亚的战争，在更广泛的意义上是俄罗斯与美国的战争。在某种意义上，关于“谁发动了战争”以及俄罗斯是否预谋了对格鲁吉亚的战争已无关痛痒。俄格冲突的真正意义是，这场战争提供了一个大国之间测试其力量极限的试验场。冷战后美国对俄政策旨在防止俄罗斯东山再起。为此，美国支持那些能够削弱俄罗斯控制“邻国”（东欧的邻近地区、高加索和中亚，这些曾是俄罗斯的传统势力范围）机会的行动。这意味美国支持欧盟以及北约东扩，也支持在波兰和捷克部署反弹道导弹的方案。对于俄罗斯，俄格冲突是1989年苏联阿富汗战事结束以来莫斯科首次对外军事进攻，标志着俄罗斯东山再起。此外，俄罗斯深信美国和西方的外交谴责不会转化为其对格鲁吉亚军事行动的支持，因而反映出美国权力的局限性。借助俄格冲突，俄罗斯向美国以及东欧那些试图与西方拉近关系的国家发出了明确的信号。

俄格冲突是否意味着美俄之间已经出现或是正在出现新冷战？俄罗斯在其强硬的道路上会走多远？冷战死灰复燃的说法过于简单了。苏联的崩溃不仅终结了美俄之间的意识形态和经济对抗，也意味着21世纪新秩序与1945年后使美俄成为超级大国并将世界一分为二的权力真空状态是截然不同的。此外证据进一步表明，俄格冲突导致美俄之间出现了新的和解，而且美国更加注意俄罗斯的关切和看法。例如，这使得美国在2009年放弃在波兰和捷克部署反弹道导弹的计划，在北约东扩上更加谨慎。最后，在许多问题上，至少在裁军和反恐问题上，美俄需要相互支持。

俄罗斯作为大国的再次复兴表现在两个方面。第一，20世纪90年代俄罗斯经济急剧衰退，涉及向市场经济转型的“休克疗法”。因而一项显著的复兴（a notable revival）便产生了。这很大程度上受到石油和天然气产量剧增的推动；俄罗斯拥有700万平方公里的广袤国土，比世界上任何其他国家都大，其绝大部分仍未开发；商品价格稳步上升。这些事实都使复兴成为可能。虽然俄罗斯经济迫切需要多样化，而且仍严重依赖世界商品市场，但是俄罗斯是个能源超级大国。这使得俄罗斯能够控制石油天然气价格和资源，从而对东欧及其以外的国家施加影响。第二，受日渐增长的经济自信和不断增强的民族主义的刺激，俄罗斯表现出军事强硬的全新姿态（renewed appetite），特别是与“邻国”（near abroad）的关系，这尤其体现在2008年俄格冲突中。尽管如此，因为其大多数军备仍来自于冷战时期，并且俄罗斯军事开支大大落后于北约，所以毫无遮蔽的漫长边界使俄罗斯在许多战略点上变得脆弱。

然而，并非所有21世纪世界格局的多极化趋势都与新兴大国的崛起有关。三类更为广泛的发展使得全球权力变得碎片化和多元化，意味着全球秩序的国家中心模式（两级、单极或多极）和全球权力分配变得过时。第一类发展是日益显著的全球化。由于所有大国都或多或少地嵌入在全球经济中并参与到相互关联的资本主义体系中，所以全球主义者认为，国家对私利的追逐意味着不断增强的相互融合和合作。这意味着大国之间的重大地缘冲突和世界大战成为历史陈迹。在相互依赖和联系不断增强的背景下，经济竞争或许能够替代军事冲突（至少在大国间）。第二类发展是全球或地区治理不断发展的趋势。这起源于一个事实，即国家面临的主要挑战——气候变化、犯罪、移民、疾病等日益具有跨国性，并且只有跨国合作才能解决。这强调了权力不仅涉及冲突，也涉及协作（第18、19、20章将详细讨论这些发展）。

最后，全球化趋势、地区与全球治理加强着非国家行为体在世界事务中的角色。这些非国家行为体是大量的而且是各种各样的，广泛地涉及跨国公司、非政府组织、恐怖主义、国际犯罪集团等。全球公民社会正在将世界主义民主变为现实。如第21章中所讨论的，它赋予原来弱小或边缘化的团体和运动以力量（Archibugi and Held 1995）。如果全球权力分散在众多大国、一系列不断扩展的国际组织和非国家行为体之间，那么“极”的理念就存在问题，意味着全球秩序或许具有“非极”的特性（Haass 2008）。

多极秩序或无序？

如果21世纪全球秩序的特质是多极的，那么这对战争、和平与稳定的前景意味着什么呢？21世纪将会是以血腥暴力和动荡为标志的，还是以合作与繁荣为标志的呢？多极世界秩序呈现出迥然不同的两种模式。第一种模式强调全球行为体之间广泛的权力分散的消极影响。新现实主义者特别警告多极的危险，将不稳定和动荡的趋势视为其结构性变化的主要特征。因而米尔斯海默（Mearsheimer 1990）哀叹冷战两极格局的终结，警告欧洲未来尤其将以“回到未来”的局面为特点。以此，他认为多极世界秩序允许颇具扩张野心的大国追求扩张性目标，从而导致两次世界大战，因为国际体系中的权力均衡仍是变化的。以此观之，与两极世界相比多极世界更不稳定。之所以如此，是因为行为体越多，冲突的可能性越大，并造就了高度的不确定性，强化了各国的安全困境。另外，各行为体间联盟的不断变化意味着，均势的变化有可能更为频繁和剧烈。“进攻性现实主义者”特别指出，对于全球和平而言，如此情形最终必然导致不安和野心，使得大国更为肆无忌惮和喜爱冒险。

聚焦

进攻性现实主义或防御性现实主义？

国际体系的不确定性和不稳定诱使国家将优先考虑生存还是寻求支配地位呢？国家满足于维持国家安全，还是不断寻求“权力”（power after power）？这些问题是新现实主义理论重大争论的焦点，涉及无政府状态国际秩序中国家的基本动机问题。米尔斯海默（2001）等所谓的“进攻性现实主义者”认为，无政府和他国行为的不确定性迫使国家不断积累权力，意味着国家的基本动机在于提高其在权力等级中的地位。以此观之，所有国家都是潜在的“超级大国”或“全球霸权”，意味着永恒的大国竞争是无法避免的。

另一方面，如马斯坦多诺（Mastanduno 1991）等“防御性现实主义者”认为，虽然国家都防止他国以牺牲自己的利益而获益以实现相对收益，但是它们并不必然寻求其自身收益的最大化。换言之，国家的基本动机是保障自身的安全。在这种情况下，权力仅是实现目的的手段。美国对战后日本工业的迅猛发展的善意和支持性反应即为明证。然而，进攻性和防御性新现实主义自身都不是颇具说服力的全球政治模式。进攻性现实主义暗示着延绵不绝的战争和暴力，然而防御性现实主义表明国际事务是以和平稳定为特征的。这几乎是现实主义的基石，然而两者的镜像都是不现实的。

除了对于多极化的结构性意义的担忧，大量浮现的断层线和紧张状态已初见端倪。其中最为常见的是，霸权国——美国和新“霸权”国——中国之间不断增长的敌意和可能的战争。中国的崛起将是和平的吗？那些对中美之间权力关系持悲观态度的人认为，霸权国很难和平地适应其江河日下的地位，然而崛起中的“霸权”国迟早会寻求一种反映其经济支配地位的政治、军事权力。此外，中美潜在冲突的根源很多。比如，与“文明冲突”异曲同工的是，“自由民主”美国和“儒教”中国之间的文化、意识形态差异成为不断增加的敌意和误解的基础，鉴于此，19 世纪英国霸权向美国全球霸权的和平转移也许是因为两国间历史、文化和政治相似，使得英国不将崛起的美国视为威胁。冲突也可能来自中美之间在台湾、西藏和人权等诸多问题上早已存在的分歧，以及双方在非洲、中东和其他地区的不断上升的能源竞争中。但是，其他国家并不把中国视为威胁。中美之间不仅因经济相互依赖而休戚相关（美国是中国的主要出口市场，中国是美国最重要的债权国），而且随着 21 世纪的发展，两个大国可能建立起一种两极秩序。新现实主义者认为，这一新秩序最终会引领一种高度的安全与稳定。此外，美国的利益在于使中国承担更大的全球责任，而且双方分摊这一责任，鼓励中国**追随**（bandwagon）而非**制衡**（balance）。

追随：站在强国一边以希望增加安全和影响力；“跟着强者走”。

制衡：因担心身处险境而反对或者挑战强国或崛起国。

约翰·米尔斯海默（John Mearsheimer，1947—　）

美国政治科学家、国际关系理论家。米尔斯海默是进攻性现实主义的主要倡导者，新现实主义稳定论的重要奠基人。在《回到未来》（Back to the Future 1990）一文中，他认为冷战很大程度上维护了欧洲和平，警告冷战两极格局的终结可能会造成日益加剧的国际冲突。在《大国政治的悲剧》（*The Tragedy of Great Power Politics* 2001）一书中，米尔斯海默认为，多少权力足以确保生存的问题是无法确定的，因而大国总是试图获得霸权，当其认为自己有相较于对手的权力优势时便表现出扩张性的姿态。米尔斯海默直言不讳地批评美国对华政策。他也是伊拉克战争的反战者，认为武力使用会激化阿拉伯和伊斯兰世界的反美主义。其他作品包括《以色列游说集团与美国对外政策》[*The Israel Lobby and Us Foreign Policy* 2007（与斯蒂芬·沃尔特合著）]。

聚焦

制衡或追随

新现实主义者将均势视为由国家间权力（或能力）分配产生的结构性压力的产物。国际体系是如何产生均势的呢？面对国际无政府体系的不确定和动荡，国家不得不在制衡（通过与其他弱国的联盟反对崛起国或大国）或追随（和崛起国或大国站在一边）之间选择。新现实主义者认为，制衡的倾向在多数情形下压倒了追随行为。这是因为，在无政府环境下，由于在对待弱国的问题上，崛起国或大国没有任何约束，因而是他国恐惧的对象。简而言之，不可信任强国。因而国际体系内的结构动力支持均势。这也有助于解释国家间联盟的形成，这些国家在政治上和意识形态上敌对，正如美苏二战时的同盟关系。

另一个全球冲突的根源是新兴强国，即对外咄咄逼人的俄罗斯。它会导致被一些人称为的新冷战。尽管俄罗斯国内生产总值不到北约成员国总和的 1/25，但凭借其核武库，俄罗斯是唯一一个可以摧毁美国的国家。因而，美国对俄政策旨在将其整合到全球治理制度中（例如，八国集团的成员国身份），阻止其回归到扩张主义和重建领土势力范围。美国支持欧盟和北约东扩至原苏联阵营地区，以实现后一目标。此外，美国还同意在波兰和捷克部署反弹道导弹（随后放弃这一计划）。然而，由于冷战以来尤其在目前美俄关系的国际环境下，美俄关系的性质发生了巨大变化，这些变化不太可能产生新冷战。尽管如此，卡根（2008）提出了另一场景，宣称俄罗斯会“回到过去”，表现为民主与威权主义之间不断加深的矛盾，权威主义的主要代表是俄罗斯和中国。但是，这一观点的问题在于民主国家间的矛盾（比如美欧之间的矛盾）、权威主义国家间的矛盾可能与民主—权威主义国家间的矛盾一样严重。

然而另一种更为乐观的多极模型也是存在的。首先，它表明新兴大国崛起和美国相对衰落的问题可以以某种方式加以解决，即维持和平，将竞争置于可控状态的方式。目前美国处理和潜在对手关系的方式是，在与自身利益一致的情况下，接纳（accommodate）它们，以阻止对手更大的野心。美国对1945年日本战后重建以及欧洲一体化进程的不断支持体现了这一点。类似的方式也适用于中国、印度和俄罗斯。这一方式倾向于鼓励新兴大国追随而非制衡美国，使其成为美国主导的全球贸易和金融体系的一员，而非使其建立对抗美国的藩篱。由于其他潜在竞争者相互忧惧，如它们忧惧美国一样，这使得“美国对抗其他国家”的冲突变得不太可能。在美国对单极世界采取单边主义政策后，美国向多边主义的回归不仅反映了美国认识到了合法性权力的重要性和有效性，也增强了其在维持和平与合作的同时处理均势变化的能力。

总　结

- 广义上而言，权力意指影响事件结果的能力。实际权力和潜在权力、关系性权力和结构性权力、“软权力”和“硬权力”之间是有所区别的。权力是对于他者的物质性“控制权”的看法越来越受到批评，导致了更细微和多维度的权力概念。
- 冷战是以美国所主导的西方阵营和苏联所主导的东方阵营的两极对抗为特征的。冷战的终结使一些人宣称“新世界秩序”的降临。然而，这一新世界秩序并未得到清晰的界定，也迅速变得不合时宜。
- 作为仅存的唯一超级大国，美国常被称为“全球霸权”。“9·11”事件后美国霸权的意义特别明显。按照对外政策决策的新保守主义认识，美国发动了所谓的“反恐战争”。不过这使美国深陷漏洞百出的军事干预之中。
- 尽管新保守主义者认为美国建立了“仁慈霸权”，但是现实主义者、激进主义者和南方发展中国家特别是伊斯兰国家的许多人认为美国行为受其确保经济优势地位和控制重要资源的动机所驱动，甚至充当着“超级流氓大国”。
- 21世纪的世界秩序越来越具有多极特征。这体现在所谓“新兴大国”特别是中国的崛起上，也是全球化和全球治理的发展、非国家行为体日益重要的产物。
- 对于新现实主义者而言，全球行为体之间权力的多极分散可能造成动荡乃至战争。另一方面，多极性会加强多边主义的趋势，从而促成稳定、秩序和合作。

问题讨论

- 为何将权力视为能力的观点受到批评？
- “结构性权力”在何种程度上决定着全球性结果？
- “硬权力”在世界事务中是多余的吗？
- 冷战两极格局造成稳定与和平，还是紧张局势与不安全？
- “新世界秩序”的说法仅仅是美国霸权合法化的手段吗？
- 霸权对于世界秩序意味着什么？
- “反恐战争”如何影响着美国的全球地位？
- 中国将会成为下一个全球霸权吗？
- 美国与“其他国家”之间的张力将是全球政治日益扩大的断层线吗？
- 日益浮现的多极性应该受到欢迎还是忧虑？

第 10 章

战争与和平

战争是政治的另一种延续。

——卡尔·冯·克劳塞维茨，《战争论》(1832)

预览

军事权力一直是国际政治的传统筹码。国家和其他行为体很大程度上以威胁使用或使用武力的方式彼此影响，使战争成为人类历史的一个普遍特征。从古至今，在所有文化和社会中战争随处可见。然而，即使战争似乎与人类历史一样古老，关于战争的性质仍存疑问。用什么来区分战争和其他暴力形式？战争与和平的主要原因是什么？在世界某些地方不断下降的战争频率是否意味着战争已经过时，或者军事权力是全球政治的多余特征呢？然而，随着时间的推移，尤其是战斗技术和军事战略的发展，战争的性质发生了巨大变化。火枪取代了长弓，步枪和机关枪等取代了火枪。因为工业技术服务于战斗，所以 20 世纪全面战争的出现产生了重大转变。冷战的结束也被视为产生了很不一样的战争形式。所谓的“新”战争倾向于内战（通常涉及小规模、低强度的战斗），模糊了平民和军方之间的差异，往往是不对称的。所谓的“后现代”战争严重地依赖于“高科技”武器。这些新的战争形式有多新？其意义是什么？最后，战争是否以及在何种情况下是正当的问题仍存在长期的争论。一些人认为，国家对自身利益的冷静判断决定着战争与和平的问题，然而另一些人坚持认为战争必须符合正义原则，还有一些人在任何情况下都拒绝战争。战争如何是正当的呢？道德原则是否能够并应该适用于战争及其相关行为呢？

关键问题

- 何为战争？战争有哪些类型？
- 战争为何会发生？
- 在后冷战时代战争局面如何以及在何种程度上发生了变化？
- 为何难以确定战争的结果？
- 倘若有合理的战争，那么何时诉诸战争是合理的？
- “永久和平”会取代战争吗？

战争：战争是双方或多方（通常是国家）之间武装冲突的状况。作为有组织的、目标导向的现代战争形式，它的出现源自于近代早期欧洲国家体系的发展。战争具有正式或准合法的特征，因为战争状态的宣布并不必然伴随着敌对状态的爆发。在后冷战时代，“新”战争已经很常见。它们具有不同的特征，涉及国家间种族冲突、先进军事技术的使用、恐怖分子团伙和游击队运动等非国家行为体的参与。

内战：一个国家内诸多政治组织之间的武装冲突，通常为控制国家或建立新国家而战。

常规战争：正规、统一的国家军队所进行的战争形式，并使用常规武器（非核武器）和战场策略。

战争的性质

战争类型

何为战争？如何将战争与谋杀、犯罪、帮派袭击或种族灭绝等其他暴力形式相区别呢？第一，战争是政治团体之间的冲突。传统上，这些团体是国家，冲突即国家间战争。战争往往是为了夺取领土或资源（即掠夺战争）。然而，近年来国家间战争已经不多见了。似乎**内战**取而代之，而且游击队组织、抵抗运动、恐怖组织等非国家行为体越来越多地参与到内战中。第二，战争是有组织的，因为武装部队或训练有素的战士进行战争，符合某种战略而不是实施随机、零星的袭击。事实上，**常规战争**（conventional warfare）是一个拥有高度组织性和纪律性的事务，而且所涉及的军事人员服从于制服、训练、敬礼和军衔，甚至承认战争应该是由“战争法”（如第14章所讨论的）所确立的、受规则制约的活动。然而现代战争本质上是很松散的。更多非正规的军人参与其中，会拒绝按规则战斗。军队生活和平民生活之间的差异日益模糊，如本章稍后所讨论的。第三，战争常常由其规模或范围来区分。一系列只有少数人死亡的小规模袭击很少被视为战争。联合国将“重大冲突”界定为每年至少造成1 000人死亡的冲突。然而这是个人为设定的数字。例如，1982年马岛战争会被排除在外，然而其几乎一致地被视为战争。最后，因为战争涉及一系列战役或袭击，战争往往会持续很长一段时间。即便如此，仍有一些战争是很短的，如1967年以色列和埃及、叙利亚和约旦之间的六日战争。而其他战争因时间拖得太长，可能有实质性的和平时期，所以究竟战争何时开始、结束的问题是令人困惑的。例如，百年战争实际上是英国和法国之间的一系列战争，约定俗成的时间为1337—1453年。这场战争是更长期的冲突的一部分。相似地，尽管第一次世界大战和第二次世界大战常常被描述为各自独立的冲突，但是一些历史学家宁愿将其视为一场冲突，其间有长达20年的休战期。

然而随着时间的推移，战争的性质已经发生了巨大改变，因为军事技术和战略的发展已经改变了战争的面貌。战争的确会反映出那个时代的技术和经济发展水平。在火枪时代，士兵们列成纵横阵形作战。后来战争渐渐变得更灵活，首先是步枪、带刺铁丝网、机关枪、间接火力的出现，然后是坦克和扩展行动（extended movement）的发展，特别是德国在二战中所使用的**闪电战**（Blitzkrieg）。20 世纪工业化、不断增强的国家全民动员的能力导致了**全面战争**（total war）现象的出现。20 世纪的两次世界大战可为例证。战争之间的其他差异是以冲突的规模和成败攸关的结果的性质为基础的。其极端形式是**霸权战争**（Hegemonic wars），有时称之为“全球”、“全面”、“系统”或“世界”战争，通常涉及一系列国家。每个国家都动员其全部经济和社会资源，以捍卫或改变全球均势。另一方面，“有限”或“区域性”战争依照更有限的目标而进行战斗，如边界的重新划定或驱逐敌军占领者，像 1991 年海湾战争（把伊拉克从科威特驱逐）、1999 年美国领导的北约对科索沃的轰炸（驱逐塞尔维亚部队）。最后，由于核武器、生化武器（如第 11 章中所讨论的）的使用或者被归类为的“新”战争（本章稍后将作讨论），一系列冲突常常被视为“非常规战争”的例子，时而被视为**游击战争**（guerrilla wars）。

闪电战：德文字面意思为闪电战；装甲车队深入渗透，通常事先以空袭方式减少敌人的抵抗。

全面战争：涉及社会各方面的战争，包括大规模征兵、调整经济以适应军事目的、通过大规模消灭对方军事与平民目标而实现无条件投降的目的。

霸权战争：以全球均势重构方式确立对整个世界秩序的支配地位而进行的战争。

游击战争：“Guerrilla war”（西班牙语）字面意思为“小战争”；叛乱或“人民”战争，非正规部队使用适应地形的策略，强调机动性和奇袭而不是强大火力的战争。

战争为何会发生呢?

每场战争都是独特的，因为它源自于一系列特定的历史环节。例如，第 2 章考察了一战、二战和冷战的起源。然而，因为战争似乎是一种历史常态，所以一些理论家倾向于认为适用于所有时代和社会的更深层次或基本的战争解释是存在的（Suganami 1996）。肯尼思・沃尔兹的《人、国家与战争》（1959）是战争主题的经典著作。按照沃尔兹的观点，这些理论能够以三个分析层次得以分类，即人性、国家内部特征、结构或体系性压力。最常见的战争解释是，战争源自于人类个体先天的本能和欲望。因而修昔底德认为，战争是“源于贪婪和野心的权力欲望”所造成的。因此战争是无休止的，因为人的渴望和欲望是无限的，然而满足他们的资源总是有限的，其所引起的斗争和竞争也将不可避免地表现为流血和暴力。人类自私的科学依据通常是，英国生物学家查尔斯・达尔文（Charles Darwin，1809—1882）的进化论和为生存而斗争的观点、赫伯特・斯宾塞（Herbert Spencer，1820—1903）等社会达尔文主义者所发展的“适者生存”（the survival of the fittest）的学说。奥地利动物学家康拉德・洛伦兹（Konrad Lorenz 1966）等进化论心理学家认为，侵略是生理上的本能需求，尤其是男性，而且是所有物种所体现出的获得地盘（territorial）

和性本能的产物。不论战争保护了家园、获得财富和资源、实现国家荣耀、推进政治或宗教原则，抑或确立种族或民族的支配地位，它都为深植于人性中的侵略冲动提供了一个必要的、不可避免的发泄方法。

这类假设支持着古典现实主义的权力政治理论。古典现实主义者把国家或其他政治团体之间的争夺描绘成个人自私和竞争在集体层次上的一种表现。然而，战争的生物学理论也有其缺陷。他们提出了人性的失衡观，特别强调“天性”而不太注重“教养”。前者意指人性是固定不变或给定的，然而后者包含了社会、文化、经济和政治等复杂因素，从而塑造了人类行为并且会调整本能驱动或引导他们到特定的方向。此外，即使与生俱来的侵略性的观点是可以接受的，也绝不能证明大规模、有组织的战争是不可避免的。

修昔底德（Thucydides，约公元前 460—前 406）

颇有哲学兴趣的希腊历史学家。修昔底德的伟大著作《伯罗奔尼撒战争史》（*The History of the Peloponnesian War*）叙述了公元前 431—前 404 年雅典和斯巴达之间为控制希腊世界而进行的斗争，以民主发祥地雅典的毁灭而告终。修昔底德以权力政治、竞争性城邦相对权力的变化解释了这一冲突。就此而论，他第一个提出了国际冲突的现实主义解释，也提出了最早的国际关系理论。修昔底德对人性悲观的看法影响了霍布斯。在《**米洛斯人的对话**》（Melian dialogue）中，修昔底德说明了权力政治如何无视道德观念，这一教训时常被视为普世真理。

米洛斯人的对话：修昔底德在《伯罗奔尼撒战争史》中所引用的米洛斯人和雅典人之间的对话，其中雅典人拒绝接受米洛斯人在雅典和斯巴达的冲突中保持中立的愿望，最终围攻并屠杀了米洛斯人。

军国主义：一种文化或意识形态的现象，其中军事优先的观点和价值观逐渐遍及更大的社会范围。

第二种理论表明，战争应该由政治行为体的内部特征得以解释。例如，长期以来自由主义者认为，国家宪政和政府安排使一些人倾向于侵略，然而其他人赞成和平。这明显体现在这样一种观点中，即民主国家彼此并不兵戎相见，正如“民主和平”论中所意指的。相比之下，权威主义和帝国主义国家倾向于**军国主义**和战争。之所以如此，是因为这类政权在很大程度上依赖于武装力量，以在代表过程缺失的背景下维持国内秩序。而需要征服附庸的民族和种族群体，意味着政治和军事精英往往融合在一起。这经常会导致对武装力量的美化、信仰英雄主义和自我牺牲精神的政治文化。此外，战争不仅被视为合法的政策工具，而且被视为一种爱国主义的表现。

社会建构主义者尤其强调使战争更有可能发生的文化和意识形态因素，将国际环境描绘成威胁且不稳定的，或赋予一个国家或政治团体军国主义或扩张的形象。因此社会达尔文主义思想 19 世纪末在欧洲的传播造成了第一次世界大战的不断增加的国际紧张局势，然而美国对国际共产主义扩张的恐惧、苏联对资本主义包围的恐惧某种程度上维系着冷战。同样，雅利安人种族优越学说、德国统治世界的理念推动了最终导致二战的纳粹侵略。关于穆斯林和西方世界之间根本性冲突的“圣战”理论引发了伊斯兰暴动和恐怖主义活动。侵略的其他“内在”解释包括：战争将注意力从国内失败转移开［正如 1992 年阿根廷袭击马尔维纳斯群岛（英国称福克兰群岛）］以支撑一个不得人心的政权；或者战争是人口压力的产物，特别是在经济停滞和社会混乱时期好斗年龄男性数量的扩大［亨廷顿（1996）解释“伊斯兰文明”逐渐增长的政治自信的一种理论］。

各种各样的结构性或系统性战争理论得到发展。其中最具影响力的是新现实主义的主张，即战争是无政府国际体系的必然结果，促使国家依靠自助。进攻性现实主义是现实主义的最悲观的形式。进攻性现实主义者认为，国家寻求权力最大化而不仅仅是安全，不考虑其宪政或政府结构。这表明了国际关系注定以争取优势地位而无休止的斗争为特点，而且军事冲突是个无法回避的事实。“安全困境”源于国家间的恐惧与不安，加剧了这一趋势。“安全困境”的概念倾向于将其他国家的防御性行为解释为潜在或实际的进攻性行为。对现实主义者来说，从国际体系永远消除战争的唯一办法是，建立世界政府，从而消除无政府状态（然而他们视其为极不可能而且是危险的）。

其他的结构性战争理论更强调经济因素。例如，马克思主义者把战争视为资本主义体系国际变化的后果。资本主义国家将不可避免地陷入彼此的冲突中，因为每个国家都被迫扩张而控制新市场、原料或廉价劳动力供应以维持利润水平。因此，所有战争都是为了资产阶级利益而进行的掠夺战争。从自由主义观点来看，战争的经济冲动常常被看作是源于经济民族主义的实践。各国因此力求成为自给自足的经济单位。**自给自足**（autarky）的追逐使各国倾向于保护主义政策，最终倾向于殖民主义，加剧了经济竞争，使战争更为可能。然而 1945 年以来，战争的经济理论的影响明显下降，因为相较于扩张和征服，贸易被视为通往繁荣的更可靠道路。经济压力推动了相互依赖、一体化，因而现在它们被视为削弱而不是增强了战争的冲动。

自给自足：字面意义为自治，通常涉及由殖民扩张或从国际贸易退却所产生的经济自足。

作为政治延续的战争

最有影响的战争理论是克劳塞维茨（Clausewitz）在其著作《战争论》（*On War* ［1831］ 1976）中所提出的。在克劳塞维茨看来，所有战争都具有相同的“客观”特征：“战争仅仅是政治（或政策）的另一种延续。”因此，战争是实现目的的一种手段、迫使对手屈服于自己意志的手段。这种立场强调战争与和平之间的连续性。战争与和平都是以对私利的理性追逐为特征的，因此也是以冲突为特征的，但是两者唯一的区别是为实现目标所选择的手段不同，而且目标是在工具性基础（instrumental basis）上确定的（Howard 1983）。当各国认为战争对其有利时，国家会大动干戈。这种成本—收益分析形式完全符合将战争视为一种政策工具的现实主义观点。克劳塞维茨式或“政治”的战争概念，经常被视为威斯特伐利亚国家体系的产物。在此体系中国家间关系塑造着国际事务（尽管严格地说，任何政治行为体，包括非国家行为主体，都能够将战争作为政策工具)。战争作为对国家利益的"理性"追求这一形象在 19 世纪颇具吸引力。当时绝大部分战争发生在对立国家之间，而且发动战争的国家赢得了大约 4/5 的战争。此外，虽然人们的敌意是一场战争所需要的，但战争是军队作战，因而只会影响正式战斗人员而不是更多的平民。这致使战争代价更加有限，而且更易于计算。

战争与和平的方法

现实主义的观点

对现实主义者来说，战争是国际关系和世界事务的持久性特征。战争的可能性源自权力政治无法逃避的动力：因为国家追逐国家利益，他们必然陷入彼此的冲突之中，而且这种冲突有时会（但不总是）以军事冲突而告终。现实主义者从两个方面解释暴力性权力政治。第一，古典现实主义者强调国家利己主义，认为政治共同体之间的对抗反映了人性逐利、竞争和侵略的内在倾向。第二，新现实主义者认为，既然国际体系处于无政府状态，那么各国被迫依靠自助以实现生存与安全。仅有军事权力能够确保生存与安全。特别是对于进攻性现实主义者来说，这促使战争成为可能。然而所有现实主义者一致认为，区别战争与和平的主要因素是均势。如果各国认为取胜的机会很渺茫，它们将避免战争。因此，战争与和平的决策是按照成本—收益分析做出的，即理性的私利会支配使用战争或避免战争。因此希望维护和平的国家必须为战争而准备，以便能阻止潜在的侵略者并且防止任何其他国家或国家联盟取得主导地位。

自由主义的观点

自由主义者认为，和平是国际关系的自然但绝不是必然的状态。从自由主义者角度来看，战争起因于三种情况，而且每一种情况都是可以避免的。第一，自由主义者效仿现实主义的分析，认为无政府状态背景下国家利己主义可能会导致冲突和战争。然而自由主义者认为，国际法治能够而且应该替代国际无政府状态，而且超国家机构会实现这个状态。第二，自由主义者认为战争通常与经济民族主义、自给自足联系在一起，而且对经济自足的追逐往往使国家陷入彼此的暴力冲突中。不过自由贸易、其他形式的经济相互依赖能够实现和平，尤其因为它们可能会使战争的经济代价如此高昂而使战争变得不可承受。第三，国家的宪政特点关键性地决定着其战争或和平的倾向。权威主义国家倾向于军国主义和扩张，而且习惯于使用武力以实现国内外目标，然而民主国家更爱好和平，至少在与其他民主国家的关系中是这样的。

批判理论的观点

马克思主义传统中的批判理论家们倾向于以经济术语解释战争。例如，第一次世界大战是为了在非洲和其他地区追逐殖民收益而进行的帝国主义战争（Lenin 1970）。因此战争的起源可以回溯到资本主义经济体系，事实上，战争是以其他方式对经济利益的追逐。这类分析意味着，社会主义是和平的最佳保证，而且社会主义运动常常具有显著的反战、甚或和平的取向，受到国际主义承诺的塑造。无政府主义传统中的乔姆斯基等批判理论家对霸权战争现象特别感兴趣。他们认为，世界上最强大的国家直接或间接地运用战争，以捍卫或扩大其全球经济和政治利益。因此，战争与霸权密切相关，然而仅有激进的全球权力再分配能够建立和平。女性主义者对战争与和平采用了社会性别视角。不仅战争是男性之间的斗争，而且冲突四起且有暴力倾向的现实主义国际政治观反映了自私、竞争和寻求主宰的“男权主义”假设。特别是对于差异性女性主义者（difference feminist）来说，战争起源于男性的好战性或父权制度。相比之下，女性主义者关注其所认为的妇女与和平之间的密切联系，以女性“自然的”和平性或以下面的事实为基础，即世界上女性的经验促使其强调人类联系与合作。

卡尔·冯·克劳塞维茨（Karl von Clausewitz，1780—1831）

普鲁士将军和军事理论家。作为路德教牧师的儿子，12岁时克劳塞维茨毅然从军，38岁时取得了少将军衔。克劳塞维茨研究了康德哲学并参与了普鲁士军队改革，在《战争论》（[1832] 1976）中陈述了其军事战略思想。《战争论》提出了一种观点，即战争本质上是一种政治行为、一种政策工具，而且陈述了一种“三位一体”的战争理论。这种战争理论包括：(1) 深受民族仇恨所刺激的群众；(2) 设计战略而考虑战争偶然性的军队；(3) 制定军事行动的宗旨和目标的政治领袖。克劳塞维茨通常被视为军事理论和战争方面的最伟大作家。

不过，克劳塞维茨的战争概念也日益受到批评。其中一些批评本质上是道德性的。克劳塞维茨受到指责，因为他把战争视为一种正常且不可避免的状态，狭隘的国家利益而不是正义等更广泛的原则为战争提供了正当性。因此这表明，如果战争服务于合法的政治目的，其道德意义可以被忽略。本章最后一节会讨论这一观点。另一方面，克劳塞维茨认为诉诸战争应该是以理性分析和精确计算为基础的。如果这一看法得到更始终如一的遵循，那么许多现代战争可能不会发生。对克劳塞维茨战争概念的其他批评者强调战争过时了，而且战争与拿破仑时代有关，与现代战争无关。第一，现代经济和政治状况说明，战争是一种不太有效、或许过时的政策工具。如果现代国家理性地不愿意诉诸战争，那么军事权力可能在世界事务中变得无关紧要（van Creveld 1991；Gray 1997）。第二，工业化战争的来临，特别是全面战争现象使战争的成本与效益的计算更不可靠。如果是这样的话，战争可能不再是实现政治目的的恰当手段。最后，对克劳塞维茨的大多数批评强调战争性质的变化。这些变化使克劳塞维茨的战争范式不再适用。现代战争在多大程度上是后克劳塞维茨式战争？

战争面貌的变化

从“旧”战争到“新”战争？

后冷战时代广受争议的特点之一是，它如何影响战争。现代战争常被视为是“新”、“后现代”、“后克劳塞维茨”或“后威斯特伐利亚”战争（Kaldor 2006）。传统观点认为，战争是敌对国之间的武装冲突，即产生于对威斯特伐里亚国家体系认可的基础上。在此期间，战争似乎符合克劳塞维茨的范式。作为国家政策工具的战争意味着，大量组织起来且穿着军装的人进行战斗——国家陆军、海军和空军。大量的规范或规则也调节着武装冲突，包括正式宣战和宣布中立、和平条约和"战争法"。然而，战争似乎已经改变了。在 20 世纪 50 年代、60 年代阿尔及利亚、越南和巴勒斯坦等地的民族解放运动所用的战术扩展到索马里、利比里亚、苏丹和刚果等一些国家的冲突，一种新型战争已经发展起来，甚或重新界定了战争本身（Gilbert 2003）。随着 20 世纪 90 年代苏联和南斯拉夫的解体，波斯尼亚和高加索山脉地区，特别是车臣、伊拉克和阿富汗的"新"战争，通常被认为是更大的"反恐战争"的一部分。在什么意义上这些战争是"新"的呢？如何清晰地区别"新"战争与"旧"战争？

争论

军事权力成为全球政治的冗余了吗？

军事权力传统上被视为国际政治的主要筹码。然而一些人认为，在近几十年武力的威胁使用逐渐过时了，不再是决定全球结果的一种手段。

赞成

过时的战争。军事权力是多余的，因为战争现在在世界上许多地方都过时了，当然这意指大规模、高强度的冲突形式。民主治理的扩展导致了日渐扩大的"民主和平区域"。民主国家不愿意彼此兵戎相见。1945 年以来，以联合国为中心的国际法律体系的出现也改变了对武力使用的道德态度，认为掠夺战争是不合法的。全面战争的到来，特别是核武器的发展意味着，战争的影响是如此地具有毁灭性，以至于其不再是国家政策的可行工具。最后，国家日益拥有其他对资源的诉求，特别是公共服务和福利服务。

要贸易不要战争。战争已过时的重要原因之一是全球化。全球化至少在三个方面减少了战争的发生率。第一，国家不再需要以征服方式获得经济收益，因为全球化以贸易形式为国家繁荣提供了更廉价、更简便的途径。第二，全球化大幅提高国家间经济相互依赖的水平，由于其高昂的经济代价（贸易伙伴关系的破裂、对外投资损失等），使战争几乎无法想象。第三，贸易、经济互动的其他形式确立了国家间的理解，因而反对狭隘的（或许侵略性的）民族主义形式。

无法取胜的战争。就参战各方各自能力而言，战争性质的变化使对战争结果的预测日趋困难。这反映在发达国家难以赢得越南战争、伊拉克和阿富汗反叛乱战争等不对称战争方面。如果作为世界上唯一军事超级大国美国不能发动一场保证胜利的战争，那么在世界事务中施加影响的其他非军事手段很可能变得越来越有吸引力。

反对

战争是无穷无尽的。现实主义者驳斥这样一种观点，即战争已经或者可能会走到尽头。之所以如此，是因为国际体系仍偏向于冲突。军事权力仍然是国家生存和安全的唯一可靠保证。无法解决的安全困境意味着恐惧和不确定性依然存在。此外，由于全球化的"回落"、趋向经济民族主义的转变、大国竞争的加剧（正如第一次世界大战前所发生的），"和平区域"可能缩小。另外，美国巨大的全球军事优势也是国家间战争衰落的一个主要原因。这种军事优势注定会改变，因为世界秩序日趋多元化而变得不稳定。

新的安全挑战。国家间战争的衰落并不意味着世界变得更加安全。相反，新的、在某些方面更富挑战性的安全威胁已经出现。这尤其适用于恐怖主义，正如“9·11”事件和其他恐怖袭击所表明的。事实上，恐怖主义说明了全球化如何使世界变得更加危险，因为恐怖分子更容易获得毁灭性武器装备，而且能够跨国甚至在全球范围内活动。这些威胁强调了各国发展更复杂的军事战略的需要，以确保更棘手的国内安全，甚至打击外国恐怖分子营地和庇护恐怖分子的国家。

人道主义战争。冷战结束以来，战争的目的和军事权力的使用在一些重要方面已经发生了变化。特别是，武装力量已经更加频繁地被用以实现人道主义的目的，往往用以保护公民免于内战或本国政府的压迫政策，如伊拉克北部、塞拉利昂、科索沃和东帝汶。在这些情况下，人道主义与国家自身利益的考量密切相关。如果没有外国军事干预，内战、种族冲突和人道主义灾难常常威胁着地区稳定，导致移民危机，因此会造成更加难以预料的结果。

虽然并不是所有“新”战争都是一样的，但它们往往显示出以下一些特点，即使不是全部：

- 它们往往是内战而不是国家间战争。
- 认同问题通常很突出。
- 战争是不对称的，常常是不对等的双方之间的战斗。
- 民用/军事的差异被打破。
- 它们比“旧”战争更为野蛮。

国家间传统战争的衰落、内战的兴起已经成为后冷战时代的一个显著特点。20世纪90年代中期以来，大约95%的武装冲突发生在国家内部，而不是国家之间。最近这一趋势的例外情况包括了两伊战争(1980—1988)、2008年俄罗斯和格鲁吉亚的战争。许多因素解释着国家间战争的衰落，甚至世界某些地区战争的过时（所谓“和平区域”）。这些因素包括民主的传播、全球化的发展、与联合国角色相关的战争的道德观的改变、武器技术的发展，特别是核武器。核武器将极大地增加大规模战争所造成的破坏。另一方面，内战在后殖民世界已经变得更常见，在那里，殖民主义往往遗留下民族或部落竞争、经济不发达、弱国家权力等后遗症，因此“准国家”或“失败国家”出现了。世界上大多数弱国集中在撒哈拉以南的非洲。最有代表性的例子是索马里、塞拉利昂、利比里亚和刚果。这些国家弱，因为它们未能通过国家权力的基本考验：它们不能维持国内秩序和个人安全，意味着不断的内乱甚至内战。因为前殖民统治者划定了这些国家的边界，它们往往具有一系列的民族、宗教和部落差异，这意味着这个后殖民世界经常是“混乱地带”(zone of turmoil)。

认同战争：一种战争，其中文化复兴的诉求是冲突的基本功能，尽管这种诉求表达出一种需要，即一个民族的集体认同得到公开的与政治上的认可。

现代战争通常被描绘成**认同战争**(identity wars)。早期战争是受地缘政治或意识形态目标的驱动，然而现代战争经常产生于竞争性认同所表达出的文化纷争。各种形式的政治认同源于经济和文化全球化等因素所产生的压力。尤其是它们已经影响了后殖民社会，而且以社会阶级和意识形态为基础的团结的力量下降了。然而并非所有形式的认同政治都会产生仇恨、共同冲突和流血。当团体支持不同的认同模式时，更有可能如此，这些认同模式以敌意界定着“我们”，威胁着“它们”。根据森（Sen 2006）的观点，认同政治更可能导致暴力，当它是以“团结”的认同形式为基础时。这种认同形式以**单一**社会群体的成员身份界定人类认同。这诱使人们排他性地认同自己的单一文化，因而未能认可其他文化群体的权利及完整性。这明显地体现在激进民族、宗教和民族主义运动的兴起。20 世纪 90 年代在原南斯拉夫爆发的战争（特别是波斯尼亚战争）、在印度次大陆的穆斯林和印度教徒的冲突、在以色列被占领土发生的暴动、“反恐战争”，尤其是伊拉克和阿富汗战争，都可以被视为认同战争的例子。因为认同战争最终是以人们如何审视自身为基础的，所以这些战争常常具有异常的狂热和凶残。这些战争往往是长期的而且是棘手的，从而使传统的胜利观变得不再适用。

不对称战争： 在军事、经济和科技实力水平明显不平等的对手之间的战斗，其中战争策略倾向于适应弱方的需求。

叛乱： 非正规士兵所发动的武装起义，旨在推翻现存政权。

国家间战争通常发生在经济发展水平相当的对手之间，然而现代战争经常是不对称的，因为现代战争使工业发达、军事先进国家与“三流”的敌人相对抗。这适用于美国或美国为首多国在越南、科索沃、伊拉克和阿富汗的战争，以及俄罗斯袭击车臣的战争。**不对称战争**（asymmetircal wars）的特征是，为了在军事和经济能力差别很大的对手之间创造一个更为公平的竞争环境而设计出的军事战略和战术的运用。这意味着不对称战争没有确定和必然的结果。游击战争实施小规模袭击、埋伏和攻击，强调机动性和奇袭。它在战胜装备更精良、火力更大的敌人方面是有效的。游击战争也常常使用恐怖主义战术作为补充，比如从路边炸弹到自杀式袭击。特别的努力通常意在加强和平民百姓的联系，因此战争成为大众反抗或**叛乱**（insurgency）的一种形式。这种策略的目标并不是在严格的军事意义上打败敌人（也许是不可能的），而是使敌人士气低落并削弱其政治意志，如同越南、以色列、伊拉克和阿富汗等战例。另一方面，发达国家部队往往不适应小规模、低强度的反叛战争的需求，而且其先进武器实际上也毫无用处，特别是核武器。

民用/军事的划分在许多方面已经模糊了。三十年战争（1618—1648）以来，战士和平民之间已有了明确区分。当战争很大程度上只局限于战场和军事人员时，遵循这种区分是相对容易的。然而从性质而言，由于现代战争的扩散性质，现代战争会对平民产生更大的影响。现代战争往往会涉及一系列小规模交战，而不是定位进攻、主要战役，从而意味着传统的战场观已属多余而必须被抛弃。战争已经发展成为“人民之间的战争”（Smith 2006）。模糊的情况也出现了，因为平民日渐成为军事行动的目标（一般通过使用地雷、炸弹、汽车炸弹和恐怖主义），其目的是造成经济和社会混乱，摧毁敌人对战争的决心和欲望。因此，现代战争常常伴有难民危机，成千上万甚至数百万流离失所的人们寻求临时的或永久的避难所（如第 7 章所讨论的）。军队和安全部队性质的变化已经模糊了民用/军事的划分。例如，非正规士兵或武装志愿兵所组成的游击部队以及暴乱往往接近于民众起义的性质。**雇佣兵**（mercenaries）仍然是非洲部分地区武装冲突的重要特征，如赤道几内亚2004年失败的政变。不过这种趋势在发达国家也很明显，尤其是美国。伊拉克战争是一场史上最“私有化”的战争。到2007年中期，比正规士兵还多的私人军事承包商在伊拉克经营，为黑水公司（现更名为Xe公司）和哈利伯顿等公司工作。有时，黑水公司甚至控制了美国海军陆战队。

雇佣兵：为外国服务的受雇士兵。

关键性事件

原南斯拉夫的冲突

1919年随着奥匈帝国的崩溃，《凡尔赛和约》认可了南斯拉夫国家。

1945年南斯拉夫成为共产主义国家，包括6个共和国（塞尔维亚、克罗地亚、波斯尼亚和黑塞哥维那、斯洛文尼亚、马其顿和黑山）和塞尔维亚内部的两个自治省（科索沃和伏伊伏丁那）。

1986—1989年塞尔维亚（最大和最有影响力的共和国）民族主义的崛起，与1987年之后斯洛博丹·米洛舍维奇的领导有关。

1990年随着东欧其他地区共产主义的衰落，每个共和国都举行多党选举，加强对斯洛文尼亚和克罗地亚独立的支持。

1991年南斯拉夫解体始于斯洛文尼亚和克罗地亚（6月）、马其顿（9月）和波斯尼亚和黑塞哥维那（1992年1月）宣布独立。到1992年4月，仅有塞尔维亚和黑山还留在南斯拉夫。

1991年斯洛文尼亚的分离促成了十天战争，斯洛文尼亚人成功地抵御了塞族为首的南斯拉夫军队。

1991—1995年克罗地亚独立战争爆发，在克罗地亚塞族少数民族的残酷内战中，克罗地亚塞族少数民族得到了南斯拉夫军队的帮助。

1992—1995年 波黑内战发生，成为20世纪下半叶最长、最暴力的欧洲战争。这场战争是由塞尔维亚人反对波斯尼亚脱离南斯拉夫而引起的，这见证了对成千上万的波斯尼亚穆斯林的大屠杀和残酷的“种族清洗”计划。由此，穆斯林和克罗地亚人从塞尔维亚控制下的区域被驱逐。尽管1995年《代顿协议》重建了统一国家，波斯尼亚实际上仍然分为两个自治部分，一个是穆斯林克罗地亚，另一个是塞尔维亚控制的。

1996—1999年科索沃战争爆发，科索沃解放军武装抵抗塞尔维亚，指控双方大屠杀、“种族清洗”。1999年，以美国为首的北约展开空袭，迫使塞族军队撤出科索沃，导致2000年在贝尔格莱德的米洛舍维奇政府撤离。2008年，科索沃宣布其脱离塞尔维亚独立。

当代重要战争理论家

玛丽·卡尔多（Mary Kaldor，1946—　）

英国学术及国际关系理论家。在《新战争和旧战争》（*New wars and Old Wars* 2006）中，卡尔多把新战争和国家权力的危机联系在一起。在私有化和全球化的影响下，国家权力危机出现了。以获得或控制国家而进行的暴力斗争导致了大规模侵犯人权的行为，通常以认同的名义实施暴力，而且主要针对平民。卡尔多的其他著作包括《全球公民社会》（*Global Civil Society* 2003）和《人类安全》（*Human Security* 2007）。

马丁·凡·克里费德（Martin van Creveld，1946—　）

以色列军事历史学家和战争理论家。凡·克里费德的《战争的转型》（*The Transformation of war* 1991）试图解释1945年以来由于低强度冲突和非常规战争的优势，发达国家表现出明显的军事无能。在这一背景下，克劳塞维茨关于政治战争的思想不再适用，因为战争本身常常变成了目的，而不是国家权力的一种手段。凡·克里费德的其他重要著作包括《补给战争》（*Supplying war* 1977）和《战争的艺术》（*The Art of War* 2000）。

大卫·基尔卡伦（David Kilkullen，1967—　）

澳大利亚前陆军军官，反恐和反叛乱顾问。基尔卡伦认为，当代冲突的环境往往是很复杂的、多样的、扩散的和非常致命的，所以镇压叛乱必须寻求控制整体环境，要特别关注其“文化民族志”。基尔卡伦的思想影响了美国“反恐战争”观的改变。其著作包括《反击全球叛乱》（Countering Global Insurgency 2005）、《不期而乱》（*The Accidental Guerrilla* 2009）和《反叛乱》（*Counter Insurgency* 2010）。

战斗性：高度或极端的承诺；与战斗或是战争有关的热情的和激情的程度。

种族清洗：对“外来”民族的强行驱逐或消灭；通常用作大屠杀的委婉说法。

最后，新战争常常比旧战争更野蛮和恐怖，因为限制国家间常规战争的那些规则一般被搁置了。绑架、刑讯、有组织强奸（systematic rape）以及地雷、汽车炸弹和自杀式袭击所造成的滥杀无辜等行为，已成为现代战争的常规特征。认同政治的意义有时能够解释这一点，即对敌人的定义是根据其所属的某一特定群体，而不是根据其角色和行动。因此，整个民族、种族或文化可能会被定义为“敌人”。这意味着他们被视为毫无价值的或根本上是邪恶的，也意味着军用和民用目标同样是合法的。因此，排他性的宗教、种族或民族主义运动往往以其**战斗性**（militancy）为特征，常常表现为恐怖主义或暴力。这也解释了为什么宗派间的纷争（inter-communal strife）常与“**种族清洗**”（ethnic cleansing）计划联系在一起。

然而很明显，“新”战争绝不像它们所表现的那样新。首先，宗派间的冲突一直存在着，并可能仅仅是大帝国衰亡的一个特征，如原苏联帝国及其卫星国。因此，向所谓"新"战争的转变可能并不必然是持续进行或发展中的趋势，反而标志着国际体系发展的一个过渡阶段。第二，对平民生活的大规模破坏，大量平民伤亡，已经不是什么新鲜事了。20 世纪初期全面战争出现以来，战争中平民伤亡的人数一直超过军队伤亡人数。第三，美西战争（1898）和波尔战争（1899—1902）等早期战争也已具有不对称性，而且非正规军有时还使用非传统战术。例如，西班牙和葡萄牙的非正规军与英国军队作战，使用半岛战争期间（1808—1814）对抗拿破仑的游击战术。第四，"旧"战争具有绅士风度的形象是以规则和对敌人的尊重为基础的，这很大程度上是一个神话。大屠杀、强奸和肆意杀戮在各个时期的战争中已很普遍。毕竟，《海牙和日内瓦公约》（如第 14 章所讨论的）是与战争相关的国际法的基石。该公约之所以得以确立，因为它们被认为非常必要。

"后现代"战争

战争总是受到战斗技术变化的影响。这种根本变化的两个史例之一是阿琴科特战役（1415）中长弓的使用，使寡不敌众的英国士兵用弓箭手打败了法国骑兵；另一个是二战后弹道导弹和远程核武器的出现。人们广泛认为，20 世纪 90 年代以来武器技术和军事战略（尤其是美国所采用的）的进步具有一个相似的意义，相当于**军事革命**（revolution in military affairs，RMA）。因此，"后现代"战争取代了现代战争，时而称之为"虚拟战争"、"计算机战争"或"网络战争"（Der Derian 2001）。虽然不同人对这个术语具有不同理解，但是后现代战争的关键特征通常是依赖于技术而不是大规模冲突。后现代战争把武器的发展最大化，而把主要大国之间的实际冲突最小化（Gray 1997）。1991 年海湾战争揭示了后现代战争的本质，见证了一系列新技术的首次广泛使用。这些新技术包括"外科手术式"袭击的计算机和卫星技术、躲避雷达探测的隐身技术、反导导弹、广泛的电子监测及复杂的网络通信，从而涵盖了武装力量的所有领域。在很多方面，战斧巡航导弹实质上是精确制导炸弹，飞行范围为几百公里，已成为这个战争新形式的领先标志。后现代战争不仅力争大大增加准确性和军事袭击所能造成的破坏程度，以迅速且有把握地实现目标，而且最重要的是，以很少的伤亡来做到这些。在此意义上，战争的形式考虑到了民主选民不愿意容忍长时间、大规模的人员伤亡，正如在越南战争中所表明的。这解释了在后现代战争中空中轰炸的重要性。1999 年以美国为首的多国部队对北约的轰炸，把塞尔维亚军队从科索沃驱逐出去。这是个"无伤亡"战争的例子（当然仅仅是就一方而言）。

军事革命：美国新军事策略的发展，以高科技技术、智能武器为基础，旨在获得迅速和决定性的结果。

聚焦

伊拉克战争是"新"战争吗？

伊拉克战争在很多方面被视为一场"旧"战争。第一，这场战争从根源上是以美国为首的“自愿联盟”与萨达姆·侯赛因的伊拉克之间的战争。第二，美国以自卫的传统措辞为2003年3月入侵伊拉克而辩护。其目的是实现伊拉克“政权变更”。美国宣称（随后遭到反驳）伊拉克拥有大规模杀伤性武器（WMD），而且（可疑的）萨达姆政权联系并资助了“基地”组织等恐怖组织。这表明，伊拉克对美国构成了威胁。第三，战争的批评家们常常把这场战争更多地描绘成传统的帝国主义战争，美国主要为了加强对海湾地区石油供应的控制。

不过，伊拉克战争展示了“新”战争的许多特点。三周之内，巴格达陷落，萨达姆24年的统治瓦解了。一旦战争的最初阶段完成，冲突逐步发展成为复杂的反叛战争。2004年以来日益凶猛的叛乱有两个维度。一是美国军队和逊尼派游击队战士之间的冲突。逊尼派游击队中许多人最初都是萨达姆的追随者，也包括越来越多的伊拉克宗教激进分子和外国“基地”组织的战士。另一个是伊拉克逊尼派和什叶派之间的冲突，造成宗派暴力事件不断升级。因此，认同问题显然与更传统的政治问题缠绕在了一起。随着时间的推移，美国也使其战略适应“新”战争的挑战。2007年年初以来，美国军事战术围绕着打击反叛的目标进行了调整，特别是所谓的“增兵”。除了增加美国在伊拉克的军事部署，还把更多的美军派到伊拉克的街道上，试图改善和伊拉克国内民众的关系，培养美军和逊尼派武装人士的同盟关系（部分是基于美国支付的款项，以及后来由什叶派主导的伊拉克政府支付给逊尼派“伊拉克之子”），这有助于把伊拉克宗教激进分子和“基地”组织战士边缘化。

闪电战：密集和持续的空中轰炸。

后现代战争事实上多有效？海湾战争和科索沃的例子似乎表明，它是高效的，至少在实现有限目标上（分别驱逐伊拉克和塞族部队）。此外，美国在高科技武器上的巨大领先优势在巩固其全球军事优势及其世界霸主地位方面是至关重要的，尤其是因为这会诱使其他国家追随而非制衡。另一方面，在过去，战争技术和军事战略的进步并不总是或易于转变为战略有效性的提高。原因之一是仅凭空中力量很少能打赢战争。1940—1941年伦敦的**闪电战**(Blitz)、1945年盟军轰炸德国城市德累斯顿以及2006年7月以色列空袭黎巴嫩真主党，以及2008年12月空袭哈马斯等现代例子，论证了空袭不能完全替代地面进攻，并会造成较多的人员伤亡。事实上它们会强化敌人的意志。即便是科索沃那种情况，计划为期3天的空中打击持续了78天。只有在俄罗斯表明在这场全面战争中它不会支持塞尔维亚时，塞尔维亚军队才撤离了。另一个原因是，高科技战争的价值在小规模、低强度战争中是有限的，尤其是当敌人高度机动，很难与平民相区分的时候。例如，伊拉克战争初期美国在巴格达的“震慑与恐吓”袭击可能导致了萨达姆·侯赛因的迅速垮台以及复兴社会党政权的崩溃，但这并不能阻止长时期、高度复杂的反叛战争的发展。塔利班“基地”组织、哈马斯和真主党等反对者很大程度上没有受到后现代战争的威胁，这表明了空中的战斧巡航导弹仍然敌不过地面上的卡拉什尼科夫冲锋枪。这种不平衡使得以军事行动维系全球秩序成为一件很值得怀疑的事情（Howard 2002）。

全球行为体

北大西洋公约组织

类型：政府间军事联盟　**成立时间**：1948　**总部**：比利时布鲁塞尔

成员：28 个国家

北大西洋公约组织（NATO）成立于 1948 年。当时比利时、英国、荷兰、法国、卢森堡签署了《北大西洋公约》（有时称作《布鲁塞尔条约》）。第二年，另外七个国家——美国、加拿大、丹麦、挪威、冰岛、意大利和葡萄牙——加入进来。到 2010 年，北约成员国达到 28 个。北大西洋公约组织的首要目标是以政治或军事手段维护成员国的自由和安全。作为一个军事联盟，其关键原则是对一个或数个成员国的袭击会被视为对所有成员国的袭击（北约宪章第五条）。所有北约决策是在共识基础上达成的。

意义：北约是世界头号军事同盟。所有北约成员国的军事开支占全世界军费开支的 70%左右，主要来源于美国。北约是冷战的产物，存在了近 40 年。其主要目的是对抗苏联集团的威胁。苏联的集体军事同盟是华沙条约组织（1955）。正如北约第一任秘书长伊斯梅公爵所说，它的作用是“让俄罗斯出去，让美国人进来，让德国人衰弱”。这样，北约巩固了 1945 年以后美国和西欧之间的关系。随着 1955 年共产主义阵营华沙条约组织成立，北约促成了具有冷战时期特征的军事对峙。

然而随着 1990 年冷战结束，北约必须有效地寻找一个新定位。北约把自己树立成为欧洲及全球维和和危机管理的力量，找到了自己的新定位。北约作为联合国维和部队，1996 年在波斯尼亚起到了有价值的作用，并通过建立和平伙伴关系（PFP）扩展自己的权威，在双边的基础上为原华沙条约组织和其他国家提供了与北约联合的机会。和平伙伴关系成员资格经常被视为成为北约正式会员的第一步。北约的新定位明显地体现在 1993—1996 年在原南斯拉夫的维和和执法活动中的表现。1999 年，北约实施了持续 11 周的首次大规模的轰炸行动（联军行动），把塞族军队驱逐出科索沃。尽管北约通常按联合国委托行事，但大多数北约国家反对努力获取联合国安理会批准北约军事打击行动。

“9·11”事件导致北约有史以来第一次援引了宪章第五条。这使北约成员国产生了重大分歧，最终赋予北约一个潜在的全球性角色。2003 年，北约接管了阿富汗国际安全援助部队的指挥权，标志着北约在北大西洋地区以外的第一个使命。它也把北约和“反恐战争”拉得更近，并赋予它对复杂的反叛斗争的责任。所关注的另一个转变出现在 21 世纪，作为北约向前共产主义国家和东欧共和国扩张的结果，与欧盟向东扩展并驾齐驱。然而欧盟的扩张是无可辩驳的，但是北约扩张则成为北约成员国之间、特别是美国和俄罗斯之间关系日益紧张的根源，促使一些人谈论北约的冷战传统角色的复兴。乌克兰和格鲁吉亚加入北约的问题颇具争议，但后者成为 2008 年俄罗斯和格鲁吉亚之间战争的起因之一。与俄罗斯的紧张局势使得建立北约导弹防御系统的呼吁浮出水面。这对美国导弹防御系统将是个补充，预计将地点设在波兰和捷克共和国，虽然 2009 年这些计划被弃置了。

为战争辩护

战争的性质随着时间的推移发生了巨大变化，然而战争是否以及在何种情况下是正当的争论存在已久。这种争论可以回溯到古罗马，包括奥古斯丁（Augustine，公元354—公元430）和托马斯·阿奎那等欧洲中世纪哲学家。三种广泛的立场涉及这个问题：

- 实力政治——认为作为一种政治行为的战争不需要道德辩护。
- 正义战争理论——认为战争仅当它符合道德准则时是正当的。
- 和平主义——认为作为不必要恶的战争永远不会是正当的。

> **实力政治**："*Realpolitik*"（德语）字面意思指现实或实际的政治；受现实考量而不是受理念、道德或原则所指导的一种政治或外交形式。
>
> **消极和平**：既没有即将来临的战争，实际上也没有打仗的时期所界定的和平，尽管导致战争的军队依然存在。

实力政治

政治现实主义时常也被称为**实力政治**（realpolitik）。其界定性特征是，战争与和平的问题超越了道德，因为它们是——而且应该是——由国家私利的追逐而决定的。由此观之，战争被接受为人类历史的一个普遍规范。尽管战争期间可能穿插着长时期的和平，但和平总是暂时的。对**实力政治**的实践者们来说，支持战斗和武装冲突的偏好通常源自人类与生俱来的侵略性，或源自于人类无休止的欲望和可以用来满足他们的稀少资源之间不相匹配而引起的侵略。无论如何，充其量这意味着是对**消极和平**（negative peace）的信仰。对立面的缺失界定着消极和平，对立面为战争或者（更一般地来说）活跃的暴力（Dower 2003）。

然而，把政治现实主义者描绘成好战分子将是个错误，即他们漠不关心战争所造成的死亡和毁灭。例如，卡尔·施密特（Carl Schmitt 1996）反对正义战争，因为出于政治利益的战争往往受到一个事实的限制，即战争领导者在明确的战略目标指导下运作，然而由于其背后的扩张目标和道德热情，正义战争，尤其人道主义战争会导致全面战争。事实上，现实主义者批评“永久和平”的乌托邦式自由梦想的原因之一是，他们是以对国际政治性质的根本误解为基础的。具有讽刺意味的是，这使战争更可能发生。例如，在两次世界大战期间，英国和法国政策决策者受自由国际主义理论的蛊惑，未能采取行动来阻止德国再次走上军事扩张的道路，从而导致了第二次世界大战的爆发。**实力政治**的本质是，“头脑冷静”比“冥顽不灵”更好。由此观之，维护和平的唯一可靠的方法是均势，以及只有权力才是对权力的检验的意识。此外，将**实力政治**描绘成非道德的做法也是误导性的。恰恰相反，它是道德相对主义的例子，因为伦理民族主义将国家自私自利的考量置于所有其他道德考量之上。换句话说，它的相反观点是普世道德准则，而不是道德本身。

然而，**实力政治**易于受到严厉的批评。首先，它利用了权力政治、冲突、贪婪和暴力的假设，使其成为“自然法则”，从而使战争和使用武力合法化。女性主义理论家认为，对国家利益和军事力量的强调可反映出国际政治的男权主义观点，植根于“男人即战士”的神话（Elshtain 1987；

Tickner 1992)。其次，针对战争所造成的破坏和苦难的范围，战争与和平问题超出了道德范畴（普世的或其他的）。这一断言反映出了对道德情感的显著阻碍。因此，关于战争为何以及何时正当的大多数思想就会关注诉诸战争及其行为如何才能与道德相协调，而这往往以“正义战争”概念的方式出现。

托马斯·阿奎那（Thomas Aquinas，1225—1274）

意大利多米尼加僧人、神学家和哲学家。阿奎那出生在那不勒斯附近的一个贵族家庭，违背家人的意愿而加入了多明我会。阿奎那 1265 年开始撰写最后并未完稿的巨著《神学大全》（*Summa Theologica*），论述了神的本性、道德与法律——永恒、神圣、自然和人类。受亚里士多德和奥古斯丁的影响，他确定了正义战争的三个条件：（1）战争应该由有权力这样做的人宣布；（2）战争应当有正当理由；（3）交战双方应该要有一个正确的意图（也即渴望和平和避免邪恶）。1324 年阿奎那受封为圣徒。19 世纪，教皇利奥三世把托马斯·阿奎那的著作作为天主教神学的基础。

正义战争理论

正义战争（just war）观是以下面假设为基础的，即战争可以是正当的，并且应该在道德标准的基础上进行评价。因此，它介于现实主义或现实政治与**和平主义**（pacifism）之间。现实主义以对权力或私利的追逐解释战争，然而和平主义否认战争和暴力的道德正当性。然而，正义战争理论是哲学或道德反思的领域，而不是已有定论的学说。它的起源可以追溯到古罗马思想家西塞罗（Cicero），但哲学家如奥古斯丁、托马斯·阿奎那、弗朗西斯科·德·维多利亚（Francisco de Vitoria 1492—1546）和胡果·格劳秀斯（Hugo Grotius）等人最初系统地发展了正义战争理论。对此研究传统做出贡献的现代研究者包括迈克尔·沃尔泽（Michael Walzer）、杰·贝思克·爱尔希坦（Jean Bethke Elshtain）和大卫·罗丹（David Rodin 2002）。

正义战争：战争的目的和行为符合一定的道德标准，所以（据说）在道义上是正当的。

均势：“均势”术语以许多方式使用着。作为一种政策，它意指推动权力平衡的尝试，使用外交或战争手段以防止任何国家获得优势地位。作为一种制度，均势意指一种状态，即没有任何一个国家可以支配他国，往往造成一般均衡的状态，并抑制所有国家的霸权野心。尽管这种均势可能仅仅是偶然的，但是新现实主义者认为国际体系自然地倾向于均衡，因为各国特别担忧潜在的霸权国。

和平主义：和平的承诺、对任何情况下的战争或暴力的否定（“和平”源自拉丁语，意指“营造和平”）。

正义标准能够适用于战争吗？这样做的意义是什么呢？同意正义战争传统的那些人将其想法确立在两个假设上。第一，人性是善与恶所构成的一种不变的混合体。人们可能努力成为好人，但总是做出不道德的行为。这些行为包括杀人。换句话，战争是不可避免的。第二，战争所导致的痛苦可以以战争服从道德约束的方式减轻。因为随着政治家、军队和平民逐渐认识到正义战争的原则和战争法，战争会更少，而且战争所造成的伤害也会下降。因此，正义战争理论家认为，战争的目的必须是确立和平与正义。但是战争实现过这些崇高理想吗？第二次世界大战往往被认为是典型的正义战争。纳粹在20世纪30年代不断增长的侵略记录，使人们毫不怀疑希特勒决定推行大胆而深远的扩张目标，甚至可能统治世界。战争期间对600万犹太人和其他人的被残杀本身清楚地证明了，纳粹统治会带来残暴和恐惧。在正义战争理论方面，人道主义干预也被广泛认为是正当的，如第14章所讨论的。

开战正义：诉诸战争的正当性，反映在限制合法使用武力的原则。

交战正义：战争行为的正当性，表现为规定如何进行战争的原则。

正义战争理论涉及两个不同但相关的问题。第一个问题涉及首先开战的权利，或拉丁文所称为的**开战正义**（*jus ad bellum*）。第二个问题涉及战争的正当行为，或拉丁文所称的**交战正义**（*jus in bello*）。虽然正义战争思想的这些分支相辅相成，但它们可能有完全不同的意义。例如，一个国家为正义而战也有可能使用不正义的手段。不过，对于正义战争来说，尚不清楚的是，它是否必须满足**开战正义**和**交战正义**的所有条件，或仅是个可观的数量。正义战争理论家也争论各种条件的优先次序问题。例如，一些人认为重中之重应放在确保战争是为了正义而进行的，然而另一些人则认为更重要的是，战争应该总是最后的手段。同样，一些正义战争理论家认为，**开战正义**的条件所付出的道德代价大于**交战正义**的原则，因为目的证明手段。最后，虽然正义战争的要求似乎是明确的，但是在实际应用中它们常常提出政治、道德和哲学问题。

聚焦

正义战争原则

开战正义原则（只是诉诸战争）

- **最后手段**。所有非暴力的选项必须已经穷尽，武力才能是正当的。这时被视为必要性原则。
- **正当理由**。战争的目的是纠正已犯下的错误。这通常涉及回应军事袭击的自卫行动，被视为战争的经典理由。
- **合法权威**。这通常被解释为一个主权国家依法构成的政府，而不是一个个人或一群人。
- **正确的意图**。战争必须是在道德上可以接受的目的（和正当理由可能一样也可能不一样）的基础上进行，而不是复仇或企图造成伤害。
- **对胜利的合理期望**。不应该去打一场无望的战争，让生命毫无目的或毫无利益地牺牲。
- **均衡**。战争应该带来更多的善而不是恶，因为任何对袭击的反应都应该是可以衡量的和相称的（时而被视为“宏观均衡”，以将它和交战正义原则区分开）。

交战正义原则（只是战争中的行为）

- **区分**。部队必须只针对军事目标，因为公民或非作战人员是无辜的。因此只有在对合法目标的有计划的进攻中偶然的、不可避免的平民伤亡才是可以接受的，被视为**间接伤害**（collateral damage）。
- **均衡**。与开战正义相重叠，所使用的武力不得超过达到可接受的军事结果所需要的武力，且不得超过诱发战争时的武力。
- **人道**。武力不得用于被俘、受伤或者被控制的敌方人员（战俘）。随着时间的推移，连同其他交战正义原则，这已经在所谓的“战争法”中得到正式化了。

间接伤害：军事行动期间所造成的意外或附带的伤害或损害（通常用作委婉语）。

脏手问题：政客为了政治共同体可能必须违背公认的道德规范，这使其有做错事的正当理由。

例如，战争只能作为最后手段这一原则没有考虑到这样一种可能性，即这会延缓使用武力，使得敌人变得更强大，从而在对抗最终发生时，导致更大的流血。可以说，这种情况发生在20世纪30年代纳粹德国的例子中。一个争论使“正义事业”原则复杂化了，即正义战争是否意味着仅仅对已经做出的错误行为进行报复，或者可以扩展到包括自卫的预期性需要，如在先发制人袭击的情况下。同样，困难也产生于合法性权威的原则，因为一些人认为，只有民主的宪政性政府能够被视为合法的。应该有一个取得成功的合理前景这一要求一直受到批评，因为有时经受住欺凌和恫吓是必要的，不管代价多大（如1940年芬兰抵抗苏联的侵略）。无论如何，这一原则的应用由于“新”战争的出现变得更困难。众所周知基于当事各方的相对实力，对胜利的估计是不可靠的。

然而，一系列更深层次的批评反驳正义战争理论。第一，无论正义战争的因素多么令人满意，它们所确定的国家标准可能无法得到遵从。值得怀疑的是，这样的战争是否存在，即至少战争一方完全遵循正义战争的规则。甚至在二战等“正义战争”中，英国也对德累斯顿等德国城市实施饱和轰炸战术（saturation bombing tactics）。这并没有军事意义，而是为了恐吓平民。在广岛和长崎原子弹的投掷结束了对日战争，不可避免地伤害了平民。事实上，现代战争的手段致使正义战争的观点不相干，因为现代的战争不可能不伤害平民。第二，运用正义战争原则的努力可能导致“错误的”结果。当**交战正义**的要求与**开战正义**的要求相抵触时，这种情况可能会发生。在某种意义上，拥有正当理由的一方有失败的危险，因为它以束手束脚的方式作战。当然，一旦战争开始，军事战术应该由实际考量所决定，旨在确保迅速而确切的胜利，而非道德考量？这个问题已经成为反恐的热门话题，有时与所谓的**脏手**（dirty hands）问题相关。例如，沃尔泽（2007）关注“定时炸弹的场景”。在这种场景中一位政客命令虐待一名恐怖分子嫌疑人，想要得到炸弹位置的信息，从而挽救数百人的生命。第三，正义战争思想可能仅适用于一些情况，即争端双方有着相同或相似的文化和道德信仰。直到那时，一方才能被视为是正义的，另一方是非正义的。因为许多现代战争，比如那些在“反恐战争”旗帜下所进行的战争，都是跨文化战争——如果尚不能称之为文明战争的话，这个要求再也不可能达到。因此，军事竞争对手可能理所当然地宣称正义在自己这一边，这反映出其价值观和道德信仰的不一致。

迈克尔·沃尔泽（Michael Walzer，1935— ）

犹太裔美国政治哲学家。沃尔泽的主要贡献在于对战争伦理学的思考。在《正义与不正义战争》（*Just and Unjust Wars* [1977] 2006）中，他提出了基于“法家范式”（legalist paradigm）的正义战争理论，并指出了个体和政治共同体（理解为国家）的权利与责任之间的相似之处。这意味着国家可能通过先发制人的袭击而抵抗侵略（正义战争），从而排除了追求私利的侵略（非正义的战争）。沃尔泽也承认“极端的危急”（出于一个国家迫在眉睫的最主要威胁）可能要求“将规则搁置一旁”，捍卫人道主义干预。沃尔泽的其他主要著作包括《正义诸领域》（*Spheres of Justice* 1983）和《关于战争的论辩》（*Arguing about War* 2004）。

见诸行动的全球政治

作为“正义战争”的阿富汗战争

事件：2001年10月，美国和北约盟国进攻阿富汗，其具体目标是推翻塔利班政权，因为它为“基地”组织的恐怖分子提供了基地与支持。在阿富汗军阀和部族首领特别是北方联盟的支持下，2001年12月塔利班政权倒台了。大多数“基地”组织的恐怖分子被杀或逃到巴基斯坦边境地区。然而，一场旷日持久的反叛战争继而成为打击塔利班政权残余势力的战争，但是其他宗教激进分子和武装力量反对喀布尔新建的亲西方政府，其据点在赫尔曼德省以及阿富汗南部的邻近省份。

意义：在许多方面，阿富汗战争可以被视为“正义战争”。首先，在自卫的前提下这场战争是正当的，保护着美国和西方国家免遭恐怖主义的威胁，正如“9·11”袭击事件所表明的。爱尔希坦（2003）等评论者认为，阿富汗战争是“反恐战争”的重要组成部分，而且反恐战争是正义的，因为它是打击“灾难性恐怖主义”种族灭绝的威胁。这个战争形式对所有美国人、犹太人构成了潜在的威胁，而且无论战斗人员和非战斗人员。2001年对阿富汗的袭击也有一个清晰、明确的目标：塔利班政权的消灭。显然塔利班政权无可争议地是与“基地”组织相联系的。此外，美国及其盟国扮演了一个合法权威的角色，因为它们有北约的支持，并享有广泛的国际支持，包括俄罗斯和中国。最后，外交或非暴力的压力不能可靠地使“9·11”袭击事件的行凶者投降。例如，联合国缺乏能力、权威和意愿以应对伊斯兰恐怖主义对国际安全的威胁。

然而，批评者把这场战争描述为是不正义和不正当的。他们的论据包括以下几个方面：第一，战争的目的和作战的意图在一定程度上可能是非正义的，因为美国期望巩固其全球霸权或希望加强控制中东地区的石油资源。在这方面，对阿富汗的袭击相当于无凭无据的侵略。第二，美国及其盟友不能被视为合法权威，因为不像 1991 年海湾战争，阿富汗战争没有得到联合国具体决议的授权。第三，虽然推翻塔利班政权的成功机会很大，但是以阿富汗战争战胜伊斯兰恐怖主义分子的可能性是非常值得怀疑的。之所以如此，是因为入侵可能会激怒并使穆斯林的态度趋向偏激，而且在反叛战争中以技术优势对抗使用游击战术的敌人，其效益也值得怀疑。第四，美国在对待战俘问题上违反了公认的战争公约（战俘被送到关塔那摩湾并受虐待），而且向"基地"组织和塔利班发动攻击，常常导致平民死亡。第五，伊斯兰主义者认为，正义是在塔利班和"基地"组织一边，而不是在入侵军队一边，因为它们进行着一场"圣战"——在这种情况下，字面意思意指"神圣的战争"——以净化伊斯兰教并把外来影响驱逐出伊斯兰世界。

和平主义

虽然正义战争理论把战争放到一个正义的框架中，试图调和战争与道德之间的关系，但和平主义认为战争和道德是不可调和的。简言之，和平主义认为所有战争在道德上都是错的。这种立场以两条思路为基础。这两条思路往往共同成为和平主义的论据（Holmes 1990）。第一，战争是错误的，因为杀人是错误的。对所有情况下战争和杀戮在原则上违背了生命的神圣或一元论的基本假设，常常（但不总是）植根于宗教信仰。和平主义派别存在于基督教中，特别是教友派（Quakers）及普利茅斯弟兄会（the Plymouth Brethren）、印度教（尤其是甘地的非暴力伦理）、佛教和耆那教（Jainism）。因而，强烈的和平主义信念为**拒服兵役**（conscientious objection）提供了道德依据。第二，"有条件的和平主义"，强调非暴力对人类的更广泛、往往长期的利益。从这个角度看，暴力绝不是解决办法，因为它会导致仇恨、痛苦和报复的心理，从而滋生更多的暴力。这体现在和平主义或非暴力作为一种政治策略的使用，从符合道德的事实中汲取力量，正如马丁·路德·金和 20 世纪 60 年代美国民权运动所表明的。

拒服兵役：由于良心而拒绝应征入伍，通常以这样一种信念为基础，即代理战争在道义上是错误的。

积极和平：以和谐与整体性方式解释和平；不仅要消除战争，也要消除战争的成因。

和平主义在两个主要方面已成为国际政治的一个重要力量。首先，以所谓的"合法的和平主义"的形式，它为建立超国家机构提供了支持，如国际联盟和联合国。这些超国家机构的目的是维护国际法律体系，确保国家争端的和平解决。因此，和平主义者已成为世界联邦甚至世界政府最热切的拥护者。因为和平主义者常常试图超越主权国家所构成的世界，所以他们已经接受了**积极和平**（positive peace）的想法，将和平与政治、社会公正的发展联系在一起。其次，和平主义有助于推动和平运动的出现。和平运动最初是对核时代的反应，伴随着欧洲核裁军（END）和以英国为基地的核裁军运动（CND）等组织的形成，反映出人们意识到了这样一个事实，即核武器的发明从根本上改变了战争的人力成本和道德意义。20世纪60年代期间，对这些组织的支持特别强有力地发展起来，尤其是1962年古巴导弹危机之后。和平主义也有助于增强反战运动，反越战的示威树立了榜样，为其后的抗议活动所遵从，例如伊拉克的抗议活动。尽管反战的抗议绝不是完全出于和平主义的情感要求，但是它们表明了政府进行或更重要的是维持军事行动的能力受到的国内约束。

然而和平主义也因多种原因备受批评。例如，和平主义者被指责为懦夫、“搭便车者”，因为他们享受着道德合法性，同时却受益于军事和他人战争意愿所提供的安全。因此，他们赞同这个迷惑性的观点，即政治上“干净的手”是可能的。然而，和平主义也涉及更深层次的道德和哲学困境。第一，和平主义被视为是不合逻辑的，因为它是以生命权为基础的。但在某些情况下，仅能以使用武力而保护自己，或使他人的意愿得到捍卫（Narveson 1970）。由此观之，不被攻击的权利必须包括自我捍卫的权利，即如果有必要，当受到攻击时使用暴力。第二个困境涉及赋予避免杀戮以硬道理（overriding importance）的意义，而这使得对于自由、公正、认知和尊重问题的其他考量都是次要的。而生命的价值不可避免地与人们所生活的状况紧密联系在一起，这意味着避免杀戮和保护其他价值之间的必要权衡。恰恰是这种权衡被用来为人道主义战争提供正当性。在人道战争中，强行干预的道义损失和减轻痛苦、就国内人口而言的人权保护之间达到了平衡。第13章将进一步讨论这个问题。

莫罕达斯·甘地（Mohandas Gandi，1869—1948）

印度的精神和政治领袖（称为圣雄，拥有伟大的灵魂）。作为在英国受训的律师，甘地曾在南非工作，在那里组织了反歧视的抗议活动。1915年返回印度之后，他成为民族主义运动的领袖，不知疲倦地为独立而活动。最后1947年印度获得独立。甘地的苦修生活方式加强了其非暴力抵抗，赋予印度独立运动以巨大的道德权威，即非暴力的消极抵抗和不合作主义。甘地的政治哲学来自于印度教，是以下面的假设为基础的，即至高无上的真理或者萨提亚调节着宇宙，并且人类是“最终一体”的。1948年一个狂热的印度教徒暗杀了甘地。甘地成为独立之后印度教和穆斯林残酷的暴力冲突的受害者。

总　结

● 战争是两方或多方之间的武装冲突，传统上发生在国家之间。然而随着时间的推移，战争的性质发生了巨大变化，因为军事技术和战略的发展已经重新设定了战争的性质。不过，战争为何发生的问题颇具争议。这些解释关注人性、国家内部特征、结构性或体系性压力。

● 克劳塞维茨提出了战争的经典解释，将战争视为政治的另一种延续。然而，克劳塞维茨的战争概念被批评为忽略了战争的道德意义，因为战争已经过时或因为战争已成为不太有效的政策工具，而且以工具术语不太容易解释现代战争。

● 很多人认为，后冷战时期战争的性质已经改变了。所谓“新”战争往往是内战而不是国家间战争，经常因身份问题而战。这些战争一般也是不对称战争，是不对等的行为体之间的战斗，往往混淆了民用/军事的区别，而且毫无疑问地造成更大规模的暴力。

● 战争也受到“高新”技术和“智能”武器发展的影响，导致了所谓的“后现代”战争。虽然这类战争在海湾和科索沃是有效的，但是它的战略有效性已经受到质疑，尤其是在小规模、低强度战争中。在小规模战争中，敌人具有高度流动性并难以与平民区分开。

● 三种广泛的立场涉及战争和道德的关系问题。实力政治表明作为一种政治行为的战争不需要道德正当性。正义战争理论试图解释战争的正当性，但是只有当它在开战正义和交战正义方面符合道德原则时才是正当的。和平主义表明，战争作为一种不必要的恶，永远不会是正当的。

问题讨论

● 战争和其他形式的暴力之间的差异是什么？

● 常规战争和非常规战争之间是否存在意义上的差别？

● 战争是必然的吗？如果是，为何？

● 战争是政治行动的观点具有多大说服力？

● 为何难以赢得不对称战争？

● 相比“旧”战争，“新”战争确实更野蛮、恐怖吗？

● 高科技战争事实上有多少好处呢？

● 现实主义者否定伦理道德和战争之间的联系吗？

● 关于开战正义的传统正义战争原则在何种程度上有效？

● 交战正义原则对有效的战争行为构成了障碍吗？

● 为何和平主义者反对战争呢？

第 11 章

核扩散与裁军

人类不能与核武器共存。

——**伊藤一长，长崎市市长，**1995—2007

预览

1945 年核武器的发展和使用标志着战争史甚至人类历史的一个重大转折。很快，人类所制造且储存的核弹头足以多次摧毁文明社会，这首次赋予人类毁灭自己的能力。随着冷战的发展，世界因此陷入“炸弹”的阴影之下。尽管一些人把核武器看作是有效地排除了大国间战争的威慑体系的关键，然而另一些人则把核军备竞赛看作是无止境的紧张状态和不安全感的来源。核威慑理论能够起作用吗？核武器促进了负责任的政治家才能，还是助长了他们的扩张野心？然而，对于核扩散的担忧在后冷战时期加剧了，“核俱乐部”从五个发展到至少九个国家，而且许多人认为以前对核武器使用的约束已经受到了削弱，因而是很危险的。国家获得核武器的动机在哪些方面加强了呢？现在核武器是否更有可能落入“错误的”人手中？最后，对核扩散问题的更大担忧反映在对军备控制和裁军问题的日渐强调。虽然不扩散策略涉及从外交压力、经济制裁到直接军事干预，但是对核武器控制特别难以产生。在此背景下，不扩散与核裁军的承诺日益联系在一起。为何难以阻止各国获得核武器呢？为什么更强调造就一个无核世界的目标？

关键问题

● 核武器与其他类型的武器有何不同？

● 怎样才能最好地解释核扩散？

● 核武器促进还是威胁了国际和平与稳定？

● 怎样才能最好地控制甚至逆转核武器的扩散？

● 后核时代是否可能或令人满意呢？

核武器：使用核裂变（原子弹）或核聚变（氢弹）以爆炸、热量和辐射的方式而毁灭目标的武器。

大规模杀伤性武器：这种武器类型涵盖了核、放射性、化学和生物武器，具有强大、肆意破坏的能力。

核扩散

核武器的本质

第一种且唯一被用于战争的**核武器**是曼哈顿计划所研制的原子弹。1945 年 8 月 6 日和 9 日原子弹分别在广岛和长崎上空爆炸。美国物理学家 J·罗伯特·奥本海默（J. Robert Oppenheimer）科学指导了原子弹的研制，并于 1945 年 7 月 16 日在新墨西哥沙漠首次试验。这些炸弹代表了一种全新的武器。原子弹通过核裂变［高浓缩铀（通常是 U-235）或钚的核分裂］而起作用。裂变的核武器通过连锁反应起作用，每一个裂变出现多余的中子，反过来继续引发更多的裂变。一种甚至更强大的核武器氢弹被研制出来。这是基于核聚变（原子核的结合），但是它只能在极高的温度和压力下才会发生。因此，核聚变武器有时被称为热核武器。核弹以三种方式造成破坏：直接破坏是由可怕的爆炸力所引起的**爆炸波效应**（blast effect）造成的，爆炸波中混合着**热辐射**（thermal radiation）。热辐射能制造出时速几百英里、温度上升到 1 000 ℃的风暴。然而，更持久、更广泛的影响来自于**核辐射**（nuclear radiation）。爆炸立即产生核辐射的冲击波，而且其副产品形成辐射尘。暴露于这两种辐射源中的任何一个中都会导致辐射病和一些包括癌症在内的长期疾病。在氢弹的形式中，核武器有着巨大的破坏力。和后来试验的热核武器相比，广岛和长崎的核弹相对较小。一些热核武器释放的毁灭性力量是那些用来对付日本的核弹的 2 000 倍。

核武器巨大的破坏力意味着，它们以其他武器所没有的方式影响着国际和国内政治。它们是新式武器的典型例子。1948 年以来联合国确认其为**大规模杀伤性武器**（weapons of mass destruction）。大规模杀伤性武器的类别现在也涵盖了化学和生物武器（CBW），有时被归为原子、生物和化学武器（ABC）。它们在三个主要方面有别于常规武器：

● 顾名思义，这些武器有潜力造成巨大的间接伤害，对平民产生毁灭性影响。

● 它们的重大影响引发了重要的道德问题，尤其是这些武器是“不合法、不人道”的战争形式的观点。

● 它们具有特别强有力的威慑作用，袭击拥有大规模杀伤性武器的国家几乎是不可思议的。

然而，把这些武器都归类为大规模杀伤性武器的做法还值得商榷。某种程度上，每种武器类型都有不同的效果，比如生化武器，可能规模小并且比核武器更“可用”。在这种情况下，核武器可能是唯一真正的大规模杀伤性武器。同样，近年来一个趋势是，远离具有潜在的巨大爆炸危险的核武器。这一趋势把“不可用”的战略核武器和“可用”的战术或“战地”核武器区别开来。同样，常规武器和大规模杀伤性武器之间的区别在某些方面是模糊的。不仅大规模杀伤性武器的使用可能要依赖常规武器系统［如使用洲际弹道导弹（ICBM）来运载核武器］，而且持续的常规空中轰炸也能造成大量的直接伤害，给平民带来毁灭性的影响。

见诸行动的全球政治

核时代的诞生

事件： 1945 年 8 月 6 日，当美国在日本广岛投下一颗原子弹时，“核时代”便诞生了。三天后美国在长崎投下第二颗原子弹。广岛原子弹被称为“小男孩”，容纳 60 公斤铀-235，相当于 12～15 千吨黄色炸药。它摧毁了 13 平方公里的地区和超过 60％的城市建筑。最初的死亡人数大约是 10 万。据估计，由于辐射中毒、癌症和其他长期影响，到 1950 年死亡人数升至 20 万。投向长崎的原子弹较大，代号为“胖子”，容纳了一个 6.4 公斤的钚-239 内核，相当于 22 千吨黄色炸药的威力。它摧毁了长崎大约 30％的地区，并造成 4 万～7.5 万人死亡。1945 年 8 月 12 日，裕仁天皇宣布日本投降。

意义： 对广岛和长崎的原子弹袭击至少在三个方面意义重大。首先，这已被广泛视为是促使日本立即投降的至关重要的因素，从而最终结束第二次世界大战。事实上，从避免因日本侵略而造成的巨大伤亡而言，对日本使用原子武器通常被认为是合理的。然而，杜鲁门政府受到谴责，因为投掷炸弹是为了政治上而不是军事上的原因。德国投降后，日本通过俄罗斯人和瑞士人进行了和平的试探，对东京和日本其他主要城市的空中轰炸也已经施加了相当大的投降压力。因此使用原子弹的一个关键的动机可能是限制苏联在远东的利益，尤其是防止苏联入侵日本。否则苏联而不是美国将成为在太平洋和东亚最有实力的国家。

其次，使用核武器在冷战形成及其未来发展方向上发挥着至关重要的作用。美国把自己树立为核大国，展示其新军事力量，可能是希望苏联接受美国霸权，并较容易地处理德国和东欧等问题。然而，如果这是核袭击背后的想法，那完全适得其反了。原子弹没有威胁到苏联，仅仅只是强化了苏联获得类似武器的企图，促使核军备竞赛激化。因此冷战在本质上导致了核时代。美国和苏联的军事对峙发展成为“恐怖平衡”（balance of terror）。不过，对于“恐怖平衡”的含义有着激烈的争论。现实主义者认为核武器支撑了二战后的“长期和平”，然而自由主义者倾向于将核武器和增大的风险、不安全感联系在一起。

最后，核时代的诞生从根本上改变了战争的性质，转变了对战争的态度。作为典型的大规模杀伤性武器，核武器对平民构成威胁，毫无疑问使正义战争的观念变得多余。在此意义上，核武器具有强有力的象征性、哲学甚至生存性的影响，把战争和人类可能灭绝联系在一起，从而强调了战争的终极恐怖。另一方面，一些人认为核武器对战争的影响被严重夸大了。从这个角度看，广岛和长崎的主要意义是，它们是核武器军事使用的唯一历史例子。核武器的潜在影响是如此具有毁灭性，而且对使用它们的道德、外交和实际约束是如此强烈，以至于寻求核武器可能更多地由于它们所带来的威望而不是其政治效力。

军备竞赛：军备竞赛意指两个或两个以上的国家获得武器或增强军事力量的一种共同军事建设。经典的例子包括第一次世界大战之前英德海军军备竞赛、冷战时期美苏核军备竞赛。军备竞赛可能由于防御性计算或错误估计（安全困境）而激化，或者可能发生在一个或多个国家实施进攻性政策而寻求军事优势的过程中。虽然军备竞赛会增加战争的可能性，增强恐惧和妄想而强化军国主义和侵略性民族主义，但是其还可能有助于维持力量的整体平衡，从而确保威慑力。

核扩散：核武器的扩散，无论是通过更多的国家或其他参与者进行收购（横向扩散），还是通过已建立的核国家进行积累（垂直扩散）。

冷战时期的核扩散

核武器前所未有的潜在破坏力解释了为什么 1945 年以来**核扩散**（nuclear proliferation）问题已经处在国际安全议程的前沿。怎样才能最好地解释核扩散？任何武器的扩散趋势背后都有一个一般的逻辑。即这是以所谓的安全困境为基础的。安全困境认识到武器的象征意义及其军事目的。简而言之，为了防御性目的而获取的武器可能会被其他国家视为潜在或实际上具有攻击的意义。因此，这诱使它们加强自身的军事防御能力。反过来这有可能被其他国家看作是攻击性的。因此经典的军备竞赛是出于这样一个简单事实，即国际政治在某种程度上不可避免地以恐惧和不确定性为特征。此外，无动于衷的代价（当攻击性军事集结仅仅作为防御而被排除时）远远大于行动的代价（当回应防御性的军事集结而采取了不必要的措施时）。

然而一系列其他因素是与核武器相关的。这些包括其威慑作用的重要意义。鉴于核武器的潜在破坏性，对核国家的袭击几乎是不可思议的。因此美国 1945 年对日本的原子弹袭击诱使苏联努力发展核武器，导致了 1949 年苏联的首次核试验。另一个因素是，核武器迅速获得了巨大的象征意义，特别是与拥有核武器相关的政治威望方面。所谓的“核俱乐部”成员国也通常被视为位列第一等级的国家。因此冷战期间“核俱乐部”扩大到所有五个联合国安理会常任理事国，这也并非巧合。英国（1952）、法国（1960）和中国（1962）都进行了核试验。

冷战时期有时被视为“第一核时代”。期间核扩散主要是垂直的，而不是水平的。最受关注的是对除了“五大国”以外核武器扩散的限制。特别是，1968 年《不扩散核武器条约》（NPT）出台，1995 年无限期延长。几乎所有国家都签署了《不扩散核武器条约》，然而印度、巴基斯坦和以色列是明显的例外。相比之下，在此期间美国和苏联所发展起来的核能力可以毁灭整个世界很多次。到 2002 年，美国和俄罗斯的核能力占已造的所有核弹头的 98%（见

图 11—1)①。双方都迅速发展大规模的**首轮攻击**（first-strike）能力，而且获得了**二次反击**（second-strike）能力，使得其能够抵御敌人的进攻而且能够破坏主要的战略目标及人口密集地区。到 20 世纪 60 年代初，两个超级大国都有无懈可击的第二次反击能力，确保核战争会导致互相摧毁（MAD），从而实现了杰维斯（1990）所称的“核革命”。这个核威慑系统带来了“恐怖平衡”。一些人把其视为维持和平与安全的势力均衡能力的最有力证据。事实上，核战争对环境破坏的威胁，造成了灭绝生命本身的可能性，而不仅仅是**核冬天**（nuclear winter）。

首轮攻击：先发制人或者突袭对手；“首先实施报复行动”。

二次反击：对敌人的报复性袭击，以回应其首轮攻击。

核冬天：核爆炸所引起的烟尘会遮挡住阳光而使地面温度急剧下降。

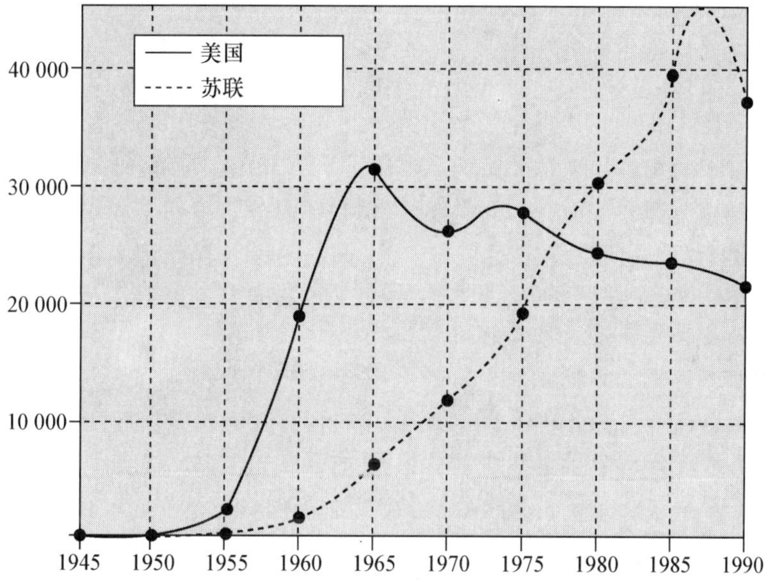

图 11—1　1945—1990 年美国和苏联的核弹头数量

资料来源：Data from Norris and Kristensen (2010)。

后冷战时代的核扩散

冷战的结束产生了早期乐观的预期，即核扩散问题的相关性会下降。如果东西方竞争推动了核军备竞赛，造成了恐怖平衡，那么它的结束肯定开启了核扩散结束的可能性，如果这种发展事态没有改变的话。1991 年《削减战略武器条约》（START）、1993 年《第二阶段削减战略武器条约》（START Ⅱ）使这种期望值大增。据此美国和俄罗斯第一次同意了减少核弹头的数目，并消除带多个弹头的陆基洲际弹道导弹等武器类型。然而此前的乐观看法很快消失了。后冷战时期有时被视为“第二核时代”，以对核扩散的高度焦虑为特征。这至少有四个原因：

- 现有核大国继续使用核战略。
- 各国获取核武器的动机增加了。

① 原文如此。——译者注

● 核扩散更容易，因为核武器和核技术更容易获得。

● 核武器可能落入“错误”人之手的恐惧增加了。

均势的方法

现实主义的观点

均势观念在现实主义理论中发挥着关键作用。例如，沃尔兹（1979）把均势描绘为国际政治理论。这反映了权力在塑造国家行为、权力关系在架构国际政治中的重要作用方面的核心假设。现实主义者从很积极的方面看待均势，将其理解为两个或两个以上权力集团之间的大致均衡。因为只有权力才是对权力的检验，势力均衡往往可以带来和平与稳定。然而，现实主义包含两种截然不同的均势概念。对古典现实主义者来说，均势实质上是一种政策，是政治干预和政治家才能的产物。这个**唯意志论**的观点（意味着相信自由意志和个人承诺）假设核心的对外政策决策者享有较高的（尽管不是无限的）决策自由。另一方面，对新现实主义者来说，均势更多的被看作是一个系统、会自动出现而不是决策者行为的一系列安排。这个**决定论**的观点（暗示人类行为完全受外部因素的制约）表明，均势实质上是“事件强加于”受到国际体系变化约束的政治家。之所以如此，是因为自助系统中的国家很可能会采取行动以阻止单个国家霸权统治的出现。然而，均势更有可能在两极格局中而不是在多级或单极格局中发展。

自由主义的观点

自由主义者一般对均势持批评态度。在他们看来，这种均势使权力政治和国际竞争合法化并加以巩固，造成固有的不稳定性，加深不信任感。之所以如此，是因为均势的基本前提是其他国家或国家联盟对安全构成威胁，而只能以权力加强或形成竞争性联盟的方式来遏制威胁。因此均势的心态更可能引起战争而不是阻止战争。因此，很多国际政治自由主义思想关注有效的替代性机制以确保和平与安全。自由主义的主要解决办法是建立国际联盟或联合国等国际组织，从而能够把国际政治的丛林转变成动物园。之所以如此，是因为某种程度上均势助长了国家间的私下协定，而国际组织则促进了涵盖大多数国家的公共协定，因此使集体安全体系成为可能。

批判理论的观点

各种各样对均势的批判理论应运而生。例如，社会建构主义者强调任何均势的评价依赖于感知、想法和信仰的程度。因此，一国与他国认同塑造着对均势的评估。简而言之，按照经常引用的温特（1999）的无政府状态主张，均势是国家所造就的。同样，国际社会理论家们认为，均势是人为产物：它的出现是出于共同规范、价值观以及各国避免战争的共同愿望。因此，均势起作用，是因为各国**想要**它起作用（Bull［1977］2002）。和自由主义者一样，女性主义理论家们认为均势思想往往使国际冲突激化并使战争的可能性更大而不是更小。对女性主义者来说，这反映出均势的性别观念。权力几乎总是被理解为“权力控制”（power over），即控制或支配别人的能力。因此均势总是成为争夺权力的斗争。最后，后殖民主义理论家们把均势从本质上看作是欧洲或西方的游戏，而排除了对世界其他国家的考量。因而，19世纪晚期欧洲均势体系同期进行了“瓜分非洲”（scramble for Africa），加深了全球的不平等和不平衡。

第一，初步进展之后，减少核库存或鼓励核国家放弃核武器的尝试逐渐消失。1999 年第三阶段削减战略武器条约的会谈在莫斯科举行，但因对《反弹道导弹条约》重新谈判的分歧而失败了。2002 年《削减进攻性战略武器条约》（SORT）差不多相当于“君子协定”（a gentleman's agreement）。它并未包含核查措施，允许美国和俄罗斯部署 1 700～2 200 个核弹头。其余核弹头则入库而不是销毁，任何一方提前三个月通知就可以退出该条约。若现有核大国在缺乏冷战“理由”的情况下实质上保持着其核武库，既说明了核武器更广泛的战略意义，也削弱了核大国对无核国家施加的道德和外交压力（本章最后一部分将讨论 2010 年美国和俄罗斯之间削减核武器以恢复裁军的努力）。此外，证据表明现有核大国希望发展新一代武器。这些包括低当量的战地核武器或者可用的小型核武器、导弹防御系统。例如，美国曾计划在波兰和捷克共和国部署导弹防御系统，以使自己免受伊朗或者俄罗斯的进攻。2007 年英国也决定更新和替换其三叉戟核武器系统。

第二，在许多情况下，无核国家获得核武器的压力日益增大。这体现在很多方面。例如，超级大国时代某种程度上是以美国和苏联为盟国所提供的**“核保护伞”**（nuclear umbrella）为基础的，以“延伸的”威慑力量体系而运作。对美国或俄罗斯撤回核保护伞的担忧，很可能鼓励各国在核方面自力更生。尤其是在地区紧张局势加剧的地方，情况更是如此，像 20 世纪 90 年代的南亚。1998 年，印度和巴基斯坦测试了核设备并加入了“核俱乐部”，以应对克什米尔和其他问题上日趋激烈的竞争，以及美国减少对巴基斯坦的支持和印度失去苏联的支持的情况。中东地区的紧张局势也在以色列获取核武器以及伊朗追求核能力上发挥了重大作用。然而，核武器获取的最大动力来自于其在阻止更强大国家的干预方面的明显益处，如对伊拉克和朝鲜的比较所显示的那样。2003 年美国入侵伊拉克，很大程度上是因为 1991 年海湾战争揭示出的一些证据，随后萨达姆政权有一项核武器计划，极力想要获取大规模杀伤性武器（虽然入侵未能找到证据，显示了大规模杀伤性武器计划在 20 世纪 90 年代某个时候已经被取消了）。虽然美国对朝鲜有着类似的担忧，但是其干预能力在 2006 年朝鲜进行第一次核试验时大幅减弱了，即使直到 2009 年朝鲜才成功引爆了一颗像广岛原子弹那样的核武器。防止美国入侵伊朗的愿望无疑使伊朗更想获得核武器。图 11—2 显示了核大国所拥有的核弹头数量。

> **核保护伞**：核大国保证为无核国家或核小国提供的保护；一种延伸威慑力量的形式。

第三，核武器的购入或研发比冷战时期容易得多了。在“第一核时代”，核武器生产需要基础深厚而复杂的技术结构、掌握关键科学技能的员工。这一事实大大有助于控制核武器的横向扩散。只有少数国家已经达到了发展核武器的技术门槛。然而，这种技术到了 20 世纪 90 年代已经更为扩散。很明显地，印度和巴基斯坦可以很轻松地跨越“门槛”阶段发展到获得全面核能力。在 20 世纪 90 年代，苏联解体和俄罗斯政治、经济动荡的影响使人们特别担忧。这造成人们对于俄罗斯核武器技术和裂变物质（放射性的）材料可能涌进开放的市场的担心。核武器的科学知识以及武器的零件曾经控制在纪律严明的军事工业联合体手中，但是毫无疑问出价最高的人可以得到这些。

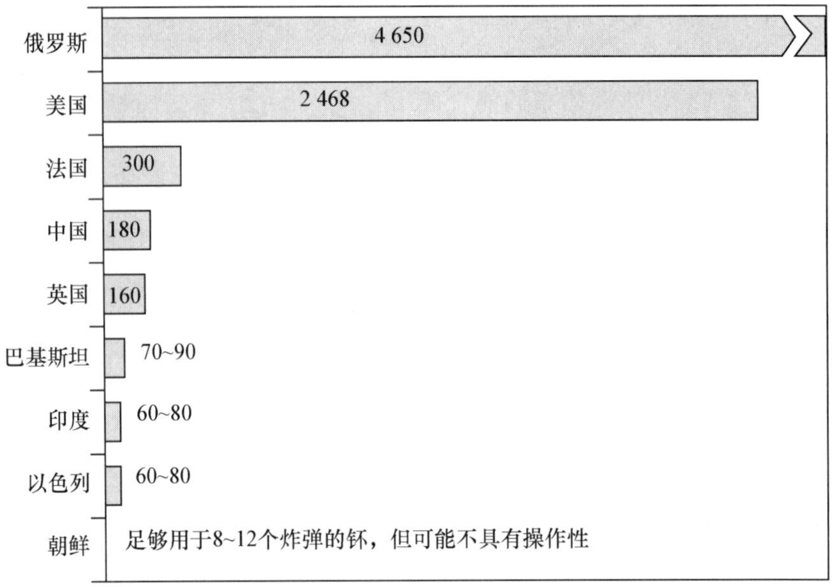

图 11—2　2010 年核大国所拥有的核弹头的数量（作战武器的估计）

资料来源：Data from Norris and Kristensen (2010)。

第四，由于对获取核能力的国家和其他行为体的性质的担心，对于核扩散的担忧加剧了。“核俱乐部”只有五大国，即联合国安理会常任理事国。人们有可能认为核能力掌握在负责任的国家手中。一般来说，这些国家对军事战略尤其核武器使用的估算是以成本—效益的仔细分析为基础的。在这些情况下，小心谨慎总是会胜过鲁莽行事。一种强烈的倾向是，核武器成为核威慑体系的一部分，其意义总是象征性的而不是实用性的。然而随着横向扩散的障碍已经消失，核武器落入可能引爆它们的国家或行为体手中的机会显著增加。这一点特别适用于所谓的“流氓”国家。这些国家的军事独裁政府以及种族、社会冲突和经济不发达等因素，支配着进攻性的对外政策，特别是在地区动荡的背景下。在后冷战时期，美国对外政策越来越试图阻止这种国家获得核武器，特别关注 2002 年美国总统小布什所称为的“邪恶轴心”国家：伊拉克、伊朗、叙利亚、利比亚和朝鲜。然而更严重的是，核武器可能落入恐怖组织等非国家行为体，特别是受到激进政教思想怂恿的那些人手中。对大规模杀伤性武器使用的传统约束某种程度上产生于对报复的恐惧，但是对他们来说，这种约束根本不适用。第 12 章将讨论对“核恐怖主义”的担忧。

然而，所有国家都寻求获取核武器，更不用说非国家行为体，这对世界的印象是误导性的。事实上，扩散的程度远不如我们在一种无政府的自助体系里所预期的那样（Smith 2010）。很多国家拥有发展核武器的经济和技术潜力，但是其表明了不发展核武器的一贯决心。这些国家包括澳大利亚、加拿大、德国、日本和韩国。另外一些国家已经自愿放弃核计划和核武器。巴西、阿根廷和南非以前都是“不透明”的核国家。乌克兰、白俄罗斯和哈萨克斯坦在苏联解体后接手了核武器，但都归还给俄罗斯以换取美国经济援助。美国对伊拉克的侵袭显示出，海湾战争后的一段时间，萨达姆政权承受着国际原子能机构（IAEA）（监控各国遵守《不扩散核武器条约》及其他核不扩散协议的承诺的联合国机构）的压力，已经放弃了其核、化学和生物武器计划。2003 年利比亚自愿放弃了所有大规模杀伤性武器计划，作为回报与美国和英国签订了新的贸易协定，从而结束了外交孤立状态。这种单方面自我管理或自我约束的原因是各不相同的。例如，各国认识到获取核武器的成本可能超过其所带来的好处，而且拥有核武器被国际社会广泛地视为非法。此外，现有核大国希望核不扩散，尤其是联合国安理会五个常任理事国。

争论

核武器会促进和平与稳定吗?

关于核扩散的影响的观点存在着差异。现实主义者将核武器解释为冷战“长期和平”的重要组成部分，然而另一些人警告，核武器对和平与安全所造成的威胁始终存在，事实上还加深了。

赞成

无核战。核武器最突出的特点是其很少会得到使用。核武器只在 1945 年作为使日本投降，从而加快太平洋战争结束的一种战争手段（美国也需要向苏联发送一个信息）。后来核武器没有被使用过，并且两个核大国之间也从来没有爆发过常规战争，这一事实表明核武器是一种很特别的武器。它们具有几乎完全象征性而不是实际的重要性。

有效的威慑。获取核武器的主要动机是威慑、以大规模的灾难将威胁侵略者的方式防止战争。核武器特别适合这个角色，因为核武器具有巨大的破坏力，而且作为防御武器它们是相对无效的。这意味着一个国家实施首轮核打击的可能性极低，因为核大国总是寻求发展二次反击的能力。这使在两个核大国之间发生核战争几乎是不可思议的。

国际稳定。核武器的垂直扩散没有动摇国际政治，因为它倾向于保持均势，虽然是以“恐怖平衡”的方式。横向扩散是平缓的（“核俱乐部”成员国从 1964 年的五个发展到 2005 年的八个，尽管以色列、伊朗被广泛视为“不透明”的核国家）。无疑，核武器的逐渐扩散比没有扩散或迅速扩散更好地保持了国际稳定。

核治国之才。核武器的拥有可能产生责任感、支持谨慎的偏见，甚至在以前倾向于冒险主义或侵略的国家也是如此。例如，既然印度和巴基斯坦两国都拥有核武器，印巴之间的紧张局势就不太可能导致战争。

反对

威慑体系的易谬性。核威慑理论是天真和危险的。核武器所构成的世界将总是出现核战争的威胁。由于误判和事故，威慑可能是失败的。例如，各国或许会在一些问题上做出误判，即国家可能对其他国家是否具有无懈可击的二次打击能力，或者它们究竟是否拥有核武器做出误判。常规战争也可能升级为核战争，因为在战时的情况下决策者往往受到狂乱氛围的困扰，因而常会犯错。

核失衡的危险。没有人能够保证，垂直或横向核扩散会保持均势。事实上，核扩散不可避免地造成暂时的失衡，可能会被侵略性国家所利用。毕竟，在广岛和长崎的原子弹投掷很明确地利用了这样一个军事失衡。

可用的核武器。近年来发展日益集中在核武器的生产上。这些生产具有更明确和有限的影响，使核武器“可用”。这些“战术”或“战地”核武器不再仅仅拥有象征性意义。这促成了核能利用的策略（nuclear utilization target selection，NUTS）目标理论，拒绝互相摧毁的逻辑，从而表明有限的核交易可能会发生。

不负责任的核大国。尽管核武器的威慑效果曾在两极的“第一核时代”起了作用，但在不稳定、多极化的“第二核时代”情况下还远不可靠。核首轮打击的可能性依赖于并不反对冒险的政治或军事领导的存在、因其价值观和信仰而追求作为“全面战争”的象征性暴力，从而排除了战略考量。因此，最受关注的是，核武器可能会落入军事独裁政权甚至恐怖组织手中，而它们可能会无所顾忌地使用核武器。

核军备控制与裁军

军备控制与反扩散策略

核**军备控制**（arms control）被视为遏制冲突和保障全球安全的一个主要手段。然而相比于核**裁军**（disarmament），军备控制是个不那么雄心勃勃的目标。军备控制旨在降低一个国家武装力量的大小和能力，也可能削减武器，因此军备控制的目的是限制武器增长或者使用，从而控制军备水平。军备协议并不新奇。然而，20 世纪以前控制或减少武器的正式双边协定和多边协定很少见。随着先进技术武器的发展，工业化战争的出现改变了这一切。因此并不意外的是，1945 年以来军备控制议事日程一直围绕着试图限制大规模杀伤性武器特别是核武器的扩散。这种尝试的主要手段是各种各样的条约、协定。它们试图建立安全机制以解决“安全困境”所产生的不确定性、恐惧和妄想。

军备控制：武器扩散受到约束的机制，其中各种协议限制其生产、分配和使用。

裁军：以减少或消除武器或武器种类而降低战斗力。

核军备控制的效果如何呢？从好的方面来说，军备控制无疑取得了一些成功。例如，《部分禁止核试验条约》有助于确保消除大气核试验。同样，《不扩散核武器条约》是唯一的最重要的核武器控制条约，对减缓横向扩散的步伐作出了重大贡献，特别是在显然具有获得核武器的经济、技术能力的发达国家。此外，甚至当美国与苏联的具体规定被忽视时，美国和苏联之间的双边条约至少有助于减少紧张状态和保持谨慎，可以说最终为冷战的结束铺平了道路。然而从不足的方面来说，核条约和协定在冷战时期居然未能阻止核武器的垂直扩散，而且美国和苏联都建造起惊人的核武库。例如，《削减战略武器条约》和《第二阶段削减战略武器条约》只是“一纸空文”（dead letters），即使它们的制定只是为了减少核武器的增长，而不是减少核武器。

为什么军备控制如此难以实现？第一个答案是，正如现实主义者所指出的，安全困境是个棘手的问题，即安全机制总是有可能破裂，而且军备竞赛是不可避免的。第二，国家安全与集体或国际安全感之间是有区别的。前者是以特定国家利益的考量为基础的，然而后者是以双边或多边协议为基础的。换句话说，各国总是易于将自己的军备建设视为合法的，以提供防御和确保威慑，而不管其打算加入或签署的国际协议。因此，印度从来没有签署《不扩散核武器条约》，而协议签署国巴基斯坦显然已经忽略了其规定。第三，确保有效、可强制执行的军备控制的最大困难是，它试图控制世界上军备最强大的国家。大国，尤其是超级大国，如果它们认为这会符合其国家利益，则只会准备遵守安全机制。直到 2010 年，对于美国和俄罗斯之间的核裁军，真正的进步仅局限于冷战结束之后相对短暂的时期，形成了所谓的“**和平红利**”（peace dividend）的一部分。然而，这两个国家的安全重点很快改变了。到了 20 世纪 90 年代末，美国无疑是在后冷战时代军备控制问题上最重要的角色，后冷战时代修正了其对核武器扩散的危险性以及反应方式的估计。

和平红利：超级大国竞争的终结所提供的机会，以减少军费开支、提高经济和社会支出，常被形容为把“大炮”变为“黄油”。

关键性事件

核武器控制的重要协议

1959 年 《南极公约》——禁止在南极洲进行武器试验和部署（多边）。

1963 年 《部分禁止核试验条约》——禁止大气、水下和外太空的核试验（多边）。

1967 年 《外太空条约》——禁止在太空中部署核武器。

1968 年 《不扩散核武器条约》——（a）禁止无核国家获取核武器，（b）要求五个得到承认的核大国逐渐削减和消除核武器（多边）。

1972 年 《第一阶段限制核武器条约》——限制战略核武器，并冻结洲际弹道导弹保持在 1972 年的水平（美国/苏联）。

1972 年 《反弹道导弹条约》——限制反弹道导弹的数量（美国/苏联）。

1987 年 《中程核武器条约》——消除欧洲所有的中程核武器（美国/苏联）。

1991 年 《削减战略武器条约》——限制核弹头数量和运输系统（美国/苏联）。

1993 年 《第二阶段削减战略武器条约》——进一步限制核弹头数量和消除某些类别的弹头（美国/俄罗斯）。

1996 年 《全面禁止核试验条约》（CTBT）——禁止核武器试验，但没有得到美国、中国、印度、巴基斯坦和朝鲜的批准（多边）。

2002 年 《削减进攻性战略武器条约》（SORT 或《莫斯科条约》）——限制部署核弹头的数量（美国/俄罗斯）。

2010 年 《新削减战略武器条约》（或《布拉格条约》）——双方的核弹头限制到 1 550 个，在《削减进攻性战略武器条约》基础上降低 30%，在《削减战略武器条约》基础上降低 74%（美国/俄罗斯）。

对核扩散的关注，特别是在美国已经越来越多地集中在“流氓”国家所产生的威胁。这些国家本质上不容易受到安全机制所制造的压力的影响。这一点在海湾战争的后果中特别突出。当时武器核查人员透露，1968 年签署《不扩散核武器条约》

的伊拉克一直在秘密发展核武器。在联合国特别委员会（UNSCOM）成员的辅助下，国际原子能机构核查人员当时得到授权，以解除伊拉克所有核武器、生物和化学武器及材料的武装。然而，萨达姆政权一直没能配合联合国特别委员会和武器核查人员，使美国及其盟国的很多人确信伊拉克隐藏着一个重要的核武器计划，而且核查过程最终存在一定的缺陷。这导致了1998年的沙漠之狐行动，即美国和英国所发动的一个短暂的轰炸行动，目标为伊拉克生物、化学和核武器设施的所在地。2001年9月11日之后，美国对“流氓”国家伊拉克所采取的方式明显改变了。美国完全放弃遏制的想法和对外交手段的依赖，采纳了**布什主义**（Bush doctrine），借此以先发制人的战争和政权更迭方式解决来自“流氓”国家和大规模杀伤性武器的威胁。这导致了2003年的伊拉克自由行动和伊拉克战争的爆发。不过入侵伊拉克没能发现大规模杀伤性武器的储备或正在进行的核武器计划的证据。

布什主义：不一定表达得很准确，意指美国因大规模杀伤性武器和对窝藏恐怖分子而威胁到美国的国家采取先发制人的军事行动，可能旨在实现该国的政权更迭。

美国对可能拥有或想要获取大规模杀伤性武器的“流氓”国家持有更坚决的立场，这明显地体现在美国与伊朗、朝鲜的关系上。2003年，国际原子能机构核查人员发现，作为《不扩散核武器条约》成员国的伊朗在纳坦兹建了一个铀浓缩工厂，在阿拉克建了一个重水生产工厂。巴基斯坦技术的支持更为伊朗具有违禁的核武器计划增添了恐怖色彩。伊拉克战争爆发之后，伊朗越来越担忧美国可能干预的情形（也许利用以色列作为代表）。不过伊朗当局坚称，它们的设施只是为了和平的目的，突出了既能生成民用核能又能产生核武器材料的“双重用途”核技术问题。鉴于它与以色列的关系，对于核伊拉克的担心更加突出。以色列本身被广泛视为核国家。虽然以色列的不透明的核地位很可能鼓励并帮助了伊朗试图合法加入“核俱乐部”。然而其他人警告说，被敌对的阿拉伯国家包围的以色列明显地具有拥有核武器威慑的动机。因为内贾德领导下的伊朗致力于摧毁以色列，可能考虑为了进攻的目的而使用核武器。对伊朗获得核武器的焦虑也反映了人们对动荡的中东可能引发新一轮核武器竞赛的恐惧，如埃及、沙特阿拉伯、叙利亚和土耳其等国采取行动以阻止拥有核武器的伊朗统治该地区。但是，伊朗摆脱了美国和欧盟三大国（法国、德国和英国）的外交压力，尽管有可能出现伊拉克式的、美国实施的先发制人的政权更迭。2006年伊朗宣布，首先它会重新启动小规模的铀浓缩，后来证实它已经重新启动了核计划。伊朗在获取核能力地位上的进展突出表现在2009年其首颗自制卫星进入轨道（这可能是一个长期的弹道导弹计划的一部分）和不顾国际原子能机构的批评而建造的十个新的铀浓缩工厂。

对朝鲜获得核武器的关切很大程度上产生于其施加给韩国的威胁，因为韩国会在压力之下也发展核武器，可能在朝鲜半岛导致新一轮核武器竞赛。进一步的担忧起因于朝鲜可能对美国本土的核袭击。然而尽管2001年9月11日之后孤立朝鲜的压力增大了，但美国对朝鲜的外交筹码仍然很弱，并且可能适得其反。特别是朝鲜地理位置上接近中国，使先发制人的政权更迭不太可能。2003年朝鲜退出《不扩散核武器条约》。此前它拒绝了国际原子能机构检查其核设施的要求。2006 年，朝鲜引爆了一个核装置，使其成为世界第九个核国家。然而在中国、美国、韩国、朝鲜、俄罗斯和日本六方会谈之后，2007 年朝鲜宣布其已经冻结了核武器计划，尽管次年它又恢复了钚回收（生产核武器的前兆）。虽然 2009 年的一枚远程导弹发射失败，但是朝鲜决定驱逐核武器核查人员，并永久退出六方会谈，这些似乎表明朝鲜继续决心成为拥有成熟核武器的国家。然而从后殖民主义角度来看，防扩散的力量集中在伊朗和朝鲜等国家、反扩散和“流氓”国家的“问题”之间的更广泛联系，很大程度上是由以欧洲为中心的观点和假设所推动的。

在核扩散的世界里，另一个安全的方法是导弹防御系统。导弹防御系统背后的想法是，正如最终不能依靠军备控制和安全机制来防止核袭击，特别是来自洲际弹道导弹的袭击，最可靠的保护措施是建立一个反弹道导弹的网络。美国是目前唯一具有经济和技术资源，可以认真考虑这种核防御方式的国家。美国初次以战略防御措施方式做出了尝试，即 1983 年美国前总统里根所提出的通常被称为“星球大战”的计划。作为确保互相摧毁之外的另一个选择，战略防御措施从来没有被完全开发或部署，尽管在加快和苏联的军备竞赛方面，它使苏联的经济承受了更大的压力，从而有助于冷战的结束，不过，乔治·W·布什重新提出了国家导弹防御系统的想法，使美国致力于在波兰、捷克共和国和其他东欧国家建造导弹防御系统，尤其是考虑到伊朗的威胁。

然而，导弹防御系统也有其不利之处。首先，其开发都是非常昂贵的，因为它们必须是充分全面的、先进的、可靠的，鉴于单一核弹头的潜在破坏力而要能保证没有导弹能够穿透盾牌。其次，许多人怀疑导弹防御是否能提供绝对的保护，尤其是它们实际上是以一颗子弹**总是**击中另一颗子弹的假设为基础的。最后，像获取其他武器一样，建造导弹盾牌可能会被其他国家视为侵略或进攻行为。美国国家导弹防御系统（特别是将其设在东欧的提议），引起了俄罗斯的强烈批评，可能导致了 2008 年俄罗斯与格鲁吉亚的战争。美国总统奥巴马认识到国家导弹防御系统已经变成了一个障碍，妨碍了在伊朗等更紧迫的问题上获得俄罗斯的支持，2009 年便宣布搁置导弹防御系统。然而，这仅仅是对美国奥巴马政府核不扩散战略的重新评估的一部分。奥巴马政府支持可能出现的后核世界。

聚焦

朝鲜：一个“流氓”核国家？

2006 年朝鲜成为世界上第九个核国家，这对国际安全的意义是什么？朝鲜常常被视为典型范例，即当一个“流氓”国家能够获得大规模杀伤性武器，特别是核武器时会发生什么。获取了这样武器的朝鲜没有变得谨慎，而是创造出核冒险主义的前景，不仅威胁韩国、日本，甚至威胁美国。朝鲜发动首轮核攻击的想法是真实的，而且其危险性以至少三个因素为基础。第一，朝鲜几乎是独一无二的封闭国家，轻视国际舆论，无视多国协议，正如其退出《不扩散核武器条约》甚至抵抗中国外交压力所表现出来的那样。第二，其领导人反复无常而且专制，与军事关系密切（朝鲜拥有世界第四大常备军）。第三，该政权残酷的内部镇压的记录表明了使用暴力以实现政治目的的明确意愿。

然而，如此的印象表现出对朝鲜政权的粗浅和有限的理解，并且夸大了拥有核能力的朝鲜对国际安全的威胁。鉴于朝鲜作为一个虽小但是具有战略位置的国家，遭受数个世纪的侵略和剥削，朝鲜对世界其他国家经常采取的不合作和好战姿态需要得到理解。1945 年严酷的日本殖民统治被推翻。20 世纪 50 年代初苏联支持的北方和美国支持的南方之间的内战爆发。这使数以百万计的人丧生。朝鲜战争陷入僵局，造成了临时休战而不是永久和平。因而在某种意义上，朝鲜政权及其军事从未停止过战斗。再者，苏联解体和中国的日渐自由化使朝鲜经济上和政治上日益孤立。朝鲜不仅要面对训练有素、由美国海军陆战队支持的韩国军队，还要处理经济崩溃和蔓延的饥荒。这种观点表明了，与朝鲜的外交接触应该认识到，朝鲜更多是受到恐惧而不是侵略的激励，而且其最首要的任务是保存政权，特别是因为（可能不像伊朗）其缺乏一定的地区野心。

无核世界？

很久以前和平运动提出了后核世界的想法。反核行动常常是其最突出的原因。在某种意义上，反核武器运动诞生在试验世界第一枚原子弹的那一刻。当 1945 年 7 月它被引爆时，常被称为“原子弹之父”的J·罗伯特·奥本海默想起《博伽梵歌》里的话语：“现在我变成了死亡、世界的破坏者”。奥本海默后来还反对更为可怕的氢弹的研发，但他没有成功。对许多人来说，核武器可能造成历史上规模空前的死亡和破坏，从根本上改变了对战争伦理的思考，或许使正义战争的观念完全多余。因为冷战期间核军备竞赛加速，所以专注于反核抗议的大规模和平运动被动员起来。设在英国的核裁军运动（CND）成立于 1958 年，其目标是使世界消除核武器和其他大规模杀伤性武器。20 世纪 80 年代初欧洲核裁军（END）出现了，试图将反核行动扩大到整个欧洲甚至苏联阵营（虽然成果有限）。最大的示威发生在 1983 年，抗议北约决定在西欧设置美国巡航导弹和潘兴中程导弹。据估计，大概 100 万人在伦敦抗议，大概 60 万人走上联邦德国的街头。国际废除核武器运动（ICAN）发起于 2007 年，代表着大约 50 个国家的 200 多个组织。其主要目标是建立一个有法律约束力、可验证的核武器公约。在此公约之下，无论何种原因使用核武器都将构成对国际法的违反。

世界上许多地方无核区的建立也推进了反对核武器的运动。这些无核区是南极（1959）、拉丁美洲和加勒比海地区（1967）以及南太平洋（1985）。《佩林达巴条约》（1996）宣布非洲是一个无核区，正如《曼谷条约》（1997）与东南亚有关。从总体来看，这些条约意味着南半球大多数地区现在是无核区。这些趋势和运动受到不同考量的激励。最显著的是，核武器被视为在道义上是站不住脚的，即使不是典型的邪恶。由此观之，发展、使用或威胁使用会导致数以万计或者更可能数百万人无辜死亡的武器，在任何情况下都是不合理的。赞成核裁军的经济和政治情况是以数个维度为基础的。例如，耗资巨大的开发；人们相信核威慑战略只是导致不断升级、动荡的军备竞赛（使核战争的可能性更大而不是更小）；核武器加深了国家间不平等，因为精英“核俱乐部”试图支配世界其他国家。反对核武器的心理观点也被提出来了，不仅仅是会产生无休止的焦虑和恐惧，正如 1945 年以后数代人生活在炸弹的阴影下（Lifton and Falk 1982）。

聚焦

核伦理：理亏的武器？

核武器应该被视为“普通”武器吗？无论什么原因使用核武器是正当的吗？现实主义者常常把核武器仅仅看作是武器升级中的一级，虽然是主要的一级。在此意义上，把核武器看作是普通武器，意味着支持获取核武器并在条件允许情况下可能使用核武器。当然这在冷战期间很明显。根据威慑理论特别是互相摧毁原则，当时大部分现实主义者认为核武器是合法的，正如博弈论者卡恩（Kahn 1960）所阐述的。从这个角度来说，思考“不可思议的”事情（即核战争）是国家安全战略正当有理的也许必要的方面。然而，现实主义者对核武器的支持不是原则性的而是在严格条件下的。例如，值得注意的是现实主义者对核武器的支持在后冷战时期下降了，因为日益浮现的多极、非国家行为体所构成的新安全挑战，使传统的两极威慑理论变得多余（Shultz et al. 2007）。

然而，核武器被广泛视为与任何道德意识格格不入。对和平主义者来说，核武器仅仅是战争疯狂的一个手段：打算使用核武器是允许人类的灭亡。此外，无论在什么情况下都难以看清的是，核战争怎样才能与正义战争的原则相协调。特别是，从本质上核武器违反了交战正义的每一个原则——区别对待、均衡和人道。然而奈（1988）试图通过提出五个“核伦理箴言”以协调核威慑政策与广泛的正义战争传统。它们是：(1) 拥有核威慑的唯一可以接受的理由是自卫；(2) 核武器绝不应该被视为普通武器；(3) 任何核战略的目的必须是最大限度减少伤害无辜者（即非作战人员）；(4) 近期内我们应该努力降低战争的风险；(5) 从长远来看我们应该努力减少对核武器的依赖。

但是自由主义者和社会建构主义者总是强调，国家对核武器的政策范围超越了狭隘的国家安全问题。这明显体现在冷战崩溃时美国和苏联的裁军努力的恢复、奥巴马政府对无核世界的观点的强调。2009 年 4 月，与俄罗斯签署《新削减战略武器条约》之前，奥巴马在布拉格城堡城墙下的一次讲话中，谈到其无核武世界的理念（虽然他承认完全核裁军的目标在其有生之年可能无法实现）。2009 年 9 月，奥巴马成为第一个主持联合国安理会会议的美国总统。这次会议的主要目的是在 2010 年 5 月举行的《不扩散核武器条约》五年一次的修订之前，呼吁结束核武器扩散，希望加强不扩散机制。奥巴马的战略旨在超越过时的核威慑的冷战思维，得到了俄罗斯总统梅德韦杰夫的支持。其背后的关键动机是获得道德权威给无核国家更大的压力，使其放弃获取核武器。鉴于此，这个战略承认了核裁军和不扩散之间的联系。如果现有核大国不认真对待放弃核武器，它们影响无核国家的能力会遭到重创。实际上，他们对于核不扩散的呼吁被认为是虚伪的而遭到拒绝。在这方面，美国特别脆弱，因为它仍然是世界上首屈一指的核大国，却始终未能履行《不扩散核武器条约》的义务，长期以来自己也没有抛弃核武器，而且也没有签署《全面禁止核试验条约》。

然而，这种策略至少面临三个问题。

第一，尚不清楚的是，这些压力是否会对伊朗和朝鲜等国家产生影响，甚至基于受到支持的道德权威的压力是否会对其产生影响。这些国家已经显示出了愿意忍受国际社会的谴责，追求其视为最重要的国家安全目标。第二，这个问题上的大国一致性可能是脆弱的。例如，中国已经明确表示不打算放弃核武器。在世界权力格局正在转移的背景之下，中国也许并不打算跟随美国的领导。在任何情况下，在现有核大国之间创造自信的条件和级别将会是富有挑战性的。在这些核大国中，废除核武器通常被视为是比保留更安全的选择。第三，如果废除成为现实，那么一些重大技术问题必须要克服。这些问题不仅仅是如何证实消除核弹头和是否可以充满信心地监控核材料。因此，很难认为废除核武器的任务是很容易的或者在不久的将来就能完成（Perkovich and Acton 2008）。

不过，一些人认为，即使有可能消除核武器，也不一定可取。例如，人们表达了核裁军战略对影响战争可能性的问题的担忧。1945 年以来一定程度上国际战争，特别是大国之间战争的减少，是害怕常规战争可能会升级成核战争，因此减少（或者更糟糕的是消除）核武库只能创造条件使这样的战争再次爆发。这说明核武器的威慑作用并没有随着冷战的结束而结束。具有讽刺意味的是，另一个担忧是核裁军可能损害不扩散事业。近几十年来有助于防止核扩散的一个主要因素是美国核保护伞的存在。如果做出可靠的承诺减少核武器意味着美国核保护伞的范围减小和有效性降低，亚洲日本、韩国到中东和海湾地区的国家可能会被迫重新考虑其无核地位。因此，努力建立一个无核世界可能证明是适得其反的。

总　结

- 核武器的巨大破坏力意味着它们已经以其他武器所没有的方式影响着国际和国内政治。冷战期间垂直核扩散体现在美国和苏联大规模核武库建设方面。
- 虽然一些人认为冷战核军备竞赛有效支撑了二战后的长期和平，特别是当互相摧毁的条件实现时。然而另一些人把“恐怖平衡”和不稳定性以及威慑失败后无时不在的危险联系在一起。
- 后冷战时期是以对核扩散的高度焦虑为特征的。之所以如此，是因为对获得核武器表现出兴趣的国家数量增多，而且这些国家更加容易获得核材料和技术。此外，核武器落入可能会使用它们的人手中的危险增加了。
- 尽管广泛的不扩散机制得到发展，但是有效的军备控制一直很难实现，因为国家往往将国家安全的关切置于双边或多边协议的义务之上。特别是人们特别担忧朝鲜和伊朗的核扩散，因为其政权不稳定且风险较大，而且地区紧张局势依然存在。
- 和平主义者、近来美国和俄罗斯一些高层政界人士提出了无核世界的想法。奥巴马政府的国防战略把对核裁军的承诺、施加强烈的道德和外交压力的能力联系起来，以确保防扩散。
- 不扩散策略不可能影响核“流氓”国家和想要成为核“流氓”国家的国家。它们也可能无法得到大国的一致性支持，使国际战争更有可能发生，还可能加剧曾经得益于美国核保护伞的那些国家的国防焦虑。

问题讨论

- 大规模杀伤性武器是一个独特的武器类别吗？核武器是否是唯一真正的大规模杀伤性武器？
- 为什么一些国家寻求获得核武器？
- 为何一些国家不寻求获得核武器？
- 核威慑的理论令人信服吗？
- 核武器落入“坏人之手”的想法是否只是欧洲中心论的例子？
- 为什么有效的核武器控制如此难以实现？
- 拥有核武器的伊朗是国际和平与安全的严重威胁吗？
- 实现核不扩散的努力是否很大程度上以虚伪和欧洲中心论的偏见为基础呢？
- 导弹防御系统是解决核袭击威胁的办法吗？
- 核武器在道德上站不住脚吗？
- 无核世界是否可能或值得追求呢？

第 12 章

恐怖主义

当无能为力时，狂热是仅存的武器。

——弗朗茨·法农，《黑皮肤、白面具》(1952)

预览

20 世纪 90 年代之前，恐怖主义曾被广泛地视为次要的安全问题。标准国际政治教材也往往忽略恐怖主义。然而，2001 年“9·11”事件戏剧性地改变了这一切，它刺激了对恐怖主义本性和特征的重新评估。对一些人而言，所谓的“新恐怖主义”、“全球恐怖主义”或“灾难性恐怖主义”已成为 21 世纪初的主要安全威胁，这反映出这样一个事实，即在全球化条件下，非国家行为体（如这里所讲的恐怖组织）已经具备了相对于国家的重大优势。除此之外，“反恐战争”的开展表明，复兴的恐怖主义开启了一道新的断裂线，将会界定着可见的未来的全球政治。然而，恐怖主义是个备受争议的现象、概念。例如，批判理论家们认为，普遍接受的恐怖主义知识是陈词滥调和误解。他们认为，往往由于意识形态的原因，恐怖主义的意义总是被过于夸大了。那么应该怎样界定恐怖主义？学者们为什么以及如何在恐怖主义性质问题上存在着分歧呢？现代恐怖主义具有真正的全球性影响还是潜在的灾难性影响呢？恐怖主义应该如何得到反击的争论匹配于恐怖主义本性和特征的分歧。反恐战略的有效性存在着分歧，而且保护社会免遭恐怖袭击所造成的代价问题也存在着激烈的争论。反恐是否应该以国家安全的增强、军事镇压或政治谈判方式实施呢？这些战略的意义是什么呢？

关键问题

- 何为恐怖主义？
- 恐怖主义的主要视角是什么？
- 近些年来恐怖主义的性质有所改变吗？
- 恐怖主义是否“走向全球”呢？
- 现代恐怖主义的重要程度如何？
- 如何能够以及应该怎样对抗恐怖主义威胁呢？

理解恐怖主义

恐怖主义绝不是现代现象。早期例子包括西卡里人（Sicarri）（“匕首帮”），往往被视为犹太狂热分子集团。公元1世纪的时候，他们以暗杀和绑架的方式反抗朱迪亚地区的古罗马人以及与其共谋的犹太人。同样，印度沙基人（Thugee）一般被视为一伙狂热教徒。他们实施宗教仪式的杀戮以纪念卡莉女神（the goddess Kali）。早在13世纪他们已经产生了，在19世纪则大行其道。不过，“恐怖主义分子”的称呼产生于1793年至1794年法国大革命与恐怖时代（the Reign of Terror）。这一时期见证了罗伯斯庇尔领导下的雅各宾派所施加的大量迫害。多达4万人因“革命敌人”罪名而丧生。

在西方社会中，19世纪末无政府主义者实施秘密暴力活动，19世纪90年代达到顶峰，从而促成了首次范围广泛的恐怖主义行径。受害者包括俄国沙皇亚历山大二世（1881）、奥地利女皇伊丽莎白（1898）、意大利皇帝翁贝托一世（Umberto 1900）、法国总统卡诺（Carnot 1894）以及美国总统麦金莱（McKinley 1901）。无政府的恐怖主义形式是一种“行动宣传”（propaganda by the deed）形式：它利用暴力作为唤起政治意识、蛊惑大众反叛的手段，并时而抨击其所认为的压迫与剥削阶级的象征符号。1894年针对法国巴黎的咖啡馆终点站（Café Terminus）的袭击明显地体现了这一点。这一行动因对“资产阶级社会”的袭击而被视为正当的。同年一场神秘事件发生在格林尼治天文台附近。当时一位男子自杀，后来其被确认为是法国无政府主义者［这一事件曾启发了约瑟夫·康拉德（Josehp Conrad）的小说《特工》］。无政府分子的暴力活动在20世纪60、70年代再次掀起浪潮，如联邦德国的“巴德-梅因霍夫组织”（the Baader-Meinhof Group）、意大利的“红色旅”组织（the Italian Red Brigades）、日本的“红色之军”（the Japanese Red Army）和英国的“愤怒之旅”组织（the Angry Brigades）。

然而，在二战后恐怖主义一般具有民族主义倾向。20世纪40、50年代期间，它们曾经和亚非拉的第三世界反殖民斗争相联系。后来巴勒斯坦解放组织等民族解放运动、“黑色九月”等组织开始从事恐怖主义活动。西方发达社会中愤愤不平的民族或少数民族也从事恐怖主义活动，特别是北爱尔兰和英国本土的北爱共和军、西班牙巴斯克地区的巴斯克民族和自由组织（Basque Homeland and Freedom，ETA）以及魁北克的魁北克解放阵线组织（Quebec Liberation Front，FLQ）。不过，针对纽约和华盛顿特区的“9·11”恐怖袭击这一事实才使很多人相信，恐怖主义已经以更加新颖和危险的方式复活再现了。一些人得出结论，即当今威胁国际和平和安全的最大敌人是恐怖主义。然而，在讨论这一论断之前，思考一下恐怖主义的本质、理解恐怖主义的不同方式以及其近年来是否发生变化的问题是必要的。

界定恐怖主义

恐怖主义的主要特征是，一种以造就恐惧与忧惧氛围而实现其政治目标的暴力形式（Goodin 2006）。鉴于此，恐怖主义以一种非常独特的方式运用暴力：其首要目标不是杀戮和毁灭，而是造就对杀戮和毁灭的未来行为的不安和焦虑的情绪。因此，恐怖主义暴力活动是秘密的，涉及出其不意以造就不确定状态和不断扩大的焦虑。因此，恐怖主义经常采取似乎不分青红皂白的对平民目标袭击的形式，尽管对权力和威望的象征的袭击，对大商人、高级政府官员和政治领袖的绑架、谋杀通常也被视为恐怖主义行为。尽管如此，恐怖主义的概念依旧疑惑重重。某种程度上，界定恐怖主义所赖的基础存在着困惑。它可以由如下特性界定：

- 行为本身：具有似乎不分青红皂白的特性的秘密暴力。但是，恐怖主义的本质并不是暴力行为本身所固有的，因为恐怖主义关键地依赖于各种意图，特别是胁迫或恐吓的愿望（Schmid and Jongman 1988）。这不仅意味着恐怖主义是一种社会事实而非野蛮事实，而且意味着恐怖主义背后的动机也是复杂和难以捉摸的（Jackson 2009）。
- 其受害者：恐怖主义的受害者都是无辜的平民。然而这是否意味着那些针对军事目标与人员的袭击或针对政治领袖的暗杀不算是恐怖主义呢？此外，一些恐怖分子的确将平民也视为“有罪的”，因为平民也从国家甚或全球层次上的结构性压迫受益而有所牵连。
- 其作恶者：意在影响政府或国际组织行为的非国家机构。但是，对拉克尔（Laqueur 1977）所谓的“自下而上的恐怖主义”的关切会冒忽视“自上而下的恐怖主义”导致的对手无寸铁的平民的更广泛的杀戮的风险。“自上而下的恐怖主义”有时会被归类为**“国家恐怖主义”**或“国家资助恐怖主义”。

恐怖主义：从最广泛的意义说，恐怖主义意指运用暴力而造就恐惧、恐慌与不确定氛围以推进其政治目的的行径。恐怖主义行为最为普遍的形式包括暗杀、炸弹、绑架和空中劫持。正如“9・11”事件所表明的，恐怖主义的全球化趋势即将要对其现象进行重新界定。这一术语饱受争议并且往往是有选择性的使用（一个人眼中的恐怖分子可能是别人眼中的自由斗士）。一方面，恐怖主义往往被视为反政府的行动，然而政府也可能运用“恐怖”对抗其本国或他国的民众，如“国家恐怖主义”的情况。不过，“恐怖主义”是一个充满争议的术语。

国家恐怖主义：警察、军事或情报机构等政府机构所实施的恐怖主义。

然而如果恐怖主义确实不同于其他形式的政治暴力形式，那么它就是一个有意义的术语。恐怖主义不同于传统战争，因为在传统军事竞争中无法战胜对手的人士往往最支持作为“弱者的武器”的恐怖主义（Crenshaw 1983）。由于在公开冲突中缺乏组织力和破坏力，恐怖分子依赖于挑衅滋事和极化的战略。其实，恐怖主义可以被视为对战斗的否定，因为恐怖分子所选定的目标极易受到攻击，却极难或许不可能进行有效的自卫。因此，恐怖主义和游击战依旧有着更多的共同点。它们都是不对称战争。在不对称战争中，战术和战略得以具体采用以弥补同对手强大的技术、经济和军事实力之间的巨大差距。另外，恐怖行动和游击战都将对手拖入旷日持久的军事斗争中，从而拖垮对手抵抗的意志。事实上，其共同点可能更多，因为恐怖主义行动或许经常被视为一种特殊的“新型战争”（如第10章所讨论的）或者“新型战争”所运用的一种战略。

不过，恐怖主义也有别于游击战争。首先，恐怖主义是以其光天化日的暴行的相应权重为特征的，是塑造目标受众（target audiences）行为和意识的手段（Phillips 2010）。这反映了恐怖分子依赖于“行动宣传”、高度引人注目、令人震惊的暴力行为的程度，意在生动地表达政府的无能，或恐吓竞争性种族或宗教团体、大众，或者以其经典形式动员大众支持并且推动政治活动。其次，恐怖主义活动本质上秘密的性质通常限制了其可能参与群众运动的程度。相比之下，游击军往往非常依赖以群众为基础的大众支持。

虚无主义：字面意思指不信仰任何事情；对所有传统道德与政治原则的拒绝。

然而这绝不会穷尽探讨恐怖主义概念的争论。恐怖主义术语在意识形态上是有争议的，而且在情感上是紧张的。一些人甚至拒绝使用恐怖主义概念，因为恐怖主义概念是非常模糊的，或具有于事无补的轻蔑意味。其负面影响意味着，这一词汇几乎总是应用于对手的行为，并且绝不会应用于自己的团体或其所支持的团体的相似行为。因此，恐怖主义容易被用作政治工具，决定所考虑的一个团体或政治运动的合法性或非法性的手段。这提出了一些问题，即恐怖主义本身是否罪恶，超越了道德正当性。研究恐怖主义的主流方法通常将其视为对文明或人道主义价值观的袭击甚至是**虚无主义**（nihilism）的例证，然而激进者有时认为恐怖主义和其他政治暴力形式会推进政治正义事业，并会反对其他更广泛的暴力或虐待形式，由此表明了其正当性（Honderich 1989）。最后，批判理论家警告使恐怖主义“本质化”的危险，即将恐怖主义视为一个人或一个团体性质的界定性特征。这意味着恐怖分子是一种身份认同，与国籍、宗教或种族异曲同工。将“基地”组织、黎巴嫩真主党、爱尔兰共和军和埃塔组织等贴上相同标签的做法混淆或忽略了其所处的不同历史、政治、社会和文化背景及与其相关的不同原因。

“新”恐怖主义的兴起?

这样一种观念推动着关于恐怖主义的更多争论，即恐怖主义具有各种不同的形式而且它能够或已经改变了。“9·11”事件极大地加剧了这一趋势。一些人宣称“9·11”事件标志着全新的恐怖主义的出现。例如，伊格纳季耶夫（Ignatieff 2004）区分了四种恐怖主义形式，如下：

- 叛乱性恐怖主义：其意在通过革命推翻一个国家（包括无政府主义分子和革命性共产主义恐怖主义）。
- 问题式恐怖主义：其意在单一事业的推进（比如美国堕胎诊所爆炸案、1995年东京地铁阿姆教实施的沙林生化细菌案）。
- 民族主义式恐怖主义：旨在推翻殖民地统治或占领，往往有为种族、宗教或者民族团体赢得独立的目标（阿尔及利亚的民族解放阵线、斯里兰卡泰米尔猛虎组织、以色列控制地区的哈马斯组织等)。

- 全球性恐怖主义：意在对全球性权力的损害与羞辱或改变全球性文明关系(如“基地”组织和其他形式的伊斯兰恐怖主义)。

解构恐怖主义

- 恐怖主义术语的用法假设，某种政治暴力形式确实有别于其他形式，因为其目的是激起“恐慌”而非仅仅造成毁坏。但是在某种程度上，所有政治暴力形式或者战争都意在使更多的人胆战心惊。将任意因素引入到术语使用中，这意味着恐怖主义概念绝不是客观或公正的。因此，恐怖主义能够被视为一种政治或社会建构(a political or social construct)。
- “恐怖主义”是带轻蔑含义的术语，意味着恐怖主义往往被用作一种政治武器，并且与其相联系的团体或行为是不道德的和不合法的。将一个人或者一个组织称为“恐怖分子”的做法表明，他们是文明社会的敌人，为了自己的利益而不是更大的目标(不像“自由战士”或者“革命者”)有意地造成死亡、破坏和恐慌。此外，恐怖主义是暗中行事、鬼魅迷离、凶残无情的。
- 在传统用法中，恐怖主义术语仅仅涉及非国家行为体。这具有政治保守的意义。国家不能被控诉为恐怖主义的事实不仅意味着国家暴力是合法的暴力，而且表明挑战政府或改变现状的努力在政治和道德上是可疑的。这也适用于挑战现代国际体系中霸权或主导性国家的努力，特别是美国。

然而，**“新”恐怖主义**(‘new’ terrorism)的概念说明了恐怖主义性质发生了革命性的变化。这个概念早于“9・11”恐怖袭击事件。1995 年东京地铁的奥姆教生化袭击事件、1997 年致使 62 位游客丧生的埃及卢克索屠杀事件等刺激了对恐怖主义的兴趣(Laqueur 1996，1999)。那么何为新恐怖主义而且新在何处呢？虽然新恐怖主义可能具有许多特征(Field 2009)，但是其中最为重要或许界定性的特征是，恐怖主义的宗教动机替代了世俗的动机。传统恐怖主义的世俗特性源自于这种观点，即战后大部分时间里恐怖主义涉及民族主义特别是分离主义运动。在这些情况下，恐怖主义的目标是狭隘的、政治性的：推翻外国统治并确立民族自决。但到 20 世纪 80 年代，宗教开始成为政治暴力的重要动机。据霍夫曼(Hoffman 2006)的总结，至 1995 年 56 个恐怖组织的几乎半数被归类为具有宗教特性或动机。“基地”组织当然是这一趋势的例子，受到广泛而激进的政治—宗教意识形态伊斯兰主义的刺激，然而“基地”组织绝不是个孤立的例子。

新恐怖主义：由于其组织、政治特性、动机与战略的性质，相比于“传统”恐怖主义更为激进与毁灭性的恐怖主义形式。

恐怖主义的方法

现实主义的观点

现实主义的恐怖主义观特别强调国家/非国家的二分法。恐怖主义经常被视为非国家群体或运动对现有秩序的暴力性挑战，往往是权力之争的一部分。现实主义者强调作为权力追逐和竞争领域的政治。这种政治观也适用于国家与非国家行为体的行为。由此来看，恐怖主义背后的动机很大程度上是战略性的。各种群体实施秘密暴力，并且将目标锁定在平民上，是因为它们过于弱小而无法公开地以常规武装冲突方式挑战国家。它们试图损耗和削弱其无法撼动的政府或政体的决心。不过，现实主义的恐怖主义观的关键性特征是，因为恐怖主义试图颠覆文明秩序而且推翻政治体系，所以国家对恐怖主义的回应应该是毫不妥协的。在能够回溯到马基雅维利的政治传统中，这反映了一个信念，即政治领袖必须时刻准备着牺牲传统道德以保护身处威胁的政治共同体。这往往被称为"脏手"的问题——因为政治领袖有着更广泛的公共责任，所以他们应该时刻准备着不辞辛苦（get their hands dirty）并不顾个人顾虑。因此，现实主义者往往相对地不太关注反恐战略是否侵害公民自由，关键问题是反恐行动是否奏效。

自由主义的观点

像现实主义者一样，自由主义者往往将恐怖主义视为主要是非国家行为体从事的活动。现实主义者与自由主义者对恐怖主义背后的动机持有不同的看法。自由主义者更倾向于强调意识形态而非仅仅权力追逐的角色。因此，其解释恐怖主义的关键因素是政治或宗教意识形态的影响。这些意识形态造成了言过其实的不公正、敌意感，使暴力作恶者无视其行为的道德与人类代价。然而，自由主义者的恐怖主义观往往受反恐任务所造成的道德困境的支配。一方面，自由主义往往将恐怖主义视为对自由民主社会根本原则的威胁，如开放、自决、明辨、宽容等；另一方面，自由主义者也急切地确保反恐的努力与这些价值观相一致，尤其是反恐活动不能损害人权和公民自由。

批判理论的观点

恐怖主义的批判视角主要存在两种。第一种观点是乔姆斯基和福柯等激进理论家的观点。他们认为，恐怖主义意味着对手无寸铁的平民的杀害，是国家和非国家行为体所做的事情，实际上，"国家恐怖主义"（"大规模恐怖主义"）比非国家恐怖主义（"小规模恐怖主义"）更为重要，因为国家比非国家行为体拥有更大的强制力。因而恐怖主义是国家对平民使用暴力的一种机制，以维系自身的权力或者将政治或经济影响扩展到其他国家。在这方面，其特别关注的是恐怖主义在推进美国霸权方面的角色，因而美国被视为世界"头号恐怖主义国家"（Chomsky 2003）。

建构主义与后结构主义思想也塑造着恐怖主义的另一种批判视角。这种批判视角是以下面的信念为特征的，即普遍接受的恐怖主义知识是陈词滥调、误解。由此观之，恐怖主义是一种社会或政治建构。恐怖主义往往被用来界定某些非法的团体与政治事业，将其与丧尽天良、恣意妄为的镜像相联系。反过来这往往意味着，反恐的制度与政治结构是正当的与合法的。这种想法尤为用于与"反恐战争"相关联的话语。"恐怖主义"术语被用作为现代全球体系中占主导地位的行为体的敌人的去合法化（de-legitimize）（Dedeoglu 2003）。

新恐怖主义观念的支持者建议，因为恐怖主义已经变为一种宗教意味的律令，甚至神圣使命而不是务实选择的政治战略，所以恐怖组织的性质和其政治暴力的功能发生了至关重要的改变。传统的恐怖分子满足于有限的政治变迁或其需求的部分调节，然而新恐怖分子却没那么容易被摆平。新恐怖分子往往多变，并且更广泛的目标使其更加固执和难以就范。类似地，宗教信仰可能改变了其诉诸使用武力的道德语境。恐怖分子的武力具有本质上战略性的特点，是实现目的的手段。然而暴力日渐具有象征性意义，并作为“全面战争”的体现而得到支持。当暴力变成一种宣泄经历时，暴力使用所受到的心理、道德与政治约束可能就消失了，从而致使新恐怖主义者更加痴迷于不加区别且致命的暴力。这种思想也被用以解释恐怖主义同大规模杀伤性武器甚至核武器之间的关系，同时也被用以解释自杀式恐怖主义的上升。此外，恐怖主义组织特征的变化相匹配于恐怖主义活动所发生的道德领域的变化。传统的恐怖分子往往运用军事化指挥与控制结构，然而新恐怖主义则更倾向于使用更加分散、无定形的，由松散联系着的细胞组织构成的国际网络和支持网络（Wilkinson 2003）。例如，“基地”组织往往被描述为一种思想而不是一个组织。“基地”组织的网络如此松散，以至于它被视为“无人领导的圣战组织”（Sageman 2008）。

不过，新恐怖主义的概念也易于受到批评。许多人认为，新恐怖主义和传统恐怖主义之间的差异很大程度上是人为的或至少是言过其实的（Copeland 2001）。例如，受宗教影响的恐怖组织当然并不是一个全新的现象。除了更为古老的例子，1928年成立的穆斯林兄弟会往往涉及暗杀和其他袭击，而且摩洛民族解放阵线、埃及伊斯兰圣战组织和黎巴嫩真主党等民族主义组织也具有宗教和政治目标。相似地，一些传统的恐怖主义组织也有可能发现，诸如其战略中的狂热行事、难以屈服、政治暴力使用中的无拘无束等。这也适用于一些世俗组织，如猛虎组织、巴勒斯坦解放组织、库尔德斯坦工人党。最终，新老恐怖主义组织之间明确的组织差异的概念也许是误导性的。临时爱尔兰共和军（Provisional IRA）、巴勒斯坦解放组织的最大派系法塔赫等传统恐怖组织往往赋予其成员以很大的自主性，经常允许他们独立于任何指挥与控制结构之外行事。

恐怖主义的意义

无论“9·11”事件是否反映了恐怖主义本质的变化，大家普遍认为“9·11”事件导致恐怖主义的意义发生了深刻的变化。恐怖主义所造成的威胁突然间达到了一个历史上前所未有的重要水平。恐怖主义是新断裂线的表现，将界定着21世纪全球政治。这最明显地反映在“反恐战争”以及世界秩序的变化（如第9章所讨论的）。但这些假设的根据如何呢？恐怖主义的效力和意义已急剧地增加了？如果是这样，这种情况如何以及为何会出现呢？这可能是一个过程的两个方面。首先，恐怖主义已经获得了真正意义上的全球影响；其次，其破坏性的潜能大幅增加了。

恐怖主义全球化？

恐怖主义具有国际、跨国甚至全球维度。这种看法已不新奇。例如，19世纪末无政府主义者把自己视为国际运动的一部分，他们至少在西欧跨越国界活动。20 世纪 60、70 年代“巴德-梅因霍夫组织”、意大利的“红色旅”、日本的“红色之军”等极左组织认为，它们从事着全球性斗争，既要推翻资本主义制度，而且还要从西欧和其他地区驱逐出美军。有时被视作“国际”恐怖主义的诞生往往可以回溯到 20 世纪 60 年代末巴勒斯坦解放组织等组织实施的劫机事件。然而，恐怖主义发展成一个真正的跨国现象，如果尚不能称之为全球性现象的话，一般与全球化进程的发展相关。因此，现代恐怖主义有时被描绘为全球化的一个产物。许多原因导致了这一结果。第一，跨国人员、货物、资金、技术和思想流动的增加一般以国家利益为代价而使非国家行为体受益，而恐怖主义组织事实上特别善于利用这种高流动性。第二，不断增加的国际移民流动通常有助于恐怖活动的维系，因为海外社区可以成为一个重要的资金来源，如泰米尔猛虎组织。第三，全球化产生的压力通常导致了政治斗争的发展。恐怖主义体现了对文化全球化、西方货物、思想和价值观的传播的抵制。或者，恐怖主义是全球资本主义体系内不平衡的产物。全球资本主义体系有贫穷和动荡的南方发展中国家。

全球化为恐怖主义获得日渐跨国性的特性提供了一个背景，但它本身无法解释跨国或全球恐怖主义的出现。这明显体现在似乎最具跨国性的恐怖主义形式上：伊斯兰主义或圣战恐怖主义。虽然伊斯兰恐怖主义被描绘为一个虚无主义运动或宗教复兴的一种表现，但最好理解为政治—宗教意识形态中表现出的对政治状况和危机的暴力反应（Azzam 2008）。伊斯兰恐怖主义从 20 世纪 70 年代末开始出现，受到三大发展的塑造。第一，越来越多的伊斯兰国家经历了政府的合法性危机，因为大众日渐对腐败且专制的政权感到失望，而且这些政权未能满足本国公民的经济和政治愿望。鉴于阿拉伯民族主义的失败，这导致了日渐以宗教为基础的运动，以此推翻埃及、沙特阿拉伯、苏丹和巴基斯坦等国家所谓的“叛教者”（一个抛弃自己宗教的人）穆斯林领袖。这些领导人及其政权被视为伊斯兰教的“近敌”。第二，与此相吻合，美国在中东的影响力扩大，填补了 1968 年英国从苏伊士运河以东军事基地撤离后出现的权力真空。因此，美国逐渐被视为“远敌”，因为对以色列的支持、美军在沙特阿拉伯穆斯林圣地的驻军、对该地区“叛教者”穆斯林领导人的支持等政策使美国似乎成为伊斯兰的一个威胁。第三，在伊斯兰世界的许多地区，宗教原教旨主义的政治参与形式有所发展，这种趋势在 1979 年伊朗“伊斯兰革命”以后加速发展（第 8 章讨论了政治伊斯兰的起源和发展）。

就伊斯兰恐怖主义而言，20 世纪 70 年代和 80 年代期间，国内“圣战”比全球圣战占优势，因为对美国的敌视和反西方的更大斗争的想法仅仅为掌握国家权力的努力提供了一个背景。20 世纪 90 年代中期以来，这种情况有所改变，很大程度上是因为政治伊斯兰未能实现其国内目标（Kepel 2006）。正如所预期的，“叛教者”政权往往事实上更稳定和持久。就埃及和阿尔及利亚而言，军事镇压被成功地用于镇压伊斯兰武装分子。在此背景下，“圣战”走向全球，因为伊斯兰主义运动围绕“远敌”重新部署战略：西方，特别是美国在中东和整个伊斯兰世界的政策。在此意义上，全球“圣战”的崛起是伊斯兰教衰落的一个标志，而不是其死灰复燃的标志（Roy 1994）。不过，1979 年至 1989 年在阿富汗驱逐苏联军队的战争，在促进恐怖主义的全球化中扮演着重要的角色。反对俄罗斯人的跨国性圣战士的出现，有助于塑造伊斯兰主义各种组织之间“共同的”归属感，并且也加强了这样一个信念，即国内斗争是更广泛的全球斗争的一部分。这些组织往往具有不同的背景，有时拥有不同的教义信仰。

在这些情况下，“基地”组织应运而生，它通常被视为全球恐怖主义的明证。那么，“基地”组织在何种意义上代表伊斯兰恐怖主义的全球面向？“基地”组织的目标是跨国性的，如果不是文明的：它试图推翻“叛教者”穆斯林领导人，驱逐西方特别是美国的影响，并从事于一场被它视为是对抗西方“十字军”道德败坏的斗争，以净化和革新穆斯林全社会。此外，它与沙特阿拉伯、也门、肯尼亚、美国、西班牙和英国的不同恐怖袭击相关，并在世界各地具有分支组织或附属机构。因此，跨国性或全球恐怖主义的出现，似乎是一个特别令人担忧的发展。它似乎不仅是一种可能在任何时间袭击任何地方的恐怖主义形式，而且它以文明术语（推翻世俗的自由社会）界定其目标，因而似乎大幅增加了其潜在的目标。

然而，现代恐怖主义的全球性质至少在三个方面言过其实了。首先，伊斯兰或“圣战”运动绝不是一个单一、有凝聚力的实体，而是包括往往有着非常不同的信仰和目标的群体。其中许多人的确最好被视为宗教民族主义者或者泛伊斯兰民族主义者而不是全球革命者。如果将“9·11”事件、2002 年和 2005 年巴厘岛爆炸案、2004 年马德里爆炸案、2008 年孟买爆炸案等恐怖袭击视为相关联的事件，尤其是那些具有共同期望和统一目的的事件，那么可能会严重地误解它们。其次，尽管恐怖主义广泛地影响着各国，但绝大多数恐怖袭击发生于深受激烈政治冲突困扰的相对少数国家，如阿富汗、伊拉克、俄罗斯，尤其是车臣、巴基斯坦、克什米尔地区、阿尔及利亚和哥伦比亚。然而世界上大部分地方相对地不受恐怖主义的影响。最后，伊斯兰恐怖主义作为全球恐怖主义的镜像可能更多地源于他人如何回应它而不是其自身的内在特征。鉴于此，一场全球性“反恐战争”很可能造就和维系着这种想法，即全球恐怖主义此类事情是存在的。

灾难性恐怖主义？

除了恐怖主义已经产生全球影响的观点外，恐怖主义往往被视为已成为一个更重要的安全威胁，因为它的影响已大幅增加。“9·11”事件常常被援引，以为这一观点辩护。毫无疑问，2001 年 9 月对美国的恐怖袭击是项颇具深刻意义的事件。对世界贸易中心、五角大楼的袭击以及意在袭击美国白宫的美国联合航空公司 93 号航班坠毁，这导致约3 000 人死亡，成为历史上代价最高的恐怖袭击。其影响因而更大，因为其目标分别是全球金融权力、全球军事权力和全球政治权力的象征。“9·11”事件对美国的心理与情绪影响与 1941 年珍珠港事件相匹配。这两场事件摧毁了美国不可战胜的神话。然而，“9·11”事件本身并不能证明恐怖主义的全球性意义。例如，与其他战争形式相比，其死亡人数是相对较少的。例如，约 150 万士兵在 1916 年 7 月和 8 月的索姆河战役中身亡，1945 年 8 月广岛原子弹爆炸致使 20 万人死亡。尽管如此，“9·11”事件的重要意义是，它强调了一个特别棘手的安全威胁的出现。这个威胁有潜力造成几乎数不清的灾难和死亡，并且是极度难以抵御的。

见诸行动的全球政治

2002年巴厘岛爆炸案

事件：2002年10月12日傍晚，三枚炸弹在印度尼西亚巴厘岛引爆。前两颗炸弹在库塔海滨度假胜地受欢迎的夜总会及其附近爆炸。第三颗较小的炸弹在巴厘岛首府登巴萨附近爆炸。在这次爆炸事件中202人死亡，其中包括88名澳大利亚人、38名印尼人和24名英国公民。尽管一些人怀疑激进的伊斯兰组织伊斯兰祈祷团（JI）是否具有实施爆炸活动的组织能力，但它与这些事件有着广泛的联系。2005年，伊斯兰祈祷团精神领袖阿布·巴卡尔·巴希尔因2002年巴厘岛恐怖袭击阴谋被定罪，但印尼最高法院推翻其罪名，释放了阿布·巴卡尔·巴希尔。2008年11月，3个被认定实施巴厘岛恐怖案的人由行刑队执行死刑。

意义：2002年巴厘岛爆炸案是印尼历史上最严重的恐怖主义行为。但这次袭击并不是一个孤立的事件，其他袭击包括2000年雅加达证券交易所爆炸案、2003年雅加达南部的万豪酒店爆炸案、2004年雅加达澳大利亚使馆爆炸案、2005年金巴兰海滩度假村的巴厘岛爆炸案以及再次遭袭的库塔。此类事件已经对关于在印尼或许更广泛的东南亚所发生的恐怖威胁的本质以及印尼反应的有效性提出了疑问。美国信息人士尤其热衷于把巴厘岛爆炸案放在更广泛的环境下，强调印尼激进穆斯林团体与伊斯兰祈祷团尤其是“基地”组织之间的联系。然而，几乎没有证据可以表明伊斯兰祈祷团是“基地”组织在东南亚的一派，更不用说“基地”组织在策划或实施巴厘岛爆炸案中有任何涉入。事实上，也许伊斯兰祈祷团和其他好战的印尼穆斯林团体或许最好理解为宗教民族主义团体，而不是全球性伊斯兰阴谋的一部分。此外，恐怖活动似乎已经失败，尤其是在东南亚大部分地区建立一个泛伊斯兰国家的目标。尽管2002年巴厘岛爆炸案使印尼的反恐提上日程（约300名涉嫌武装分子被逮捕或在未来5年内处死），但这没有使其诉诸严厉的反恐措施（像斯里兰卡和伊拉克），印尼政府担心其可能会被指责为“反伊斯兰”。其最终结果是，大家普遍认为伊斯兰祈祷团等恐怖群体比2002年之前弱得多。

巴厘岛爆炸案也有特别重大的国际影响，尤其是对印度尼西亚和澳大利亚。对印尼来说，这造成美国和印尼关系不断加剧的摩擦。美国对印尼施加了相当大的压力，以打击该国激进的伊斯兰团体，某种程度上美国希望印尼更明确地加入到“反恐战争”中。然而，作为世界上最大的伊斯兰国家（其240万人口的220万认为自己是穆斯林），印尼不愿意在美国或其他西方国家的压力下行事。不过，澳大利亚对巴厘岛爆炸案的反应是很清楚的。所谓的“澳大利亚9·11”事件刺激霍华德的自由保守党政府重新致力于“反恐战争”，爆炸事件证明澳大利亚也不能幸免恐怖主义的影响。最具争议但符合美国乔治·W·布什政府政策的是，霍华德宣称，如果他有证据显示恐怖分子将袭击澳大利亚，他将准备发动先发制人的打击。这一立场随即引起了东南亚地区大国的强烈批评，包括印度尼西亚、菲律宾和马来西亚。巴厘岛爆炸案也为2 000名澳大利亚士兵和海军部队参加2003年的入侵伊拉克创造了条件。

现代恐怖主义有时被称为“灾难性恐怖主义”（Carter at al. 1998）或“超级恐怖主义”（Sprinzak 2001）。为什么这种恐怖主义形式如此激进和具有毁灭性以及为什么如此难对付呢？这至少可能由于三个原因：

第一，就其性质而言，抵御恐怖主义特别困难，也许是不可能的。恐怖主义是一种秘密活动。不像正规军，它经常由小团体甚至单独的个人实施，很难与平民相区别。而且新的恐怖主义战术极大地加剧了这些困难，尤其是**自杀式恐怖主义**（suicide terrorism）的发展。如何应对自杀式恐怖主义呢？这产生了一个观点，即恐怖袭击的减少也许是可能的，但这种威胁永远无法根除。

第二，作为现代科技的成果，恐怖主义潜在的范围和规模大幅增加了，尤其是大规模杀伤性武器落入恐怖分子之手的前景。“9·11”事件以来，因为核恐怖主义将不再是一个天马行空的想法，所以政府一直为恐怖主义组织可能使用化学或生物武器而做准备。阿利森（Allison 2004）认为，除非可以建立一个全球性联盟以有效地锁定世界上所有核材料，否则在接下来的十年里美国很可能遭到核恐怖袭击，并且这在一个较长的时间内是不可避免的。这反映了核材料和技术更高的可用性，这很大程度上是因为苏联解体了；而且这还有助于证明在超级大国时代防止核战争的相互确保摧毁学说不适用于身份和地点可能隐藏于神秘之中的恐怖主义网络。

第三，根据新恐怖主义兴起的争论，现代恐怖分子不仅更容易获得大规模杀伤性武器，而且更有意愿使用它们。之所以如此，是因为比起前几代恐怖分子，新恐怖主义分子可能更不受道德和人道主义原则的约束。就伊斯兰恐怖主义来说，激进的政治—宗教意识形态可能解释这一点。它们认为，西方社会及其相关价值观是邪恶的并且本质上是败坏性的、是与伊斯兰教不共戴天的敌人。

自杀式恐怖主义：作恶者往往在袭击过程中自杀的恐怖主义形式。

然而一些人认为，恐怖主义，甚至新的或全球的恐怖主义的威胁言过其实了。第一，恐怖主义的军事效力受到质疑。虽然特定的恐怖袭击可能会产生破坏性影响，但恐怖主义本质上是由一系列针对各种目标的零星袭击所组成的，有别于国家间大规模战争所造成的协调、持续、系统性的破坏。事实上，恐怖袭击所造成的人员伤亡人数通常比较小。1968年以来，超过100人死亡的恐怖袭击大约只有20件。此外，恐怖主义并不能推翻一个政府（尽管以暗杀方式它可以消除政治领导人），或摧毁一个社会。事实上，恐怖主义并不是以其军事影响的方式起作用，而是以政府和人们对其所造成的恐惧和焦虑的反应。第二，取得成功的恐怖主义活动往往关系到促进或捍卫一个民族或种族群体利益的努力。在这种情况下，其目标获得极为广泛的大众支持。这适用于1948年以色列建国前的犹太人恐怖主义、南非非洲人国民大会（非国大）反对种族隔离政权所运用的恐怖主义。而当恐怖主义活动获得有限的民众支持则很可能会产生相反的效果，激起大众的敌意和愤怒（而不是平民之中的恐惧和忧虑）以及政府的军事报复。这当然适用于19世纪末、20世纪60年代和70年代无政府主义恐怖主义，同时也可以解释为何它不会、不能对西方社会造成严重威胁，尽管伊斯兰恐怖主义作为叛乱战争的一部分在伊拉克、阿富汗和其他地方扮演着重要角色。

第三，对恐怖主义的担忧言过其实了，因为它们是以伊斯兰和西方世界之间文明冲突的可疑假设为基础的，尤其是以“反恐战争”言论维系着，不仅对日益浮现的“文明冲突论”的广泛观点存有疑虑，而且对伊斯兰恐怖主义的文明解释也经受不住考察。伊斯兰主义不是复苏的伊斯兰世界的先锋队，特别是在其“圣战”形式中。它是正统伊斯兰教的变态分支，并不牢固地植根于传统伊斯兰价值观和文化。此外，即使不是军事所强加的“民主促进”的形式，也几乎没有证据表明穆斯林普遍敌对“西方”价值观，如人权、法治和民主。批判理论家确实走得更远。他们认为，“反恐战争”及其对恐怖主义的夸张式恐惧有助于为美国维持其全球霸权（尤其是证明了美国在盛产石油的中东地区的存在是正当的）的企图提供合法性，并扩大了更广泛的“恐惧政治”（politics of fear）（Altheide 2006）。后者的想法表明，“反恐战争”本质上是由美国和其他西方国家为形成内部凝聚力和不再害怕“共产主义威胁”的目标而创造的一种意识形态建构。由此观之，民主以及专制社会的统治精英创建一个威胁性或敌对的“他者”的神话，以巩固自己的地位。在现代条件下恐怖主义或许会补充这个角色，尤其当恐怖主义与大规模杀伤性武器、核恐怖主义的幽灵的联系支撑着对恐怖主义的恐惧时。

聚焦

自杀式恐怖主义：宗教殉难或政治策略？

怎样才能最好地解释自杀式恐怖主义的兴起呢？特别是，自杀性爆炸事件是否最好理解为宗教诉求的实现呢？虽然自杀式袭击已不是什么新鲜事（二战期间，2 800～3 900名日本飞行员死于自杀性“神风”袭击），但是近年来自杀式袭击显著地增加了。20世纪80年代中期，每年平均有3起自杀式袭击事件。这一数据在20世纪90年代上升到每年10起，然后自2000年以来每年超过100起。这一趋势通常以宗教殉难的兴起解释，其中典型例子是“基地”组织和真主党等伊斯兰组织。由此观之，高度狂热和绝对的奉献精神最可能出现在一个原教旨主义信仰的背景中，尤其是当这关系到信仰来世（faith in an afterlife）时。这种狂热和奉献精神说服人们在实施政治暴力的过程中自杀。在这方面，特别值得注意的是进入一个伊斯兰天堂的前景对伊斯兰恐怖主义的影响。在那里，（根据圣训，而不是《古兰经》）70名少女在等待着为了自己的宗教而牺牲的每一位年轻男子。

然而，基于对1980年到2003年自杀式恐怖主义的所有重大事件的分析，佩普（Pape 2005）推断，几乎没有证据显示恐怖主义和伊斯兰原教旨主义或任何宗教之间的联系。大多数自杀式恐怖主义发生于民族主义或分裂斗争的环境中。自杀式袭击的代表人物是斯里兰卡泰米尔猛虎组织，它是致力于一种世俗意识形态的一场民族主义运动。有鉴于此，战略考量可能是自杀式恐怖主义最好的解释。自杀式袭击的战略基础是其难以防范，因而它们是一种并不寻常、有效的恐怖主义的形式。因此，尽管2007年自杀式袭击仅占世界各地恐怖袭击的3%，但它们导致的死亡人数在恐怖事件导致的死亡人数中占18%。对此，自杀式袭击承载着巨大的道德力量，体现了信念的力量，并强调他们所抗议的不公的程度。

全球行为体

"基地"组织

类型：跨国恐怖主义网络　**成立时间：**1988年　**规模：**500～1 000名成员（估计）

"基地"组织（阿拉伯语"基地"）成立于1988年。它产生于1979年苏联干预阿富汗斗争的背景下，但它作为一项思想遗产可以回溯到赛义德·库特卜（Sayyid Qutb）和穆斯林兄弟会。和其他反苏联组织一样，在此期间美国的资金和武器供应为其提供了支持。其领导人奥萨马·本·拉登（1957年出生），是一个富裕和有影响力的沙特本·拉登家族的成员，尽管本·拉登被刻画为一个组织松散的跨国网络的傀儡，而不是一个实际领导人。但由于1991年海湾战争与美国在沙特的驻军，本·拉登对"非伊斯兰"的穆斯林统治者、西方国家、尤其是美国在伊斯兰世界的影响的敌意加深了。在逃往塔利班控制的阿富汗避难之前，从1992年到1996年"基地"组织领导人一直在苏丹。2001年塔利班政权被推翻以来，"基地"组织被认为在巴基斯坦和阿富汗边境的部落地区活动。除了"9·11"事件以外，"基地"组织涉及1993年对世界贸易中心的袭击、1996年拜尔塔的爆炸案（沙特阿拉伯）、1998年坦桑尼亚和肯尼亚美国大使馆爆炸案、2000年科尔号袭击事件、2004年马德里火车爆炸案和2005年伦敦爆炸案。

意义："基地"组织经常被认为重新界定了恐怖主义的本质，并且在这个过程中导致了全球权力的重新配置。这种情况至少发生在三个方面：第一，"基地"组织已适应全球相互联系的新状况。例如，"基地"组织作为一个松散网络而不是一个指挥—控制组织而活动，并且广泛运用现代信息和通信技术（移动电话、卫星电视、互联网的广泛使用等）。第二，"基地"组织已制定了一系列新的和特别具有毁灭性的恐怖措施。这些措施包括自杀式袭击和对一系列目标的同时轰炸。此外，"武器"（包括客机）使用的灵活性极大地扩大了恐怖主义所造成的破坏程度。最重要的是，"基地"组织网络具有真正的全球影响，因为其在中东、非洲、北美、欧洲和亚洲活动。第三，"基地"组织曾经是现代伊斯兰运动的军事力量，有助于推进全球"圣战"的事业。正因为如此，"基地"组织制造了其所认为的西方和伊斯兰之间的全球文明斗争。最典型的是"9·11"事件和其他袭击事件以及作为回应的美国的"反恐战争"。

无论如何，"基地"组织的持续意义是一个有争议的问题。一些人认为，"基地"组织在促成伊斯兰和西方之间的文明斗争中的作用言过其实了。例如，美国发动"反恐战争"的动机是混合和复杂的。对此一些人认为，"基地"组织恐怖主义成为巩固美国在盛产石油的中东的地缘政治控制的借口。当然，"基地"组织以全球"圣战"事业来动员伊斯兰世界的想法是值得商榷的，尤其因为对恐怖主义战术的反感促使政治伊斯兰变得更加温和。此外，在高调曝光的诉求中，"基地"组织可能在发动"9·11"恐怖袭击时犯了严重的战略错误，因为此后美国所有军事和政治力量都用以摧毁该组织。"反恐战争"不仅使"基地"组织失去了一个安全的基地和在阿富汗的训练场地，也造成了许多"基地"组织领导人和战士的死亡，从而严重破坏了其作战效能。最后，批判理论家们强调

"基地"组织所代表的"灾难性恐怖主义"不再以其所代表的威胁的性质和范围为基础。这种恐怖主义更多地以妖魔化"基地"组织并将其转变成全球品牌的美国应对"9·11"的方式为基础。

反 恐

恐怖主义对现有社会带来了格外困难的挑战。与其他军事威胁不同的是，恐怖分子通常没有一个常规基地或地址，也可能很难把他们与广大平民区分开来。另外，绑架人质、武装袭击、汽车炸弹和自杀式袭击等恐怖袭击难以防范，更不用说阻止了。

什么是反恐的最好方式？反恐的不同方法的潜在好处和代价是什么？主要的反恐战略包括以下内容：

- 强化国家安全
- 军事镇压
- 政治谈判

强化国家安全

以色列、斯里兰卡、西班牙和英国等国家经历了以民族主义为基础的长期恐怖主义运动。在这些国家，往往以紧急立法为基础加强国家安全，这已经成为一种行之有效的手段。然而，"9·11"事件及后来在巴厘岛、马德里、伦敦发生的一系列恐怖袭击，迫使更多的国家修改和加强其国家安全措施。在许多方面，这反映出一种剥夺恐怖分子在民主和全球化背景下所获利益的尝试。自由主义民主社会保护个人权利、自由，包括对政府权力的制衡，然而全球化所产生的"无国界世界"使恐怖组织等非国家行为体得到了组织与发挥影响的更为宽广的范围。因而，自由主义民主社会特别容易受到恐怖主义的威胁。基本上，政府法律权力的扩大加强了国家安全。例如，各国重申了对全球金融流动的控制。尤其是在高度警戒期，移民局对国内人员，特别是对极端主义团体或恐怖主义的同情者安排更强有力的监视和控制。在许多情况下，政府拘留恐怖嫌疑人的权力得到了加强。例如，在不提起诉讼的情况下，英国反恐政策允许其拘留可疑的恐怖分子 28 天而无须指控，同时 2001 年《美国爱国者法》允许其无限期拘留外国移民。

解构"反恐战争"

- "反恐战争"的概念造成了敌人本质的困惑（"恐怖"是一个抽象名词，而且恐怖主义更像军事策略，而不是一个团体、一种意识形态或一个机构）。这使我们在选择敌人时带有随意性，然而同时也会把这些所谓"恐怖分子"的敌人赋予邪恶、恶行以及滥施暴力的意味。
- "反恐战争"将恐怖主义描述为孤立的现象——"恐怖"。鉴于此，这个口号模糊了不同恐怖主义之间的差异性，也忽视了恐怖分子所希望实现的政治或意识形态等领域的不同目标。

- 这一名词将反恐行动描述为“战争”，这意味着恐怖主义应当是或者只能是以军事手段解决。这种做法完全侧重于恐怖主义的表现方式，因而可能忽略其原因。因此，它预先确定了反恐战略的选择。
- “反恐战争”理念或许被视为产生了相反的效果。从普通公众的观点看，它冒着夸大恐怖主义威胁的风险，可能加强了对恐怖分子想要促成的恐惧和焦虑。从决策者的观点看，它怂恿了过度反应，并可能因此冒着恐怖主义常态化的危险，强化了边缘群体或人们的不满情绪。

然而在其他情况下，国家安全措施已经具有超法律或充其量准法律的特性。在“9·11”事件之后，美国小布什政府进一步推进了这种方法，特别是设立了古巴关塔那摩监狱、**特别引渡**（extraordinary rendition）等措施。军事法庭裁决在关塔那摩监狱关押的恐怖分子，并直到 2008 年依然处于美国最高法院的管辖权之外。另外，小布什政府拒绝承认他们为“敌方战斗人员”，拒绝适用《日内瓦公约》保护被拘留者。更为引人注目的是关塔那摩监狱的审讯方法，如“水刑”（一种使犯人产生快要窒息和淹死感觉的刑讯手段，把水浇在被绑着的人的脸上），其被广泛视为**酷刑**（torture）形式。

然而，应对恐怖主义的国家安全措施至少有两个主要缺点。第一，它们威胁着自由民主社会的各种自由，然而这些自由正是反恐措施所保护的。这导致了自由和安全之间权衡的困境，在许多民主国家激起了激烈的辩论。第二，当它们以特定的群体为目标（通常是年轻的男性穆斯林）时，这些措施可能会起反作用，因为他们变得更不满，从而更可能支持或从事恐怖主义活动。英格里希（English 2009）因此认为，恐怖分子所造成的最严重危险是其制造恐慌气氛而激起国家误判和过激反应的能力，从而服务于恐怖分子本身的利益。值得注意的是，在奥巴马领导下，至少美国反恐政策的口吻发生了独特的变化，反映了重新调整反恐战争中自由和安全之间失衡的需要。例如，2009 年 1 月美国承诺一年内关闭关塔那摩监狱（虽然这并没有在规定的时间内兑现），宣布停止使用小布什时代的酷刑。

特别引渡：为审讯而将外国恐怖分子嫌疑者超司法地移交第三国。

酷刑：造成剧烈的身体或精神疼痛或痛苦的刑罚手段，或为获得信息或供认。

军事镇压

近年来，以武力为基础的或镇压性的反恐尤其与“反恐战争”关联起来。反恐的军事手段是以两个互补性战略为基础的。第一，拒绝对以前为恐怖分子提供援助的政权的支持或“赞助”。2001 年对阿富汗塔利班政权的颠覆最清晰地体现了这一点，尽管所谓与恐怖主义的联系也成为 2003 年推翻萨达姆政权的借口之一。第二种方法是对恐怖分子训练营和其领导人发动直接袭击。因此，1998 年美国发动了对苏丹和阿富汗恐怖分子目标的空中打击，以报复其对肯尼亚和坦桑尼亚美国大使馆的爆炸袭击。2001 年底，奥萨马·本·拉登和其他“基地”组织领导人也在阿富汗拉波拉洞穴遭到了袭击，在其撤退到巴基斯坦瓦齐里斯坦地区前强有力地削弱了其反抗力量。另外，2006年以色列在黎巴嫩南部也发动了针对真主党的武装袭击。在以军事打击摧毁恐怖组织的尝试中，最协调一致的努力发生在车臣和斯里兰卡。为了平息持续不断的分裂活动和不断升级的一系列恐怖袭击，俄罗斯在1999—2000年间发动了第二次车臣战争。这场战争几乎摧毁了车臣首都格罗兹尼，并造成2.5万～5万人死亡。在2008—2009年间，斯里兰卡军队对泰米尔猛虎组织发动了重大攻势，有效摧毁了拥有军事武装的分离主义组织，并结束了在斯里兰卡持续了26年的武装冲突。在武装冲突的最后阶段，据估计平民的死亡人数已上升至7 000～20 000人。

争论

反恐的需要能为限制人权和基本自由提供正当性吗?

恐怖主义是一种独特的安全威胁，因为它似乎利用了自由民主社会的弱点。一些人声称，若公众欲免受恐怖主义的威胁，那么权利和自由必须得到削减，然而其他人认为这种方法在道德上是站不住脚的，而且会适得其反。

赞成

强者的弱点。自由民主社会是脆弱的，因为恐怖主义组织利用了行动自由、结社自由、对政府权力的法律或宪政制衡等权利。隐蔽的恐怖组织经常运作于组织松散的细小细胞中。换句话说，开放、宽容和合法性能够成为其自身最大的敌人，因为它们为反对所有这些事情的组织提供了优势。反恐必须剥夺恐怖分子的这种优势，然而唯一的办法便是有选择地、适当地限制个人权利和自由。

最少的罪恶。公民权利与自由的削减在道德上是合乎情理的，当行为的“公正”或“谬误”的判断是以下面的问题为基础时，即它是否导致“最大多数人的最大利益”。因此这些限制可能是一种“最少的罪恶”(Ignatieff 2004)，当抵消保护整个社会所产生的更广泛的收益时。例如，相对于纵容其侵犯人类最重要的自由、生命权而言，对恐怖分子嫌疑人的权利的侵犯，甚至未经审讯将其关押是一个较小的道德污点。同样，如果对个人和少数人权利的侵犯有利于维护大多数人的权利，这或许是一种更好的善。

“脏手”的必要性。“脏手”理论是以这样一种信念为基础的，即公共道德独立于私德。因此，如果政治领袖的做法符合公共道德，那么他所做的“恶”事或许反而是“善”的。所运用的经典情况是，在面对最严重危险时政治家必须不顾现有的道德准则，以确保政治社群的生存(Walzer 2007)。这种学说甚至会为在所谓的“定时炸弹场景”中所使用的酷刑辩护，即为了保护可能成百上千人的生命，需要使用几乎任何手段以从恐怖嫌犯口中获取炸弹的位置信息。

反对

事倍功半的反恐。在某种意义上，所有恐怖主义都寻求挑起政府部门的过激反应。恐怖主义不是以暴力袭击而是以暴力袭击的政府反应方式来实现其目的。政府采取了严厉措施，但总是被恐怖组织玩弄于股掌之间，因为如果它们宣称所支持的组织感到污蔑和不满，这些组织便能够获得支持和同情，甚至增加成员。如果政府陷入一种过度反应的循环，那么问题确实会变得更糟，因为如果镇压措施未能消除恐怖威胁，便只会导致更严厉的反恐政策。

作为基本价值观的自由。对人权支持者而言，道德不是一个关于更高的善的权衡和计算的问题，而涉及某种行动固有的公正或谬误。由于人权的普遍性、根本性、绝对性和不可分割性，限制或侵犯公民自由等行为是完全错误的，但这在政治上可能并不适用。此外，危险更大：一旦政府开始以权衡方式判断道德，便开始迅速滑向权威主义。政府将越来越习惯于使用武力并对人权问题漠不关心，而且安全机构将变得更强有力、不那么可靠。

道德权威和“软权力”。仅仅强有力的国家安全措施不能完全击败恐怖主义。在一些重要方面，恐怖主义是一种“心灵与智慧”的问题。如果一条明确的道德界线无法在恐怖和反恐之间确立起来，那么政府将失去道德权威，并削弱国内外公众的支持。例如，在关塔那摩湾监狱的争议性行为损害了美国的“软权力”，削弱了国际社会对“反恐战争”的支持，尤其是但不仅仅在伊斯兰国家。因此，占据和维护反恐的道德高地，同时严格维护人权和基本自由，具有道德意义和政治意义。

不过，通常情况下很难看到单靠军事途径便可以击败恐怖主义。首先，对恐怖组织和团体发动战争可能是对问题表象的攻击，而非解决其根本问题。因而以武力为基础的反恐的记录相当少。在以色列、北爱尔兰、阿尔及利亚和车臣等地方，国家运用大规模暴力手段打击恐怖分子，只会导致更严重的恐怖暴力。因此，当反恐的军事行动被视为对平民人权和利益的漠视时，军事镇压尤其可能产生相反的效果。2004年，伊拉克阿布格莱布监狱酷刑虐囚事件被广泛披露，因而严重损害了美国作为“自由世界”捍卫者的形象，并有助于推动整个伊斯兰世界的反美主义。此外，伊拉克和阿富汗等恐怖主义已成为更广泛的叛乱战争的一部分，很难看到反恐战争在传统意义上如何能够“获胜”的问题。因此，许多军事指挥官认为，恐怖主义和叛乱暴动只可以降低到可控的水平，而不能完全根除。

政治谈判

最终，政治解决方案能够解决恐怖主义问题。在某种意义上，大多数恐怖主义运动都有一个政治结局，因为其普遍的无效意味着，随着时间的流逝，恐怖主义运动领导人物倾向于获取社会地位、实行宪政政治。不过，政府也实施具体设计的策略，在将恐怖分子纳入谈判与外交的过程中促使其放弃政治暴力。例如，与临时共和军开展政治谈判的意愿为结束北爱尔兰共和党恐怖运动打下了坚实的基础，最终促成了 1998 年《贝尔法斯特协定》（《受难日协定》）的签署，从而对北爱尔兰当时的现状和未来做出了安排。类似的，在德克勒克总统的领导下，1990—1993 年南非政府和非洲国民大会开始了艰苦谈判，以结束种族隔离制度并建立多民族的民主国家。1994 年这一目标成功实现，而且非国大领导人曼德拉成为国家新总统。反恐的政治方法涉及“心灵与智慧”战略，以寻求解决恐怖主义的政治根源，而非仅仅其表象。它们也试图使恐怖分子相信，与反对相比政治过程会使其获益更多。在伊斯兰恐怖主义问题上，一个政治解决方案必然会涉及“巴勒斯坦问题”所取得的进步。确实，阿拉伯—以色列冲突的进程是双方支持军事解决而非政治解决的倾向的产物。

然而，与恐怖分子开展政治谈判或接受其要求而解决恐怖主义的方法也招致了批评。首先，它有时被视为绥靖政策的翻版或在恐吓和暴力面前的道德退却甚至维护某种信念的不情愿。反恐的军事方法可能会削弱或摧毁恐怖组织，然而政治方法会将这些组织及其所追求的事业视为合法的，因此或许反而会加强或怂恿它们。此外，政治方法在民族主义恐怖主义情况中可能会更有效。政治谈判会涉及权力共享、政治自治甚至主权。另一方面，伊斯兰恐怖主义或许已经超出了政治“解决办法”的范围。例如，何为各种恐怖主义形式的政治解决办法呢？这些恐怖主义旨在使西方社会抛弃自由民主制度和原则并建立起神权统治。最后，冷战结束以来恐怖主义、广义的叛乱以及多种犯罪形式（Cockayne et al. 2010）之间产生了越来越明显的联系，这种情况破坏着政治谈判为大规模政治暴力提供综合性解决办法的能力。在阿富汗、巴尔干、刚果（金）、危地马拉和索马里等国，由于恐怖组织能够以毒品走私、雇佣犯罪和其他违法活动筹集到数额巨大的资金，谈判与和平进程似乎对其缺乏明显的吸引力。

总　结

- 广义地说，恐怖主义意指使用暴力制造恐惧、焦虑感和不确定的气氛从而推进政治目的的努力。不过，恐怖主义是个饱受争议的词汇，尤其因为它是一个高度贬义的词语，或常被用作政治工具。对恐怖主义的性质及其概念的价值，主流、激进和批判性视角提供了迥然不同的看法。
- “新”恐怖主义观的支持者认为，20世纪90年代以来一种更激进和更具破坏性的恐怖主义形式出现了。这种恐怖主义的政治特性、动机、战略和组织不同于“传统”恐怖主义，特别是在日益重要的宗教动机方面。但是，这种区分的价值广受质疑。
- 人们普遍认为，“9·11”事件标志着一种更为重要的恐怖主义形式的出现。这种恐怖主义活动可以在任何时间、任何地方实施恐怖袭击。然而，尽管许多人承认现代恐怖主义和全球化进程之间的重要联系，但许多人也怀疑恐怖主义是否已真正地向全球扩散。
- 因为新恐怖袭击战术出现了，而且大规模杀伤性武器更容易获得和使用，所以恐怖主义的影响或许已经大幅增强。不过，批判理论家认为，恐怖主义的威胁往往以“反恐战争”相关的话语、推动“政治恐惧感”的方式被极大地夸大了。
- 关键性的反恐战略包括国家安全的加强、军事镇压和政治谈判。国家安全和军事手段往往适得其反，并引起了对自由与安全之间平衡问题的深入争论。
- 恐怖主义的有效解决方案通常涉及鼓励恐怖分子放弃暴力手段、引导他们进入谈判和外交的程序中。虽然这种做法在民族恐怖主义案例中有时会发挥重要作用，但它被视为绥靖的例子而且不适用于应对伊斯兰恐怖主义。

问题讨论

- 如何将恐怖主义与其他形式的政治暴力区分开来？
- “国家恐怖主义”这种事存在吗？
- 在什么情况下恐怖主义是正当的？
- 越来越重要的宗教动机是否改变了恐怖主义的本质？
- “9·11”事件标志着全球规模恐怖主义的出现吗？
- 核恐怖主义是一种“发明的”恐惧吗？
- 恐怖主义为什么很少起作用？在什么情况下它会起作用呢？
- 与恐怖主义威胁相比，对自由的限制仅仅是一种更小的恶行吗？
- 为什么打击恐怖主义的军事手段常常适得其反？
- 应该与恐怖分子进行政治交易吗？

第 13 章

人权和人道主义干预

人人生而自由，在尊严和权利上一律平等。

——联合国《世界人权宣言》，1948，第 1 条

预览

伦理、道德问题在国际政治中一直是重要的。然而冷战结束以后，伦理、道德问题更加引人注意，因为全球正义问题逐渐与更多的传统事务相竞争，如权力、秩序、安全。此外，当公平和道德事务产生时，这些问题日渐通过人权学说来处理。人权学说强调每个人享有相同的道德地位和权利。人权作为国际事务和人类发展的主导性规范语言，已经开始与国家主权相竞争。这造成了人权和国家主权之间的张力，因为前者意味着公平不仅存在于国家边境内，同时也超越了国家边境。不过，人权的难题产生了，尤其是有关人权的性质与其正当性。在何种意义上这些权利是人权，人权又涵盖哪些权利呢？另外一些争论关注实践中人权保护的程度，这些权利是否是真正普世的，适用于所有民族和社会。人权实践达到何种程度？人权实践应该达到何种程度？20 世纪 90 年代以来所谓“人道主义干预”的发展使人权和国家主权之间的矛盾特别尖锐。大国承担军事干预其他国家的权利以保护他国公民免受虐待与丧生，但是保护责任本应掌握在其他国家政府自己手中。这种干预是怎样、在何种程度上与人权联系起来呢？这种干预是真正的人道主义吗？此外，不考虑其干预动机，人道主义干预实际上起作用吗？

关键问题

- 何为人权，而且什么情况下才能称之为人权？
- 怎样有效地保护国际人权？
- 人权学说因何种原因备受批评？
- 什么能够解释人道主义干预的发展及其衰退？
- 何种情况下干预别国内政是正当的？
- 人道主义干预为何备受批评？

人权：人权是人类的德性赋予人的权利；是"自然权利"的现代与世俗说法。人权是普世的（表现为：人权属于每个人，不管种族、宗教信仰、性别和其他差异）、根本的（因为人的权利是不可剥夺的）、不可分割的（因为公民的政治、经济、社会、文化权利是相互联系、同等重要的）、绝对的（因为作为人类真正生活的基础，人权是不能有条件的）。联合国文件及其他一些条约和惯例均阐述了"国际"人权。

自然权利：神授权利，对人类很重要因而是不可剥夺的。

人道主义：对整个人类福祉的关切，往往以怜悯、慈善、博爱行为来表达。

人　权

人权的界定

全球政治中的个体

国际政治传统上被视为集合群（collective groups），特别是国家。因此，个体需求和利益被普遍地归入"国家利益"这一更宽泛的概念。因此，国际政治很大程度上相当于国家间权力斗争，很少考虑其对个体的意义。人和道德（个体的快乐、痛苦和福利）被忽视了。但是，国家政策和个体、权力和道德的分离渐渐变得难以为继。

许多文明和文化一直关注人类个体固有的价值和尊严。但是，这些理论传统上植根于宗教信仰，意味着个体的道德价值是以神权为基础的，人类往往被视为上帝所创造的。现代人权观的原型在近代早期欧洲发展成为**"自然权利"**（natural rights）形式。格劳秀斯、托马斯·霍布斯、约翰·洛克等政治哲学家将这些权利视为"自然的"，因为这些权利被视为上帝所给予的，是人性核心的一部分。自然权利并不仅仅是道德主张，更反映了最基本的内在的人类天性，是人类真正存在并且发展的基本条件。直到18世纪末，自然权利一直被表述为"男性权利"这一概念（之后女性主义者将其扩大了，也包含女性权利）。自然权利界定属于公民的自主性范围，成为限制政府权力的工具。美国《独立宣言》（1776）声明生命、自由和追求快乐是不可剥夺的权利，并表达出这些思想，就像法国《人权宣言》（1789）那样。

19世纪到20世纪期间，人们通常以**人道主义**为基础，努力为国际行为设立标准，这些思想渐渐具有国际的维度。例如，人道主义伦理的发展有助于激发取消奴隶贸易的努力，即维也纳会议（the Congress of Vienna）（1815）所认可的事业，《布鲁塞尔公约》（the Brussels Convention）（1890）最终取消了奴隶贸易，《奴隶制公约》（1926）正式宣布奴隶制度本身是非法的［即使各种形式的奴隶制度在实践中仍存在着，如抵债性劳动（bonded labour）、逼婚、童工和拐卖妇女等]。1837 年反奴隶制协会（Anti-Slavery Society）形成，它也许可被视为世界上第一个关注人权的非政府间组织。其他人道主义事业则关注国际标准的设置，如《海牙公约》（1907）和《日内瓦公约》（1926）对战争行为的调节。此外，1901 年建立的国际劳工局也率先尝试着改善工作环境。此后，1919 年作为《凡尔赛和约》一部分的国际劳工组织成立，并于 1946 年发展成为联合国的第一个专门性机构。

但是这些发展直到二战结束都是零散的，且对国际政治的普遍问题没有那么重要。1948 年联合国大会正式通过了《世界人权宣言》。《世界人权宣言》概述了其成员国政府的综合性法规，确立了现代人权议程，它可能已经获得了国际惯例法的地位。后来《公民权利和政治权利国际公约》（1966）和《经济、社会及文化权利国际公约》（1966）又对其进行了补充。《世界人权宣言》反映了深受二战恐怖影响的一般思想氛围的重大转变（特别是所谓的"最后方案"所造成的深刻影响，即德国纳粹在集中营屠杀了六百万犹太人、吉卜赛人和斯拉夫人）。《世界人权宣言》导致了法律制定和标准设置的一阵热潮，以试图寻求为所有人权确立国际保护。因而可以说，1948 年标志着《威斯特伐利亚和约》（1648）以来恰巧 300 年时间的终结，在那段时期内国家主权不受挑战，是国际政治的主流规范。但是，尽管《世界人权宣言》确立了人权的竞争性规范，但在 1948 年国家主权和人权之间的张力并没有得以解决，如后面所讨论的。于是，人权本质和意义的考察是必要的。何为人权？为何人权应该得到尊重？

人权的本质和类型

权利意指人们能够以特定方式行动或被对待。鉴于此，权利意味着义务：拥有权利的诉求将义务强制于其他人，要求他们以特定方式行动或制止行动。人权本质上是道德诉求或者哲学主张，但是 1948 年以来人权获得某种程度的法律意味。从根本上说，**人权**是作为一个人（being human）而被赋予的权利，因此，人权是"普世"权利。在某种程度上它们属于所有人，而不是只属于任何特定国家、种族、宗教、性别、社会阶级或诸如此类。这种**普世主义**（universalism）明确地表达在美国《独立宣言》[由托马斯·杰斐逊（Thomas Jefferson，1743—1826）所写]中："我们认为下述真理是不言而喻的：人人生而平等。造物主赋予他们若干不可让与的权利。"但是，人们在人类应该享有哪些权利的问题上存在严重的分歧。实际上，关于人权内容的思考随着时间而有重要的发展。人权分三种类型或者"三代"（Vasak 1977）见表13—1。

> **普世主义**：某些价值观和原则适用于所有人和所有社会的信念，不考虑历史、文化和其他差异。

表 13—1　　**"三代"人权**

代际	类型	关键主题	权利	关键文件
第一代（18、19 世纪）	公民权利和政治权利	自由	生命权、自由权和财产权 非歧视权 任意逮捕豁免权 思想自由权	《世界人权宣言》第 3～21 条 《公民权利和政治权利国际公约》

续前表

代际	类型	关键主题	权利	关键文件
第二代（20 世纪）	经济、社会和文化权利	平等	工作权 社会保障权 医疗保健权 受教育权 带薪休假权	《世界人权宣言》第22～27 条 《经济、社会和文化权利国际公约》
第三代（1945 年后）	团结权利	互助	民族自决权 和平权 发展权 环境保护权	关于人类环境的《斯德哥尔摩公约》，1972 里约热内卢“地球峰会”，1992

- 公民权利和政治权利
- 经济、社会和文化权利
- 团结权利

公民权利和政治权利是自然权利或人类权利的最早形式。17 世纪英国革命、18 世纪法国和美国革命推进了这些权利。公民政治权利的核心是生命权、自由权和财产权，这些权利的范围已经扩大了，包括免受歧视、免受奴役、免受酷刑或其他非人道惩罚、免受任意逮捕等权利。公民政治权利往往被视为**消极性权利**（negative rights）或是“忍耐”型权利（forbearance rights）：即仅当他者受到约束时人们才能够享有这些权利。因此，消极性权利界定着私人领域，即个人能够享有独立而免受他人的侵犯、尤其是国家干预。因而，消极性人权符合古典**公民自由**（civil liberty），如言论自由、新闻自由、宗教和良知自由、行动自由和结社自由的权利。然而在这方面所有公民权利与政治权利是“消极”的认知是误导性的。例如，只有政府立法以及设立框架才能维护非歧视权利，然而自由和公平审判的权利需要警察部队和法院系统的存在。因此，公民自由往往不同于**民事权利**（civil rights）。后者涉及政府的积极行动，而不仅仅是忍耐。公民权利和政治权利的双重特性明显地体现在人权和民主之间的复杂关系中。

消极性权利：凭借他者的不作为而享有的权利，特别是政府；往往被视为（有点误导）“免于……”

公民自由：界定属于公民而非国家的“私域”的权利和自由；不受政府干预的自由。

公民权利：参与与获得权力的权利，往往是投票权、政治权以及非歧视的权利。

积极性权利：仅能以政府的积极干预而享有的权利，往往与“积极自由”（freedom to）观念相联系。

20 世纪**经济、社会和文化权利**的斗争取得了更大的成就，尤其是 1945 年后的时期。相比于传统的“自由主义”权利，这些所谓的第二代权利往往利用了社会主义假设，即资本主义发展往往导致社会不公、不平等的阶级权力。社会经济权力意在平衡市场资本主义的不平等，以保护工人阶级和殖民地各民族免受剥削，如社会保障（social security）、工作、带薪休假、医疗保健、教育等权利。这些权利是**积极性权利**（positive rights），因为它们很大程度上意味着国家干预，即通过社会福利（福利权）、对劳动力市场的调节（工人权利）、经济管理的形式。

总之，经济和社会权利引起了极大的

争议。支持者们认为，某种意义上来说，经济和社会权利是最基本的人权，因为经济和社会权利的维护是享有其他权利的先决条件。由此观之，相比于“自由主义”权利的丧失，贫穷、疾病、无知以及其他社会弱势（social disadvantage）的形式更严重地威胁着人类尊严。然而如果不是完全虚假的道德诉求，经济和社会权利往往充其量被视为二等人权，特别是在美国和其他西方国家。批评者则持相反的意见。第一，这些权利的维护需要一些许多国家并不具备的物质资源和政治能力。因此，经济和社会权利只能被视为愿望而非应得的权利。第二，人们还不清楚谁或是哪个机构应该负有维护经济和社会权利的责任。如果由于缺少资源和能力，一个国家政府不能提供经济和社会权利，那么这些义务是否由其他国家（如果是这样，哪些国家呢?）、国际组织或者世界各民族承担呢?第三，从经济自由主义的角度看，经济和社会权利也许会适得其反，因为更大程度的国家干预（即使是善意的）也许只会削弱资本主义经济的活力和效率。

聚焦

民主是一种人权?

在其早期的表述中，自然权利或者人权是极为反民主的。之所以如此，其目的是赋予个体以权利，意味着对政府权力的限制，不论政府是民主或专制。实际上，民主往往将主权从一个人转移到众人手中，由此造就了一种特殊的关切，即民主原则会导致“多数人的专制”(a tyranny of the majority)，从而会威胁到少数民族权利和个人自由。所谓的自由民主国家支持人权，某种程度上是因为它们是“自由主义的”(即它们践行着有限政府）而不是“民主的”(即它们确保民治政府)。这意味着在自由民主国家中人权有时被视为公民自由，优先于民主。

但是，人权和民主之间的张力随着时间的推移而减少。甚至切中要害的是，很多人都将“民主推进”视为现代人权议程的关键因素。许多现实和理论原因促使人们达成了这种共识。实际上，民主化一般导致了后共产主义体制或原权威主义体制下对人权的更大尊重，有助于确立民主和人权之间的联系。从理论上讲，传统公民自由的捍卫越来越多地被视为自由和知情的政治参与的先决条件。同样的，公民权利和作为维护所有其他权利的手段的平等政治参与得到了更多的强调。

1945 年以来，一系列权利以**团结权利**(solidarity rights）的形式表现出来，或者称之为“第三代”权利。这些权利包含了一系列广泛的权利。这些权利的主要特征是，这些权利附属于社会团体或整个社会而不是独立个体。因此，它们有时被视为集体权利或民权（people's rights)。自由主义塑造着“第一代”权利，社会主义塑造着“第二代”权利，对全球南方国家的关切塑造着“第三代”权利。因此，民族自决权与 1945 年后去殖民地化和民族独立运动的兴起有关。其他的这类权利还包括发展权、和平权、环境保护与文化多样性的权利。因此团结权利是衡量发展、环境可持续性和文化保护等问题的道德维度。然而，“第三代”权利的批评者强调团结权利所固有的模糊性，甚至质疑人权是否能够实际上属于众人或团体而不是个体。从这个观点看，人权的概念是以个体自我价值模式为基础的。但是当人们以团体成员身份出现时，人权会面临被削弱的危险。

人权对全球政治的意义

就其本质而言，人权对全球政治有着深刻的意义。为何如此呢？

第一，人权的普世性和基础性，赋予政府强有力的义务，影响着政府的国内外政策。因此，对人权的保护与实现成为政府的关键角色或许是自由主义者所认为的核心目的。因此，国家间互动至少应该包含人权的维度。至少从理论上讲，这就将主要约束强加于国家政府行为之上，包括国家政府怎样对待其国民、其他民族和国家。这影响着一系列事务，从诉诸武力、战争行为（对人权的关切一般被视为“正义战争”）到对外援助和贸易政策。更极端且颇具争议的是，这些义务会延伸为采取行动（也许是军事行动），以阻止或劝阻其他国家在其境内侵犯人权，即所谓的“人道主义干预”。

第二，人权意味着道德关怀的范围超越国界，的确，人权基本上不考虑国家边界问题。人权完全是所有人关注所有人的一种需求（Luban 1985）。人权学说正在逐渐被社会所接受，因此人权学说随着世界主义关怀的发展而发展。对博格（Pogge 2008）来说，人权分别实现了世界主义的三个元素：个人主义（对人类或者个人而不是团体的终极关怀）、普世性（对所有个体具有同等道德价值的认识）、一般性（每个人都是被关怀的对象，不考虑其国籍等其他因素）。人权的世界主义意义不仅体现在使用国际法的努力以为国家行为设定标准，即使经常是“软”法（soft law）。其意义也在于加强了全球和区域治理并因而约束或重新界定了国家主权性质的努力。然而，尽管人权法律不断完善而且对世界主义思想、特别是人权思想的兴趣日益增强，但是强有力的现实或道德的考量平衡着人权的理论意义。因此，人权保护成为一个复杂、艰难的进程。

人权保护

人权机制

1948年以来，一个精心设计的国际机制已经形成，以全球性地促进和保护人权。这个机制的核心仍然是联合国《世界人权宣言》。尽管1945年《联合国宪章》力促推动“对于全体人类之人权及基本自由之尊重”，但是没有能详细说明国家必须保证与尊重的人权。尽管《世界人权宣言》并不是一个具有法律约束力的条约，但是它往往被视为一种国际惯例法，是对违反其任何条款的国家施加外交和道德压力的手段。国家再也不能没有风险地违反人权，而且其行为将会进入联合国主要机构的议程。《世界人权宣言》挑战着国家对其公民的专属管辖权，同时也削弱了不干涉内政原则。1966年，《世界人权宣言》编入具有法律约束力的人权法，即《公民权利和政治权利国际公约》和《经济、社会和文化权利国际公约》。《世界人权宣言》与这两个国际公约通常被称为“国际人权法案”。

直到20世纪60年代中期，联合国几乎仅仅关注人权规范与标准的产生。随后，联合国更多地强调人权保护的实践。在此方面，1993年维也纳世界人权会议的主要提案之一就是建立联合国人权事务高级专员办事处，从而推动了人权保护的重大发展。人权事务高级专员办事处的角色是通过支持人权条约所造就的机构，促进国际法所蕴含的人权赢得世界范围的尊重。但是，相比于人权法的实施，办事处事实上更有效地强调了人权侵犯问题。因为它的主要制裁方式仍是对各国侵犯人权行为的公布和谴责，所以它很大程度上依赖于劝说和观察以改进政府的人权政策。联合国47个成员所组成的人权理事会也涉及违反人权的情形。其在2006年取代了遭到众多非议的联合国人权委员会。但是除了向联合国大会提案之外，人权理事会没有什么权威，反过来也仅能向安理会提出建议。像其前身一样，由于人权理事会在人权滥用曝光方面的偏见、前后矛盾，它遭到了批评。人权理事会不仅包括有靠不住的人权记录的国家，而且包括那些往往保护彼此免受批评而且更愿意强调以色列人权侵犯问题的国家。

人权观

现实主义的观点

现实主义者往往充其量将对人权的关切视为国际事务中的“软”问题，这是相比于对安全与繁荣的追逐等“硬”或“核心”问题。其他现实主义者甚至认为，与国际和全球问题相关的人权思想完全是错误的。之所以如此，是因为现实主义者认为以道德层面思考国际政治是不可能、不必要的。道德和国家利益是两回事。当它们允许道德考量影响其行为，特别是如人权那样模糊与困惑的道德问题影响其行为时，国家就不能充分地服务于其公民（以及其他国家的公民）。至少由于三个原因现实主义反对人权文化。第一，他们反对支撑着人权的人性本善模式。这个模式强调尊严、尊重和理性。第二，现实主义者主要关注集体行为，特别是国家为其公民维持秩序和稳定的能力。因此，国家利益应当优先于任何以个人为基础的道德观。第三，以实证主义为基础的现实主义坚持其科学依据。这就意味着其关切的是“是什么”而不是“应该是什么”。

自由主义的观点

现代人权学说很大程度上是自由主义政治哲学的产物。人权如此与自由主义假设纠缠在一起，以至于一些人质疑人权能否被视为“超越”意识形态差异。人权打上了西方自由主义的文化印记。从哲学上讲，人作为权利享有者的镜像源自于自由主义的个人主义。从政治上讲，自由主义者长期以来运用自然权利或人权概念，以确立合法性的基础。因此，社会契约的理论家们认为，政府最主要的目的是保护一系列不可剥夺的权利，它们通常被描述为“生命、自由和财产”或“生命、自由和追求幸福”。如果政府滥用或未能保护这些权利而变得专制，那么它们会破坏政府和人们之间的隐性契约（implicit contract），这就赋予公民造反的权利。由此观之，英国革命、美国革命和法国革命都是正当的。20世纪期间，自由主义者日渐运用这种思想以阐明国际合法性的基础。自由主义者认为，国家的内政和外交应该注定支持人权。对自由主义者来说，1948年《世界人权宣言》具有近似宗教的意义。但是，自由主义者往往仅视公民权利和政治权利为基本权利，因而有时质疑经济权利和任何团体权利的观念。

批判理论的观点

批判理论的人权观往往修正或重新设立传统的自由主义人权观，或公然敌视自由主义人权观。全球正义运动将经济和社会权利作为其激进地在国家内部或其间重新分配权力和资源的诉求的基础（Shue 1996；Pogge 2008）。因此，人权成为全球社会正义学说，根植于道德世界主义。女性主义者对人权事业也越来越感兴趣，尤其寻求改变人权的概念和实践以更好地考虑女性生活，并特别强调“女性人权”问题（Friedman 1995）。这标志着女性主义活动家对国际人权框架的权利的认可，特别是其将女性问题置于主流议程的能力。因而人权得到重新界定，即包括对女性的诋毁与侵害（degradation and violation）。但是与此同时，女性主义者却不赞成这种权利观，即男性享有保护其私人商业、言论自由和文化完整性的权利。这些权利被用来使以下实践合法化，如儿童婚姻、非法贩卖女性和儿童色情文学。本书还将考察后殖民主义对人权的批评。

关键性事件

国际人权的重要文件

1948 年 《世界人权宣言》
1949 年 《关于战俘待遇和战争时期保护公民之日内瓦公约》
1950 年 《欧洲人权公约》（人权和基本自由保护公约）
1951 年 《危害种族罪公约》（预防和处罚危害种族行为公约）
1954 年 《关于难民地位的公约》
1966 年 《公民权利和政治权利国际公约》（1976 年生效）
1966 年 《经济、社会和文化权利国际公约》（1976 年生效）
1969 年 《消除一切形式种族歧视国际公约》
1975 年 《保护人人不受酷刑宣言》
1981 年 《消除一切形式妇女歧视国际公约》
1984 年 《保护人人不受酷刑和其他残刑和其他残忍、不人道或有辱人格的待遇或处罚宣言》
1990 年 《儿童权利公约》
1993 年 《维也纳人权公约》（主要是关于人权的条约法）
2000 年 《欧盟基本权利宪章》

人权机制的主要特征之一是一系列广泛的非政府组织所扮演的卓越角色。例如，1 500 多个非政府组织参加了在维也纳举行的世界人权会议。到 2000 年，在册的国际非政府组织已经达到了 37 000 个，其中大多数宣称具有某种人权或人道主义的目的。就国际红十字委员会、无疆界医生组织和乐施会（Oxfam）等组织而言，国际非政府组织在其领域内意图直接减轻苦难，而且也代表其所服务的人士开展运动，以促进对人权条约和人权法的观察。最显著的倡导型非政府组织（advocacy NGOs）是人权观察组织（最初名为赫尔辛基观察，是对东欧异见者团体行动的反应）、大赦国际。它们以获得媒体报道的方式施加着压力，在某种程度上以高尚的道德目的为基础。人们通常将道德目的置于其活动中。以此方式，非政府组织对世界范围人权文化的发展作出了重大贡献，在一些问题上影响着政府和跨国公司，如海外工厂的薪水和工作环境。非政府组织在人权机制中的影响大放异彩，特别是以幕后对政府代表与专家的游说、决议起草的方式。1972—1973 年期间，大赦国际和国际法学家委员会（International Commission of Jurists）发起了一场运动，促成了《保护人人不受酷刑宣言》(1975)。非政府组织在 1990 年《儿童权利公约》起草中扮演了特别显著的角色，并在 1997 年《地雷条约》形成中发挥了重要影响。尽管如此，非政府组织也有一些局限性，包括人权保护的非政府组织不能强迫政府改变其政策，而且相比于安理会，非政府组织在联合国的影响是最小的。安理会是唯一一个有权执行联合国决策的机构。最后，因为非政府组织采用“见风使舵”的方法，参与大众或媒体引导的问题以加强其地位或吸引基金资助，所以它们有时会遭到批评。

欧洲的人权保护水平一般被认为是最发达的。这很大程度上反映出对《欧洲人权公约》(1950) 的广泛接受及其地位。欧洲理事会支持这项公约，而且此公约是以《世界人权宣言》为基础的。到 2009 年，48 个国家签署了《欧洲人权公约》。位于法国斯特拉斯堡的欧洲人权法庭实施《欧洲人权公约》。签约国或者更普遍的是公民可以向斯特拉斯堡法庭提出投诉。到 2004 年底，欧洲人权法庭收到 65 000 多份申请，这造成了大量积压的工作，意味着一个案件通常需要三到五年才能得到审理，而且其价钱不菲。尽管如此，对法庭裁决的几乎完全遵守证明了人权机制的有效性。在法庭所规定时间内的遵守比例（the rate of compliance）是 90%左右。这使《欧洲人权公约》最接近人权“硬”法。

国际社会中的人权

人权保护的主要困境在于，国家是唯一强大到促进人权发展的行为体，但其也是最大的人权滥用者。这反映出人权和对外政策之间的内在张力，如文森特（Vincent 1986）所关注的（尽管他很可能也涉及国内政策）。尽管如此，人权和国家权利之间不可避免的对立关系的镜像仍然是误导性的。第一，国家将公民自由和国内人权编入国内法的趋势远早于国际人权机制的出现。第二，国际人权标准并没有以非政府组织、公民运动或国际机构等的压力强加于不情愿的国家。相反，它们已经成为各国或准确地说某些特定国家本身的产物。美国和其他西方国家在 1945 年后人权机制的确立中发挥着主导作用。20 世纪 90 年代以来，许多后共产主义国家和越来越多的发展中国家也支持人权机制。人权保护在欧洲比在其他地区更有效的主要原因是，欧洲国家对于人权的重要性达成了高度共识。

全球行为体

大赦国际

类型：非政府组织　**建立：**1961 年　**总部：**伦敦　**员工人数：**约 500 人　**会员：**220 万

大赦国际（通常称为大赦或 AI）是一个关注人权侵犯和遵守国际标准的人权活动的国际非政府组织，特别强调政治犯［大赦国际创始人、1961—1966 年担任秘书长的彼得·

本内森（Peter Benenson）所说的“被遗忘的囚犯”或“良心犯”］的权利。大赦国际已从作家、学者、律师和富有同情心的记者所组成的小组织，发展成为一个全球性组织。2005 年，大赦国际在世界范围内有 52 个部门，在 100 多个国家设有代办处。国际理事会代表大赦国际各个部门、国际网络和附属组织。大赦国际选出了国际执行委员会，从而确定了这一组织的广泛战略。以秘书长为首的国际秘书处负责管理和处理组织的日常事务。

意义：大赦国际主要瞄准各国政府，寻求释放政治犯和宗教犯，确保那些被捕者得到公正审判，取消酷刑、死刑和其他残酷的刑罚，将那些人权侵犯者绳之以法。其主要武器是宣传、教育和政治压力。这些往往通过强调个别案例施加影响。大赦国际的工作人员采访受害者，鼓励其被大赦国际成员和致力于写信活动的支持者所“收养”，并发布详细报告。更宽泛的运动支持着这些活动，目前主要包括恐怖主义和安全、难民和政治庇护、军备控制、停止针对女性的暴力活动、贫穷和人权以及停止互联网管制等运动。20 世纪 70 年代以来，大赦日益致力于建议并起草人权立法，如 1975 年联合国的《保护人人不受酷刑宣言》。

大赦被广泛视为人权倡导领域中唯一的主导性力量，比其他组织加起来的影响力还大（Alston 1990）。1974 年，大赦国际执行委员会主席西恩·麦克布莱德（Sean MacBride）被授予诺贝尔和平奖。而大赦本身也由于其“在世界上为自由、正义以及和平所确立的基础而作出的贡献”于 1977 年获得诺贝尔和平奖。1978 年大赦国际获得人权领域的联合国奖。大赦的优势包括其全球公众形象，即大赦国际在人权领域拥有最悠久的历史和最广泛的知名度（name recognition）。对不辞劳苦的调查、不偏不倚的报道的强调支撑着大赦国际的声望。自愿接受的有限授权也是其优势。大赦国际主要关注政治犯，有能力确立关于其事业正义性的明确共识，同时向许多受害者提供帮助。因此，大赦国际具有明确的目的感，它通过在个别案件成功的方式，为其成员带来并不罕见的成就感。

然而，由于两个主要原因大赦国际备受批评。第一，它往往自知地倾向于不成比例地关注相对更民主、更开放国家的人权侵犯。这意味着它有时会由于不太关注一些世界上最严重的人权侵犯而受到谴责。大赦国际这种偏见的理由是，它倾向于关注将最可能产生影响的地方的公众压力，而且通过确保北方国家人权侵犯明确受到关注的方式，从而确立在南方国家的公信力与影响力。第二，大赦国际被控诉为意识形态偏见，因而有时涉及对人权学说的广泛批评，如刚果（金）、俄罗斯、韩国、美国（大赦国际反对死刑、关塔那摩监狱的运动）、天主教会（关于人工流产的态度）。

那么，各国为何接受、有时还拥护人权事业呢？例如，实质上所有国家都签署了《联合国家宣言》，其中绝大多数国家也签署了两个可选的国际公约。从自由主义视角看，对国际人权的支持仅仅是自由民主国家基本价值观和承诺的外在表现。由此观之，外交事务能够且应该具有道德目的。对国家利益的追逐应该和自由与民主的全球推广同步进行。各国签署人权公约、至少支持人权的豪言壮语的深层次原因在于，1948年以后这被视为国际社会会员资格的前提条件之一，会带来外交或许包括贸易和安全利益。因此，支持人权是将国际体系转变为国际社会的共同规范之一。虽然如此，这有时会出现一个国家所支持的国际标准与国家实际上如何对待本国公民和其他国家的态度之间的巨大鸿沟。在其他情况下，各国可能会愤世嫉俗地运用人权议程。例如，现实主义者认为，在人道主义和道德目的的掩护下，人权经常与国家利益的考量纠缠在一起。这反映在人权的选择性应用中，即敌对方的人权问题得到高度关注，但对自己友邦的人权问题随意地忽视。因此，20世纪70年代的美国备受批评，因为美国谴责苏联侵犯人权，但同时与拉美以及其他地区的压制性政权保持着亲密的外交、经济和政治联系。对于乔姆斯基等激进理论家而言，美国是将人权作为其霸权野心的道德遮羞布。

如果国际人权成功与否取决于它们是否有助于改善国家和其他行为体的行为，尤其是能否有助于阻止粗暴与系统性的压制行为，那么记录往往是不令人信服的。当国家主权与人权像往常那样相冲突时，国家主权经常胜过人权。在大国的案例中尤其如此。无论内部或外部所表达的，大国不受人权批评的影响，抑或由于对外交关系和经济利益受损的担心，其他政府不会强有力地揭露其违反行为。几乎没有证据表明，原苏联受到了针对其人权纪录的谴责的影响。在此基础上，对批评的畏惧当然无法阻止华沙条约组织1956年对匈牙利的入侵、苏联1968年对捷克斯洛伐克以及1979年对阿富汗的入侵、20世纪90年代俄罗斯对车臣暴动的残酷镇压。另一方面，原苏联国家集团内部和外部的人权活动更微妙地有助于东欧共产主义政权的最终崩溃。人权活动推动了对政治自由日益增长的欲望，由此有助于破坏这些政权的合法性，促成了1989年遍布东欧的民众抗议浪潮。也值得注意的是，1985—1991年期间担任苏联共产党总书记的戈尔巴乔夫运用人权言论证明其经济和政治改革，调整其与世界各国关系的合理性。他认为，人权是超越资本主义和共产主义分歧的准则。

就美国而言，由于其“反恐战争”行为，美国对人权和人道主义法律的承诺引发了严重的质疑。对于许多人来说，“9・11”事件标志着冷战结束所开启的时代的高潮，即对人权规范的日益接受是难以抗拒的。如果很大程度上承担起建构1948年国际人权机制责任的国家旗帜鲜明地侵犯人权，那么其他国家有可能加入这项事业吗?

在冲突的情况下人权尤其难以维护。在某种程度上这反映了一个事实，即联合国安理会常任理事国之间的权力政治往往妨碍着联合国在这类问题上采取明确的路线。由于大量侵犯人权事件的发生，因此整个世界似乎往往袖手旁观。在1994年特别悲惨的卢旺达种族灭绝事件中，约80万人丧失。其中绝大多数是图西人和少数温和的胡图人。然而20世纪90年代以来，国际法的扩展获得更大的强调，以确保对那些包括种族灭绝、反人类罪和战争罪在内的大量违反人权的行为负责的人士的责问。第14章将讨论各种国际刑事法庭、2002年以后国际刑事法院（the International Criminal Court，ICC）在处理侵犯人权事务方面的角色和有效性。

挑战人权

尽管其地位日益突出，但是人权学说正面临着各方面日益增长的压力，尤其是20世纪70年代以来。近来人权受到攻击的主要推动力是其普世主义假设所受到的挑战，造成了普世主义和**相对主义**（relativism）之间的争论。由于两个原因普世主义受到了谴责。第一个将普世主义方法视为哲学上不牢靠，而第二个则将其描绘为政治上有破坏性。

> **相对主义**：思想和价值观只有与特殊的社会、文化和历史情境相联系时才是有效的信仰，意味着普世真理（认识论的相对主义）、普世价值观（道德或文化相对主义）并不存在。
>
> **欧洲中心主义**：源自欧洲文化的价值观和理论对其他团体或组织的应用，意味着一种偏见或扭曲的观点。

哲学反弹

普世主义的自由主义支撑着人权学说，然而西方两个重大哲学发展挑战着自由主义的权威。从社群主义（communitarianism）视角看，自由主义是有缺陷的，因为自由主义将个体视为非社会的（asocial）、原子化的、“不受妨碍的自我”，但这并无多少道理（Sandel 1982；Taylor 1994）。相比之下，社群主义者强调自我嵌入在社群中。在此意义上，每个个体都是社会的化身，而且社会塑造着其欲望、价值观和目的。因此，个体的经历和信仰无法独立于赋予其意义的社会环境。这意味着权利和公正的普世主义理论必须让步于那些本土且特殊的理论。后现代理论家也得出了类似的结论，虽然有着不同的理论基础。后现代主义提出了对“启蒙工程”的批判。自由主义和马克思主义等意识形态传统在政治上表达了“启蒙工程”，即以这种假设为基础，客观真理与普世价值观是有可能形成的。这种假设往往涉及对理性与进步的信仰。后现代主义者则强调现实的碎片化和多元化的本质，这意味着任何一种基础主义思想都是不牢靠的。正如让-弗朗索瓦·利奥塔（Jean-François Lyotard 1984）所说，后现代主义可以界定为“对元叙事的怀疑”（an incredulity towards metanarratives）。因此，人权和其他普世正义理论要么完全被抛弃，要么仅以严格限定的方式得以使用。这种方式考虑到观念所产生的政治和文化背景。

后殖民批判

西方对人权的关切很大程度上具有哲学的取向，然而后殖民的关切是具有更加明显的政治性的。后殖民思想家基于两个理由捍卫相对主义。首先，与社群主义、后现代思想相一致，后殖民理论家认为环境在不同社会、文化之间各不相同，以至于需要截然不同的道德价值观（至少是人权观）。对于一个社会来说正确的事情在其他社会中可能是错误的。这种立场表明外部世界应该尊重某一民族国家所做的选择。其次，更有甚者，后殖民理论家将普世价值观尤其是人权描绘成为文化帝国主义的形式。这样的思想明显体现在爱德华·萨义德的《东方主义》（[1978] 2003）中。《东方主义》有时被视为后殖民主义最有影响力的著作。萨义德进一步批判了**欧洲中心主义**（Eurocentrism）。东方主义确保了西方尤其是欧洲的文化和政治霸权，轻视或者贬低了中东地区各民族或文化的刻板形象，但这有时会扩展到包括所有非西方民族。

解构人权

- 人权思想提出了一种看法，即人类之间的相似性大于差异性。这意味着共同人性这类东西是存在的，其中每个个体是一种表达式。这种观点将人类间民族、文化、社会和其他差异充其量视为次要考量。

- 人权充其量是哲学和道德建构。外部行动无法揭露人权，也无法证实我们所拥有的权利。因为人性的客观模式并不存在，所以关于人权的任何概念注定是以特定的意识形态和道德假设为基础的。因而人权概念不断变化，因为它们被战略性地运用在全球环境中。其例子包括“妇女人权”。
- 人权思想表明，人本质上是“权利持有者”，是由其对他人的诉求而非对他人的义务或责任而界定的。因此，人权的概念不仅仅是原子式的，意味着每个个体很大程度上是自力更生的，而且意味着利己主义和私利是“人类”的特征，从而将其合法化。

强调“普世”人权学说的文化偏见的努力在亚洲和伊斯兰世界尤其突出。如第 8 章所讨论的，亚洲对人权的批判强调“亚洲价值观”的存在，这可能反映了亚洲社会的独特历史、文化和宗教背景。关键性的亚洲价值观包括社会和谐、尊重权威和家族观念，维持着社会的凝聚力。正因为如此，它们质疑并寻求制衡传统人权观的偏见。传统人权观认为，权利大于责任，并且个体大于社群。从亚洲价值观的视角看，一个更深层次的分歧在于，政治合法性与经济和社会发展水平的联系比其与民主和公民自由的联系更为紧密。虽然那些拥护亚洲价值观的人很少拒绝人权思想，但是他们更为强调经济和社会权利而非“西方”的公民和政治权利。在维也纳世界人权大会召开之际，亚洲各国正式通过了 1993 年《曼谷宣言》，它们意识到亚洲文化的独特性、人权的相互依赖性和不可分割性，因而试图施行一个微妙的平衡行为。

伊斯兰对人权的保留已经十分清楚了，1948 年沙特阿拉伯拒绝接受联合国人权宣言，因为这会违反重要的伊斯兰原则，尤其是拒绝叛教原则（抛弃或者放弃某个宗教）。如《开罗伊斯兰人权宣言》（1990 年）表述的，伊斯兰批判人权的基础在于权利和所有道德准则都源于神而非人的权威。正因如此，如果联合国人权宣言、任何其他人权原则和法律与神圣的伊斯兰教规中所阐述的价值观和原则相冲突时，它们是无效的。确实，基本上前者应该源于后者。从这一视角看，普世的人权学说仅仅是西方传统上对中东乃至整个伊斯兰世界的政治和经济统治地位的文化表现。实际上，亚洲价值观争论所提出的许多关切与伊斯兰政治思潮遥相呼应。这些包括对西方社会世俗本质的关切，意味着宗教同情感的缺失、无节制的个人主义。这些会威胁传统价值观以及社会凝聚力。简而言之，西方是道德堕落的，通过人权思想而冒将其道德堕落强加于世界其他地区的危险。然而，伊斯兰批判并不是作为替代性普世主义形式的文化相对主义形式。像自由主义一样，其也包含着可能普世的规范而可适用于所有文化与社会。

人道主义干预

人道主义干预的兴起

国家体系传统上是以拒绝**干预**（intervention）为基础的。这反映在一个事实上，即国际法很大程度上是围绕着尊重国家主权而建构的，这意味着国家边界是或者应该是不可侵犯的。虽然如此，人们长期以来认为，以**人道主义**（humanitarian）为理由的干预可能是正当的。例如，弗朗西斯科·维多利亚（1492—1546）和胡果·格劳秀斯均认可干预的权利以阻止一个国家对其国民的虐待行为，这使他们成为人道主义干预的早期理论家。尽管这种干预例子传统上并不多，但是也可以找到。在1827年纳瓦里诺湾战役中，英国和法国摧毁了在希腊西南部的土耳其和埃及舰队，以支持希腊独立事业。1945年以后，干预具有重要的人道主义维度，包括那些发生在孟加拉国和柬埔寨的干预。1971年，印度军队介入了东西巴基斯坦的一场短暂但残酷的内战，帮助东巴基斯坦独立为孟加拉国。1978年，越南武装力量入侵了柬埔寨，推翻了波尔布特的红色高棉政权，红色高棉在1975—1979年期间致使100万～300万人死于饥荒、内战和死刑。但是，这些军事行动都没有被视为人道主义干预的形式。例如，印度和越南以国家利益、恢复地区稳定的需要为其干预提供正当性。人道主义干预的现代思想是后冷战时代的产物，与建立世界新秩序的乐观预期紧密相连。

人道主义干预：人道主义干预是致力于人道主义而非战略目标的军事干预。然而这一术语饱受争议，尤其因为它将干预描述成“人道主义”而被视为正当的、站得住脚的。因此这一术语的运用必然是可评价的、主观的。虽然如此，一些人根据意图界定人道主义干预：如果其主要动机是阻止对其他人的伤害，那么干预就是“人道主义”的，由此其实也承认了干预动机总是复杂的。另一些人则是根据结果界定人道主义干预：仅当干预最终导致了状况的改善以及人类痛苦的减轻，那么干预才是人道主义的。

干预：一个国家未经他国同意而对其采取的强制性行动。

人道主义：具体以意图推进福利或者减轻他人痛苦的方式而对人类利益的关切；是利他的。

人道主义干预和世界新秩序

20世纪90年代有时被视为人道主义干预的黄金时代。冷战的结束似乎终结了权力政治时代，权力政治的特征是超级大国对抗和“恐怖平衡”。相反，“自由主义和平”（liberal peace）盛行，是建立在对国际规范、道德标准的共识之上的。其关键是在全球化时代各国不再约束自己对其本国国民的道德责任（Wheeler 2000）。为了解释在后冷战时代初期人道主义干预的高潮，两个问题必须予以回答：第一，为何如此多的人道主义危机发生？第二，其他国家为什么会干预？

在后冷战时代建立世界和平与繁荣的乐观预期很快受到了有时称为“动荡地区”（Singer and Wildavasky 1993）或“前现代世界”（Cooper 2004）不断发展的失序与骚乱的削弱。但是，这种动荡和失序可以以两种完全不同的方式解释。内部因素能够解释它们，如社会自身的错误和失败。这些包括独裁政府、难以遏制的腐败、根深蒂固的经济和社会的落后、日益恶化的部落和种族冲突。另一方面，外部因素也能够解释这种动荡与失序，即结构性失衡和全球体系的不平等。这些包括殖民主义的遗留问题、经济全球化产生的压力，有时还包括国际货币基金组织、世界银行和其他组织所强加的结构性调整方案的冲击。如果某种程度上人道主义危机是内部因素的产物，那么干预似乎是一种挽救“前现代世界”的手段。但是，如果外部因素很大程度上加速了人道主义危机，那么以军事干预为形式的进一步干预如何提供合适的解决方法并不是显而易见的。

四种因素有助于解释 20 世纪 90 年代在人道主义利益处于危险的情况下政府日益增长的干预意愿。

第一，如现实主义者和新现实主义者所主张的，人道主义考量往往与国家利益的关切相重叠。人道主义干预的动机总是形形色色和复杂的。例如，美国对海地的干预某种程度上在于其试图阻止涌向美国的海地难民。同样，北约的科索沃行动则是受到避免难民危机与防止地区动荡这一愿望的极大影响，因而需要更具政治风险的干预。简单的事实是，除了道德正当性之外，各国在重要国家利益没有受到威胁的情况下一直不愿派出其军队。

第二，在世界 24 小时的新闻、时事以及全球电视报道和信息中，政府经常面临着极大的公共压力，迫使其在人道主义危机事件中采取行动。“不干涉”的影响尤其证明了这一点，尤其是阻止卢旺达种族灭绝、斯雷布雷尼察大屠杀的失败。有时所谓的“美国有线新闻网效应”展示了全球信息和通信流动如何使政府日渐难以仅仅将其道德责任感赋予其本国国民。

关键性事件

人道主义干预的重要例子

1991 年　伊拉克北部　在海湾战争的余波中，美国发起了“提供安乐计划”(Operation Provide Comfort)，在伊拉克北部设立了由美国、英国和法国空军监督的禁飞区，从而为库尔德人提供了“安全天堂”。

1992 年　索马里　在一场人道主义灾难的边缘，由联合国授权、以美国为首进行的干预行动，即恢复希望行动（Operation Restore Hope），寻求创设一个受保护的环境以指挥索马里南部的人道主义行动。

1994 年　海地　在一场军事政变之后、无法纪行为增多而且移民美国的海地人激增的背景下，由 15 000 人组成的美国部队被派到海地以恢复秩序，帮助建立国内政府。

1994 年　卢旺达　随着卢旺达种族灭绝事件和图西爱国战线控制了卢旺达大部分地区，法国为胡图族难民建立“安全区”以使他们逃离危险（绿松石行动，Operation Turquoise）。

1999 年　科索沃　鉴于对阿尔巴尼亚人进行“种族清洗”的担心，以美国为首的北约部队发动了一次空袭，迫使塞族人同意从科索沃撤出其部队。

1999 年　东帝汶　随着印度尼西亚加紧恐吓和镇压行动，一支由联合国授权、以澳大利亚为首的维和部队占领了印度尼西亚的这个岛屿。

2000 年　塞拉利昂　在旷日持久的塞拉利昂内战后，英国政府派遣一小支部队，最初是为了保护英国公民，但最终支持当选政府，反对受控犯下暴行的叛军。

第三，冷战对抗的结束、美国作为世界唯一超级大国的崛起，创设了一个主要大国更容易达成共识以支持干预的环境。特别是，无论深陷苏联解体后政治和经济动荡的俄罗斯或是处于经济崛起早期阶段的中国，都没有强烈地阻碍或挑战美国。美国是大多数干预的幕后推手。

第四，就建立世界新秩序可能性的高度期望而言，政治家和其他决策者更愿意接受人权学说制定了道德行为的公认标准。对联合国秘书长科菲·安南、美国总统克林顿与英国首相布莱尔等各国政客来说，人权思想为确定各国何时、何地"有权干预"他国事务的努力奠定了基础。玛莎·芬尼莫尔（Martha Finnemore 2003）从建构主义视角论述了与军事干预有关的国家行为的变化，强调"社会影响与国内化，关注'谁是人类'的新规则的影响以及我们拯救这些人的义务"。

自由干预主义：该理论认为，自由主义价值观和制度是普遍适用的，并（在适当的情况下）应以干预其他国家事务的方式促进自由主义价值观和制度。

人道主义干预和"反恐战争"

反恐战争展现人道主义干预议题的另一面。在2001年前，越来越多的人相信，人道主义干预太少了，未能防止在卢旺达和波斯尼亚的大屠杀和暴行，从而成为国际社会中大多数人良知的阴影。自此以后，人们觉察到人道主义干预渐渐增多了起来。之所以如此，是因为基于人道主义原因的颇具争议的阿富汗和伊拉克战争都被认为是正当的。严格来说，阿富汗战争和伊拉克战争并不是人道主义干预的案例。在这两场战争中，自卫是军事行动的主要正当理由，其目的是防止"下一个'9·11'"，而不是"下一个卢旺达"。然而，战争的支持者们或多或少地将其描述为人道主义冒险。在阿富汗战争这一案例中，塔利班组织被视为已经建立了一种野蛮残暴的政权。特别是，这个政权侵犯了妇女权利，将其完全排除在教育、工作和公共生活之外。在伊拉克，萨达姆政权被视为对北部库尔德人和大多数什叶派民众的持续性威胁。库尔德人和什叶派民众一直受到政治排斥和军事攻击，因此，以塔利班和萨达姆·侯赛因垮台为方式的"政权更迭"有希望实现对人权的尊重、更大的宽容和民主政府的建立。在这个过程中，"反恐战争"的支持者进一步扩展了人道主义干预学说，但也损害了人道主义学说，以至于其更难以应用于其他环境。

20世纪90年代期间，人道主义干预被视为有严格限制的目标。在紧急情况下的军事行动是为了恢复和平与秩序，并实施人道主义救济。干预一般不会涉及更广泛的社会重构，即使在东帝汶、塞拉利昂和科索沃等案例中也是如此（得益于2000年斯洛博丹·米洛舍维奇的倒台），结果之一是一个多党民主进程的确立。然而，正如在阿富汗和伊拉克一样，人道主义干预思想卷入到更大的**自由干预主义**（liberal interventionalism）项目中。自由干预主义是以两种假设为基础的。首先，自由主义价值观和制度，特别是市场经济和自由主义民主是普遍适用的，并优于其他价值观和制度。其次，在自由主义的发展受到阻碍并且国内民众发现不可能推翻独裁残暴的政权的情况下，现有自由主义国家有权利甚至义务提供支持。这种支持可能包括外交施压、经济制裁，或者当基本人权遭到公然侵犯时可能采取的军事干预等手段。但是，这种干预不仅只是提供人道主义救济，还要进一步解决问题的根源：政府或政权已成为本国公民的威胁。因此，自由干涉主义将人道主义干预引向政权更迭和促进民主这样更广泛和更长远的目标。这种思想促进了新保守主义的兴起并与其思想有所重叠。新保守主义则塑造了美国“反恐战争”的战略观。

然而，人道主义干预与“反恐战争”的关联引发了一些问题，即干预能够而且应该用以促进人道主义或更广泛的自由主义为目标。首先，很多人认为，干预阿富汗和伊拉克的人权理由仅仅是装饰门面的（window-dressing）。无论塔利班或萨达姆政权，两者都没有面临人道主义紧急情况或种族灭绝的大屠杀迫在眉睫的威胁。事实上，“反恐战争”的激进批评者认为，政权更迭和促进民主等目标，只是巩固美国全球霸权和确保中东地区的石油供应这一更大战略的组成要素。其次，相比于最初的预期，在阿富汗和伊拉克的干预事实上存在更多的问题，因为这两场战争都变成旷日持久的反叛斗争。这强调了干预面临着陷入困境的危险，尤其是当国内支持干预的力量迟早会由于所谓的“尸体袋效应”（body bag effect）受到削弱，而无论其背后的动机如何。最后，“反恐战争”提出了自由干预主义的普世假设的严重问题。不仅对“自上而下”强加的西方式民主可行性的质疑浮出水面，而且阿富汗战争和伊拉克战争也在许多方面加深了伊斯兰世界和西方之间的紧张局势。如果人权和多党民主制等自由主义价值观并不是普世可用的，那么如何为具有人道主义或道德基础的干预设立连贯一致的标准的问题并不是显而易见的。

> **贱民国家**：其行为规范不同于国际社会，从而导致外交孤立和招致广泛谴责。

这些问题有助于解释为何 2001 年以来动员对人道主义干预的支持变得愈加困难。达尔富尔、津巴布韦和缅甸等地区的“不干预”证实了这一点。2004 年以后，苏丹西部达尔富尔地区的冲突已导致至少 20 万人死亡，迫使 250 多万人在暴行和村庄被毁的情况下逃离自己的家园。尽管如此，联合国将维和任务留给一个相对较小的非洲联盟部队。由于中国和俄罗斯的反对、美国缺乏公众对干预的支持并坚守在伊拉克和阿富汗战场、联合国资源和政治意愿的缺失等，更系统、更协调一致的干预遭到了阻碍。21 世纪前十年期间，津巴布韦总统罗伯特·穆加贝（Robert Mugabe）政权掌管着经济支离破碎的国家。在津巴布韦，贫困和失业遍布各地，政治纷争和镇压司空见惯。然而事实上动员西方国家的干预是困难的，尤其因为这种行动将被视为殖民主义在非洲许多地区的回归，而且地区大国南非反对。在缅甸，1988 年以来军政府执政，被控诉大量侵犯人权，包括强迫平民迁移、包括儿童在内的强迫性劳工的广泛雇佣、对政治反对派的残酷镇压。然而尽管人们普遍视缅甸为**贱民国家**（pariah state），但是对缅甸干预的压力受到这样一个事实的制约，即它并没有对地区稳定构成威胁。

见诸行动的全球政治

东帝汶的人道主义干预

事件：在 300 多年的时间里，东帝汶曾经是葡萄牙的殖民地。1975 年印度尼西亚部队入侵东帝汶，随后葡萄牙撤离。这导致了历史上一次最漫长和最血腥的游击战争。在这场战争中，65 万东帝汶居民中大约 1/3 死于集体处决、爆炸和饥饿。随着印度尼西亚独裁者苏哈托的倒台，印度尼西亚政府同意 1999 年举行公投，其中 75%的东帝汶人赞成独立。对此，印尼军队和亲印尼的民兵加紧了恐吓和镇压运动加以应对。不过这次由于世界媒体的高度关注，超过 20 万难民的境况，北约对科索沃的干预及联合国在卢旺达、波斯尼亚无所作为的灾难性后果而导致的国际局势的变化导致了决定性的行动。在印尼的勉强同意下，以澳大利亚为首的联合国多国部队（东帝汶国际部队）于 1999 年 9 月被派遣至东帝汶，以促进和平并支持东帝汶人们实现自决的努力。10 月，联合国接管职权，负责监督 2001 年制宪议会的民主选举。2002 年 5 月 20 日，东帝汶正式获得独立。

意义：东帝汶有时被视为国际社会所实施的强行干预如何导致积极结果的一个典型案例。东帝汶国际部队迅速终结了暴行和内乱。印尼军队和警察撤离东帝汶，而且民兵袭击得到了控制。东帝汶的联合国过渡行政当局（东帝汶过渡行政当局）在为独立而准备的期间临时接管了国内事务，并派遣一支维和部队以维护安全和秩序（其中澳大利亚和新西兰提供了最大的特遣队），监督和协调人道主义救济，这有助于恢复基础设施和创建可持续的治理和法治框架。东帝汶赢得独立并于 2002 年 9 月加入联合国。东帝汶案例表明，国际社会的干预能够建立一个民主的新国家。

另一方面，东帝汶独立后的历史表明，人道主义干预的结果也存在着很多问题。2006 年 4 月，在东帝汶首都帝力，敌对的军队派系、警察和民兵组织之间爆发了暴力冲突。在总理阿尔卡蒂里（Alkatiri）的邀请下，澳大利亚、马来西亚、新西兰和葡萄牙出兵平息骚乱并恢复社会秩序。对于一些人来说，这证明了“自上而下”的民族建设面临着重重困难。东帝汶可能又是一个失败的后殖民国家的例子，因为其新设立的机构脆弱不堪，不能支持有效的法治。在这些情况下，东帝汶将需要几年可能几十年的联合国“保姆”。然而，东帝汶派系缠身的军队和警察也可能证明了将一个民族解放运动的军事力量转化为一个非政治性的国防力量以有能力尊重军事和政治事务之间的差异的困难。更为复杂的是，在独立后的大部分时间里，东帝汶政府忙于与澳大利亚对帝汶海海洋和资源权利方面进行艰难且旷日持久的谈判。2006 年 1 月，这些谈判终于结束了，这可能消耗了大量的政府资源和精力，而这些资源和精力本来可以更好地致力于加强国家机构和改善治理能力。

人道主义干预的条件

人们相当关注确立人道主义干预何时为正当的尝试。这反映了一个事实，即人道主义干预需要正义战争理论以大胆而富有挑战性的方式扩展。人道主义干预所产生的道德挑战包括以下内容：

- 它违反了以“边界不容侵犯”思想为基础的不干预的现有国际规范。因此，人道主义干预与传统的国家主权观念是难以调和的。在国家主权观念下，国家被视为平等的自治实体，排他性地负责其境内事务。任何削弱国家主权的行为都可能威胁到世界秩序的既定规则。
- 正义战争理论强调自卫是使用武力

的主要的正当理由，但现在超出了正义战争理论的范畴。在人道主义干预的情况下使用武力以捍卫或保护不同社会的人们是正当的。因此，人道主义干预植根于普世的伦理道德理论，允许各国以自己国家军事人员的生命为代价而“拯救陌生人”。

• 它以以下观点为基础，即人权学说所提供的行为标准能够适用于所有政府、民族。不过，这可能没有充分考虑到道德多元主义、世界上宗教与文化差异所确立的对比鲜明的道德框架。

• 它可能贬低“最后手段”原则，而该原则是大多数正义战争理论的根本之所在。当面对着种族灭绝的迫在眉睫的危险或正在进行的人道主义紧急情况时，在使用武力被证明是正当的之前，浪费宝贵的时间在穷尽所有非暴力的选择上在道德上可能是站不住脚的。相反，武力可能成为“第一手段”以做出回应。

鉴于这些考虑，出于人道主义目的的军事干预必须始终是一种例外的和特别的措施。关于何时、何地以及如何能够而且应该进行人道主义干预的问题，明确的指导方针并不存在。国家将永远能够以道德正当性掩饰自己的扩张野心，使人道主义干预成为帝国主义的一种新形式。两个关键的问题已引起了特别注意：授权军事干预的“正当理由”、在实践中使干预合法化的“正当权威”。

解构人道主义干预

• 以道德的公正性与合法性为幌子，这些干预被描述为“人道主义”。因此，“人道主义干预”这个术语包含着其自身的正当理由：受质疑的干预可能通过减轻苦难和死亡而服务于人类的利益。至少这个术语是似是而非的，因为它没有承认干预的动机始终是复杂的和形形色色的。

• 干预意指对他国事务的各种干扰形式。因此，它隐藏了一个事实，即受质疑的干预从其本质上来说是一种涉及武力使用和某种暴力程度的军事行动。因此一些人更宁愿选择“人道主义军事干预”或者仅仅“军事干预”。由此观之，“人道主义干预”可以被视为一个矛盾体。

• “人道主义干预”这一概念可能会产生重要国家权力的不对称性。干预国（始终是发达的西方国家）具有权力和道德善心，然而需要“救助”的人们（始终在发展中国家）往往被描述为生活在混乱和暴行中的受害者（Orford 2003）。因此，这个术语强化了现代化即西方化甚至美国化的看法。

尽管人权学说为人道主义干预提供了道德框架的说法被广为接受，但是人权本身并没有为干预的正当性提供足够的指导。之所以如此，是因为人权是多种多样的——例如联合国《世界人权宣言》（1948年）包含29项条款——意味着在一系列扑朔迷离情况中“人权侵犯”将使干预合法化。“反人类罪”的看法提供了一种更好的指导，其产生于二战结束时的纽伦堡审判。然而，广为使用的人道主义干预的正当理由是阻止或防止种族灭绝。种族灭绝被视为可能出现的最恶劣的反人类罪行，即“万罪之首”（crime of crimes）。尽管如此，种族灭绝如何能够为人道主义干预提供一致的和可靠的“正当理由”的问题并不是显而易见的。之所以如此，是因为种族灭绝通常被认为是一种蓄意行为，不然就是一个有计划的屠杀和毁灭方案。然而许多大规模杀戮产生于偶然的暴力行为或政治秩序的完全崩溃，但没有任何一方有“种族灭绝的意图”。《保护责任》（the Responsibility to Protect）报告阐述了为军事干预确立各项原则的最彻底、最深思熟虑的努力。2000年加拿大政府所建立的干预和国家主权国际委员会（ICISS）出版了这个报告。保护责任将正当的军事行动仅概括为两个标准：

> **种族灭绝**：种族灭绝意指全部或部分地摧毁一个民族、种族或宗教团体的努力。《联合国种族灭绝公约》（1948）列出了五种种族灭绝行为：（1）对团体成员的杀害；（2）对团体成员所造成的严重身体或精神伤害；（3）对团体生活状况的蓄意伤害以导致其全部或部分的物质破坏；（4）强加措施以防止团体中的生育；（5）强迫性地将儿童从一个团体转移到另一个团体。种族灭绝必须涉及确切的决定或计划，以彻底消灭某一特定群体。它或许与“种族清洗”相吻合，尽管后者也包括一个族群的强制迁移。
>
> **负责任主权**：国家主权取决于一个国家如何对待其公民，以这样一种信念为基础，即国家权威从根本上产生于主权个体（sovereign individual）。

- 实际或意料到的**大规模丧生**，不管是否具有种族灭绝意图，是否是国家的蓄意行为、国家忽视或者未能采取行动或是失败国家形势的产物。
- 实际或意料到的**大规模种族清洗**，无论是杀害、强行驱逐、恐怖主义还是强奸行为所导致的。

当这些标准得到满足时，干预和国家主权国际委员会便会声称，不仅干预权利是存在的，而且保护身陷巨大危险的这些受害者的国际责任也是存在的。这两个标准的优势在于它们比“反人类罪”这种一般性的观点更为具体，同时还考虑到并非蓄意的人类行为引致的大规模丧生所引发的干预。因此，干预可以是公正合理的，以防止人们死于饥饿，如果其国家不能或不愿提供援助。

然而，一旦人道主义干预的标准得以建立，那么我们的问题便是：应该由谁决定什么时候标准才满足人意？谁拥有“正确权威”授权以人道主义为目的的军事干预？对这个问题的普遍接受的答案是，联合国安理会是最合适的机构。这反映了联合国作为国际法主要来源的角色，并且安理会的责任在于维护国际和平与安全。但是，由此产生了两个难题。第一个问题是，正如将在第14章所讨论的，关于人道主义干预的国际法徘徊于《联合国宪章》的明文禁止和国际法惯例中广泛但不明确的赞同之间。因为这些困难起源于国家主权的法律和道德的含义，所以人道主义干预的支持者往往寻求改变主权概念本身。联合国秘书长科菲·安南试图调和国家主权和人权之间的张力，认为在全球化和国际合作的背景下国家应被视为“其人民的公仆，而不是相反”（Annan 1999）。这类思想导致“**负责任主权**”（responsible sovereignty）概念日益得到接受。例如，按照干预和国家主权国际委员会所建议的保护责任，更多的道德内涵被纳入主权概念中，因为一个国家的主权权利是有条件的，在于其履行保护其公民的职责。由此观之，国家仅仅是主权的保管者，而主权最终归属于人民。

第二个问题是，人道主义干预可能很难获得安理会的授权，因为其五个拥有“否决权”的国家可能更关注全球权力的问题而不是人道主义关切。保护责任原则意识到了这个问题，并要求安理会授权应该优先于任何将要实施的军事干预。但如果安理会否决了一项提案或未能在合适的时间处理它，则可供选择的备选方案是可以接受的。在保护责任原则下，这些备选方案是联大紧急特别会议、区域或次区域组织应该考虑所提议的人道主义干预。在实践中，北约经常参与这类问题，这有助于人道主义干预的合法化，并作为实施干预的军事组织，如在科索沃和阿富汗。

人道主义干预起作用吗?

人道主义干预的收益会超过其代价吗?简单来说，人道主义干预实际上拯救了生命吗?这不是从其动机或意图或国际法的角度，而是从其结果上评判干预。尽管如此，这个问题仍然悬而未决，因为这需要将实际结果与假设情况下所发生的结果(要么是干预没有发生，要么发生了一次干预)进行比较。一个普遍的假设是，如果1994年对卢旺达采取更早、更协调一致的干预，那么将可能挽救成千上万人的生命。然而这个假设从来不可能被证明。不过，一些干预的例子也产生了有益的后果，但是这些有益的后果在其他环境下是不可能出现的。1991年在伊拉克北部设立的“禁飞区”不仅能够防止可能的报复性袭击，甚至能够防止库尔德人起义后发生的屠杀，同时也允许库尔德地区发展相当程度的自主。1999年在科索沃的干预成功地实现了将塞尔维亚警察和军队驱逐出去的目标，并且有助于结束大规模人口流离失所的境况，防止了可能的进一步攻击。这两次行动都是由北约以空袭方式实施的，其所造成的军事干预人员的伤亡人数最少。据估计，在科索沃战争中遇难的平民和战斗人员总数从1 500（北约）到5 700（塞尔维亚）不等。对塞拉利昂的干预有效地结束了长达十年之久的内战。这场内战造成约50 000人丧生。另外，干预也为2007年举行的议会选举和总统选举奠定了基础。

然而，其他干预措施并非同样行之有效。当人道主义灾难发生（如刚果)，其他干预措施因失败而被迅速放弃（如索马里)，或干预导致旷日持久的平叛斗争（如阿富汗和伊拉克）时，联合国维和部队有时被迫退出。这里最深层次的问题是，干预可能弊大于利。以外国占领军取代旧的独裁者可能会加剧紧张局势，并造成更大的内战风险，使平民百姓们几乎处于连年不断的战争中。如果内乱起源于政府机构的彻底倒台，那么外国干预可能使情况变得更糟而非更好。因此，政治稳定、民主治理和对人权的尊重都可能是可取的目标，但它可能无法由外人强加或强制执行。换句话说，减轻达尔富尔、缅甸和津巴布韦的恐怖难有作为。由此观之，至少人道主义干预应该以长远的目光看待，而不是对人道主义紧急情况、对“有所作为”(something to be done）的不断增强的公众压力的下意识反应（knee-jerk reaction)。由于不充分的重建计划、不充足的重建资源供应，许多人道主义干预失败了。因此，保护责任原则不仅仅强调“保护责任”，而且强调“预防责任”(responsibility to prevent）和“重建责任”(responsibility to rebuild)。因而，这类问题上的长期进展与实现和平建设或民族建设的努力联系越来越密切，就如第 18 章所讨论的。

争论

人道主义干预是否正当呢?

人道主义干预是全球政治中备受争议的问题之一。一些人将其视为证据，即新的更加开明的世界主义情感指导着世界事务，然而另一些人认为人道主义干预是严重的误导、道德上混乱不堪。

赞成

不可分割的人性。人道主义干预是以共同人性的信念为基础的。这意味着道德责任不能仅限于某个人“自己”的民族或国家，而应潜在地延伸到整个人类。因此，如果有足够的资源支撑这种做法且成本是相称的，那么就有义务去“拯救陌生人”。

全球相互依赖。日益增强的全球相互联系和相互依赖增加了对世界另一端发生的事件采取行动的责任感。国家不再像是一座孤岛。因此，由于开明的自我利益，人道主义干预是正当的，例如为了防止难民危机可能对其他国家的政治和社会所造成的沉重压力。

地区稳定。人道主义危机（特别是在失败国家的背景下）往往对地区力量平衡具有激进的影响，从而导致动荡和更广泛的动乱。这为邻国支持干预提供了一个动机，而且主要大国会选择干预以防止可能的地区战争。

促进民主。当濒危或患难的人们没有掌握民主手段以缓解其困难处境时，干预是正当的。因此，人道主义干预始终发生在独裁或权威主义背景下。“促进民主”是干预的一个合法的长期目标，因为它会加强对人权的尊重，并降低未来人道主义危机的可能性。

国际社会。人道主义干预不仅提供了显而易见的证据以表明国际社会信奉的共同价值观（和平、繁荣、民主和人权），而且也为政府应该以何种方式对待自己的人民确立更清晰的准则而加强这些价值观，这反映在“负责任主权”原则中。因而，人道主义干预有助于推动受制于规则的全球秩序的发展。

反对

违反国际法。国际法仅仅明确授权在自卫情况下的干预。这是以以下假设为基础的，即对国家主权的尊重是维持国际秩序的最可靠手段，即使是不完美的手段。就以人道主义为目的的干预被允许的程度而言，国际法会变得混乱不堪，而且世界秩序的既定规则也变得软弱无力。

国家利益的规则。正如现实主义者所主张的，因为对国家私利的关切总是驱动着国家，所以人道主义考量驱动着军事行动的国家主张往往是政治谎言（political mendacity）的一个例子。另一方面，如果干预的确是人道主义的，那么受质疑的国家会使本国公民冒着危险而“拯救陌生人”，这妨碍其自身的国家利益。

双重标准。在许多迫在眉睫的人道主义危机中，干预被排除了或根本没有考虑。之所以如此，是因为国家利益没有受到威胁，或者媒体没有报道，或干预在政治上是不可能的。这使人道主义干预原则在政治和道德方面极其混乱。

过于简单化的政治。干预往往是以政治冲突简单的"好与恶"的镜像为基础的。这有时是一种扭曲事实的后果（例如对暴行的夸张描述），但它也忽略了所有国际冲突的道德复杂性。事实上，简化人道主义危机的倾向有助于解释"使命漂移"（mission drift）和干预走入歧途的趋势。

道德多元主义。人道主义干预可以被视为文化帝国主义的一种形式，因为它本质上是以西方的人权观为基础的，这或许不适用于世界其他地区。因此，历史、文化和宗教差异可能无法为政府行为建立普世准则，也无法实现为干预确立"正当理由"门槛的任务。

总　结

● 据称，人权是普世的、根本的、不可分割的和绝对的。但是，公民权利和政治权利、经济、社会和文化权利以及团结权利之间存在着差异。人权意味着，各国政府具有重要的对外的国内责任，并且正义具有一种世界主义特性。

● 精心设计的机制保护着人权，其包含一系列不断扩展的国际人权文献、一系列广泛的人权非政府组织、致力于促进人权的国家。然而，国家也是最大的人权侵犯者，反映了人权和国家权利之间内在的张力。

● 20 世纪 70 年代以来，人权的普世主义假设承受着越来越大的压力。社群主义者和后现代主义者认为，人权在哲学上是不牢靠的，因为道德通常是相对的。后殖民主义理论家经常将人权学说视为西方文化帝国主义的一个例子，即使他们可能接受广泛的观念。

● 人道主义干预是为追求人道主义而不是战略目标所实施的军事干预。由于自由主义期望，人道主义干预在 20 世纪 90 年代盛行一时。这种期望涉及一个世界新秩序的前景和美国的（暂时性）霸权。然而，美国在阿富汗和伊拉克的军事干预引起了对人道主义干预的深切担忧。

●"保护责任"已为人道主义干预设定了条件，以可能由于种族清洗而造成的大规模死亡为基础，在这种情况下受质疑的国家不愿或不能自己采取行动。这种想法往往涉及对"主权"再界定的努力，特别是以"负责任的主权"（responsible sovereignty）的方式。

● 就丧失的生命与人类苦难而言，当人道主义干预的收益超过其代价时，人道主义干预会起作用。虽然这种计算客观上难以做出，但是成功的干预例子也有不少。然而，其他干预可能弊大于利，时常是由于根本的经济和政治问题的复杂性。

问题讨论

● 人权如何不同于其他类型的权利？

● 经济和社会权利是不是真正意义上的人权？

● 非政府组织在多大程度上有效地确保了人权保护呢？

● 国家权利和人权之间的张力是无法解决的吗？

- 人权只不过是西方文化帝国主义的一种形式吗?
- 为何 20 世纪 90 年代人道主义干预激增?
- 军事干预究竟是不是真正的人道主义?
- 人道主义干预能否与国家主权规范协调一致?
- 人道主义干预是否仅仅加强了全球权力的不对称?

第 14 章

国际法

法律结束之处，正是暴政开始之处。

——约翰·洛克，《政府二论》(1690)

预览

国际法是一个不同寻常的现象。传统认为，法律是由一系列强制性和可实施的规则所构成的，反映了最高权力拥有者（sovereign power）的意志。然而，在国际政治中有能力实施法律或其他规则的中央权威并不存在。于是，一些人拒绝考虑国际法的概念。尽管如此，相比于其首次亮相所表明的，国际法具有更大的实质意义。尤其是国际法通常得到遵守和尊重，意味着它提供了一项重要的且越来越重要的框架。国家和其他国际行为体在此框架内互动。然而，国际法的本质是什么呢？国际法的来源是什么呢？如果传统意义上国际法几乎没有强制力，为何国家遵守它？20 世纪初以来，国际法日渐重要，这反映在其范围、目的和操作方面。这些包括仅仅决定国家间关系的国际法向“世界”或者“超国家”法律的转变。超国家法也将个人、团体和私人组织视为国际法的主体。这致使国际法卷入人道主义标准设定的充满争议的领域，特别是与所谓的“战争法”相关的内容。特别是冷战结束以来，这导致了诸多努力，以国际刑事法庭和法院的框架致使各种层次政治、军事领导者个人负责人权侵犯的问题。“国际法”在多大程度上转变为“世界法”了呢？战争法如何发展成为国际人道主义法律呢？国际刑事法院和法庭事实上是一种维持秩序和全球正义的有效方式吗？

关键问题

- 国际法与国内法有何不同?
- 国际法的来源是什么?
- 国际法为什么得到遵守?
- 近年来国际法如何和为什么发生了变化?
- 个人承担违背国际人道主义法律的责任的意义是什么?

国际法：国际法意指管理国家和其他国际行为体的法律。国际法的两个分支是私法和公法。国际私法意指对个人、公司和其他非国家行为体国际活动的管制。鉴于此，国际私法与国内法律体系的管辖区相重叠，因而时常也称之为“法律冲突”。国际公法适用于被视为“法人”的国家。鉴于此，国际公法调节政府间、国家与国际组织或其他行为体之间的关系。不过，国际法不同于国内法，因为它在缺乏国际立法机构和执行体系缺失的状况下运行。

制度：大量塑造着行为与期望的规范、规则、行为实践，不必具有国际组织的自然特征。

国际法的本质

何为法律?

法律存在于所有现代社会，通常被视为文明存在的基石。但是，法律与其他社会规则有什么区别，而且在何种意义上法律运行在国际甚或全球层面上呢? “国际法”及其相关的事情存在吗? 就国内法而言，对一系列显著特征的识别是相对容易的。第一，法律是由政府制定的，并适用于整个社会。这不仅意味着法律反映了国家的意志并且因此优先于所有其他规范和社会规则，而且它也赋予国内法在一个特定的政治社会内普遍的管辖权。第二，法律是强制性的，而且公民无法选择遵守或忽略哪项法律，因为一个强制和惩罚体系支撑着法律。因而，法律需要一个法律体系、一系列规范和制度的存在。法律规则以此形成、解释和实施。第三，法律具有一个“公共”特征，因为它由编撰、发布和公认的规则所组成。这某种程度上由正式且通常是公开的立法程序所制定的法律而完成。再者，因违法而受到的惩罚是可预见的，但是任意逮捕或监禁具有随机和独断的特点。第四，一般来说，法律对其所适用的范围具有约束力，甚至特殊法或许会被视为是不公正的。因而，法律不仅仅是一系列可强制执行的命令，也体现了道德诉求，这意味着法律规则应该得到遵守。

尽管“国际法”的术语是在 19 世纪才普遍应用，但是国际法的思想却很古老，至少可以追溯到古罗马时代。不过，作为一项**制度**（institutions）的国际法起源于 16—17 世纪的欧洲的一系列条约。这些条约为日益显现的国家体系确立了规则，从而为国际公法奠定了基础。这些条约如下：

- 1555 年《奥格斯堡和约》（the Peace of Augsburg）包括了一系列条约。除了其他事项之外，这个和约重新确认了从神圣罗马帝国分离出来的德意志诸侯国的独立并允许它们选择自己的宗教。
- 1648 年《威斯特伐利亚和约》包括《奥斯纳布鲁克条约》（the Treaties of Osnabruck）和《明斯特条约》（the Treaties

of Munster)。这项和约开启了中欧的新政治秩序，是以国家主权原则以及君主拥有维持常备军、修筑防御工事以及征税的权利为基础的。

- 1713 年《乌得勒支条约》(the Treaties of Utrecht) 等构成了《乌得勒支和约》(the Peace of Utrecht)，它将主权权威与固定的领土边界联系起来，从而巩固了主权原则。

国际法的思想和理论也是在这种背景下产生的，尤其是胡果·格劳秀斯的著作。格劳秀斯是国际法形成中一位早期的重要人物。许多这种早期理论关注正义战争的条件。不过，从一开始国际法在许多重要方面明显不同于国内法。最重要的是，国际法不能像国内法那样强制执行。例如，制定国际法的最高立法权威并不存在，而且迫使国家承担法律义务的世界政府或者国际警察也并不存在。最接近这种情况的是 1945 年联合国的建立。联合国以其主要司法机构国际法院 (International Court of Justice，ICJ) 被赋予了某种超国家权力，至少在理论上是这样。然而，国际法院也没有执法权。甚至有能力实施军事和经济制裁的联合国安理会，也没有确保其决议得到遵守的独立机制，即使其决议技术上对所有成员国具有约束力。因而，国际法是“**软法**”(soft law) 而不是“**硬法**”(hard law)。另一方面，即使以国内标准衡量，国际法，尤其是但不仅仅是国际私法的遵从程度高得惊人。这有时会被视为国际法的悖论，因为它反映了国际法体系能有效运行的程度，尽管是在传统履约机制缺失的状况下。某种程度上，格劳秀斯承认这种情况。对于格劳秀斯而言，国际法的强制执行力极大地依赖于国家间团结或者是潜在的团结精神。

然而随着法律的发展，两种对国际法本质截然不同的论述业已出现，特别是其与道德的关系。一些思想家认为，法律是或者应该是根植于道德体系的。他们同意某种**自然法** (natural law) 的理论。所有自然法概念的核心主题是，法律应该符合已存在的一系列道德标准，这意味着法律的目的是实施道德规范。因此托马斯·阿奎那等中世纪思想家们想当然地认为，人类的法则具有一个道德基础。他认为，神授的自然理性深入于自然法，指引着我们迈向美好生活。然而，这个观念招致了 19 世纪以来“**实证法**学派”(science of positive law) 的攻击。

> **软法**：不具有约束力和强制力的法律，仅仅是对道德义务施加影响的准法律文书。
>
> **硬法**：有强制力因而确立起具有法律约束力的义务的法律。
>
> **自然法**：人类的法则要或者应该要符合的道德体系；来源于自然、理性或上帝的自然法制定着普世的行为标准。
>
> **实证法**：不考虑道德内容而实施的具有强制约束力的法律体系。

实证法观念寻求使法律的理解摆脱道德、宗教以及神秘的假设。许多人认为它根源于托马斯·霍布斯的君权命令说 (command theory of law)：“法律是正当地控制他人的君王命令。”到 19 世纪，这种思想已发展成为“法律实证主义”理论。在这种理论中，法律的界定性特征不是法律对较高道德或者宗教原则的遵守，而是这样的事实，即政客、“主权者或主权机构”建立并强制执行法律。这归结为一个信念，即法律之所以是法律，是因为人们遵守法律。其中意义之一是，国际法观念是很有问题的。例如，如果条约以及联合国决议不能强制执行，那么它们应该被视为许多道德原则和理念而不是法律。尽管法律实证主义的兴起使自然法理论在19世纪明显过时了，但是20世纪对自然法理论的兴趣复兴了。某种程度上，对纳粹和斯大林主义者的恐怖活动背后合法性外衣的焦虑催生了这种复兴。例如，对确立一系列更高的道德价值观以抵御借由国家法律作出审判的渴望是纽伦堡审判（1945—1949）和东京审判（1946—1948）的诸多问题之一。自然法观念的参照使其成为可能，尽管是以现代人权的语言进行讲述。实际上，现在人们普遍认为，国内和国际法应该遵从人权学说所阐明的更高的道德原则。就国际法而言，这反映在**国际人道主义法**（international humanitarian law）的大幅扩张中，如本章随后所讨论的。

国际人道主义法：往往被视为战争法的国际法，寻求保护在冲突状态下的战斗人员和非战斗人员。

胡果·格劳秀斯（Hugo Grotius，1583—1645）

荷兰法理学家、哲学家和作家。格劳秀斯生于代尔夫特（Delft）的一个职业律师家庭，后成为一名外交官和政治顾问，拥有诸多官职头衔。在《战争与和平法》（*On the Law of War and Peace* 1625）中，他发展了国际法的世俗基础。格劳秀斯认为，国际法并不植根于神学而是理性。他以自然权利为基础建构了一个正义战争的理论，从而在很大程度上实现了其国际法观。对格劳秀斯而言，一场正义战争的四个缘由是：(1) 自卫；(2) 实施权利；(3) 追索伤害所引起的赔偿；(4) 惩罚犯罪者。格劳秀斯严格限制国家出于政治目的而诉诸战争的权利，强调国际社会的共同目的，这有助于确立国际社会概念。“新格劳秀斯式”英国学派发展了国际社会的概念。

国际法的渊源

国际法源于何处呢？在世界政府和国际立法机构缺失的情况下，国际法的渊源是多种多样的。按照《国际法院规约》的界定，国际法有四个渊源：

- 一般性或专门性国际公约，确立了争执的国家明确承认的规则。
- 国际惯例，认同为法律的普遍实践的证据。
- 文明国家所承认的普遍法律原则。
- 不同国家的最资深法律学者所作的司法裁决和学说。

最常见的国际公约形式和最重要的国际法渊源是**条约**（treaties）、正式的书面文件。各国同意以此致力于或约束规定性行为。条约是双边或多边的。双边条约是由两个国家所缔结的，如《削减战略武器条约》。美国和俄罗斯一致同意削减其核武器，从而签订了《削减战略武器条约》。尽管如此，大多数条约却是多边条约，即它们是由三个或以上国家所缔结的。一些多边条约有明确的条款，如1968年的《不扩散核武器条约》，然而其他条约则是广泛而意义深远的，如《联合国宪章》。不过，条约在两个方面是一种国际法的独特形式。首先，可能除了《联合国宪章》之外，条约违反了法律的基本特征之一，即法律自动和无条件地适用于政治共同体的所有成员。相比之下，条约仅适用于缔约国，尽管有时像《不扩散核武器条约》等条约如此广受尊敬，以至于当作惯例甚至强加于非缔约国。其次，源自于条约的法律义务很明显植根于**同意**（consent），因为各国自由和自愿地缔结条约。一旦条约得到签署和批准，它们必须被遵守，就如**信守约定原则**（pacta sunt servanda）所表述的。然而这种同意是有条件的，因为国家可以退出条约，如果在最初缔结协定之时存在的条件发生了重大变化。在这些情况下，**情势变更原则**（rebus sic stantibus）会被援用。条约和协定的契约性质明显地将其置于实证法的传统之中，因为在这些情况下国际法是主权国家间协商的产物，而不是上帝的命令或更高道德的指示。因此，国际法逐渐呈现出互惠协议的特征。

条约：两个或两个以上国家所签订的正式协定，被视为具有国际法的约束力。

同意：赞同或允许；受约束性义务或更高的权威限制的自愿性协议。

信守约定原则：（拉丁语）条约对缔约方具有约束力以及必须诚心诚意地实施的原则。

情势变更原则：如果基本情况已发生变化，国家在执行条约过程中终止其义务的原则。

见诸行动的全球政治

纽伦堡审判

事件：纽伦堡审判是 1945—1949 年期间的一系列军事审判，是在二战中胜利的盟军针对失败的纳粹政权中著名人物所提起的诉讼。这些军事审判很大程度上是对纳粹政权骇人听闻的残忍行为的反应，是二战结束后，冷战真正产生影响之前一系列简单的法律行动。美国、英国、法国和苏联法官组成了军事审判庭，重要被告包括赫尔曼·戈林（Hermann Goring）、马丁·鲍曼（Martin Bormann）、伦道尔夫·赫斯（Rudolph Hess）以及约阿西姆·冯·里宾特洛普（Joachim von Ribbentrop）。这些人以及其他纳粹领导者受到了 4 项指控：阴谋反对和平、危害和平罪、战争罪和危害人类罪。在最为著名的首次审判（1945—1946）中，22 名被俘纳粹高官面临起诉，其中 12 人被判死刑，7 人被判长期监禁，3 人被判无罪。随后 12 场审判总共涉及 177 人，其中 24 人被判死刑。

意义：由于一系列广泛的原因，纽伦堡审判是重要的。例如，审判揭露了许多纳粹暴行的细节。它们似乎忽略了德国之外其他国家诉诸侵略战争的责任。此外，这些审判强调纳粹领导者对战争的个人责任，似乎免除了整个德国社会对二战和其他暴行的责任。然而从全球政治视角来看，纽伦堡审判对国际刑法的发展产生了巨大的影响，特别是将国际法扩展到人权、人道主义标准设定的领域。因此，纽伦堡审判标志着国际法学的一个分水岭，强调领导者、组织者、煽动者及大量暴行的共犯的个人责任。正是在这些审判中，“危害人类罪”概念首次以塑造着不同解释的语言得到正式表述和法典编纂。这样，1950 年由联合国国际法委员会（UN International Law Commission）所明确表达的《纽伦堡原则》（the Nuremberg Principles）得以运用到纽伦堡审判中，填补了国际法的空白，即国际法未能充分地涉及暴力政策。在许多情况下，这种政策并不适合战争罪的技术界定（如针对非敌对国家平民的非人道行为），而且违背了“国际社会所公认的公共良心和一般性法律规则的要求”。《纽伦堡原则》有助于塑造 1948 年制定的《惩治种族屠杀行为公约》（the Genocide Convention）和《世界人权宣言》（the Universal Declaration of Human Rights）等文件的条款及其背后的思想。纽伦堡审判大大地有助于为下面的事情做好准备，即在卢旺达和波斯尼亚成立的国际刑事法庭、2002 年成立的国际刑事法院（International Criminal Court）。

然而，纽伦堡审判在其对国际法的影响方面也一直饱受争议。例如，一些人认为，“危害和平罪”或者“危害人类罪”等概念是含义不明的或内在模糊不清的。另一些人则认为，纽伦堡审判是一个“胜利者的正义”的案例，是对失败国家及其领导人的惩罚，它几乎或根本没有法律基础。因此，适用于纽伦堡的原则被视为溯及既往（ex post facto）的法律的例子：被告因其被界定为罪行的行为而被控诉。一项更宽泛的评论是，纽伦堡审判将国际法引入了有疑问的领域。这些审判强调人权问题、人道主义考量，起码造成了对国际法的适当角色和范围的困惑，更为严重的是其造成了诸多情况，在这些情况下国际法会被用以挑战而非支持国家主权。

国际**惯例**（custom）或者通常所称的国际习惯法，是第二个最为重要的国际法渊源。尽管 20 世纪条约也不断扩展，但是它是最重要的国际法渊源。国际习惯法源于国家的具体实践，随着时间的推移而在国家间得到普遍确立并逐渐被视为具有法律约束力。因此，惯例义务来自于期望，即国家应该按照过去接受的行为实施其事务。不像条约，习惯法不需要明确的同意；相反，同意是从国家行为本身推断而来。另一方面，不像条约，国际习惯法通常被认为具有普世的司法裁判，特别是当它嵌于深入人心的（deeply held）规范和道德原则之中时。在这种情况下，它与自然法传统有着密切联系。习惯法案例包括诸多与外交如何施行有关的法律。随着时间的推移，它们已发展成为相关国家的互惠互利所塑造的行为规则。例如，其中就包括外交官**外交豁免权**（diplomatic immunity）的实践。

惯例：长期确立起来并广被接受，以至于产生法律效力的实践。

外交豁免权：获官方认可的外交官在外国享有的大量权利及豁免，通常包括免于逮捕和刑事诉讼的审判以及享有特权的旅游和交流安排。

习惯法的缺点在于，它是以实践而非正式的书面协定为基础的，因而难以界定，而且难以确定惯例何时以及如何获得法律效力。为此，将惯例变为条约和公约的趋势不断扩大。因此，《关于外交和领事关系的维也纳公约》（1961，1963）赋予诸多与外交行为有关的规范以成文法地位，而《1926 年禁奴公约》则正式承认了已经长期确立的禁止奴隶制和奴隶贸易的惯例。然而，在惯例法反映了深入人心的道德理解的情况下，相比于以条约为基础的法律，它似乎更强有力。例如，人们通常会认为，基于惯例的禁止种族屠杀是普遍适用的，而不考虑国家是否签署了《1948 年惩治种族屠杀行为公约》，由此使其成为一项普世的道德准则。

相比于条约或惯例，最后的两个国际法渊源不太重要。当国家间正式协定或惯例和实践未能明确地界定权利或义务时，相当模糊的“一般法律原则”概念、“法律学识”的思想往往会被援引。前者通常意味着，在大多数国内法律体系中被视为犯罪的行为应该被视为犯罪，即使它们发生在国际环境中。因此，尽管对他国领土的侵犯、使用武力吞并的努力或许违反了条约义务，忽视了主权国家应该和平相处的习惯性期望，但是这也被视为是对国际法的违反，因为它违反了被视为文明行为的一般原则。就法律学识而言，国际刑事法院承认最资深、最受尊重的法官和律师的大量书面观点能够用以解决国际法的要点，尤其是当前三种国际法渊源无法解决这些问题时。

国际法为什么会得到遵守?

那些摒除国际法观念的人倾向于把法律严格地视为命令。这意味着，强制是保证遵守的唯一可靠的手段。然而，如果遵守被视为一个有效的法律体系的核心特征，那么国内的法律安排几乎完全不符合这种情况。强奸、盗窃、谋杀在世界上所有国家持续地发生，尽管它们是被法律禁止的。实际上，如果法律从不被违反，那么从一开始法律根本就不会需要。不过，广泛的未遵守（non-compliance）难以被视为与有效的法律体系相一致。这种未遵守现象反映在社会秩序的大规模崩溃、恐吓和暴力的日常使用之中。在所有法律体系中，在遵守与违反间存在着一个平衡。国际法也不例外。然而，国际法的不同寻常之处在于，遵守它的意愿到底有多强，尽管违反国际法是荒诞的且被广泛宣传（Franck 1990）。甚至汉斯・摩根索（1948）等著名的现实主义者也承认，“在其存在的 400 年间，在大多数情况下国际法一直被小心翼翼地遵守着”。但是，如果在惩罚违犯者的传统意义下，强制是例外而非规则，那么如何能够解释这种遵守程度呢？国家往往由于许多原因遵守国际法，包括以下方面：

- 私利和互惠
- 对失序的恐惧
- 对孤立的恐惧
- 对惩罚的恐惧
- 对国际规范的认同

国家遵守国际法的主要原因是，这样做符合其自身利益。国家无须被迫遵守规则，因为这些规则大体上是国家所制定的或明确同意的。有时，这被称为功利的遵守。国家之所以遵守法律，是因为它们认为这样做从长期来看会带来利益或者减少损害。这个利益的关键是互惠，国家间互相交换的关系，以此确保恩惠换回恩惠或者惩罚换回惩罚（Keohane 1986）。例如，尽管有时外交豁免权或许意味着外交官员在其国家的非道德甚或公然的犯罪行为可以免于被惩罚，但是世界上各个国家都承认这是值得的代价，由此以确保自己的外交官在外国领土上能够安全地生存及工作。类似的，各国通常会支持世界贸易组织的自由贸易和禁止关税及非关税壁垒的规则，因为它们将会从其他国家的相应行动中获益。

国家倾向于遵守国际法的第二个相关原因是，源于对秩序优于无序的普遍偏好。在某种程度上，这反映在国际法造就一系列共同理解的能力方面，通过这些共同理解各国意识到“游戏规则”（rules of the game）。国际法所确立与宣扬的规则框架减少了国家间关系中的不确定性和困惑。每个国家都受益于共有预期，因而不断增强的可预测性确立起来了。换言之，一国可以更好地认识他国的行为方式。然而，在更深层面上，人们会有对混乱和无序的恐惧。这或许会出现消极性互惠，因为最初的、相对轻微的违反国际法会导致一系列不断升级的**报复**（reprisals）行为，从而威胁到国际秩序和整个体系的稳定性。防御性现实主义者特别强调这种考量。像所有现实主义者一样，防御性现实主义者认为国际秩序先天是脆弱的，但他们认为国家的首要动机是维持安全而不是扩大权力。

互惠：互惠意指在双方或多方进行的交换，其中每方的行为是以对方的行为为条件的。因此，恶有恶报，善有善报，这粗略地相当于互惠互利。积极性互惠（“你帮助了我，我也帮助了你”）解释了如何和为什么在强制力的中央权威缺失的情况下国家能够合作，如对国际法的遵守、国际机制或多边主义的确立。消极性互惠（“以眼还眼，以牙还牙”）有助于解释冲突和军备竞赛针锋相对地升级。

报复：意在惩罚作恶者或者矫正伤害的反击性行为，而且报复（行为）表明均衡性，通常会在战争面前刹车。

第三，国家遵守国际法的程度是国际社会成员国身份的关键决定性因素。因此，国际法是主要制度之一，以此国家间实现了文化凝聚力和社会整合，促进了合作和相互支持。因此，遵守国际法的纪录能够提升一个国家的地位和声誉，赋予国家更大的“软权力”，并由此鼓励国际社会其他成员与之合作而不是反对它。这些考量甚至能够影响最有实力的国家。例如，2003年美国和一个“自愿同盟”（coalition of the willing）入侵伊拉克。此后，时任联合国秘书长科菲·安南批评其违反了国际法。美国为证明其遵守国际法而承受了相当大的压力。为了确立对其“反恐战争”的广泛支持，美国被迫日益在联合国框架内解决问题。经常无视国际法的国家会冒被孤立的风险，甚至会被视为国际无赖。有时它们在外交和经济领域为此付出高昂的代价，例如，这适用于利比亚。由于其同恐怖主义的联系、发展大规模杀伤性武器的努力，利比亚忍受了数十年在国际社会被孤立的痛苦。这种孤立迫使利比亚在2003年同过去撇清了关系，承认其国际法的义务。

第四，尽管国际法并不总是强制性的，但对惩罚的恐惧会产生遵守国际法的客观环境。在这些情况下，惩罚不是由世界警察而是国家本身各自或共同行动施行的。的确，国际法承认报复或反击的权利，从而致使越轨行为是可以接受的（如果这些行为是对一个国家违反现有规范和规则所作出的反应）。因此，《联合国宪章》第51条规定，在遭受另一国家武力攻击的情况下，国家拥有自卫权。因而，以色列认为，1967年6月，“六日战争”开始阶段，对埃及空军的毁灭性打击是合理的，因为它是对埃及和叙利亚发动袭击的情况下的一个报复行为。类似的，1991年海湾战争可被视为以合法授权惩罚的形式反对伊拉克武力吞并科威特的企图。的确，期望中的“世界新秩序”的特点之一是这样一种观念，即在后冷战的世界，集体安全将会被用以惩罚军事冒险主义。

第五，由于各种考虑国际法才会得到尊重的看法是错误的，这些考量以其不同方式归结为对短期或长期私利的关切。在绝大多数情况下，国际法得到支持，并不是由于与违反国际法的后果相关的算计，而是因为国际法被视为是合法的、有道德约束力的（Buchanan 2007）。毕竟这适用于国内法，在国内法领域大多数公民在大多数时间里不犯盗窃、人身攻击和谋杀罪，不是由于一个刑法体系的存在，而是因为他们把这些行为视为讨厌的或非道德的。同样的情况适用于国际法，特别是当国际法体现出深受广泛支持的行为规范时，例如禁止奴隶制、无端攻击或种族灭绝。自由主义者认为，人类是理性和道德动物。相比于现实主义者，自由主义者可能更强调国家遵守国际法的道德动机。然而许多人会一致认为，混合的动机塑造着在这些方面的国家行为，因为与私利或对惩罚的恐惧相关的实际考量与各种各样的道德考量纠缠在一起。建构主义者强调，国家利益、国际领域内何为正确道德的认知程度是社会建构而成的，这意味着国际法本身在某种程度上塑造着它们。

变化中的国际法

20 世纪初以来，国际法不仅日益凸显而且也更具政治争议。的确，国际法的范围、目的以及性质在诸多方面都已发生变化，这些变化包括：

- 从“国际”法向“世界”或者“超国家”法的转变。
- 战争法发展成为国际人道主义法。
- 国际刑事审判和法庭的广泛使用。

国际法的方法

现实主义的观点

现实主义者一般怀疑国际法及其价值，并通常严格区分国内法和国际法。国内法源于一个负责制定和执行法律的主权权威的存在，而国际领域中中央政治权威的缺失意味着所谓的“国际法”或许仅仅是一些道德原则和理念。正如托马斯·霍布斯所言，“没有共同权力的地方就没有法律”。对摩根索而言，国际法相当于一种“原始法律”形式，类似于前现代社会所确立的行为规范。然而，仅仅是极端现实主义者（ultra-realists）完全忽视国际法，而大多数现实主义者承认，国际法在国际体系中扮演着关键性角色，尽管其角色是（也应该是）有限的。下面的事实约束着国际法，即国家尤其大国是世界舞台上的主要角色。这意味着国际法很大程度上反映并受限于国家利益。现实主义者也认为，国际法合理的、也许唯一合法的目的是支持国家主权原则。这使得他们极为怀疑“超国家”和“世界”法律的趋势。在这种趋势中，国际法与全球正义的理念纠缠在一起，用以保护个体权利而非国家权利。

自由主义的观点

自由主义者显然积极评价国际法的角色和重要性。这源于这样一种信念，即人人皆有权利，而且受理性的支配。因为国际领域是一个道德领域，所以核心道德原则应该在国际法的框架内。对于理想主义者而言，这种想法意味着在如同国内政治的国际政治中，无政府状态的失序和混乱的唯一解决办法是一个至高无上法律权威的确立，从而造就国际法治（international rule of law）。例如，这种“以法律求和平”原则体现在国际联盟的建立、1928 年的《凯洛格-白里安公约》中，这事实上禁止了战争。尽管现代自由主义者、尤其是新自由主义者早已放弃了这种理想主义，但是他们仍然认为，国际法律在世界事务中发挥着重要的、建设性的作用。对他们而言，国际法律制度反映了将政治家们团结起来的共同利益和共同理性。通过将国家间协议转变成权威性原则以及加强互信与信心的程度，国际法加深了相互依赖，促进了合作。正如第20章所讨论的，功能主义的一体化理论反映了这种观点，即正式的国际行为规则巩固着相互依赖的趋势。

批判理论的观点

国际法的三个主要批判视角是社会建构主义、批判法学派和后殖民主义。尽管国际法性质的建构主义论述并不是成熟的或连贯一致的，但是这样一种论断强调国际法所体现的规范建构国家认同及其所追逐的利益，即规范和知觉关键性地塑造着政治实践。这有助于解释国家行为为什么、如何随着时间而改变的问题。例如，奴隶制等一度被人接受的做法、外国雇佣军的使用和虐待战俘的行为变得不那么常见。受到后结构主义分析的影响，批判法学派强调国际法固有的不确定性，它是基于这样一个事实，即法律语言能够表达相互竞争的多种意义。例如，女性主义者运用这些洞见，认为国际法体现了父权偏见，因为法“人”（无论个人或国家）是在男性化规范的基础之上建立起来的，或者因为国际法延续了女人作为受害者的形象。后殖民主义者将国际法视为西方全球主导地位（Grovogui 1996；Antony 2005）以各种方式的表现。从这个角度来看，国际法产生于有关法律、政治秩序性质的基督教、欧洲中心论的思想，它受到了殖民主义遗产或许种族主义的影响，并以各种制度形式而运作，如联合国国际法院。联合国国际法院与工业化西方世界的利益紧密联系在一起。

从国际法到世界法?

在其古典传统中，国际法是坚定的国家中心论。在此意义上它被恰当地称为“国际”法：一种管理国家以及决定国家间关系的法律形式，而且其主要目的是促进国际秩序。由此观之，国家主权是国际法的基本原则。因而，在一个纯粹平等的意义上的国家在法律上彼此相处，即承认了**主权平等**（sovereign equality）原则。不仅国际社会中不存在能够控制国家体系的具有权威的世界政府、国际共同体或公共利益，国际条约或公约规定的国家义务也完全是国家意志的表达。

这种古典看法可以分为四个方面。第一，国家是国际法的基本**主体**（subject）。事实上由此观之，国家是一个元法律的（metajuridical）事实：国际法仅仅承认国家建立的后果，而且首先建构国家是不可能的。因此，1933年《蒙特维多国家权利义务公约》宣称，国家应该受到国际法律共同体的承认，只要国家满足三个条件：一个稳定的政府、对一定领土的控制、民众的默认。第二，国家是国际法的基本**代理者**（agent）。换句话说，它是唯一有权制定、颁布和实施国际法的行为体。第三，国际法的**目的**是调节国家间关系，这意味着国际法在实践中坚持主权的基本原则。主权不仅确定合法的国家地位，也意味着**自决**（self-determination）和**不干预**（non-intervention）的原则。第四，国际法的**范围**应该严格限于秩序问题而不是正义问题。因此，国际法意在维护和平与稳定，不应该用于更广泛的用途。如果人道主义问题、分配性正义、环境公正或性别公正问题等成为法律框架的一部分，那么这仅会发生在国内层次上。在国内层次上作为主权实体的国家能够根据其自身社会的不同价值观、文化和传统解决道德关切。联合国国际法院的角色和权势例证了这种国际法的古典看法。

然而，国际法的古典概念已经越来越受到各种尝试的挑战。这些尝试运用国际法以建立一个世界宪法秩序，即哈贝马斯（2006）所描述的“国际法的宪法化”过程。随着时间推移，这种国际法的“宪政”概念越来越成为占主导地位的国际**法学**（jurisprudence）的主流方法。在宪政意义上，国际法旨在将国家限制在一个有更高的和更具约束力的规则和规范的框架内，即以**宪法**（constitution）的方式。这确立了国家和国际法之间的水平关系（horizontal relationship），并将国际法转变成有时所称的“超国家”或“世界”法（Corbett 1956）。这一趋势或许源于第一次世界大战对西方观念的影响，与全球治理体系的兴起紧密相连，并且明显体现在四个主要发展方面。

第一，个人、团体和私人组织越来越被视为国际法的**主体**。换句话说，国家已经不再是唯一的法“人”。这特别明显地体现在现代国际法对个人权利的关注，导致了国际人权法的不断扩大、“战争法”的极大扩展，就如在下一节所论述的。第二，非国家行为体已经成为国际法的重要**代理者**。在此意义上，公民社会组织特别是非政府组织日渐有助于塑造甚至草拟国际条约和公约，促成了在 2002 年成立国际刑事法院（ICC）的《罗马规约》，就是由大约 250 个非政府组织、160 多个国家的代表们一起起草的。第三，国际法的目的不断扩展，极大地超出管理国家间关系的努力，尤其是因为它已经开始调节国家在其自身领土内部的行为。例如，作为国际贸易领域最重要的法律机构，世界贸易组织拥有巨大的权力，在贸易纠纷解决过程中可以命令各国消除关税和非关税壁垒。第四，国际法的**范围**日渐超出了对国际秩序的维系，现在包括对最低标准的全球正义的维系。这不仅明显体现在为妇女权益、环境保护和难民待遇等领域确立国际标准的努力上，而且也体现在以特设国际法庭和国际刑事法院实现国际刑法的诸多行动中。

主权平等：一项原则，即不管其他差异，各国平等地享有国际法所赋予的权利与保护。

自决：一项原则，即国家应该是个自治机构，在国际体系中享有主权独立与自主。

不干预：各国不应该干预其他国家内部事务的一项原则。

法学：有关法哲学、法律体系或法律机构的学科。

宪法：一系列成文或不成文的规则，界定着各种政府机构的职责、权限与功能以及政府机构之间的关系和国家与个人之间的关系。

全球行为体

国际法院

类型：国际法庭　**成立时间**：1945 年　**所在地**：荷兰海牙

国际法院（International Court of Justice，ICJ，也称“世界法院”）是联合国的司法

机构。根据《联合国宪章》，国际法院成立于 1945 年 6 月，并于 1946 年 4 月开始运行。国际法院的职责是依据国际法解决各国所提交的法律纠纷，针对授权的联合国机构和专门机构所提出的法律问题提供咨询性司法建议。由联合国大会和安理会分别独立选出的 15 名法官组成国际法院，任期 9 年，每三年更换 1/3。安理会常任理事国总是拥有在任法官，但是若出庭国际法院的国家没有法官，可以任命专案法官（ad hoc judge）。法院成员以不记名投票的方式选举国际法院院长［2009 年以来由日本籍小和田恒（Hisashi Owada）担任］和副院长，每三年换届选举一次。院长负责主持法院所有会议，指导法院及各委员会的工作，并在票数相等的情况下拥有决定性的一票。

意义：国际法院是迄今为止将法治运用到国际纷争中最具深远意义的努力。事实上，国际法院成功地制定了许多规则以裁决争端。例如，它制定了相关问题的基本规范，包括领海、渔业权、大陆架的测量方法等。国际法院在解决国际争端上也取得了大量显著成就，包括导致 1969 年所谓的“足球战争”的萨尔多瓦和洪都拉斯的边境争端、2002 年所解决的喀麦隆和尼日利亚关于一个石油资源富裕半岛的暴力性争端。除此之外，国际法院还流传下来大量“咨询意见”，有助于奠定冲突后国际事务（post-conflict international affairs）的基调。其中包括关于 1971 年南非在纳米比亚的存在是非法的决议。这项决议为 1989 年南非最后接受纳米比亚的独立奠定了基础。

然而，国际法院依然有着很多重大缺陷。第一，法院的司法权严格限于国家，个人、企业、非政府组织和其他非国家机构被排除在直接参与法案之外。这阻碍了国际法院在一系列广泛的人权和人道主义问题上采取行动，意味着其他法庭和法院（如卢旺达与原南斯拉夫国际刑事法庭及国际刑事法院）必须成立，因为国际法院无力确立对这些主题法院（thematic courts）的保护责任。第二，国际法院最大的缺陷是，其缺乏强制性管辖权及实施裁决的机制。成立国际法院相关条约的缔约国可以签署任意条款（optional clause）（该条款赋予国家提前选择以决定其是否同意接受国际法院决议的约束），以此选择是否受国际法院强制管辖权的管辖。约 1/3 的国家同意任意条款。此外，国家还可以根据任意条款撤销其承诺。1984 年美国就撤销了其承诺，当尼加拉瓜要求国际法院裁决美国中央情报局在尼加拉瓜港口开采是否违反国际法时。从理论上说，国际法院可以诉诸联合国安理会执行其判决，但这一情况从未发生过。第三，国际法院广受发展中国家的批评，尤其是在其成立的初期。这种批评来源于其代表西方国家利益，某种程度上是因为西方国家在安理会和国际法院占有压倒性的优势。然而冷战结束以来，这种批评已经不那么常见了，因为随着出庭各方变得日趋多元，每年提交到国际法院案件的数量也是以前的两倍多。

然而国际法中的竞争性概念已经引起了众多的分歧、张力和困惑。这些分歧主要存在于现实主义者一方与自由主义者以及世界主义者一方之间。对现实主义者而言，任何构建以“世界”法为基础的世界宪政秩序的努力都可能削弱国家主权，置国际秩序于危险境地（Rabkin 2005）。由此观之，一旦国际法脱离了国家主权的委托，那么它将是非法的。对自由主义者和世界主义者而言，他们经常担心不受限制的国家主权，并且常常希望利用国际法来赋予全球政治以道德维度（Brown 2008）。张力和困惑源于这样一个事实，即如果“世界”法的确存在，那么它会吸收和扩展而不是代替国际法。因而，国际法继续承认国家主权的基础作用，同时也支持人权学说、人道主义标准设定的需要。在此意义上，“国际”概念在政治上要优于“世界”概念。不过，国际法的未来发展注定会受到下面问题的塑造，即这些相对立的规范和原则之间的张力如何成功地得以处理。

人道主义干预合法性的问题可以说明这一点。20 世纪 90 年代初以来，处理人道主义干预的国际法已经有了很大的进步，但是对于这些法律含义的共识有待达成。乍看起来，无论什么目的的干预通常都会被判定为违反国际法。例如，《联合国宪章》第二条规定：“各会员国在其国际关系上不得使用威胁或武力，或以与联合国宗旨不符之任何其他方法，侵害任何会员国或国家之领土完整或政治独立。”第七条规定：“本宪章不得认为授权联合国干涉在本质上属于任何国家国内管辖之事件，且并不要求会员国将该项事件依本宪章提请解决；但此项原则不妨碍第七章内执行办法之适用。”1965 年联合国大会第 2131 号决议更加清楚地描述了这一点：“任何国家不得以任何理由直接或者间接干预他国的国内或者国际事务。”然而同时各种法律条文形成了，肯定了对公民、政治、社会及经济权利的保护。这至少会使主权原则及不干预原则受到质疑。这些包括《种族灭绝公约》和两部起草于 1966 年的《联合国人权公约》。尽管为人道主义干预辩护的条约存在着界定模糊及没有法律约束力的问题，但是它仍然可以被视为国际习惯法的一种形式。

这些困惑明显体现在 1999 年的科索沃干预中。在这一案例中，当联合国安理会没有明确授权对塞族军队的军事行动时，美国及其同盟即诉诸北约这一区域性组织，并借助北约开展军事行动。虽然当时联合国秘书长科菲·安南承认这一干预明显是非法的，但是他也承认这次干预在道德上是合情合理的。因此，他建议国家主权原则应该修正为“负责性主权”，即国家的主权管辖是以国家保护本国公民的责任为条件的。正如第 13 章所讨论的，“保护责任”观点得到广泛接受，从而为人道主义干预提供了法律基础。然而这一想法并不是普遍被接受的，因而人道主义干预似乎仍然在国际法中处于不确定的地位，徘徊在国际法的广泛但界定模糊的接受与基于条约的法律的明令禁止之间。

战争法的发展

“国际法”向“世界法”转变的最为明显的例子之一是，战争法发展成为国际人道主义法的一部分。工业化战争、20 世纪两次世界大战改变了人们对正义战争理论两个方面的思考：开战正义（jus ad bellum）或诉诸战争权的理念、交战正义（jus in bello）或战争正义行为理念。就前者而言，人们反对 19 世纪形成的信念，即一个国家发动战争的权利是一项基本的主权权利。由此观之，主权基本上源于一个国家控制其领土及民众的能力，意味着正当权威的诉求可以来自于征服和扩张。这种思想的影响明显体现在 19 世纪末作为第一次世界大战背景的欧洲帝国主义以及为第二次世界大战做准备的德国、意大利和日本的扩张。事实上，强权即为真理。但是 1945 年《联合国宪章》极大地缩小了合法战争的范围。它确定了国家合法使用武力的两种情况：一是自卫，即每个国家没有使用武力的主权权利，除非遭受其他国家的攻击（第 51 条）；二是联合国安理会裁定使用武力为强制和平行动的一部分（第 42 条）。《纽伦堡原则》设立了破坏和平罪，允许起诉那些计划、筹备、发动侵略战争或者密谋如此的个人，并将这种思想扩展到国际刑法中。

战争罪：因违反战争法规和惯例，个人为此而需承担刑事责任。

反人类罪：有意犯下的行为，其是一种广泛的、系统的，并且反复发生的针对平民的攻击。

在关系到战争行为的正义战争思想中，最主要的发展是**战争罪**（war crimes）的观念，而不是诉诸战争权。对战争罪的诉讼并没有什么新意。因战争中的不端行为或者暴行而遭到合法起诉的例子可以追溯到古希腊时期。1474 年对彼得·冯·哈根巴赫（Peter von Hagenbach）的审判有时被视为第一个战争罪审判案例。神圣罗马帝国的特设法庭指控哈根巴赫在奥地利犯下了战争暴行，他因此获罪并被砍头。然而现代战争罪的思想源于 1899 年和 1907 年的海牙和平会议。海牙和平会议为争端国设立了一个永久性仲裁法庭，同时还制定了一系列用以限制战争恐怖行为的公约。除了其他事项之外，《海牙公约》禁止发射投射弹和气球弹，禁止使用达姆弹或者炸弹及子弹，阐明了关于战争俘虏待遇和中立国权利的条例，从而造就了现代战争法的基础。在《纽伦堡原则》中战争罪包括谋杀或者虐待平民、人质及俘虏。1949 年《日内瓦公约》（另加 1977 年所增加的两个条款及 2005 年所增加的第三个条款）尝试着最大范围地以及最详细地阐明战争罪，为国际人道主义法奠定了基础。它们确定的战争罪包括以下几点：

- 故意伤害；
- 酷刑或者非人道待遇，包括生物学实验；
- 故意使身体或者健康遭受重大痛苦或者严重伤害；
- 强迫平民或者俘虏在敌对国服役；
- 故意剥夺平民或者俘虏应享有的公允及合法审判的权利；
- 劫持人质；
- 非法驱逐出境或迁徙或非法禁闭；
- 军事必要并没有提供正当性的肆意破坏、侵占财产。

在战争法中最重要同时或许充满争议的发展之一是**“反人类罪”**（crimes against humanity）。在废除奴隶贸易运动期间，反人类罪（即使人们并不使用这一术语）的最初概念浮出水面。例如，1815 年《废除奴隶贸易宣言》谴责奴隶贸易违反了“人道及普世道德原则”。将这些行为视为犯罪的观念最早出现在对后来世人所熟知的“亚美尼亚种族屠杀”的反应之中。这是针对居住在奥斯曼帝国的亚美尼亚人、希腊人及亚述人（Assyrians）的一系列屠杀，并且在 1915 年至 1917 年之间达到顶峰。沙俄、法国及英国组成的协约国集团宣称，大屠杀相当于“反人道及文明的犯罪”。1945 年《纽伦堡宪章》正式区分了战争罪和反人道罪，并从那时起指导着国际法学。战争罪意指对“战争法和惯例”的违反，反人类罪具有以下三个特点：

- 必须是针对平民的犯罪；
- 必须是大范围的或系统的、反复的；
- 必须是故意实施的。

1998 年《罗马规约》最详细、颇具雄

心地将反人类罪编入法典。据此，国际刑事法院成立了。这强调包括谋杀、灭绝、奴役、驱逐出境、折磨、强奸或性奴役、种族及其他形式的迫害和种族隔离的罪行。尽管一般意义上，种族屠杀很明显是违反人道的罪行，但是种族屠杀被视为《种族屠杀公约》、《罗马规约》所界定的“犯罪的犯罪”这样一种不同的犯罪类型。将反人类罪和种族屠杀的概念整合在国际法的优点是，它们确立了并不符合战争罪的传统观点的行为的个体责任，并以此试图处理普遍的暴行。道德世界主义形式支持着反人类罪的观念，即对人性的适当立场是尊重、保护及救助，而且人性在道德上是无法区分的。不过，批评者质疑这种广泛的犯罪类型是否有意义，并怀疑其所依赖的普遍道德准则。由于国际刑事法院及国际刑事法庭的建立而确立个人对战争罪、反人类罪及种族屠杀的责任，这些质疑及其他对国际人道主义法的担忧已经变得更加剧烈。

国际特别法庭和国际刑事法院

纽伦堡和东京审判后，超级大国间的分歧妨碍了冷战剩余时间内国际刑事法庭的使用。诸如此类的审判在国家法庭中进行，例如，1971 年威廉·卡里（William Calley）中尉因在 1968 年越南战争中指挥梅莱村屠杀（the My Lai massacre）而被美国法院定罪，并被判终身监禁。但由于尼克松总统的法令，1974 年卡里获释，在此之前服刑不到四年。然而冷战的结束、联合国安理会内部僵局的打破，为国际法庭的再次建立创造了环境。对原南斯拉夫的大屠杀及种族清洗的报道促成前南问题国际法庭（the International Criminal Tribunal for the former Yugoslavia，ICTY）在 1993 年成立。前南问题国际法庭位于荷兰海牙，是纽伦堡及东京之后第一个真正意义的国际法庭。前南问题国际法庭也是第一个适用《种族灭绝公约》的法庭。前南问题国际法庭有权对各种南斯拉夫战争中的反人类罪、违反战争法及种族灭绝罪进行审判。前南问题国际法庭起诉的最知名人士当属原南斯拉夫总统米洛舍维奇（Milosevic），而且他也是在国际人权法律框架下第一个受审的政府首脑。2001 年米洛舍维奇被捕，在第二年开始受审。针对他的指控多达 66 项，涉及种族灭绝罪、反人类罪及战争罪。然而在 2006 年因米洛舍维奇死亡对其的审判中断了。到 2010 年 5 月，135 人受审并被前南问题国际法庭判刑，最高刑罚为终身监禁。虽然前南问题国际法庭计划到 2011 年完成全部审判，到 2013 年受理完全部诉讼，但是对前波斯尼亚塞族政治家卡拉季奇（Karadžić）的审判是一个例外情况。卡拉季奇被指控犯有针对波斯尼亚穆斯林和波斯尼亚克罗地亚人的战争罪，其中包括斯雷布雷尼察大屠杀（the Srebrenica massacre）。

1994 年卢旺达发生种族大屠杀之后，联合国授权第二个国际法庭。这场灭绝导致了卢旺达 80 万左右的图西族人与温和派胡图族人被屠杀。卢旺达国际刑事法庭（the International Criminal Tribunal for Rwanda，ICTR）位于坦桑尼亚，1997 年召开首次审判。到 2010 年 5 月，卢旺达国际刑事法庭已经完成 50 例审判，宣判 34 人，并接受了 8 例诉讼。在这些判决中，卢旺达前首相让·坎班达（Jean Kambanda）是目前仅有的唯一一个承认种族屠杀罪名的人，1998 年其被宣判终身监禁。2002 年，塞拉利昂和联合国共同成立了塞拉利昂特别法庭（the Special Court for Sierra Leone），调查该国 10 年内战时期违反国际人权法的行为。2003年，特别法庭审判了前任总统查尔斯·泰勒（Charles Taylor），指控其支持反叛势力，采用野蛮的抢劫和杀人手段掠夺塞拉利昂的宝石矿产开采权。尽管泰勒流亡到尼日利亚，但是他在跨境进入喀麦隆的时候被逮捕，并被移交到位于海牙的卢旺达国际刑事特别法庭。2006年泰勒开始在海牙受审。2003年联合国和柬埔寨政府达成协议，审判仍健在的红色高棉（the Khmer Rouge）领导人。他们被控在20世纪70年代末对几百万柬埔寨人进行残酷的恐怖统治。

在其他情况中，刑事法庭在国家层次上确立起来。例如，2002年成立的东帝汶特别法庭调查了印度尼西亚占领与控制期间其所实施的侵犯人权行为。伊拉克战争罪行法庭审判了前领导人萨达姆·侯赛因1982年在巴格达北部杜贾尔村（Dujail）的种族灭绝行为，并判其为死刑。1998年西班牙法庭审判了奥古斯托·皮诺切特将军，因其1973—1990年间所犯的反人类罪。尽管按照国际逮捕令，皮诺切特在伦敦被逮捕，但2000年因疾病不能接受审判而被允许回到智利。在其承诺不再担任高级领导职务之后，智利官方免予起诉。

各种各样的法庭和法院以许多重要方式影响着国际刑事法的发展，特别是为调查原南斯拉夫和卢旺达的暴行而设立的法庭。第一，这些法庭重新关注大规模的人权侵犯，特别是对高级政治人物影响很大的审判，其他因素不考虑。这强化了这样一种观念，即个人应该为战争罪行、反人类罪和种族灭绝负责，从而减少了大规模暴行的可能性，因为领导人意识到他们不再凌驾于国际法律之上。第二，尽管以前的战争罪行审判涉及国家之间战争背景下的行为，但是前南问题国际刑事法庭、卢旺达国际刑事法庭也认识到反人类罪或许发生在国家内部武装冲突甚或和平时期，因而拓宽了国际人权法的范围。第三，不过，法庭也强调了以联合国支持的特别法庭方式处理违反国际人道主义法的罪行的巨大成本与低效。比如，前南问题国际刑事法庭、卢旺达国际刑事法庭常常需要2年时间才开始审判案件。许多审判持续数月，某些情况下持续数年。2000年期间，这些法庭占到联合国日常预算的10%。据估计，2009年其总成本近16亿美元。这种关切导致了一种压力，即以国际刑事法院（ICC）为形式的永久性全球审判机制应取代特别法庭。

1998年，160个国家、33个国际组织、非政府组织的代表相聚罗马，草拟了《国际刑事法院章程》。《罗马章程》将国际刑事法院确立为“最高上诉法院”（a court of last resort），仅当国家法庭不能或不愿意调查或诉讼时实施司法管辖。2002年国际刑事法院成立，它具有广泛的权力以起诉种族灭绝、人权犯罪、战争犯罪以及潜在的侵略行为（侵略罪的决议最后被保留了，现在也不大可能纳入）。尽管像国际法院一样，国际刑事法院位于荷兰海牙，但是它是一个独立的国际组织，并不是联合国体系的一部分。然而国际刑事法院和安理会的关系是极为重要的而且备受争议。美国是国际刑事法院观念的早期与热忱的支持者，建议安理会应该担当国际刑事法院的和平守护者，因此反映了安理会维护国际安全和和平的基本责任。但是这个建议在罗马遭到否定，因为这将使安理会5个常任理事国有能力动用其否决权阻碍国际刑事法院审理案件，尤其是当其公民被指控为人权侵犯时。相反，在所谓“新加坡妥协模式”的框架下，罗马会议允许安理会延迟诉讼12个月，如果安理会认为国际刑事法院干预了安理会推进国际和平与安全的努力。为此，安理会必须通过一项决议以要求国际刑事法院不再控诉，这将有效地使 5 个常任理事国无法仅仅以否决权的方式限制调查。

国际刑事法院的争议性开始是明显的。尽管 120 个国家投票赞同《罗马规约》，但 21 个国家弃权，包括印度和一系列阿拉伯和加勒比海国家，此外 7 个国家投票反对。人们普遍认为，投票反对该规约的国家是美国、中国、以色列、伊拉克、利比亚、卡塔尔和也门（当然这些国家没有得到正式确认）。截止到 2010 年 5 月，国际刑事法院拥有 111 个成员，另有 37 个国家已经签署但尚未批准《罗马规约》。非成员国包括中国、印度、俄罗斯和美国，这大大缩小了国际刑事法院的司法管辖范围，损害了其国际信誉，并且也许在某种程度上让人想起了国联。联合国常任理事国中只有英国和法国批准了《罗马规约》，这是安理会中最弱的两个国家。没有一个欧洲之外的核大国批准条约，这意味着国际刑事法院主要由欧洲、拉丁美洲和非洲国家主导。美国反对国际刑事法院的破坏力尤其严重。2000 年，克林顿总统在其总统任期的最后一天，签署《罗马规约》，但又表示由于该条约有着根本性的缺陷，因此不会将其提交参议院批准。2002 年，小布什政府有效地“不签署”该条约，并采取一些具体措施，以减少国际刑事法院司法管辖对美国的影响。对此，美国与尽可能多的国家谈判双边豁免协定（BIAs），这有时被称为“第 98 条款”协议。在此情况下，双方都不将对方公民移交国际刑事法院进行司法审判。尽管双边豁免协定的法律地位并不明确，但 100 多个双边豁免协定达成了。奥巴马政府则转向多边主义，他确实修改了小布什政府对国际刑事法院的执拗敌意，但尚未明确承诺“再次签署”（resign）《罗马规约》，并着力推进其批准。尽管如此，分歧还是基于以下两点产生了：一是美国和其他国家对国际刑事法院所表达的保留意见以实用主义与私利为基础的程度；二是这些保留意见基于原则的程度。

争论

国际刑事法院是维护秩序和正义的有效手段吗？

国际刑事法院事实上是一个非常有争议的国际组织。虽然一些人誉其为保障正义和人权的重要工具，但是其他人则认为它是一个有着严重缺陷的机构，有时甚至是国际秩序与和平的一个威胁。

赞成

加强国际人道主义法。国际刑事法院编纂了国际人道主义法的原则和规范。从纽伦堡和东京审判以来，这些原则和规范被广泛接受。这两次审判过程提供了迄今为止最权威、最详细的关于种族灭绝、危害人类罪和战争罪的界定。相比于特别法庭体系，国际刑事法院提供了实施过程急需的连贯性。此外，国际刑事法院将安理会的干预维持在最低限度，（潜在地）防止了 5 个常任理事国免除它们的责任。

解决全球正义鸿沟。全球正义鸿沟迫使数百万人受到虐待和压迫，由于他们自己政府的镇压政策，或者他们政府不愿或无法防止严重的人权侵犯。国际刑事法院意在解决这个问题，当内部补救措施失效时，为外部干预提供了基础。不过，许多强国使这项任务受到威胁，因为它们想保护自己军事决策的自由，或为了使盟军免于被批评。这相当于全球领导的严重失败。

遏制未来的暴行。2002 年以来，国际刑事法院的目的不仅是起诉犯罪，而且包括塑造世界范围内政治和军事领袖的未来行为。由此观之，暴行之所以发生，某种程度上是因为领导人认为，其行为将不会受到惩罚。政府首脑审判的意义就在于，它们表明未来并不会如此。现在没有领导人能够超越国际人道主义法。事实上，对国际刑事法院法律审判的恐惧是个工具，如说服乌干达圣主抵抗军（the Lord's Resistance Army）参加 2007 年和谈。

反对

威胁主权和国家安全。对于国际刑事法院最常见的批评是，它是侵犯主权国家事务的精妙借口。国际刑事法院威胁着国家主权，因为其管辖权潜在地延伸到尚未批准《罗马规约》国家的公民。如果他们声称的犯罪发生在一个已经接受国际刑事法院的国家，或者联合国安理会提到的某种情况适于国际刑事法院，这种干预国家主权的事情就会发生。这个问题尤其和美国有关。作为世界上唯一超级大国，美国在“热点”地区部署的军事力量往往比其他国家多。

无益地迷恋个人罪责。由于强调个人而不是国家的刑事责任，国际刑事法院产生了令人担忧的趋势，即利用国际法以推进各种各样的道德运动。不仅人道主义罪行的个体责任问题是非常复杂的，而且一旦国际法被用作促进全球正义的工具，那么其界限可能是无限的。此外，将个人责任和刑事起诉优先于更广泛的关切，国际刑事法院可能破坏和平和政治解决的前景，如起诉苏丹总统巴希尔（Bashir）的事情。

西方政治工具。国际刑事法院深受批评，因其具有西方或欧洲中心论的偏见。首先，它是以根植于人权观的西方价值观和法律传统为基础。亚洲和伊斯兰世界并不认可，因此表明全球性的道德共识的缺失。其次，国际刑事法院有时被认为不成比例地受到了欧盟成员国的影响。而欧盟成员国都批准了《罗马规约》。最后，绝大多数国际刑事法院所审判的案件涉及发展中国家的事件。因此，国际刑事法院被视为是为了使穷国的混乱、野蛮永存下去。

总　结

● 国际法是管理国家和其他行为体的法律，尽管它被广泛地视为“软”法，因为它在大多数情况下不能被强制执行。两个最重要的国际法渊源是条约和国际惯例。就前者而言，法律义务明确地植根于同意，然而就后者而言，义务来自于长期建立的实践和道德规范。

● 国际法很大程度上得到遵守，因为国家认为遵守国际法从长远来看将为其带来利益或者减少损害。遵守的其他原因包括对失序的恐惧、对孤立的恐惧、某种意义上对惩罚的恐惧以及一种更广泛的信念，即国际法是合理的、在道德上是具有约束力的。

● 在其经典传统中，国际法一直是坚定的国家中心论，是以国家主权基石原则为基础的。然而这一概念日益受到了国际法“宪政主义”概念的挑战。有时国际法的“宪政主义”概念被称为“超国家”或“世界”法，其范围包括维持最低限度的全球正义标准。

- “国际”法转变为“世界”法的最为明显的例子之一是，战争法发展成为国际人道主义法。这很大程度上体现在战争罪概念的发展（即个人应该对战争惯例的违反负有刑事责任）和反人类罪的观念上。

- 冷战的结束允许国际人道主义法经由国际法庭和法院被广泛地贯彻执行。特别是，所设立的特别法庭调查了原南斯拉夫和卢旺达的暴行报告，但是最具重要意义的发展是国际刑事法院的建立。2002 年国际刑事法院开始工作。然而，该法院有时也被视为是对国际秩序和和平的威胁。

问题讨论

- 国际法真是法律吗？
- 条约如何、为什么已成为国际法最重要的渊源？
- 为什么遵守国际法会符合国家利益呢？
- 国家遵守国际法的道德动机有多么强烈呢？
- 对国际法学而言，国际法的“宪政主义”概念的意义是什么呢？
- “国际”法和“世界”法在多大程度上是相容的呢？
- 人道主义干预在国际法中是无可非议的吗？
- 国家的主权权利是有条件的吗？如果是，什么条件？
- 反人类罪的概念是如此模糊和令人困惑，以至于在法律上没有意义吗？
- 应该由政治领导人个人承担违反国际人道主义法的责任吗？

第 15 章

贫困与发展

贫穷是一种最糟糕的暴力形式。

——莫罕达斯·卡拉姆昌德·甘地（1869—1948）

预览

二战结束以来，发展和减贫问题日渐突出。在早期阶段，这些问题之所以出现，是因为所谓的第三世界国家的去殖民化未能产生经济和社会的进步。与此同时，工业发达的西方国家正在经历着历史上前所未有的经济增长。由于全球经济差距的扩大，一些人认为殖民主义已经让位于“新殖民主义”，而且更微妙但仍然有效的经济支配取代了政治支配。其他人预见了“南北分歧”的出现。在这种背景下，不同的机构，如世界银行、国际货币基金组织等机构，大量发展性非政府组织与行动团体（activist groups）逐渐将削减贫富国家之间差距的任务视为道德使命。然而，贫困与发展是一个颇具争议的复杂问题。贫困仅仅是个经济现象、缺钱，还是一些更广泛、更深刻的问题？“发展”意味着贫穷社会要根据所谓发达的西方世界的富裕社会重组吗？一系列深层次的问题涉及全球不平等的本质、程度和原因。世界正成为一个更加平等还是更不平等的地方呢？特别是，全球化对贫困与不平等的全球模式产生了什么影响呢？最后，关于发展的最可靠办法存在着激烈辩论。这些争论特别关注以市场为取向的发展观的价值或缺点。特别是 20 世纪 80 年代初以来，这种发展观处于支配地位。世界银行和国际货币基金组织等机构未能拯救世界上的穷人吗？富国拥有帮助穷国的道德义务吗？假如是这样，那这义务该如何履行，通过提供国际援助、取消债务、改变贸易惯例还是其他方式？

关键问题

- 什么是贫穷？
- 应该如何理解“发展”？
- 全球贫困和不平等的主要趋势是什么？
- 全球化加剧了还是减轻了全球贫困呢？
- 官方发展政策有多有效呢？
- 国际援助和债务减免起作用吗？

发展： 生长、改进、扩大或改善的行为；发展通常与经济增长相连，但这个术语备受争议。

绝对贫困： 以收入水平或者资源获取机会为基础的贫困标准；特别是食物、衣服和住所不足以使“维持生活”(keep body and soul together)。

理解贫困与发展

在世界历史上大多数时候，贫困是常态。即使在具有良好组织与先进统治制度的社会（如古代中国、罗马和印加帝国等），各种经济体是技术简单的，并伴随适度的生产力水平，而且民众也是相当贫穷的。按照现代标准，即使那些当时被认为富裕的人大多数也是贫穷的。从这个视角看，西方世界正在享用的财富是个例外，而且直到最近这种情况才出现。仅仅在 18 世纪末，欧洲和北美社会才开始以各种方式提高生产力，这违背了托马斯·马尔萨斯（Thomas Malthus）的预测。马尔萨斯警告，人口增长会抵消生产力的任何提高。西方社会如何避免这种马尔萨斯式陷阱呢？这个问题的答案是**“发展”**（development）。发展无疑关系着技术和组织的一系列创新，从而导致工业革命。不过一个重要的争论是，发达西方世界的富裕是如何形成的，而且特别是这些富裕和发展如何最好地在其他非西方的地方得以复制。在考量发展的复杂和争议性问题之前，更加仔细地审视何为贫困及其如何测量的问题是必要的。

贫困的界定与测量

什么是贫困呢？以什么区分“穷者”、“富者”呢？如果减贫是一个国家、地区或全球政策的目标，那么理解什么是贫穷及其如何测量的问题是必要的。但是，贫困是一个颇具争议的复杂概念。乍看起来，贫困意味着生活必需品的被剥夺，即足以维持“体能效率”的食物、燃料、住所和衣物的缺乏。从本质上来说，这可以被视为一个绝对的标准，即在此标准以下人类生存将变得难以为继。例如，这意味着，成年男性必须每天吃大约 2 000～2 500 卡路里的热量，以保持体重。据此，美国、加拿大、英国和澳大利亚等工业化国家几乎不存在贫困，其穷人也比世界绝大多数人生活得好。**绝对贫困**（absolute poverty）是以“基本需求”看法为基础的，符合马斯洛（Maslow 1943）“需求层次”中的生理需求（见图 15—1）。

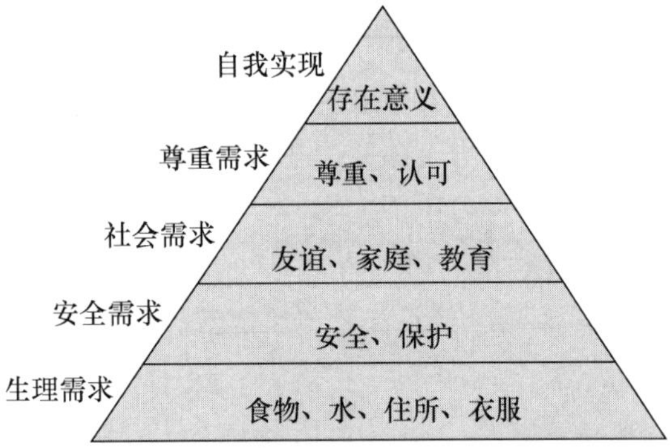

图 15—1　马斯洛需求层次理论

然而绝对贫困的想法漏掉了贫困的一个重要方面。人们会觉得自己穷，不是因为他们遭遇到物质困难，其基本需求无法得到满足，而是因为他们缺乏其他人所拥有的东西。就其社会大多数人所享有的标准、条件和乐趣而言，他们感觉很匮乏。在此意义上，贫困是一个社会现象，而不仅是生理现象：它是以人们在社会秩序中的相对位置为基础的。**相对贫困**（relative poverty）把穷人界定为“境遇不佳的”人，而不是“贫困者”。例如，经济合作与发展组织、欧盟都使用“贫困线”标准。贫困线是以相对贫困阈值为基础，即中等家庭收入水平的 50%或更少。换句话说，如果人们的可用收入极大地低于其国家中代表性居民的收入，那他就被视为“穷人”。不过，相对贫困的概念提出了重要的政治问题，因为它确立了贫困和不平等现象之间的联系，以此表明仅有财富的再分配和促进平等才能减贫或消除贫困，就如本章后面所讨论的。

相对贫困是个主观计算，以被剥夺感和弱势感为基础。这种被剥夺感和弱势感是穷人和社会其他人之间的差距所造成的。当然，绝对贫困是客观上界定的。世界银行日益承担着全球减贫的责任，把按照**购买力平价**（purchasing power parity，PPP）每天一美元的收入水平视为极端贫穷的标准。基于 2004 年的重新测算，现在的标准是每人每天使用 1.25 美元，而不是 1 美元。世界银行估计 14 亿人生活在国际贫困线或以下。然而，这种测算仍然有点武断。一些评论者宁愿用 2 美元/天或 2.5 美元/天。按照后者的标准，世界贫困人口的数量将增加到两倍，达到 31.4 亿或世界人口的 49%。

但是人们日益不满于单纯以收入为基础的贫困概念。这根源于这样一种认识，即穷人遭受多重剥夺，其非物质以及物质的需求没有得到满足。阿玛蒂亚·森指出，饥荒往往并不产生于缺乏食物而是源自社会、经济和政治因素，如不断上涨的食品价格、不合理的食物配给制度和政府低能。因此，贫困涉及有限机会、自由特别是**“积极自由”**（positive freedom）的缺失、收入或资源的缺乏。这种想法特别强调“人类发展”的概念。人类发展概念已成为联合国解决全球贫困的关键，反映在其年度人类发展报告之中。这些报告评论了与贫困、发展、人类发展指数（HDI）基础上的国家序列相关的各种问题。

积极自由：以自我实现和人的能力的发展所界定的自由；成为或做什么的自由。

国内生产总值：一个经济体所生产的商品和服务的总价值，对国家收入的衡量。

相对贫困：人们被剥夺了生活条件和在其所处社会中司空见惯的便利设施的一套贫困标准。

购买力平价：一种计算购买力的方法，考虑到相对的生活费用、不同国家的通货膨胀率，有时以“国际元”为基础。

解构“贫困”

- 穷人往往被视为某些社会不公正形式的受害者。在此意义上，贫困往往意指使人士气低落、丧失能力的事情，甚至是对那些被视为“活该如此的”穷人，也是如此。

● 贫困是以被剥夺与苦难来描述的，表明贫穷等于“坏”而财富等于“好”。鉴于此，贫困概念支持占主导地位的物质主义和消费主义的伦理。这忽略了这样一种观念，即选择性贫困（voluntary poverty）具有道德和精神好处，正如一些宗教传统所倡导的。选择性贫困抛弃了“充足”的概念，得到了环境和发展运动的支持。

● 一个普遍接受的理念是，财富与努力工作、能力相联系。这意味着，某种程度上贫困与懒惰、个人失败有关。这表明，穷人是“不够格的”而且减贫的努力都是误导性的、道德上错误的。

发展：竞争视角

关于贫困的争论不仅关注贫困的性质，而且也关注如何最好地解释贫困以及应该如何解决贫困的问题，即“发展”如何能够产生。然而，政治和意识形态的争议困扰着发展的概念。“发达”社会、“发展中”的社会或“欠发达”社会的区别何在呢？关于发展的看法一般分为两大类，即我们所称的“正统发展观”和“替代性发展观”。

现代化理论：这种理论认为，发展道路是单一的、线性的，反映在西方国家从传统的、前工业的、农业社会到现代化、工业化的和大众化消费的社会的转变。

正统发展观

正统的发展观根植于经济自由主义。由此观之，贫困正好以经济术语界定之，即由于收入或资源的缺乏不能满足基本的物质需求。因而，减贫，甚至消除贫困明显地与刺激经济增长的能力相联系。传统上经济增长按人均**国内生产总值**（GDP）计算。实际上，发展是经济增长的同义词。但怎样最好地刺激经济增长呢？从这个角度看，核心机制是自由市场体系。自由市场的优点是，它能够充分控制个人对自身利益的追求，为人们提供驱动力以从事工作、开办贸易、开设商务等。此外，自由市场确保长期经济均衡，有助于需求与供应（市场力量）的力量整合在一起。因而，市场成为创造财富的唯一可靠手段，事实上其提供了经济增长的无限可能。因此，“落后”或“不发达”社会注定会转化为“现代”或“发达”社会。这种发展观点明显地体现在**现代化理论**（modernization theory）中，例如罗斯托（Rostow，1960）的经济增长阶段理论。罗斯托列出了经济增长的五个阶段：

● **传统社会。**该社会的特征是：初级技术、前科学的价值观和规范、仅能维持生存的经济。

● **起飞的前提。**在这一阶段，社会展示出一定程度的资本流动（银行和货币），而且企业阶层开始出现。

● **起飞。**当经济增长的规范完全形成，而且部门主导的增长成为常态时，这一步才能发生。

● **趋向成熟。**其特征是：不断增长的经济多样化、锐减的贫困、不断提高的生活水平。

● **大规模消费。**在这个阶段，经济越来越面向现代消费品的生产，富裕普及了。

聚焦

人类发展

人类发展是人类福祉的一个标准，根据人们的需要和兴趣考虑到人们的发展潜能、过上愉快与创造性生活的能力。发展往往以人们选择的扩大界定着。受阿玛蒂亚·森（1999年）的“发展作为自由”理念的影响，人类发展指数最充分地阐明了这个思想。1993年以来，这个指数已用在联合国人类发展报告中，并且对各国进行排序。关键的人类发展指标是：

- 过上一个长期和健康的生活（预期寿命和健康概况）。
- 获取知识（教育和扫盲）。
- 获得过体面生活的必要资源（燃料、卫生、住房等）。
- 为今后世代维护资源（人口趋势与可持续性）。
- 确保人类安全（粮食、就业、犯罪、个人危难）。
- 实现所有妇女和男子平等（教育、职业/工作、政治参与）。

发展的方法

现实主义的观点

现实主义的发展理论并不存在。然而在解释经济发展现象时，现实主义者一般都大量吸收了重商主义思想。重商主义强调经济和政治之间的相互作用，特别是为了管理对外贸易关系（意味着保护主义），在某种程度上健康而稳定的国内经济依赖强大的国家干预。这种观点非常怀疑自由主义的主张，即市场经济自然趋向均衡和增长。重商主义者经常认为，市场需要管理。

自由主义的观点

自由主义的发展观牢固地植根于经济自由主义思想。古典自由主义经济学强调个人主义、人性的理性假设，特别强调这样一种观念，即物质消费的欲望基本上驱使着人类。因此，自由主义为“发展即增长”的正统理念提供了基础。从自由主义视角来看，创造财富的核心机制是市场。市场根据自由个体的愿望和决策运作。市场的吸引力在于，它是个自我调节机制，往往自然地促进经济繁荣、福祉。然而，个体的占有欲望和市场力量本身不能强大到足以维持市场发展。对自由主义者而言，“发展失败”源于社会本身的内部因素。包括抑制个体逐利的文化或宗教规范、僵化且权威主义的国家制度、长期腐败、破坏公民秩序的族群和部落对抗。克服这些障碍的最好方法是，市场改革（私有化、放松金融管制、劳工灵活性、减税等）以及国家经济融入全球资本主义经济（自由贸易和开放经济）。

批判理论的观点

新马克思主义理论主导着批判理论的发展观。他们把注意力从发展的内部障碍转向外部障碍，特别是那些根源于全球资本主义体系的结构性变化的障碍。两个主要理论次传统

(sub-traditions) 塑造着新马克思主义的发展观。第一个是依附理论，强调1945年后传统帝国主义让位于新殖民主义的程度。新殖民主义有时被视为“经济帝国主义”或更具体地是“美元帝国主义”。虽然发展中国家享有正式的独立和主权，但是仍受到经济依附的影响，如不平等的贸易关系、跨国公司的影响、国际货币基金组织和世界银行等机构的偏见。国际货币基金组织和世界银行等机构青睐工业发达国家的利益。新马克思主义的第二个主要次传统是世界体系论。它把世界经济描述成为一个相互联系的整体，由核心、边缘及半边缘地区组成。在这方面，经济发达、政治稳定的核心区域支配、剥削边缘地区。边缘地区的特点是低工资、不成熟的技术、对农业或初级生产的依赖。

除了其他批判理论的发展观之外，绿色政治挑战着对经济发展的传统概念的强调，捍卫“作为可持续性的发展”(development as sustainability) 理念，通常与可持续发展概念相联系。由此观之，经济增长必须平衡生态代价，而且健康环境对有意义的发展是至关重要的。对于世界主义理论家，发展应该以推进全球正义的较大工程来得到理解。女性主义涉及发展的各种观点。一些女性主义者主张，改变性别不平等必须被视为发展的一个主要部分，因此她们强调发展中国家改变社会结构、机构和文化习俗的必要性。然而，其他女性主义者则强调“作为增长的发展”(development as growth) 在男性主义假设基础上建构起来的程度或妇女在促进发展上发挥重要作用的程度。后殖民主义有时挑战这种发展理念，反而提出了“后发展”(post-development) 理念。虽然传统的发展模式涉及将西方制度和价值观强加于非西方社会，但是“后发展”允许每个社会拥有其自己的经济和社会进步模式，这是以其社会本身真实可靠的期望和文化遗产为基础的。

1945年以来，正统观点主导着与贫困、不平等和发展相关的问题的思考。在20世纪70年代到20世纪80年代，新自由主义的兴起、全球经济治理机制的转变、由美国所领导的支持市场经济哲学的国家扩大了其影响。20世纪90年代，前共产主义国家广泛地实施市场改革，进一步扩大了其影响。然而，近年来支持增长和市场的发展观受到越来越多的批评。稍后你会看到，与发展战略有关，反对者认为，经济改革使国家受到市场异常行为、国际贸易体系的影响，因此会适得其反，从而导致经济和社会混乱而不是稳定增长和减贫。20世纪90年代，这种批评主要集中在“结构调整计划”的影响，这是国际货币基金组织和世界银行所强加的。此外，反对者质疑，以市场为基础的解决方案能否平等地关照世界各国和各地区的利益。例如，新马克思主义批评家认为全球资本主义体制的特征是深层次的结构失衡。

替代性的发展观

20世纪80年代以来，当技术专家治国、自上而下、支持增长的战略逐渐破灭时，替代性的贫困与发展观已变得更为突出。它们有许多不同的来源，包括“南方国家”的反抗运动，如在墨西哥恰帕斯的萨帕塔主义运动、印度南部卡纳塔克邦的农民抗议、联合国机构、发展性非政府组织及其各种论坛（包括世界社会论坛）、更广泛的反资本主义或反全球化运动。然而，一系列单一或连贯的“替代性”发展观是不存在的。激进派强烈地反对西方、反对大公司，特别强调自我管理和环境保护主义，而改革派则试图仅仅修改传统自由原则的应用，寻求重新平衡主要国家和全球经济治理制度的优先次序。然而，某些一般主题是可以识别的，其最重要的主题如下：

- 人道主义的贫困观强调机会、自由和授权（因而满足物质和非物质的需求）。
- 自力更生而不是依赖富国、国际机构或市场。
- 生态平衡、可持续性和“全球公域”(global commons) 的保护（水、土地、空气、森林）。
- 社会和文化的包容，尊重文化多样性和边缘群体的利益，如妇女和土著群体。
- 以社区行动和民主参与而实现的本土控制。
- 贫穷具有结构性性质的观点产生于全球贸易体系和其他方面的不平衡。

解构“发展”

- 发展的术语被视为贬低的，因为它是以“欠发达”或“发展中”国家或地区与“发达”国家或地区的对比为基础的。因此，前者似乎是不成熟的、基础性的或某些方面缺乏的，然而后者似乎是有完善组织的、复杂的和发达的。
- 因为发展也意指个体或物种增长的生化过程，所以它意味着单一的、线性的变迁过程。因而，发展表明“欠发达/发展中”国家注定会经历同样的阶段，即发达国家所经历的阶段。因而，发展往往涉及独特的西方的现代化形式。
- “欠发达/发展中”国家与“发达”国家之间的基本差异是其财富水平。这体现在将物质商品与价值观优先于非物质商品或价值观的行为。例如，下面的可能性很少得到关注，即相比于富国，穷国或许在道德、精神或文化上更发达。

“替代性”观点拒绝正统思想的“一刀切”(one size fits all)，特别是从“传统社会”向“发达”社会线性转型的思想。按照正统思想的看法，拉丁美洲、亚洲和非洲国家注定或迟或早会经历北方国家那样的现代化过程。换言之，发展中国家不会迎头赶上。事实上，在很大程度上它们的困境可以归咎于外部因素、西方国家以及跨国公司往往自私的影响。例如，援助制度是围绕着捐助国的需求和全面融入国际经济的需求而建构起来的。另一方面，少数支持“替代性”观点的人主张把发展中经济体从全球经济中分离出来，或寻求一种完全不同于资本主义的替代者。他们寻求将以增长为取向的政策与当地、区域的需要和利益相结合，并强调文化多样性、生态平衡和自力更生。因此，相比于经济自由主义支持者所接受的，所谓发展的“南部共识”(Southern consensus) 通常考虑到国家干预的更大作用。亚洲“四小龙”采用新重商主义的发展观，因此不太依赖自由市场，而是更依赖于国家实施国际竞争战略的能力，特别是通过加强教育和培训。不过，最令人印象深刻的南部发展模式体现在中国市场经济和斯大林式政治控制的混合中。（第 17 章将讨论女性主义的发展观及妇女在发展中的作用）。

聚焦

南北差异

所谓《勃兰特报告》的著作使“南北差异”的看法得到普及：《北方和南方：争取生存的纲领》(*North-South A Programme for Survival* 1980)、《共同危机：南北合作争取世界经济回升》(*Common Crisis*：*North-South Cooperation for World Recovery* 1983)。虽然世界分为“北方”和“南方”的思想主要基于工业化的发展都集中在北半球而贫困和劣势集中在南半球（除了澳大利亚），但这个术语基本上是概念性和理论性的而不是地域性的。

南北差异这一概念引起了对援助、发展中国家债务和跨国公司的做法的关注。这些做法助长了高工资、高投资的工业化北方国家和低工资、低投资、农村化的南方国家之间的结构性不平等。《勃兰特报告》强调南北之间的相互独立，也强调北方的繁荣依赖于南方的发展，然而仍有一些问题涉及南北差异，它们强调南方内部增长的不均衡，南方国家日益增强的政治影响力，以及比方与不同南方国家之间基于权力与相互依赖的迥异关系。

一个更加不平等的世界吗?

理解全球不平等

贫困的问题常常与不平等问题有关。事实上从相对贫困这个角度来看，这两个概念是内在联系的。在此意义上，不断扩大的不平等意味着不断增加的贫困。然而，全球不平等的问题是个主要争论的领域。一方面，一些断言通常与对全球化的批评、世界贸易体系的偏见有关，即近几十年来最富裕国家、最贫穷国家之间的差距一直在增加，甚至达到可笑的比例。例如，联合国1999年《人类发展报告》注意到，世界上最富有的三个人资产总和超过了那些被认定为世界上最不发达国家的国民生产总值，而这些国家的人口总数达6亿人。以相对的或许绝对的术语描述之，富者愈富，穷者愈穷。另一方面，越来越多的评论者得出结论，近年来世界总体上变得更为平等（Kay 2004；Wolf 2005；Friedman 2006）。

不过，全球不平等的争论仍然受困于各种困难。不平等测量的任务不仅存在着严重困难，而且这些趋势本身比贫富差距的简单想法所表明的复杂得多。最终，全球不平等的总体趋势或许是不可能识别的，这意味着关注点应该转向对全球不平等轮廓的讨论。各种原因导致了这种情况：

- 不清楚测量什么：收入、平均寿命、教育机会、可饮用清洁水等。
- 衡量不平等的数据可能是不可靠的或包含有偏差。
- 不同的时间跨度突出不同的趋势。
- 谁是“富人”、谁是“穷人”的问题存在着困惑。
- 一个国家内部的趋势可能同国家间的趋势一样重要或者更重要。

聚焦

墨西哥萨帕塔主义者：替代性发展起作用吗?

萨帕塔民族解放军队（EZLN）的名字来源于埃米利亚诺·萨帕塔（1879—1919）。他是 1910 年墨西哥革命的活动家、一位杰出的土地改革社会运动人士。现代萨帕塔主义者的主要发言人是马科斯（Marcos）副司令，他也被称为“零代表”。萨帕塔起义始于 1994 年，在签署北美自由贸易协议的数小时之内。一个看似无主见的学生、知识分子、激进分子和当地农民组成的团体从恰帕斯丛林中涌出，对墨西哥宣战。当墨西哥联邦军队从该地撤出后，萨帕塔主义者建立了一个有效的自治区。这导致 1994 年以来萨帕塔民族解放军队和墨西哥之间的某种对峙。

因此，在恰帕斯的许多山区和丛林区域以及一些城市地区，一系列完全不同的原则和规范运行着，与有时所称的“萨帕塔主义”一致。萨帕塔主义吸收了无政府主义、自由主义、社会主义和马克思主义的思想。它因多种原因值得注意。第一，它执拗地拒绝了全球化、资本主义和新自由主义，反而支持自我管理委员会和合作社的形成。因此萨帕塔主义代表反资本主义运动的革命之翼。第二，萨帕塔主义者不同于其他左翼革命集团，对为民执政而夺取政权不感兴趣，不愿支持特定的世界观或经济安排。这种“非竖直的”或“后意识形态”的主旨形式意味着萨帕塔主义者与当地居民、农民组织联盟，而不是“自上而下”的统治。第三，萨帕塔主义者特别强调新通信技术的使用，以便把其思想在反资本主义运动和更广泛的世界中塑造成为一个更高大的形象。

关于平等的任何讨论的第一个问题是，确定测量什么，是什么的平等?世界银行使用以收入，尤其是人均国内生产总值为基础的不平等测量。其他大多数机构也使用这种方法。之所以如此，某种程度上是因为这些数据比获得医疗保障、清洁水等更容易汇编、计算。此外在某种程度上，收入会调整购买力平价，为人民生活水平提供一个广泛而可靠的参考。然而，这种方法的主要替代者是联合国人类发展的概念。联合国人类发展概念不仅是多维的，而且把注意力从经济平等转向机会平等，即平等生活机会的思想。第二，判断全球不平等的数据并不总是完备或可靠的。世界银行年度《世界发展报告》提供了收入分配最全面、最常用的特定数据。然而，一些人质疑世界银行的中立性。直到 21 世纪初，很多数据并没有适当地考虑这些因素，如汇率、生活费用和不同国家的通胀水平，不断变化的数据收集方法和解释在不同时期使评论者们明显改变了对全球不平等的性质和程度的看法。而且在一些重要地区，收入差距的数据仍然不可靠或者缺乏，特别是有关许多贫穷国家的国内不平等的数据。

第三，全球贫困的趋势严重地受到测量时段的影响。关于不平等的长远看法考虑到了 19 世纪和 20 世纪的趋势。据此，贫富国家之间不断扩大的差距存在着一个深刻、稳定的趋势。例如，据估计 1800 年美国的人均收入可能是非洲的 3 倍，然而到了 2000 年，是 20 多倍。与非洲最贫困的国家比，它可能是 50 或 60 多倍。这些趋势显然是发达国家工业化的产物。发达国家工业化体现在稳步上升的生活水平，特别是从19世纪末开始。1945年以来这种贫富差距扩大的趋势是非常明显的，因为20世纪50年代和60年代所谓"长期繁荣"的获益几乎完全集中在工业发达国家。然而，如果测量1980年以来的全球不平等，一个更复杂的图像将会出现，即不平等的不断加剧和减少的竞争镜像都将进一步发展。此外，在20世纪80年代后的不同时间点，不同趋势都能够得以确认。例如，20世纪90年代不平等加剧了，由于发展中国家的累积债务危机、俄罗斯和其他前共产主义国家的经济混乱及随后市场经济转轨的"休克治疗"等因素。相比之下，从2001年的"9·11"事件到2007—2009年全球金融危机期间，世界经济强劲增长，这种情况有时使穷人和低收入国家比富人更受益。

第四，谁为"富人"或"穷人"的固定或客观的界定并不存在。例如，我们应该按照其居住国平均收入的10%、20%甚至30%对最富有者、最贫困者进行比较吗？这种问题不仅仅在于学术兴趣本身，而且可能影响尚未发现的趋势。2001年《人类发展报告》得出结论，包含20%最富裕的世界人口的国家的平均收入与包含20%最贫困的世界人口的国家的平均收入的比值在1970年到1997年期间已经下降（从15∶1下降到13∶1），然而10%最富裕的国家和10%最贫困的国家的这个比例增加了（从19∶1增加到27∶1）。之所以如此，是因为最近几十年里增长最快的发展中国家并不是最贫困的国家。

第五，一个事实妨碍着对全球不平等的分析，即它通常是以国家而不是个人或家庭的比较为基础的。人均国内生产总值是对一国名义上人均收入的测量，而不是人们实际收入（没有一个人会被"平均"）的测量。因此，国家间的比较往往是有限的、误导性的，除非将国内收入分配也考虑在内。事实上，如果国内收入差距存在着扩大的趋势，那么富人和穷人的差距也会扩大，即使穷国和富国的差距可能会减小。这提醒我们一个事实，即贫困的问题不仅仅局限于穷国：穷人也可以在发达国家找到。最常用于衡量一个国家内部贫富差距的标准是基尼系数，它介于0（完全平等）和1（完全不平等）之间。例如，丹麦的基尼系数为0.24，而纳米比亚是0.74。

全球不平等的轮廓

鉴于这些考量，最近几十年里全球不平等的轮廓可以分为三个主要趋势：

- 均衡的趋势，很大程度上是基于中国取得的经济成就，较小程度上是印度。
- 不均衡的趋势，很大程度上反映在撒哈拉以南非洲地区持续的、有时加剧的贫困。
- 国内不平等加剧的一般趋势。

分别包含世界人口25%～30%的最富裕国家与最贫困国家间的差距日益缩小。近几十年来中国和印度的经济高速增长可以解释这个现象。20世纪90年代以来，中国经济增长率已达到8%～10%，印度增长率为7%～8%。相比之下，工业发达国家只有2%～3%的增长率。这个影响更强，因为中国和印度总人口约占世界人口的40%。中国的减贫成效尤其显著。根据中国对贫困的计算（根据维系人类食物需求的总量），绝对贫困从1978年改革之初的2.5亿下降到2001年的0.28亿。尽管世界银行的数据略微低些，但是它仍然承认中国减贫在人类历史上是惊人之举。2008年联合国承认，中国已经实现了千年发展目标。千年发展目标是，到2015年极度贫困人数减少一半。中国的扶贫战略包括工业生产的极大发展（尤其是出口导向型产业）、大规模的基础设施项目、计划生育政策和扶贫标准的提高。在这方面，中国已经与国际伙伴特别是世界银行进行合作。另一方面，中国非常成功的减贫并不是没有代价的。这些包括排污的大幅增加、快速城市化带来的大量移民、对工作安全和家庭结构破裂的担忧。

证据表明世界其他地方已取得经济进展，但是撒哈拉以南非洲地区成为主要的例外，并且在某种程度上成为某种“第四世界”。据 2009 年《人类发展报告》统计，人类发展指数最低的 24 个国家都分布在撒哈拉沙漠以南的非洲地区，包括了“人类发展最差”的所有国家（见表 15—1）。在撒哈拉以南的非洲，人的平均寿命是 49.6 岁（世界平均水平是 68.1 岁）。据估计，74％的人口营养不良，只有 46％的人能得到清洁饮水，只有 30％的人能得到改善的环境卫生。

表 15—1　人类发展指数排名的前十名和后十名

前十名	后十名
1　挪威	160　马里
2　澳大利亚	161　布基纳法索
3　新西兰	162　利比里亚
4　美国	163　乍得
5　爱尔兰	164　几内亚比绍
6　列支敦士登	165　莫桑比克
7　荷兰	166　布隆迪
8　加拿大	167　尼日尔
9　瑞典	168　刚果（金）
10　德国	169　津巴布韦

资料来源：2010 年联合国《人类发展报告》。

为什么撒哈拉以南的非洲发展滞后？因为撒哈拉以南的非洲陷入了使其难以或无法摆脱的**贫困循环**（poverty cycle）。贫困和疾病之间的联系加剧了这种境况。艾滋病是撒哈拉以南非洲的特定疫病，占 2007 年全球艾滋病病例的 68％和所有艾滋病死亡病例的 76％。这一流行病在南部非洲国家特别严重，例如斯威士兰（33.4％的人口感染艾滋病）、博茨瓦纳（24.1％）和莱索托（23.2％）。死于疟疾的人，非洲也占了 90％，而且世界上约 80％的疟疾受害者是非洲儿童。贫穷和民事冲突、犯罪、腐败和国家管理失败之间的关联使撒哈拉以南非洲处于非常不利的地位，尤其是遗留下来的殖民主义、根深蒂固的种族和部落的紧张局势。深层次的因素还包括贫穷和极少的教育拨款、低投资率、不受控制的人口增长（在撒哈拉以南非洲 30 个国家中的 27 个是世界人口出生率最高的国家），以及所谓丰富的悖论（paradox of plenty）。

> **贫困循环：**往往使贫困延续的一系列境况，以其对健康、公民秩序、政治与经济表现等影响的方式。

最后，越来越多的证据表明，虽然国家间不平等正在减小，但国内不平等一般加剧了。科尔尼亚（Cornia 2003）在其所分析的 73 个国家中发现，2/3 的国家的国内不平等率比 1980—2000 年期间的比率有所扩大。尽管程度不同，但这可适用于很多国家。在经合组织国家中，这是很明显的。例如，美国和英国最热衷于支持新自由主义经济学。由于放松金融管制、对社会保障支出的检查、对个人和企业的税收的削减，收入差距扩大了。在前共产主义国家的东欧和拉丁美洲，这种趋势已经特别明显。在东欧，经济转型涉及共产主义制度中非常常见的经济和社会支援的大规模重组，这不仅导致了相对贫困加重，而且在一些国家也导致了不断增加的绝对贫穷程度和预期寿命的下降，如俄罗斯。20 世纪 80 年代和 90 年代在拉丁美洲，收入差距显著扩大了，这常与实施经济自由化和放松管制的外部压力有关。中国虽然自1978年以来中国经济改革大幅度提高了平均收入，并且大大降低了绝对贫困，但也带来了收入不平等，这尤其反映在城乡差距的扩大上。农村贫困的现象与全球化的影响在下一节将得到更详细的讨论。

全球化、贫困和不平等

20世纪90年代初以来，全球化对贫困和不平等程度的影响一直是辩论和争议的根源。全球化的支持者认为，全球化能够为所有国家提供增强的机会（Norberg 2003；Lal 2004），然而批评者则将全球化与两极分化、不断强化的服从联系起来（Held and Kaya 2006）。不幸的是，仅仅以实证分析解决此问题的尝试，毫无用处。最常用的方法是确定经济全球化的进展和收入不平等的趋势之间的相关性。正如已经指出的，不平等的趋势不仅是复杂的，而且某种程度上是互相矛盾的，但（向上和向下的）相关性并不一定表明其原因或意义，因为还有其他因素会影响贫困和不平等的趋势。

一些人将全球化与不断扩大的不平等联系起来，因而关注很多进程。第一，他们把全球化描绘成一个输赢的游戏，某种程度上损人利己。它激发了人们对世界体系论所倡导的核心/边缘模式的兴趣。在全球经济中发达国家是核心地区，因为它是高科技产品（包括大多数“全球货物”）和世界上主要跨国公司的家园。在全球经济中，发展中国家是边缘区域，很大程度上仅限于农业生产和原材料供应。东方（中国、南亚等）作为半边缘区，已成为全球经济的制造业大国，但未与发达国家的研究、发展和高新技术形成竞争。这样，全球化渠道有利于富裕的北方，但以较贫困的南方作为代价，这即使没有加剧也有助于维系国家之间的不平等。跨国公司利用原材料和南方廉价的劳动力，并驱使利润转移到北方，从而推动了这一进程。第二，全球贸易体系特别是自由贸易原则所暗含的趋势加剧了国家间不平等。正如第19章所讨论的，自由贸易备受批评，因为它有利于富国得到较贫穷国家的市场，而不会使自己面临类似的脆弱性。这解释了工业发达国家主要以世界贸易组织所施加的压力鼓励其他国家接受经济开放，却又坚持特例的存在（the persistence of anomalies），例如美国和欧盟所持续实施的农业保护主义。

第三，全球化的进展与日益加剧的农村贫困和城乡差距拉大有关。农村地区人口占生活费少于每天1美元的人口的3/4。之所以如此，很大程度上是因为全球经济的压力极大地破坏了发展中国家的农业，它鼓励农民转向经济作物，并放弃面向当地需求和社区的自给农业。

第四，全球化至少以两种方式加剧了国内不平等。第一种方式是社会等级的加强。公司权力变得更强大，因为企业能够施加更多政治影响力，并且几乎可以随心所欲地重新定位投资和生产。而工会受到这样一种恐惧的削弱，即高工资、条件改善的煽动仅仅会威胁工作保障（job security）。第二种方式是，更开放和更有竞争力的经济已迫使所有国家某种程度上放松经济管制和重组其税收制度，同时这也会降低福利水平和再分配方案。因此富者愈富而穷者愈穷。更糟的是，**“点滴获益”**（trickle down）理论几乎处处被揭露为一个神话。

点滴获益：该理论意指自由市场政策的实施不仅有利于富人而且也利于穷人，即通过经济增长的提高、生活水平普遍提升的方式。

另一方面，全球化的支持者把全球化描绘为减贫、缩小不平等的最可靠方法。这体现在两种主要方法中：第一，全球化是一种正和博弈（positive-sum game）：全球经济参与者双赢。这是弗里德曼（2006）所宣称的意思，即世界正在扁平化，而且全球化已经拉平了先进工业经济体和新兴经济体之间的竞争环境。20 世纪 80 年代初以来，全球化加速发展。在世界上以前以贫困和不发达为特点的一些地区，新兴工业化国家崛起了，取得了重大的经济进步。此外，新兴工业化国家将其发展确立在参与全球化的战略上，而不是任何退出的尝试。其两个主要战略是**进口替代**（import substitution）工业化和出口导向型发展。其锁定的一系列产业被视为能够在国际市场上成功地进行竞争。

中国是个最引人注目的例子，说明新兴工业化国家如何使全球化对自己有利。但是印度、巴西、墨西哥、马来西亚和亚洲“四小龙”等国家和地区也采用过类似的战略，尽管具有国家差异。证据表明，世界经济中的一体化——或者至少“战略性”一体化——与不断上升的人均国内生产总值相关，同时一体化的失败或拒绝往往与低增长或经济停滞相关联。撒哈拉以南非洲的经验证明了这一点。全球化的支持者也挑战这种观念，即跨国公司是南方的敌人、全球正义的威胁。事实上，跨国公司带来一系列的好处，包括就业机会、更高的工资、技能的培训和投资、现代技术。此外，跨国公司并没有控制发展中国家的政府，而是这些政府利用跨国公司实现其自己的目的，从而与跨国公司形成联盟。最后，即使点滴获益经济学似乎已失败，支持全球化的理论家往往辩称，如果富者愈富导致国内不平等增长，那最重要的事情不是使穷人富裕起来，而是使他们变得不太穷。这提出了不平等的普遍重要性的问题。

进口替代：保护国内工业不受外国竞争的一种经济战略，至少在企业创业阶段如此。

聚焦

世界体系论

世界体系论提供了对全球经济性质和运转的新马克思主义分析。其最卓越的代表者是伊曼纽尔·沃勒斯坦。世界体系论的核心思想是，16 世纪以来资本主义已经创造了全球经济系统，包括三个相互联系的部分：

- 核心地区，具有相对较高的工资、先进技术和多样化的产品结构，包括大量市场化产业和精细的农业。
- 边缘地区，具有低工资、更初级的技术和简单的产品结构，而且这种产品结构指向谷物、木材、白糖等必需品。
- 混合经济的半边缘地区，其包括一些核心地区的特性、一些边缘地区的特性。

核心—边缘模式强调强国如何能够将不平等交换强加于弱国。经济盈余从边缘地区向核心地区的转换有助于维系依附和欠发达状态。边缘地区的低工资和低利润服务支持着核心地区的高工资和高级生产者。半边缘地区在世界体系中扮演着缓冲器或减震器的角色，有助于确保核心国家不会面临一致的反对。核心地区和边缘地区之间的政治差异进一步巩固了这种关系。前者拥有民主政府、有效的国家机器和发达的福利服务，而后者通常拥有独裁的政府、软弱或无效的国家机器和非常基础的福利服务。全球经济中全球贫困、区域不平等的终结需要资本主义世界体系的颠覆或者由于其本身固有的不稳定和周期性危机所导致的崩溃。

全球不平等重要吗?

对平等的态度传统上已经塑造着（如果没有界定）人们的核心意识形态的取向。尽管左翼人士一般支持平等和社会正义，然而右翼分子往往认为不平等是不可避免的，甚至可能是有益的。这些立场也影响着对于全球化的争论，并反映在大多数全球化批评者的大致强调平等的立场和全球化支持者的一般强调不平等的立场中。赞成社会平等的情况是以三项考量为基础的：权力、冲突与个人幸福。平等与权力有关，因为社会不平等影响着权力关系。富人控制着经济和社会资源，从而使其能够控制和欺压穷人。由此观之，富人是富裕的，其对待穷人的方式可能使其变得越来越富。因此，不平等的世界是不公正的和剥削性的，这意味着全球正义不仅需要绝对贫困的减少，而且也需要贫富差距的缩小。

不平等与冲突之间的联系是明显的。事实上，社会不平等现象滋生不满、敌意和冲突。较贫穷国家的国家内不平等尤其引起了关注。发展中国家的普遍贫困、不断扩大的收入差距也许是全球化的主要后果之一，造成了滋生族群和部落冲突、公民秩序崩溃的土壤。在此意义上，全球不平等现象可能不仅导致国家的失败和人道主义危机，而且还导致了更多的“新”战争和恐怖主义的上升。不平等和个人幸福的联系出现了，因为人的安全和幸福都受这一事实的影响，即人们总是根据其他人所拥有的东西看待自己的社会地位。如果人们觉得被排斥在社会中的惯例性回报和利益之外，那么他们会感到被边缘化了，而且权力被剥夺了（Wilkinson and Picket 2010）。这或许对国内不平等有着更为清晰的含义，其中不太富裕人的生活相对地接近经济状况良好的富人生活。然而，全球信息和通信的增长意味着这可能也越来越多地适用于国家间不平等。例如，如果人们日益意识到“地球村”其他地区的繁荣，那么这可能会刺激从穷国到富国的大规模移民。

但是，其他人质疑不平等的重要性，甚至认为缩小贫富差距的努力是错位的或注定会失败的。这种论点首先强调贫困而不是不平等。从这个角度看，绝对贫困是真正的问题。饥饿、洁净水匮乏、卫生设施以及寿命低等社会丑恶现象，比起富人和穷人之间的差距，是对快乐和个人幸福更严重的威胁。若是如此，国家、区域和全球政策应该以减少极端贫困为目标，而不考虑所谓相对贫困的意义。因此，富者越富或许更富的问题并不重要，只要穷人不会更穷。

第二个论点是，不平等具有某种经济效益。经济自由主义者长期以来一直主张，社会拉平（social levelling）会导致经济停滞，因为它遏制了企业和人们辛苦劳作的期望，消除了其动机。从这个角度看，国家社会主义政权的低增长率甚至最终崩溃的原因之一是其相对平等的社会结构。事实上，不断扩大的不平等可能是工业发展“起飞”阶段的一个特征。

第三个论点是，国家间或者国内的收入或财富的分配在道义上和政治上不太重要，尤其是相比于如何实现这种分配的问题。由此观之，自由比平等重要得多。在个体层面，人们有机会在社会中起起落落，而且其最终地位是其愿望、才干、工作意愿的反映。从全球角度来看，各国享有主权而且不受外来干预，允许其使用自己的资源而设计战略以实现其在全球经济中的国家发展。只要各国享有政治独立，那么其经济排名可能会影响到自己的公民，但这不是一个全球正义的问题。

发展与援助的政治

结构调整方案和超越

20 世纪 50 年代和 60 年代帝国的终结在发展中国家产生了深远的政治影响，但只是产生了很小的经济影响。世界经济中工业化的北方与贫困的南方之间原有的劳动力分工仍然没有变化。工业化的北方是制造和生产的家园，而贫困的南方是主要产品来源地，特别是原料和食品。南方经济多样性的缺乏加剧了其经济脆弱性，因为许多发展中国家（在某些情况下仍然是）依赖于单一商品或范围很窄的大宗商品的出口。2005 年，仍有 43 个发展中国家依赖于单一商品出口，占其总收入的 20%以上。世界出口市场的波动往往导致单一经济部门的衰退，从而造成破坏性的后果。20 世纪 70 年代末以来，世界银行和国际货币基金组织采用全新的激进方式以促进发展，这在后来被称为结构调整方案。这种政策变化为什么会发生？结构调整方案的目的和性质是什么？

由于两个主要原因，发展观转向结构调整。首先是发展中国家日益严重的**债务危机**。之所以如此，是因为穷国大举从西方银行和其他私人机构借债。这些西方银行和私人机构自己有充足的石油美元，这是 1973 年成立的石油输出国组织造成石油价格的急剧上涨的产物。然而，利率上升和 20 世纪 70 年代（某种程度上由于世界石油危机）很多发展中国家的经济放缓，使其很难甚至不可能偿还债务。在此背景下，许多发展中国家从国际货币基金组织（为了应付国际收支危机）或世界银行（以便资助发展项目）借贷。在以前贷款几乎没有促进经济增长的背景下，全球金融制度开始面临越来越大的增加或重组贷款的压力。第二个因素是意识形态的转变，这是 20 世纪 70 年代初布雷顿森林体系崩溃和所谓的华盛顿共识的产物。即认为债务危机和其他问题是许多发展中国家经济中的结构性低效、糟糕的或误导性的政府政策所导致的。基于这种认识，国际货币基金组织和世界银行寻求将**附加条件**（conditionalities）纳入未来任何贷款的条款之中。这些条件的目的是，产生符合新自由主义原则的、以市场为导向的、结构调整的经济政策。

债务危机：由于经济盈余不足以支付利息还款，导致国家无法偿还债务的局面。

附加条件：通常由国际货币基金组织和世界银行所提出的一种要求，即在同意或申请贷款前，经济政策的未来方向的某些条件得到满足。

结构调整方案的实施事实上是颇具争

议性的。其背后的思想明显地根植于经济自由主义。对国际货币基金组织和世界银行官员来说，发展的关键是市场改革，培养活力、创新与创业精神，他们认为这对于加快经济增长、增加就业和减贫是必要的，因而他们鼓励较贫穷国家的政府实施这些改革，国际货币基金组织和世界银行官员认为，他们正在为国内民众的长远利益而积极行动起来。此外，结构调整方案不是强加于勉强的或有抵触的政府，而是以独立国家和国际机构采取谈判和协商的方式进行的，这种方式基于下面的意识，即独立国家承认替代性贷款来源是无效的。所谓结构调整方案的主要好处是，自由贸易和市场改革将有利于国家经济融入全球经济。因此人们认为，它会给增长率的提高、贫困循环的终结以最大的希望。事实上，非洲和东亚经济表现的显著差异可能会支持这种想法。在 20 世纪 50、60 年代，许多非洲国家的人均国内生产总值与多数东亚国家仅有较小差异，有时还比大多数东亚国家高。例如，中国和印度等国家普遍被视为经济“废物”。但是，东亚国家其后经济迅速发展。首先是亚洲“四小龙”出口导向型战略取得成功，随后 1978 年中国进行市场改革。特别是 1991 年后，印度加快了市场改革。这种鸿沟日益扩大的例子体现在这个事实中，即 1957 年加纳国民生产总值（GNP）比韩国高，但 1996 年韩国国民生产总值是加纳的 8 倍多。不过，东亚经济体良好的表现归因于自由贸易的想法应该谨慎对待，尤其是鉴于其所使用的国家援助、保护主义形式（正如第 4 章所讨论的）。

然而，人们认识到，近年来成功地促进经济增长和减贫的国家虽然强调贸易和经济一体化，但是这没有表明结构调整方案的好处。事实上，结构调整方案不能有效地实现这些目标，正如国际货币基金组织和世界银行最终承认的（Przeworski and Vernon 2000；Easterley 2001）。常常是由美国训练的国际货币基金组织和世界银行的技术官僚设计自上而下的市场改革方案。这些方案往往很苛刻，很少注意到当地的需要和情况。例如，在智利（它采用芝加哥经济学派所设计的改革，效仿了米尔顿·弗里德曼的思想）、阿根廷和墨西哥，以市场为导向的结构调整导致了多年的经济混乱和政治不稳定。继 1997 年亚洲金融危机后，值得注意的是马来西亚拒绝接受国际货币基金组织提供的贷款和其附加条件。但马来西亚经济比泰国和韩国复苏快得多，而这两个国家接受了贷款，并忠实地执行了国际货币基金组织的方案。中国（一定程度上包括印度）的教训是，以市场为导向和支持出口的改革只有当它们也是国家发展战略的一部分时，才能够最有效地运作，因为这使得各国能够实质上按照其自己的条件参与全球经济。

聚焦

结构调整方案

结构调整方案（有时称结构调整贷款）是国际货币基金组织和世界银行所使用的手段，以尝试克服其所认为的结构性低效。这种结构性低效抑制着发展中国家的经济增长。特别是 20 世纪 80 年代和 90 年代期间，结构调整方案被当作发放贷款的基础，这反映了对经济自由主义的坚定信念以及以自由市场的名义削减控制和政府干预的愿望。对于其所应用的所有国家而言，结构调整方案往往具有类似的目标和要素。关键的改革包括：

- 削减政府开支，经常以削减福利或增加政府收入方式平衡政府预算（例如，政府服务的高收费方式）。
- 减少或取消国内产业的补贴，通常是进口替代战略的一部分。
- 减少或消除对进出口商品的关税、配额和其他限制。
- 一般放松对经济的管制，尤其取消对外国投资的限制以实现所谓的资本市场自由化。
- 私营化或卖掉政府拥有的工业和服务业。
- 汇率贬值以鼓励出口和减少进口。

结构调整方案的缺点是什么？第一，正如约瑟夫·斯蒂格利茨（Joseph Stiglitz）等分析家所指出的，它们往往造成更多而非更少的贫困。例如，削减政府开支的压力经常导致福利、教育和健康的财政预算减少。这对较不富裕阶层尤其是对妇女和女孩产生了不相称的影响。同样，相对较弱的经济体处于外国竞争的结果就是常常加剧失业，同时总是以“劳动弹性”（labour flexibility）的名义迫使工资降低和工作条件恶化。不断增加的外国投资也倾向于关注世界市场消费商品的生产，而不是学校、道路和医院。因为在这些地方经济回报不尽如人意。第二，结构调整方案远未创建出全球经济增长的新兴浪潮以实现“水涨船高”（lift all boats）。结构调整方案可能更关照主要捐助国的利益，特别是美国。相比于其对发展中国家所需要做的事情，这些国家更关注寻求扩大投资和贸易机会。事实上，这可能反映出国际货币基金组织和世界银行的深刻偏见，例如，国际货币基金组织和世界银行很大程度上依赖于西方或西方训练的资深官僚和分析家，同时在遭受饥饿、疾病、贫穷、扶摇直上的债务的压力下，发展中国家在处理与国际组织事务相关的方面拥有有限的决策自由。

最后，也许最关键的是，许多人会认为结构调整方案是以有缺陷的发展模式为基础的。他们具有非常弱的实证基础，因为它是以一种实际上没有任何一个发达国家会遵从的发展模式为基础的。工业发达国家强加结构调整方案，实际上是说：“按照我们所说的做，而不是按照我们所做的去做”（do as we say，not as we did）。例如，美国、德国、日本以及中国的例子表明，早期工业化与这种意愿密切相关，即保护工业免受外国进口的竞争直到它们强大到足以参与竞争。一旦这些国家达到经济成熟的水平从而可以确保其国内产业不再脆弱时，它们会转向自由贸易政策和经济自由主义。相比之下，结构调整方案是以自由市场发展的神话为基础的，因为它们将开放经济视为发展的前提条件，而不是结果。在20世纪90年代，因为结构调整方案越来越遭到批评，改革的压力随之增加。甚至国际货币基金组织和世界银行也逐渐认为，结构调整方案至少造成了经济和社会的短期崩溃，因而不是一种推动经济增长的可靠手段。2002年以来，结构调整“一刀切”的做法很大程度上已被放弃。减贫战略文件（Poverty Reduction Strategy Papers）取代了传统的结构调整方案，它是更灵活的、修改过的结构调整方案，寻求促进国家所有制、更加强调减贫和允许长期贷款（长达 7 年）。然而，市场经济和促进出口的基本侧重仍然未受到挑战。

国际援助和发展伦理

20 世纪 80 年代以来，有关发展及其如何最好地实现的问题日益引起政治和伦理方面的争论。某种程度上，这反映了以市场为取向的“正统的”发展观的失败，人们开始更加关注更具批判性和反思性的“替代性”发展理论。除了其他方面，这将赋予发展中国家以更广阔的空间，而不是发达国家的技术官僚干预。例如，阿马蒂亚·森（1999）提出了“作为自由的发展”的理念，贫困的“人类发展”观也日益得到关注。此外，全球反贫困运动开始出现，它往往是更大规模的反全球化或反资本主义运动中的最突出因素。一系列广泛的发展性非政府组织传递着反贫困信息，如大赦年运动（Jubilee 2000）（为 2000 年结束发展中世界债务而活动）、让贫穷成为历史运动组织（the Make Poverty History campaign）、1985 年的现场援助音乐会（the Live Aid concert）（其目的是为埃塞俄比亚的饥荒筹集救济资金）、Live 8 音乐会（the Live 8 concerts）以及各种抗议活动。这些抗议活动寻求影响 2005 年在苏格兰格伦伊格尔斯召开的八国集团首脑会议。这促成了一个大胆的愿望，如萨克斯（Sachs 2005）所称的“贫困的终结”，并为实现这个愿望确定了宏伟的目标。其中最重要的努力是《千年发展目标》，它为发展议程注入了新的活力。

全球行为体

世界银行

类别：政府间国际组织　**建立时间：**1944 年　**总部：**华盛顿　**成员国：**186 个国家

世界银行提供贷款、财政和技术援助，以支持重建和发展，并越来越强调减贫的目标。世界银行产生于 1944 年的《布雷顿森林协定》，1947 年发放了第一笔贷款（2.5 亿美元贷给法国，用于战后重建）。银行包括两个机构：

- 国际复兴开发银行（IBRD）。
- 国际开发协会（IDA）。

世界银行总裁负责银行全面管理。董事会监管贷款的批准和担保、新政策、预算和关键性战略决策。成员国的财政贡献确定其在世界银行中的投票权。虽然国际复兴开发银行以在世界金融市场中发售债券方式获得资金，但是国际开发协会大部分资金来源于 40 个捐助国，尤其是美国。主席始终是由美国财政部部长提名的美国公民担任。1945 年银行资本为 100 亿美元，2003 年已增加到 1 895 亿美元。1993 年以来，该银行每年放贷总计大约为 200 亿美元。

意义：在初期，世界银行集中精力促进战后重建。然而随着时间推移，促进发展成为其工作的焦点。这经历了一些阶段。第一，世界银行有时被视为“毫无顾虑的现代化”，主要支持大型基础设施项目，如交通、能源、电信等。20 世纪 70 年代，在罗伯特·麦克纳马拉（Robert McNamara，1968—1981）的主持下，世界银行更加强调减贫，如推动农村发展项目并专注于满足基本需要。20 世纪 80 年代初以来，许多发展中国家面临日益严重的债务危机，而且受到意识形态转向华盛顿共识所代表的新自由主义经济学的影响。在这两方面的影响下，世界银行和国际货币基金组织支持“结构调整”战略。结构调整方案把贷款和其他形式的支持与一系列市场改革，后来甚至包括政治条件联系起来。这些设计旨在尽可能快地重建发展中国家的信用可靠度，以再次关注消除贫困的斗争。20 世纪 90 年代，面对日益增多的批评和对结构调整计划失败的认识，世界银行开始不再强调宏观经济改革，而是更加注重发展的结构、社会和人性方面。1999 年，世界银行的全面发展框架（the Comprehensive Development Framework，CDF）、经合组织、国际货币基金组织和联合国，为 2015 年减贫的实现设定了六个主要目标。这项新战略已被称为“后华盛顿共识”（post-Washington consensus）。

世界银行是世界上有关发展问题和减贫的主要组织。世界银行的支持者强调世界银行以发展项目的方式成功地将资源从富国转向穷国。他们也指出，银行已从早期的错误中吸取教训，如对更灵活、创新性的减贫方法的需要，使其更重视国家所有制。此外，银行是发展信息的主要收集者、传播者，其出版物包括《世界银行年度报告》、《世界发展报告》、《全球金融发展》的评论。世界银行的批评者认为，世界银行为发展所提供的资金不足，而且减贫的记录是贫乏的。此外尽管放弃了刻板的结构调整方案，但其新自由主义偏见依然存在，世界银行、世贸组织和国际货币基金组织往往都支持全球经济秩序的失衡和差距，而不是挑战它们。

聚焦

千年发展目标：全球贫困的终结?

《千年发展目标》是 2000 年 12 月联合国大会所批准的长期和中期（到 2015 年实现）发展日程。其目标是在每个人类发展的关键领域确立具有挑战性的目标，为全球发展努力注入新的紧迫感。189 个国家正式批准了《千年发展目标》，并在 2000 年联合国千年首脑会议期间由 147 位国家元首和政府首脑签署。八项千年发展目标是：

目标 1：消灭极端贫困和饥饿。

目标 2：实现普及初等教育。

目标 3：促进性别平等和赋予妇女权力。

目标 4：降低儿童死亡率。

目标 5：改善产妇保健。

目标 6：防治艾滋病、疟疾和其他疾病。

目标 7：确保环境可持续性。

目标 8：形成全球发展的伙伴关系。

这些目标不仅注重财富转移，而且也注重全球经济规则的变化以消除结构性不平等。第 8 个目标特别强调这一点（是唯一没有固定目标的目标），包括建立开放的贸易和金融体系。这种体系是以规则为基础的、可预测的、非歧视性的。

这些发展的根本所在是，新的发展伦理的形成。这种新的发展伦理反映了现实主义假设影响的不断下降，而世界主义意识不断加强。在现实主义发展观中，对外国的援助和其他形式的支持的动机是也应该是对国家利益的关切。它是以下面的假设为基础的，即人们的道德义务本质上受到公民身份和文化的限制，因而限于具有相同民族认同、同一共同体的民众。这种伦理民族主义（ethical nationalism）表明，某种开明自利（enlightened selfinterest）应该考虑对其他民族和国家的困境的关切，例如，富裕国家提供国际援助，基本上是支持为其自身利益而创建新的和充满活力的市场。相比之下，世界主义将道德意识全球化，并将这些道德意识扩展到所有民族和群体，而不顾忌民族差异。鉴于此，它提供了一个更强大和更积极的基础，以支持基于全球正义原则的发展和减贫。因此道德义务的程度，特别是我们的义务是否会扩展到世界上其他所有人的问题，将成为热议的话题。

重要的发展理论家

贾格迪仕·巴格瓦蒂（Jagdish Bhagwat，1934—　）

美籍印度经济学家、联合国和世贸组织顾问。巴格瓦蒂是自由贸易的斗士，认为全球化具有“人类的面孔”，即使它需要得到更多的赞同。其作品包括《为全球化辩护》（*In Defence of Globalization* 2004）、《交易系统中的白蚁》（*Termites in the Trading System* 2008）。

苏珊·乔治（Susan George，1934—　）

美国政治科学家。乔治一直强烈地批评国际货币基金组织和世界银行的“畸形”政策，强烈批判资本主义对穷人的影响。其作品包括《另一半如何死去》（*How the Other Half Dies* 1976）、《命运比债务更糟糕》（*A Fate Worse Than Debt* 1988）、《如果另一个世界是可能的》（*Another World is Possible If* 2004）。

杰弗里·萨克斯（Jeffrey Sachs，1954—　）

美国经济学家。萨克斯一直是可持续发展的拥护者，强调极端贫困和饥饿的终结，为联合国千年发展目标建言献策。其出版物包括《贫困的终结》（*The End of Poverty* 2005）和《共同财富》（*Common Wealth* 2008）。

阿马蒂亚·森（Amartya Sen，1933—　）

印度福利经济学家和哲学家。他的重大贡献是推动发展观从经济模型转向能力、自由和选择等思想。其作品包括《贫穷和饥荒》（*Poverty and Femine* 1981）、《作为自由的发展》（*Development as Freedom* 1999）和《正义观》（*The Idea of Justice* 2009）。

另请参阅约瑟夫·斯蒂格利茨(第 440 页)。

至少三个主张支持这种发展伦理。第一个论点是以一般仁（general benevolence）原则为基础的。例如，彼得·辛格（1993）运用功利主义观点，提出了一个原则，即“如果我们没有牺牲任何同等重要（comparable significance）的事情而能够防止一些事情，我们就应该去做”。功利主义观点支持促进整体幸福、降低疼痛和痛苦的总体水平的行为。因此，如果绝对贫困是坏的，而且至少一些绝对贫困可以防止而不需要重大牺牲（如慈善捐助或抗议），那么这些情况下不提供帮助就错了。根据辛格的观点，这甚至在道德上相当于谋杀。第二个论点是以人权学说为基础的。“发展权”的思想产生于经济权利、“第三代”团结权利（正如第 13 章所讨论的）。这一权利把重要的责任强加于他人。例如，舒尔（Shue 1996）以此为基础认为，人们不仅有不剥夺他人的义务，更有甚者还有减轻他人被剥夺的义务。对这项责任的认可将意味着，财富和资源将在全球层面上重新分配。第三个论点是以纠正过去不公平的努力为基础的。如果北方发达国家的财富主要来源于对南方发展中国家的压迫和剥削（特别是殖民主义和新殖民主义），那么这赋予富裕国家以强有力的义务，以弥补或补偿过去的行为。不过，很明显，那些被迫支持减贫的国家也许并未参与剥削，但它们是过去和现在剥削的受益人，是更大范围的剥削因果链的一部分（Dower 1998）。

国际援助是国家履行发展责任和帮助其他国家社会经济发展的主要方式。援助可能包括提供资金、资源和设备，或派遣人员和专家。不过，尽管一系列重大国际发展举措往往注重增加援助的承诺，但实际提供的援助水平一直让人忧虑。虽然富裕国家一直致力于联合国的捐助目标，把 0.7%的国民生产总值用于援助，但捐赠水平仍然滞后。仅有五个经合组织国家（挪威、瑞典、卢森堡、丹麦和荷兰）在 2007 年实现了这个目标。实际援助水平一般是在 0.2%～0.4%。2007 年，美国的援助水平只有 0.16%。此外，官方援助数字出了名的不可靠，因为它们的计算通常包括债务减免和捐助国的行政费用，然而这些都不是直接的经济援助。另一方面，官方数据仅考虑政府支出，而忽略了这个事实，即各类私人捐款会更多。例如，美国私人捐赠（从基金会、企业、非政府组织、宗教机构和院校）是美国国际援助预算的两倍多，而且从美国向发展中国家寄出的个人汇款是其国际援助预算的三倍左右。不过，人们普遍赞同国际援助水平不足以支持有意义的发展，并且正在使《千年发展目标》的实现面临风险。虽然在小学教育、艾滋病的治疗和安全饮用水等一些领域已经取得重大进展，而且撒哈拉以南非洲国家贫困减少了大约 1%，但这些国家似乎也不可能达到 2015 年的目标。此外，在全球金融危机的背景下，发达国家 2007 年和 2008 年减少了援助预算，事实上损坏了对公平发展的寻求。

国际援助：国际援助（有时称为对外援助或海外援助）意指把货物或服务从一国向另一个国家转移，至少某种程度上受到使受援国或其民众获益的愿望的推动。双边援助是一个国家直接对另一个国家提供援助，而多边援助是经由或者通过国际组织提供。人道主义援助（或紧急救济）不同于发展援助，前者强调立即和基本需要，而后者则关心长期的项目。这个词是有争议的，因为它可能将利他动机给予了本质上自私的行为。之所以如此，是因为援助往往带有“附加条件”（strings attached），因而并不总是纯粹人道主义的行为（例如，贷款都经常算作援助）。

这些困难推动了一些尝试，以便产生用于国际援助的额外资金。这其中包括所谓的**托宾税**（Tobin tax）、机票税和国际融资机制（the International Finance Facility）。托宾税的目的是抑制金融市场的波动性。国际融资机制则涉及政府公债在金融市场的销售。然而，国际援助的问题不仅仅是数字。国际援助的质量可能与其数量一样重要。萨克斯（2005）为成功的援助确定了标准，即成功的援助应该是有针对性的、具体的、可衡量的、负责任的和可伸缩的（与指定的任务规模大致相等）。此外，它应该支持“三重转换”（triple transformation）。在农业方面，它应提高粮食产量以结束周期性饥荒，特别是促进**“绿色革命”**（green revolution）。在健康方面，它应以改善营养、提供更清洁的饮用水和基本卫生保健服务为目标。在基础设施方面，各种项目应该改善交通、供应链和连接性，从而有助于解决经济孤立。

托宾税：美国经济学家托宾（James Tobin）所提出的外汇交易税。

绿色革命：通过农药及高产作物的使用以提高农业生产力。

腐败：因对私利的追逐而未能实施“正确的”或公共的责任，通常涉及贿赂或盗用。

关键性事件

主要发展举措

1970 年	富裕国家致力于实现联合国的目标，为较贫穷国家提供其国民生产总值的 0.7%及官方援助。
1974 年	《联合国国际经济新秩序宣言》（NIEO），包括呼吁北方把资源重新分配到南方。
1980 年	由勃兰特（时任联邦德国总理）担任主席的《国际发展问题独立委员会勃兰特报告》强调南北鸿沟的深度，但也强调“利益互补性”的论点。
1987 年	发展委员会编写了布伦特兰报告《我们共同的未来》，它强调可持续发展原则，把经济增长和减贫、更有力的环境保护联系起来。
1992 年	联合国环境与发展会议，也称地球首脑会议，尝试把可持续发展转化为一系列的政策建议。
2000 年	《千年发展目标》，大约 189 个成员国和至少 23 个国际组织签署了一系列在 2015 年前实现减贫的大胆目标。
2005 年	在苏格兰格伦伊格尔斯召开的八国集团首脑会议，同意增加对非洲的援助和采取债务免除的方案。

然而，国际援助促进发展的理念并非没有受到质疑。经济自由主义者甚至认为，援助是一种“贫困陷阱”，有利于巩固剥夺、延续全球差距。从这个角度来看，国际援助往往助长依附，削弱主动性并破坏自由市场的运作。例如，伊斯特力（Easterly 2006）认为，40 多年来，富国对非洲 5 680 亿美元的国际援助，并没有使人均收入增加。**腐败**（corruption）滋生是解释这种黯淡形势的主要因素。一个制度体系中的腐败程度取决于这些条件，例如外部检查的有效性、行政纪律的水平、内部法规

和制度的强度、经济发展的一般水平。对专制或独裁政权来说，政府对政府的援助常常因精英群体的利益被蚕食，因而对减轻贫困或盘剥贡献很小。因此，20 世纪 90 年代以来，援助方案更加强调和要求“善治”(good governance)。此外，很少有人无私地提供援助。现实主义者辩称，如果提供援助，也总是为了捐助国的国家利益，援助总有附加条件。因此，大部分美国官方的国际援助与贸易协定有关。这是欧盟现在积极防止的事情。同样，似乎旨在减轻饥饿的粮食援助常常呈现出**食品倾销**(food dumping) 的形式，这就削弱了当地农民的竞争力，使其不能竞争和退出工作岗位，从而陷入贫困。

债务减免和公平贸易

20 世纪 70、80 年代债务危机以来，发展中国家的债务问题一直突出。它给南北双方都带来了问题。当较贫穷国家(1982 年始于墨西哥) 宣布它们不再能还债时，许多发达国家银行面临倒闭的可能性。但是更严重的是，南方发展中国家由于其债务和经济表现欠佳，把越来越多的钱专门用来偿还其不断增加的债务，从而牺牲了学校和医院建设、经济基础设施的投资和贫困的缓解。尽管世界银行和国际货币基金组织的贷款为世界各地的发展中国家提供了最优惠条件，但债务仍急剧地升级。例如，津巴布韦外债从 1970 年的 8.14 亿美元上升到 1990 年的 70 亿美元。因此，越来越多的要求**债务减免**的运动(debt relief) 开始出现 (George 1988)。

但是，反对减免债务的强有力声音也开始出现。例如，人们开始关切其对世界金融体系稳定的意义以及其传递给较贫穷国家需要支持金融规章的信息。另一方面，北方发达国家越来越意识到，如果日益增长的债务负担加剧了南方发展中国家的贫困，那么它仅仅会增加扩大国际援助和其他形式的支持的压力。1989 年美国推出“布雷迪债券”(Brady bonds)，以此承诺支付 20 世纪 70、80 年代期间拉美国家的部分债务。根据 1996 年达成的《重债穷国动议》，世界银行和国际货币基金组织同意将债务减免机会扩展到世界上 40 个最贫困国家。根据《重债穷国动议》，乌干达首先享受到债务减免。到 2006 年 29 个国家享受债务减免，金额估计约为 620 亿美元。2005 年，八国集团格伦伊格尔斯协议(Gleneagles deal) 大大加快了债务减免的步伐，欠国际货币基金组织和世界银行的债务将得到 100%减免。到 2006 年，这覆盖了 21 个国家的 500 亿美元。最终计划涉及多达 43 个国家。毫无疑问，债务减免取得了很大进步，比不断增加的援助水平或自由贸易向公平贸易的转变取得了更大的进步。然而一些人认为它削弱了增加援助的压力，因为债务减免的拨款通常计算在国际援助预算内。

食品倾销：为了维持市场份额或者提高全球物价，向贫穷国家提供免费或者低价的额外食品捐赠。

债务减免：把外债注销或减少到可维持的水平，往往与善治的条件有关。

争论

国际援助起作用吗?

传统上国际援助被视为穷国反贫困和刺激经济增长的主要方式之一。如果我们试图促进发展，解决办法是提供更多的援助。不过，令人道主义者烦恼的挑战是，援助有效的证据是缺乏的。

赞成

更加公平的竞争环境。自力更生和全球市场力量将会“抬高所有船只”（raise all boats）的想法基本上是有缺陷的。全球经济中的结构性偏差有利于富国而牺牲穷国的利益，尤其是自由贸易、公司力量集中在北方发达国家的影响。因此，贫穷的国家不能平等地竞争。国际援助确保资金和资源从北方发达国家向南方发展中国家的逆流，从而有助于抵消这些差别。一些人进而认为，提供国际援助的道德责任是存在的，因为北方发达国家的财富和繁荣很大程度上是以对南方发展中国家的虐待为基础的。

国内能力建设。援助只是为受援国提供钱，它们可以按照自己的愿意用于正当或不正当的用途，这只是个神话。国际援助越来越多地用于长期发展项目，倾向于未来的建设能力。例如，援助往往用于改善经济基础设施（坝、道路、桥梁、机场）、提高粮食生产（“高科技”作物、农药、灌溉计划）和改善卫生服务和教育，尤其是初等教育。援助的有效性明显地体现在这个事实上，即中国、印度、巴西和泰国等是过去的主要援助对象，现在它们本身正在发展战略性援助计划。

紧急救援。现在越来越多的援助份额是所谓的人道主义援助，为紧急救援之用。当人道主义危机变得更为常见时，紧急救援的需求日益增加，如内战和种族冲突的增加以及全球变暖所导致的气候变化。因为紧急救援包含食物、清洁水、住房、接种疫苗，所以其正当性仅仅在于拯救生命。国际社会越来越多地认为，在这些情况下它具有行动起来的道德义务。

反对

无效的帮助穷人。几乎没有可靠的证据可以证明，援助会促进经济增长，并有助于减少贫困。这当然产生于非洲特别是撒哈拉以南非洲的经验。几十年的国际援助没有推动经济进步，甚至在某些情况下起反作用。事实上，援助会加强全球不平等模式，而不是挑战不平等，它会阻碍受援国的创新和自力更生，加强一种依赖文化。不管怎么说，援助水平不足以影响穷国和穷人。

扭曲市场。任何形式的援助或外援往往都会扰乱市场经济的脆弱平衡，市场经济原本为贫穷国家提供其最好的长期发展前景。但援助不仅降低激励作用，阻碍创业精神的发展，其也意味着资源没有得到最大效用的使用，导致经济无效和生产低效。因此，援助可能“挖空”一个经济体，有效地取代本地企业和行业，或至少限制其发展。这体现在粮食援助将削弱国内农业生产的趋势，从而助长农村贫困的扩大。

腐败和压迫。受援国政府和官僚往往掌控着援助。权力往往集中在少数人手中，而且问责机制是不完善的。这往往有益于腐败的领导人和精英，而不是民众、项目和方案。事实上，援助实际上会助长腐败和加剧压迫，因为专制统治者可能使用援助资金，以支持其自己的富裕生活，并以压制反对者而扶持其所青睐的族群或部落群体的方式扩大自己的政治控制。此外，确立与“善公”相关的援助条件远比实行更为容易。

见诸行动的全球政治

“非洲年”

事件：2005 年期间，国际社会前所未有地关注非洲的困境，尤其是促进撒哈拉以南非洲，即世界最贫穷的地区的发展。虽然其他地区取得了进展，而且东亚和南亚部分地区进步迅速，但是撒哈拉以南非洲的状况仍然大致维持不变，甚至在某些方面变得越来越糟。生活费不超过 1 美元/天的人口百分比从 1990 年的 45%上升至 1999 年的 49%。在将 2005 年确定为“发展年”或“非洲年”后，减贫问题特别是撒哈拉以南非洲的困境成为最重要的国际议程。最重要的是，在苏格兰格伦伊格尔斯举行的八国首脑会议达成了历史性协议。世界上最发达的国家将致力于：

- 到 2010 年，国际援助增加到每年 500 亿美元。一半用于援助非洲，从而使对非洲大陆的援助增加一倍。
- 100%地取消其所欠国际货币基金组织和世界银行的债务。最初，该协议覆盖 19 个国家，进而 24 个国家被列入债务减免的计划。
- 为多哈回合全球贸易谈判提供一个“雄心勃勃的、平衡的结论”，作为“对非洲贸易工作的最佳方式”。

欧盟和世界贸易组织重申了这些主题和目标。联合国第 60 次峰会借此机会，重申国际社会实现 2015 年《千年发展目标》的承诺，这表明非洲将成为新的援助承诺的主要受益者。这些首脑会晤和会议在下面的背景下发生了，即反贫困行动增强了，包括让贫穷成为历史（Make Poverty History）等一些团体组织的示威和游行、Live 8 世界范围内组织的 10 场音乐会。

意义：2005 年是真正的“非洲年”吗？乍看起来，2005 年所作的承诺效果是显著的。目标是增加对发展中国家的援助，其中- 半计划用于非洲援助。《重债穷国动议》的债务减免无疑将有助于世界上最贫穷的国家。到 2006 年，14 个撒哈拉以南非洲国家的债务得到免除（虽然到 2009 年撒哈拉以南非洲国家仍然欠债 3 亿美元）。到 2010 年，在非洲普及抗艾滋病药物已达成协议，同时包括为非洲训练 20 000 人维和部队的承诺，以此换取非洲对善治和民主的承诺。

然而，格伦伊格尔斯的协议也遭到了相当多的批评。第一，就终结全球贫困来说，对非洲的援助到 2010 年每年 250 亿美元的承诺可能被视为是沧海一粟，特别是因为 2005 年以前，世界上最贫穷的大陆非洲仅吸引了世界上 20%的国际援助。第二，2005 年作出的债务减免和增加援助的许诺，仔细检查便会发现它是已经承诺的援助的翻版。到 2010 年 6 月，180 亿美元已经承诺的钱尚未支付。第三，债务减免是有代价的。国际货币基金组织和世界银行同意延长《重债穷国动议》，但条件是实施支持市场的经济改革（例如，坦桑尼亚被迫将其水工业私有化）。换句话说，格伦伊格尔斯协议是以发展的“正统”假设为基础的，最终更强调的是贸易而不是援助。最后，多哈回合的世界贸易组织谈判陷入停滞，全球贸易体系仍然未经改革，它允许富裕国家维持保护主义，并往往以穷国为代价。

在国际援助和债务减免后，反贫困议程的第三项优先考量是全球贸易体系。扶贫人士（anti-poverty campaigners）认为，**公平贸易**（fair trade）必须取代自由贸易。它源于这个信念，即在全球贸易体系中运作的结构性差异有益于最富有和最发达国家，却会牺牲最贫穷和最不发达国家。这些往往与贸易的不平等现象有关。因而发展中国家所生产的初级产品相对便宜，然而通常发达国家所生产的制成品却相对较贵。因此，所谓的自由贸易可以掠夺正常生活在发展中国家的民众，使他们陷入贫困。因此，以提供国际援助和债务减免但忽略了全球贸易体系而促进发展的努力注定会失败。结果，很多发展性非政府组织呼吁公平贸易，而非自由贸易。这涉及为发展中国家所生产的商品设定价格，以保护其工资水平和工作条件，从而保证较贫穷国家的生产者有更好的交易。不过，这些运动往往关注改变发达国家消费者的偏好从而改变公司的商业惯例，因此这种运动能够扶贫的程度必然是有限的。确立公平贸易的更大进展需要全球贸易体系自身的改革。第19章将深入讨论这个问题。

公平贸易： 满足道德而不是经济标准的贸易，以此来减轻贫困而且尊重更贫困地区的销售者和生产者的利益。

总　结

- 以“基本需要”为基础的绝对贫困和相对贫困之间存在着差异。相对贫困意指穷人“不那么富裕”而非“贫困”。尽管如此，仅仅以收入为标准的贫困概念越来越被视为有限的或误导性的。人们更关注人类发展的更广泛概念。
- “正统”的发展观把经济增长视为发展的目标，并把现代化理解为西方模式的工业化。然而“替代性”发展观则拒绝技术统治论的、自上而下的和支持增长的战略，但是它包含了一系列广泛的观点和方法。
- 全球不平等的趋势往往是非常复杂以及充满矛盾的。大家广泛认为，数十年来新兴经济体的发展具有平等化的影响，然而与此同时撒哈拉以南非洲的贫困加剧了，而且国内不平等呈现出扩大的一般趋势。
- 全球化对贫困和不平等水平的影响不能仅仅以经验趋势解决。一些人认为，全球化像涨潮一样最终会“抬高所有船只”，但是另一些人认为全球化是以结构性不平等为基础的。这种结构性不平等不可避免地使一些国家或地区获益，却牺牲其他国家和地区。
- 官方发展政策常常是以结构性调整计划为基础的，特别是20世纪80、90年代期间。这些结构性调整计划致力于为发展中国家的经济增长扫清障碍。事实上这些是颇具争议的，有时是加剧而非缓解贫困，近年来这种情况在一些方面得到了纠正。
- 国际援助常被视为主要的发展机制。发展伦理为其提供了正当性，即富国有义务支持穷国并减少全球不平等。不过，批评者认为援助对世界贫困无济于事，因为它破坏了市场，甚至会助长贪污和压迫。

问题讨论

- 何以区分“富者”、“贫者”？
- 为什么贫困日渐以人类发展来衡量呢？
- “增长即发展”模式的优缺点是什么？
- 何为南北分歧？为何其持续性影响会成为问题呢？
- 为什么对全球不平等趋势有如此之多的诟病？
- 日益加剧的贫困在多大程度上能够归罪于全球化？
- 官方发展政策为什么要致力于调整发展中经济体的结构？
- 《千年发展目标》是否仅是装点门面的？
- 国际援助缓解了全球经济不平衡吗？
- 免除发展中国家债务具有良好的经济和道德意义吗？

第 16 章

全球环境问题

地球飞船上没有乘客。我们都是船员。

——**马歇尔·麦克卢汉，《理解媒介》**(1964)

预览

环境通常被视为全球性问题的典型例子。之所以如此，是因为环境过程不会去理会国家边界，它具有一种内在的跨国性质。因为一国环境特别易受他国境内活动的影响，所以在环境议题上有意义的进展往往只能在国际甚或全球层面才能取得。然而，由于许多原因这些事务的国际合作有时难以实现。首先，环境是一个有着特定意识形态与政治争论的领域。环境问题的严重性、性质及最佳解决方式存在着诸多分歧，尤其因为环境优先事项往往与经济优先事项相冲突。在现有社会经济体系内环境问题能够得到解决吗？还是这个体系正是这些问题之根源所在呢？这些争论特别关注这个问题，即何为全球环境议程、气候变化的关键性问题。如果气候变化的挑战没有得到解决，那么灾难性的预测时而就会发生。尽管如此，环境问题的国际协同行动令人沮丧地缓慢出现。气候变化的国际合作面对着哪些障碍？国际协同行动又将涉及什么呢？最后，气候变化不是全球环境议程的唯一议题。能源安全问题成为另一个重大关切。一些人探讨国际能源新秩序。国家石油和天然气储量之大小，或其获得石油和天然气之能力决定着国家在国际能源新秩序中的地位。能源安全在多大程度上重塑着全球秩序？拥有自然资源总是一份福气吗？

关键问题

- 环境如何以及为什么发展成为一个全球性问题？
- 现代环境问题需要改革派或激进派的解决方案吗？
- 气候变化的原因和重大后果是什么？
- 应对气候变化的国际行动已经取得了多大进展？
- 应对气候变化的国际合作所面临的障碍是什么？
- 能源安全如何塑造着国家之间和国家内部的冲突呢？

生态学：1866年德国动物学家厄恩斯特·海克尔（Ernst Haeckel）杜撰了“生态学”术语。这一词语源自希腊语“oikos”，意指家庭或栖息地。海克尔以其意指“对动物与其有机环境及无机环境之间总体关系的调查”。人们日益认识到自我调节的自然系统维系着植物和动物。生态系统是由生命元素和非生命元素共同构成的。生态学由此发展成为生物学的一个独特分支。一块田地、一片树林、或如图16—1所示的一洼池塘，都是生态系统的简单例子。通过自我调节的体系，所有生态系统都趋向于和谐或均衡状态，生物学家称之为内稳态（homeostasis）。

生态主义：一种以如下信念为基础的政治意识形态，即自然界是一个相互联系的整体，包括人类和非人类以及无生命世界。

化石燃料：深藏的死去的有机体分解形成的燃料，使其富含碳，包括石油、天然气和煤。

绿色政治的兴起

作为全球性问题的环境

虽然各种环境政治的形式可以追溯至19世纪的工业化，而且某种意义上**生态主义**（ecologism）或绿色政治总是对工业社会的反弹，但是20世纪60、70年代之前，环境并没有成为一个重要的国家或国际问题。环保运动使环境成为一个重大议题。环保运动力求强调经济增长与日益富裕的环境代价，至少在发达的西方世界，它吸引了对人类与自然之间不断扩大的鸿沟的关注。早期绿色政治的开创性作品尤其受到了生态学概念（见图16—1）的影响，包括蕾切尔·卡森（Rachel Carson）的《寂静的春天》（*The Silent Spring* 1962）、默里·布克金（Murray Bookchin）的《我们的人造环境》（[*Our Synthetic Environment* 1962] 1975）。前者批判了杀虫剂和其他农业化学品的日益使用对野生动物与人类世界所造成的损害，而后者调查了杀虫剂、食品添加剂和X射线如何引发癌症等一系列人类疾病。20世纪六七十年代新一代活跃的非政府组织产生了，广泛地涉及从绿色和平组织、地球之友到动物解放运动积极分子以及所谓的“环保斗士”（eco-warriors）团体。它们在如下问题上开展活动，如污染的危险、**化石燃料**（fossil fuels）储量的锐减、森林砍伐和动物实验。20世纪80年代以来，绿党使环境问题成为重要的政治议程。现在大部分发达国家都有绿党。这些绿党常常效仿德国绿党的开创性活动。环保运动涉及三个普遍性问题，如下：

- **资源**问题——试图减少不可再生资源（煤、石油、天然气等）的使用，增加可再生资源（例如风、海浪和潮汐发电）的使用，并降低人口的增长，以努力节约自然材料，从而遏制资源的消耗。
- **渗流**（sink）问题——试图以降低污染程度、增加循环利用和开发更环保（低污染）的技术等方式，以减少经济活动废弃物所造成的损害。
- **伦理**问题——试图保护野生动物与野生环境、尊重其他物种（动物权利与动物福利）和改变农业实践（有机农业），以恢复人类与自然之间的平衡。

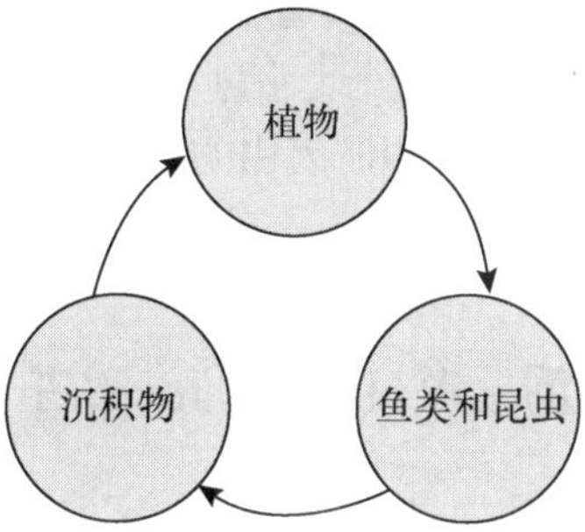

图 16—1　作为一个生态系统的池塘

20 世纪 70 年代期间，环境政治特别关注资源问题。这反映了一种逐渐增强的意识，即人类生活在一个具有“全球有限性”的世界上。1973 年石油危机强化了这一意识。环保运动的一个特别有影响力的比喻是“地球飞船”的理念，因为这个理念强调了有限的、可耗尽的财富概念。肯尼思·博尔丁（Kenneth Boulding 1966）认为，人类在传统上仿佛生活在一个“牧童经济”（cowboy economy）中，即一种拥有无限机会的经济，就像开拓时期的美国西部。然而因为飞船是一个密封器，所以它是一个封闭系统，而所有封闭系统往往都因衰变展现出**熵**（entropy）的迹象，因为它们不是由外部输入维系的。因而，不论人类行为如何地明智与谨慎，地球、太阳甚至所有行星和恒星最终注定会消耗殆尽而消亡。联合国非正式报告《只有一个地球》（Ward and Dubois 1972）、罗马俱乐部报告《增长的极限》（Meadows et al. 1972）也强调地球有限性的类似关切。后一部作品有着惊人的影响，因为它似乎以五个变量——世界人口、工业化、污染、食品生产和资源消耗进行推断，预测世界石油供应将于 1992 年告罄。尽管这种预测随后被发现是极度夸张之言，而且其使用的方法也受到广泛的诟病，但是增长极限的理念在其后十年甚至更长的时间里支配着对环境的思考。

> **熵**：一种衰变或解体的倾向，所有封闭系统迟早会展现出来的一个特征。
>
> **酸雨**：硫酸、硝酸和其他酸所污染的雨，这些酸是因燃烧化石燃料而释放到大气中去的。
>
> **臭氧消耗**：地球平流层臭氧总量的减少，特别是南极上空所谓的“臭氧空洞”的发展。

环境问题也日益成为国际关切的焦点问题。这反映出这样一种逐渐增强的意识，即环境问题具有内在的跨国性质：环境问题不会理会边界的存在。因此，一国环境易受他国境内经济活动的影响。20 世纪 70 年代的两件事强化了这个教训，即对**酸雨**（acid rain）区域性影响的日益关切以及**臭氧消耗**（ozone depletion）真正的全球性影响。臭氧消耗是氯氟化碳（CFC）和哈龙（Halon）等人造化学物质的排放所造成的。第一次有关环境问题的重大国际会议是 1972 年斯德哥尔摩的联合国人类环境大会（UNCHE）。斯德哥尔摩会议导致了联合国环境规划署（UNEP）的建立。联合国环境规划署负责协调国家和国际组织的环保活动，以促进更好的区域和全球环境保护。然而，20 世纪 70 年代全球性衰退和随后 80 年代初“第二次冷战”降低了环境问题在国际议程中的地位。1984 年帕博尔毒气泄漏事件、1986 年切尔诺贝利核灾难等环境灾难某种程度上导致了环境问题的复兴。此外，人们日益意识到，环境恶化密切地涉及全球化的推进，促使许多人，特别是南方国家把环境与发展问题联系在一起。1987 年布伦特兰委员会报告（The 1987 Brundtland Commission Report）《我们共同的未来》强调“可持续发展”而论证了这点，这随后为理解和解决环境问题提供了占支配地位的主流框架。布伦特兰报告为 1992 年里约热内卢“地球峰会”（官方联合国环境与发展会议，简称为 UNCED）做了准备。1992 年里约热内卢“地球峰会”是在具有里程碑意义的斯德哥尔摩会议 20 年之后举行的。

全球变暖：地球温度的上升，普遍认为是二氧化碳等温室气体所留住的热量所致。

温室气体：在地球低空中聚热的气体（如二氧化碳、水蒸气、甲烷、一氧化氮及臭氧）。

人类中心论：人类需求和利益具有高于一切的道德和哲学重要性的一种信念。

20 世纪 90 年代以来，环境问题的争论渐渐关注**全球变暖**（global warming）所引起的“气候变化”问题。最初的气候变化关切关注氟氯化碳的排放，但随着时间推移这已转向所谓的“**温室气体**”（greenhouse gases）的影响。地球峰会的成果之一是《联合国气候变化框架公约》（FCCC）的建立。这是第一次使温室气体浓度保持稳定的努力，以此来防止灾难性的人为（人为诱导的）气候变化。成立于 1988 年的政府间气候变化专门委员会（IPCC）负责《联合国气候变化框架公约》的实施。不过，直到 1997 年《气候变化框架公约》的《京都议定书》才达成控制温室气体排放的标准。在《京都议定书》框架下，发达国家同意在“承诺期”2008—2012 年内，比照 1990 年的水平减少平均 5%的排放量。2009 年哥本哈根峰会被称作是规划《京都议定书》继任者的会议。然而，东京和哥本哈根二者都以各自方式证明了在气候变化问题上达成合作和有效行为是困难的。从最根本上来说，这些困难涉及国家利益和国际社会的集体利益间的不匹配，如“公地悲剧”（tragedy of the commons）的思想所表明的。这一问题可能适用所有环境问题。

绿色政治：改良主义抑或激进主义？

环境是一个特殊的意识形态和政治争论的领域。有关环境问题的严重性、本质以及最佳解决方式存在着分歧。这些分歧根植于人类与自然界关系的更深刻的哲学争论中。传统政治思想认同以人为中心的理解方法，往往被称为**人类中心论**（anthropocentrism）。因此，人类需要和目的的实现被赋予道德优先权，而自然仅仅被视为促进这些需要和目的的手段。正如英国早期自由主义哲学家约翰·洛克（1632—1704）所言，人类是“自然的主人和拥有者”。相比之下，环境思想是以生态学原则为基础的。生态学强调维系着人类生命等所有生命形式的关系网络（network of relationships）。绿色政治学包括两个宽泛的传统，可称之为改良主义生态学和激进主义生态学。

关键性事件

重要国际环境举措

1946 年　《捕鲸管理国际公约》，这建立了国际捕鲸委员会（IWC），努力支持国际捕鲸禁令的行动以保护巨型鲸鱼。

1950 年　联合国气象（天气和气候）及其相关的地球物理科学的专门机构世界气象组织（WMO）建立。

1959 年　《南极条约》将南极划为科学研究基地，南极是地球上唯一没有土著居民的大陆。

1972 年　斯德哥尔摩联合国人类环境会议（UNCHE），为国际层次上的环境行为（environmental action）奠定了基础并且为联合国环境计划（UNEP）的启动做了准备。

1973 年　《濒临绝种野生动植物国际贸易公约》(CITES)，以确保野生动植物的国际贸易不会威胁到其生存。

1982 年　《联合国海洋法公约》，界定国家在使用世界海洋时的权利和义务，确立了商业、环境及海洋资源管理的指导原则（1994 年开始生效）。

1985 年　《保护臭氧层维也纳公约》证实了北极"臭氧洞"的存在，试图减少氟氯化碳气体的使用（1987 年开始生效）。

1987 年　《布伦特兰委员会报告》强调可持续发展的思想。

1987 年　《关于消耗臭氧层物质的蒙特利尔协定》规定逐步淘汰氟氯化碳，到 2050 年实现臭氧层恢复的目标。

1988 年　政府间气候变化专门委员会（IPCC）成立，报告《联合国气候变化框架公约》(FCCC) 的执行情况。

1992 年　联合国环境和发展大会（UNCED）在里约热内卢举行且普遍被称为"地球峰会"，包括《气候变化和生物多样性公约》在内的条约得以签订以及可持续发展委员会（CSD）成立。

1997 年　《联合国气候变化框架公约》的《京都议定书》，确立了发达国家分阶段限制温室气体排放的具有法律约束力的承诺（2005 年开始生效，第一承诺期是 2008—2012 年）。

2009 年　联合国气候变化大会通常称为哥本哈根峰会，为规划《京都议定书》的继任者而召开。

聚焦

公地悲剧?

共享资源总是会被误用或滥用吗？土地、森林和渔场的集体所有会导致不可避免的毁坏吗？这对于当代环境问题而言意味着什么呢？加勒特·哈丁（Garrett Hardin）在附言介绍之前以“公地悲剧”这一观点阐述全球环境退化和公地命运的相似之处。他认为，如果每个牧场都是开放的，那么每个牧民都会尽可能多地把牛养在公地上。然而当牛的数量超过了土地的**承载能力**（carrying capacity）时，公地的内在逻辑迟早会产生无情的悲剧。每个牧民都会认为每增加一头牲畜所带来的正面收益（依据牲畜的最终售价）总是会超过其对牧场所带来的负面影响，因为无论如何这些由所有牧民承担的负面影响是相对轻微的，正如哈丁（Hardin）指出的“公地自由带来整体毁灭”。“公地悲剧”的概念引起了人们对**“全球公地”**（global commons）有时也被看作“全球资源”的关注。人口过剩（哈丁的特别关注）、污染、资源枯竭、栖息地破坏和过渡捕捞会威胁公地。

“公地悲剧”是无法解决的问题吗？哈丁本人赞成加强政治控制，特别是限制人口增长，他甚至同意世界政府的想法。然而自由主义者认为解决办法是以个人财产权的扩展、允许以市场机制（即价格机制）控制资源使用，以取消公地。虽然随着资本主义的发展，公地逐渐为私人所有，但是如何将民营化运用到全球公地的问题是很困难的。不过，奥斯特罗姆（Ostrom 1990）则认为一些社会发展了多种多样、往往自下而上的制度安排，成功地管理着公共资源。而其他人，特别是社会主义者和无政府主义者则完全抵制“公地悲剧”这一观点。不仅历史证据表明共同体往往能够成功地管理公共用地（Cox 1985），如澳大利亚原住民的例子。此外，这种观点是循环论证的：其结论隐藏在人类本性是自私且不变的假设之中（Angus 2008）。的确，生态社会主义者认为自私、贪婪和对资源的肆意使用是私有制的结果，而并不是其原因。相比之下，集体所有制则蕴含着对自然环境的尊重之意。

改良主义生态学

改良主义生态学寻求将生态学原则、资本主义现代性的核心特点（个体追逐私利、唯物主义和经济增长等）协调起来。因而有时它也被称为“现代主义”生态学。这也明显是一种人文主义或**浅生态学**（shallow ecology）的形式。改良主义生态学的关键特征是“增长的极限”的意识，因为环境恶化（表现出污染、非可再生资源的使用等）最终会威胁到繁荣和经济表现。这种生态主义形式的口号是可持续发展，特别是所谓的“脆弱”可持续性。在经济方面，这意味着“慢慢变富”。从改良派的观点来看，环境损害是个**外部性**（externality）或者“社会成本”。考虑到这些成本，现代生态学家试图建立现代化与**可持续性**（sustainability）之间的平衡。

承载能力：一个生态系统所能支持的最大人口容量，它负责提供食物、栖息地、水和其他生活必需品。

全球公地：不为国家所有、不在国家管辖范围之内的地区和自然资源，如大气、海洋及有争议的南极。

浅生态学：为人类需要和目的而利用生态教训的绿色意识形态视角，与可持续性和保护等价值观相联系。

外部性：具有更广泛影响，但并没有体现在公司资产负债表上或者成为一国国民生产总值的一部分。

可持续性：一个系统在一段时期内维持其健康和持续存在的能力。

改良主义生态学受到的主要意识形态

影响是以古典自由主义思想为基础的**功利主义**（utilitarianism）。在此意义上，改良主义生态学践行着“开明的”人类中心论，鼓励个人考虑长期而不是仅仅短期的利益。因而，英国功利主义哲学家和政治家约翰·斯图亚特·穆勒（John Stuart Mill，1806—1873）证明了稳态经济（a steady-state，没有经济增长的经济）的正当性，因为对自然的冥想是“更大”的乐趣。彼特·辛格（1993）证明了动物权利的正当性，因为所有物种而不仅仅是人类都具有避免痛苦的权利。一般而言，功利主义思想意识到子孙后代的利益，承认环境恶化对人类生活质量的影响。因而节约资源最直截了当的理由是，它使民众的福利或幸福最大化，并顾及生者和尚未出生之人。最后，环境问题的解决手段界定着改良主义生态学，如主流环境运动所代表的。改良主义生态学也提出了环境恶化问题的三个主要解决方案：

- “市场生态主义”或“绿色资本主义”。这些努力包括调整市场以顾及其对环境的损害，致使外部性成为对其负责的商业或组织的内部所在。这方面的例子包括**绿色税**（green taxes）。
- 人类创新性和绿色技术的发展（如抗旱作物、节能运输方式和“清洁”煤）。人类发明和创新能力起初创造了工业文明，那么它也能创造一个环境友好型工业社会。
- 国际机制和跨国调节体系。全球治理提供了使“公地悲剧”减少的前景，即使这一悲剧绝不能完全消除。

激进主义生态学

相比之下，激进主义生态学包括一系列绿色理念。这些理念以各种方式呼吁更深远的、在一些情况下甚至是革命性的变迁。这些理论认为资本主义现代性及其价值观、结构和制度是环境恶化的根源，而非寻求使生态学原理和资本主义现代性的核心特点协调起来。这些观点可以共同被归类为**社会生态学**（social ecology）的形式，因为它们每一个在很大程度上都是以社会结构解释人与自然的均衡关系。因此生态法则的发展需要一个激进社会变革的过程。然而，这种社会变迁可以至少从三个方面理解：

- 生态社会主义提出了对资本主义的环境批判。对于生态社会学家而言，资本主义的反生态偏见源于私有财产制度及其**“商品化”**（commodification）的倾向。这将自然降低到仅仅只是资源，也表明生态可持续性的唯一希望是建设社会主义社会。

> **功利主义**：一种将“好”等同于快乐或幸福、将“恶”等同于痛苦或不快，旨在为“最大多数人谋求最大幸福”（功利主义一般原则）的道德哲学。
>
> **绿色税**：为惩处个人或企业排放废弃物、引发污染、产生辐射或者浪费有限资源等行为而开征的税。
>
> **社会生态学**：生态原则能够并且应该运用到社会组织中的观点，主要是生态无政府主义者最初运用了这一术语。
>
> **商品化**：将物品变成可买卖、只具有经济价值的商品。

- 生态无政府主义提出了对等级制度和权威的环境批判。对生态无政府主义者而言，对人的统治导致了对自然的统治。这意味着人类与自然之间的平衡只能以国家消亡和分权、自我管理的共同体的确立而得到恢复（Bookchin 1982）。
- 生态女性主义提出了对父权制度的环境批判。对生态女性主义者而言，对女人的统治导致对自然的统治（Merchant 1983，1992）。由于对工具理性的依赖、控制或征服的倾向，所以男人是自然的敌人。因此对自然的尊崇需要一个后父权社会的创建。

聚焦

可持续发展：与生态协调发展？

发展在生态上是可持续的吗？经济增长和环境保护之间存在着不可避免的张力吗？1987 年《布伦特兰报告》强调了“可持续发展”的观点。此后这个观点一直主导着环境与发展问题的思考。《布伦特兰报告》对这一术语作出的颇具影响的界定是：“可持续发展是满足当下发展而不牺牲子孙后代人满足其自身需要的发展。”它包括两个重要概念：(1) 需要的概念，尤其是应该给予具有绝对优先权的世界穷人的基本需要；(2) 限制 (limitations) 的概念，是由技术和社会组织现状对环境满足现在和将来需要的能力所强加的限制。

然而，在实践中可持续发展的意思、增长和生态如何协调的问题依然存在着争论。时常所说的“弱”可持续性（weak sustainability）观点承认，经济增长是令人满意的，但是仅仅承认增长必须限于确保生态代价不会威胁其长期的可持续性。实际上，这意味着富得更慢。另外，这一观点的支持者宣称，自然资本能够取代人力资本。例如，这意味着更好的公路或者新机场能够补偿居住地或农业用地的丧失。由此观之，可持续性的关键要求是子孙后代所需的自然和人力资本总量不应该少于当代人所拥有的总量。然而，极端生态主义者所支持的“强”可持续性观点反对“弱”可持续性的支持增长的倾向。它仅仅关注保护和维持自然资本的需要，而将人力资本仅仅视为自然的灾难。这有时反映在这种信念中，即自然资本应该以民众的**生态足迹**（ecological footprint）进行评价。这种观点具有完全平等的意义。

虽然社会生态学认为激进的社会变化是生态可持续的关键，但是所谓的“**深层生态学**”（deep ecology）更进一步强调对范式转换（paradigm change）的需要，即我们对世界的核心观念和假设的变迁。这涉及对所有形式的人类中心主义的否定，并转而支持**生态中心论**（ecocentrism）。因此，深层生态学倡导一种激进的整体论。整体论意味着世界应该以相互联系和相互依赖的术语理解。人类仅是自然的一部分，既不比任何其他部分更重要，也不更特别。这些生态中心主义思想建立在各种各样的基础之上，广泛地涉及从新物理学（尤其是量子力学）、系统理论到东方神秘主义（尤其是佛教和道教）（Capra 1975，1982，1997）、前基督教精神思想（pre-Christian

生态足迹：以数公顷富产生物的土地为基础的生态能力的测量，以供应特定人对自然资源的消费，并吸纳其废物。

深层生态学：一种绿色意识形态视角，否定人类中心论而优先考虑自然的维系；涉及生态平等、多样性以及分散化等价值观。

生态中心论：优先考虑生态平衡的维系而不是人类目的的实现的理论取向。

spiritual ideas)，特别是所谓的盖亚假说提出的那些强调“地球母亲”的观念。深层生态学家已经从根本上颠覆了传统伦理思考，认为道德不是源于人类而是源于自然本身，并支持**生命中心平等**（biocentric equality）的思想。他们还激烈批判消费主义和物质主义，认为这些扭曲了人类与自然的关系。

生命中心平等：生物圈中所有组织与物体在道德上都是平等的，而且每个都是相互关联的整体的一部分。

聚焦

对子孙后代的义务?

我们对子孙后代有义务吗？在决定我们该如何行动方面，我们是否应该考虑那些尚未出生之人的利益？这些问题是相关的，因为它符合环境问题的本质，即我们行为的很多影响即使在几十年甚至几百年内也不会被察觉。比如，在对有限的石油、天然气、煤炭资源的耗尽或温室气体排放担心之前，工业化已经发展了将近两百年了。这推动了生态主义学家的代际正义观，表明我们的义务从当代扩展到子孙后代，包括生者和那些尚未出生的人。

这种“未来性”（futurity）在不同的方面是正当的。有时，对子孙后代的关心和义务被视为“自然责任”（natural duty），是一个对我们孩子道德关怀的扩展，推而广之到他们的孩子等。对子孙后代的关切也涉及生态支持力（ecological stewardship）观点。这一观点认为，当代人只是上代人所创造的财富的保管者，因而也应该为子孙后代的利益而保存这些财富。然而，跨代正义的思想也备受批评。一些人认为，所有权利都依靠互惠。在这种情况下，赋予尚未出生之人权利而强加责任于当代人的行为是愚蠢的。此外，鉴于可能无限的子孙后代，“未来性”所强加的负担实际上是不可估量的。当代人或许会为造福子孙后代而牺牲，或许他们的牺牲完全不足以满足将来的需要。

气候变化

气候变化不仅是最显著的全球环境问题，而且一些人也认为它是国际社会目前所面临的最迫切、最重要的挑战。然而，这个问题深受争议和分歧的困扰。其中最重要的是：

- 气候变化的**原因**：气候变化正在发生吗？它多大程度上是人类活动的产物？
- 气候变化的**意义**：气候变化的后果可能会多么严重呢？
- 气候变化的**良方**：气候变化如何能够得到最好的解决？

聚焦

盖亚假说：一个有生命的星球?

詹姆斯·洛夫洛克（James Lovelock 1979，1989，2006）发展了盖亚假说。它提出了这种观点，即地球最好应该被理解为一种生命体，维系着自身存在。在小说家威廉·哥尔登（Willianm Golding）的建议下，洛夫洛克将地球命名为希腊女神的名字“盖亚”（Gaia）。这一假说的基础是，地球的生物圈、大气圈、海洋和土壤精准地呈现出自我调节机制，是以同样的生命形态为特点的。尽管太阳系经历了巨大的变化，但是洛夫洛克认为“盖亚”是一种动态的平衡。其最为引人注目的证据是，虽然地球上自生命之初以来太阳温度已经高出 1/4，但是地球的温度及其大气层的构成实际上仍然未变。

盖亚理论已经发展成为一种生态主义思想。这种思想传达着一种强有力的信息，即人类必须尊重地球的健康，并且为呵护地球的美丽和资源而行动。这也包括生物界和非生物界间关系的革命性观点。然而，盖亚哲学也被指责为一种“愤世嫉俗的生态学”（misanthropic ecology）。之所以如此，是因为“盖亚”是非人类的（non-human），而且盖亚理论声称地球的健康要比地球上任何物种的健康都更加重要。洛夫洛克指出，这些兴旺的物种是那些曾经协助盖亚调节自身生存的物种，然而任何对盖亚的微妙平衡产生威胁的物种很可能面临灭顶之灾，如我们人类当今这样。

气候变化的缘由

何为气候呢？气候是不同于天气的：气候意指某一地区长期或占主导地位的天气状况。美国作家马克·吐温曾经写道：“气候是我们所预料到的，然而天气则是我们所体会到的。”但是，这当然并不意味着地球的气候是稳定不变的。事实上，在过去 46 亿年的历史里，气候经历了剧烈的波动。许多冰河时代曾经存在着，其间夹杂着暖冰期。最后一次冰河时代出现在更新时代（the Pleistocene epoch），在一万年前告终。在这一段时间里，北美大陆的冰川伸展远至北美五大湖区，并且大冰原带遍布整个北欧，向南伸展至瑞士。相比之下，大约 5500 万年前古新世时代末期（the Palaeocene epoch）、始新世纪元（the Eocene epoch）初期，地球曾经升温，这是地质历史记载以来最为极端和迅速的全球变暖事件。这些变化是一系列发展的产物：太阳辐射输出的变化、与太阳有关的地球观的变化（地球轨道从椭圆变至圆环并导致地球角度的变化，从而改变了地轴线的角度）、地球大气层构成的变化等。在过去一个世纪里，尤其是近几十年里，伴随着气温从正常间冰期水平迅速攀升，气候快速变化的新时期出现了。然而这一次气候变化很大程度上（甚至完全）是人类活动的产物。

自然的方法

现实主义的观点

现实主义传统上很少关注环境思想，并且将现实主义关系到特定的自然观是颇具争议的。现实主义肯定会更加关注生存问题而非可持续发展问题。然而现实主义至少在两个意义上涉及人类同自然世界间关系的问题。第一，古典现实主义者经常以其他动物、自然本身解释人类的行为和秉性。自私、贪婪以及侵略性通常被视为人性的固有特征，反映了所有物种的倾向（Lorenz 1966）。在更大的范围内，现实主义者认为斗争和冲突是人类根深蒂固的特性。而斗争和冲突时而可以回溯到这样一个事实，即自然本身是“残酷和无情的”，因此冲突和战争被视为“适者生存”的体现，即一种社会达尔文主义(social Darwinism)。第二，现实主义者也意识到了自然的重要性，意识到资源稀缺与冲突总会在造成国际紧张局势方面扮演着重要角色。地缘政治学特别明显地体现了这种思想，然而地缘政治学本身是一种环境主义形式，这也反映了这种观点，即许多甚至大多数战争是“资源战争”。

自由主义的观点

自由主义者将自然视为满足人类需要的资源。这解释了为何自由主义者很少质疑人类对自然的掌控。由于其自身缺乏价值，仅当人类活动改造之时，或者当其为人类目的所利用之时，自然界才有价值。这体现在洛克的理论中，即财产权源于这样的事实——自然实际上与劳动混杂在一起。因此，自然“商品化”了，具有了经济价值，并且卷入市场经济的过程中。其实，古典自由主义者强调自由市场资本主义的优点，推崇自利的物质主义和经济增长。许多生态学者将这种立场同对自然的贪婪开发相联系。自由主义的反自然和反生态的偏见主要源于两个方面：第一，由于其对个人主义的信念，自由主义是强烈的人类中心论。第二，自由主义者坚信科学理性与技术，促使其采取了问题解决式的自然观，并且严重依赖人类的独创性。不过，自由主义的其他传统反映了更积极的自然观。其中包括现代自由主义者对人类繁荣的强调、功利主义者对幸福最大化和痛苦最小化的强调。这种观点可以应用到其他物种或人类的子孙后代（Singer 1993）。

批判理论的观点

两种批判理论最明确地涉及自然问题，即女性主义、绿色政治。女性主义一般认为，自然是富有创造力的、良性的。这种观点更密切地与生态女性主义相联系。对于大多数生态女性主义者来讲，女性和大自然之间存在着一种必要或自然的联系。女性生育及哺乳婴儿的事实意味着，她们无法脱离自然节奏和过程而生活。反过来，这又意味着那些传统的“母性”价值观（互惠、合作、养育等）有着“柔软”或生态的特征。女性是自然的造化，然而男性是文化的产物：他们的世界是合成或人为的，是人类创造力而非自然创造力的产物。因此环境恶化是男权不可避免的产物。从绿色政治角度来看，自然是由人类、非人类、其他一切无生命体所组成的一个相互联系的整体。因此，自然象征着和谐和整体的原则，意味着人类自我实现应该来自于同自然的亲近而非控制自然的努力。深层生态学家极为推崇这种整体论。对他们来讲，自然是万物之源或所有价值。因此，自然是一个道德共同体，这意味着人类只不过是“普通公民”。人类没有任何别的权利，相比于共同体的其他成员并非更值得尊重（Leopold 1968）。

20 世纪 90 年代期间，由于气候变化，全球变暖问题日益成为国际环境议程的前沿问题。之所以如此，是因为绿色和平、地球之友等一些环境组织将制止全球变暖的努力设为其活动的第一要务。此外，政府间气候变化专门委员会（IPCC）的成立意味着，国际气候变化小组首次成为权威性科学表述的来源。后者的发展在很大程度上终结了气候变化的第一个、最基本的争论，即气候变化的确正在发生吗？直到大概 2004 年至 2005 年期间，美国石油公司资助的所谓的“否认游说”（denial lobby）挑战了全球变暖的观点，它断定地球大气层气温变化的数据是不确定的或自相矛盾的。但是 2005 年《科学》杂志的一系列文章指出了“否认游说者”所使用的数据的严重问题，这有助于确立新的共识：这个世界正越来越热，这是无可争议的事实。根据政府间气候变化专门委员会 2007 年《第四份评估报告》，在 1995 年至 2006 年的 12 年间，11 个年份的温度被视为继 1850 年全球表面温度有记录以来最热的年份。从 1956 年到 2005 年线性变暖趋势几乎是 1906 年到 2005 年这一百年间温度增长的两倍之多。然而，虽然全球变暖的事实变得难以否定，但是全球变暖的原因仍旧充满争议。

预防性原则：支持与重大生态的和其他具有科学不确定性的问题相关的行为的假设，是以下面事实为基础的，即无行动的代价极大地超过了（或许是无必要的）行动的代价。

气候变化“怀疑论者”（完全不同于“否认者”）曾经质疑过全球变暖同人类活动之间的联系，尤其是所谓的温室排放气体。他们强调，地球的气候自然是不同的，甚至在间冰期（interglacial period）。例如，在延续到 19 世纪下半叶的所谓“小冰河期”期间，欧洲和北美遭遇了严酷的寒冬，而且冰岛还经常遭到冰封。其他人还试图确立地球温度和太阳黑子活动等因素之间的联系。在美国，小布什政府（2001—2009）虽然没有否定全球变暖的事实以及人类的责任，但是温室气体与气候变化之间确切关系的科学分歧质疑着气候变化解决的更大项目的价值。气候变化怀疑论者利用不确定性和科学分歧为政治惰性提供了正当理由，然而坚定的环保主义者恰恰相反，他们恪守**预防性原则**（precautionary Principle）。随着时间的推移，温室气体排放和气候变化之间的关系变得难以质疑。气候变化的科学以“温室效应”得到更好的理解。此外，全球变暖的速度、温室气体排放程度之间的相关性日益明显。在 2001 年《第三份评估报告》中，政府间气候变化专门委员会声称，气温升高“可能”是由于所观测到的那些人为温室气体排放造成的。在 2007 年《第四份评估报告》中，国际气候变化小组宣称，这种因果联系是“很可能的”，这意味着是 90% 以上的可能性。毋庸置疑，关于气候变化原因的争论极具政治重要性，因为这不仅影响着其是否能够得以解决，而且影响着这个问题应该如何解决。

解构“气候变化”

- 在国家和国际层面，“气候变化”术语在官方讨论中已逐渐取代了“全球变暖”。例如，联合国报告此前都会使用这两个词，但是到 1992 年《气候变化框架公约》仅有一次提到了“变暖”的意思，而没有提及“全球变暖”。
- 尽管偏爱使用“气候变化”一词可能有科学依据（例如，它考虑到气温升降的可能性），但是相比于“全球变暖”，它也是个没那么可怕的术语。全球变暖也许更情绪激昂，或许具有所附着的灾难性内涵。因此，不愿采取果断行动的政治家和国家偏爱更温和的且看似中立的“气候变化”术语。

● “气候变化”具有含糊其辞的优势，特别是其起源，因为它似乎涵盖了自然和人类两者所导致的气候变化。反过来，这种含糊不清往往会支持这种想法，即气候变化现象的原因和后果存在着不确定性和争议。相比之下，“变暖”意味着使其变暖的能动者（agent）是存在的，因而表明人类活动可能是问题的原因。

气候变化的后果

气候变化问题的突出与这样一种想法相联系，即如果气候问题得不到解决，那它将对人类福利和未来产生灾难性影响。全球变暖的后果究竟有多严重呢？长期的气候变化的影响是什么呢？生活在一个变暖的星球上的后果有时与气候变化是否正在发生以及其是否与人类活动有关的话题一样争论激烈。在气候变化研究初期，尤其如此。当时不断增加的温室气体排放的影响被视为要到未来几十年才会展现出来。问题的解决更多地涉及我们对子孙后代的义务，而不是对当代人的关切。然而，气候变化产生的影响比预期的更早、更严重，这意味着气候问题不能仅仅被视为“子孙后代”的问题。不过，对气候变化的焦虑仍具有显著的未来特性，因为即使短期内采取强有力的行动，其效果也只会被今天的孩子和孩子的孩子更真切地感受到。

全球行为体

政府间气候变化专门委员会

类型：政府间组织　**成立时间：**1988 年　**地址：**瑞士日内瓦

政府间气候变化专门委员会（IPCC）是一个由科学家和研究人员组成的国际专家组，为国际社会提供气候变化的建议。1988 年世界气象组织和联合国环境规划署联合成立了政府间气候变化专门委员会，它以客观的信息资源为决策者、对气候变化感兴趣者提供越来越复杂和有争议的问题的信息。政府间气候变化专门委员会不进行任何研究，也不监管与气候变化相关的数据或参数。它的作用是在一个全面、开放和透明的基础上评估全球最新科学、科技和社会经济文献，以更好地理解：（1）人为引起的环境变化的危险；（2）其可观察和可预测的影响；（3）为适应和缓和所提供的选择。

意义：政府间气候变化专门委员会最重要的工作是发布报告，其中最重要的是《评估报告》。全球数百名科学家以作者和评论家的身份撰写这些报告，主要借鉴出版的科学文献。迄今为止四份评估报告已经发布，《第五份评估报告》也将于 2014 年发布。

● 政府间气候变化专门委员 1990 年《第一份评估报告》。这份报告在促成政府间气候变化专门委员会方面发挥了决定性的作用，1992 年在里约热内卢“地球峰会”得到签署。

● 政府间气候变化专门委员会 1995 年《第二份评估报告》。这份报告为 1997 年《京都议定书》的谈判提供了关键要素。

● 政府间气候变化专门委员会 2001 年《第三份评估报告》。这份报告为《气候变化框架公约》和《京都议定书》的发展提供了进一步的相关信息。

● 政府间气候变化专门委员会 2007 年《第四份评估报告》。这份报告为气候变化和温室气体浓度之间的联系提供了更多的证据。

政府间气候变化专门委员会的广泛会员、客观性的声誉、对世界范围内科学知识的依赖赋予它无与伦比的影响力，塑造着国际社会理解、应对气候变化问题的方式。在此方面，它在科学家和各国政治家关于实际存在的气候变化达成共识方面发挥着领导性作用。事实上气候变化是人为的温室气体排放所导致的，和燃烧化石燃料有关，因此其影响力体现在对如下事情的日益接受上，即气候变化是一个需要国际社会关注的问题，并且使俄罗斯、澳大利亚、中国、美国、印度等国家难以再置身于气候变化机制之外。2006 年政府间气候变化专门委员会与美国前副总统戈尔一起被授予诺贝尔和平奖。

当然，政府间气候变化专门委员会也招致一些批评。一些人认为，其对早已发布的科学数据和一些激烈的评论（《第四份评估报告》历时六年完成）的强调意味着，其评价和结论已经非常过时了，因此其往往低估气候变化挑战的严重性。大多数政治家和记者所阅读的《决策者摘要》是《评估报告》的一小部分。《决策者摘要》是一份政治谈判文件，有时会忽略更大的报告中的争论性评价。一些科学家还挑战政府间气候变化专门委员会预测和结论的基础。例如，其关于全球变暖的预测是以海洋吸收二氧化碳的能力的假设为基础的，然而许多环境学家认为这是不牢靠的。政府间气候变化专门委员会也因其过度夸大其观点而备受批评（尤其是 2007 年报告提及但在 2010 年被删除的观点，即 2035 年喜马拉雅山冰川将消失），并且因激进的减排运动而牺牲了其科学中立的声誉。

聚焦

温室效应

19 世纪英国物理学家丁铎尔（John Tyndall，1820—1893）、瑞典化学家阿伦尼乌斯（Svante Arrhenius，1859—1927）等科学家第一次讨论了温室效应背后的概念。太阳是地球上热量的唯一外部来源。白天阳光穿过大气层，以长波的红外辐射形式释放热量，加热地球表面。而温室气体在大气层的存在意味着，这种辐射将会被低层大气所吸收，因此加热地球表层（见图 16—2）。实际上，我们的世界是一个自然温室。地球温度和月球温度之间的对比能够表明温室效应的影响，没有大气层的月球夜间温度会降到零下 173℃。相比之下，在拥有浓厚二氧化碳大气层的火星，地表温度达到酷热的 483℃。

众所周知，温室效应并不必然是坏事：如果没有二氧化碳等保温气体，太阳辐射会被直接反射回太空，使世界变得冰冷无比。但是，人们普遍认为不断增加的人为温室气体的排放正在导致全球变暖的重要趋势。这些温室气体是《京都议定书》所确定的二氧化碳、甲烷和氮氧化物。这类气体的排放是工业生产，特别是使用化石能源的直接后果。大气中最重要的温室气体二氧化碳的存量已经从前工业时代的 280ppm 增长到了 2007 年的 384ppm。

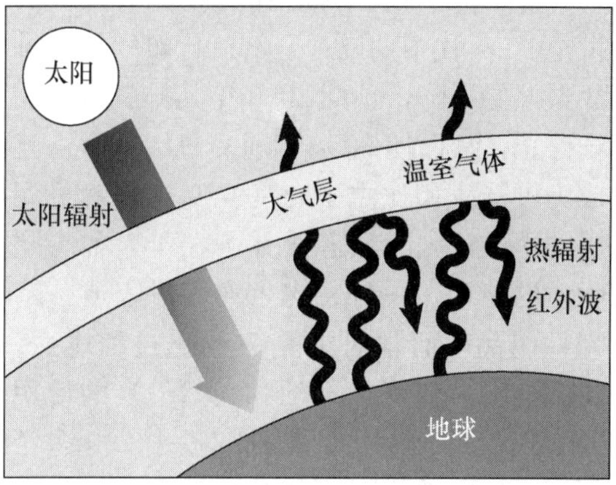

图 16—2　温室效应

在 2007 年《第四份评估报告》里，政府间气候变化专门委员会提及过去 50 年重大气候事件的一系列变化，包括以下内容：

- **很可能**（至少 90%的可能性）在大多数陆地区域，寒冷的日夜和霜冻变得更少，而炎热的日夜变得更加频繁。
- **可能**（至少 66%的可能性）在大多数陆地区域，热浪更为频繁。
- 在大多数地区，强降水的频率（大的降水事件占总体降水的比例）**可能**已经增长了。
- 1975 年以来在世界范围内一系列广泛的地点，海洋巨浪的发生率**可能**已经增长了。

气候变化对人类的影响十分重要，并很可能会增加。虽然大多数陆地区域更多的暖和日夜、更少的寒冷日夜会减少因受冻而死亡的人数，但是大多数气候变化的影响是负面的。增加的热带风暴加大了因洪水和由水、食物传播的疾病所导致的死亡与损伤的风险，同时也导致大量民众流离失所。20 世纪 90 年代中期以来大西洋的飓风数量增加了 40%。根据一些科学家的说法，现在最强热带风暴的发生率是三十年前的两倍。中国也深受长江、黄河和其他河流洪水泛滥之害。海洋巨浪发生率的增长也增加了溺水伤亡的危险性，特别是在孟加拉恒河三角洲、越南湄公河三角洲、埃及尼罗河三角洲以及中国长江三角洲等大河流域三角洲地区。如果海平面上升速度保持现状，最晚至 21 世纪中叶孟加拉 1/6 的领土将会被淹没，13%的人口会无家可归、无田可耕。对马尔代夫等低地岛国而言，预期可能更为凄凉，因为它们可能会完全消失。干旱的增多和沙漠化的扩张将会导致更大范围的饥荒、饮水短缺、营养不良以及上文提到过的由水和食物传播疾病的危险。

气候变化会影响世界上每一个角落，但是影响程度极为不同。非洲和南极洲（海冰缩减速度每十年为 2.7%）可能承受了其最主要的影响，还包括低地海岛和亚洲的河流三角洲。政府间气候变化专门委员会估计，如果按照现在的趋势发展，2080 年全球 12 亿到 32 亿的人口将要忍受水资源匮乏，2 亿至 6 亿人将会营养不良或遭遇饥荒，每年 200 万到 700 万之间的人口将遭受海潮的灾难性影响。但是气候变化的影响确实是全球性的，尤其是其对移民潮和经济增长的影响。据估计，到 2050 年 2 亿至 8.5 亿人口由于水资源短缺、海平面上升、草场退化、战争和饥荒而被迫迁移到气候更为温和的地区，然而所有这些都与气候变化有关。因此，出生率和贫富比率的不断扩大、气候变化会导致发达国家内部种族矛盾和社会紧张不断加剧。《斯特恩报告》（Stern Review）（2006）强调气候变化的经济后果。该报告指出，全球变暖将会如此扰乱经济和社会活动，以至于解决全球变暖的失败意味着全球国内生产总值将低于预期的20%。

但是，一些环境保护主义者描绘了一幅气候变化所导致的更为凄凉的场景。气候变化造成了大量的“灾难性场景”。其中之一是，因为冰雪可以反射回其受到的大约80%的阳光从而有助于降低地球温度，所以极地冰雪消融会导致地球温度的大幅上升。相反，海水则会吸收阳光，仅仅反射回很小一部分。第二，地球永久冻土层的消融会极大地提高全球变暖的速度，因为这种覆盖大部分北半球高纬度地区的深厚土层一旦消融，会释放出大量受困的温室气体。第三，北极冰雪消融所带来的冰冷海水实际上会“关停”墨西哥湾暖流，将寒冷带到大部分的北欧地区（2004年好莱坞灾难电影《后天》强调了这一场景）。但是其他人则将这些灾难性预言视为危言耸听。例如，国际气候专门委员会将21世纪期间墨西哥湾暖流停滞的可能性归为“很不可能”（可能性低于10%）一类。

如何解决气候变化问题?

解决气候变化问题是一项艰巨的任务。一些人甚至担心这是不可能办到的。在此方面，对解决气候变化问题与应对臭氧层枯竭的比较具有指导意义。在臭氧层枯竭的情况中，人们对其产生原因（喷雾剂和其他来源排放着氟氯化碳气体）几乎没有科学性分歧。此外，人们普遍认为其后果是负面的，而且意识到它们同样影响着发展中国家和发达国家。最重要的是，直接且代价可接受的解决方案是存在的——禁用氟氯化碳气体并转而使用十分经济的替代品。因而1987年《蒙特利尔公约》表明了环境事务上的国际合作是多么有效。20世纪90年代中期以来，氟氯化碳气体的排放量开始下降，预期2030年其排放将会完全停止，从而使2050年前臭氧层完全恢复成为可能。相比之下，气候变化有着更深层的困难，因为其源头并不在于一种特定物质的使用、一种特殊生产性过程或一系列日用品，而很可能是工业化过程本身。化石能源（煤炭、石油和天然气）的使用并不仅仅是工业化的基础或过去200多年经济增长的关键，而且是导致全球气候变暖的温室气体排放的基础。因此，解决气候变化问题的任何认真尝试都必须重塑工业社会的本质以为“碳工业化”提供另一种选择，又或者在经济增长、物质繁荣方面做出牺牲。那么，气候变化的国际合作已进展到哪一步了？有效的国际行动面临什么样的阻碍呢?

气候变化的国际合作

1992年里约热内卢“地球峰会”是特别关注气候变化问题的第一次国际会议。它将《气候变化框架公约》确立为一个“框架协议”，呼吁在平等的基础上根据“各国负有共同但有区别的责任与能力”原则将温室气体稳定在一个安全层次上。一个明显的意义是，发达国家应当带头在2000年前将排放量降至1990年的水平。尽管181个国家接受了《气候变化框架公约》，但是它仅仅是一个未来行动的框架，并不是具有法律约束力的目标。幸好，这也适用于发达国家，其碳排放量在20世纪90年代期间持续上升。将发展中国家排除实际上意味着，增长率变得更大起大落，特别是由于中国和印度的经济腾飞。

最重要的国际气候变化协议是 1997 年签署的针对《气候变化框架公约》的《京都议定书》。其重要性在于，它为发达国家确立了一个有约束力的目标，在 2012 年前限制或降低温室气体的排放量，即发达国家将其总体排放量在 1990 年的水平上至少降低 5.2%。但是各国目标各不相同。欧盟和美国的目标分别是 8%和 7%，而澳大利亚等其他国家允许超过其 1990 年的排放水平。与之相伴的是，“弹性机制”设计了一个协助各国实现其目标的碳交易体系。这确立了一种应对气候变化的“总量管制和排放交易”(cap and trade) 方法，从此成为解决这一问题的主导性战略。《京都议定书》的力量在于，它第一次引入了具有法律约束力的温室气体排放目标，并为 41 个发达国家设立目标（即所谓的《京都议定书》附录一)，从而为以后发展中国家的加入作好了准备。最终，137 个发展中国家批准了《京都议定书》。此外，《京都议定书》提供了一个“**碳排放交易**”(emissions trading) 机制，这有助于传播碳是商品的观念，并通过实施重要的弹性因素从而使这些约束性目标似乎更容易被接受。例如，碳排放交易允许发达国家某种程度上以技术转让和对发展中国家投资的方式实现其减排目标，因而至少在理论上有助于其减少碳排放水平。不过，碳交易的批评者认为，这是个漏洞，使一些国家超越其目标且不十分认真地对待气候变化问题，特别是因为这一系统难以监督，会导致各种滥用的辩解。

但是，《京都议定书》依然有重大的局限性。首先，《京都议定书》所设立的目标并不足以实现其目的，即防止“人为妨碍气候系统的危险”。例如，欧盟在解决气候变化的运动中担任领导角色，呼吁至 2010 年温室气体排放量减少 15%。这几乎是《京都议定书》规定减排量的三倍，并且要以更短的时间实现。其次，美国没有批准签订《京都议定书》。起初克林顿政府担心美参议院不会批准该条约。后来小布什政府公然反对，因而致命地打击了《京都议定书》，导致气候变化进程倒退十年之久。之所以如此，是因为当时世界上最大排放国美国占温室气体排放的 25%，而且美国的不参与使发展中国家仍身处议定书进程之外。最后，将有约束力的目标限于发达国家的决策一开始就会严重危及《京都议定书》。美国一贯将中国和印度排除在外视为其不参加的正当理由。

> **碳排放交易**：允许《京都议定书》缔约方从其他缔约方买卖碳排放的机制，同时保持碳排放的总目标。
>
> **减轻**：适度地减少某些事物的影响，特别是减少温室气体排放以便限制气候变化。
>
> **适应**：依照新情况而改变，特别是学会适应气候变化。

尽管《京都议定书》绝不会是气候变化的解决方案，但它或许提供了前行道路上必要的第一步。然而，《京都议定书》蹒跚的过程意味着到 2005 年，全球二氧化碳排放要比 20 世纪 90 年代增长快 4 倍。其中影响之一是侧重点从“**减轻**”(mitigation) 趋向“减轻和**适应**”(adaptation) 的转变。2007 政府间气候变化专门委员会《第四份评估报告》所提及的关键“减轻”技术和行动包括以下内容：

- 燃料由煤转向天然气。
- 核能的更广泛使用。
- 可再生热能和电能（水电、太阳能、风能、地热和生物能源）的更多使用。

- 二氧化碳收集和储存（如，从天然气中移除的二氧化碳的储存）的最初应用。
- 更多的节能机动车，如生物能和清洁柴油的机动车。
- 从公路交通向铁路交通、公共交通和非机动交通（自行车、徒步）的转变。

不过，这份报告也强调了一系列“适应”战略，包括以下几点：

- 重新安置，特别是临海地区。
- 改进防波堤和风暴潮屏障。
- 加大雨水收集并提高储水和保存技术。
- 调整种植时期和作物多样性。
- 作物重新调整并改善土地管理（如通过植树控制侵蚀并保护土壤）。
- 完善易受气候影响的疾病的监督和控制。

公共产品：无法将个体排除在外的一般利益，因而受益者没有支付的动力。

在关于气候变化的现状、原因及意义方面有了更大的科学共识以及环境非政府组织的努力下，公众态度的转变加强了环境问题上的国际合作。2004 年，俄罗斯正式批准了《京都议定书》。2007 年澳大利亚也批准了它。更重要的是，2008 年贝拉克·奥巴马的当选、民主党对国会两院（直到 2011 年）的控制似乎标志着美国政策的关键性转变，从而使美国愿意参与《京都议定书》接替版本的制定，因为到 2012 年《京都议定书》失效。此外，中国和其他发展中国家更愿意讨论气候变化问题，并且有兴趣解决气候变化问题。这是 2009 年 12 月哥本哈根联合国气候变化大会的大背景。然而，人们普遍认为，哥本哈根峰会是极其令人沮丧的大会，仅仅再次强调了在气候变化问题上达成国际协定的困境。

为何国际合作如此难以达成？

只有解决涉及国际合作的一系列障碍，解决气候变化问题的有效国际行动才会发生。其中最重要的障碍如下：

- 公共产品和国家利益间的冲突
- 发达国家和发展中国家之间的张力
- 经济障碍
- 意识形态障碍

气候变化问题被视为“公地悲剧”的经典案例。各个国家所认为的对所有国家都有益的事物未必会有益于每个国家。清洁的空气和健康的大气是**公共产品**（collective goods），是“全球公域”（global commons）的关键要素。然而，解决全球变暖在有时十分昂贵的减轻和适应战略中的投资、较低水平的经济增长方面将会强加代价于个体国家。在这些情况下，国家被鼓励成为“搭便车者”，以享有更健康大气的益处，而不必为此付出代价。因而，这是完全理性的，因为每个行为体在应对气候变化问题上都会尽可能少地“支付”。这导致了这样一种情况，即国家不愿同意有约束力的目标，或者，如果目标确立了，将目标设定在有效解决问题所需要的水平之下。此外，一个国家经济越发达，解决气候变化所需的费用越多，就越不愿意采取协调一致的行动。在这种背景下，民主也许会造成更多问题，特别是因为政党竞争往往以实现经济增长和繁荣的能力的竞争性主张为取向。

见诸行动的全球政治

哥本哈根联合国气候变化大会

事件： 2009 年 12 月 7 日至 18 日联合国气候变化大会召开了，俗称为“哥本哈根首脑会议”。本次会议的目的是制定一个《京都议定书》的接替版本。163 个国家参加了哥本哈根首脑会议，其中 101 个国家派出了国家元首和政府首脑作为代表，包括美国总统奥巴马和中国总理温家宝。《哥本哈根协议》概述了会议主要成果。美国、中国、印度、巴西和南非草拟了这份协议，但其谈判进程一度陷入狂乱之中。在其最后一次全体会议上，会议本身仅仅同意“留意”《哥本哈根协议》。该协议包括以下内容：

- 许诺防止未来全球气温比工业化前的水平上升 2℃。
- 2010 年到 2012 年期间发达国家将向发展中国家提供 300 亿美元，以帮助它们减少温室气体排放和适应气候变化。
- 到 2020 年，发展中国家每年将得到发达国家 1 000 亿美元的援助，其中超过一半来自尚不明确的私人来源。
- 发达国家将向联合国提交减排计划，以接受检查和监督。
- 发达国家、中国和巴西等新兴经济体将提交可以被测量和验证的排放报告，尽管这种机制在稍后才可确定。

意义： 许多环境运动人士视哥本哈根会议为一个或许其灾难性的失败。其主要缺点是，它并没有为任何国家规定任何新的具有法律约束力的减排义务，也不包含任何在未来实现这些目标所需的明确承诺。即使按照诚然有缺陷的《京都议定书》的标准来看，哥本哈根会议也是令人失望的。《哥本哈根协议》甚至没有建立任何国家或全球性减排的非法律目标。此外，巨大的模糊性笼罩着资金与发展中国家所报告的减排的验证过程。对于发达国家用以支持发展中国家减排的资金而言，这些资金源自何处以及如何使用呢？减排的失败如何能够得以解释呢？哥本哈根会议已被公认为全球经济衰退与大国政治背景下政府普遍不愿意对气候变化采取大胆行动的牺牲品。由于全球权力平衡的变化，中国（某种程度上包括其他新兴经济体）利用这个机会展示其不断扩大的影响。

另一方面，美国政府认为《哥本哈根协议》是“有意义的协议”，至少在两个方面比《京都议定书》有显著的进步。首先，哥本哈根会议体现了美国政策转变的程度。尽管美国一直游离在《京都议定书》之外，但奥巴马总统在哥本哈根提出到 2020 年美国排放量在 1990 年的水平上削减 4%的目标，因而至少释放出向具有法律约束力目标这个原则转变的信号。同样，《京都议定书》没有规定发展中国家遏制排放增长的义务，但是在哥本哈根会议上中国和其他新兴经济体都承诺了削减排放水平的目标，即使这并没有扩大到确立目标上。在此意义上，《哥本哈根协议》也许是在气候变化问题上采取更加一致性行动的道路上迈出的一步。这或许应该根据其为后续行动的准备而非本身的具体成果作出判断。

重要绿色政治理论家

厄恩斯特·弗里德里希·舒马赫（Ernst Friedrich Schumacher，1911—1977）

英籍德裔经济学家和环境思想家。舒马赫支持人类大规模生产事业，提出了“佛教”经济哲学（把人当回事的经济学）。这一经济哲学强调道德和“优质民生”的重要性。其主要著作是《小即是美》（*Small is Beautiful* 1973）。

阿尔纳·内斯（Arne Naess，1912—2009）

挪威哲学家。他深受斯宾诺莎、甘地和释迦牟尼等学说的影响，是“深层生态学”的重要倡导者。他认为生态学应该平等地关注自然的每一部分，因为自然秩序有其内在价值。其著作包括《生态学、共同体和生活方式》（*Ecology，Community and Lifestyle* 1989）。

加勒特·哈丁（Garrett Hardin，1915—2003）

美国生态学家和微生物学家。哈丁因《公地悲剧》（*The Tragedy of the Commons* 1968）而享誉盛名。他发展了毫不妥协的生态主义形式，提醒防备人口增长和自由的威胁。其主要著作包括《公地悲剧》（1968）和《救生艇伦理学》（*Lifeboat Ethics* 1974）。

默里·布克金（Murray Bookchin，1921—2006）

美国自由社会主义者。布克金以“社会生态学”思想强调无政府主义和生态学之间的相似之处，他强烈批评深层生态学的“神秘”想法。这一领域的主要著作包括《自由生态学》（*The Ecology of Freedom* 1982）和《重新迷人的人性》（*Re-Enchanting Humanity* 1995）。

卡洛林·默钱特（Carolyn Merchant，1936—　）

美国生态女性主义哲学家和科学史学家。默钱特把母性描写为被自然“统治模式”所削弱的仁慈的母亲。这种模式产生于科学革命和市场社会的兴起。其主要著作包括《自然之死》（*The Death of Nature* 1983）和《激进生态学》（*Radical Ecology* 1992）。

旺达那·希瓦（Vandana Shiva，1952—　）

印度生态女性主义的积极分子和核物理学家。希瓦是生物工艺学行业的一个尖锐的批评者。她认为，全球化的发展威胁到了生物多样性并加剧了贫困，尤其是妇女的贫困。其著作包括《心灵的单种作物》（*Monocultures of the Mind* 1993）和《偷来的收获》（*Stolen Harvest* 1999）。

另请参阅詹姆斯·拉夫洛克（第 72 页）。

第二个问题是，气候变化问题揭示出发达国家和发展中国家之间的重大分歧。换句话说，气候变化问题扩大了南北鸿沟。这种张力的根源之一是，当前排放水平由于“外包”可能提供了一个不公平的设定目标的导向。大多数制造业向发展中国家的转移意味着，超过 1/3 的二氧化碳排放完全在发达国家的国土之外，而这些二氧化碳的排放是与许多发达国家的商品和服务消费相关的。但是，更深层次的分歧则来自于气候变化领域内责任分摊（burden-sharing）问题的对立意见。从发展中国家角度看，发达国家对于自工业时代以来累积的大量的碳排放负有历史责任。实际上，发达国家耗尽了大气层碳吸收能力的一大部分，因此在经济增长和繁荣方面获得了巨大收益。相比之下，发展中国家既受到气候变化的（相对于发达国家）不成比例的恶劣影响，也最无力解决气候变化问题，无论是通过减轻抑或适应的方式。这意味着排放目标不应强加于发展中国家（如《京都议定书》一样），或者任何类似的目标都应该考虑历史责任并做相应的计划，将更为重大的责任强加于发达国家而非发展中国家。

但是从发达国家角度看，这些国家不应对在行动时所产生的那些完全未知的影响负责。不管怎样，那些应该负责的国家很大程度上消亡了。由此观之，目标应该仅仅依据目前的排放水平进行设定。在这种情况下，发达国家和发展中国家将被一视同仁地对待。除了其他事情之外，中国、印度和巴西等新兴经济体的重要性日益增强。这意味着，除非发展中国家在减排中扮演一个重要的角色，否则全球目标将不可能实现。然而，如果考虑到人口规模和人均收入，发达国家和发展中国家间的张力将变得更加严重。例如，尽管中国取代美国成为世界上最大碳排放国，但是美国人均碳排放几乎仍比中国人均水平高四倍（2010 年是 19.2 吨：4.9 吨）。发展中国家在这一问题上的想法趋向于以权利为基础，反映了每一个人对世界其余碳空间都有平等的权利、发展权（以前发达国家所实践的）的想法。这意味着排放目标应理所当然地有利于发展中国家。毕竟世界上绝大多数人口、大多数贫困人口生活在发展中国家。然而，一些人批评以权利为基础的应对气候变化的方法。他们认为，这种方法引入了平等主义的假设，然而这一假设难以应用到生活的其他方面。例如，如果在自然资源应该平等分配的更广范围问题上没有达成一致，那么世界其余碳空间的使用为什么应该平等分配呢?

包括社会生态学家和深层生态学家在内的激进生态学家往往认为，气候变化应对的缺乏有着更深层次或者结构性的根源。这一难题不仅仅显示出实现国际合作的困难性，而且涉及塑造着资本主义现代性的经济和意识形态的根本力量。就经济因素而言，批评经常关注国家与全球层次上资本主义体系的反生态趋向。特别是，利润最大化的企业总是被吸引到最易获取、最便宜的能源来源——化石燃料上去。短期利益，而不是处理生态可持续发展的议题支配其思想。由此观之，“绿色资本主义”仅仅是个自相矛盾的说法。在意识形态层次上，归根到底国家对碳工业的依赖可能体现了物质主义价值观。物质主义价值观支配着现代社会。深层生态学家认为，这种依赖造成了人类与自然之间深刻的脱节。物质主义和拜金主义意味着，经济和政治体系的目标应是经济增长、提高生活水平的诉求。从这个角度来说，应对气候变化所面临的困难不仅产生于说服人们至少放弃某种程度的物质繁荣的困境，而且富有挑战性地产生于促使人们转变其价值观的任务。

争论

只有采取激进措施才能应对气候变化?

在绿色政治中激进主义者与改良主义者间的分歧明显反映在应对气候变化的对立意

见上。一些人支持经济和意识形态的结构性改革，而其他人则支持不那么激进、不那么痛苦的选择。

赞成

危险的拖延。全球变暖问题的意识与有效国际行动的实施之间的鸿沟不断扩大。因而，里约会议、京都会议和哥本哈根会议的失败意味着适度的减排已经不再令人满意。一般共识是，2～3℃全球气温的升高标志着危险的人类影响的“拐点”（tipping point），但根据2007年政府间气候变化专门委员会的预测，全球气温最多将升高6.4℃。

“简单”解决办法的神话。可悲的是，经济上、政治上最成问题的方法也是最低效的。可再生能源对于减少化石燃料的使用很可能只起到很小的作用。碳交易也没能促成重大的减排。事实上气候变化的技术“困境”，如所谓的生物燃料的使用、碳储备、清洁煤技术和核电等，往往费用昂贵、效果不佳或者与其他环境代价有关。

经济重构。如果经济体系没有改变，那么很难看清全球变暖问题如何解决。市场资本主义已被证明是创造财富的高效手段，但是也可能是生态可持续发展的敌人。尽管生态社会主义思想日益遭到嘲笑，但是许多环境主义者呼吁资本主义的根本重构，尤其是强化国家对可持续实践的干预。

后物质社会。如果维系工业社会和“增长论”（growthism）的价值观和欲望没有受到挑战，那么经济重构是不可能的。因而，应对气候变化的一致行动必须具有文化和心理维度。因为以“足够”为基础的稳态经济取代了“越来越多”的需要，所以物质主义必须被抛弃。仅当价值观和敏感性改变时，国家和国际层次的决策者才拥有政治空间，以便发展有意义的解决办法。

反对

夸大的恐惧。一种环境领域的歇斯底里推动着对气候变化的关切。环境领域的非政府组织试图通过渲染“末日景象”吸引公众关注环境问题，转变公众态度。在这一过程中，大众传媒常常密谋使当前事务的报道“煽情”、吸引眼球。决策者可能因此采取激进的策略，尽管没有那么多地去应对气候变化问题，但是足以减轻公众对这一问题的焦虑。

适应变化。大多数环境主义者把全球变暖仅仅当做是必须阻止的事情，是以下面的假设为基础的，即全球变暖的所有影响都是消极的。但是，气候变化可能会带来机会（新的旅游地、改进的植物生存能力等）和挑战。另外，阻止其消极影响的代价可能极高。在这些情况下，理解全球变暖的意义并找出与其相处的方法可能会更容易，也更具成本效益。

市场解决办法。资本主义断然不是反绿色的。资本主义的环境资历反映在其对更具生态敏感性的消费者压力的反应、长期的公司盈利能力只有在可持续发展的背景下才能得到保证的意识中。此外，碳的使用最好不是以抨击和禁令方式阻止，而是以市场机制抑制碳的使用，并促进低碳和碳中性技术的发展。

人类创造力。碳工业化背后的革新和创新的能力无疑会被用以建立碳中性企业、产业和社会。尽管在可再生能源上的投资目前来说是不够的，但其潜力是巨大的，尤其是超高效风力涡轮机等技术的利用。利用太阳能电池的太阳能发电厂在世界各地变得日渐普遍。在中国、阿布扎比及其他地方，零碳排放的“生态城市”正在建设之中。

资源安全

虽然 20 世纪 80 年代末以来，气候变化已经成为全球环境议程上万众瞩目的问题，但它绝不是唯一的重要议题。事实上正是在同一时期，人们已渐渐意识到不可再生资源，特别是能源资源对安全、发展和冲突等问题发挥着越来越大的影响。事实上在许多方面，气候变化和**资源安全**（resource security）已成为各国相互制衡的优先考虑因素。例如，气候变化促使各国减少其化石燃料的消耗，而对资源安全的诉求会推动它们勘探和开发新的化石燃料储量。另一方面，环保主义者将对可再生资源和无碳技术的投资视为实现资源安全的“绿色”通道，尽管只有当这种替代品真正能够产生出和化石燃料相同的能量时，这才适用。然而很明显，对自然资源足以维持人类发展和确保国家实力的担忧远远超过了对气候变化的担忧。这些担忧可以回溯到托马斯·马尔萨斯的悲观性预测，即由于“人口原理”，任何一个国家的生活水平总会回到维持生计的水平。虽然技术创新和新资源的发现往往质疑着马尔萨斯的悲观预测，但是历史是以不断出现对稀缺资源的担忧、有时近乎恐慌的时期为特点的。例如，19 世纪最早的工业化国家竞相争夺对铁和煤的控制。而一战后，主要欧洲大国纷纷不顾一切地寻找国外石油资源。

然而由于看似丰富的新的化石燃料供应的发现，在 20 世纪 70 年代到 80 年代期间人们对资源的担忧有所减轻。此外，不断推进的全球化似乎为能源和其他资源创造出了更大的、更加灵敏的市场。但是 20 世纪 90 年代以来，这种担忧尤为突出地死灰复燃，致使能源安全成为更为重要的国际议程。例如，越来越多的战争似乎是**资源战争**（resource wars）（Klare 2001）。曾经一度被认为消亡的地缘政治学突然重新出现。为什么会这样呢？至少三项重要发展有助于解释这个现象。首先，随着全球资源市场中新竞争者（尤其是中国、印度、巴西等新兴经济体）的出现，对能源的需求特别是对石油、天然气和煤的需求急剧增加。其次，世界上最大能源消耗国美国变得日益关切其国内廉价石油不断萎缩的供应以及对价格不断攀升且不安全的国外石油日益加重的依赖。最后，当需求压力加剧时，人们的焦虑与担忧再次浮出水面。全世界必需品的储备开始下降，特别是石油储备减少，因此恐惧一般会蔓延（Def-

> **地缘政治学**：地缘政治学是一种对外政策分析方法，以地理因素理解国家的行为、关系和意义，如地理位置、气候、自然资源、自然地形和人口等。阿尔弗雷德·马汉（Alfred Maham，1840—1914）极大地影响着地缘政治学。他认为，控制海洋的国家将会控制世界政治。相比之下，哈尔福德·麦金德（Halford Mackinder，1861—1947）认为对德国和中西伯利亚之间大陆板块的控制是控制世界政治的关键。地缘政治学的批评者则常常反对其地理决定论。而地理决定论似乎暗示着在国际政治中“地理决定命运”。一些人时常认为，全球化的兴起使地缘政治学过时了。
>
> **资源安全**：取得足够的能源和其他资源以满足一个国家经济和军事需要方面的安全。
>
> **资源战争**：为得到或保持对经济发展与政治权力至关重要的资源的控制而发生的战争。

feyes 2005)。担忧不仅产生于新的石油供应满足迅速增加的需求的失败，而且更令人担忧地产生于一种预测，即**石油峰值**(peak oil)的时刻很快会到来。世界石油将会消耗殆尽，并且其他可再生或非可再生的能源似乎没有能力取而代之。这种发展趋势导致了全球力量的重大转变，也在一些石油和其他能源供应充裕的国家造成了动乱和冲突。

石油峰值：石油开采量的最大值。

托马斯·马尔萨斯(Thomas Malthus，1766—1834)

英国政治经济学家和牧师。在成长过程中，马尔萨斯深受让·雅克·卢梭(1712—1778)、大卫·休谟(1711—1776)等启蒙思想家的影响。1788年，马尔萨斯成为英国教会会长。马尔萨斯因其在一本小册子中所载的观点而闻名。后来这本小册子扩展成为一本书《人口学原理》(*Essay on Population* 1798)，并印刷了许多版次。其主要论点是，(未受制止的)人口增长将超过生活资料的发展。因为人口将呈指数级(或几何)增长，然而食物和其他必需品的供应仅仅呈线性(或算术)增长。因此，人口增长总是导致饥荒、疾病和战争。尽管一些人认为马尔萨斯的预言因为没有考虑农业和其他技术的进步而存在根本性的缺陷，但也有一些人认为马尔萨斯的预言仅仅是延迟了。

资源、权力与繁荣

资源与全球大国之间的联系反映在一个新兴的国际能源秩序中。在此，一个国家在国际社会中排名的衡量标准不再是传统的经济和军事能力，而是其石油和天然气丰富的储备、动用其他财富资源以向能源丰富的国家购买(或以其他方式获取)资源的能力(Klare 2008)。这种衡量标准将世界各国划分为能源过剩国和能源短缺国。在国际能源秩序中，重要参与者包括美国、中国、印度等能源短缺国，俄罗斯等能源过剩国。就美国而言，其国内石油储备不断减少和国际油价不断攀升的情势迫使其加强了在石油供应最充裕地区海湾地区的地缘政治影响力。因此，很多人认为，在很大程度上1991年海湾战争和2003年入侵伊拉克都是出于对石油的考虑。因此，**"反恐战争"**的一个维度或许是美国对能源安全的担忧(Heinberg 2006)。

聚焦

充裕的悖论：资源是祸根吗?

资源是福气还是祸根呢？为什么富有自然资源的国家通常是世界上最贫穷和最麻烦的国家和地区呢？

首先，自然资源被视为造就了诸多经济不平衡和困难。这些困难包括政府税收的流动性增加，从而导致了政府开支的通货膨胀、繁荣萧条周期(boom-bust cycles)。其他经济部门也会受到损害，因为自然资源出口获得的税收会推高工资和汇率(有时这被称为“荷兰病”，它源自于这样一个事实，即 20 世纪 60 年代荷兰天然气的发现导致了制造业的衰退）。富有自然资源的国家也会有经济多元化缺失的危险，即其他工业未能得到发展，因为其他工业比不上自然资源的利润水平。

其次，自然资源对治理的性质与质量也能产生破坏性影响。之所以如此，是因为来自自然资源的巨大的资金流动往往会助长政治腐败。此外，资源丰富的国家不太需要对公众征税，因而它们往往不太关注民众的压力。因此，丰富的自然资源和权威主义之间存在着一种联系。

最后，自然资源能够而且通常确实滋生了冲突和内乱。冲突往往因对资源的控制和开发、税收分配而发生，这意味着资源丰富的社会更容易产生种族冲突、分裂暴动、一般军阀统治。通常相对短暂的“钻石战争”（diamond war）在非洲已经很普遍，而与石油有关的冲突在阿尔及利亚、哥伦比亚、苏丹、印度尼西亚、尼日利亚和赤道几内亚国家则大不相同，它广泛地涉及从低水平的分裂斗争到充分发展的内战。

中国和印度，在此背景下有时统称为“中印”（Chindia），已改变了世界石油、天然气、煤、铀和其他主要能源的市场，也改变了铁矿石、铜、铝和锡等工业品的市场。就中国而言，能源安全对国内政策、对外政策都产生了影响。国内方面，它促使中国打击分离主义运动，强化对新疆和西藏等西部和西南部省份的政治控制。这些地方通向中亚并且有着石油和其他资源的丰富供应。中国迅速增长的外部影响主要集中在与伊朗等盛产石油的国家加强外交联系，更明显地是在非洲进行大量投资。非洲是世界上最大的未开发的能源和矿产储备之地。新的国际能源秩序特别有利于世界上最重要的能源过剩国俄罗斯。因而，俄罗斯从共产主义崩溃和后共产主义混乱的十年中成为能源超级大国。俄罗斯现在是欧洲能源供应的一个重要的权力掮客（power broker），因欧盟和其他国家对俄罗斯石油和天然气日益增长的依赖而能够发挥重要的影响。然而，能源安全也促使俄罗斯加强其对周边（near abroad）特别是石油丰富的高加索地区的控制。例如，这是 2008 年俄罗斯侵袭格鲁吉亚的原因之一。

最后，人们普遍认为，自然资源是一个纯粹的福气，是国家权力的关键要素之一。能源、矿产和其他资源不仅为一国提供了长期经济发展的基础，而且也为其提供了从他国获取收益和施加影响的一种途径。例如，沙特阿拉伯和其他石油藏量丰富的海湾国家、委内瑞拉、哈萨克斯坦（当然包括俄罗斯）证明了这点。然而在实践中，自然资源通常带来诸多的问题，如同其带来的福气一样。事实上，世界上许多最贫穷和最麻烦的地区拥有丰富的能源和矿产储备。例如，撒哈拉沙漠以南的非洲和中东地区是明显的例证。这导致了**“资源祸根”**（resource curse）思想的出现，有时也称之为“充裕的悖论”。

资源祸根：具有丰富自然资源的国家和地区存在着低增长、封闭式发展、有时内乱的趋势。

总 结

- 环境通常被视为全球问题的典型例

子。环境进程本质上跨国的特征意味着，面对发生在他国的环境行为时，各个国家在环境上特别敏感。因此，环境问题上富有深意的进步仅能在国际甚至全球层面得以实现。

● 对环境问题的严重性和本质、最佳解决方式的分歧通常植根于人类与自然界之间关系更深层次的哲学讨论中。截然相反的观点影响了改良主义者和激进主义战略，即人类需求（人类中心论）或者生态平衡（生态中心论）哪个优先。

● 20 世纪 90 年代初以来，气候变化已支配了国际环境议程。尽管一些分歧持续存在着，但是越来越多的共识是，气候变化时刻都在发生，是人类活动的产物，特别是工业化时代以来温室气体的排放所引起的。然而，气候变化的后果（以及问题的严重性）特别是应该如何解决的问题仍存在着重大分歧。

● 一系列国际合作的障碍阻碍着解决气候变化的有效国际行动。其中最重要的（或许是基本的）是国家利益与共同利益的冲突、发达国家和发展中国家之间各种类型的张力、资本主义对增长的偏好、根深蒂固的物质主义和消费主义（consumerism）的道德规范。

● 人们逐渐意识到能源对安全、发展和冲突等事务日益产生影响，特别是因为石油、天然气和煤的有权使用已成为决定 21 世纪世界秩序轮廓的关键因素。然而，这绝不意味着自然资源总是国家权力的来源，因为资源或许是一个“祸根”，例如当它们造成经济失衡、招致不必要的外国干预时。

问题讨论

● 为何环境问题日益成为国际关切的主要焦点？

●“浅”生态学与“深”生态学有何不同？

● 可持续发展观念的意义是什么？

● 我们对子孙后代有义务吗？如果有，这意味着什么呢？

● 气候变化源于人类活动的观点仍受到质疑吗？

● 气候变化的消极后果言过其实了吗？

● 发达国家应该为解决气候变化承担主要责任吗？

● 温室气体排放目标应该以人均为标准设定吗？

● 资源安全的关切往往与气候变化的关切相冲突吗？

● 在何种程度上自然资源是一个“祸根”呢？

第 17 章

全球政治中的性别

男人发动战争……因为战争使他们成为男人。

——芭芭拉·埃伦瑞奇，《血的祭礼》(1997)

预览

国际政治研究传统上是“性别中立”(gender-blind) 的。在一个主要关注国家和国家间关系的学科中，性政治、性别关系似乎是毫无关联的。然而 20 世纪 80 年代以来，世界事务的女性主义视角越来越突出。很大程度上，这反映出人们日益接受了这种看法，即人们生活和工作所处的社会和历史背景塑造着其对世界的理解。除其他事项之外，这意味着全球政治可以以“性别视角”(gender lens) 方式理解。但是全球政治的“性别视角”意味着什么呢？女性主义如何改变了我们对国际和全球进程的理解？在这些问题上采取性别视角的一个意义是，使女性清楚可见，从而在某种意义上补偿了很大程度上受男性支配的学科里的“偏见动员”(mobilization of bias)，即这个学科以前只关心男性支配的制度和进程。换句话说，女性一直是世界政治的一部分，只是她们的作用和贡献被忽视了。在更深的、分析上更重要的层面上，全球政治的“性别视角”意味着意识到传统上理解世界的概念、理论和假设都是性别化的。因此，性别分析是对男性和女性的认同、象征和结构以及它们如何塑造全球政治的分析。这不仅揭示出贯穿主流理论概念框架的“男性主义”的偏见，而且这个概念框架也在某些方面重新考虑女性主义观念。女人和男人以不同方式理解世界并行动吗？这对全球政治的理论和实践有什么意义？

关键问题

- 何为女性主义理论的主要流派？其分歧何在？
- 什么是性别？它如何影响着政治理解？
- 女性主义者如何理解安全、战争和武装冲突？
- 国家和民族主义是以男性主义规范为基础而建构起来的吗？
- 性别关系的意识如何改变我们对全球化和发展等问题的理解呢？

女性主义、性别和全球政治

各种各样的女性主义

女性主义可以广义地界定以女性的社会发展为目标的运动。鉴于此，女性主义理论是以两个主要观念为基础的：女性因其性别而处于弱势地位；这种弱势地位能够而且应该被推翻。女性主义者以此强调其所认为的大多数社会中——如果尚不是全部社会的话——性别之间的**政治**关系、男性霸权、对女性的压制。虽然“女性主义”术语可能始于20世纪，但是这些观点体现在很多不同的文化中，甚至能够回溯到远至希腊和中国的古代文明。例如，出生在威尼斯的诗人克里斯蒂娜·德·皮桑（Christine de Pisan，1365—1434）所写的《妇女城》，预示了许多现代女性主义的思想，记录了过去著名女性的事迹，提倡女性在教育和政治影响上的权利。然而，女性主义一直是一个高度多样化的政治传统，

第一波女性主义：从19世纪中期至20世纪60年代出现的女性主义的早期形式，是以法律和政治权利中男女平等的自由主义目标为基础的，特别强调的是投票权。

第二波女性主义：出现在20世纪60年代和70年代的女性主义形式，其特点是更为激进地关注“妇女解放”，尤其是在私人领域。

包括有时似乎令人眼花缭乱的次传统，“自由主义”女性主义、“社会主义”或“马克思主义”女性主义、“激进”女性主义、“后现代”女性主义、“精神分析”女性主义、“后殖民主义”女性主义、“同性恋”女性主义等。不过两个大致的区分是有益的。第一个区分是女性主义的第一波和第二波。

所谓的**第一波女性主义**（first-wave feminism）出现在19世纪。女性选举权运动，即投票权，塑造着第一波女性主义。其核心理念是，妇女应该享有和男性同样的法律和政治权利，它特别强调女性投票权，因为如果女性能够投票，所有其他形式的性别歧视和偏见将很快消失。**第二波女性主义**（second-wave feminism）产生于这样一种意识，即政治和法律权利的实现没有解决“女性歧视问题”。第二波女性主义的目标不仅仅是政治解放，而且是妇女解放，这体现在妇女解放运动的不断发展。妇女运动是兴起于20世纪60年代和70年代的所谓“新”社会运动之一。其关键主题是，妇女解放不能仅仅以政治改革或法律变革实现，而是需要一个更深远的也许革命性的社会变革进程。第一波女性主义主要关注教育、政治和工作的“公共”领域的改革，而第二波女性主义寻求重构家庭和家庭生活的“私人”领域，这反映了

“个人的即政治的”（the personal is the political）观点。因此第二波女性主义践行的是“日常生活的政治”，提出了家庭中的权力结构、女性和男性之间的个人和两性关系的问题。这种转变反映了所谓的**激进女性主义**（radicial feminism）在女性主义理论中日益提高的重要性。激进女性主义者将女性从属地位视为无孔不入的、系统性的，源于“父权制”制度（Millett 1970；Elshtain 1981）。

然而 20 世纪 70 年代以来，女性主义经历了一个去激进化的过程，它否定着清晰界定女性主义“第三波”（反复地）的努力，但是它也变得越来越多样化。女性主义的第二个主要区分却变得越来越重要：对“平等”的诉求或“差异”的意识界定着女性主义。女性主义传统上与男女平等的诉求紧密联系在一起。这是否意味着获得平等权利（自由主义女性主义）、社会平等（社会主义女性主义）或平等的个人权力（激进女性主义）的实现。在平等女性主义（equality feminism）中，“差异”意味着压迫或从属，它强调男性享有而女性所没有的法律、政治、社会或其他优势。在此意义上，女性必须从差异中获得解放。虽然社会主义女性主义者和大多数激进女性主义者拥有平等主义思想，但最具影响力的平等女性主义形式是**自由主义女性主义**（liberal feminism）。自由主义女性主义主导着第一波女性主义，并有助于改变第二波女性主义中的改革派倾向，尤其是在美国。自由主义女性主义的目标是确保女性和男性平等地参与“公共”领域，都有受教育权利、选举权和参与政治生活的权利、追求事业的权利等。

这些想法是以这种信念为基础的，即人性基本上是**中性**的（androgynous）。不考虑其性别，所有人都具备父母的遗传基因，因此体现出女性和男性的属性和特征的融合。因此，男人和女人不应该由其性别来判断，而是作为个人、“人”。由此观之，性与性别之间存在着很明显的区别。在此意义上，“性”，是指女性和男性之间的生理差异，通常与繁殖有关；这些差异是天生的，因而是无法改变的。另一方面，“性别”是一种社会建构（social construct），是文化而非自然的产物。“男性特质”和“女性特质”的鲜明对比的固有印象往往影响着性别差异。正如法国哲学家和女性主义者西蒙娜・德・波伏娃（Simone de Beauvoir，1908—1986）所说的，“女人不是天生的，而是后天形成的”。

> **激进女性主义：**这种女性主义形式认为性别划分是政治上最重要的社会分歧（social cleavages），而且这些根植于家庭或家庭生活的各种结构中。
>
> **自由主义女性主义：**一种根植于下面信念的女性主义形式，即性别差异与个人价值无关，并且呼吁公共领域内男女享有平等权利。
>
> **中性：**兼有男女特点；意味着人类是无性“人”，在某种意义上性与其社会角色或政治地位无关。

性别是一种社会建构的观点，最初被视为是反驳生物决定论的一种手段。许多女性主义的反对者青睐生物决定论，即“生理至上”（biology is destiny）。这意味着女性的家庭或“私人”角色是其生理和生物构成要素的一个不可避免的后果。不过，它也意味着性别差异是更为根深蒂固的，以女性和男性完全不同的物质体验和性心理经历为基础（Squires 1999）。这导致了所谓的“观点女性主义”（standpoint feminism），即从女性经验的独特视角——

或观点——理解世界（Tinkner 1992）。特别是，观点女性主义者认为，妇女在政治生活边缘的经验赋予其一种看待社会问题的视角，提供一种对世界事务的洞察力。虽然并不一定优于男性观点，不过女性的观点成为对全球政治的复杂世界的有效见解。在其他情况下，各种形式的**差异女性主义**（difference feminism）试图把女性和男性之间的社会、文化差异和更深层的生物学差异联系在一起。因此，他们提供了对性别的**本质主义**（essentialist）论述，依据这样一种假设，即不考虑社会化，男性/女性的“本质”决定了其性别化的行为。然而不论其生物的、政治文化或性心理的起源，女性和男性之间存在着根深蒂固的、无法根除的差异的观点对女性主义理论具有重要的意义（Held 2005）。特别是，它表明了性别平等的传统目标是误导的或仅仅是不可取的。与男性平等的想法意味着女性是“男性识别的”（male-identified），因为她们以男人是什么或男人有什么界定自己的目标。因此对平等的要求体现了“像男人一样”的渴望，如采取男性社会所表现出的竞争和攻击性行为。相比之下，差异女性主义者认为，女人应该是“女性识别的”（female-identified）：女性不应该以无性别的“人”而应以成熟而完整的女人寻求解放，展示女性价值观和特点。在此意义上，女性通过差异获得解放。

差异女性主义：一种女性主义形式，即男女之间存在着根深蒂固的差异，无论其植根于生物学、文化或物质体验。

本质主义：生物因素在决定心理和行为特征方面是至关重要的信念。

全球行为体

妇女运动

类型：社会运动

有组织的妇女运动首次出现在 19 世纪中期，它关注女性选举权运动，即女权主义“第一波”的界定性目标。到 19 世纪末，妇女选举权团体活跃在大多数西方国家。虽然 20 世纪前几十年里，女性选举权的目标大部分在发达国家实现了（1893 年新西兰率先实施），但是具有讽刺意味的是，女性获得了选票却削弱了妇女运动，因为这使其丧失了统一目标和使命感。直到 20 世纪 60 年代末，妇女运动伴随着“妇女解放运动”的诞生又重获新生，这常常被视为女性主义的“第二波”。这反映出这样一种看法，即女性地位的纠正不仅需要政治改革，而且需要一个激进的，尤其文化的变革过程。“意识觉醒”（consciousness raising）和家庭、家庭生活、个人生活的变革催生了这个变革过程。20 世纪 70 年代初期以来，女性主义活动的激进阶段减弱了，但妇女运动继续发展并获得了越来越显著的国际维度。

意义：社会运动的影响是难以评估的，因为其目标的广泛性，并且某种程度上它们以较难感触到的文化策略施加影响。然而在妇女运动中，许多年来所产生的文化价值观和道德态度的变化实现了深刻的政治和社会变革。除了女性选举权的早期成就，20 世纪 60 年代以来女性主义活动有助于西方社会结构中深刻而且深远的变迁。女性在教育、职业和公共生活的机会相当普遍地扩展了；免费避孕和自愿堕胎变得更容易；妇女享有相当大的法律和经济独立；强奸和对妇女的暴力问题受到更多重视等。这些改变导致了家庭和社会结构的重大变化，因为传统的性别角色得到重新审视，有时是重新塑造，尤其是职场女性人数的大大增加。类似的发展也出现在国际层面，因为妇女的发展、权力增强（empowerment of women）逐渐成为一系列国际议程的优先议题。例如，妇女在发展措施中的授权得到明确的强调，如"人类发展"、人类安全和妇女人权等观点。这也是联合国、世界银行等机构采用"性别主流化"（gender mainstreaming）的产物。

然而，妇女运动的意义和影响已经在许多方面遭到质疑。第一，性别平等的发展不太是由妇女运动所促成的，而更多地是由资本主义现代性所产生的压力所促成的。特别是，资本主义往往以个人对生产过程的贡献而不是其传统地位评价个人。第二，妇女运动所促成的性革命，充其量也是不完整的。女性的教育、职业、政治机会的增加很大程度上只局限于发达国家。即使在发达国家，主要差距仍然存在着，尤其是在职业、商业和政治生活中位居高级职位的女性代表不足。家务和儿童保育的责任仍然不平等地分配着。第三，随着时间的推移，妇女运动变得越来越迥然不同、分裂。因而，西方女性主义的构建传统（自由主义、社会主义/马克思主义和激进女性主义）越来越受到黑人女性主义、后殖民女性主义、后结构主义女性主义、精神分析女性主义和同性恋女性主义等的挑战。第四，社会保守派指责妇女运动鼓励妇女把职业发展和个人满足摆在家庭和社会责任之前，从而导致社会崩溃。

对差异而非平等的强调也可以在后殖民主义女性主义、后结构主义女性主义中看到，尽管是以对比的方式。后殖民主义女性主义者反对对女性困境及其如何解决的任何普世主义分析，而是将其视为把自由资本主义社会中产阶级女性经历所产生的政治议程强加于一般意义上的女性的努力（Chowdhry and Nair 2002）。后殖民主义女性主义者因此拒绝以"自上而下"的国际政策过程处理性别不公平的努力。这种政策过程把其干预的接受者仅仅视为"受害者"。后结构主义或后现代主义女性主义者质疑这种观念，即诸如固定不变的女性认同的事情是存在的。他们也否定这样一种看法，即一系列独特的女性经历能够产生洞见（Sylvester 1994）。从这个角度看，甚至"女人"这个观念可能仅仅是个虚构，因为性别化的话语（例如，不是所有女人都能生育）以重要的方式塑造着男人与女人之间可能无可争议的生理差异。

全球政治的"性别视角"

20 世纪 80 年代后期以来，女性主义理论才被广泛应用于国际和全球问题的研究中，即在女性主义影响了社会科学其他领域大约 20 年之后。然而从那时起，性别视角已经越来越突出，与其他批判理论共同挑战主流现实主义和自由主义方法。女性主义对国际关系中所谓的"第四次大辩论"作出了特殊的贡献，对理论的性质、知识政治（the politics of knowledge）提出了质疑。这些新观点已经普遍得到认可。理论化活动（the activity of theorizing）所处的社会和历史环境约束着所有理论（Steans 1998）。但是全球政治的"女性主

性别：从根本上说，性别意指性差异的社会建构，鉴于此，“性别”显然有别于“性”（在日常语言中通常可以互换的术语）。对于大多数女性主义者来说，“性”强调男女之间生物学上的、根深蒂固的差异，然而“性别”意指男女之间文化上界定的一系列差异。性别以刻板印象起作用（通常基于女性特征和男性特征的对比模式），或是结构性权力关系的表现。然而这种对性别的建构主义论述受到本质主义女性主义者、后结构主义女性主义者、后殖民主义女性主义者的挑战。本质主义女性主义者完全拒绝性/性别的差异，后结构主义女性主义者强调性别的模糊性，后殖民主义女性主义者坚持认为，性别认同是多种多样的而非单一的。

性别主流化：将性别“主流”化进决策过程的努力，要求在决策之前将其分别对女性和男性可能产生的影响进行分析。

父权：字面上父权（patriarchy）意指父亲的统治（*pater* 在拉丁语中意指父亲）。虽然一些女性主义者在此具体和狭义的意义上使用父权，以描述家庭结构和丈夫—父亲对妻子和孩子的支配地位，但是激进女性主义者特地使用这个术语，以意指男性在整个社会的权力体系。因此父权意为“男性统治”。这个词意味着女性的从属地位既反映了，也源自于丈夫—父亲在家庭里的支配地位。因此，米利特（Millet 1970）认为父权制包含两个原则：“男性应该支配女性，年长男性应该支配年轻男性。”因此父权社会是以性别和代际压迫为特征的。

义视角”或“性别视角”（或者更准确地说“视角”，鉴于女性主义理论的异端性质）意味着什么呢？怎样才能把民族主义、安全、战争等问题“性别化”？两种主要方法考虑到，普遍的性别关系如何改变全球政治的分析性、理论性方法。这些有时被称为实证女性主义和分析性女性主义（True 2009）。

实证女性主义主要关注将女性加入现有的分析框架（有时被诋毁为“加进妇女并搅拌”）。这个视角尤其受到自由主义女性主义的影响，具有本质上经验主义的取向，因为它涉及女性在国际关系学科中的代表名额不足或虚列。这个学科传统上仅关注男性主导的制度和过程。因而下面的问题阐述了其对国际政治传统方法的批评：“女人在哪里？”因此国际政治的女性主义理解意味着意识到女性对塑造世界政治所作的以前被视而不见的贡献，比如像国内各种工人、移民劳工、外交官的妻子、军事基地的性工作者等（Enloe 1989，1993，2000）。特别是“联合国妇女十年”（1976—1985）以来，在联合国本身、世界银行等机构采用**性别主流化**，从而体现了这种思想的影响。然而，尽管“增加妇女”证明了妇女与国际政治活动和全球进程相关，但是这种性别视角也有其局限性。首先，它仅将性别视为一种实证范畴而不是分析性范畴，意味着它扩大了我们对一系列全球进程的意识，而不是改变了我们的**理解**。其次，它强调女性在国家、国际和全球层面上传统的领导角色中代表名额不足，因而过分关注精英女性的利益，而没有充分关注这些性别不平衡的纠正会如何影响全球行为体的行为。

相比之下，分析性女性主义强调渗透在主流国际理论的理论框架和重要概念中的性别偏见，尤其是现实主义。之所以称之为分析性女性主义，是因为它涉及如何看待和理解世界的问题，并吸收了差异女性主义的思想。主流理论传统上被视为是性别中立的，然而分析性女性主义揭示了其暗含的假设。这种假设源自这个事实，即这些理论源于把男性支配地位看作是理所当然的社会和政治环境。因此主流理论的重要概念和思想反映了**男权主义**（masculinist）的偏见。观点女性主义在证明男性如何支配着国际政治的传统理论方面具有特殊影响力。在其开创性分析中，J·安·蒂克纳（1988）重新改写了汉斯·摩根索的政治现实主义六原则，以表明看似客观的规律实际上如何反映了男性价值观，而不是女性价值观。摩根索对权力政治的论述把国家描绘成自主性行为体。国家获得对其他国家的支配权，以追求自身利益。这一模式反映了家族内部的丈夫—父亲和男性公民在整个社会的传统支配地位。同时，这个性别化的权力观念作为"控制权"或支配权没有考虑更类似于女性经验的人类关系形式，如关爱、相互依赖和合作行为。蒂克纳所重新改写的六项原则可以概括如下：

- 客观性是文化上界定的，它与男性特征有关——所以客观性总是片面的。
- 国家利益是多维的——所以一组利益不能（也不应该）界定国家利益。
- 作为支配和控制的权力赋予男性以特权。
- 权力可能在国际舞台上被用为集体授权。
- 一切政治行动都有道德意义——将政治与道德分离是不可能的。
- 狭义和"自主"的政治领域界定政治性（the political）的方式排除了女性的关切和贡献。

> **男权主义**：源自于视男性为优越的或者客观和理性的男性形象或男性观点的性别偏见。

全球政治的性别化

性别化的国家与民族

对民族国家的认同的强调一般支配着全球政治中的认同问题。这种认同非常强烈，因为公民身份（国家成员）和国籍（民族成员）的重叠的忠诚观念聚焦在一个领土所界定的共同体上。此外，民族国家同质的特点有助于解释为什么替代的认同形式传统上被政治边缘化了，如那些基于社会阶级、性别、宗教和种族的认同。在某种程度上，现代妇女运动尽力培养"国际姊妹"（international sisterhood）感，从而反对民族国家的忠诚。这种"国际姊妹"是以跨国性别忠诚观为基础的，尽管这并没有什么重大的影响，就像 20 世纪社会主义运动试图灌输一种"无产阶级国际主义"意识一样。然而更有意义的是，女性主义者试图证明国家和民族纠缠于性别假设和偏见的程度。

女性主义不包含国家理论这样的东西（MacKinnon 1989）。此外，女性主义者通常并不把国家权力的性质视为重要的政治问题，而是更喜欢关注家庭等制度所体现的男性权力的"深层次结构"。不过，尤其是激进女性主义者认为，父权在运行国家并借助国家行事，这意味着国家实际上是一个父权国家。然而，这个观点呈现出鲜明对比的工具主义和结构主义看法。**工具主义**方法把国家不过视为"代理者"或者"工具"。男人以此捍卫其利益，维护父权结构。这个论点吸收了女性主义核心观点，即社会以分成公共和私人生活领域的不同方式支撑着父权制。女性的从属地位体现为局限于家庭的私人领域和家庭责任。她们变为家庭主妇和母亲，而且被排除在政治和经济的公共领域之外。很简单，由此观之，国家是由男人为男人而管理的。工具主义的论点关注国家工作人员，尤其是国家精英，然而结构主义观点倾向于强调国家机构内嵌于更广的父权制度的程度。现代激进女性主义者特别关注福利国家的出现，将其视为新父权形式的一种表达。福利可能支持父权，由私人依赖（女性作为家庭主妇都依赖于男性养家糊口）转换为公共依赖系统。女性越来越受控于扩大了的国家（extended state）的制度。例如，女性变得越来越依赖于国家，作为国家服务的客户或顾客（例如幼教机构、托儿所、学校和社会服务），特别是所谓的“关爱”行业（如护士、社会工作和教育）的员工。

性别关系的方法

现实主义的观点

现实主义性别理论本身就不存在。现实主义者事实上通常认为性别关系与国际和全球事务无关。之所以如此，是因为世界舞台上的主要行为体是国家，而且对国家利益的主要关切塑造其行为。事实上在无政府状态的国际体系中，相比于其他考量，国家被迫优先考虑安全（特别是军事安全）。因此，国家是“黑匣子”：其内部的政治、宪政结构、性别、阶级、民族、族群、种族或其他方面的社会构成与其外在行为无关。然而，摩根索等古典现实主义者认为国家的利己主义源于人类的利己主义，表明支配的倾向是所有人类组织包括家庭在内的一个元素。因此，父权家庭以及“公共”男性和“私人”女性之间性别的劳动分工（Elshtain 1981）往往被视为自然和无法改变的。

自由主义的观点

自由主义者一直关注性别平等的问题，以至于自由主义女性主义是最早的女性主义思想流派，并且在美国等国家仍然最具影响力。自由主义女性主义的哲学基础在于个人主义原则。个人享有平等的权利，不考虑其性别、种族、肤色、信仰或宗教。如果评判个人，应该有合理的根据，如其性格、才能或个人价值。任何形式的性别歧视都应该明确地禁止。因此自由主义女性主义者旨在打破现存的法律和社会压力，特别是增加女性在公共和政治生活中高级职位的代表名额。这些压力限制着女性追求事业、政治参与。他们认为，这既能满足（在促进男女平等的机会上）正义的利益，也可能会对政治运行方式产生影响。之所以如此，是因为自由主义者通常认为女人和男人有不同的本性和倾向。妇女倾向于家庭和家庭生活，至少某种程度上由关怀和哺育的本能所塑造着。女性主义思潮对基欧汉（1989，1998）等自由主义国际关系学者产生了重要影响。基欧汉接受了观点女性主义，特别给予复合相互依赖和制度变迁等以更丰富、更具性别意识的论述。然而作为一个自由主义理性主义者（liberal rationalist），他批评了一些凭依后现代或后结构主义方法的女性主义学者，并坚持认为可验证的假说才能推动知识的发展。

批判理论的观点

全球政治的批判理论以很多不同的方式涉及女性主义思潮和性别视角。社会建构主义对激进女性主义的早期性别概念产生了很大影响。因此，这种性别观特别强调家庭中的社会化进程，因为男孩和女孩被鼓励去遵循截然不同的男性和女性模式。因此，性别是一种社会建构，完全不同于生物上性的概念。法兰克福批判理论源于马克思主义传统，因此往往忽略或边缘化性别，反而更关注社会阶级。然而，一种女性主义批判理论出现了，它倾向于把观点女性主义、强调资本主义与父权之间联系的马克思主义元素相融合，这种父权被视为联结性的霸权结构。由此观之，妇女组织具有相当大的解放潜力，能够成为全球资本主义和跨国公司发展的反抗力量。后现代或后结构主义女性主义者与声称男女之间有本质区别的女性主义相争论着。最后，后殖民主义女性主义者批评女性解放的欧洲中心论、普世主义模式。这些模式没有意识到性别认同与种族、族群及文化的考量缠绕在一起。例如，各种伊斯兰女性主义发展起来，其中向传统道德和宗教原则的回归被视为提高了妇女地位。

国家的性别化特征不仅巩固，也可能扩大男性权力的内部结构，而且塑造着国家外部行为以及国际体系的结构。父权制表明国家将是有竞争力的，并且至少有潜在的侵略性，反映了以男性社会为特征的社会互动形式。父权制的国家体系易于冲突和战争。此外，传统上解读国际体系的概念框架使这种倾向和行为合法化。例如，这体现在主权方面。威斯特伐利亚国家体系的中心原则——国家主权使国家成为单独且独立的实体、在无政府环境中的自主性行为体。这种镜像反映了本质上男性的世界观，因为男性所受的教育强调培养独立、自立、坚韧。男孩和男人习惯于将自己视为独立、自主的动物。因此，很自然地会认为国家也有相似的特点。主流国际理论对国家利益的强调可以说是大同小异，即国家利益是国家的首要动机。这源于男性教育对自我肯定和竞争力的强调。据此古典现实主义者认为国家利己主义反映了人类的利己主义。事实上，这应该重新表述为：国家利己主义反映了男性的利己主义。

民族和民族主义的性别化视角也得到发展（Yuval-Davis and Anthias 1989；Yuval-Davis 1997）。这些视角采用了很多方法，但是民族主义性别化的一个重要方面关注这个问题，即妇女被用来象征一个种族、宗教或民族群体的文化遗产的程度。鉴于此，性别与民族或文化差异问题缠绕在一起。这体现在一个以明确性别化术语描述民族的共同趋势中，通常为“祖国母亲”（motherland），但是有时被称作“祖国父亲”（fatherland）。在某种意义上，这些镜像仅仅反映了民族和家庭的相似之处，在某种意义上都被视为“家”，而且都产生于亲属关系或至少类似亲属关系的纽带。民族主义话语也常常是具有浓厚的性特征的、性别化的，例如像热爱自己国家的爱国主义观念一样。不过，性别镜像在种族、宗教或民族认同的倒退形式（regressive forms）中尤为突出。这些倾向于强调女性作为“民族之母”（mothers of the nation）、族群或民族群体本身的繁殖者及其独特文化的传播者的作用，所以它们特别强调女性的“纯洁”。这体现在下面的趋势中，即宗教原教旨主义往往与重塑传统性别角色的努力紧密联系在一起。“理想化的女人”象征着宗教复兴。然而，这些倾向也会有更广泛的含义，尤其是把民族主义冲突和对妇女使用暴力的可能性联系在一起。女人体现了贞洁和母爱的象征性价值观的观点意味着，进攻性的民族主义形式以强奸和其他形式的性暴力方式将妇女作为目标。男人的荣誉（作为女人的保护者）、民族气节因对女性荣誉的人身袭击而被彻底摧毁。性别化暴力事件发生了，例如在 20 世纪 90 年代克罗地亚及波斯尼亚、

2002年在印度古吉拉特邦的反穆斯林骚乱中。

见诸行动的全球政治

古吉拉特邦反穆斯林骚乱中的性别化暴力

事件：2002年2月28日，公共骚乱（communal rioting）发生在印度古吉拉特邦。这些暴力事件的借口是可怕的谋杀，因为前一天58位印度人在从阿约迪亚归来的一辆火车上被活活烧死，其中大多数是激进印度教志愿者。这场公共骚乱一直持续到3月3日，之后中断了。从3月15日新一轮暴力开始了。据估计，死于暴乱的人数大约在1 000到2 000人之间。其中穆斯林死亡人数多于印度教徒死亡人数。两者的比例是15∶1。500多座清真寺和圣陵（神殿）被毁，古吉拉特邦的众多穆斯林流离失所：到4月中旬，将近15万人生活在大约104个救援营地。此外，证据表明，在古吉拉特邦的暴力事件中有关当局参与共谋并准确部署和策划。它们涉及与民族卫队（RSS）有关的很多组织。这些组织宣扬“印度教徒的印度”的信条。反穆斯林骚乱的最显著特点之一是以性征服女人的方式作为暴力工具。至少250名年轻女孩和女人残酷地遭到轮奸并被活活烧死。其他暴行包括剥光一群群妇女的衣服，然后让她们跑数英里，把物体插入女性的身体以及在她们的身体上刻宗教符号。更有甚者，遭到印度教狂热者们强奸的妇女没有看到警察采取行动，因为警察一般不愿意认真对待她们的控诉。

意义：在3/4个世纪或更久的时间里，印度教徒—穆斯林暴力事件是印度政治的一个重复上演的特征。虽然它们通常被描绘成印度教徒和穆斯林之间自发敌意的一个表现，但是激进的印度民族主义组织的深度参与导致了“制度化的暴力体系”（Brass 2003）。然而，为什么2002年古吉拉特邦骚乱的性别化暴力如此突出，而且事实上在印度断断续续发生的公共骚乱中大部分都存在这种暴力？

答案似乎是，认同危机已变得与男性特征的危机缠绕在一起。认同危机关系到面对所感知的伊斯兰教威胁时重申或净化印度教徒认同的渴望。在准军事线上组织起来的年轻男性把印度民族主义和男性特征、暴力混为一谈。这不仅体现在对印度民族主义文学中“男人即战士”的形象的强调，而且也体现在这样一个事实上，即印度民族主义的政治目的通常以性的方式表达出来。例如，穆斯林群体更高的生育率对印度教认同造成了“威胁”，而且这种“威胁”往往得到强调。因此，对穆斯林的敌意往往表达为非人道地对待穆斯林妇女的要求。穆斯林妇女基本上被视为性对象。因此，印度教民族主义者强奸和袭击少数民族妇女，不但摧毁其身体，也摧毁伊斯兰社会的气节和认同，将其视为“邪恶敌人”（Chenoy 2002）。在此意义上，标志着2002年古吉拉特邦骚乱的对穆斯林妇女的性暴力是非常公共的行为。对穆斯林妇女的性袭击具有两个目的：它凌虐穆斯林妇女，诋毁穆斯林男人没能保护他们的女人。因此，这种努力侵犯了其集体荣誉，从而恐吓穆斯林并将其赶出“印度教的印度”（Anand 2007）。

安全、战争和武装冲突的性别化

女性主义分析特别强调安全和战争的性别化概念（Tickner 1992，2001）。传统安全观将安全视为国际政治的"终极目标"（the highest end）（Waltz 1979）。由此观之，国家负有维护安全的基本责任，如"国家安全"概念所反映的。因此安全的主要威胁来自于外部，特别是其他国家。以此方式，暴力威胁以及其他形式的武力镇压本质上与国家间战争的前景联系在一起。因此，国家安全与对这些战争的阻止紧密联系在一起，通常依靠增强军事能力以威慑潜在的侵略者。女性主义者从两个方面批评这种安全观。第一，它以关于对抗、竞争和不可避免的冲突的男性特征的假设为前提，产生于以一系列追逐权力的自治行为体之间互动的方式审视世界的倾向。第二，传统的国家安全观往往由于**安全悖论**（security paradox）而弄巧成拙。这造就了所谓的"安全的不安全感"（insecurity of sccurity）。

相比之下，女性主义理论家信奉另一种安全概念，最常见的是"人类安全"概念。然而，人类安全的参数时常是模糊的。一些人认为，它应该仅限于"免于恐惧的自由"（在这种情况下，安全的主要威胁是武装冲突和人为的身体暴力），然而另一些人将其扩大到包括"免于匮乏的自由"［在这种情况下，贫困、不平等和**结构性暴力**（structural violence）成为主要威胁］。深层次的争论产生于使人类安全概念可测量的努力，以使研究者和决策者更容易在实践中加以应用。例如，人类安全网关（the Human Security Gateway）——一个与人类安全相关的资源的在线数据库将人类安全的危机归类为这样一种情况，即至少1 000名平民丧生。对于一些女性主义者来说，这些趋势隐含将人身安全和军事威胁优先于强奸、财产损失、食物不充足和环境恶化等威胁。环境恶化等威胁可能不会导致死亡，但仍会导致深刻的不安全感，有时容易导致更多暴力（Truong et al. 2007）。

安全悖论：意在增强国家安全的军事能力建设会适得其反的悖论，因为它能鼓励其他国家采取更具威胁和敌对的姿态。

结构性暴力：源于持续进行统治、压迫和剥削的社会结构的一种暴力形式，与源于（据称）个人或集团动机的"直接暴力"相反。

女性主义者关注更广泛的、多维度的安全概念，既长期关注家庭和家庭生活中对妇女的暴力，也意识到性奴隶和武装冲突对女性越来越大的威胁。因此，从性别角度看，"战争"与"和平"之间很清楚的区分是很虚假的，并且隐藏了女性所遭受的一系列广泛的其他威胁。这种区分产生于对国家间战争威胁的首要关切。传统意义上战争并不能保证人们特别是女性没有恐惧或远离匮乏地生活。然而，女性主义者远远超过了仅仅性别化的安全。她们也寻求以性别视角理解战争。

特别是对差异女性主义者来说，战争是与男性特征密切相连的。这种联系体现在数个方面。第一，男性在政治和军事生活中身居高位，可能意味着战争与和平的决策者认为武装冲突是不可避免的，甚或是世界政治的合意的特征。这源于男性倾向于从冲突、对抗和竞争方面审视世界，无论这是否起因于男性性别模式的影响或更深层次的、基于生理方面的驱动力。在此项分析中，因为女性不像男性那么好战，更加趋于合作、达成共识、使用非对抗性策略，所以女性在政治或军事领导职位上代表名额的增加会减少世界事务中武力的使用。事实上这可能会导致女性主义取代自由主义者所青睐的“民主和平”论。女性主义者认为，社会变得越来越和平并不是因为信奉民主而是因为在各个层次都实行性别平等。从这个视角看，**母权**（matriarchal）社会当然比父权社会更和平。不过支持这些想法的经验证据是错综复杂的。一些证据表明，虽然在国内层面授权女性常常意味着和平的国际政治，但是女性领袖有时可能加重危机中所使用的暴力（Caprioli and Boyer 2001）。之所以如此，是因为女性领导人在“男人的世界”里行使权力，所以被鼓励采取“超级男性化”的行为模式。

母权：母权制（matriarchy）字面意思意指由母亲掌管（*mater* 的词根在拉丁语中是母亲的意思）；无论历史或假设的，由女性统治的社会。

聚焦

人类安全：高危人群？

最广义地说，人类安全意指个人而不是国家的安全。鉴于此，它和“国家安全”形成鲜明对比。国家安全必然联系到国家和军事力量，其安全的主要威胁源于其他国家的侵犯行为。人类安全的概念是拓展和深化威胁概念的一种努力，受到“人类发展”思想（这个想法可以追溯到1994年联合国人类发展报告）、人权学说等的影响。一般而言，人类安全具有各种维度：

- 经济安全——可靠的基本收入。
- 食品安全——物质上和经济上能获得基本食物。
- 健康安全——远离疾病和不健康生活方式。
- 环境安全——保护而免遭人类引起的环境恶化。
- 个人安全——免受各种形式的身体暴力。
- 社区安全——对传统认同和价值观的保护。
- 政治安全——拥有权利和自由以保护人们免受暴政或政府滥用职权的伤害。

人类安全的批评者往往认为，人类安全概念加深和拓宽了安全的概念，以至于其实际上是没有意义的（尤其当它超出了“免于恐惧的自由”并包括“免于匮乏的自由”），或者它对国际社会消除暴力和不安全的能力抱有错误的期待。

战争和男性特征之间的第二个联系是，在国际紧张局势和冲突的情况下军事化的男性特征作为民族理想（a national ideal）所起的作用。这体现在“英勇的战士”（总是男性）的形象中，并强调在军事训练中培养“男子汉”的美德，如纪律、服从、冷酷，特别是将情感和行动分离的能力。军事训练甚至被视为抑制女性或“女性化”的冲动或反应的有计划的努力。因而，戈尔斯坦（Goldstein 2001）观察到最好战的文化也是最性别歧视的。他认为，战争和性别之间的联系是塑造而成的，即为激励士兵去战斗而构建出男性气概的方式、制造战争对男性气概所产生的影响。

第三，就“保护神话”（protection myth）而言战争往往是正当的：男性战士的作用是保护弱者和弱势群体，即妇女和儿童（Enloe 1993）。在此意义上，战争夸大了性别关系中男性/女性的二分法，也有助于将其合法化。战争的男性特征最容易延续下去，因为战斗是一项专门以男性为主的活动，至少在常规部队里如此。

然而，性别化的战争不仅探索战争起因和男性特征之间的联系，而且意识到战争和武装冲突对女人和男人的不同意义。武装冲突传统上被视为“男人的世界”，将女性排除在军队生活之外，这意味着战斗、杀戮和死亡是由男性战斗人员进行的。如果女人在战争中扮演着重要的角色，那就是维护“大后方”（home front），正如在第一次、第二次世界大战期间，发达国家大规模招聘妇女走上工作岗位。然而男性战斗人员和女性非战斗人员的区别隐藏了女性以各种方式影响武装冲突并受其影响的程度。妇女和女孩已经日益成为战争和武装冲突的受害者。在此意义上，这当然是适用的。20 世纪“全面”战争的出现意味着，妇女也可能像男人一样在战争中伤亡，例如在二战中，相比2 500万的军队伤亡，有4 200万平民死亡，其中大多数是妇女。而“新”战争的发展对妇女和女孩有特别严重的影响，正如第 10 章所讨论的。这些战争一般产生于种族、宗教和/或种族分裂，它们会使用游击战和叛乱战术，所以战争会导致大量平民受害。据估计，这些冲突中多达 75%的伤亡是平民。相比之下，20 世纪初只有 5%。在现代武装冲突中女人和孩子不同程度地被定为袭击目标，占所有受害者的大多数（Moser and Clark 2001）。

一个特别的关切是，使用强奸和其他形式的性暴力作为战争系统的、有组织的策略。**战争强奸**（war rape）绝不仅仅是个现代现象。比如，《圣经》旧约将强奸被征服部落的妇女视为一种例行活动，这实际上是对胜利者的奖励。事实上，当军事纪律缺乏时，士兵的任意强奸可能是所有战争和武装冲突的一个特征。然而，强奸也被用作军事战略，旨在打击、惩罚或羞辱敌人，如第一次世界大战德军进军比利时、1937—1938 年日本侵略军制造的南京大屠杀以及第二次世界大战末期苏联红军进军柏林。然而，现代武装冲突似乎尤其具有系统并广泛使用强奸的特点。例如，到 1993 年在波斯尼亚和黑塞哥维那的战争和种族灭绝罪行登记泽尼察中心（the Zenica Centre for the Registration of War and Genocide Crime）已经记录了 4 万多例与战争有关的强奸。在 1998—1999 年期间，在与塞尔维亚激烈冲突的时候，据说 23 000～45 000 名科索沃阿尔巴尼亚族妇女被强暴。这些事件可能是一系列因素的结果，如往往伴随着内战和内部冲突的社会混乱、非正规、充其量半训练有素的战斗部队，尤其是怨恨、男性特征和暴力的强效混合剂。这种强效混合剂往往是极端主义者认同政治的特征。

战争强奸：在武装冲突或战争期间，士兵、其他作战人员或平民所实施的强奸。

争论

母权社会更爱好和平吗?

战争的女性主义分析强调战争与男性、男性特征的联系。在某些情况下，这是以

"爱好和平"的女人和"好战"的男人之间的差异为基础的。但女性在领导职位上的更大比例可能会减少战争吗?

赞成

生理至上。保守的反女性主义者、本质主义女性主义者和进化心理学家(evolutionary psychologist)以各自不同的方式认为,男女之间存在生理差异,主要体现在其不同的行为倾向上。因而,福山(1998)借用侵略是男人所"固有的"的看法,认为一个完全由女性领导人所支配的世界比只有少数女性领导人的世界更和平。为此他使用人类近亲黑猩猩的凶残行为作为证据。

军事化的男性特征。按照这种看法,是由于社会条件而非生物学原因,男性比女性更好战。对男孩来说,自作主张、竞争和战斗被视为"自然的",有助于为"公共"领域、(若必要)为军队生活做好准备。相比之下,女孩被鼓励应该合作和顺从,使其为家庭责任的"私人"领域做好准备。因此,男性特征和战争彼此强化着社会建构。

年轻好斗的男性。另一种性别化战争的理论较少关注政治和军事领导人中的性别失衡,却更关注更广泛的人口趋势,特别是年轻男性的主导地位。对年轻男性来说,和平的职业并不多。在萨尔瓦多、原南斯拉夫和伊斯兰世界等许多战乱地区,非常多的未婚和失业年轻男性更倾向于接受冒险,以获得更多的资源。

女人作为和平缔造者。妇女趋于和平而不是战争的倾向不仅根源于生理或社会因素,而且根源于这个事实,即武装冲突不断变化的特性使得女性特别易受伤害。由于现在妇女和儿童在武装冲突中占伤亡的绝大多数,不仅是丧生,也受到强奸、性侵犯、致残、羞辱和流离失所,所以妇女对避免战争特别感兴趣,因而往往会在和平与和解运动中扮演突出的角色。

反对

"天生"攻击性的神话。对侵略等行为特征的生理解释具有严重缺陷。这些理论忽略了不便的事例(倭黑猩猩没有表现出集体暴力的倾向,其像黑猩猩一样和人类密切相关),而且不考虑人类学关于人类文化和社会多样性的证据,致使其难以(也许不可能)概括出行为倾向。"好战"的男人、"爱好和平"的女人的观点充其量过分简单化了。

误导的性别模式。一旦对真正的女性和男性的行为进行考察,那么这种看法不攻自破,即文化和社会条件决定了男人支持战争而女人爱好和平。例如,女人也战斗,如女恐怖分子和游击战士所表现出来的。女性领导者(玛格丽特·撒切尔、戈尔达·梅尔、英迪拉·甘地)也在对外政策上采取了与众不同的"男子气概"的方法,而男性领导者(甘地、马丁·路德·金和维利·勃兰特)则接受了非暴力和和解策略。

权力胜过性别。决定政治和军事领导人采取竞争和侵略性行为的社会因素可能更与权威有关系而不是性别。无论男女,领导者容易因其执政位置而腐化,对自己的重要性有一种夸大的感觉并渴望扩大自己的权力,或许就是以军事手段。男性领导人似乎更倾向于军国主义和扩张,但这仅仅反映了如下事实,即大多数政治领导人是男性。

国家制造战争。战争是复杂的、精心安排的和高度组织性的活动,因而任何个人行为特征都无法解释这种高度组织性的活动。例如，现实主义者就不考虑性别的影响，因为战争源于一种无政府国家体系的内在恐惧和不确定性。自由主义者把军国主义与帝国、权威主义和经济民族主义等因素联系在一起。因此，更广泛的考量塑造着对外政策，与性别关系无关。

妇女和武装冲突之间的最后一个联系是，军事基地和妓女之间的关系。在某种意义上，历史充满了妇女作为“战利品”或“随军妓女”的例子，但**军妓**（military prostitution）的现象几乎没有得到分析甚或没有被意识到。然而 20 世纪 80 年代以来，人们逐渐意识到军妓的系统性特点及其对国家和个人安全的影响。在 20 世纪 90 年代初，日本政府向二战期间韩国所谓“慰安妇”的性奴役道歉。人们日益理解到，地方和国家政府以及军事当局的纵容推动着冲绳岛、菲律宾、韩国和泰国的美国军事基地周围军妓的严重程度。美国在海湾战争、阿富汗战争、伊拉克战争中的军事部署，使中东地区的卖淫和贩卖妇女活动重新发展起来。然而军妓的意义也许已经超越了对妇女身体、性和经济的剥削，而且也影响着国际政治。例如，韩国妓女和美国士兵之间剥削性的性联盟界定着，并有助于维持美国和韩国之间在战后时代同样不平等的军事联盟关系（Moon 1997）。韩国政府监管妓女的性健康和工作行为，寻求为美国军队创造一个更为热情好客的环境，从而为了国家安全的利益而牺牲妇女的人身安全。

军妓：迎合军队、有时由军队组织的性交易。

性别、全球化和发展

女性主义者对经济问题的理论化有着一个悠久的传统，特别是社会主义女性主义者所做的。社会主义女性主义的中心思想是，父权制和资本主义是相互重叠和相互关联的压迫性制度。男人借助性别的劳动分工主宰着公共领域，而女人则通常局限于私人领域，在很多方面服务于资本主义经济利益的需要。对一些社会主义女性主义者来说，妇女构成了“劳动后备军”（a reserve army of labour）。在需要增加生产时妇女可以招募为劳动力，但在经济萧条时期又很容易回到家庭生活，从而不会给雇主或国家带来负担。与此同时，妇女的家务劳动对于经济的健康和效益是至关重要的。在生育和养育孩子方面，妇女生育了下一代的资本主义工人。同样，作为家庭主妇的角色，女人减轻了男性在家务和养育孩子方面的负担，使他们能够集中时间和精力去做有报酬的和生产性的工作。传统的家庭也给男性工人作为“薪奴”（wage slave）的异化与沮丧的生活提供了必要的缓冲。然而，政治经济学的传统理论很大程度上忽视了这些性别化的过程，仅仅关注商业交换和有偿劳动，因而无视妇女为生产活动所作的很多贡献。传统政治经济学的概念框架中蕴含的性别偏见进一步强调了这一点，尤其是经济自由主义。这也特别体现在女性主义对“经济人”（economic man）概念的批评中（Tickner 1992a），即人类是理性的逐利动物，主要寻求物质消费的愉悦的观点。这个观点是市场资本主义的基本观点，是按照利己主义和竞争的男性特征的假设而建构起来的。

换句话说，女性主义者认为，“经济女人”（economic woman）会表现相反。

全球化所导致的经济重构对性别关系有很多进一步的意义。首先，它导致了全球的“工作女性化”。在发展中国家，这很明显地表现为女性就业机会的增加，比如在拉丁美洲以出口为主的水果产业中的农业工人。此外，全球产业重构过程使制造业的工作由发达国家转移到发展中国家。这些例子包括亚洲电子行业的增长、墨西哥服装加工厂的发展。在发达国家，新的“女性化”或“粉领”（pink-collar）职业增加了，如零售、清洁和数据处理等服务行业的扩大。虽然从事有偿工作的女性数量增加了，但是这些趋势也伴随着脆弱性和剥削性。女性工人不仅通常很廉价（某种程度上是因为劳动力供给很充裕），而且她们也往往受雇于没有多少工人权利，工人组织也薄弱的经济部门。通常，由于新自由主义全球化的发展，在国家减少健康、教育和基本粮食补贴的情况下，女工人们承受着工作报酬微薄和家务劳动的持续性压力所带来的双重负担。

经济全球化还释放了各种发展，从而使“国际移民女性化”。发达国家和发展中国家都存在的压力促成了这一趋势。例如，富裕国家出现的“医疗保健赤字”（care deficit）推动着女性移民。越来越多的女性从事有偿工作，但是根据教育和职业调整自己的期望。这不仅造成了对保姆和女佣的需求增加，从而取代了传统上由母亲完成的家庭角色，而且也使传统上由女性从事的工作，如清洁工、护理人员和护士，更难找到人来填补空缺。因此，重大的女性迁移流动发展起来，尤其是从东南亚向拥有丰富石油资源的中东或亚洲“四小龙”、从原苏联集团向西欧、从墨西哥和中美洲向美国、从非洲向欧洲各地区。与此同时，发展中国家的贫困推动妇女海外就业。事实上，外来务工女性将其收入寄回家，因而在养活家庭上发挥着特别重要的作用。由于其家庭关系和义务，女性工人通常是比男性工人更可靠的汇款来源。因此全球化的压力也在全球和族群方面重新界定了性别的劳动分工，创造了一种特别亲密的依附性。发达国家的富裕和中产阶级家庭开始依赖外来务工女性提供育儿和家政服务（Ehrenreich and Hochschild 2003）。

女性主义国际关系的重要理论家

珍·贝思克·艾尔希坦（Jean Bethke Elshtain，1941—　）

美国政治哲学家。艾尔希坦的《公共男子、私人妇女》（*Public Man, Private Woman* 1981）考察了性别在政治理论中公共领域与私人领域之间区分的角色，从而为女性主义理论作出了重大贡献。在《女人与战争》（*Women and War* 1987）中，艾尔希坦讨论了决定男人和女人在战争中作用的感性视角，把个人叙事和历史分析融合在一起，强调了男人是“正义勇士”而女人是需要拯救的“美丽灵魂”这样的神话。在《反恐的正义战争》（*Just War against Terror* 2003）中，艾尔希坦以正义战争理论为基础为“反恐战争”提出了充满激情的辩护。

辛西亚·恩洛（Cynthia Enloe，1938—　）

美国女性主义学者。恩洛的著作旨在揭示妇女在维持全球经济力量和国家间关系方面所扮演的多重角色。恩洛往往关注女性主义经验论，她一直反对下述这种趋势，即传统范式往往以性别化的方式限制我们的感性和概念领域，从而有效地把女性从分析中排除。在《香蕉、海滩和基地》(*Bananas, Beaches and Bases* 1989)、《逝去的清晨》(*The Morning after* 1993) 和《军事演习》(*Manoeuvres* 2000) 等著作中，恩洛考察了国际政治，并把女人的经历作为关注的中心问题。

另请参阅 J·安·蒂克纳 (第 71 页)。

不过，与妻子的传统角色相关的服务的全球转移是最紧密的，尤其是当它涉及性时。全球化的时代大幅度提高了国家、全球层次的色情产业。走私者贩卖了惊人数量的妇女和女孩，并将其卖为奴仆。例如，据估计泰国有 50 万～100 万妇女做妓女，其中每 20 个里面就有一个被奴役。20 世纪 70 年代泰国经济繁荣时期，色情业迅速扩大。因为男性工人生活水平提高，所以对色情业的需求不断上升。此外因为泰国北部传统上的贫困山区的孩子大量被卖为奴隶，所以其供应也不断增加 (Bales 2003)。在全球层面上，性交易有各种各样的表现。其中包括色情旅游业的增长，特别是多米尼加共和国和泰国等国家，由此在北美和西欧等富裕地区出现海外新娘或“邮购”新娘现象，主要是从东南亚和原苏联集团国家买到妻子。在其最残酷和剥削的形式中，性交易主要表现在人口走私和**人口贩卖** (people-trafficking) 上。据估计，在世界范围内参与这种交易的人数达到 400 万人到 2 亿人。妇女和年轻女孩在所有受害者中大约占 80%。根据联合国的报告，87%的妇女和年轻女孩被贩卖的目的是性剥削 (UNODC 2006)。这个问题尤其影响到亚洲各地区。例如，估计每年有 5 000～7 000 个尼泊尔女孩和妇女主要被拐卖到印度(Crawford 2009)。

人口贩卖：以剥削为目的、以欺骗和胁迫为基础的人口流动，通常是把她们卖为性奴或其他形式的奴隶。

性别发展指数：联合国在两性平等的基础上对国家进行排序所使用的测量标准，从寿命、成人识字率、入学教育和预计收入等方面进行衡量。

性别授权测度：联合国评估各国性别不平等的程度的测量标准，基于所估计的男女收入比例和女议员、女高级官员、女经理和女专业技术工人的比例。

就发展而言，大量相互矛盾的性别视角又出现了。现代化理论家把经济发展与妇女从传统角色中的解放联系在一起。由此观之，男权控制和征服女人是在传统社会中成长起来的重要等级制度之一。相比之下，以市场为基础的资本主义关系的增长，带来了趋向个人主义的强大推动力，它很少从地位和传统方面而更多的是从对生产过程的贡献方面评价民众。这反映在更加推崇平等主义的家庭结构的出现。对此，所有的家庭成员更广泛地参与家庭功能。女性获得教育和职业的机会也增加了，因为现代化创造了对更有技术和更有文化的劳动力的需求。因此，根据**性别发展指数** (Gender-related Development Index, GDI) 和**性别授权测度** (Gender Empowerment Measure, GEM) 的联合国的国家排名中，发达国家总是胜过发展中国家，这不值得大惊小怪 (见表 17—1)。简而言之，性别平等与现代性携手共进。

表 17—1　　GDI 和 GEM 排名前十个和后十个国家

性别发展指数		性别授权测度	
1. 澳大利亚	146. 布隆迪	1. 瑞典	100. 阿塞拜疆
2. 挪威	147. 布吉纳法索	2. 挪威	101. 土耳其
3. 冰岛	148. 几内亚比绍共和国	3. 芬兰	102. 汤加
4. 加拿大	149. 乍得	4. 丹麦	103. 伊朗
5. 瑞典	150. 刚果（金）	5. 荷兰	104. 摩洛哥
6. 法国	151. 中非共和国	6. 比利时	105. 阿尔及利亚
7. 荷兰	152. 塞拉利昂	7. 澳大利亚	106. 沙特阿拉伯
8. 芬兰	153. 马里	8. 冰岛	107. 埃及
9. 西班牙	154. 阿富汗	9. 德国	108. 孟加拉国
10. 爱尔兰	155. 尼日尔	10. 新西兰	109. 也门

资料来源：UNDP 2009。

小额信贷：为商业投资提供的非常小额的贷款，通常提供给那些得不到传统信贷的人。

然而从女性主义的视角出发，“现代性”这一概念是建立在本质上具有男性特征规范的基础上的。正如已经考察过的，这一概念适用于经济自由主义，因此明显地体现在“发展即增长”的观点中。女性主义者关注的另一点是，发展的正统方法没有意识到贫穷“女性化”的程度。正如艾伯特等人（Abbott et al. 2005）所说：“女性占世界人口的一半，工作时间占到全球的 2/3，得到全世界 1/10 的收入并仅仅拥有世界财产的 1/%。”世界上大约 70%的穷人是女性。森（1990）试图强调女性贫穷被忽视的程度，指出“1 亿多妇女失踪”。他所提到的“失踪妇女”（missing women）明显体现在人口统计数据中，即南亚和非洲等世界各地区男性人数比女性多，尽管事实上正常的趋势是女性人数略多于男性（虽然世界各地出生时男孩比女孩多，但成人社会里女性往往比男性更多，因为她们的寿命更长）。据估计，仅在印度就有 5 000 万名女性“失踪”。因此这种趋势揭示了在世界某些地区与男人和男孩相比妇女和女孩死亡率更高。某种程度上一些父母出于经济和/或文化方面的考虑，更想要男孩，这导致了选择性堕胎或杀害婴儿的做法。这发生在东亚和南亚的部分地区。在其他情况下，妇女和女孩更高的得病率和死亡率是由于没有给她们提供和男孩、男人同样水平的医疗保健、食品和社会服务。通常在农村不合理分配情况更严重，对出生较晚的女孩来说情况尤其严重，对有姐姐的女孩来说情况甚至更糟。资源稀缺的家庭可能选择照顾男孩，因为期望他们长大后可以挣工资或在家做工，然而女孩不太可能赚钱，而且嫁妆可能给个人家庭带来沉重负担。

另一方面，尤其是后殖民主义女性主义者批评了发展中国家女性作为受害者的形象——贫穷、缺少教育、被压迫和被剥夺权力。她们认为，女人在发展和减贫方面经常发挥着主导作用，尤其是当这些举措是基于地方所有权而且拒绝自上而下的、技术统治的发展模式时。在尤其重视女性作用的发展举措当中，**小额信贷**（micro-credit）得到发展。2006 年设在孟加拉国的格莱珉银行（Grameen Bank）及其创始人穆罕默德·尤努斯（Muhammad Yunus）被授予诺贝尔和平奖。小额贷款的优点是，它有效地帮助非常贫困的家庭形成自助团体，以此建立小企业或推动农业或农村项目。据估计，世界银行大约 90%的小额信贷借贷者是女性。这对贫困社区有很大好处，因为女性更可能把贷款进行投资而不是把钱花在自己身上，而且她们的还款记录比男性更好。印度和孟加拉国是这种发展措施的主要受益者，但是其效果也体现在从波斯尼亚和黑塞哥维那、俄罗斯到埃塞俄比亚、摩洛哥和巴西等国家。然而“小额贷款革命”也有缺陷。例如，批评家认为小额贷款计划有时导致政府缩减社会供给，使得还款率可能升高，并且会造成长期依赖外部资本，并且虽然它们经常赋予妇女权力，但现金注入当地经济只会带来嫁妆支出的增加。

总　结

- 女性主义可以广泛地界定为以女性的社会发展为目标的运动。然而，女性主义呈现出一系列广泛的形式，特别是以性别平等为目标定位的女性主义传统，更加强调女性是女性识别的（woman-identified）的女性主义传统。
- 实证女性主义的“性别视角”主要关注将“女性增加”到现有分析框架中，特别是试图解决男女之间的性别差距。因此，国际政治的女性主义理解意味着意识到女性在塑造世界事务方面所作出的以前被视而不见的贡献。
- 相比之下，分析性女性主义的“性别视角”强调渗透在主流国际理论尤其是现实主义的理论框架和关键概念中的性别偏见。这些解构揭示出男性特征的偏见，反过来有助于性别化等级的合法化和保持女性的边缘化。
- 女性主义者关注国家和民族的性别化特点。国家内的父权偏见要求国家有竞争力，并至少具有潜在的侵略性，然而民族和民族主义通常与性别化的镜像交织在一起。这种镜像特别强调女性的“纯洁”。
- 女性主义者批评传统的国家安全观，把更广泛的人类安全观视为强调女性关切的一个更好手段。战争也往往被视为一个性别化的现象，反映出诸种趋势，如男人在政治和军事生活中身居高位的优势地位、男性特征和军国主义以及男性“战士”保护妇女和儿童的需要的神话的影响。
- 女性主义对经济问题的理论化往往重视性别化的劳动分工服务于资本主义经济利益的方式以及传统政治经济学的概念框架确立在男性特征基础上的程度。这些思想影响了女性主义关于全球化和发展的思考。

问题讨论

- 第二波女性主义与第一波女性主义有何不同？
- 为什么一些女性主义者拒绝性别平等的目标？
- 为什么“性”和“性别”的区分在女性主义理论中如此重要？
- “性别主流化”是解决性别不公的一个有效策略吗？
- 主流国际理论的关键概念是以男性主义假设为基础的吗？

- 女性主义者从民族和国家的性别化特征中获得哪些启示?
- 女性主义者为什么以及如何批评国家安全的传统观?
- 为什么女性主义者认为战争和性别本质上是联系在一起的?
- 经济全球化使女性的生活受益还是受损呢?

第 18 章

国际组织与联合国

在人类历史上，从未像现在这样休戚与共。只有共同面对，才能掌握自己的命运。

——科菲·安南，《新千禧年宣言》(1999)

预览

国际组织数目的增加和重要性的提高已经成为世界政治最显著的特点之一，特别是1945年以来。其中一些是引人注目的机构，如联合国、世界银行、世界贸易组织和国际货币基金组织。其他一些组织不太知名但在特定领域发挥着重要的作用。国际组织为国家间合作解决问题提供了一个框架，矫正了传统的政治权力，与此同时也没有威胁到地区或全球超级大国的出现。尽管如此，国际组织现象也提出了一系列重要问题。例如，什么因素和力量有助于解释国际组织的兴起？这些组织真正反映了其成员国的共同利益吗？还是强国造就并且支持着这些国际组织呢？国际组织在多大程度上影响着全球事务的结果呢？对世界主要国际组织联合国的考量就涉及很多这种问题。联合国（不像其前身国际联盟）成为真正全球性的机构，被大多数人视为国际政治场景不可缺少的一部分。随着时间的推移，不断扩展的经济和社会议程补充着其对促进世界和平与安全的核心关切。联合国会无愧于其创立者们的期望吗？什么因素决定了联合国的有效性，而且联合国怎样才能更有效呢？

关键问题

- 什么是国际组织？
- 为什么要成立国际组织？
- 国际组织发展的意义是什么？
- 联合国如何有效地维护着和平与安全呢？
- 联合国对经济、社会问题产生了什么样的影响？
- 联合国面临着什么样的挑战？联合国如何应对这些挑战呢？

国际组织：国际组织［也称为政府间国际组织（IGO），是相对于非政府组织而言，或简称为 INGO］意指一个具有正式程序、三个或者三个以上国家所组成的制度。国际组织是以寻求调节成员国之间关系的规则、实施这些规则的正式结构为特点的。不过，国际组织也被视为工具、舞台或者行为体（Rittberger and Zangl 2006）。作为**工具**，国际组织是国家追逐其私利的机制。作为**舞台**，国际组织推动着争论和信息交流，是会议外交的永久性制度。作为**行为体**，国际组织使国家采取一致行动，因而需要某种程度的“共享主权”。

国际组织

国际组织的兴起

最早期的国际组织雏形产生于拿破仑战争之后。其中包括维也纳会议（1814—1815），它确立了持续到一战的欧洲协调。在 19 世纪和 20 世纪初期间，这类组织的数目、成员国逐渐增长。其中 49 个国际组织成立于 1914 年。随着一战的结束，正如拿破仑战争之后那样，新国际组织激增。到 1929 年世界经济危机之际，国际组织的数目达到了两战期间的顶峰——83 个。二战的结束标志着新一轮增长。到 1949 年为止国际组织的数目一下子增加到了 123 个。新兴国际组织包括联合国和布雷顿森林体系的各种制度（如第 19 章所考查的）。这不仅反映出国家之间日趋相互依赖的意识，也反映了美国霸权角色的出现。相互依赖的意识关系到权力政治、经济危机、人权侵犯、发展差异和环境退化的共同关切。美国将国家利益的追逐、国际合作的推进视为相互扶持的目标。到 20 世纪 80 年代中期，国际组织的总数达到 378 个，每个国际组织平均拥有 40 多个成员国（1945 年平均 18.6 个，1964 年平均 22.7 个）。尽管国际组织的数量随后下降了，这很大程度上是由于冷战结束之际苏联集团国际组织的解体，但是这遮蔽了国际机构和其他制度的显著增长，因为国际组织本身所产生的大量机构仍继续发展。国际组织具有一系列广泛的形式，国际组织分类的最常见基础如下：

- **成员国身份**——它们是否具有一种限制性或者普遍性的成员国身份。
- **能力**——它们的责任是具体问题的还是综合性的。
- **功能**——它们是计划性组织（programme organizations）还是操作性组织。
- **决策的权威**——它们是政府间主义还是超国家主义的范例。

尽管如此，国际组织现象的重要性仍是很有争议的。例如，一些人仅仅将国际组织视为追逐传统政治权力的机制，然而另一些人却坚信（或警告）国际组织包含了超国家或者世界政府的种子。国际组织和全球治理之间的关系也是争论的主题。

尽管国际组织的兴起有时被视为全球治理体系出现的例证，但相对于国际组织，全球治理是一个更广泛的现象。特别是，全球治理包含着一系列正式、非正式的进程，也涉及一系列更广泛的行为体，包括国家政府、非政府组织、公民运动、跨国公司以及全球市场。尽管如此，国际组织往往是全球治理安排的关键因素之一，因为国际组织通常推动着全球治理关键所在的合作性问题解决（cooperative problem-solving）的进程（Weiss and Kamran 2009）。在此意义上，国际组织是全球治理至关重要的正式或制度层面的组织（第 19 章将更详尽地讨论全球治理的性质）。

为什么要成立国际组织？

国际组织产生的进程和动力引发了许多政治和学术争论。除了其他事项之外，政治争论反映了自由主义者、现实主义者和其他学派的分歧，即国际组织形成的动力根源于国家的共同利益，还是强国甚至地区性或全球性霸权。这些分歧对于国际组织的性质以及合法性具有深刻的意义。自由主义者认为，国际组织倾向于反映国家的共同利益，是以对基欧汉与奈所称的“复合相互依赖”的认识、影响强国与弱国的相互脆弱性的意识为基础的。因此，国际组织像中立的裁判或仲裁人一样行事，具有凌驾于国家体系初始的权力政治，甚至某种程度上将秩序强加其上的能力。相比之下，现实主义者认为强权政治存在并贯彻于国际组织。国际组织更多地被视为国家体系的附属，或者仅仅是强权国家所控制的工具，而并不是一个独立（或许道德优先）的领域。国际组织与权力政治之间的关系往往也反映在新现实主义和新自由主义之间的争论中，即国家的首要关切是“相对收益”还是“绝对收益”。

此外，一系列深层次的争论涉及国际层次上一体化与制度建设产生的动机与进程。三种重要理论为联邦主义、功能主义以及新功能主义。联邦主义意指领土内的权力分配，（国家或国际上的）中央机关和次要机构以此共享主权。从联邦主义视角看，国际组织是政治精英有意识决策的产物，通常试图寻求找到国家体系普遍问题的解决方案，特别是战争问题。如果主权国家在无政府背景下追逐私利从而导致战争，那么，国家只有至少在某种程度上将其主权让渡给一个更高的联邦机构，和平才可以实现。相比之下，功能主义将国际组织的形成视为一个渐进的过程。这个过程源于这样一个事实，即一个日益增强的政府功能系列能够更加有效地以集体行动而非个别国家的方式执行。因而，对经济与其他领域中日益发展的相互依赖的认识很大程度上决定着一体化。如戴维·米特兰尼（David Mitrany 1966）所指出的，“形式服从功能”。“形式”代表着制度性结构，而“功能”意指政府的主要活动。新功能主义观点在适当的时候修正着功能主义，它试图解释国际合作如何以**外溢**（spillover）过程的方式扩展和深化。因为这些制度建设的理论很大程度上发展成为解释地区一体化进程，特别是欧洲一体化的手段，第 20 章将更详细地讨论这些问题。

罗伯特·基欧汉（Robert Keohane，1941—　）

美国国际关系理论家。在与约瑟夫·奈的长期合作中，基欧汉在《跨国关系与世界政治》(*Transnational Relations and World Politics* 1971) 一书中质疑了现实主义分析的一些核心假设，强调了非国家行为体和经济问题在国际事务中日益增强的重要性。在《权力与相互依赖》(*Power and Interdependence: World Politics in Transition* 1977) 一书中，基欧汉和奈创立的成为现实主义替代性解释的“复合相互依赖”理论，是以趋向国际合作的趋势、国际机制日益重要为基础的。而《霸权之后》(*After Hegemony* 1984) 出版以来，基欧汉尝试着整合结构现实主义和复合相互依赖理论，形成了所谓的“修正性结构现实主义”或“新自由制度主义”。其他主要著作还包括《国际制度和国家权力》(*International Institutions and State Power* 1989) 和《局部全球化世界中的权力和相互依赖》(*Power and Interdependence in a Partially Globalized World* 2002)。

联合国

从国联到联合国

外溢：一项政策领域的一体化往往“溢出”到其他领域的动态过程，因为新的目标和压力产生了。

集体安全：共同防御的理念和实践，其中许多国家承诺在“人人为我，我为人人”的原则下互防。

毫无疑问，联合国是迄今为止最重要的国际组织。旧金山会议（1945 年 4—6 月）建立了联合国。联合国是唯一真正的全球性组织，拥有 193 个成员国（截至 2011 年）。《联合国宪章》详细说明了联合国的主要目标，如下：

- 欲免后世再遭今代人类两度身历惨不堪言之战祸；
- “重申基本人权”；
- 尊重由条约与国际法其他渊源而起之义务；
- 促进“社会进步及较善之民生”。

尽管如此，联合国并不是第一个为保卫世界和平而创立的组织。1919 年巴黎和会所创建的国联具有非常相似的目标，即支持**集体安全**、裁决国际争端和裁军。美国总统伍德罗·威尔逊的“十四点计划”激发了国联，意在为一战后欧洲长期和平确立基础。不过，国联具有一些重要缺陷。后来联合国的设计者充分考虑到了这些缺陷。特别是国联从未真正名副其实，其并非是“国家的联盟”。一些重要国家并未参与，而且一些国家退出了国联。最明显的是，奉行孤立主义的美国国会拒绝批准美国参加。1926 年德国加入国联，但 1933 年纳粹党执政后又退出了。日本在占领中国东北受到谴责后，其在 1933 年退出国联。意大利侵略埃塞俄比亚受到指责后，也同样于 1936 年退出国联。苏联 1933 年加入国联，1939 年因其侵略芬兰而被开除出国联。此外，国联缺乏有效的权力。国联仅能提供建议而非有约束力的决议。国联的建议必须是意见一致的，而且没有任何机制以采取军事或经济行动惩罚无赖国家。因此，很大程度上国联总是由于力不从心而袖手旁观。20 世纪 30 年代期间，德意日三国着手侵略战争，最终导致了第二次世界大战（如第 2 章所讨论的）。

聚焦

相对或绝对收益?

国家间国际合作有多大回旋余地呢？这一直是现实主义者和自由主义者之间的辩论话题。前者认为，权力之争很少或没有国家之间合作的余地。后者则认为，合作能够战胜冲突，因为国家之间存在着基本的利益和谐。20 世纪 80 年代以来，新现实主义和新自由主义者在这个问题上存有分歧，但是辩论的措辞发生了变化。新现实主义者坚称，国家关注“相对”利益（相对于他国的一国地位的提高）。由此观之，无政府状态使国家担心生存。因为权力是生存的终极保护者，所以国家往往密切注视其在国际权力等级体系中的地位。只有国家认为合作会带来相对收益，它们才准备合作。如果它们担心其收益将少于其他国家的收益，它们将放弃合作。因而如果 A 国计算出 B 国收益更大，那么 A 国将会拒绝与 B 国达成贸易协议，即使它也可以给 A 国带来利益。在此意义上，权力是一个零和博弈，即一国的收益即是他国的损失。

另一方面，新自由主义者认为新现实主义者的立场过于简单了。他们否定对相对收益（因为他们接受国家利己主义的假设）的关切，认为国家更关注“绝对”收益（绝对意义上一国地位的提升）。之所以如此，是因为例如国家自信于其生存，因此以更平常心关注相对于其他国家的权力。它们认为其他国家的意图是爱好和平的，不考虑其相对能力。此外，在现实中一个国家往往与多国之间有着多重关系，致使对相对收益的测量是不切实际的。如果只要有可能带来绝对收益，国家就准备合作，那么国际层次上的合作范围是相当可观的。

国际组织的方法

现实主义的观点

现实主义者对国际组织深感怀疑。他们认为这种组织很大程度上是无效的，也质疑其权威。国际组织的弱点来源于这样一个事实，即国际政治仍然是以所有国家间追逐权力为特点的，这反映在对相对收益的追逐上。如果权力斗争而非利益和谐塑造着世界政治，那么合作与信任的余地几乎没有。而合作与信任的程度使国际组织发展为有意义的和重要的机构。此外，由于其对主权的意义，国际组织的增长往往被视为不可取的。因此，任何形式的国际组织往往都会侵蚀民族国家的权威。然而，现实主义者并不完全否认国际组织的作用。例如，新现实主义者关注国际组织和霸权之间的关系。因为霸权国拥有如此超级权力，所以它们是唯一能够容忍其他国家获得相对收益的国家，只要它们自身能获得绝对收益。因此，国际组织的有效性与全球性霸权国的出现紧密联系，如 18、19 世纪的英国，1945 年以来特别是 1990 年以来的美国。然而，这些强国所承受的不成比例的负担会造成其长期的衰退。

自由主义的观点

自由主义者是国际组织最坚定的支持者。这反映在自由制度主义思想上。从制度主义视角来看，各个国家合作，是因为这样会符合其利益。这并不意味着国家利益总是和谐一致的，而是表明在一些重要的互利互惠领域国家之间的合作是理性和明智的。因此国际组织反映着全球体系中相互依赖的程度、各国的意识，即相比于单独行动，共同努力往往更能实现其共同利益。在互利互惠的领域，各国对绝对收益的关切更胜于相对收益。然而，新自由制度主义者意识到，国家之间的复合相互依赖并不会自动导致国际组织的产生。尽管存在共同利益，但当某国具有毁约的动机或者担心其他国家可能毁约时，合作仍然难以实施。国际组织的目的之一是，以确立国家之间互信并使其习惯于规则管制的行为的方式减少毁约行为的发生。因为这类考量适用于所有国家，不管其在权力等级中所处的位置，所以自由主义者质疑现实主义者的想法，即成功的国际制度需要霸权国家的参与。

批判理论的观点

社会建构主义者们挑战着新现实主义者和新自由主义者的国际组织观。尽管新现实主义者和新自由主义者之间存在着分歧，但是他们都认为国家是受客观利益指导的理性行为体。这低估了观念和知觉的角色。国家体系是一个主体间互动（intersubjective）的舞台。因此，国际体系中的合作水平依赖于国家如何解释自己的认同和利益、他国的认同和利益。此外，由于国际组织的成员国身份及其内部的互动，这些变化意味着国际组织本身本质上是一种理念建构（ideational constructs）。其他批判理论提出了对国际组织的批评。这些理论强调国际结构反映、（某种程度上）巩固和加剧了全球体系更广泛的不平等和不平衡的程度。例如，法兰克福批判理论家强调世界银行、国际货币基金组织等机构已经内部化了（internalize）新自由主义议程，因而为全球资本主义谋利。女性主义者突显了国际组织的性别结构，解释了传统的精英男性统治地位和男权思想的内化和政策措施。在这方面，绿色政治通常是一个例外。许多环保主义者指望国际组织甚至某种形式的世界政府提供一个方案以解决“公地悲剧”。

绝非巧合，国联和联合国都是世界战争后创立的。这两个组织的主要目标都在于促进国际安全和争端的和平解决。就联合国而言，它创建于第二次世界大战导致6 700万平民和军人死亡、全球和各国经济大混乱的历史背景下，更不用说大萧条了。20世纪30年代期间的大萧条使国际紧张局势变得更加尖锐。的确，联合国最早起源于战争期间，呈现出26个国家的同盟的形式。1942年1月1日《联合国宣言》发誓要打败轴心国。正如国联的成立一样，美国在进程中发挥着主导作用。在战争的最后数年间，富兰克林·罗斯福奋力争取联合国的创立。1944年8月，美国、苏联、中国和英国代表在华盛顿敦巴顿橡树园共同起草这个新生国际组织的基本蓝图。1945年6月26日，代表们在旧金山共同签署了《联合国宪章》。10月24日（此为众所周知的联合国日）联合国正式成立。

联合国是一个无序发展的、复杂的组织，联合国第二任秘书长达格·哈马舍尔德（Dag Hammarskjöld）将其描述为“毕加索的怪异抽象”（a weird Picasso abstraction）。它的规模和复杂性使得联合国应对无数利益，处理不断扩大的全球议程，但也导致了非常臃肿的、往往冲突四起的组织。一些人认为，这种组织注定会低效。本质上，联合国是一个混合型机构，围绕着竞争性关切而形成：接受大国政治现实、承认成员国主权平等的需要。在某种意义上这塑造了两个联合国。一个联合国反映在安全理事会中，而另一个反映在联合国大会中。安全理事会是联合国最重要的机构。它的职责是维护世界和平与安全，由 5 个常任理事国——美国、俄罗斯（1991 之前是苏联）、中国、英国和法国所支配着。另一方面，联合国大会是一个审议机构，平等地代表着联合国所有成员国。因代表不充分而且由大国所支配着，安理会备受质疑，而联合国大会在某种意义上是一个过分代表（over-representative）的、高度分权的机构，往往仅是个宣传舞台。20 世纪 60 年代以来，这两个机构之间的差异日渐明显，因为新独立的发展中国家在联合国大会上的影响力日益增长，而且 5 个常任理事国有效地回撤到安理会。尽管如此，这两个机构并不是联合国的全部。除了秘书处，联合国家庭还包含着一系列宽泛的基金、机构、计划等。至少在理论上，它们对经济和社会理事会（ECOSOC）负责。

伍德罗·威尔逊（Woodrow Wilson，1856—1924）

美国总统（1913—1921）、长老会牧师的儿子。1902—1910 年威尔逊担任普林斯顿大学校长，1911—1913 年担任民主党的新泽西州州长，1912 年当选总统。威尔逊最初使美国远离第一次世界大战，但为了世界的民主安全(safe for democracy)，因而在 1917 年 4 月被迫宣战。威尔逊理想主义的国际主义最清楚地反映在他 1918 年 1 月国会演讲所提出的“十四点计划”，其成为持久和平的基础，有时被称为威尔逊主义。“十四点计划”表达了诸多观念，包括民族自决、开放性协议、秘密外交的终结、自由贸易和航行、裁军和“普遍的国家联盟”所实现的集体安全。威尔逊式自由主义往往关系到下面的观念，即以美国为模式的民主国家所构成的世界是防止战争的最可靠手段。

聚焦

联合国如何运行?

安全理事会：这个机构负责维护国际和平与安全，作为谈判者、观察员、和平卫士、和平执行者的角色对联合国负责。安理会有权批准具有法律约束力的决议、暂停或驱逐成员国、实施经济制裁、采取军事行动以维持或恢复和平和安全。安理会拥有 15 个成员国。5 个常任理事国包括具有“永久否决权”的美国、俄罗斯、中国、英国和法国，这意味着它们可以阻止其他安理会成员国所作出的决策。按照即使有缺点的现有地区平衡，另外 10 个非常任理事国成员由联合国大会选举产生，任期两年。

联合国大会：这是联合国的主要审议机构，有时被称为“国际议会”（parliament of nations）。大会由联合国全体成员国组成，一国一票。大会可以对于《联合国宪章》所涵盖的任何事项进行辩论和批准决议，拥有审查、批准联合国预算的具体责任，确定成员国的出资，与安理会一起选举联合国秘书长和国际法院法官。联合国大会的重要决议必须要有2/3多数投票才能通过，但是至关重要的是，这些决策是建议而不是强制执行的国际法律。联合国大会并不具有立法能力，也无法监督或审查安理会或秘书处。

秘书处：这个机构服务于联合国其他重要机构，管理其所确立的项目和政策。尽管它的主要活动在联合国纽约总部，但在全世界都有办事处，现有员工约40 000人。其首脑是联合国秘书长，即联合国的代言人（public face）以及其首席行政官。根据安理会的提名，联合国大会任命联合国秘书长，任期五年。联合国秘书长与来自多个国家和多种文化的公务员共同服务于多层面的官僚机构，试图维护联合国的独立性，通常在五个常任理事国竞争的背景下。尽管如此，秘书长仍然具有一定能力，以影响组织的地位和政策取向。

经济和社会理事会：它由联合国大会所推选的54个成员国组成。其主要作用是为了协调联合国及其他组织的经济和社会工作，包括监督许多项目、资金和专门机构的活动。其中包括所谓的“三姐妹”——世界银行、国际货币基金组织和世贸组织以及其他团体［如国际劳工组织（ILO）、世界卫生组织（WHO）、联合国教科文组织（UNESCO）和联合国儿童基金会（UNICEF）］。联合国经济和社会制度的扩展很大程度上遵循着功能主义的路线。随着具体经济和社会问题的出现，一些机构得以创建或进一步发展。

促进和平与安全

集体安全：集体安全意指国家保证彼此防御以遏制侵略或惩罚犯规者的理论或实践。其核心理念是，许多国家采取一致行动，才能最好地遏制侵略。这是权力政治的不安全感和不确定性的唯一选择。成功的集体安全取决于三个条件。首先，所有国家必须大致平等，或者至少必须没有主导力量。其次，所有国家必须愿意承担相互防御的代价和责任。最后，必须有一个具有道德权威和政治能力的国际机构以采取有效的行动。

消除“战争的祸害”？

联合国的主要目标是“维持国际和平及安全”（《联合国宪章》第一条），由安理会负责。事实上，联合国的表现很大程度上是以下面的观点进行判断的，即它把人类从致命的军事冲突中解救出来的程度。不过，这难以判断。一方面，20世纪两次世界大战之后，第三次世界大战没有爆发。这个事实有时被视为联合国的最高成就（相比于国际联盟的明显进步）。另一方面，现实主义理论家尤其认为1945年以来全球战争没有爆发，几乎与联合国无关，更多是冷战时期得以发展的“恐怖平衡”（balance of terror）的产物，因为美国和苏联之间产生了核僵局。最终，全球和区域冲突是如何发展起来的、在联合国缺失的情况下“冷战”是否会成为“热战”，将是一个无法回答的问题。不过，很明显联合国在确立集体安全体系以取代暴力性自助方面取得了非常有限且断断续续的成就。

联合国实施一个集体安全体系的能力受到这样一个事实的严重制约，即本质上联合国是其成员国的创造物：联合国只可以做其成员国允许的事情，尤其是安理会常任理事国，因此，它的作用局限于为国际冲突的和平解决提供机制。然而甚至在这方面，它的记录也参差不齐。毋庸置疑的成功案例是 1959 年印度和巴基斯坦之间的停火谈判、1960 年比属刚果（现在的刚果民主共和国）的维和、1962 年对荷兰和印度尼西亚在西伊里安岛（新几内亚）问题上的斡旋。尽管如此，在大部分历史里，超级大国竞争实际上使联合国陷入瘫痪。冷战使美国和苏联（两个超级大国）在大部分问题上采取对立观点，从而阻碍了安理会的积极行动。

另外两个因素更加剧了这种状况。首先，五个常任理事国否决权的使用引人注目地减少了安理会能够处理的和平与安全受到的威胁和侵略性事件。实际上，在 1971 年中国恢复联合国席位以前，安理会对争议性问题的投票一般导致苏联和其他常任理事国之间的冲突。冷战期间，苏联最频繁地使用否决权，1946—1955 年之间多达 82 次。1970 年，美国才首次使用否决权，并开始充当类似的角色。其次，尽管《联合国宪章》规定军事参谋团（thc Military Staff Committee）为安理会的下属机构，但是五个常任理事国的反对妨碍了联合国发展自己的军事能力。这意味着，当联合国授权军事行动的时候，往往转包给以美国为首的多国部队（朝鲜战争和海湾战争）或北约（科索沃）或非洲联盟（达尔富尔）等区域组织或成员国所资助的所谓“蓝盔部队”（blue helmets）。因而，一个有效的集体安全体系的关键条件——联合国拥有永久性部队以实施其意愿——并没有实现。

因此在冷战的大部分时期，联合国是以僵局和瘫痪为特点的。唯一一次安理会同意动用军事力量的情况是 1950 年朝鲜战争，但是当时情况是个例外。联合国对朝鲜的干预之所以是可能的，是因为苏联暂时退出了安理会，以抗议联合国对中国的排斥。无论如何，这种干预仅会加剧对这个问题的恐惧，即联合国是由西方所主导的。运用非军事强制措施的仅有几次是针对两个国际“贱民”罗德西亚和南非。1966 年罗德西亚受到经济制裁，因为少数白人的政权单方面宣布独立，构成了对和平的威胁。1976 年南非种族隔离政权镇压了黑人城镇的骚乱，因而在 1977 年遭到武器禁运。而如果联合国没有介入，战争和冲突会越演越烈。1956 年苏伊士运河危机具有重要的意义，因为尽管英国和法国第一次使用否决权阻止美国制裁以色列，但是英国和法国的行动以及美国的外交压力、苏联对纳赛尔政权的支持迅速导致了屈辱性撤军。这表明，一些常任理事国显然比其他常任理事国在地位上更平等。在 1962 年古巴导弹危机期间，世界核战争一触即发，然而当时联合国是个无能为力的旁观者。它也不能阻止苏联入侵匈牙利（1956）、捷克斯洛伐克（1968）和阿富汗（1979），或者减小美国在 20 世纪 60 年代和 70 年代对越南不断升级的军事干预。类似地，联合国在阿拉伯-以色列战争过程中只有非常有限的影响。

许多人都曾希望，冷战的结束是联合国的新篇章。长久以来，超级大国的相互对立使联合国处于边缘地位，然而突然联合国作为有效的集体安全体系的工具成为新的亮点。例如，五个常任理事国使用否决权的频率大幅下降。1996 年至 2006 年期间否决权只被用了 13 次。联合国对于 1991 年海湾战争的干预仅仅是（朝鲜战争之后）联合国授权的第二次大规模军事行动，这似乎证明了联合国具有了履行制止侵略、维护和平的义务的新能力，像美国由于没有得到联合国授权而放弃了对逃往伊拉克的伊拉克军队的追赶。事实上，联合国活动的新时代似乎成为"世界新秩序"的主要组成部分，正如老布什总统所宣称的那样。1990年以来，联合国安全理事会批准了许多非军事执法措施，例如阿富汗、安哥拉、埃塞俄比亚、厄立特里亚、海地、伊拉克、卢旺达、索马里、原南斯拉夫等。军事执法措施已变得更为常见，通常与**维和**（peace keeping）行动相联系（如下面所讨论的）。

维和：一种旨在当战争停止时维护和平、协助实施和平缔造者所达成的协议的技巧。

然而，对联合国所主导的"世界新秩序"的最初希望很快落空了。有时是因为备受瞩目的维和行动失败了，像在卢旺达和原南斯拉夫那样。但是更为重要的是，在2003年美国不顾安理会重要成员国的反对，决定继续侵袭伊拉克。在后冷战时期，联合国被迫面对一系列新的问题和冲突。这些问题包括不再受东西方对立所威胁的国家不情愿为集体安全或者为保卫地球另一端国家贡献资源。此外，像冷战时期的两极格局一样，单极世界秩序的出现也可能使联合国袖手旁观。伊拉克战争在某些方面证明了"一号大国"的出现。最后，国际政治的焦点本身变化了。联合国的角色曾经是在共产主义和资本主义之间冲突所主导的世界中维护和平。现在它被迫在全球资本主义变化所形塑的世界中寻找新的角色。财富和资源分配失衡日渐产生越来越多的冲突。这意味着，联合国促进和平与安全的角色与其确保经济和社会发展的任务纠缠在一起。二者的融合体现在从"传统"维和向"多维度"或"强有力"维和的转变。

解构"联合国"

- 联合国是一个名不副实的组织。因为联合国所有代表都是国家政府，所以其成员显然不是"民族"而是"国家"。除了替代性题名"合众国"（The United States）的明显问题，对"民族"的强调意味着民族或国民，而不仅仅是其领导人的参与或者至少是同意。事实上，这表明组成联合国的国家政府是以大众为基础的，可持续性民主的存在绝不是联合国成员国的标准。如果曾应用这个标准，这会极大地降低联合国的规模（而且导致有关"民主"意义的深层次冲突）。
- 联合国成员国是"团结"的观念也引出了问题。联合国绝无二致地在共同利益的基础之上采取行动。这个术语意味着，联合国的关键是个世界主义工程，这反映在建设一个在某些方面超越国家利益和关切的组织的愿望。这不仅是不现实的（因为联合国是其成员国的创造物，而且《联合国宪章》坚定地明确国家主权的承诺）而且它也被视为不受欢迎的（因为它表明联合国是一个世界政府的原形）。

见诸行动的全球政治

联合国和伊拉克

事件：1990年8月伊拉克对科威特的入侵促成了海湾战争。随后，联合国安理会谴责了这种侵略行为，并要求伊拉克撤军（660 号决议），对伊拉克采取经济制裁（661 号决议），对伊拉克无条件从科威特撤军设立最后期限（665 号决议）。萨达姆未遵循这些决议，从而导致了沙漠风暴行动，即 1991 年 2 月以美国为首的 30 多个国家参与的军事行动。在仅仅 4 天的战斗中，伊拉克军队溃败，并退回到边境线。1991 年 4 月一项官方停火协议正式签署。萨达姆同意遵守联合国的所有决议。

然而“9·11”事件之后，美国强化了对萨达姆·侯赛因领导的伊拉克的压力。在“反恐战争”的背景下，小布什政府认为伊拉克是个“邪恶轴心国”。在十年多的联合国制裁之后，据报道伊拉克仍在发展大规模杀伤性武器。2002 年 11 月，安理会决议给予伊拉克“遵守裁军义务的最后机会”（1441 号决议）。尽管如此，美国、英国和西班牙努力通过第二项安理会决议，以强调伊拉克并未履行 1441 号决议，从而更明确地授权军事行动。在此背景下，2003 年 3 月美国与“自愿联盟”入侵伊拉克，尽管入侵的动机是复杂而有争议的。

意义：联合国对伊拉克的介入显示出其在后冷战时期维护国际和平与安全方面的优势和不足、更广泛的国际环境决定联合国有效性的程度。1991 年海湾战争是集体安全的很好例子，如世人所看到的。这反映在安理会对沙漠风暴行动的授权、美国并不超越联合国决议的决定，尤其是美国拒绝跨境追击伊拉克逃兵和试图推翻萨达姆政权。在冷战结束后，五大常任理事国之间信任和一致行动的形成已使其明显成为可能。然而如朝鲜战争那样，安理会对海湾战争的决议是在特殊环境下达成的。在经济危机、国内紧张局势日益加剧的背景下，苏联采取了高度和解的立场。苏东剧变后，联合国对美国军事领导的依赖也凸显出联合国独立军事能力的缺失及其对仅存的唯一超级大国的依赖。一些人也认为，海湾战争反映了美国国家利益，赋予美国以更大的军事自信，为其日后更具单边主义的对外政策立场奠定了基础。

2003 年美国对伊拉克的入侵极为明显地体现了这种单边主义。事实上，当时联合国秘书长安南已经明确宣布，联合国安理会并未批准对伊拉克的入侵，而且入侵并不符合《联合国宪章》的宗旨，所以这明显地违反了国际法。伊拉克战争表明了，在霸权国美国主导下的世界中联合国如何沦落为旁观者的角色。不过，尽管美国绕开联合国的行为沉重打击了其地位，但没有理由认为它将永远如此。在未得到联合国授权、五大常任理事国反对的情况下，美国采取了单边主义行为，削弱了美国“软权力”。在与伊斯兰世界的穆斯林武装分子的斗争中也证实其行动是适得其反的。值得注意的是，在其第二任期内，小布什更有兴趣培养联合国内部对其伊拉克政策的支持。2009 年以来，奥巴马总统进一步推进了这一立场。

从维和到和平建设

“维和”一词在《联合国宪章》中并不能找到。然而在过去数年中，维和日渐成为联合国履行其维持国际和平与安全义务的最重要方式。维和介于联合国谈判和调解（第 6 章）等手段和平解决争端的承诺与维护安全的更具强制性的行为（第 7 章）之间。联合国第二任秘书长达格·哈马舍尔德将维和描述为属于“第六章半”(Chapter Six and a Half)。1948 年至 2009 年，联合国执行了 63 次维和行动。2009 年，其中 16 个仍然处于执行中，涉及 117 个国家的 8 万军人、11 000 名警察和大约 2 300 名军事观察员。此外，联合国维和行动获得大约 6 000 名国际文职人员、13 000 名地方文职人员和超过 2 000 名志愿者的支持。2008—2009 年期间，联合国维和行动的预算为 71 亿美元。

维和：联合国将维和界定为“帮助那些饱受冲突蹂躏的国家造就持久和平条件的手段”。因此，它本质上是一种意在维护斗争停止之地的脆弱的和平以及帮助实施和平缔造者所达成的协议的技巧。“传统”或古典维和相当于维和者监控和监管后冲突(post-conflict)状况中的和平进程，即停火已经达成，而且打仗的期望并不存在，除非在自卫的情况下。这种维和形式是双方同意的，需要东道国的同意。其优势是，坚守停火的公正报告会在前交战国或团体之间确立信任。

强制和平：强制性措施包括军队的使用，往往是为了恢复侵略行为情境下的和平与安全。

古典或“第一代”联合国维和涉及的是，一旦实施停火，身处争端各方之间的联合国军队的建立。1948 年第一次中东战争后，联合国维和人员监督停火协议。在次年，一支联合国军事观察团在克什米尔地区监督停火。印度和巴基斯坦的分裂导致了克什米尔地区大规模的杀戮。1956 年苏伊士运河危机之后，一支 6 000 人的强大的多国维和部队充当着以色列和埃及之间的屏障，并且促使英国和法国军队从该地区撤军。这一次行动往往被看成是“第一代”维和的原型。“蓝盔部队”只有在东道国的同意之下才能驻留，其目的是使其不再进一步敌对而不是解决冲突的根源或强制执行永久性解决方案。在东西方竞争的背景中，对中立和公正的依赖、监督后冲突境况而不是影响它们，似乎成为联合国有助于维护和平的唯一方式。

然而在后冷战时期，维和的传统方法越来越站不住脚了，尤其是因为联合国维和行动极大地增多。之所以如此，是因为内乱、各种人道主义危机不断高涨，而且某种程度上超级大国不断下降的影响力致使少数民族和其他群体分歧浮出水面。此外，安理会内新形成的一致同意造成了支持干预的偏见。更重要的是，由于暴力性冲突本质的变化，维和任务越来越复杂和困难。因为国家间战争不那么频繁了但是内战更为常见，所以更多的冲突与族群和文化的对抗、地方性社会经济分裂纠缠在一起。这反映在 20 世纪 90 年代以来的两种发展中。第一，因为维和人员不断地派遣至冲突区域中，所以“强有力”的维和得到更多的强调，它有时被描绘为**强制和平**(peace enforcement)。在这些冲突区域中，暴力如果不是事实，也仍然是持续不断的威胁。第二，因为冲突情形越来越复杂，所以人们日益意识到维和行动的设计和关注必须跟上。这导致“多维度”(multi-dimensional)维和的出现。除了全面和平协议的实施外，它还包括以实现人道主义为目标的武力使用、紧急救援的提供、政治重建的推动。因此，侧重点从维和转向和平建设。

联合国维和起作用吗?

在后冷战时期，多维度维和是如何成功的呢?与冲突代价、死亡人数和经济破坏相比，联合国维和是有效的、划算的（Collier and Hoeffler 2004）。2007 年，兰德公司（the Rand Corporation）的一项研究分析了联合国所领导的 8 次维和行动，认为其中 7 次行动成功地维持了和平，6 次有助于推进民主（Dobbins 2007）。这些例子包括刚果、柬埔寨、纳米比亚、莫桑比克、萨尔瓦多、东帝汶、东部斯拉沃尼亚和塞拉利昂。然而许多维和行动也失败了，尤其在卢旺达、索马里和波斯尼亚。在 1994 年卢旺达种族大屠杀中，联合国维和人员仅仅比看客好一点。联合国支持美国干预索马里，然而这导致了屈辱和 1995 年的撤军，而且军阀冲突仍然有增无减。1995 年，波黑塞族军队在欧洲“安全地区”斯雷布雷尼察实施了二战以来最糟糕的大屠杀。斯雷布雷尼察处于荷兰维和人员组成的联合国部队的保护下。一些人将这些事件视为一种证据，即对社会秩序和合法政治制度缺失的陌生地方的干预存在的陷阱。不过，其他人认为它们突显了联合国体系的缺陷和失败。失败包括缺乏一个清晰的任务、（尤其是）干预的授权与维和人员所面临的安全挑战之间的严重鸿沟、维和部队性质的不断变化、令人困惑的指挥系统、对“以阵势威慑”（deterrence by presence）的普遍依赖。对“以阵势威慑”的依赖反映在面对随意且犯罪性地使用武力的破坏和平者时，不情愿使用武力。更高层次上的缺陷关系到安理会和其他成员国中政治意志的缺乏、相互冲突的优先任务和议程。

然而有证据表明联合国汲取了教训。从 1992 年联合国报告《和平议程》（An Agenda for Peace）发布起，人们已经意识到仅仅维和不足以确保持久和平。对和平建设的日益强调，反映了确定与支持各种结构的愿望。这些结构往往加强和巩固和平，以避免陷入战乱，从而有助于确立“积极”和平。虽然军队仍是大多数维和行动的支柱，但是维和成员还包括管理者、经济学家、警察和法律专家、排雷人员、选举观察员、人权观察员、民政事务与治理的专家。2005 年，联合国和平建设委员会成立，它是联合国大会和安理会的下属咨询机构。其目的是支持深陷冲突的各国的和平努力，召集相关方（包括国际捐助者、国际金融机构、国家政府和派遣部队的国家），整合资源，为后冲突的和平建设和复兴提出建议和整合性战略（integrated strategies）。尽管作为咨询机构，和平建设委员会仅靠自身的努力将一事无成，但联合国更加强调和平建设就表明已承认，古典维和已极为过时了，而且强制和平总是困难的，仅在特定状况下才是可能的。然而和平建设是一个整体性运动（holistic exercise），跨越联合国“更硬”和“更软”的两个方面，即把促进和平和安全与经济和社会发展的承诺相融合。

和平建设：和平建设意指造就持久和平的必要条件的长期过程。它试图全面地解决暴力冲突根深蒂固、结构性的起因。严格地说，和平建设是在缔造和平、维和完成之后的和平进程的一个阶段。然而，这些行动总是或多或少互相重叠着，这意味着和平建设近似于经常所说的多维度维和。作为长期冲突的解决方法，和平建设涉及一系列广泛的战略，如经济、政治、社会、军事方面的战略。这些包括以下方面：经济重建、经济和社会基础设施的修复或者改善、排雷、对退役战士的再培训、流离失所民族的重返家园、社区组织建设、政府安排的修正或“国家建设”（statebuilding）。

促进经济社会发展

从一开始，联合国设计者就意识到了经济和政治问题的内在联系。这很大程度上反映了这种意识，即大萧条的经济动荡和政治极端主义的崛起以及国际冲突的发展之间的联系。因而，联合国致力于推进“社会进步与更好的生活水平”。然而，在其早期阶段，联合国对经济和社会问题的关切几乎没有超出战后重建和复兴，尤其是在西欧和日本。不过，从 20 世纪 60 年代开始，一个重大转变推动着经济和社会发展。这是三项因素的产物。第一，也许最重要的是，非殖民化进程、发展中国家在不断扩大的联合国中日益增强的影响力将更多地关注世界范围内财富的不平等分配。因此，南北差异日渐挑战着联合国内部的东西竞争。第二，20 世纪 80 年代开始，对相互依赖、全球化影响的更大意识意味着，人们日渐接受了这个事实，即世界某一地方的经济和社会问题会影响到世界其他地方，而且贫困和不平等的模式与全球经济结构相联系。第三，如和平缔造向和平建设转变所承认的，内战和族群冲突的兴起强调了如下事实，即和平与安全、发展、正义和人权并不是独立的议程。

大量庞杂的、似乎逐渐扩大的计划、资金与专门机构分担着联合国的经济和社会责任。经济和社会理事会协调着各个专门机构。其主要领域是人权（第 13 章所讨论的）、发展和减贫（第 15 章所讨论的）、环保（第 16 章所讨论的）。就发展而言，为全球发展政策负责的主要机构是创建于 1965 年的联合国开发计划署（United Nations Development Programme）。联合国开发计划署在大约 166 个国家开展活动，与这些国家合作共同解决全球和国家发展的挑战，也帮助发展中国家吸引和有效地利用援助。《人类发展年度报告》将全球争论集中于重大发展议题，提供新的测量工具（如人类发展指数），进行创新性分析，经常提出争议性的政策建议。联合国开发计划署关注“人类发展”、“人类安全”的概念，抛弃了对贫困的狭隘的经济界定。1994 年，联合国秘书长布特罗斯·加利（Boutros-Ghali）发表了《发展议程》（是两年前的《和平议程》的补充），试图在全球化时代和冷战结束之际确立一个可持续发展的协调性项目。

关键性事件

联合国的历史

1944 年	敦巴顿橡树园会议（美国、苏联、英国和中国）制定了未来联合国的一般目标和结构。
1945 年	50 个国家（波兰不是代表，但此后成为联合国最初的第 51 个成员国）在旧金山签署《联合国宪章》。
1946 年	特里格夫·赖伊（Trygve Lie，挪威籍）获任秘书长。
1948 年	《世界人权宣言》获批。
1950 年	安理会批准了对朝鲜的军事行动。
1950 年	联合国难民事务高级委员会成立。
1953 年	哈马舍尔德（瑞典籍）获任秘书长。
1956 年	第一支联合国维和部队派遣至苏伊士运河。

1960 年　在刚果的联合国行动监督从比利时统治向独立的过渡。
1961 年　吴丹（U Thant，缅甸籍）获任秘书长。
1964 年　联合国维和人员被派遣至塞浦路斯。
1965 年　联合国开发计划署成立。
1968 年　联合国大会批准《不扩散核武器条约》。
1971 年　中国恢复在安理会的席位。
1972 年　第一次联合国环境会议在斯德哥尔摩举行，催生了联合国环境规划署。
1972 年　第一次联合国妇女大会在墨西哥举行，开创了国际妇女年。
1972 年　库尔特·瓦尔德海姆（Kurt Waldheim，奥地利籍）获任秘书长。
1982 年　哈维尔·佩雷斯·德圭利亚尔（Javier Pérez de Cuéllar，秘鲁籍）获任秘书长。
1990 年　联合国儿童基金会召开世界儿童峰会。
1992 年　加利（Boutros Boutros-Ghali，埃及籍）获任秘书长。
1992 年　里约“地球峰会”批准了一项全面计划以促进可持续发展。
1992 年　安理会议题“和平议程”，突出了缔造和平、维和与和平建设的新方法。
1997 年　科菲·安南（Kofi Annan，加纳籍）获任秘书长。
2000 年　联合国大会通过了《千年发展目标》(MDGs)。
2002 年　国际刑事法院建立。
2005 年　联合国维和委员会建立。
2007 年　潘基文（Ban Ki-moon，韩国籍）获任秘书长。

然而直到 20 世纪 90 年代末，对不断加剧的全球不平等现象尤其是对撒哈拉以南地区困境的担忧催生了对联合国发展计划影响的与日俱增的焦虑。例如，1999 年《人类发展报告》指出，生活在最富裕国家的 1/5 的世界人口占有世界出口市场份额的 82%，然而生活在最贫困国家的 1/5 的人口，仅占有 1%多（UNDP 1999）。振兴联合国开发计划署的愿望导致了 2000 年的《千年发展目标》的产生。除了其他事项之外，《千年发展目标》制定了一项 2015 年实现极端贫困人口减半、防止艾滋病传播、普及初等教育的目标。联合国关于千年计划实现情况的 2009 年进度报告（progress report）总结出，对于大多数目标而言，其进度太慢，以至于 2015 年无法实现目标，特别是由于全球经济危机和粮食危机。尽管挫折和困难重重，不过很显然，相比于任何其他组织或者国家，联合国在减轻发展中国家的经济和社会问题方面做得更多（Hanhimaki 2008）。

联合国的未来：挑战和改革

联合国对争议和批评并不陌生。鉴于联合国核心使命的广度和胆略，期望和绩效之间的差距是不可避免的。然而，联合国所面临的挑战的性质随着时间推移已发生重大的变化。随着 21 世纪的到来，联合国将如何表现呢？塑造着联合国发挥影响的主要因素是全球权力分配。在 20 世纪大部分时间里，冷战的两极状态致使联合国无能为力。在20世纪90年代早期到中期，联合国的影响最大，这恰巧是紧随冷战结束安理会5个常任理事国相对短暂的合作和协商时期。然而，这使联合国严重地依赖于超级大国美国。这造成了这样一种危险，即美国霸权致使联合国成为纯粹美国对外政策的工具，即只要美国认为适当，美国可使用、滥用甚至忽视它。另一方面，多极化的趋势特别反映在中国的崛起，印度、巴西、南非等国家不断增加的影响。这种趋势肯定会对联合国产生影响。但这种影响的性质是难以确定的。一种观点认为，全球权力更均衡的分配可能支持多边主义，鼓励国家更加依赖于联合国所推动的集体安全机制而不是依赖于暴力性自助。另一种观点认为，多极化可能引发更多的冲突和更大的动荡。在这种情况下，联合国未来的发展可能复制国际联盟，因为不断加剧的大国竞争使国际调解和谈判变得越来越困难甚或是不可能的。无论怎样，全球权力分配的变换肯定会将安理会改革问题提到议程中。

全球行为体

联合国

类型：政府间组织　**成立：**1945年　**地点：**纽约　**成员：**193个成员国

作为国际联盟的继承者，联合国成立于旧金山，当时50个国家共同签署《联合国宪章》。联合国有五大机构：

- 联合国大会
- 安理会
- 秘书处
- 国际法院
- 经济和社会理事会

联合国还包括一系列专门机构、基金和计划，如国际货币基金组织、世界银行、世界卫生组织、联合国教科文组织、联合国儿童基金会。

意义：联合国是个真正的全球机构，具有独特的国际特性。根据《联合国宪章》，理论上联合国可以在无限的领域内采取行动。联合国在环保、难民保护、减灾、反恐、裁军、人权、经济和社会发展等领域有出色的表现。然而人们广泛认为，联合国的主要角色仍是维持国际和平与安全，尤其是安理会拥有发布有约束力的决议的能力。至少从理论上来说，在不遵守上述决议的情况下安理会有能力强制性地实施军事或非军事制裁。这致使联合国成为国际法的基本来源。

冷战期间，由于安理会常任理事国的否决权，超级大国的竞争导致安理会往往陷入僵局，致使联合国经常瘫痪。一个更大的问题是，联合国不能发展自己的武装力量，以至于总是依赖各成员国所提供的军队。因此，联合国对和平与安全事务的影响是十分有限的。冷战结束后，人们乐观地看待联合国主管"世界新秩序"的能力。联合国批准了美国所领导的将伊拉克驱逐出科威特的1991年海湾战争。在短短数年之后，联合国维和行动的数量翻了一倍，而且联合国维和年度预算翻了两番。然而，冷战后更加有效的联合国的愿望破灭了，这在很大程度上是由于不断下降的国家意愿、国家为了免于东西方阵营的紧张对峙，接受了中立、多边干预以及不断减弱的美国财政和军事支持。尽管维和（如莫桑比克和萨尔多瓦）、和平建设（如东帝汶）取得了一些真正的成功，但联合国没有成功阻止 20 世纪 90 年代中期卢旺达和波斯尼亚的大规模屠杀，因而严重损害了联合国的声誉。

不过，联合国仍然发挥着重要的“软权力”，尤其是在发展中国家，联合国被视为提供经济和社会发展援助的主要制度。联合国是唯一近似于全球治理形式的国际组织，至少提供了一种国际社会能够解决和平与安全、裁军、核不扩散、环境保护、减贫、性别平等和紧急援助问题等关切的框架。就联合国的独特角色和道德权威来说，几乎没有人会否定这种观点，即如果联合国不存在，它必须被再造出来。然而，联合国仍然受到各种批评。最令人沮丧的是，联合国被描绘为完全非法的、没有民主资历的世界政府。随着时间推移，主权国家得不到尊重。其他人认为，联合国仅仅是个争论场所（a debating society），因为它仅仅可能做其成员国所允许的事情，尤其是五个常任理事国。更多的批评则关注组织自身复杂的、官僚性质及其低效和管理不善的趋势，尤其是 2003 年石油换食品丑闻所暴露出的。

聚焦

联合国安理会改革?

为什么改革联合国安理会的压力会存在呢？为什么这种改革难以产生呢？安理会改革的诉求关注两个相关的问题：常任理事国的否决权及其认同。常任理事国身份及其对安理会决议的否决权意味着，就和平与安全的核心问题而言，大国政治主导着联合国。一些联合国成员国显然比其他成员国在地位上更加平等。五个常任理事国一致的要求也有效地使联合国成为集体安全的基础，除了特殊情况（朝鲜战争以及海湾战争）之外。此外，五个常任理事国被广泛视为已过时，只是反映了 1945 年之后时期的大国甚至不是冷战期间的超级大国政治。在现有安理会常任理事国中，几乎没有国家敢挑战美国、中国、俄罗斯（至少就其核能力来说）而位列其中，但法国和英国早已不是一流国家了。在不同时期，日本和德国因其经济实力应该被包含进去，而且印度、巴西、尼日利亚、埃及和南非等新兴国家也是如此。当然，现有成员国身份反映了地区性的不平衡，因为常任理事国没有非洲和拉丁美洲的代表。成员国身份改变的例子是，一个更具代表性、与时俱进的安理会将享有更广泛的支持和影响，有助于使联合国成为更有效的和平缔造者与和平维护者。

然而安理会改革的前景很遥远。否决权成为改革道路上的一大障碍。如果没有五个常任理事国的一致同意，否决权地位是无法消除的。它们也不可能自愿放弃其特权地位。此外，不管怎样，持续存在的永久否决权是确保联合国保持世界上主要国家支持的一种（可能是最重要的）方式。五个常任理事国身份扩大或改变也是难以实施的。首先，它很可能遭到现有五个常任理事国的反对和阻碍，尤其是最弱势的国家法国和英国。其他常任理事国可能会担心安理会改革所带来的利益和影响的不同格局。此外，在五个常任理事国之外，也存在对特定潜在候选成员国的重大反抗。比如，许多欧洲国家反对德国的加入；南非反对尼日利亚的加入而反之亦然；阿根廷反对巴西的加入；等等。最后，成员国的修改可能要求引入经常性的成员审查（the introduction of regular membership reviews），因为全球权力分配总是不断变化的。

一个更深层次的问题是，现代联合国所面临的安全挑战截然不同于早期的安全挑战。除了其他事情之外，还包括核恐怖主义的威胁、国家崩溃的问题、传染病传播所导致的混乱。战争和武装冲突性质的改变致使联合国在维和、和平建设作用上面临着特殊困难。身份战争（identity wars）的兴起、内乱、人道主义和难民危机、地方犯罪之间的联系不仅使可持续和平难以实现，而且使对全球正义的探寻和对主权国家的尊重之间的关系变得紧张。21 世纪的达尔富尔事件表明，固执的东道国政府会阻碍联合国维持和平和提供人道主义援助的干预。然而，如果联合国接受了“保护责任”，很难看出干预会在何处结束。此外，联合国面临着一个持久性问题，即谁将为其活动埋单。当联合国维和、发展和其他活动不断扩展时，主要捐赠国变得更不情愿跟上其财政捐助，并且某种程度上以此影响联合国的政策。2006 年底，成员国欠联合国 23 亿美元，其中美国占 43%。联合国如何在没有缩减必要工作的情况下使其财政更加稳固呢？财政贡献与对联合国政策的影响之间的关系如何才能削弱呢？

争论

联合国是过时的、多余的吗？

联合国长期以来一直是一个备受争议的机构。尽管在几乎 60 年间，联合国成员国逐渐重视且需要联合国，但主要、时而根本的批评仍然瞄准了联合国及其构成机构。

赞成

一个世界政府。联合国根本上是有缺陷的，因为它被设计成一个超国家机构以监管国际体系。因此，联合国拥有潜在的世界政府的所有缺点，如合法性、责任和民主资历的缺失。联合国不仅干预民族国家的事务（如其对国家主权不断下降的支持所表明的），而且破坏了均势体系的运作，从而危及和平与稳定。

一个无关紧要的争论场所。对于许多人来说，联合国的主要问题是其低效而不是其干预世界事务的能力。如通常所指出的，从联合国创建以来战争比之前更多了。一旦主要世界性事件显露出来，联合国经常置身局外。诸多困境往往使联合国陷于瘫痪，如决议难以通过、在行动前需要同时获得当地的接受和美国的支持。

道德指南针的缺失。根据这种观点，联合国在其创立之初具有一个明确的道德关切，源于反法西斯战争，即捍卫人权和基本自由的需要。然而因为联合国不断扩展成为一个真正全球性的机构，所以它渐渐倾向于一种道德相对主义，试图满足所有成员国（to be all things to all members）。联合国几乎没有抵制独裁者、谴责人权侵犯、防止种族灭绝，并且其他类似行动也很缺乏。

过时且故步自封。普遍的共识是，联合国迫切需要改革，但这种改革能否实现并不清楚。由于常任理事国的否决权，安理会的改革是不可能实现的。联合国本身是功能失调的、宽泛且复杂的，充满着重复和重叠（duplication and overlaps）。此外，使联合国合理化的努力使事情越来越糟而不是变好。

反对

一个不可或缺的机构。就其所有缺点和失败而言，一个关键性事实必须牢记：拥有联合国的世界比没有联合国时更加安全了。尽管联合国不能阻止所有战争、解决所有冲突，但它为合作提供了不可或缺的框架，因而国际社会应该选择使用它。尽管并不尽如人意，联合国仍然增加了无须诉诸战争而解决国际冲突的机会。即便战争爆发，军事冲突也很快会转向和平缔造与和平建设。

维和成功。大量报道的维和"失败"歪曲了联合国有效维和的形象。大多数研究表明，联合国维和行动成功概率往往高于不成功概率。在操作层面上，很显然联合国表现得比其他机构好些，包括小规模维和行动、人道主义援助的提供、选举监督。趋向多维度维和的转变也是十分有益的。

新议程和新思路。联合国并没有固守其最初的使命，而是根据新的全球性挑战成功地调整和重新界定自身。联合国不仅成为促进全球经济和社会发展的重要组织，而且有助于促进全球新问题相关的议程的形成，其广泛地涉及气候变化、性别平等、人口控制、控制传染病。

改进而不是结束它。尽管它不完美，但认为联合国故步自封的看法是很荒谬的。最近几年，维和的操作性、战略性的方法和人道主义援助的提供大有改善。毫无疑问，联合国会不断深化改革。例如，联合国机构能够协调得更好；联合国能够赋予国际行动以合法性，而非总是自己行动。此外联合国与区域性组织的关系会得到加强。

鉴于这些挑战，联合国改革问题越来越突显出来。20 世纪 90 年代末，时任联合国秘书长科菲·安南着手一个包罗万象的改革计划，以促进联合国经济和社会制度的协调，加强多边体系的规范。然而大多数人认为，这个过程仍然不彻底，需要应用到一系列更广泛的联合国活动中。但其他重要的改革领域是维和、发展和人权。2000 年《普拉希米维和报告》（the 2000 Brahimi Report on Peacekeeping）为评议联合国维和行动作出重大贡献，为 2005 年联合国和平建设委员会的创建奠定了基础。一个特别关注的领域是，联合国需要拥有"快速部署能力"（rapid deployment capacity），即能够立即派遣维和人员到世界各个角落并迅速有效地行动的能力。这种能力的缺失常常意味着，联合国维和人员部署缓慢，要求监管十分棘手的问题。联合国发展活动所面临的主要改革挑战仍然是，如何改善联合国"功能失调的家族"（dysfunctional family）中以发展为取向的机构过剩之间的协调，减少其重复和重叠问题。联合国已经意识到"协调一致"（delivering as one）的目标，但将这一目标变为实际行动以提高效率和降低行政成本的任务仍未完成。在人权方面，联合国已经非常成功地创造了大量详尽的国际人权法案，而且创建了一个能够观察和权威性地报告全球人权规范遵守的机构。然而鉴于联合国所涉及的一系列利益，难以确保这些机构能够以强劲的方式行动起来。人权理事会可能会取代备受批评的人权委员会。人权委员会不愿意批评斯里兰卡2009年针对猛虎组织的内战行为。这表明严重的人权侵犯行为仍然能逃脱制裁。

总　结

- 一个国际组织意指拥有正式程序、三个或三个以上国家所构成的制度。这些机构可以被认为是国家追逐自身利益的工具、促进争论的场所、影响全球结果的行为体。
- 一系列因素催生了国际组织。这些因素包括国家间的相互依赖、霸权国家承担国际组织创建和维持费用的意愿和能力。国家间相互依赖鼓励政策制定者认为，国际合作能够服务于公共利益。
- 联合国是唯一真正的全球性组织。不过，联合国是一个混杂的机构，既要接受大国政治的现实，也要承认各成员国主权平等。实际上这造就了“两个联合国”。
- 联合国的宗旨是维持国际和平和安全，这一责任归属于安理会。然而由于五个常任理事国的否决权、独立军事能力的缺乏，联合国的作用受到限制。联合国在维和领域参差不齐的表现反而导致对和平建设进程的日益强调。
- 一系列宽泛的、似乎不断扩大的计划、资金和专门机构承担着联合国经济和社会职责。其主要领域是人权、发展、减贫和环保。这种不断扩大的关切确保了对联合国强有力的支持，尤其是在发展中国家。
- 联合国面临着一系列重要挑战和改革压力。其中包括在一个日益多极化的世界中全球权力分配不断变化所产生的挑战和压力、与安理会构成和权力所招致的批评相关的挑战和压力、与联合国财政和组织相关的挑战和压力。

问题讨论

- 国际组织与国家有什么不同？
- 国际组织和全球治理是如何相联系的？
- 国际组织仅仅是以其他手段追逐国家利益的机制吗？
- 霸权国是国际组织形成所必要的吗？
- 国际组织的概念在多大程度上是理念建构？
- 为什么联合国比国联更成功？
- 为什么联合国在确立集体安全体系方面只取得了有限的成功？
- 联合国的维和方式怎样以及为何变化了呢？
- 联合国如何有效地履行其经济社会职责？
- 为什么安理会改革如此困难呢？

第 19 章

全球治理与布雷顿森林体系

> **市场是好仆人但是坏主人。**
>
> ——**经济学准则（时常应用于货币）**

预览

全球治理问题已经受到了越来越多的关注，尤其是 20 世纪 90 年代以来。这种情况的产生有很多原因。冷战的结束意味着，更多的期望指向一般意义上的国际组织，特别是联合国。日益加速的全球化激起了关于世界经济的趋势和世界经济调节的制度框架之间关系的讨论。人们普遍意识到，不断增加的全球性问题已经超出了单个国家自行解决的能力。但是，全球治理徘徊在主权国家构成的威斯特伐利亚世界和世界政府的奇异设想之间，是非常难以分析和评价的。全球治理怎样才能得到最好的理解？它真正地存在，还是仅仅只是个愿望呢？全球治理发展最快的领域是经济决策领域。这源于 1944 年的《布雷顿森林协定》。该协定旨在确立战后世界经济秩序，创建了国际货币基金组织、世界银行和关税及贸易总协定（后来世界贸易组织取而代之）三个新机构，因而被称为布雷顿森林体系。但是，随着时间的推移，这一体系变化极大，因为它也适应了世界经济所产生的不断变化的压力。从最初对战后欧洲重建的关切到后来对第三世界的发展的关切，20 世纪 70 年代以来布雷顿森林体系的关键制度陷入了更深的争议之中，因为它们转向经济自由化的议程，从而不可避免地与新自由主义全球化的力量相联系。布雷顿森林体系产生的背后因素有哪些？它的使命后来又如何发生了变化？布雷顿森林制度是一种好的力量还是坏的力量呢？

关键问题

- 全球治理是什么？
- 全球治理是个神话还是现实呢？
- 布雷顿森林体系是怎样以及为何建立起来的？
- 布雷顿森林制度如何转向经济自由化？
- 为什么布雷顿森林体系招致了如此多的批评？
- 2007—2009 年全球危机告诉我们全球经济治理方面的什么内容？

全球治理

全球治理已被描述为“与治理相关的活动、正式与非正式规则和机制的集合，存在于当今世界各种层次之中”（Karns and Mingst 2009）。鉴于此，它意指一系列广泛的解决问题的合作性安排，其共同特征表现为促进“治理”。这是社会生活而非“政府”的“协调”（coordination），意味着以一个强制性决策体系而运行的一套有序性规则。冷战结束之后，这种安排已经成为全球政治越来越显著的特征，尤其是作为对全球化进程的回应，并且某种程度上成为塑造全球化进程的一种尝试。然而，全球治理是一个不容简单界定或解释的复杂现象。首先，它通常会与国际组织相混淆，以至于全球治理有时实际上被用作描述现存国际组织的集体名词。虽然全球治理和国际组织并不是同义词，但全球治理的一个重要方面是国际组织在数量和重要性上的增长。此外，作为国家似乎没有放弃主权而合作的一系列过程，全球治理是一个很难归类的现象。尤其是，全球治理如何与世界政治的其他模式区分开来？

全球治理：全球治理是全球层次上交互式决策（interactive decision-making）的广泛、动态而复杂的过程，涉及正式与非正式机制、政府与非政府机构。国家和政府仍然是公共利益以及全球共同体整个利益表达的基本制度，但全球治理也涉及政府间、有时超国家的机构。全球政策是水平型与垂直型互动的体系的产物，其中政府不同机构的官员可以与其他国家相对应的官员和活跃分子、科学家、银行家以及一些政府外其他力量相合作。全球治理这个术语有时被更狭义地意指这些互动借以发生的制度。

全球治理是什么？不是什么？

全球治理可以被理解为全球层次上交互式决策的广泛、动态而复杂的过程。但是这又意味着什么？全球治理的独特特征是什么？也许界定全球治理的最好方式是，强调它与可供选择的世界政治轮廓之间的相似与差异，尤其是：

- 国际无政府状态
- 全球霸权
- 世界政府

国际无政府状态

国际无政府状态已经成为理解国际政治的传统模式，这可以回溯到 17 世纪威斯特伐利亚国家体系的出现。它也是现实主义理论的核心假设之一。从现实主义视角来看，国际体系的核心特征是能够调节超国家权威缺失情况下的国家行为。因此国家是主权性实体，被迫依靠自助以维持生存和安全。因此国际体系倾向于变化和冲突，特别是由于安全困境所导致的恐惧和不确定性。但是，国际无政府状态并不是必然以无休止的混乱和无序为特征的。相反，和平（至少相对有序的时期）会彰显出来，尤其是当均势出现时。均势能够阻止国家追逐其雄心勃勃的野心。此外，当国家追求安全最大化（避免战争）的程度超出追求权力最大化（通过征服和扩张受益）的程度时，战争预期会降低。

国际无政府状态依然盛行吗？这种模式的主要弱点是，1945 年以来世界不同地区的国家在国际组织的帮助下已经表明了可持续合作的能力，它是以增强信任、互惠水平的规范和规则为基础的。例如，欧盟所达到的合作水平挑战着现实主义理论的假设。因此，舆论普遍认为国际体系已经发展为一个国际社会，这意味着国际无政府状态已经发展为布尔（［1977］2002）所说的“无政府社会”。然而自助和权力政治并没有被完全放弃。例如，中东大部分地区的国际关系仍然可以以均势术语得到最好的阐释，而且“9·11”事件被广泛理解为向传统地缘政治回归的标志。此外，现实主义理论家们仍质疑上述观点，即国际秩序能够建立而且永远地超越权力政治逻辑。

全球霸权

现实主义者一直认为，如下的事实将某种程度的组织强加给国家体系，即各国之间存在着等级状态。就国家主权管辖权而言，国家在形式上是平等的，但是从其资源和能力来看，它们是极为不平等的。因此强国将其意愿强加于弱国，尤其是以帝国主义的方式。全球霸权的观念仅仅进一步发展了“自上”而强加的国际秩序观。霸权国拥有卓越的军事、经济和意识形态资源，从而能够将其意愿强加于一个地区（区域性霸权）或世界（全球霸权）。这种极为不对称的权力分配会导致敌意和怨恨，并且更常见地会刺激弱小国家“见风使舵”（bandwagon）以求获得安全和其他回报。因此全球霸权会与国际秩序相一致，尤其是当霸权国有能力提供稳定的金融体系、可信赖的国际货币等公共物品，而且作为“世界警察”有能力解决地区性或其他冲突时。

世界政府：世界政府意指全体人类团结在一个共同的政治权威之下的设想。它是一些世界主义观点的根本看法（尽管很多世界主义者否认）。世界政府的所有概念都是以权威集中在超国家机构为基础的，而超国家机构拥有立法权和行政权。但是两种截然不同的世界政府模式存在着。在单一制模式中，“国际化大都市”（cosmopolis）或世界国家将会享有合法使用武力的垄断权，并建立一个具有严格等级制的世界秩序。在联邦制模式中，中央权威将会在法治和秩序维系之上享有自主性权威，然而其组成单位（先前的国家）仍旧保持对当地和国内事务的控制。

很多人认为，霸权提供了理解现代全球政治的关键。1945 年美国取代了英国，成为西半球的霸权国。随着冷战结束和苏联解体，美国成为了全球霸主。这种观点也表明，1945 年以来国际组织的增加并未反映出国家间合作的更大意愿，而是更多反映了美国积累“结构性”权力的能力。然而虽然美国在主要的全球治理制度建构方面扮演着至关重要的角色（联合国、世界银行、国际货币基金组织、世界贸易组织），并且一贯支持欧洲一体化的过程，但是将大多数国际制度视为美国追逐其国家利益的机制的观点太过简单了。例如，美国与联合国一贯的紧张关系可见一斑。此外，美国的全球支配地位、其对全球治理制度的领导很可能会衰落，而且世界多极秩序将会形成，正如第 9 章所讨论的。

超国家主义：超国家主义意指一种高于民族国家并有能力将其意愿强加给民族国家的权威形式。因此超国家主义把主权与决策权威从参与国转移到国际或区域性组织。国际联邦的建立能够促成这种情况，其中中心与边缘机构共享主权。超国家主义的发展被视为全球政治一体化总趋势的一部分。但是，超国家主义的批评者，尤其是现实主义者们声称，超国家主义不仅代表着对主权的威胁，而且代表着对民族认同和民主的威胁，甚至可能蕴含着世界政府的种子。

世界政府

这里所考虑的全球政治的所有模式中，世界政府最不符合现代国际体系的结构和进程。全球治理甚至可以理解为在世界政府不存在的情况下的国际合作。实际上，世界政府的观念无疑已经过时了。但是事实并非总是如此。世界政府的概念在国际关系思想史中占有重要的地位，可以回溯到古希腊、罗马的齐诺（Zeno）和马可·奥里利乌斯（Marcus Aurelius）。胡果·格劳秀斯支持一个对所有人和所有民族具有约束力的法律体系，但是伊曼纽尔·康德却声称在普世友好状况下所联结的自由国家联邦能够实现“永久和平”（尽管这无法为世界政府提供一个简单的计划）。国际联盟（1919—1946）和联合国的创立宗旨都围绕着建立世界政府的理想。阿尔伯特·爱因斯坦（1879—1955）、温斯顿·丘吉尔（1874—1965）、伯特兰·罗素（Bertrand Russell，1872—1970）、圣雄甘地等人都表达了对联邦型世界政府的支持。世界政府观点背后的逻辑是社会契约论。社会契约论支撑着古典自由主义对国家的正当性的证明，即确保不同利益个体之间的秩序和稳定的唯一方法是主权国家的建立。同样，防止利己的国家之间冲突的唯一方法是至高无上的世界权力的建立（Yunker 2007）。但是，这种期望目前被广泛认为是不切实际的、不可取的。

世界政府是不切实际的，因为没有明显的迹象表明国家或民族愿意将其主权拱手让予一个全球国家或世界联邦。甚至在同一大陆，欧洲的经验表明（第20章所考察的），跨国政治认同很可能总是落后于跨国制度建设的进步。这表明，即使世界政府已经形成了，它也很可能采取世界帝国的形式（最清晰的例子可能是罗马帝国），一种极端、制度化的全球霸权形式。由于至少四种原因世界政府被认为是不可取的。第一，它造就了一种不加遏制的、甚至难以遏制的权力预期，这意味着它会退化成为全球专制。第二，鉴于文化、语言、宗教和其他差异，当地或地区性的政治忠诚感可能仍将会强于全球性政治忠诚感。第三，难以察觉的是，有效的民主责任如何能够运行在一个世界政府体系中。第四，许多自由主义理论家们纷纷放弃了世界政府的观念，因为全球治理的成功和道德世界主义的传播（与世界国家世界主义相反）表明战争、全球贫困、环境退化等问题如何能够在全球性国家不存在的条件下得以解决。尽管世界政府现在很少被认为是有意义的政治计划，但是作为其基础的超国家主义原则无疑具有越来越重要的意义。例如，超国家权威体现在联合国安理会（《联合国宪章》第25条规定其对于和平与安全事务的权力）、国际法院、国际刑事法院、某些欧盟制度中，它们至少包含了一些世界政府的特征。

全球治理的轮廓

虽然世界政府越来越被视为一种过时的（即便不是一种极不富吸引力的）概念，

但是全球治理的替代性概念已经吸引了越来越多的关注。相比于研究对象，全球治理更应该是个研究**领域**：尽管它关系到特定制度和可确认的行为体，但是它本质上仍是一个过程或许多过程的复合体。简言之，全球治理是在中央政府缺失的情况下对全球政策的管理。鉴于此，它不同于国际无政府状态，因为它涉及一系列持久的合作和集体行动的偏好，然而这些在自助体系中是不可能的。全球治理体系中的国家自愿地合作，因为它们意识到这是其利益所在。因此，由于国家的接受，全球治理出现了，因为单个国家无法凭一己之力有效地解决国家在越来越多的政策领域方面所面临的问题。全球治理不同于全球霸权和世界政府，因为后两者都预设超国家权威的存在，因此它被描述为一个“无政府状态下合作”的体系（Oye 1986）。所以全球治理意味着，国际无政府状态无须通过建立世界政府或被迫忍受世界霸权秩序而得到克服（见表 19—1）。全球治理的核心特征包括以下几点：

表 19—1　全球政治的竞争性模式

	无超国家权威	超国家权威
无约束力的规范和规则	国际无政府状态	全球霸权
有约束力的规范和规则	全球治理	世界政府

资料来源：Adapted from Rittberger and Zangl（2006）。

- **多中心主义**——尽管联合国在现代全球治理体系中扮演着包罗万象的角色，但是全球治理是多元而不是单一的，在不同的问题领域有着不同的制度框架和决策机制。
- **政府间主义**——国家和民族政府在全球治理体系中仍保留着重要影响。反映出国际组织协商决策和软弱的执行力的一般特征。
- **多元行为体的参与**——除了政府和国际组织以外，全球治理也牵涉到非政府组织、跨国公司和全球公民社会的其他制度。公共/私人分野的模糊意味着，国内政治中国家和公民社会之间的区别在全球决策中是不存在的。
- **多层次进程**——全球治理是群体和制度之间在不同层次（市、省、国家、区域性和全球性）的互动，而且没有任何单一层次享有对其他层次的优势。
- **非正式化**——全球治理倾向于通过以规范为基础的非正式国际机制运行，而不是以法律确立的正式机构运行。

> **政府间主义**：政府间主义意指在主权独立的基础上所发生的国家间互动。因此政府间主义通常不同于超国家主义。超国家主义认为，高于民族国家的权威是存在的。政府间主义最普遍的形式是条约或联盟，而且最简单的形式涉及国家间的双边协议。政府间主义的另一个主要形式是联盟或邦联，例如国际联盟、石油输出国组织（OPEC）和经济合作与发展组织。在这些机构中，一致同意的决策过程保留了国家主权，其中每个成员国都有否决权，至少在关乎国家命运的重要事件上是如此。

全球治理：神话或现实？

现代世界政治多大程度上符合全球治理体系的特征呢？自由主义理论家尤其认为，一种明确无误的、或许无法阻挡的趋势支持着全球治理。国际组织的发展反映出国家间合作和参与集体行动的更大意愿的迹象，它加强了国家间的信任并且使其习惯于受规则约束的行为，从而推动了进一步的合作。在全球治理与全球化紧密相连的意义上，它的声誉会有所起伏，但随着时间的变化很有可能发展，因为相互依赖和相互联系的趋势一旦确立则很难逆转。一系列发展表明了这一点，如国际移民、全球恐怖主义、跨国犯罪组织和全球性流行病。但是，世界整体上变得有序和受规则约束的程度不应该被夸大。对此，一个新兴的全球治理进程应该比已经确立的全球治理体系更精确。此外，相比于其他地方，全球治理的规范和规则在世界一些地区得到更好的确立。例如，库珀（2004）将欧洲描述为所谓的“后现代”世界的心脏，因为欧盟成功地分享主权，摒弃了均势政治。无论怎样，欧洲是个例外。世界许多地区仍然很少受国际规范和规则的影响，正如“流氓”国家和贱民国家所表明的。

保护主义：关税、配额以及其他措施的运用，以限制进口从而保护国内产业。

多边主义：多边主义广义上可界定为以一般性行为原则为基础的协调三个或三个以上国家行为的过程（Ruggie 1992）。一个真正多边的过程必须符合三项原则。这三项原则是非歧视原则（所有参与国必须被同等对待）、不可分割原则（所有参与国必须像单一实体一样行事，像在集体安全中一样）和互利互惠原则（国家间义务必须具有广泛和持久性特征，而不像一次性合作的范例）。多边主义可能是非正式的，反映出三个或三个以上国家对共同规范和规则的接受，但更通常的情况下它是正式的，而且在这种情况下多边主义等同于制度主义。

全球经济治理：布雷顿森林体系的变迁

全球治理的趋势尤其体现在经济决策领域，因为经济领域是国家间相互依赖最明显的领域，也是国际合作失败可能导致最明显危害的领域。1945 年以来，通过多边协议、正式制度和非正式网络所构成的一张密集的网、一个全球经济治理体系已经出现。二战结束前夕签订的《布雷顿森林协定》确立了最重要的制度。这个协定背后的主要因素是，人们不愿重回到两次世界大战期间的经济动荡和混乱状态。这些关切特别迫切，因为人们意识到失业和经济不安全在法西斯主义兴起以及导致二战（正如第 2 章所述）的情况中所扮演的角色。因此 20 世纪 30 年代经济大萧条的主要教训是，所谓“损人利己”（beggar-thy-neighbour）的**保护主义**（protectionism）政策在经济上是弄巧成拙的、在政治上是危险的。但是仅当规范、规则和理解的框架得以确立时，这样的趋势才会被逆转。这种框架促使国家在经济事务上合作，避免“福利困境”的陷阱。

布雷顿森林体系的形成

1944 年 8 月，美国、英国和其他 42 个国家在新罕布什尔州布雷顿森林的度假小镇会晤，召开了联合国货币及金融会议，建立了战后国际金融与货币体系的制度框架。布雷顿森林会议最重要的成果是三个新机构的建立，没过多久它们统称为布雷顿森林体系。这些机构是：

- 国际货币基金组织，1947 年 3 月开始运转。

● 国际复兴开发银行，通称世界银行，1946 年 6 月开始运转。

● 关税及贸易总协定，1995 年世界贸易组织取而代之，虽然关税及贸易总协定通常被视为布雷顿森林体系的一部分，但是是联合国贸易及就业大会创建了关税及贸易总协定，它于 1948 年 1 月开始运作。

《布雷顿森林协定》是多边主义的典型例证。1945 年以后的一段时期内多边主义越来越显著。但是，仅仅简单地从多边主义和对共同利益的认可的角度描绘布雷顿森林体系是错误的，这将会忽略美国所扮演的关键角色。二战以后，美国成为世界占优势的军事和经济强国。美国不仅发起了布雷顿森林会议并在美国本土举行，而且美国是谈判的主导性力量，有效地支配着一些关键性成果。美国在布雷顿森林体系中优先考虑的事情是双重的：第一，美国在战争期间重整军备和扩大出口，从而极大地增加了工业产量，并且在某种程度上恢复了罗斯福新政所没有做到的充分就业。美国需要确保国内发展水平能够在战后维持下去，这需要开放和稳定的国际经济体系的建立。第二，对苏联威胁的认知以及遏制共产主义传播的需要塑造着美国的看法。这促使美国寻找促进饱受战乱的欧洲重建和复苏的方法，而后扩展到战败的德国和日本。

聚焦

福利困境?

为什么国家难以在经济事务上进行合作呢？安全困境有助于解释安全问题为什么以及如何倾向于导致国家间的不信任、恐惧和冲突。正像安全困境那样，福利困境会表明这种状况如何也适用于福利和经济关系。福利困境产生于世界经济中，其中每个国家可以决定自己的贸易和货币政策而没有中央权威的干预（Rittberger and Zangl 2006）。在这种背景下，每个国家都试图增加其在经济蛋糕中所占的份额，例如采用提高关税（进口税）、增加进口限制或货币贬值（使出口降价、进口提价）等方法。以“损人利己”方式而繁荣的尝试可能导致长期的代价，因为其他国家会以同样的方法进行呼应，从而减少整个经济蛋糕的大小。在强调个体国家的利益和国家共同体的集体福利的冲突方面，福利困境类似于“公地悲剧”的想法。公地悲剧解释了在环境问题上国际合作的障碍。

但是，福利困境所反映出的挑战在某种意义上不如安全困境或“公地悲剧”所产生的挑战那么严峻。这有助于解释为什么 1945 年以来经济领域的国际合作比其他领域进展得更快、更深。为何如此呢？第一，国家通常更关切经济事务的绝对收益而不是相对收益，因为不像加剧的军事差距，不断扩大的经济差距一般不会危及国家生存。第二，在经济事务上的信任和透明更容易发展，关税和其他形式的贸易保护主义比起武器新体系的发展更难以隐藏。第三，经济合作的代价相对较小（放弃“损人利己”的机会），特别是相比于一些环境合作形式，尤其是那些涉及气候变化的合作，正如 16 章所讨论的。

布雷顿森林体系的核心是国际货币基金组织所监管的货币新秩序，它试图寻求维系**汇率**（exchange rates）稳定。它将所有货币的价值与美元的价值挂钩，而以美

汇率：一种货币兑换外币的价格。

元充当“基准货币”（currency anchor），以35美元一盎司的价格兑换黄金。世界银行和关税及贸易总协定补充着国际货币新秩序，它们分别确立了国际金融新秩序和国际贸易新秩序。世界银行的主要职责是为需要重建和发展的国家提供贷款。而关税及贸易总协定寻求降低关税水平从而促进**自由贸易**（free trade）事业。它更像个多边协议而不是个国际组织。期间，这些机构确立了一种以规范和规则框架为基础的全球经济治理的最初形式。这些规范和规则引导着国家间未来的经济关系。

自由贸易：国家间不受关税或其他贸易保护主义形式限制的一种贸易体系。

内嵌式自由主义：自由主义的一种形式，寻求在社会共同体的广泛利益下协调市场效率。

进出口交换比率：进口价格和出口价格之间的均衡。

收支平衡：一国与他国贸易的均衡，包括有形交易（进口和出口）、无形交易（服务）和以投资和贷款形式出现的资金流动。

但是，布雷顿森林体系背后的思想是什么呢？布雷顿森林体系当然反映了自由主义经济理论的基础性信念，尤其是开放和竞争性世界经济的优点。但是，制度安排必须在某种意义上“监管”世界经济并确保其稳定性。这一事实反映了对古典政治经济学，尤其是自由放任论的严重怀疑。古典政治经济学的核心思想是，对自由放任的市场竞争能够趋向于长期均衡的信心。因此当政府不加干预时经济能够以最好状态运行。这可能适用于国际和国内层次。另一方面，下面的恐惧塑造着布雷顿森林体系，即不受管制的世界经济与生俱来是不稳定的和危机频发的。经济大萧条本身显著地证实了这些趋势。根据J. M. 凯恩斯的观点，市场因此必须“得以管理”。这种观点对国内政治的影响越来越大，体现在战后一段时期内各工业化国家逐步采用了凯恩斯主义的经济管理方法，因而财政政策（政府开支及税收）被用以带动经济增长和保持低失业率。布雷顿森林体系反映了这种尝试，以确立凯恩斯主义式的世界经济调节性框架。因为它只承认市场竞争的有限益处，所以被描述为**内嵌式自由主义**（embedded liberalism）的形式，与“纯粹”自由主义相反（Ruggie 1998）。

尽管如此，美国的优先事项和关切也关键性地塑造着布雷顿森林体系所确立的制度框架的确切形式。凯恩斯建议的失败特别明显地表明了这一点。凯恩斯是布雷顿森林会议的英国首席代表，倡导世界货币和金融安排的激进变革。尽管凯恩斯被误称为“国际货币基金组织的知识教父”，但他曾提议建立一个全球银行，即国际清算联盟（International Clearing Union）。国际清算联盟将会发行自己的货币，称之为班柯尔（Bancor）。这些提议的激进方面是，国际清算联盟能够永久性地改变世界经济中债权国和债务国之间的**进出口交换比率**（terms of trade）。贸易顺差国将必须提高其货币的币值，以增加进口而且降低其出口的竞争力。此外，凯恩斯还建议，应该允许资本流入而不是流出贸易逆差国，以刺激发展并增加其出口量。作为世界上最大的债权国，美国拒绝一个更加公平的国际经济秩序的这些建议，这意味着成功的出口商所积累的盈余将不受任何限制，而国际**收支平衡**（balance of payments）的重担将全部落在债务国身上。全球经济治理的批评者认为，这将结构性不平等和不均衡引入了世界经济管理中。

全球经济治理的方法

现实主义的观点

现实主义认为，世界经济实质上是国家间竞争的舞台，而且每个国家都寻求增加其财富和相对权力。这种观点和重商主义塑造着全球经济治理的现实主义立场，因此政治很大程度上解释着经济。对于现实主义者而言，国家利己主义和国际无政府状态共同确保了大多数情况下国家间在经济事务上的合作范围是十分有限的，只有霸权国才会改变这种状态。霸权国占绝对优势的军事和经济地位意味着其利益不可避免地与自由世界经济本身相连。正如霸权稳定论所阐述的那样，对于自由世界经济的形成和充分发展，一个霸权国是必不可少的，因为它是唯一一个有意愿并且有能力确立并实施其基本规则的强国。20 世纪 30 年代的经济大萧条持续了很长时间，因为作为一个不断衰落的霸权国，英国失去了其重建世界经济稳定的意愿或能力（Kindleberger 1973）。同样，布雷顿森林体系的建立标志着美国霸权地位的确立。从现实主义视角观之，在 20 世纪 70 年代早期这一体系的崩溃反映了美国霸权地位的衰落，或反映了美国向“掠夺性霸权”（predatory hegemony）的转变。

自由主义的观点

全球经济治理的自由主义立场是以对市场和自由竞争的信任为基础的。既然客观市场力量的作用是将资源分配至最有利可图之处，并实现长期均衡的状态，那么任何阻碍市场自由运转的障碍都应该被排除。这种立场意味着对任何经济治理形式的排斥，无论是在国内还是国际层次上。尽管如此，大多数自由主义理论仍旧承认经济治理的需要，因为它能够推动而不是限制开放和自由竞争。因此全球经济治理框架的形成表明了这样一种共识，即在经济相互依赖的条件下，国家在支撑达成的规范和规则方面拥有共同利益。但是这些规范和规则的本质是至关重要的。从经济自由主义视角来看，布雷顿森林体系从一开始就是有缺陷的，因为它致力于调节自由主义经济秩序，尤其是以固定汇率的方式。在自由和不加调节的条件下自由主义经济秩序会最好地运行。因此布雷顿森林体系的崩溃不仅反映了美国霸权地位的衰落，更反映了其本身架构的基础性缺陷。相比之下，20 世纪 80 年代以后华盛顿共识所产生的向新自由主义的转变标志着自由主义对布雷顿森林体系的准重商主义（quasi-mercantilism）的胜利。

批判理论的观点

全球经济治理的两种主要批判性观点分别是社会建构主义、新马克思主义或后马克思主义。鲁杰（1998，2008）等社会建构主义者们强调，历史和社会因素塑造调节世界经济的政策和制度框架。因此布雷顿森林体系不仅仅反映了国家权力和利益的重新配置，也反映出工业化国家所广泛接受的“内嵌式自由主义”形式下社会期望、规范和经济思维模式的变化。类似地，工业化国家采用了华盛顿共识，很大程度上取决于不断增强的新自由主义意识形态的霸权性影响。这种霸权性影响有助于将这种信念内嵌入全球市场中。世界体系理论者、后马克思主义批判理论者等新马克思主义者们挑战着自由主义假设，即全球经济治理制度是中立的，某种意义上反映了所有群体和国家的利益（Soederberg 2006）。相反，这些制度是按照全球资本主义体系中占主导地位的利益建构而成的：作为全球最大资本主义国家的美国、跨国公司和银行业巨头等。对于世界体系理论者来说，全球经济治理制度造成了财富和资源从世界经济的“边缘”地带向“核心”地区的重大转移（Wallerstein 1984）。

布雷顿森林体系的命运

非关税壁垒：阻碍进口的规则、规章或实践，如政府采购政策、系统性的边界拖延或复杂的卫生和国家标准等。

国际经济新秩序：世界经济改革的建议以为发展中国家提供更好的保护，如改变贸易条款、增强调控和将外国企业国有化等措施。

至少在20年里，布雷顿森林体系是非常成功的。一些人担心，二战的结束和随后军费开支的缩减使人们重回经济大萧条的黑暗时期。而恰恰相反，它开启了战后经济“长期繁荣”的时期，成为世界经济前所未有的持久性发展的最长时期。20世纪50—60年代的“黄金时代”期间，经济合作与发展组织成员国始终如一地实现了每年4%～5%的平均增长率。对于许多人来说，这明确地证明了布雷顿森林体系为世界经济带来的新的稳定和自由贸易、资本自由流动与货币稳定共同带来的好处。但是，对布雷顿森林体系在何种程度上促成了战后世界经济繁荣的问题仍然有争议。例如，许多人认为政府以“国家”凯恩斯主义的方式保持永久性财政赤字，从而刺激国内经济发展，因而“国家”凯恩斯主义比“国际”凯恩斯主义有更大的影响力（Skidelsky 2009）。激进主义理论家们将长期的繁荣与“永久性军事经济”的确立联系起来。在这种“军事凯恩斯主义”中，发展的主要动力是冷战使其合法化的很高且持续存在的军费开支（Oakes 1944）。另一方面，这一时期的经济稳定或许不是多边治理的新时代的产物，而是美国和美元的压倒性经济优势的产物。1950年美国占有工业世界近60%的股本（capital stock），并占世界工业产值的大约60%。因此黄金时代的与众不同之处在于，美国根据自身利益操控世界经济的能力。因而布雷顿森林体系被视为美国霸权的表现。

但是，20世纪60年代末战后的长期繁荣开始消退，导致了20世纪70年代的滞胀，即经济停滞不前、通货膨胀、失业率上升。美国经济尤其受之困扰，疲于应付不断攀升的国内和国际开支，并自1945年以来第一次面临越来越激烈的国外竞争。1971年，美国放弃固定汇率体系，事实上标志着布雷顿森林体系初始形式的终结。尽管其角色和未来政策走向最初不甚明确，但是作为布雷顿森林体系的一部分的各种制度不太经受得住从固定汇率向浮动汇率的转变。在这种背景下，主要工业国家的首脑和财政部长开始定期会晤，讨论货币和世界经济的其他问题。1975年，这促成了七国集团（或称G7）成立。20世纪70年代的经济减速也削弱了甚至在某些情况下逆转了关税及贸易总协定削减贸易壁垒的进步，特别是工业化国家提供了所谓的**非关税壁垒**（non-tariff barriers）。发展中国家的愤怒、经济衰退导致了对**国际经济新秩序**（NIEO）的日渐支持。

但是，建立国际经济新秩序的尝试却没能取得一点进展，这清楚地反映了世界经济中权力平衡之所在。相反 20 世纪 80 年代期间，全球经济治理制度重新定位在所谓的华盛顿共识上。事实上这意味着以内嵌式自由主义为基础的体系最终让位于以新自由主义为基础的体系。

聚焦

七国/八国集团：一项被遗弃的计划？

七国/八国集团的角色和重要意义是什么？为什么它的重要性有所下降？七国集团（G7）产生于从 1973 年开始的世界主要工业国家（美国、法国、德国、英国、日本、意大利、加拿大）财政部长所召开的一系列非正式会议。这发生在布雷顿森林体系崩溃和 1973 年石油危机的背景下。1975 年，会议正式化并扩展到包括每年一次的政府首脑会议。1997 年俄罗斯加入政府首脑会议，七国集团变成八国集团（G8），但俄罗斯没有加入其财政部长会议，七国集团的财政部长会议框架仍旧存在。七国/八国集团的核心任务是，确保全球经济治理体系的总体协调。在此方面，七国/八国集团取得了一些显著的成就。例如，20 世纪 70 年代晚期它成功劝服联邦德国和日本刺激其经济，以换取美国关于紧缩财政政策以减少通货膨胀的承诺，而且它有助于破解世贸谈判乌拉圭回合的僵局。2005 年，八国集团还达成了一个免除世界最贫穷国家债务的大胆计划。

尽管如此，久而久之七国/八国集团作为全球经济治理体系的协调机制所发挥的作用越来越小。很大程度上这是因为 20 世纪 80 年代不断加速的全球化、经济正统思想从凯恩斯式管理主义向自由市场观念的转变几乎没有为全球宏观经济政策留有余地或目标。七国/八国集团没有能力或不愿有效解决诸如贫困、全球不平等、贸易政策和气候变化等问题，这意味着八国首脑会议越来越多地受到反全球化抗议的关切，尤其是在 2001 年热那亚峰会上。八国首脑的分歧和需要依赖于共识建构限制着它的有效性。但是，七国/八国集团最严重的局限性是，因为全球经济的权力分配转向新兴经济体，其合法性受到了致命的打击。尽管八国集团试图吸纳所谓的新兴五国（中国、巴西、印度、墨西哥和南非），但是 20 国集团成为解决 2007—2009 年全球经济危机的核心工具。这表明七国/八国集团作为全球经济决策顶级论坛的地位已经被取代了。

全球经济治理的评估

国际货币基金组织

国际货币基金组织的目的是监管《布雷顿森林协定》所确立的货币新秩序。它的主要目标是减少外汇限制、稳定汇率和促进成员国之间的多边支付体系以促进货币领域的国际合作。成员国将遵守一个固定的但适时调整的汇率体系，而国际货币基金组织扮演着“货币缓冲”（currency buffer）的角色，主要负责向短期收支逆差的国家提供贷款。《布雷顿森林协定》所确立的固定汇率体系是以美元作为基准货币的**金汇兑本位制**（gold exchange standard）为基础的。其自以为有的优势是，国际商

金汇兑本位制：一个所有货币的价值由一种自身与“黄金本位”挂钩的货币（其本身可以兑换黄金）来衡量的支付体系。

货币贬值：一国货币兑换另一国货币的官方比率的减少。

业在稳定的情况下能够繁荣发展，而不会遭受汇率波动之患。反过来汇率波动会改变进出口商品的价值。货币价值最高可以偏离与美元的固定比率1%。这一事实为固定汇率体系输入了灵活性的因素，并意味着与其他国家货币的比率偏离可达2%。然而在国际收支严重失衡的情况下，货币可以**贬值**（devalued），尽管国际货币基金组织成员国认为这是一个不得已的策略。

见诸行动的全球政治

布雷顿森林体系的崩溃

事件：1971年8月15日，美国总统理查德·尼克松发布了一项新经济政策，有时称之为“尼克松冲击”(Nixon shock)。除了其他方面，这项政策暂停了美元与黄金以固定比率的兑换。这最后一项举措有效地敲响了布雷顿森林体系的丧钟，为主要货币从固定汇率转向浮动汇率铺平了道路。尼克松的决策是在美国经济出现困难的背景下做出的。由越南战争和约翰逊总统关于公共教育和城市改造的伟大社会计划所增加的政府开支导致了严重的通货膨胀，这反过来又恶化了美国在贸易平衡中的地位。此外，美国正面临着日本、德国等出口导向型国家和韩国、中国台湾等新兴工业化国家或地区的激烈竞争。1945年美国几乎占世界工业总产值的50%，但到20世纪70年代早期这一比例下降到20%。这一事实反映了美国经济的相对衰落。根本上，终结布雷顿森林体系的决定是由美国不断减少的黄金储备及无力维系美元币值所决定的。1945年美国的黄金储备高达250亿万美元，但到1970年仅为100亿美元。

意义：关于布雷顿森林体系崩溃的意义的争论集中在两个方面：为何会解体，以及什么导致了它的解体。许多评论家认为，布雷顿森林体系的崩溃反映了美国霸权的衰落(Gilpin 1987)。霸权稳定论者认为，霸权意指一个有意愿并且有能力允许其他国家获得相对收益的国家，只要这些有助于维系自由主义经济秩序。但是，面对日本和西欧的崛起以及不断扩大的国际收支逆差，美国选择将自己的国家利益置于自由主义世界经济之上。但是也有一些人认为布雷顿森林体系的崩溃并不是个霸权衰落的例子，而是一种仅顾及自身利益的狂妄霸权的实践。由此观之，美国已经成为一种“掠夺性霸主”，倾向于拆除一个不再服务于其自身利益的全球治理体系。20世纪80年代华盛顿共识的确立标志着这一过程的完成。但是对于经济自由主义者来说，这些变化与霸权关系无关，而是更关系到调节资本主义市场的徒劳。从这个角度来说，在其经济矛盾的重压下，布雷顿森林体系注定迟早会崩溃：市场与调节并不是简单相容的。

不论其原因是什么，布雷顿森林体系的崩溃已经被广泛视为现代世界经济发展的决定性时刻。布雷顿森林体系是以经济“国际化”模式为基础的。这种模式假定，由独立和独特的国家经济组成的集合体是存在着的。它的目标是提供一个更稳定和可预见的框架。固定汇率体系的终结在此后的10年或20年里有助于世界经济“全球化”趋势的发展，尤其是环环相扣的货币和金融市场的出现。一旦货币自由浮动，对于金融和资本流动的其他限制将会变得难以为继。因此 20 世纪 80 年代新自由主义的胜利可以归功于 1971 年的“尼克松冲击”。在此意义上，布雷顿森林体系的崩溃对于全球化的加速是个决定性的时刻。但是，布雷顿森林体系的崩溃可能更是这一进程的结果而不是原因。例如，20 世纪 60 年代欧洲债券的出现表明了这一点。欧洲债券主要包括在完全失控的全球市场中交易的欧洲美元、自由浮动的美元等。欧洲债券的出现使得维系汇率稳定的任务变得艰难，甚至根本上是不可能的。因此可能是日益浮现的全球市场扼杀了布雷顿森林体系。

转型国家：处于从中央计划制度向市场型资本主义过渡时期的原苏联集团国家。

20 世纪 70 年代初，从固定汇率向浮动汇率的转变从根本上改变了国际货币基金组织的功能。国际货币基金组织放弃了其作为“货币缓冲区”的作用，越来越集中于向发展中国家以及冷战结束后的后共产主义国家或**转型国家**（transition country）提供贷款。国际货币基金组织的特别关切是，防止金融危机的传播及其对整个全球金融和货币体系的威胁，例如 1982 年墨西哥金融危机、1987 年巴西金融危机、1997—1998 年东南亚金融危机和 1998 年俄罗斯金融危机等。国际货币基金组织所提供的贷款最受争议的方面在于其“条件性”（conditionality）。20 世纪 80 年代以来，华盛顿共识的思想塑造着这些条件，其要求受援国引入基于对市场原教旨主义的信任而形成的“结构性调整”方案。这导致了新自由主义模式“一刀切”式的应用，包括抑制通货膨胀应优先于其他一切经济目标，立即消除贸易和资金流动壁垒，银行体系自由化，减少政府除偿还债务外的其他一切开支和资产私有化，因而可以将资产出售给外国投资者等。

尽管结构性调整方案有时能够产生所必需的益处，如韩国的例子，但它们往往会给发展中国家和转型国家造成更多的伤害。这是因为“休克疗法”（shock therapy）的市场化改革主张减少政府开支和缩减福利供给，这加剧了贫困和失业，而经济开放则使得脆弱的经济体面临激烈的外国竞争，从而增加了外国银行和公司的利益，由此而产生了破坏性的影响。因此，国际货币基金组织所主导的结构性调整往往会加深而不是减弱亚洲、俄罗斯和其他地区的经济危机。根据约瑟夫·斯蒂格利茨所说，这是因为国际货币基金组织本质上反映的是“西方金融街的利益和意识形态”。事实上，国际货币基金组织已经成为广泛批评全球经济治理的一个焦点。它是北方经济体，如跨国公司和国际银行集团等，尤其是与美国相连的经济体实现其强大经济利益的工具，这意味着它本质上对发展中国家的利益是有偏见的。国际货币基金组织与美国的亲密关系不仅表现在其总部位于华盛顿特区及其副总裁、第一常务副董事总是由美国人担任，更表现在理事会投票权的分配与一个国家的经济规模相关。这赋予了美国有效的否决权，因为大多数决策需要 85% 多数的支持。

约瑟夫·斯蒂格利茨（Joseph Stiglitz，1943— ）

美国诺贝尔经济学奖获得者。1995—1997年担任克林顿总统首席经济顾问，1997—2000年担任世界银行首席经济学家。斯蒂格利茨最著名的是他对于全球经济治理和全球化的批判性观点。在《全球化及其批判》（*Globalization and its Discontents* 2002）中，斯蒂格利茨认为国际货币基金组织强加给发展中国家的政策往往加剧而不是减轻了其国际收支危机，这些政策更多地维护发达世界的银行和金融利益，而不是减少贫困。在《使全球化运转》（*Making Globalization Work* 2006）中，他将全球化与"美国化"联系在一起，认为环境恶化、民主"回落"和不断扩大的发展落差需要更加强大和透明的国际体系以扩大经济发展机遇并防止金融危机。斯蒂格利茨的其他代表作品包括《何去何从的社会主义?》（*Whither Socialism* 1996）、《喧嚣的九十年代》（*The Roaring Nineties* 2003）和《自由落体》（*Freefall* 2010）。

一般来说，在回应促进发展的批评方面，国际货币基金组织已经迟缓于其搭档世界银行了。不过，2006年国际货币基金组织改变了其治理方式，提升了发展中国家在决策中的作用。2008年全球金融危机之后，这一趋势进一步发展。事实上，2007—2009年的经济危机有效地重构了国际货币基金组织的使命，使其不再充当发展中世界财政和宏观经济公正仲裁者的角色，而更多地充当全球金融监管的工具，致力于防止危机而不仅仅是抑制危机。但是，如果要有效扮演这一角色，国际货币基金组织将需要大幅改革，正如本章最后所讨论的。

世界银行

某种意义上，世界银行是国际货币基金组织的合作伙伴。这两个组织都是《布雷顿森林协定》所确立的，都位于华盛顿特区的同一栋建筑内，拥有十分相似的以全球经济中国家力量为基础的加权投票体系（weighted voting system）。尤其是20世纪80年代到90年代，它们还都拥有华盛顿共识所塑造的新自由主义意识形态取向。然而，国际货币基金组织和相关的关税及贸易总协定/世界贸易组织基本上确立了国际经济关系的调节性框架，而世界银行本质上则具有再分配的功能。这最初集中在对战后欧洲重建的援助上，但是从20世纪60年代以来，则越来越集中于发展中世界和后共产主义的转型国家。它提供低息贷款、技术援助以支持重大投资项目。但是它的具体做法随着时间的推移已经发生了重大变化。在其所谓的"无后顾之忧的现代化"早期阶段，它主要支持能源、电信和交通等领域的大型基础设施项目。但是，1968年美国前任国防部长罗伯特·麦克纳马拉（Robert McNamara）被任命为世行行长后，它的优先事项开始转向处理基本需要和所认为的贫困的根本原因，从而驱使世界银行的作用扩展到人口控制、教育和人权等领域。

全球行为体

国际货币基金组织

类型：政府间国际组织　**成立时间：**1947 年　**地址：**华盛顿特区　**成员国：**186 个

国际货币基金组织是 1944 年《布雷顿森林协定》的一部分。它的职责是监督国际货币体系以保证汇率稳定并鼓励成员国消除贸易和货币兑换壁垒。随着 1971 年布雷顿森林体系的崩溃，这个角色终结了。在随后的 10 年中国际货币基金组织的功能转变为协助成员国处理浮动汇率和 1973—1979 年石油危机所带来的后果。20 世纪 80 年代初以来，国际货币基金组织越来越支持深受债务危机困扰的发展中国家和在适当情形下支持转型国家。在更广泛的角色中，国际货币基金组织负责处理金融危机并确保国家或地区性危机不会发展成全球性危机。国际货币基金组织是联合国专门机构，但拥有自己的章程、治理结构和财务状况。其最高决策机构是理事会，而且表决权反映成员国的相对经济实力。

意义：国际货币基金组织的最初使命是稳定汇率。至少在 20 年间，国际货币基金组织是非常成功的，它促进了工业化世界在 1945 年后初期经济的持续性发展。20 世纪 70 年代初，布雷顿森林体系的崩溃以及从固定汇率到浮动汇率的转变与国际货币基金组织的失灵几乎没有关系，尽管国际货币基金组织可能确定反映了其最初使命的不可持续性。20 世纪 80 年代以来，国际货币基金组织越来越成为一个饱受争议的制度，因为它以“结构性调整”的条件向发展中国家和转型国家提供贷款。这些“结构性调整”的条件反映了对自由市场和自由贸易的不适宜的信任。国际货币基金组织的支持者认为，尽管存在短期的不稳定和不安全，但长期经济成功的唯一可靠路径是向开放和市场型经济的调整。国际货币基金组织的其他优势在于，它往往可以为没有其他资金来源的国家提供贷款，并且利率比起其他选择更具竞争性。国际货币基金组织还提供广泛的信息服务，尤其是为成员国的经济健康和稳定提供评估和建议。

但是，国际货币基金组织一直饱受严厉的批评。激进主义者和反资本主义运动的支持者们将国际货币基金组织和全球经济治理视为新自由主义全球化的政治工具，其迫使贫穷和经济脆弱的国家接受美国的商业模式。这种商业模式更满足于西方银行和公司的需要，而不是长期发展的需要。批评者们还认为，国际货币基金组织的干预经常导致更多的麻烦，因为其发展模式存在缺陷，并且没有意识到市场失灵的可能性和经济开放的弊端。国际货币基金组织也被视为民主和人权的敌人，因为它经常支持军事独裁政权，尤其是那些政治上亲近美国或与西方利益相联系的独裁政权。自由市场经济学家批评国际货币基金组织，不仅因为其“结构性调整”方案是人为的、不顾及一个企业的文化和价值观发展需求，而且因为货币贬值和增税等特殊的“救济计划”可能破坏市场的反应力。2007—2009 年全球金融危机后，国际货币基金组织因没能阻止危机，而受到广泛的批评。批评者强调危机产生了不稳定和不平衡。这导致了对国际货币基金组织进行改革的呼声，特别是要求加强其调节全球金融体系的能力。然而迄今为止，这仅仅带来了对发展中国家有利的投票权的微调。

但是，1980 年 A. W. 克劳森（A. W. Clausen）接任麦克纳马拉，1982 年安·克鲁格（Ann Krueger）出任世界银行首席经济学家。在接下来的 10 年中，对开发基金的已有方法的批评和对市场导向型思维的赞同导致了对国际货币基金组织模式下结构性调整政策的狭隘关切。而对放松管制及私有化的强调、对出口导向型增长而非贸易保护主义的重视往往会加剧而不是减少拉丁美洲、亚洲和撒哈拉以南非洲地区的贫困。世界银行的调整方案往往比国际货币基金组织的方案更为广泛，且更着眼于长远的发展。但是，世界银行强调以扩大贸易尤其是经济作物出口的方式促进经济增长的需要，这往往会导致依附和贫困。贸易的结构性不平衡使得发达国家以出口高价的资本密集型商品的方式获得发展，而发展中国家则往往在高度不稳定的市场出口低价的劳动密集型产品。因此二者的发展差距变得根深蒂固，甚至在 20 世纪 90 年代期间有所加剧。这样一来，世界银行和国际货币基金组织一起主导了财富从世界经济外围地带向工业化核心地带的大规模转移（Thurow 1996）。

最惠国待遇：给予一国的特权和任何有利的贸易条款应适用于其他国家。

尽管世界银行仍忠实于支撑着华盛顿共识的新自由主义范式，但是 20 世纪 90 年代初以来它已经回应了内外的批评并承认了改革的必要。为此，世界银行更多地意识到工业化、城市化和重大基础设施项目的环境代价，这有助于世界银行转向可持续发展的观念。对善治和反腐败政策的日渐强调也反映了对最小政府教条（dogma of minimal government）的否认，它是以下面的意识为基础的，即政府不仅在维持社会秩序、遏制暴力犯罪方面，而且在提供最基本的社会保障方面发挥着至关重要的作用。此外，2002 年以来世界银行的减贫计划更多地以与受援国谈判的方式制定出来。世界银行承认对更高水平的本地控制和问责制的需要，以便能够更好地适应当地需求。对“伙伴关系”的日渐强调也反映了这一点。世界银行表现出采纳发展中国家意见的更强大意愿，尤其是 2007—2009 年全球危机之后。这导致了世界银行在 2010 年春季首次将其资金提高了 860 亿美元，这是近 20 年来的首次提高，它还为撒哈拉以南非洲增加了一个理事会席位。发展中国家的投票权也增加至 47%，其目标是随着时间的推移能够增加至 50%。

世界贸易组织

1995 年世界贸易组织取代了 1947 年成立的关税及贸易总协定。但是，关税及贸易总协定仅仅是战后建立国际贸易秩序的基础，是国际贸易组织（ITO）未能创建的产物。1945 年联合国经济和社会理事会倡议建立国际贸易组织，以建构一个完全成熟的国际组织，它可以与国际货币基金组织和世界银行比肩，并拥有比后来的世界贸易组织更大的权力。杜鲁门总统未能将其创立条约《哈瓦那宪章》（1948）提交美国参议院，因其担心美国参议院将国际贸易组织视为对美国主权的威胁，因此这一组织未能创建起来。从本质上讲，关税及贸易总协定是成员国之间关于将非歧视和互利互惠原则应用于贸易事务的条款。这要求每个国家向所有贸易国提供**最惠国待遇**（most favoured nation），因而没有一个贸易伙伴能够得到比其他国家更多的优惠待遇。

但是关税及贸易总协定的贸易体制在许多方面是有局限性的。首先，关税及贸易总协定仅仅是一系列规范和规则，只是在 1960 年关税及贸易总协定理事会建立后才具有制度性特征。此外，它的目标仅限于减少进口工业品的关税壁垒，这不仅意味着农业和经济中不断增长的服务产业很大程度上被排斥在关税及贸易总协定的议程之外，而且意味着关税及贸易总协定在审查“非关税壁垒”方面只具有有限的能力。关税及贸易总协定解决贸易伙伴之间分歧的程序也是软弱无力的。尽管有这些因素，关税及贸易总协定还是非常成功的。特别是在关税及贸易总协定第五、第六和第七轮谈判——肯尼迪回合、东京回合和乌拉圭回合谈判中，工业品的关税大幅下降，几乎连根拔起。1947 年商品进口的平均关税已经达到了 40%，到 2000 年这一数据下降至 3%。关税及贸易总协定最后三个回合的谈判在解决倾销（大量廉价出口商品使其充斥一国市场以削弱其国内产业）等非关税壁垒方面取得了一些进展，并开始处理一系列广泛的项目，如服务、知识产权、纺织品和农业等。

然而，关税及贸易总协定的全部局限性在乌拉圭回合谈判中变得越来越明显。最终 1993 年乌拉圭回合谈判中提出建立世界贸易组织。在许多方面，世界贸易组织反映了 20 世纪 80 年代世界贸易体系需求的变化，并与新自由主义的广泛胜利和全球化的加速密切相关。这造成了对推动自由贸易事业的更大压力，因而需要拥有更大责任的强有力的贸易组织，这在某种程度上类似于国际劳工组织。世界贸易组织更广泛责任的实现不仅在于重新谈判的关税及贸易总协定（有时也被称为 1994 年关税及贸易总协定，不同于 1947 年关税及贸易总协定）及其工业品的协议框架的结合，而且在于服务业贸易协议（GATS）和知识产权保护协议（TRIPS）的达成。这种扩大也体现在对非关税壁垒形式的“新的”或隐藏的贸易保护主义的正式认可。20 世纪 70 年代以来这种贸易保护主义一直困扰着国际贸易。世界贸易组织比关税及贸易总协定更强有力，尤其是在争端解决方面。在关税及贸易总协定下，争端解决需要争端解决小组所有成员的一致同意。这种争端解决小组包括关税及贸易总协定理事会成员和争端各方。相比而言，在世界贸易组织体系下，争端解决的判决只有当争端解决机构全体成员都反对的情况下才能被否决。实际上，这已经使世贸组织成为贸易领域中国际法的基本工具。

关键性事件

关税及贸易总协定/世贸组织谈判回合

1947 年　23 个国家签署了关税及贸易总协定，1948 年 1 月生效。

1949 年　法国安纳西关税及贸易总协定第二回合谈判。

1950 年　英国托基关税及贸易总协定第三回合谈判。

1955—1956 年　瑞士日内瓦关税及贸易总协定第四回合谈判。

1960—1962 年　关税及贸易总协定第五回合谈判，以美国财政部长道格拉斯·狄龙（Douglas Dillon）之名命名为“狄龙回合”。

1964—1967 年　肯尼迪回合谈判——世界贸易降低关税达 400 亿美元。

1973—1979 年　东京回合谈判——关税降低 3 000 亿美元并削减了非关税壁垒。

1986—1993 年　乌拉圭回合谈判——贸易体系扩展到服务和知识产权等领域；修订农业和纺织品条款修订；达成世界贸易组织创建的协议，其于 1995 年建立。

2001 年　世贸组织所发起多哈回合谈判。

然而，乌拉圭回合谈判中主要谈判方的利益塑造着世界贸易组织的规则。将农业和纺织品囊括在世界贸易组织职责范围的决策是对发展中国家的让步。这也是将非关税壁垒尤其是发达国家所确立的非关税壁垒纳入体制内运动的重点。另一方面，发达国家十分热衷于将贸易机制扩展到服务业，因为其经济越来越多地转向服务密集型行业，而且制造业日渐从发达世界转移至发展中世界。此外，虽然农业已被正式列入世界贸易组织体制，但是关于农业的协议是软弱无力的并且为持续的农业保护留有相当大的余地，由此以示对美国和欧盟的特别关切。在某些方面，相比于国际货币基金组织和世界银行，世贸组织似乎是更加民主的机构。世界贸易组织的决策是以"一国一票"为基础的，并且通常只要求简单多数。理论上，这些规则相当重视发展中国家的看法，而发展中国家占世界贸易组织成员国的 2/3 以上。但是世界贸易组织也是个极具争议的组织，经常成为反全球化或反资本主义抗议的主要目标，如在 1999 年"西雅图之战"中。

世界贸易组织的批评者认为，微妙的偏见存在于其决策结构中，这种偏见有组织地有利于发达国家而不是发展中国家。这些偏见包括对以共识为基础的决策的强调。这往往不利于发展中国家，因为它们在世界贸易组织的日内瓦总部没有永久性席位，代表也远远少于发达国家，或者会被发达国家所主导的会议排斥。同样，发达国家更可能将问题置于争端解决小组面前，更可能充当"第三方"，从而能够影响争端解决进程，而且大多数关于不平等贸易的起诉都是针对发展中国家的。这些微妙的偏见和决策过程中透明性及问责制的普遍缺乏促使世界贸易组织被描述为"富人俱乐部"。但 2001 年入世的中国的经济崛起和印度、巴西、南非等新兴经济体越来越大的影响开始改变世界贸易组织内部的平衡。多哈回合谈判的拖延尤其表明了这一点。多哈回合谈判始于 2001 年，但 2009 年主要由于有关农业和纺织品方面的分歧而延缓，在这两方面美国和欧盟不愿放弃其贸易保护主义。然而，世界贸易组织的主要意识形态分歧则集中在其自由贸易哲学。一些人认为，自由贸易有利于所有国家的繁荣并有可能减少战争，另外一些人则将公平贸易视为显而易见的不公平、结构性不平等的原因。

布雷顿森林体系的改革？

全球经济治理和 2007—2009 年经济危机

对全球经济治理绩效的关切并无新意。制度框架适得其位地解决了 20 世纪 30 年代的经济动荡所揭示的问题。但 20 世纪 60 年代以来金融与经济危机经常爆发，并且实际上在 20 世纪 80 年代以后变得日益频繁和严重。1997—1998 年亚洲金融危机，尤其是 2000 年互联网泡沫危机之后，批评者认为全球经济治理体系未能提供适当的警告，以提前突显主要的不稳定和危机趋势。在亚洲金融危机的例子中，一些人认为国际货币基金组织的干预加剧而非减轻了危机。此外，知识分子和学术界开始关注全球经济中日益增加且无法遏制的动荡，而且这些观点日益积蓄力量。例如，苏珊·斯特兰奇（1986，1998）强调了其所称的“赌场资本主义”（casino capitalism）的危险。她认为，一个不受监管的全球资本流动市场允许其所称的“疯狂金钱”在世界范围内疯狂投机，导致不可持续的“泡沫”和戏剧性的危机。同样，约瑟夫·斯蒂格利茨、保罗·克鲁格曼和乔治·索罗斯等一系列高调的经济评论家，都强调了市场原教旨主义所隐含的危险。而市场原教旨主义支持新自由主义全球化，并有助于塑造华盛顿共识。然而，这些警告和批评并没有产生任何影响，很大程度上是因为它们与 30 年来全球经济增长的背景相背离，而且危机主要影响的是新兴或转型国家，而不是世界经济中心的经济体。

争论

自由贸易会确保繁荣与和平吗?

虽然 19 世纪以来自由贸易一直是个饱受争议的话题，但是在现代全球政治中，自由贸易很大程度上涉及世界贸易组织对自由贸易的自由放任方式的承诺。自由贸易能为所有人带来繁荣并有可能减少战争吗？还是它会导致不平等并将国家安全置于危险之中呢？

赞成

专业化的好处。赞成自由贸易的核心经济理论是比较优势理论（有时称之为比较成本），这可以追溯到亚当·斯密和大卫·李嘉图（1772—1823）的经济思想。这一理论认为，国际贸易使所有国家受益，因为它使每个国家都可以专门生产最适合于其生产的商品和服务（考虑到其自然资源、气候、技术和人口数量等因素）。因此自由贸易可以在国际范围内将经济资源分配至最有利可图的用途，从而带来整体的繁荣。

效率和选择。自由贸易带来更多的经济优势，这些包括专业化所导致的大规模生产，从而带来更高效的前景。例如，规模经济可以借助于更广泛的劳动分工、低价购买原材料和零部件的能力及较低的日常开支。此外，消费者们也受益，因为他们拥有更广泛的商品选择，包括国外产品、国产商品，而且日渐激烈的竞争会使商品价格降低，尤其是来自更高效且低成本的生产者的竞争。

和平和世界主义。赞成自由贸易的核心政治观点是，自由贸易有助于巩固世界和平与和谐。这有两个原因：首先，它导致了更大范围的经济相互依赖，提高了国际冲突的物质成本并使贸易伙伴间的冲突实际上变得难以想象。其次，国家间的经济联系和交往将会带来国家之间更好的相互理解并加强对彼此不同文化和民族传统的尊重。相比之下，保护主义是与战争相连的，因为当国家不得不以贸易方式获得资源时，国家倾向于诉诸扩张主义和征服。

反对

作为新殖民主义的自由贸易。自由贸易有利于发达工业国家，是以贫穷和发展中国家的利益为代价的，由此，世界经济中的强权总是主导着自由贸易，特别是 19 世纪的英国和 20 世纪中叶以来的美国。这些国家获益于贸易壁垒的减少，因为它为其商品提供更大的市场，同时又能维持原材料和其他进口商品的廉价。对发展中国家而言，自由贸易是不利的，因为它们被迫为世界经济的需求服务。这使它们受困于食品和原材料的生产，因而阻止了其进一步的经济进步。

以保护主义方式的发展。国际贸易的更广泛优点是不容否认的，但在许多情况下保护主义在经济上是有益的。这在经济发展的早期阶段最为明显。强大经济体的不公平竞争有可能扭曲或阻碍经济发展。如果将脆弱的经济和所谓的“幼稚”产业暴露在激烈的国际竞争之中，这只能使它们夭折。因此，对保护主义措施的战略性使用以创造有利于国内经济发展的环境是必要的。

国家安全保护主义。反对自由贸易的核心政治观点是，并非所有产业的战略意义都是相似的。简而言之，国家安全胜过经济效益。农业的例子最明显地体现了这一点。在农业领域，国家都渴望避免对其他国家食品供应的依赖，以防这种供应在国际危机或战争中被切断。同样的观点也适用于关键的自然资源，由此导致日益强调其对保护主义的需要以确保“能源安全”。

然而，2007—2009年全球金融危机产生了一系列更深层次和更具挑战性的问题。首先，它比以前现代全球资本主义的危机更严重，相当于20世纪30年代以来世界经济最严重的衰退。根据世界银行的统计，2009年全球总产值下降了1.7%，是记录在案的世界产值的首次下滑，而且世界贸易总量也下降了6.1%（World Bank 2010）。其次，尽管其严重程度在不同的国家和地区是不同的，但是它的影响是全球性的，几乎波及世界上每一个国家。最后，它不是发生于新兴或转型经济体，而是起源于金融资本主义的核心地区——美国（Seabrooke and Tsingou 2010）。由此，2007—2009年的危机导致了迫切改革全球经济治理结构的呼声。特别是在2008年9月的重大事件之后，当时世界各地的股市直线下滑，全球资本主义陷入崩溃边缘。至少在最初阶段，“新布雷顿森林体系”的呼声表达了这一点。

但是一个新的布雷顿森林体系将会是什么样的呢？目前并没有全球经济治理改革的单一模式，而是有许多模式。事实上，也许这些竞争性模式之间唯一的共同点是，它们没有设想完全回归到布雷顿森林体系。换句话说，它们都没有建议重新确立一个以美元为基础的金汇兑本位制，因为在现代、全球化的经济环境中重返固定汇率制被广泛视为是不可行的。此外，从市场原教旨主义观点来看，应对危机的最恰当形式是什么都不做。由此观之，金融和经济危机是世界经济大约30年的持续发展所付出的小小代价。无论如何，任何加强全国或全球性监管的尝试只会使事情变得更糟而不是更好。另一方面，对调节性自由主义者（regulatory liberals）来说，所需要的是全球金融框架的具体改革和国内层次上新的调节机制（Gamble 2009）。调节性自由主义者信奉凯恩斯主义和其他一些相信市场存在弱点的观点。从这个角度来看，改革必须集中于遏制新自由主义的过分发展，否则一些事情是不可能得到改善的，尤其是当华盛顿共识甚至是其修正版仍处于支配地位时。因此许多改革得以提出，尤其是国际货币基金组织和世界银行的改革。这些改革包括投票权分配和决策过程的改变，以增加发展中国家的政治影响并削弱这些机构与北方国家及其利益的联系；增强这些机构支持深陷债务与危机的国家的能力；支持这些机构监督和管理世界经济的能力以预防而不仅仅是应对未来的危机。

但是，更激进的改革建议也出现了。世界主义的自由主义者（cosmopolitan liberals）并不提倡对现存全球经济治理框架的改革，而是提倡全新的全球治理形式，以取代国际货币基金组织、世界银行、世界贸易组织等漏洞百出的机构。新的全球框架将会建立在一个更具包容性的基础上，更加充分地考虑到全球公民社会的观点和看法，且需要以“世界民主”原则为取向（Held 1995）。然而对于反资本主义者来说，2007—2009 年危机暴露出了更深层次的问题。这些问题不仅突出了全球经济治理框架的缺陷或失败，更反映了全球经济本身的不平衡和不平等。由此观之，所需要的是对国家社会和全球经济内部财富和权力的大规模再分配（Monbiot 2004）。

而作为一个关系到世界经济发展与协调策略的机制，20 国集团的重要性不断上升，八国集团的重要性不断下降。对 2007—2009 年危机的制度性回应（institutional response）是适中的，尤其是在全球层次上。全球经济治理的三大支柱顺利地度过了这次危机，正如它们在布雷顿森林体系崩溃后仍然保留下来一样。尽管国际货币基金组织和世界银行的投票权分配做了一些有利于发展中国家的调整，但是这些机构内部的根本性权力平衡实际上仍旧没有做实质的改变。其主要的制度性成就是，2009 年 4 月作为金融稳定论坛继任者的金融稳定委员会（FSB）的建立。2009 年伦敦 20 国集团峰会上提出了这项提议。金融稳定委员会的目标是：在全球层面协调国家金融机构和国际标准制定机构（international standard-setting bodies）的工作；促进有效调节、监管和其他金融部门政策等的实施。作为全球经济治理潜在的第四根支柱，金融稳定委员会的创立事实上承认了这一点，即革新后的国际货币基金组织也不可能成为提醒国家、地区和全球层次上的决策者注意其经济的结构性不稳定的有效机制，尽管这有助于它们预防未来的危机。不过，尽管金融稳定委员会成员国包括了 20 国集团所有的主要经济体和其他一些发达或新兴经济体，但是世界大多数发展中国家却没有任何席位。

改革的障碍

一段时间内我们可能无法判断全球经济治理框架应对 2007—2009 年全球危机的成效如何，毕竟，在 20 世纪 30 年代大萧条和 20 世纪 70 年代滞胀危机的例子中，在作出制度性回应之前，大约 10 年的时间流逝了。这些制度性回应分别是以布雷顿森林体系和华盛顿共识的形式出现的。然而，至今主要的回应仍然是“一切如常”（business as usual）。这又如何解释呢？首先，20 国集团最初应对危机的管理措施似乎是有效的，这些措施包括协调国内层次上的快速行动以挽救银行体系、推行凯恩斯式的刺激政策（Keynesian-style reflationary policies）。特别是，20 国集团成功地缓解了诉诸国家保护主义的压力，并造就了这样一种乐观的情绪，即全球衰退尽管严重，但可能会比最初所担心的短一些。一个更深层次但关键性的因素是世界经济中力量均衡的变化。全球经济治理发展的决定性时刻都是美国霸权的体现，包括 1944 年《布雷顿森林协定》的签署和 20 世纪 80 年代中期向华盛顿共识的转变。尽管在奥巴马的领导下美国在 20 国集团应对危机中发挥了主导性作用并且承担了促进国内复苏的重要责任，但是美国再也没有能力随心所欲地重新定位全球经济治理体系，更不用说重新制定了（假定它有这样做的欲望）。

新兴强国的观点、利益和诉求将会极大地影响未来任何这样的发展，尤其是中国、印度、俄罗斯和巴西。这四个国家统称为“金砖四国”。日益浮现的经济多极化有可能确保全球经济治理的任何变化都将是渐进的、增量的（incremental），从而有效地排除了某种综合性且激进的重构，而只有全球性霸权的存在才会带来这样的变化。

聚焦

金砖四国：“他者的崛起”？

金砖四国有多大影响呢？金砖四国的崛起标志着全球均势的决定性转变和美国霸权的终结吗？2001年高盛投资银行在一份报告中提出“金砖四国”的术语，以强调巴西、俄罗斯、印度和中国四个快速发展的经济体不断增大的影响。对金砖四国不断增长的经济实力的预测表明，到21世纪中叶它们将会超越七国集团的综合实力，尽管这一预测反复修订，并在后来认为有可能在2021年实现。如今世界总产值的大部分增长来自发展中国家、转型国家和新兴经济体。除了突出强调全球经济力量平衡的转移，所谓“他者的崛起”（the rise of the rest）还有越来越多的政治取向（Zakaria 2009）。俄罗斯所发起的金砖四国外交部长会议始于2006年，它有时是首脑会议。这些金砖国家会议的主要目标是确保在国际组织中（例如在20国集团、金融稳定委员会）更好地代表自己以制衡美国并扩展南方世界的影响力。这致使金砖四国被描述为“发展中国家利益的守护者”，因此，一些人将金砖四国的崛起视为是对美国所主导的西方自由秩序的重大挑战。

然而，金砖四国崛起的意义可能被夸大了。首先，在金砖四国的会议中没有出现全球经济治理体系的具体改革议程，更不用说关于后西方经济秩序（post-western economic order）的看法。事实上，金砖四国并没有颠覆现有秩序，而是似乎更专心于加强自身在现有秩序中的地位，使它们能够与美国建立伙伴关系而不是致力于“硬性”平衡（hard balancing）。其次，金砖四国充当单一实体的能力受到其成员国之间政治、意识形态和经济差异的严格限制。巴西和俄罗斯是商品出口国，分别在农业和自然资源方面富有优势，而服务业发达的印度、制造业发达的中国都是商品进口国。中俄和中印持久性竞争所产生的摩擦很有可能严重地阻碍反美联盟的建立，尽管这一构想被视为是合理的。最后，金砖四国是一个成员国地位极不平等的论坛。尽管俄罗斯可能是最自信的政治发言者，但是中国是占优势地位的经济发言者。金砖四国的主要意义可能不在于它反映了“他者”的共同利益，而是更在于其是一种手段，中国以此保持对美国的“软”制衡（soft balancing），而没有直接对抗的危险。

总　结

- 全球治理是全球层次上广泛、动态而复杂的互动式决策过程。它徘徊在威斯特伐利亚式国家体系与世界政府的荒唐设想之间。尽管它涉及约束性的规范与规则，但是并无超国家权威来实施这些规范和规则。
- 自由主义理论家认为，一种明确无误的或许不可抵挡的全球治理趋势是存在的，这反映在国家间不断增强的相互依赖、参与集体行动的更大意愿上。但是，全球治理是一个新兴过程而不是个现有体系。

● 全球治理的趋势在经济领域中尤为明显，它涉及二战后形成的布雷顿森林体系。这一体系以三大机构为基础：国际货币基金组织、世界银行、1995年被世界贸易组织所取代的关税及贸易总协定。

● 布雷顿森林体系最初监管着世界经济，很大程度上维系着稳定的汇率。然而20世纪70年代初浮动汇率取代了固定汇率，因而布雷顿森林体系崩溃了，并开启了由布雷顿森林制度转变为经济自由化事业的进程。

● 国际货币基金组织、世界银行和世界贸易组织因其与新自由主义全球化的关联而以不同的方式饱受争议。尽管支持者们声称它们有助于全球经济的显著扩张，但是批评者们认为它们加深了全球不平等并有助于形成一个内在不稳定的金融秩序。

● 2007—2009年全球金融危机提出了对全球经济治理有效性的迫切关注，并导致了改革的呼声。但是新自由主义原则在许多国家的持续性支配地位、全球权力的分散性配置依然妨碍着改革。

问题讨论

● 全球治理怎样以及在何种程度上区别于国际无政府状态？

● 全球治理有可能发展成为世界政府吗？

● 全球治理怎样模糊了公共与私人的差异呢？

● 现代世界政治在多大程度上是作为一个有效的全球治理体系而运转？

● 全球治理为什么在经济领域最为领先？

● 布雷顿森林体系形成的背后考量是什么？

● 国际货币基金组织仅仅是北方经济体实现其巨大经济利益的工具吗？

● 世界银行在帮助世界贫穷者时取得了多大的成功？

● 世界贸易组织所创立的全球贸易秩序是公平和有效的吗？

● 2007—2009年危机怎样影响了全球经济治理的进程？

第20章

区域主义与全球政治

欧洲从未存在过……我们必须真正地造就它。

——让·莫内（1888—1979）

预览

世界政治正在全球维度上重构。“地区构成的世界”的竞争性镜像日渐挑战着这种习以为常的观点。由此观之，区域主义是民族国家的继任者与全球化的替代者。1945年以来，区域性组织在世界各地蓬勃发展。这个过程的第一个阶段在20世纪60年代达到顶峰，而20世纪80年代末以来区域主义的发展是特别显著的。这促成了所谓的“新”区域主义的现象。区域主义的早期形式推动了区域合作甚至是一体化，包括在安全、政治与经济等一系列方面；“新”区域主义则反映在区域性贸易集团的创建、新贸易集团的形成或原有贸易集团的发展。一些人甚至认为，这正在形成一个竞争性贸易集团所构成的世界。但是区域一体化的主要推动力是什么呢？区域主义是全球化的敌人，还是这两种趋势是相互联系，且彼此加强的呢？区域主义的发展威胁着全球秩序与稳定吗？毫无疑问，世界上最发达的区域主义例子是欧洲。欧盟（EU）已经在进行超国家合作的实验，涉及政治以及货币与经济联盟。在这个过程中，欧盟发展成为政治组织。严格意义上讲，这种政治组织既不是传统式国际组织，也不是国家，而是兼具二者的特点。欧盟如何得以最好的理解呢？在多大程度上欧盟可被视为是一个有效的全球行为体甚或超级大国呢？欧洲一体化的经验本身是欧洲独有的，还是它可以被视为世界其他地区也可以遵从的一种模式呢？

关键问题

- 何为区域主义，其主要形式是什么？
- 区域主义为何显著地发展？
- 区域主义与全球化的关系是什么？
- 欧洲区域主义如何不同于世界其他地区的区域主义呢？
- 欧洲一体化的性质和意义是什么？

分权：以权力转移与脱离于国家机构的责任为方式的地方自主性的扩大。

联邦主义：以中央机构（国家或国际）与边缘性机构之间主权分享为基础的领土性权力分配。

权力下放：从中央政府向附属性区域机构的权力转移，并不像联邦制度，其没有分享主权。

集权：政治权力或政府权威在中心的集中。

邦联：有条件的国家联盟，其中每个国家都保持独立，这种独立通常由一致性的决策所保证。

地区与区域主义

区域主义的性质

广泛而言，区域主义意指地理上的诸多地区成为重要的政治、经济单位的过程，它是合作以及认同的基础。然而区域主义具有两个向度。首先，它是个次国家现象、各国国内发生的**分权**（decentralization）过程。这适用于一些实行**联邦主义**（federalism）的国家。这些国家包括美国、巴西、巴基斯坦、澳大利亚、墨西哥、瑞典、尼日利亚、马来西亚与加拿大。次国家区域主义也可以在一些实行**权力下放**（devolution）的国家找到，如西班牙、法国与英国。区域主义的第二个向度是跨国性而不是次国家性。在此，区域主义意指世界上同一个地区的各国**之间**合作或一体化的过程。本章将关注这种区域主义的形式，即世界政治中的区域主义。

不过，次国家区域主义与跨国区域主义或许并不截然不同。第一，所有区域主义形式都表现出统一与多样性的各种力量之间相同的关键性变化，即中心与边缘之间的关系。第二，跨国区域主义体系中的**集权**（centralization）能够导致国家形成的过程，从而产生次国家区域主义的体系。在此意义上，美利坚合众国的形成是区域主义具有重要意义的最深刻的历史例子。一旦北美的13个前英国殖民地赢得了独立战争的胜利（1776），获得了主权独立，它们就形成了一个**邦联**（confederation），首先是以大陆会议（the Continental Congresses）的形式（1774—1781），然后是在《邦联条例》（the Articles of Confederation）之下。然而，这些前殖民地希望获得更多的外部影响以及更好地协调其内部关系，从而联合起来创建了美利坚合众国，并通过1789年美国宪法获得批准而最终确立。反过来，美国成为世界上第一个联邦国家。随后美国区域主义成为其他次国家区域计划的样板，但是它也激起了一些跨国性计划，特别是“欧洲合众国”的观念。第三，次国家区域主义与跨国区域主义之间的差异可能会被如下事实模糊，即次国家的地区时常具有跨国的特性，即它们跨越国家边界，因而可能会影响国家间关系。例如，中东的库尔德人地区包括土耳其的东部、伊拉克的北部、叙利亚与伊朗的部分地区，这造成了移民流动而且导致了各种形式的分离主义的民族主义。加利福尼亚州的圣迭戈与墨西哥的提华纳之间的经济联系也造就了一种微观地区的一体化形式。这种一体化形式存在于北美自由贸易区（NAFTA）背景下，反映了美国—墨西哥区域合作的不同层次（Breslin 2010）。

区域主义：区域主义意指在许多国家所构成的地理性区域中协调社会、经济或政治活动的理论或实践。在制度层面上，区域主义涉及协调所依赖的规范、规则和正式结构的发展。在影响层面上，它意味着政治认同与忠诚感从国家向地区的重新组合。区域一体化的程度涉及从以政府间主义为基础的主权国家间的合作到从国家向符合超国家主义的中心决策机构的权威转移。时常所说的“市场”区域主义意指邻国之间商业关系的自然发展。

然而区域主义的一项长期性问题是，确立一个地区的类型与范围的困难。何为一个“地区”呢？从表面来看，地区是个独特的地理范围。因此，咨询地图（consulting maps）区分着各个地区。这导致将地区等同于大陆的趋势，如欧洲（欧盟）、非洲（非洲联盟）和美洲（美洲国家组织）。然而许多区域性组织是次大陆的，如东南亚国家联盟、南部非洲关税同盟、中美洲共同市场，还有一些区域性组织是跨大陆的，如亚太经合组织、北大西洋公约组织。区域认同的另一基础是社会—文化方面，反映在许多邻国之间宗教、语言、历史甚或意识形态信仰的相似之处。文化认同在一些机构中特别地重要，如阿拉伯联盟、北欧理事会，并且它可能同样适用于欧盟，因为欧盟成员国需要明确地致力于自由主义—民主价值观。由此观之，一个地区或许是一种文明的地理表达，如亨廷顿的“文明冲突论”所意指的。然而经济一体化特别关注国家间合作的确立，这些国家以前可能是彼此敌对的，或在其文化或意识形态认同方面存在着分歧。的确，如果以文化为基础的归属感被视为一个地区的本质性特征，那么世界上就不存在这样的“地区”，因为包括欧盟这样的区域组织也没有可以匹敌于对民族国家的政治认同，更不用说取代了。

这个事实进一步使事态复杂化了，即地区认同（在其存在的范围内）往往是多种多样的、相互重叠的。例如，墨西哥是北美的一部分（由于其为北美自由贸易区成员国）、中美洲的一部分（由于其前殖民地的文化遗产）、拉美的一部分（由于其西班牙殖民化的语言、文化与历史）、还是亚太地区的一部分（由于其亚太经合组织成员国身份）呢？答案当然是，墨西哥是集这些于一身。地区认同并不是相互排斥的，也并非不相容于国家认同。归根到底，各个地区是政治与社会建构而成的。像民族一样，地区是一个“想象的共同体”（Anderson 1983）。根本上，“欧洲”、“非洲”、“亚洲”和“拉丁美洲”是观念，并非具体的地理、政治、经济或文化实体。作为政治建构，地区几乎是永无止境地变化的，可以被再界定与重塑，既因为合作的程度与目的随着时间的推移会改变，也因为新成员国会加入或原成员国会退出。这也可以解释地区认同为何往往是颇具争议的。区域一体化的竞争性模式或“计划”或许会出现在不同国家、不同政治群体之间，或经济与政治精英与更广泛的人之间。

最后，依据邻国选择合作的基本领域，区域主义呈现出不同的形式。三种类型的区域主义如下：

- 经济区域主义

● 安全区域主义
● 政治区域主义

经济区域主义意指同一地理区域中的国家之间合作所导致的更大经济机会的形成。它是区域一体化的基本形式，而且20世纪90年代初“新”区域主义兴起以来，经济区域主义越来越多。这体现在地区贸易集团的发展、现有贸易集团的深化。这个浪潮持续未减，因而截止到2005年，仅有一个世界贸易组织成员国蒙古不是地区贸易协定的缔约方。截止到2010年2月，关税及贸易总协定/世界贸易组织公布了462项地区贸易协定。在大多数情况下，这些贸易协定确立了**自由贸易区**（free trade areas），但是在其他一些情况下其可能确立了**关税同盟**（customs unions）或**共同市场**（common markets）。世界贸易组织认可这些协定，这唯一可例外于其所主张的平等对待所有贸易伙伴的原则。世界贸易组织的平等原则是以赋予所有世界贸易组织成员国以“最惠国”地位为基础的。

自由贸易区：国家赞同削减关税与其他贸易障碍的地区。

关税同盟：许多国家确立共同对外关税，通常同时取消内部关税的安排。

共同市场：许多国家构成的区域，在其中劳动力与资本自由流动，并存在着高层次的经济和谐，时常也称之为单一市场。

安全共同体：国家间的合作与一体化水平致使战争或大规模暴力变得不可能。

安全区域主义意指保护国家免受敌人侵袭的合作形式，包括邻国与遥远国家。因而区域一体化导致了卡尔·多伊奇所称的**“安全共同体”**（security community）。这适用于两种方式。首先，区域机构寻求使其成员陷入“以合作实现和平”的体系之中。而更深层次的相互依赖与一体化，特别是经济事务方面的，会使成员国之间的战争难以想象。1952年欧洲煤钢共同体、1958年欧洲经济共同体的主要动机之一就是防止法国与德国之间未来可能的战争。区域合作的另一安全动机是通过抵御共同敌人以获得保护的愿望。因而欧洲一体化被视为保卫欧洲免受苏联扩张主义威胁的手段；东盟的最初角色涉及提供对共产主义的共同防卫（mutual defense）；南部非洲发展协调会议防止了南非的种族隔离时代。安全区域主义也明显体现在地区性维和的全球趋势中，例如这明显体现在亚太国家军事与警察人员在这方面所做出的重大贡献中，他们1992—1993年在柬埔寨、1999—2002年在东帝汶开展行动，而1990—1998年西非国家经济共同体的军事人员恢复了利比里亚的和平与稳定。

政治区域主义意指同一地区的国家加强或保护共享价值观的努力，从而试图提高其形象与声誉，获得更加强有力的外交声音。这是欧洲理事会等组织建构的重要因素。欧洲理事会成立于1949年，其目的是在欧洲大陆创造一个共同的民主与法律区域，确保对人权、民主与法治的尊重。1945年阿拉伯联盟成立，以试图“拉近成员国之间的关系并且协调其间的合作，捍卫其独立与主权而且一般性地考虑阿拉伯国家的事务与利益”。1963年非洲统一组织成立，以此来推动自治和对领土边界的尊重，推动非洲大陆的社会进步。2002年，非洲联盟取代了非洲统一组织。然而区域主义的经济、安全与政治形式之间的差异也是误导性的。尽管某一地区性组织显然具有具体目的，但是大多数地区机构是复杂且不断变化的制度，涉及经济、战略与政治事务。例如，尽管非洲联盟是个包括泛非议会（the Pan-African Parliament）、非洲法院的政治机构，但是它也推动次区域的经济一体化、致力于解决发展问题、试图防治艾滋病、军事干预地区冲突，例如，2005 年以来，它已经在苏丹达尔富尔地区如此做了。

为何要区域主义？

在许多方面，关于区域主义兴起的解释和更广泛的关于国际组织（见表 20—1）现象的解释相互重叠着。然而，区域一体化的趋势，特别是超国家合作的欧洲实验，激励着各种有关国际层次上一体化与制度建设形成的动机与过程的特殊理论争论。三种主要理论如下：

- 联邦主义
- 功能主义
- 新功能主义

联邦主义

联邦主义是最早的区域甚或全球一体化的理论。18 世纪以来，黑格尔（1770—1831）、卢梭（1712—1778）等政治思想家一直倡导联邦主义，他们从其在国内政治的使用中获得灵感。在国内政治中，联邦主义是协调中心与边缘之间张力的一种手段。作为区域或国际合作的一种解释，联邦主义依赖于政治精英的有意识决策的过程。国际联盟的吸引力是，它们似乎提供了一种解决国家体系的普遍性问题的办法，特别是战争问题。如果在无政府状态下追逐私利的主权国家导致了战争，那么仅当国家将至少某种程度的主权让渡到更高的联邦机构时，和平才会实现。这往往被称为**共享主权**（pooled sovereignty）。国际机构与国家机构之间共享主权的体系实现了关于联邦主义的“求同存异”（unity through diversity）的看法。联邦主义看法无疑对欧洲共同体的创建者产生了巨大的影响。《罗马条约》（1957）表达了确立“一个更加紧密的联盟”的愿望。然而联邦主义相对很少影响到更广泛的一体化过程或全球治理的趋势，因为联邦主义计划太过于宏图大志，如果尚不能称之为乌托邦的话。它要求国家自愿牺牲其主权，而且对联邦主义计划的热情总是局限于政治与知识精英，而政治民族主义则继续支配着更广泛的公众。

共享主权：国际合作体系中国家对决策权威的分享，即将某种主权让渡到关键性机构。

功能主义：政府主要是对人类需要做出回应的理论；功能主义涉及决策的具体领域中以国家控制的步伐向一体化递进的步骤。

功能主义

在欧洲计划的案例中，联邦主义思想迅速地让位于一体化的**功能主义**道路。功能主义的核心观点表达在米特兰尼（1966）的构想中：“形式追随功能。”（form follows function）由此观之，仅当合作关注具体活动（功能）时，它才会运行。集体行动而不是个体国家有效地实施着这些活动，因此这造成了建构制度框架（形式）的压力，以此来促进这些领域的合作。很显然欧洲一体化遵循着功能主义的路径，因为它倾向于关注经济合作的推进，而且国家视其为最没有争议且最必要的一体化形式。功能主义者一般很期望一体化与国际合作可能实现，认为政治忠诚感能够相对容易地从民族国家向新功能性组织转移。新功能性组织被认为会有效地提供商品和服务。然而，功能主义的弱点是，它过于强调国家将其责任移交给功能性机构的意愿，特别是在政治而非技术性领域。此外，没有什么证据显示，国际组织有能力获得与民族国家相匹敌的大众合法性（popular legitimacy），不管其功能如何重要。

表 20—1　　主要地区性组织与世界上的集团

地区	地区组织	创建时间	成员数目
非洲	非洲联盟（AU）	2002	53
	中非关税与经济同盟（Central African Customs and Economic Union）	1966	6
	西非国家经济共同体（ECOWAS）	1975	15
	中非国家经济共同体（ECCAS）	1983	1
	阿拉伯马格里布联盟（Arab Maghreb Union）	1988	5
	南部非洲发展共同体（SADC）	1992	15
	南部非洲关税同盟（SACU）	1910	5
美洲	北美自由贸易区（NAFTA）	1994	3
	南方共同市场（Southern Cone Common Market）	1991	4
	美洲国家组织（OAS）	1948	35
	中美洲共同市场（CACM）	1960	5
	安第斯集团（Andean Group）	1969	5
	拉丁美洲一体化协会（LAIA）	1980	11
亚洲	东南亚国家联盟（ASEAN）	1967	10
	东盟地区论坛（ARF）	1994	27
	东亚峰会（EAS）	2005	16
	南亚区域合作联盟（SAARC）	1985	7
	海湾合作理事会（GCC）	1981	6
	上海合作组织（SCO）	2001	6
	经济合作组织（ECO）	1985	11
亚太	亚太经合组织（APEC）	1989	21
	太平洋经济合作理事会（PECC）	1980	26
	太平洋岛国论坛（Pacific Islands Forum）	1971	15
欧亚	欧亚经济共同体（EAEC）	2000	6
	黑海经济合作组织（BSEC）	1992	12
欧洲	欧盟（EU）	1952	27
	欧洲理事会（CoE）	1949	47
	北欧理事会（Nordic Council）	1952	8*
	比荷卢经济联盟（Benelux Economic Union）	1958	3
欧洲—大西洋	北大西洋公约组织（NATO）	1949	28
	欧洲安全与合作组织（OSCE）	1973	56

* 包括三个自治领土。

新功能主义：功能主义的修正，其意识到某一领域的区域一体化以"外溢"的形式产生进一步一体化的压力。

新功能主义

由于这些缺陷，所谓的**新功能主义**（neofunctionalism）日益获得更多的关注。在哈斯（Haas 1964）的著作中，新功能主义意识到传统功能主义观念的局限性，即经济与其他领域中日益增强的相互依赖的意识很大程度上决定着一体化。相反，它更强调经济与政治之间的相互作用。从这个视角来看，功能性合作倾向于催生更密切合作的跨国支持者，造就会导致更广泛的政治一体化的变化。这个过程被称为**外溢**（spillover）。新功能主义强调精英社会化以及这种观念，即一体化过程能够随着时间的推移而重组与再界定。因而新功能主义类似于建构主义理论家的一些观点。不过其缺点是，它通常狭隘地局限于欧洲一体化的过程，而且很少有证据表明其他区域性组织追寻着欧洲功能主义路径，更不用说全球治理制度。的确，一些人将新功能主义视为对欧洲经验的描述，而不是国际组织的理论。

外溢：某一经济领域一体化的形成与深化造成进一步经济一体化以及潜在的政治一体化的过程。

不过，20 世纪 70 年代中期以来人们日益从新功能主义的大胆断言——超国家治理新形式正在取代权力政治——中觉醒了。这某种程度上是因为经验发展似乎致使新功能主义难以置信。其他区域主义形式似乎不愿意遵循欧洲联邦型一体化的例子，而且欧洲内部"更密切的联盟"的希望似乎也受到国家持续的重要性与民族主义忠诚感持续存在的猛烈冲击。在此背景下，许多人寻求以其他方式解释国家间合作，如强调相互依赖、多边主义、国际机制或全球治理。无论如何，关于存在利于一体化的根深蒂固且无法抵抗的动力的观念很大程度上被放弃了，因为具体历史因素的角色得到认可。例如，亚非去殖民化过程特别有助于区域主义的第一波，这在 20 世纪 60 年代达到顶峰，因为新独立国家倾向于视区域主义为一种机制，以确立这些国家之间及其与前殖民国家之间稳定的关系。第二个因素是，不发达与糟糕的经济表现促使各国将更密切的区域合作视为促进发展以及免受日渐加剧的国际竞争的手段。这特别明显地体现在区域主义与全球化之间复杂、时而矛盾的关系中。

主要区域一体化理论家

戴维·米特兰尼（David Mitrany，1888—1975）

在罗马尼亚出生的英国历史学家与政治理论家、国际政治中功能主义的代表人物。其"功能主义—社会学"方法强调，国际合作始于具体的跨国问题，然后发展成为一个更广泛的过程。因为相比于国家政府，"功能性机构"事实上更为有效，所以国家体系将会发展成为"有效的和平体系"（working peace system）。米特兰尼的主要著作包括《有效的和平体系》（*A Working Peace System* 1966）、《政治的功能主义理论》（*The Functionalist Theory of Politics* 1975）。

卡尔·多伊奇（Karl Deutsch，1912—1992）

在捷克出生的美国政治科学家。多伊奇通过强调区域一体化如何能够修正国际无政府状态的影响，而挑战着国际关系的传统现实主义镜像。不过，通过创建单一决策中心而形成的"融合"不如"一体化"常见，"一体化"允许主权国家在"多元主义安全共同体"中互动。多伊奇在这个领域的主要著作包括《北大西洋地区的政治共同体》（*Political Community in the North Atlantic Area* 1957）、《民族建设》（*Nation-Building* 1966）。

厄恩斯特·哈斯（Ernst Haas，1924—2003）

在德国出生的美国国际关系理论家，作为新功能主义或"分期式联邦主义"（federalism

by instalments）的奠基者而知名。哈斯认为，“外溢”过程将会促使政治行为体渐进地将其忠诚感、期望与活动从民族国家转向“新的更大的中心”。然而，到了20世纪70年代哈斯不再着迷于新功能主义。其主要著作包括《超越民族国家》（*Beyond the Nation-State* 1964）、《纠缠不清的希望》（*Tangle of Hopes* 1969）。

区域主义与全球化

20世纪80年代末以来，很显然，区域主义卷土重来，这经常被视为区域主义的“再临”，并且关系到所谓的“新”区域主义。但是新区域主义“新”在何处呢？新区域主义本质上具有经济特性，很大程度上呈现出区域性贸易集团的形式。此外，这些贸易集团非常清晰地运行着，因为它是国家间互动的地区空间而不是欧盟式的超国家实验。在1990年至1994年期间，关税及贸易总协定公布了33项区域性贸易协定，接近1948年以来所达成的协定的1/3。亚太经合组织成立于1989年，已经从12个国家扩展到21个国家（包括澳大利亚、中国、俄罗斯、日本与美国），其人口占世界人口的40%，其国内生产总值占全球国内生产总值的50%多。1991年，《亚松森条约》（the Treaty of Asuncion）的签署导致南方共同市场的形成，它将阿根廷、巴西、巴拉圭以及乌拉圭与等待最终批准的委内瑞拉，智利、哥伦比亚、厄瓜多尔、秘鲁、玻利维亚五个准成员国联系起来，从而使其成为拉美地区最大的贸易集团。1992年《北美自由贸易协定》签署，1994年生效，其将加拿大、墨西哥与美国联系起来。1993年《欧洲联盟条约》得到批准，从而使欧洲共同体转变成欧洲联盟。同年东盟自由贸易区也形成了。1994年美洲自由贸易区协议达成，这是北美自由贸易区的扩展，意图最终涵盖北美与南美。

许多往往截然不同的因素推动着经济区域主义的复兴。第一，它反映了发展中国家对出口导向经济战略的广泛接受，因为更多的国家倾向于效仿日本和亚洲“四小龙”。第二，冷战的终结促使前共产主义国家视经济一体化为支持与巩固其向市场经济转型的手段，这导致了欧盟的东扩。第三，世界贸易组织的建立、其他全球经济治理制度日渐增加的影响使许多国家相信，区域主义是一种在多边机构中获得更大影响的方式。第四，美国从区域主义的支持者向积极参与者的转型赋予区域一体化相当大的额外推动力量。第五，也是所有其他因素的基础的是，20世纪八九十年代全球化的加速。区域主义变得极具吸引力，是因为迅速扩展的全球资本流动以及跨国生产模式的趋势似乎破坏着国家作为一个独立经济单位的可行性。因此区域主义是这样一种机制，国家能够通过这种机制应对全球化的影响。然而重大争论仍是存在的，即区域一体化在这些情况下是如何使用的以及区域主义对全球化的意义是什么。

如巴格瓦蒂（Bhagwati 2008）所解释的，地区贸易集团是全球体系中的“构成要素”还是“绊脚石”呢？地区性与全球性如何互动呢？经济区域主义的一个层面本质上是防御性的，因为区域机构时常支持保护主义，视其为抵御日渐加剧的全球竞争所造成的经济与社会生活分裂的手段。这导致了地区作为堡垒的观点，如曾经时兴的“堡垒欧洲”（fortress Europe）的观念。几乎同时形成的北美自由贸易区、欧盟以及东盟自由贸易区，也可以以这些术语理解之，这造成了竞争性地区集团所构成的世界。在一些情况下，防御性区域主义是自下而上的过程，由次国家或跨国利益集团所驱使，如欧盟与美国的农业利益。欧盟内部的一个特别重要的关切是保护以提供全面福利为特征的欧洲社会模式不受新自由主义全球化所激发的“竞争到底”(a race to the bottom) 的侵害。

不过，“新”区域主义并不仅仅受到保护主义的驱使，也受到竞争性冲动的驱使。在这些案例中，国家组成地区集团并不是为了抵抗全球市场力量，而是为了更有效地融入其中。尽管国家愿意巩固或扩展贸易集团，以期获得更加确定且广泛的市场，但是它们并不拒绝更广泛的全球市场。这体现在跨地区互动的发展以及影响世界贸易组织与其他机构的努力。以下事实削弱了区域一体化的堡垒模式，即区域主义倾向于与经济自由化携手前进。地区贸易集团支持市场、竞争以及企业家精神，倾向于开放与向外看，有志于进行全球而不仅仅是区域自由贸易。地区集团平衡着防御与竞争的不同冲动，其功能更像过滤器而不是堡垒，抵抗对内部利益与优先性问题的特定威胁。不过，地区贸易协定的稳定发展意味着一系列令人迷惑的，复杂且重叠的双边与地区安排。每项安排都有冲突性与矛盾性的规定，巴格瓦蒂称其为“意大利面碗”体系 (the spaghetti bowl system)。

欧洲之外的区域一体化

尽管新区域主义尤其影响着世界各地，但是其影响是不均衡的。世界上一些地区已经酝酿着更具抱负的区域一体化计划，然而其成功与失败的程度截然不同。

亚洲的区域主义

亚洲最重要的地区创见是东南亚国家联盟（简称东盟）。1967年，文莱、印度尼西亚、马来西亚、菲律宾与泰国创建了东盟。1995年越南加入，1997年老挝、缅甸加入，1999年柬埔寨加入。东盟是冷战时期的产物，其最初主要关注安全事务，特别是解决地区间争端以及抵抗超级大国的影响。然而东盟稳步地迈向经济与贸易事务的合作，这导致了1992年达成了建立东盟自由贸易区的协议，并定于2007年建成。政治区域主义的发展补充了这种变化，东盟强调所谓的“亚洲价值观”（如第8章所讨论的），这有时被描述为“东盟模式”，尽管扩大以及其他发展意味着随着时间的推移，这是东盟计划的更加边缘与颇具争议的方面，不过，20世纪90年代末期以来一体化过程通过1997—1998年亚洲金融危机所揭示的脆弱性和与迅速崛起的经济强国中国与印度进行有效合作与竞争的需要，获得了新的动力。这导致了定于2015年完成的“亚洲共同体”等创见。那时“亚洲共同体”在某些方面将堪比欧盟和欧洲一体化进程。此外，促进主要大国之间政治与经济对话的努力增加了，特别是亚太“三强”，中国、美国与日本。这方面需要特别强调的是，中国与东盟关系不断加强。例如，2002年中国与东盟同意建设世界上最大的自由贸易区，它包括20亿左右人口，而且在2010年初已开始实施。

争论

区域主义的发展是否威胁着全球秩序与稳定呢?

区域主义的扩大与深化被广泛视为现代全球政治最显著的特征之一。然而一些人视

"地区构成的世界"为冲突与动荡的根源，另一些人则认为区域主义将会推动安全，拓宽繁荣。

赞成

地区利己主义。区域主义并没有改变世界政治本质上冲突的性质。相反，地区体系内部的权力政治正在取代国家体系内部的权力政治。这有两个方面的原因。第一，如现实主义者所强调的，人性并没有改变。因此如果地区取代国家而成为全球政治的主要单位，那么国家利己主义将再生成为地区利己主义。第二，全球体系本质上无政府状态的特性意味着，如果国家机制无法确保生存与安全，那么地区行动必须确保这些。因而"堡垒"区域主义或许必然发展成为侵略性区域主义，甚或霸权性区域主义。

文化或文明冲突。地区间冲突的另一个原因是文化差异，即"文明冲突论"所表达的具体观点。由此观之，区域一体化深受共有价值观、传统与信念的驱动，这有助于解释区域一体化为何在拥有共同文化与意识形态遗产的地区发展得更深入与快速的问题。不过，这也意味着对拥有不同价值观、文化与传统的地区的怀疑甚至敌意。因此地区构成的世界是竞争性价值观体系、不相容的理解所构成的世界，因而是造成冲突与全球失序的根源。

日益加深的一体化。区域主义受到这样一种逻辑的推动，其孕育着更深层次的一体化，这致使地区机构日渐封闭并饱受冲突之苦。新功能主义者的外溢必然从经济一体化转向政治一体化。如欧洲一体化所最清楚地表明的，但其他地区注定会跟随的，这将会造成地区化的精英与日渐边缘化且愤恨的一般大众之间不断加深的鸿沟。因为一般大众还沉浸在国家象征与认同之中。这种鸿沟很可能催生政治极端主义，特别是在地区化过程中倍感弱势的人之间。

反对

民族主义胜过区域主义。地区间冲突加深的预测是极大的夸大。事实上，区域主义补充着而不是超越了国家体系。国家是且仍将是世界舞台上的主要行为体，因而地区性或全球性机构无法匹敌民族国家塑造政治忠诚感与公民认同的能力。超国家区域主义未能实现，而且地区性机构更像国家之间因相互利益而合作所处的政治空间。可能欧盟除外，地区性机构并没有达到必要的一体化水平，以成为世界舞台上的全球性行为体。

全球性主导着区域性。地区性集团是全球化绊脚石的观点，意味着全球经济逐渐成为地区竞争的领域，因而是难以维系的。如果区域一体化很大程度上受相互依赖的逻辑、现代世界中国家必须协同解决共同问题的意识所支配，那么这意味着合作必须超越地区，而且包括地区间、甚至全球性合作。气候变化、自由贸易、发展差距以及国际安全等问题在地区层次上并不能够得到解决。这迫使地区性机构是开放的、向外看的，因而充当着更高层次合作的垫脚石。

区域主义的局限。重重障碍阻碍着深层次的区域一体化。其中包括这个事实，即因为具有民主责任的区域性组织的创建是困难的，所以这些机构倾向于获得有限的大众支持。此外，经济规则与安排的协调或许仅能如此。这体现在共同或单一市场确立的困难，如欧盟所意识到的，真正的自由贸易、资本与劳动的自由流动最终需要单一货币和共同利率。不过，这种协调水平将会导致死板的经济安排。因此这些经济安排迟早会注定崩溃。

东盟也寻求以许多方式推动更广泛的地区合作。这些包括 1994 年成立的东亚地区论坛。东亚地区论坛的目的是增进亚太国家在安全事务上的信心与对话。截止到 2010 年，东盟地区论坛拥有 27 个成员。成立于 1997 年的东盟 10+3 的形式加深了东盟与中国、日本以及韩国之间的合作。其最重要的成就之一是 2000 年《清迈协议》(Chiang Mai Initiative)。在该协议中，东盟 10+3 国家发起货币互换（currency swaps）多边协议，以防止未来金融危机。东盟也在东亚峰会中扮演着重要角色。2005 年以来，东亚峰会每年都召开，其参加者包括东盟国家、中国、日本、韩国、印度、澳大利亚与新西兰。然而亚洲的区域一体化并不仅仅限于东盟或与其相关的创见。亚太经合组织、中国推动着重要的非东盟创见。中国最重要的地区创见是上海合作组织（SCO）。2001 年中国、哈萨克斯坦、吉尔吉斯斯坦、俄罗斯、塔吉克斯塔、乌兹比克斯坦六国领导人创建了上海合作组织。前 4 个国家是 1996 年成立的“上海五国机制”成员国。上海合作组织基本上促进着中亚在安全事务上的合作，特别是针对恐怖主义、分离主义与政治极端主义。上海合作组织的活动扩展到军事、经济、文化合作领域。不过，一些人认为上海合作组织除了涉及传统的区域主义形式之外，其背后是更加严肃的地缘政治议程：抵消美国与北约在欧亚大陆影响的愿望，特别是在资源丰富且战略重要的中亚。

非洲的区域主义

尽管大多数非洲国家将区域主义视为其深刻的经济、政治与社会问题的解决办法，但是非洲国家的贫困、政治动荡、边界争端以及政治经济差异阻碍着区域一体化的发展。非洲区域主义的早期试验产生于反殖民主义的政治，往往以先前已有的殖民安排为基础。因在而独立后，法属西非联邦（the French West African Federation）转变成西非经济与货币联盟。1910 年南非关税联盟成立，这被宣称为最早的关税联盟。独立后，殖民地时期成立的地区性机构以革新的形式幸存下来。1992 年的南非发展共同体（SADC）是 1980 年形成的 9 个成员的早期机构的继任者，其旨在推动南部非洲国家之间的经济合作，减少其对种族时代南非的依赖。南非发展共同体已经扩展到南部非洲所有 15 个国家（例如，南非 1995 年加入），其致力于加深经济一体化而且将经济一体化扩展到政治与安全领域。非洲区域主义特别重要的两个例子是，非洲联盟与西非国家经济共同体（ECOWAS）。2002 年非洲联盟取代了非洲统一组织（OAU）。

聚焦

亚洲区域主义：复制欧洲经验吗？

亚洲区域主义与欧洲区域主义是大致相似的事情吗？东盟正在变成欧盟的亚洲版吗？20 世纪 90 年代末以来，东盟在一些方面获得了发展，促使评论者将其与欧洲一体化进程进行比较。这种情况的出现主要是因为 2003 年巴厘岛东盟第 9 次政府首脑峰会上所阐明的雄心抱负，即建立“亚洲共同体”。这涉及“三项支柱”：东盟经济共同体、东盟政治—安全共同体、东盟社会—文化共同体。这种不断加强的合作的经济方面是特别重要的，因为东盟在造就一个真正自由贸易区域方面只有有限的成功。东盟经济共同体意在造就“无缝生产基地”(seamless production base) 以及成员国之间的统一市场。在 2015

年完成之前的过程中，东盟的现有关税以及大量非关税壁垒将取消；服务贸易将完全自由化而且资本与技术人员流动的障碍也将在所有经济部门中得到放松。

然而作为区域一体化的模式，东盟与欧盟之间存在着重大差异，而且这些差异似乎仍将存在下去。特别是，尽管东盟适应性地建立自由贸易区，甚至共同对外关税（这将使东盟成为完善的关税联盟）也将会实现，但相比之下，欧盟更进一步，它确立了单一市场而且赞成货币联盟。更重要的是，东盟仍是政府间的性质，而并没有进行超国家治理方面的欧盟式实验。长期以来，东盟强调国家主权，这阻碍着更加集中的决策框架的建构。

如何解释东盟与欧盟之间的差异呢？第一，东盟支持更大范围的经济与政治多样性，尤其是相比于欧盟（例如，新加坡与缅甸代表着极为不同的形式与经济发展水平）。第二，该地区最大的经济体仍身处东盟之外，特别是中国、日本、印度与韩国。东盟更倾向于强调更广泛的合作而不是巩固其内部市场。第三，作为一个相对平等的联盟，东盟缺少一个或数个大国，可以像法国与德国在欧洲的所作所为那样推动一体化过程。第四，东盟的区域一体化计划从来没有受到政治紧迫感的刺激，而欧洲计划深受紧迫需要的影响，即克服法国与德国的敌对状态以阻止未来的世界大战。

非洲联盟宪法以欧盟宪法为蓝本，设想建立一个更加有抱负的组织。1963 年非洲统一组织成立，意在终结殖民主义，支持政治解放。后来其议程扩大了，如 1993 年成立的非洲经济共同体、2001 年的《非洲发展新伙伴关系》（NEPAD）协议、减贫及推动建设性接触全球化的措施计划。然而这些经济创见几乎没有产生经济收益，这在某种程度上是因为人们对非洲应该采取正统的、市场取向的发展观的程度存在着深刻的分歧。非洲联盟是否应该放弃其反西方的言辞以及在战争罪行与种族屠杀等事务上建立与西方的伙伴关系问题上的不确定性也限制了非洲联盟在民主、人权以及法治等问题上在非洲实施领导的能力。

西非国家经济共同体是非洲现有最大的次区域组织，由 16 个国家组成，人口接近 2 亿。然而其对成员国经济表现的影响是微不足道的，这是由于政治动荡、普遍腐败、本身基础设施薄弱以及政治意志的缺失。尽管 20 世纪 90 年代西非国家经济共同体以维和力量的方式介入利比里亚与塞拉利昂的内部冲突，而最终由联合国维和部队取而代之，但是后来加纳、尼日利亚逐渐加强了该地区的维和能力。

美洲的区域主义

美洲人见证了多元的、竞争性的区域主义的不同层次，这在很大程度上反映了次大陆地区的地理、文化与政治重要性。北美最重要的区域主义例子是 1994 年成立的北美自由贸易区。美国、加拿大与墨西哥以此建立一个自由贸易区，其国内生产总值为 11.8 万亿，人口为 4.2 亿。北美自由贸易区某种程度上是对经济一体化不断加速发展的回应，它试图为涵盖整个西半球的更广泛的经济伙伴关系提供基础，如 1994 年创建美洲自由贸易区的设想所表达的。然而相比于欧盟，北美自由贸易区的目标是适度的。其主要目标是逐步取消农产品与制成品的关税，允许银行及其他金融制度进入更广泛的市场，允许卡车司机自由跨越边境。相比于欧盟，北美自由贸易区是个更为松散的机构，拥有严格意义上的政府间决策过程，而且迄今为止成功地抵制了贸易合作外溢到经济或政治领域的新功能主义压力。不过，北美自由贸易区在美国仍是一个颇具争议的问题。批评者控诉其有助于将制造业工作机会转移到墨西哥。然而，更深层次的问题包括美国、加拿大与墨西哥之间财富、教育以及经济结构之间的较大差距，三国公民之间共同认识与理解的鸿沟。而就所建议的美洲自由贸易区而言，谈判已经步履蹒跚，很大程度上是由于发达国家与发展中国家之间的张力。相似的是，这种张力阻碍着世界贸易组织多哈回合谈判的进程，如第 19 章所讨论的。

南美最重要的贸易集团是南方共同市场，通过 1994 年的协议加以扩大，以建立正式成员阿根廷、巴西、委内瑞拉、巴拉圭与乌拉圭与准成员智利、哥伦比亚、厄瓜多尔、秘鲁、玻利维亚之间的经济联系。南方共同市场的主要目标是，其成员国之间贸易的自由化、关税同盟（准成员国并不参与）、经济政策的协调。从一开始，南方共同市场支持“开放区域主义”，实施市场取向的战略，就如世界贸易组织与其他机构所建议的。在 1991—1996 年期间，南方共同市场国家在地区间贸易以及与其他地区间贸易方面获得飞速发展，然而此后贸易水平发展逐渐缓慢，这在某种程度上是受到巴西与阿根廷金融危机的影响。南方共同市场内更为深层次的长期问题是下面的事实所产生的张力，即巴西使其他成员国黯然失色，包括阿根廷。巴西占南方共同市场总人口的 79%，国内生产总值的 71%。

欧洲一体化

“欧洲观念”（广而言之，这种观念认为，不管历史、文化与语言的差异，欧洲将成为一个单一的政治共同体）产生于 1945 年之前。在 16 世纪宗教改革之前，对罗马的共同忠诚感赋予天主教会在欧洲大部分地区的超国家权威。甚至在欧洲国家体系形成之后，卢梭、社会主义者圣西门（1760—1825）、民族主义者马志尼（1805—1872）都支持欧洲合作的事业，在一些情况下还倡导欧洲范围内的政治制度。然而直到 20 世纪下半期这些愿望才被证明不是无可救药的乌托邦主义。二战以来，欧洲经历了历史上前所未有的一体化过程。一些人认为，其目的是建立 1946 年丘吉尔所称的“欧洲合众国”。的确，它有时表明，欧洲一体化提供了一种政治组织模式，它最终会得到世界范围的接受，因为民族国家的缺陷日渐明显。

显然，1945 年后欧洲一系列强有力（或许无法抵抗）的历史环境促成了这个过程。其中最重要的历史环境如下：

- 饱受战乱的欧洲以合作和建立更大市场的方式进行经济重建的需要。
- 永远解决法德惨烈对抗以维持和平的需要。法德对抗导致了普法战争（1870—1871）、一战与二战。
- **“德国问题”**（German problem）仅能以将其融合到更大的欧洲才能解决的意识。

德国问题：强大且统一的德国的出现所导致的欧洲国家体系的结构性不稳定。

● 保护欧洲免遭苏联扩张主义威胁而且选定欧洲在两极世界秩序中保持独立角色与认同的愿望。

● 美国确立一个繁荣与统一的欧洲的愿望，以作为美国商品的市场和抵御共产主义扩张的堡垒。

● 欧洲民众对主权民族国家是和平与繁荣的敌人的观点的广泛接受，特别是在欧洲大陆。

某种程度上，理想主义者对国际主义的承诺以及下面的信念刺激着欧洲一体化的发展，即国际组织体现着比国家更大的道德权威。这明显体现在统一欧洲的联邦主义梦想，如让·莫内（Jean Monnet）、罗伯特·舒曼（Robert Schuman）所倡导的。尽管如此，联邦欧洲的早期梦想化为泡影，即在联邦欧洲中主权国家将会共享主权。相反，统一的功能主义路径随之而来。由此，欧洲计划倾向于关注推动经济合作的手段，而且国家视其为最没有争议但最必要的一体化形式。在莫内与法国外交部顾问舒曼的倡议下，1952 年欧洲煤钢共同体成立了。在《罗马条约》（1957）下，欧洲经济共同体形成了。它致力于欧洲共同市场的建立和“欧洲各民族之间更密切的联盟”的更广泛目标。1967 年欧洲经济共同体并入欧共体，并最终于 1993 年成立了欧盟。但是欧盟是何种组织呢？它又发挥多大的影响呢？

何为欧盟？

欧盟是个难以分类的政治组织。它是个国家或者“超级国家”吗？它是个国际组织吗？如果是，是何种国际组织呢？欧盟仅是成员国互动的舞台或空间吗？或它凭借自身力量已经成为一个拥有自己权利的有意义的行为体了？这些问题可以通过考查欧盟内部结构及其与外部世界的关系得到最佳考量。理解欧盟结构的诸多困难之一是，1952 年欧洲煤钢共同体成立以来欧盟已经发生了极大的变化而且在制度上也重新设计了。不仅欧洲煤钢共同体让位于欧洲经济共同体、欧洲共同体、欧洲联盟，而且其他变化也体现在单一市场的建立（1986 年《单一欧洲法案》）、货币联盟（1993 年《欧洲联盟条约》所达成的）、确立欧盟为单一立法实体（2009 年《里斯本条约》）。更为重要的是，欧洲经济共同体、欧洲共同体与欧洲联盟经历了不断扩大与深化的实质性过程。它从最初的 6 国（法国、德国、意大利、荷兰、比利时与卢森堡）扩大到目前 27 国，而且还在不断深化，逐次的一体化浪潮则将某些决策权威领域从成员国转移到欧盟机构上。

让·莫内（Jean Monnet，1888—1979）

法国经济学家与行政官。莫内很大程度上是自学成才的。他发现了一战期间就业协调着法国和英国的战争补给。他后来被任命为国联副秘书长。他是 1940 年丘吉尔所提议的英法联盟的发起人。而当维希政府正式执政时，这个提议被抛弃了。1945 年，莫内掌管戴高乐政府时期的法国现代化计划，1950 年他提出了舒曼计划。此后欧洲煤钢共同体以及欧洲经济共同体开始发展起来。尽管莫内拒绝政府间主义而支持超国家政府，但是他并不是欧洲联邦主义的正式倡导者。

在严格意义上，欧盟不再是以政府间主义为基础而运行的独立国家的联邦，因为欧洲经济共同体、欧洲共同体已经表明了超国家主义的开始（at its inception）。成员国的主权深藏在所谓的 1966 年“卢森堡妥协”之中。它接受了部长理事会一致同意的通常惯例，准许每个成员国在国家核心利益事务上直接否决。然而，至少由于三个原因欧盟的这种联邦镜像变得难以维系。第一，《单一欧洲法案》、《欧洲联盟条约》、《阿姆斯特丹条约》、《尼斯条约》、《里斯本条约》等主要条约实施**资格多数表决**（qualified majority voting），致使欧洲理事会中的多数票会击败最大国家。这种资格多数表决被应用于一系列更广泛的政策领域。这缩减了国家否决的范围，反过来会限制国家主权。第二，以下事实加剧了这种趋势，即欧盟法律对所有成员国是有约束力的。的确，这是欧盟与其他国际组织之间的主要差异之一。欧盟法律机构在一些领域超越了国家法律。欧盟拥有欧洲法院裁定所支持的“能力”、地位。这种法律机构涉及成员国在一系列广泛的政策领域的自愿权力让渡（voluntary surrender of powers）、成员国受其影响的新层次的法律权威的发展。第三，与此相关的是，某些欧盟机构的权力在损害国家政府的情况下扩大着。因而欧盟政治机构具有政府间主义与超国家主义的混合特性。

> **资格多数表决**：不同问题需要不同的多数的表决体系，特别是国家投票权因其规模而异。

尽管欧盟已经努力实现《罗马条约》所确立的目标，即“一个更密切的联盟”，这已经超越了戴高乐与撒切尔夫人的独立主权国家联邦的看法，但是欧盟并未实现“欧洲合众国”的目标。欧盟没有造就一个联邦欧洲，更不用说欧洲“超国家”，然而欧洲法律优于成员国国家法律的事实表明，谈及一个“正在联邦化的”欧洲是准确的。欧盟集权化趋势的主要障碍是对附属原则（subsidiarity）的尊重，如《欧洲联盟条约》、法国与德国等主要国家所采取的实用主义方法所体现的。“新欧洲”的决策逐渐以多层治理为基础（如第 5 章所讨论的）。在多层治理中，决策过程体现了次国家、国家、政府间以及超国家层次的相互联系。因不同的问题与政策领域，这些层次之间的平衡不断变化着。这种复杂的决策镜像是更有益的，尤其是相比于国家主权与欧盟支配之间存在斗争的这一枯燥乏味的观念。不过，致使这种复杂且时而无效的决策过程更加连贯与循规蹈矩的愿望导致了欧洲宪法观念的产生，它试图将主要的原则与规则编成法典，整合与撤换之前的所有条约。2004 年，各国或政府首脑赞同《欧洲宪法条约》，但是 2005 年荷兰与法国公投失败致使其未得到批准。尽管《欧洲宪法条约》的许多因素被融合到《里斯本条约》，但是这个事件突显了欧盟成员国作为国家而运行的程度。尽管数十年内欧盟制度建设不断加深，但是成员国仍然是以国家利益为取向的。

关键性事件

欧盟的历史

1951 年　《巴黎条约》确立了欧洲煤钢共同体，次年生效，其成员国为法国、德国、意大利与比荷卢经济联盟国家。

1957 年 《罗马条约》在次年成立了欧洲经济共同体与欧洲原子能共同体。
1967 年 欧洲煤钢共同体、欧洲经济共同体与欧洲原子能共同体合并成欧洲共同体。
1973 年 丹麦、爱尔兰与英国加入欧洲共同体。
1981 年 希腊加入欧洲共同体。
1986 年 葡萄牙与西班牙加入欧洲共同体。
1986 年 《单一欧洲法案》准备筹建共同市场（1992 年建成），它取消了很多领域中的国家否决权。
1992 年 《欧洲联盟条约》得以批准，使欧盟成为现实而且开始筹划货币联盟。
1995 年 奥地利、芬兰与瑞典加入欧洲联盟。
1997 年 《阿姆斯特丹条约》签署，开启了欧盟的东扩，同时进一步减少了国家否决权的影响。
1999 年 欧元诞生并成为 11 个成员国的官方货币，2002 年欧洲纸币与铸币取代了国家货币。
2001 年 《尼斯条约》签署，以确保拥有额外成员的新联盟的有效运行；2003 年生效。
2004 年 10 个国家加入欧盟，其成员国增加到 25 个。
2004 年 《欧盟宪法条约》签署，但是因 2005 年荷兰与法国的否决而取消了。
2007 年 保加利亚、罗马尼亚加入欧盟，其成员国增加到 27 个。
2009 年 《里斯本条约》作为《欧盟宪法条约》的修正版得到批准，确立欧洲联盟内部新的决策安排。

聚焦

欧盟如何运行呢?

● **理事会**：最初称为部长理事会，这是欧盟决策机构，由 27 国部长们构成而对各自议会与政府负责。理事会主席（授权一个国家，而不是个人）由各成员国轮流担任，任期半年。重要决策需要一致同意，而其他决策仅需资格多数表决或简单多数（政府间机构）。

● **欧洲理事会**：非正式地称为欧洲峰会，由每个国家总统或总理、各国外交部长、永久的全职主席（2009 年以来，赫尔曼·范龙佩成为首位永久主席）组成。欧洲理事会每年四次会议，为欧盟提供战略性领导（政府间机构）。

● **欧洲委员会**：位于布鲁塞尔，有 20 000 多位职员，是欧盟的行政与官僚机构。由 27 位委员与 1 位主席（巴罗索任职始于 2004 年）领衔。欧洲委员会可以建议立法，是一个监管机构，以确保欧盟各项条约得到尊重并广泛地负责政策实施（超国家机构）。

● **欧洲议会**：通常在斯特拉斯堡召开，由 751 位欧洲议会议员构成，每五年通过直选产生。欧洲议会席位是依据政治群体而不是其国籍划分的。尽管其权力已经扩大了，但仍是个审查委员会而非立法机构。其主要权力（拒绝欧盟预算，解散欧洲委员会）太广泛以至于难以实施（超国家机构）。

- **欧洲法院**：位于卢森堡，解释与裁定欧盟法律与条约。它由来自各个成员国的 27 位法官和 8 位总法律顾问构成，8 位总法律顾问负责向法院提出建议。因为欧盟宪法优先于欧盟成员国的国家法律，所以欧洲法院并不适用国内法。初审法院处理一些个体与公司所起诉的案件（超国家机构）。
- **欧洲中央银行**：位于法兰克福，是欧洲单一货币欧元的中央银行。欧洲中央银行的任务是维系欧元的购买力以及欧元区的价格稳定。1999 年以来，欧元区包括了 16 个欧盟国家（超国家机构）。

欧盟与世界

尽管显然欧盟具有外部政策，但是其国际“行为体性”（actorness）（作为单一实体在全球体系中行动的能力）的程度是个极具争议的问题。此处最关键的领域是对外与防御政策。在其最初的特殊阶段，对外政策、更广泛的政治联盟问题在欧洲发展计划中几乎没有扮演什么角色。《罗马条约》并未提及对外政策，而欧洲经济共同体基本上只关注经济政策与经济问题。一些推动政治一体化的创见倾向于碎片化，并且几乎没有什么影响。例如 1950 年，一些国家特别是法国提议欧洲建立国防共同体（the European Defence Community），但这被广泛视为是对北约权威的威胁。1954 年它被法国国民大会拒绝了，从而这个观念被放弃了。然而，欧洲对外与防御政策的观念又浮出水面。在《欧洲联盟条约》中，共同外交与安全政策（CFSP）被确立为欧盟的“第二大支柱”。尽管共同外交与安全政策具有宽泛界定的目标，但是《阿姆斯特丹条约》设立了对外事务高级代表的新职位，北约前秘书长哈维尔·索拉纳（Javier Solana）引人注目地担任此职务，从而极大地推动了共同外交与安全政策。

权力下放：广而言之，权力下放（源自拉丁语 *subsidiarii*，意指一批辅助部队）是决策从中心向较低层次的下放。然而权力下放可以以两种方式理解之。在德国等联邦国家，权力下放被理解为一种**政治**原则，意味着分权与大众参与，特别是通过当地与州级制度。因而，《欧盟宪法条约》宣称决策应该“尽可能地接近公民”。然而反联邦派通常也解释权力下放，视其为使国家主权免受欧盟制度侵害的**宪政**原则。据此，《欧盟宪法条约》宣称，欧盟应该仅在“成员国家所不能充分实现的”一些问题上行动。

共同外交与安全政策具有许多成就，包括 20 多项在世界上饱受战乱的地区的维和任务中维和人员、警察以及平民行动，如波斯尼亚、乍得、东刚果、印度尼西亚亚齐省。它也涉及国际外交，特别是欧盟及其三国（欧盟、法国、德国与英国）努力说服伊朗放弃其铀浓缩计划（uranium enrichment programme）。然而失败比成功更为显著。当它触及更紧迫的国际问题时，欧盟很大程度上会视而不见或茫然不知所措，如阿富汗、巴基斯坦、朝鲜。尽管欧盟在波斯尼亚与科索沃的行动有助于确保和平，但是欧盟在巴尔干地区的政策变得不太果断与连贯。由于缺少自身的军事力量，欧盟被迫将 1999 年科索沃危机的解决交付给美国领导的北约部队。当 2008 年美国与大多数欧盟国家承认科索沃的独立时，五个欧盟国家未予承认，从而击碎了 20 世纪 90 年代以来来之不易的对巴尔干地区的统一态度。相似的是，由于边境争端，斯洛文尼亚正在阻碍着克罗地亚的入盟，希腊也阻碍着马其顿成为欧盟成员国的努力。

欧盟内部有效的共同外交与安全政策有着许多各种各样的阻碍因素。第一，英国等成员国与法国等成员国之间存在着持续不断的张力。英国等国家持有对外政策的“大西洋主义”视角，然而法国等国家持有“欧洲主义”视角。对于英国等国家而言，任何欧盟防御政策必须在北约框架下而不是在其外或其他框架下进行，特别是欧盟军队的发展。第二，成员国一般更不愿意支持政治一体化，尤其是相比于经济一体化。这特别适用于外交与安全政策中。因为国家的核心目标是确保安全与生存的“高级政治”，所以对外交与安全事务的独立控制被广泛视为国家主权的最重要方面。第三，谁代表欧盟的困惑长久以来阻碍着欧洲进行有效的外部行动的能力。如基辛格所解释的，“当我称呼欧洲时，我称呼谁呢?”就外交与安全政策而言，传统上“三驾马车”（troika）代表着欧盟，即对外事务高级代表、负责外部事务的欧洲委员会委员、欧盟轮值主席国外交部长。而《里斯本条约》设立了对外事务与安全政策的高级代表，从而承认了上述安排所暗含的困惑。然而相对毫无经验的凯瑟琳·阿什顿（Catherine Ashton）被任命为首位负责人的事情表明，这个职位不会完成设计者的初衷。第四，有效的共同安全政策需要各种程度的资金支持，然而成员国很少愿意支持，特别是 2007—2009 年全球金融危机以来。它也需要设备的标准化、理想上一个单一且协调的国防产业，然而这远远没有实现，或许这是不可能的。

不过，欧盟在经济事务方面的外部行动更为明确，特别是在贸易事务上。因为欧盟是个实施共同商业政策与共同外部关税的关税联盟，所以欧盟委员会而不是成员国处理与外部的贸易关系。其中包括与世界各地区的贸易协议、与关税及贸易总协定及世界贸易组织的谈判。欧盟委员会也与其他地区贸易集团、国家进行经济合作安排的谈判，如两年一次的亚欧会议。欧盟外部行动的其他方面是援助与发展。英国、法国与比利时等欧盟主要成员国曾经是主要的帝国，而南方国家是欧盟出口的特别重要的市场。由此，欧盟是世界上官方发展援助的最大来源，总共占 2001 年 520 亿美元的一半。大多数欧盟援助投向撒哈拉以南的非洲，对拉美的援助也日益增加。欧盟也提供广泛的紧急人道主义援助，它是世界上食品援助的第二大提供者，仅次于美国。

身陷危机的欧盟?

对欧洲计划将要停顿的宣称，甚至对欧盟终将解散的预测贯穿在欧洲经济共同体/欧洲共同体/欧盟的历史之中。对一些人而言，欧盟的失败仅仅是个时间问题。由此观之，欧盟在历史、传统、语言与文化方面多样性的程度意味着，欧盟绝不会有匹敌民族国家的能力。民族国家仍催生着政治忠诚感而且有效地在世界舞台上行动。然而，在 21 世纪初事实上两个方面是特别有问题的。第一个方面是，欧盟的扩大及其意义。欧洲一体化早期过程的成功源于这个事实，即强有力的历史、政治与经济因素将最初的六国融合在一起，更不用说确保法国与德国之间和平与稳定这一高于一切的愿望以及更小的邻国从法德和解中获益的愿望。然而，扩大在每个阶段都塑造着欧洲计划，主要是通过不太认同欧洲观念的国家（如英国、丹麦）加入以及南欧经济欠发达国家（西班牙、葡萄牙与希腊）加入的方式。不过，2004—2007 年期间的欧盟东扩是富有抱负且重要的。在一些方面，这些扩大是欧盟的最高成就，因为它们支持了甚至在某种意义上完成了中东欧的政治经济转型，标志着欧洲范围内自由主义民主的胜利。然而它们也产生了诸多困难，特别是永久性地改变了坚定支持多样性的欧盟内部统一与多样性之间的平衡。如果欧盟再也不能以相对少数大国（尤其是法国、德国，某种程度上包括英国）达成协议的方式得到管理，那么欧盟内部有效决策与连贯思想的前景或许会永远消失。如果欧盟有前途，那么它也不太可能是个经济与政治联盟，而更像“多速的”欧洲或双重甚至三重的欧洲。

全球行为体

欧　盟

类型：地区组织　**成立时间：**1993 年　**主要所在地：**布鲁塞尔

成员国数量：27　**人口：**502 000 000

1993 年《欧洲联盟条约》得到批准，从而使欧洲联盟取代了欧洲煤钢共同体、欧洲经济共同体与欧洲共同体。欧盟是独特的国际组织，因为它具有政府间与超国家的特征。其成员国仍是独立主权国家，但可以共享主权以获得主权国家所没有的力量与世界影响。欧盟包括四项主要机构：

- 理事会（代表着成员国，是主要决策机构；国家或政府首脑每年四次会晤，也称为“欧洲理事会”）
- 欧洲委员会（代表整个欧洲的利益，创设立法机构而且充当欧盟行政机构）
- 欧洲议会（具有审查与监管功能的直选机构）
- 法院（解释与使用欧盟法律）

欧盟包括三大“支柱”：第一支柱包括现有共同体（欧洲煤钢共同体、欧洲经济共同体、欧洲原子能共同体）；第二、第三支柱分别是共同外交与安全政策、司法与内政事务。第二、第三支柱是政府间合作的领域。在欧盟内部，公民享有共同公民权，包括生活与工作的权利。如果是居民，公民可以在欧盟任何地方进行政治参与。

意义：欧盟是世界上地区组织最发达的例子。欧盟几乎有 5 亿人口，是世界上第三大政治单位，仅次于中国与印度，比美国大 40%左右。毫无疑问欧盟是个经济超级大国。欧盟占世界国内生产总值的 28%多，超过美国同时全球商品贸易的 1/3 多。1993 年欧洲单一市场形成，1999 年单一货币欧元诞生。欧盟 27 个成员国的 16 国属于欧元区。由于这些原因，欧盟时常被视为美国霸权的主要挑战者。因为欧盟再也不需要美国在冷战期间所提供的安全伞。欧盟与美国日渐从不同的视角审视世界。欧盟的支持者强调其大量优点。例如，欧盟为经历过一战与二战严酷考验的欧洲大陆带来了和平与政治稳定，而且鼓励欧洲民众跳出狭隘且孤立的民族主义。此外，共享主权赋予欧盟国家在世界上更大的影响力，尤其是相比于其单独的行动，而且经济联盟与单一市场推动着经济发展并不断扩大机会。

然而，尽管欧盟的经济权力是毋庸置疑的，但是在其他方面它仍是个软弱的全球行为体。确立有效的共同外交与安全政策的努力取得了有限的进步，而且在这些领域中有意义的合作特别难以产生。成员国之间的分歧往往弱化，有时使欧盟在重大问题上不知所措，如欧盟对“反恐战争”的反应，中欧关系特别是在人权与西藏问题上等，俄欧关系、特别是贸易与能源依赖问题。一些人认为，欧盟基本上是不牢靠的且不断陷入瓦解的危险境地。批评者指出，民族、语言与文化差异致使欧盟不可能确立真正的政治忠诚感，而且欧盟内部的“民主赤字”绝不能被克服。此外扩大与深化的目标之间存在着无法解决的张力，而且一体化很大程度上受到政治精英与公司利益的驱使。而它们越过了(run ahead of) 欧洲民众。欧盟也并不代表着一个可行的经济模式，因为其高质量的社会服务致使其在全球范围内没有竞争力，而且单一货币从长远来看事实上是不切实际的。

欧洲所面临的第二个主要挑战是经济层面而不是政治层面的。尽管大家一致同意经济联盟比政治联盟更有可能成功，但是有很多理由可以认为欧盟的持续性经济成功绝不是有保证的。欧盟在世界贸易与生产方面的份额会减少，而且颇具影响的成员国往往决定在不断增强的全球竞争压力面前维持社会保护以及福利服务。2007—2009 年的全球金融危机会加剧这些长期性问题。全球金融危机对欧洲产生了更严重的影响，相比于中国、印度与巴西等新兴经济体。全球衰退导致欧洲许多地区螺旋上升的债务，特别是欧元区的希腊、西班牙、葡萄牙、爱尔兰，某种程度上还包括欧元区的意大利、欧元区之外的英国。2010 年 5 月的希腊危机是如此严重，以至于它加速了德国所领导的巨大的欧元区的救市计划 (bail-out)，并且其他脆弱的经济体也深陷危机之中。2010 年 11 月，针对爱尔兰的欧盟与国际货币基金组织的救市计划达成了。

然而这场欧元区危机可能具有深刻且深远的意义。首先，它强调欧元区本身宽松的调节。欧元区并没有使较脆弱的经济体更具竞争力，反而成为希腊与其他国家的避难场所。希腊等国家运用低利率的收益激起资产泡沫，却并没有改革其经济。至少，这意味着对欧元区及其外的财政廉洁、削减政府开支特别是缩减福利以及减小公共部门规模的强调。但如果没有将这些社会与政治紧张状态呈现出来，这些紧缩政策不可能实现，并且可能数年之后将会产生很多问题。欧元危机的更大意义是其对德国的影响。德国既是欧盟最大的经济体也是一体化的关键，因为或许相比于其他国家，德国传统上更将欧盟利益等同于其国家利益。然而，2010 年德国在帮助希腊摆脱困境中的角色在德国产生了严重的问题，涉及其在欧元区的责任，甚至对单一货币的义务。这些事务受质疑的程度或许会使欧洲计划本身处于危险境地。

见诸行动的全球政治

欧盟东扩

事件：2004 年 5 月 1 日，欧盟完成了一次史无前例的扩大。以往的扩大最多是 3 个新成员国参加，但是这次扩大涉及 10 个新成员国，从而使欧盟成员国从 15 国扩大到 25 国。显著的是，除了马耳他与塞浦路斯，这些新成员国都是中东欧的前共产主义国家。其中 3 个国家爱沙尼亚、拉脱维亚与立陶宛是原苏联加盟共和国，而其他 5 个国家捷克共和国、匈牙利、波兰、斯洛伐克与斯洛文尼亚是原苏联集团的一部分（在苏联时代，捷克共和国与斯洛伐克是同一国家）。2007 年 1 月 1 日，这个过程进一步发展，其他两个原苏联集团国家保加利亚与罗马尼亚加入，使欧盟成员国扩大到 27 国。

意义：由于许多原因，欧盟向东欧的扩展具有重要意义。

第一，它对欧洲地缘政治重构产生了重要影响。1989—1991 年东欧剧变所导致的共产主义崩溃促成了这个过程。在铁幕所形成的分裂达数十年之后，欧洲又统一了。由此，欧盟成员国在支持东欧政治—经济转型中扮演着重要的角色。中东欧国家满足了 1993 年所确立的、适用于所有欧盟新成员的“哥本哈根标准”，其加入表明了其对民主、法治、人权与少数民族保护的支持。同时这也使中东欧国家致力于市场经济，并接受欧盟所确立的政治、经济与货币联盟的目标。在 2004—2007 年之后，自由主义民主向东欧的扩展变成了一个不可阻挡的过程。

第二，东扩也影响着欧盟内部的平衡及其总体取向。特别是，欧盟不太能够继续扮演“西欧俱乐部”的角色，“西欧俱乐部”由法国—德国所支配着而且大国一般可能推动自己的偏好。相反，小国的发言权极大地增加了，这意味着某种程度上欧盟更强调对经济与社会发展的支持。在某些意义上，欧盟重心（centre of gravity）已经东移，因为欧盟的注意力越来越集中于进一步东扩。土耳其、马其顿、塞尔维亚与克罗地亚有兴趣加入欧盟，而且欧盟与俄罗斯之间的关系也成为日渐重要的问题。

第三，东扩对欧盟的经济表现产生了影响。一方面，欧洲人口增加了 20%，这为欧洲创造了一个更大的内部市场，为所有成员国带来了经济增长。另一方面，原有成员国（欧盟 15 国）与新加入国之间生活水平与经济表现的巨大差异、尚处进行中的从中央计划到市场经济的转型对欧盟提出了经济挑战。例如，东扩仅仅使欧盟国内生产总值增加了 5%，致使欧盟 15 国倍感压力。2007 年以来，欧盟 15 国占欧盟全部税收的 90%左右。最后，扩大对欧盟决策过程产生了重要影响。十分简单，必须得到满足的国家与政治利益越广泛，欧盟决策以及实施连贯战略的难度越大。对于许多人而言，欧盟的扩大极大地约束着其深化。这导致确立更加合理的、集权的决策过程，如所建议的欧盟宪法。不过，在更加分权，在某些方面甚至更加分化的欧盟，这事实上是不可能的。荷兰与法国否决了欧盟宪法，因而《欧盟宪法条约》撤回了，更温和的《里斯本条约》取而代之。因此一些人认为，扩大致使“更加密切的联盟”的最初目标变得不可能。

聚焦

欧元：可行的货币？

加紧推进货币联盟的决策是 1992 年《欧洲联盟条约》的主要特征之一。1999 年欧元

（最初称之为欧洲货币单位）诞生了。2002 年 1 月 1 日，欧元纸币与硬币开始流通。欧元区从最初的 12 个成员国扩展到 16 个国家。欧元成为仅次于美元的世界第二大储备货币。2009 年以来，欧元在币值以及世界上流通的纸币与硬币方面超越了美元。支持货币联盟的主要论断是，它是欧洲单一市场的逻辑延伸，而且它承诺促进欧洲内部贸易水平，从而推动经济繁荣。为此，它降低了货币交换的成本，增强了竞争力，因为顾客能够更加容易地评估欧元区内商品或服务的相对价格。相比于国家货币的聚集，一种地区货币可能更加坚挺与稳定，因为它不太容易受到投机狙击的影响，而且个体国家再也不能以贬值的方式获得对其他国家的优势。

然而，欧元的批评者认为，它是政治抱负对经济现实的胜利。首先，一个成功的单一货币要求单一货币区的不同地区之间竞争力与生活水平的差异是相对适度的。欧元区并不如此，它包括希腊、葡萄牙等国家，而这些国家具有相对欠发达的工业经济体。相似的是，仍然重要的社会、文化与民族差异损害着欧元区人员的自由流动——这是解决地区内发展差距的必要条件。欧元区脆弱性的一个主要根源是，单一货币需要一个共同利率。在这种情况下，欧洲中央银行确定共同利率。然而“通用”（one size fits all）利率不会而且不能顾及欧元区内经济表现的差异，这意味着各国经济不能使用货币政策来解决其经济困境。这些问题被以下事实调和，即关于政府开支水平与赤字规模的欧元区规则不会得到严格的执行。这在 2010 年变得明显，当时希腊债务危机威胁着整个欧元体系，需要其他欧元区成员国的重大救市计划，国际货币基金组织也支持这个救市计划。至少这强调改革欧元区运行规则的必要，而最坏的就是它使单一货币的观念蒙上了浓厚的阴影。

总　结

- 区域主义是这样一种过程，即地理上的地区变成重要的政治或经济单位，从而成为合作与认同的基础。由于合作的基本领域是经济、安全或政治，区域主义呈现出不同的形式。
- 区域一体化的趋势，特别是欧洲超国家合作的试验激起了国际层次上关于一体化与制度建设的动机与过程的理论争论。区域一体化的主要理论有，联邦主义、功能主义与新功能主义。
- 所谓的“新”区域主义本质上具有经济的特性，它往往呈现出地区贸易集团的发展形式。一些人视这些贸易集团为全球化的素材，认为这使国家能够更有效地适应全球市场力量，然而另一些人则视其为绊脚石，认为预防性机构意在保护经济或社会利益免受更广泛的竞争压力。
- 尽管亚洲、非洲与美洲存在着各种形式的区域主义，但是区域一体化在欧洲发展得最深远，它由一系列特定、独特的历史环境所刺激着。作为这个过程的产物，欧盟是一个非常难以分类的政治组织。
- 共同外交与安全政策增强了欧盟在全球体系中作为单一实体而行动的能力。不过，“大西洋主义者”与“欧洲主义者”之间的张力、安全区域主义对北约和欧盟与美国关系的意义的敏感性、国家主权弱化的焦虑有助于解释为何这个问题上的进步是缓慢的。

● 20世纪80、90年代欧洲一体化重新获得了动力。此后关于欧洲计划停顿的关切出现了。这关系到扩大与深化目标之间的张力、欧洲不断衰落的全球竞争力、长期而言货币联盟是否能够运行的问题。

问题讨论

● 何为“地区”?

● 次国家区域主义如何与作为国际现象的区域主义相联系呢?

● 经济区域主义呈现出什么形式?

● 为何政治区域主义所取得的进步远比不上经济区域主义或安全区域主义?

● 如何以及在何种程度上区域主义阻碍着全球化的发展?

●“新”区域主义新在何处?

● 欧洲区域主义与亚洲区域主义存在着相似之处吗?

● 欧洲一体化如何得到最好的解释?

● 欧盟内部扩大与深化的目标之间的张力是否有可能得到解决呢?

● 作为全球性行为体，欧盟具有多大的意义?

● 欧洲一体化过程身处瓦解的危险境地吗?

第 21 章

全球未来的镜像

今天已迈向明天。

——塞缪尔·泰勒·柯尔律治（1875—1912）

预览

理论能帮助我们理解这个世界。但前面的章节清楚地表明，这些理论在帮助我们预测 21 世纪全球政治格局的趋势方面有很大的局限性。一系列时而鲜明甚至富有戏剧性的镜像或许会为这样的探讨提供一个良好的开始。这是众多学者、政策分析者或政治评论家所提出的。这些镜像经常带有预测全球未来的明确意图。这些镜像常有超出学术界而影响着世界事务的流行话语。除此之外，它们宣告“无疆界的世界”的来临，声称“历史终结”，预测一个日渐浮现的“文明冲突”并宣布“中国世纪”的诞生。近几十年来全球政治的转变和深刻变革催生了这些镜像——全球化的推进、冷战的结束以及全球恐怖主义的降临。因为原来的定论受到质疑，全球政治轮廓变得更加模糊，所以对精练解释和简洁假设的渴求日益增强，即对镜像的渴求。这些镜像突显了哪些趋势？它们作为全球未来的远景具有怎样的说服力？然而这些镜像依然提出了更大的问题，特别是我们是否能够了解未来的问题。如果可以，我们又能够了解多远的未来。虽然现在比以前有了更多资源应用于预测经济事务、金融事务以及其他事务（不仅仅是天气预报），但鲜有证据表明我们的境况好转了。这些努力是值得的吗？或者它们仅仅维系着对人类知识的范围以及可信度的幻想？

关键问题

- 镜像如何帮助我们理解现实？
- 镜像在全球政治中扮演着什么样的角色？
- 现代全球政治中最具影响力的镜像是什么？
- 这些镜像的主要优点和缺点是什么？
- 镜像能否有助于揭秘全球未来？
- 是否有可能知晓未来呢？

镜像与现实

镜像是一个个体、群体或事物（一项制度、事件、系统等）的表现和肖像。照此而论，镜像无非是我们脑海的错觉或构想（constructs）而已。然而，这并不意味着镜像仅具有“内在的”意义。镜像也许会在增长知识和提高理解力的过程中扮演重要的角色，同时也有可能作为重要组成部分在解释全球行为体的行为方面发挥重要作用。就知识发展而言，镜像发挥着更加广泛的作用，尤其是相比于通常所认为的。比如，科学知识的发展过程能够体现出这一点。下述观念是有误导之嫌的，即科学家仅仅通过严格的试验程序以区分主观因素（如偏见或一厢情愿）与“确凿的”客观知识，从而提高其理解能力。查尔斯·达尔文的“自然选择”理论（现代生物学的基础）、爱因斯坦的相对论（现代原子和亚原子物理学的基础）、阿尔弗雷德·魏格纳（Alfred Wegener）认为地球表面由巨大的不断运动的地壳板块组成的理论以及乔治·勒梅特（Georges Lemaître）宣称宇宙来源于“大爆炸”的观点，都是证明科学“发现”的例子。由于其自身的性质，科学发现不能仅仅运用实验方法。相反，它们每一个都产生于一种镜像，一种基于如下理由而赞颂自己的镜像，即其有助于理解令人困惑的现实。仅到后来，有时也仅仅某种程度上这些镜像的确从实验中获得支持。爱因斯坦曾经说，“想象力比知识更重要”。

作为解释世界舞台上行为体行为的基础，镜像在塑造人们如何看待自己和如何看待他人方面是至关重要的。这或许在民族主义和国家形象的作用方面表现得最为明显。在该主题的影响深远的著作中，博尔丁（1956）强调了国家形象在冲突解决/和平建设等过程中的重要性。他指出，决定我们行为的，是我们认为世界是什么样子，而不是世界真正是什么样子。这预示着后来建构主义者的思想。因此，一个国家对另一国敌视或友善的印象，而不是它“真正的”敌视或友善，决定了它的反应。根据博尔丁的观点，镜像因此能够被认为是“行为单位的总体认知、情感和评价结构”，实际上是其自身及其所运行的整体的内部观点。然而，国家形象并非是固定不变的；与之相反，政府和政治领导人积极致力于重塑并改造国家形象。这种形象工程（image projection）能够明确地体现在各种国际峰会、会议和主要体育赛事中。譬如，2008年北京奥运会展现了富有创新力、具有时代感、成功的中国国家形象，这实际上标志着中国“正在成为”第一序列的强国。这很明显地体现在开幕式和闭幕式所投入的巨量资源，31座顶尖水准的体育场馆和大量相关的基础设施建设（包括新添3号航站楼等北京机场改造，3号航站楼是世界最大的机场航站楼），以及中国运动员对奥林匹克运动会的精心准备（中国以51块金牌首次超越美国而位列金牌榜榜首)。

后结构主义理论家或许更喜欢强调镜像在当前全球政治中所扮演的角色和重要性。例如，詹姆斯·德尔·德里安(2009)考察了那些有助于塑造高科技、低风险的“道德战争”(virtuous war)的幻想的进程和影响，并研究这种镜像是如何塑造美国外交政策方向的，尤其是在后“9·11”时期。德尔·德里安抛弃了军工综合体的陈旧观念，强调他所称的“新型军工媒体娱乐网”的角色，其通过电视节目中的大量现代战争、好莱坞战争电影、军事战争游戏、电脑视频游戏等的曝光而运作着，塑造着不流血的人道主义卫生战的幻象。其道德危险在于，因为“虚拟”和“道德”混为一谈，人们对战争的态度不再受先前那个影响深远并广泛传播的“真正”战争人力成本论的影响。而道德战争的政治危险在于，它会诱使政策制定者参与干涉外国事务，使其对现代军事科技的功效过于自信，以至于无法意识到军事冲突经常涉及的战略等方面的复杂性。对于德尔·德里安而言，道德战争集中爆发在2003年那场“举世震惊、令人畏惧”的伊拉克战争中，但紧随其后的是一场美国没有做好充足准备的旷日持久的平叛战争。

争论中的全球未来镜像

然而，镜像的重要性不仅仅体现在构建国家如何相互交往、战争与和平问题如何解决的问题上。它们也被用为突显全球政治重要趋势与发展的更广泛的解释性工具、形象的方式(graphic ways)。近几十年来，随着国际关系学者、社会科学家、政策顾问、记者、一些政治家争先恐后地将他们自己的全球政治观铭刻在各种学术和大众思想领域，无数这样的镜像已经出现了。确实，关于全球政治的争论逐渐定位在这些镜像与原像(counter-image)上，从而提供了概述时代主要事件的有效方法。虽然目前确定这些镜像相对重要性的可靠标准并不存在，但一些最具影响的事项包括以下几点：

- 无疆界的世界?
- 民主国家的世界?
- 文明冲突?
- 中国的世纪?
- 国际共同体的发展?
- 南方国家的崛起?
- 日益临近的环境灾难?
- 迈向世界主义民主?

无疆界的世界?

大前研一(Ohmae 1990)首次在其文章中提出了“无疆界的世界”的镜像。这个镜像捕捉到了全球化的超全球主义论(hyperglobalist)的关键性思想。超全球主义论者将全球化描述为一系列影响深远甚至革命性的经济、文化、科技和政治的变化。对于国家与传统的主权观，这些变化具有巨大的影响。随着全球化进程的推进，不断增加的人员、货物、资金、科技和思想的跨境流动已经削弱了国家作为领土实体的地位，并极大地破坏了国家政府控制其境内事务的能力。一个无疆界的世界会是什么样呢?最重要的是，它会变成一个全球相互联系和“不断发展的”相互依赖的世界。对超全球主义论者而言，一个环环相扣的全球经济为所有人带来了繁荣的前景。经济资源将会得到最有利可图的使用，不管其身处何地。物质差距会消失，因为所有参与全球经济的国家和地区都会获益。从这个方面来讲，第二次世界大战结束以后支持自由贸易的重大转变已经发生了，这使富者更富，穷者不穷。世界贸易组织等机构某种程度上推动了这种转变。然而，一个无疆界的世界的政治意义仍然很重要。尤其是按照商业主义或相互依赖自由主义，全球自由贸易、跨国生产以及跨国资金流动创造了广泛且持久的和平前景。在此背景下，战争的经济成本高得难以接受，而且不断增强的经济与金融的相互联系将会加深国际理解甚至世界主义。

然而，这种镜像的说服力如何呢？世界政治的超全球主义论者的最大问题在于，它似乎夸大了全球化弱化国家并致使国家边界无关要旨的程度。正如第 5 章所讨论的，“后主权治理”（post-sovereign governance）并未出现。在这种治理中，国家被掏空，以至于其实际上是多余的。不断扩展的全球化的状况改变着国家，但国家还没有被遗弃在历史垃圾桶里。实际上，全球化或许在某些方面强化了国家，如中国和俄罗斯等国家所表明的，作为现代化的施动者（agent），国家获得了新的重要性。从某种程度上来看，国家、国家体系继续发挥着影响，而全球政治仍将是相互依赖力量和无政府力量之间较量的战场。无政府力量固执地拒绝屈服于前者。此外，以和谐、和平、繁荣为特点的无疆界的世界（假设它能够，或者将会发生）的观念至少因两个原因受到质疑。首先，全球化已经孕育了一场文化与政治对抗（backlash），这也许表明了全球化的政治文化局限性。例如，种族性民族主义和宗教原教旨主义是对威胁性的外来价值观与实践的反应。其次，在无疆界的世界中并非所有人都会获益以及参与不断攀升并共享的繁荣。相反，以市场为基础的经济体制总会产生结构性差距，所以国家资本主义向全球资本主义的任何过渡更可能会重塑这些差距而不是完全将其消除。

全球行为体

世界贸易组织

类型：政府间组织　**成立时间：**1995 年　**地点：**瑞士日内瓦

成员：153 个（截至 2011 年）

1995 年 1 月 1 日世界贸易组织成立了，取代了关税及贸易总协定。它是 1986—1993 年乌拉圭回合谈判的产物。世贸组织的主要目标是维护多边贸易体系的原则。最重要的是，世贸组织是一个磋商平台，一个供成员国解决彼此间贸易问题的地方。成员国政府参与这个组织管理：所有重大决策由全体成员共同决定。决策通常采取协商一致的方式。从这个角度看，世贸组织不同于世界银行和国际货币基金组织等联合国机构。因为它们都有行政部门和有利于主要工业国家的加权投票系统（a system of weighted voting）。

重要性：世贸组织的支持者认为，世贸组织已经在贸易自由化中扮演了重要角色，极大地推动了世界经济的可持续发展。很大程度上这是基于如下信念，即自由开放的贸易对所有参与国家都是互惠互利的。贸易自由化加剧了竞争，促进了创新，为所有国家孕育了成功。与世界银行和国际货币基金组织不同，世贸组织也有基于所有成员国政府共识的强大的民主文化。世贸组织的规则由成员国自己按照商定的程序实施。当实施制裁时，所有成员国作为一个整体予以授权。这确保发展中国家的观点和利益会得到充分考虑，这不仅是因为发展中国家数量可观（世贸组织成员国的 2/3 是发展中国家），也因为当前对以贸易为导向的发展（trade-oriented development）观点的强调。对世贸组织的有效性而言，特别重要的是其争端解决程序，而这被广泛视为关税及贸易总协定后的一个进步。在关税及贸易总协定下，争端解决的固定时间表并不存在，而且裁决极容易被堵塞，许多案件一拖再拖，最终不了了之。相比之下，世贸组织有一个更加结构化的程序，更加强调尽快解决（prompt settlement）。大多数争端以非正式协商的方式在“庭外”得到解决，仅仅略多于 1/3 的案件由争端解决机制解决。

然而，世贸组织一直是个备受争议的组织。许多批评者关注其基本原则，认为贸易自由化远远没有给所有人带来好处，它是结构性不平等、劳工权利和环境保护弱化的原因。工业和技术先进的国家从国际贸易中获益最多（因为它们不必参与激烈竞争就会获得更大的市场份额），并且自由贸易规则使各国更难以维持对社会和环境的保护。此外，世贸组织强调共识建设（consensus-building）。这意味着其决策过程缺乏透明度，因此也缺乏责任。第二类批评者认为，世贸组织的民主是虚假的。据称，在世贸组织中发达国家相比于发展中国家享有一系列优势。共识决策更多偏向于那些拥有相当规模、资源丰富、在日内瓦有常驻代表的国家。这意味着世贸组织通常被标识为“富人俱乐部”。第三类批评者强调世贸组织的缺陷，特别是其无力调节强烈的反对意见。起始于 2001 年的多哈谈判几乎崩溃了，这显然体现了上述问题。谈判停滞不前，主要是因为中国等发展中国家和新兴经济体与发达国家在农业补贴上的分歧。这样的失败使美国和欧盟有能力维持农业保护主义，而处罚了发展中国家和世界上的穷人，他们很大程度上会从降低壁垒与农业补贴中获益。

民主国家的世界？

民主国家的世界的镜像根植于共和自由主义，其历史可以回溯到 17、18 世纪政府权力的社会契约论。在现代版本中，它突出强调了民主治理应该不可阻挡的趋势，反对专制与权威主义。根据弗朗西斯·福山等“历史终结”者的观点，民主或者更确切地说自由民主代表着人类历史的确定性终点。或许民主为所有社会成员提供了社会流动与物质安全的前景，使公民有机会在没有国家干预的条件下实现个人自我发展。对于福山、多伊尔（Doyle 1986，1995）等理论家而言，迈向民主的不可避免的趋势的主要结果是和平的普遍扩展、国家间大规模冲突的可能性的下降。这种预测是以“民主和平”论为基础的。随着国家向自由民主规范靠拢，民主和平论者以价值观的同质化术语解释民主国家间的战争随时间推移不断下降的现象。亨廷顿（1991）提出了民主趋势的历史证据，他关注民主化的三次“浪潮”。第一次民主化浪潮发生在 1828 年至 1926 年间，涉及美国、法国、英国等国家；第二次发生于 1943 年至 1962 年间，涉及联邦德国、意大利、日本和印度等国家；第三次始于 1974 年，其表现为希腊、葡萄牙、西班牙右翼独裁统治的颠覆，拉丁美洲军事统治的退却，更重要的是始于 1989 年的苏东剧变。到 2003 年，63％的国家展现出了民主治理的一些主要特点，这些国家的人口占世界人口的70%左右。为什么民主会战胜其他统治形式呢？民主的胜利又会如何重塑全球政治呢？

然而，民主趋势将会改变国家体系的观点却招致批评。例如，在苏东剧变之前“历史终结”理论几乎尚未概述出来，然而苏东剧变引发了非常与众不同、有些不那么乐观的镜像。东欧剧变导致了犯罪与腐败的激增，这有时与向市场资本主义转变的“休克疗法”相联系。这表明混乱与不稳定的再现，而不是通往和平的长期趋势。这意味着，苏东剧变与冷战结束的主要意义可能不是其为民主化新浪潮所提供的机会，而是标志着从一个稳定的两极世界秩序向内在不稳定的多极化格局的转变。而世界舞台上非民主国家重要性的日益提高，使得民主国家的世界和“民主和平”的前景受到进一步质疑。俄罗斯以自己的方式表明，权威主义比民主更具某种优势。这可能包括作为一种经济模式的国家资本主义的成功，国家资本主义模式中市场的优势平衡了强国家（a strong state）。而强国家承担着长期规划，可以降低美国式企业资本主义的不稳定性。同样的，相比于民主国家，权威主义国家在气候变化挑战所产生的更强硬政策方面的实施上或许处于更有利的地位。最终，卡根（2008）提出了“历史的回归”，以修正“历史终结”论的乐观主义。这表明，21世纪全球政治将不会以民主和平为特点，而是以民主国家（特别是美国）和权威主义国家（尤其是俄罗斯）之间的竞争为特点。

弗朗西斯·福山（Francis Fukuyama，1952— ）

美国社会分析家、政治评论家。福山生于美国芝加哥，是一个新教牧师的儿子。在任职兰德公司顾问之前，他是美国国务院政策规划委员会委员。作为一个坚定的共和党人士，他因其《历史的终结?》（The End of History? 1989）赢得国际声誉，后来又将其扩展为《历史的终结与最后的人》（*The End of History and the Last Man* 1992）。这些文章声称，思想史已经以承认自由民主为“人类政府的最终形式”的方式终结了。在《信任》（*Trust* 1996）和《大震荡》（*The Great Disruption* 1999）中，福山讨论了经济发展与社会凝聚力之间的关系，突出了资本主义发展的对比形式。后来在《新保守派之后》（*After the Neocons* 2006）中，他深化了对后“9·11”时代美国对外政策的批评。

文明冲突?

在冷战的余波中，文明冲突的观点出现了。塞缪尔·亨廷顿在其著作中深化了文明冲突论。文明冲突论的关键论点是，21世纪世界秩序将会以不断增长的紧张局势和冲突为主要特点，但这些冲突将是文化性质的而不是意识形态、政治或经济层面的。因此，全球政治的新时代出现了，其中文明将成为主要力量，也即“大写版的文明”（culture writ large）。对于亨廷顿而言，新兴的“文明世界”包括九大文明：西方文明、中国或中华文明、日本文明、印度教文明、伊斯兰教文明、佛教文明、非洲文明、拉丁美洲文明和东正教文明。正如第8章所谈论的，亨廷顿（1993，1996）假设，由于这些文明是基于不可调和的价值观，它们之间的对抗和冲突是不可避免的。亨廷顿特别强调中国（尽管经济增长迅速但仍拘泥于独特的中华文化价值观）与西方世界、西方世界和伊斯兰世界之间冲突的可能性。他还确认了西方文明与“其余文明”之间冲突的可能性，“其余文明”极可能是儒教国家和伊斯兰国家的反西方联盟。因此，文明冲突论的镜像提供了一种国家中心论的现实主义（即使亨廷顿承认文明通过忠于“核心”国家而运行，在这种情况下民族国家仍是世界事务中的主要行为体）的替代方案，与无疆界的世界或民主国家的世界的自由主义镜像形成鲜明对比。

塞缪尔·P·亨廷顿（Samuel P. Huntington，1927—2008）

美国学术和政治评论家。亨廷顿在三个领域作出了巨大贡献：军事政治、战略和民事/军事关系；美国和比较政治；欠发达社会的政治。在《第三波》（*The Third Wave* 1991）中，他创造了“民主化浪潮”的概念，并将1972年后民主化进程与1828—1926年、1943—1962年的早期浪潮联系起来。其广受讨论的著作是，《文明的冲突与世界秩序的重建》（*The Clash of Civilizations and the Making of World Order* 1996）。亨廷顿在此书中提出了颇具争议的论断，即21世纪世界主要文明之间的冲突会导致战争和国际失序。在《我们是谁?》（*Who Are We*? 2004）中，亨廷顿讨论了美国国家认同所受到的挑战。这些挑战是由大规模拉美裔移民和不愿意融入主流社会语言和文化的拉美社区所造成的。

毫无疑问，这种全球政治镜像在“9·11”恐怖袭击事件之后产生了重大影响。“全球”或“伊斯兰”恐怖主义被广泛地解释为一种文明现象，体现了伊斯兰世界与西方世界之间不断增长的敌意。这类思想也塑造着“反恐战争”，至少在其早期的化身（incarnations）中就是如此。然而，文明冲突的镜像也招致了许多批评。例如，一些人驳斥所谓的文明“结构”模式。这种模式将文化描绘成僵化、同质性，彼此间明显不同。在现实生活中，文明或文化更加复杂、碎片化，易受外部的影响。重大的历史证据削弱了文明冲突不可避免的观念，即不同文化、宗教或种族群体的人能够在至少相对和平与和谐的条件下共同生活。此外，当冲突确实爆发时，目前也丝毫不能确定冲突的确具有文化或文明的特征。比如，伊斯兰恐怖主义更应该理解为是对政治局势、政治文化意识形态所体现的危机的一种暴力性回应，而不是复兴的伊斯兰世界的体现。最后，全球相互依赖与同质化的趋势削弱着无法调和的文明冲突的镜像。尽管各国的政治和文化认同各不相同，但全球化趋势使得世界不同地区的国家在经济价值观和实践上日渐相似，并且某种程度上扩展着对人权论的跨文化支持。

中国的世纪?

20世纪通常被描绘为“美国的世纪”，试图以此强调美国霸权的作用。美国是二战后资本主义西方世界的领导国家、冷战结束后唯一仅存的超级大国。虽然在20世纪70年代到20世纪80年代美国衰落的观念很兴盛（Kennedy 1989），但是21世纪的前几年更强大的美国回归了，这通常与下面的观点相联系，即权力正在从美国所领导的西方世界转移到亚洲，尤其是中国。21世纪是“中国的世纪”的镜像往往反映了这种观点。中国正在成为一个新的全球强国。这种镜像的主要基础在于，中国骄人的持续性经济增长的记录可回溯到20世纪80年代。2010年中国已成为世界第二大经济体，似乎很快就能赶上美国了。中国的经济崛起与其日益增长的外交自信、蓬勃发展的结构性权力相匹配。然而，“中国世纪”的观点与两种截然不同的镜像相关。在第一种镜像中，中国崛起是与激化的国际冲突前景、战争的更大可能性相联系的。特别是，进攻性现实主义者认为，霸权转移极少以和平的方式完成，因为新霸权国可能寻求与其新确立的经济主导地位相匹配的军事和战略地位，而原来的霸权国不太可能轻易甘心于其身份和地位的丧失。主要的政治和文化差异、台湾和西藏等争议问题困扰着中国和美国。此外，在权力转移过程中，一个不稳定的多极化时期将会出现，其中中等国家被鼓励去参与权力争夺。归根结底，一战和二战的爆发可能都是因为世界处于“霸权缺失时期”（between hegemons）（英国趋向衰落，但美国还没有做好担任全球领导的足够准备）。

然而在第二种镜像中，中国的世纪是稳定而和平的。这样的期望很大程度上是基于下面的信念，即全球化改变了国家界定国家利益和国家之间互动的方式。由此观之，中国会成为新型的全球性强国，永远将经济考量置于战略考量之上。同样的，美国或许会甘心于霸权地位的丧失，因为这会缓解美国全球领导地位的重担，如以前英国所做的那样。然而中国崛起或许需要漫长的时间。尽管30多年来中国增长率稳定在大约8%～10%的范围内，但是这个过程是从很低的基础起步的，这使得中国追上美国技术发展水平和军事实力尚需几十年。中国经济的成功很大程度上依赖于廉价劳动力与低价出口，而似乎源源不断的来自贫困农村的劳动力供应使其成为可能。当这个过程结束之后，尽管拥有13亿多人口，中国也必然需要重新构建其经济模式，使其发展更依赖于国内需求而不是出口，并从廉价的制造业转移到更复杂的高科技生产。这个转变不是轻易能够实现的。

国际共同体的发展？

“国际共同体”（international community）的概念起源于“国际社会”（international society）的观念。格劳秀斯的如下理念预示着“国际社会”的观念，即只有战争的原因和行为符合正义原则，战争才能被视为正当。现代国际社会理论家的重要假设是，虽然国家是并且仍将是利己的并追求权力，但是文化凝聚力和社会整合（social integration）逐渐在某种程度上建构着国家间关系，因此国际体系是一个“国家间社会”（society of states），而不是现实主义者认为的“国家体系”。国际共同体的镜像进一步推动了这一进程。社会表明了成员间互动的有序模式，然而共同体意味着情感的纽带与相互尊重。因此国际共同体的术语造就了一种镜像，即国家集合体（a collections of states）能够像单一的整体一样协调一致地行动。尽管国际共同体术语在国际政治中已被使用很长时间了（例如，国际组织表达了“国际共同体的意志”），但是20世纪90年代以来国际共同体的概念得到了长足发展。这反映了两个事实，即超级大国之间对抗的终结为国际合作提供了新的机遇，而且全球相互依赖的趋势被广泛视为具有政治和安全意义而不仅仅具有经济意义。1991 年海湾战争中，美国所领导的国际联盟将伊拉克军队驱逐出科威特。根据海湾战争以及索马里、海地、波斯尼亚、科索沃、东帝汶等地区的人道主义干预，时任英国首相的托尼·布莱尔（2004）提请大家注意其所称的“国际共同体论”。由此，国际共同体开始拥有积极干预其他民族的冲突的权利，甚至可以说是责任或义务，从而放弃了长期以来被视为国际秩序主要准则的不干预规范。

国际共同体的发展会是一个持续性的趋势吗？国际共同体会提供一个更加安全、更加公正的世界吗？这种观念的现实主义批评家总是认为，它过于强调国家能够放弃自身狭隘利益的考虑而寻求国际共同体所能带来的更大利益的程度。事实上，国际共同体可能仅仅是一个虚假的想法。这种想法试图为国家的逐利行为贴上道德权威的标签。国际共同体的后殖民批判也得到了发展。由此观之，一些国家，通常是西方国家，能够披着国际共同体的斗篷，宣称拥有“解决”（sort out）世界不受青睐的地区的权威。这种观念被视为欧洲中心主义的例子。基于所宣称的人道主义理由的强行干预、国际援助等对发展中国家的其他干预形式被视为其他手段的殖民主义的延续。最后，即使国际共同体是一个有意义且值得做的想法，国家也仅愿意并且能够在非常特定的历史环境下按照单一的统一实体的方式而行动。20 世纪 90 年代期间对国际共同体的兴趣仅仅反映了后冷战初期所界定的一系列不同寻常的环境。这些包括美国作为唯一仅存超级大国的突出的重要性、一种在没有超级大国对抗下对于和平与国际正义前景的乐观气氛、俄罗斯（处于共产主义崩塌的动荡中）和中国（仍然处于经济崛起过程中）愿意接受——即使是暂时的——美国全球领导地位的事实。20 世纪 90 年代以后国际共同体所受到的关注度下降了，“正常”情况出现了，大国竞争重现了。

主要国际社会理论家

赫德利·布尔（Hedley Bull，1932—1985）

澳大利亚籍国际关系理论家。布尔的《无政府社会》（[*The Anarchical Society* 1977] 2002）以区分了“国家体系”与“国家间社会”而声名远扬。他发展了理论和实践的新格劳秀斯式方法，即国际社会意味着一个真实但脆弱的规范性秩序，其是以均势、国际法、外交、战争和大国制度为基础的。布尔（1966）也承认国际社会可能会趋向于社会连带主义（solidarism）或多元主义（pluralism），其取决于国家团结一致与追求共享目标的程度。他的其他主要著作包括《军备竞赛的控制》（*The Control of the Arms Race* 1961）和《国际关系中的正义》（*Justice in International Relations* 1984）。

马丁·怀特（Martin Wight，1913—1972）

英国国际关系理论家。怀特最著名的书籍《国际关系理论：三大传统》（*International Theory*：*The Three Traditions* 1991）提出了如下观点，即国际关系理论可以分为“3R”——现实主义（realism）、革命主义（revolutionism）、理性主义（rationalism）。

现实主义将国际政治视为零和的权力斗争；革命主义强调国家体系的变化与个体公民的真实利益之间的深度紧张状态；理性主义处于这两种极端之间，认为作为社会动物人类形成了受互惠权利与义务调节的社会。因此国际社会既不是混乱与必然暴力的，也不是无比和平的。

特里·纳尔丁（Terry Nardin，1942— ）

美国政治学家和学者。纳尔丁的《法律、道德和国家间关系》（*Law，Morality and the Relations of States* 1983）提出了一个国际社会的多元主义模式。这种模式是基于“实践性”而不是“目的性”的国家间联合。借鉴英国政治哲学家迈克尔·奥克肖特（1901—1990）的观点，他认为国际社会提供了规则，使成员国家能够共存并以和平而有序的方式互动，尽管它们归属于不同文化、有不同的生活方式和不同的政治体系。纳尔丁尤其关注主权与合法性之间的紧张关系。他的其他主要著作包括《迈克尔·奥克肖特的哲学》（*The Philosophy of Michael Oakeshott* 2001）。

另请参阅迈克尔·沃尔泽（第246页）。

南方国家的崛起?

中国经济的崛起、全球权力从西方向亚洲的普遍转移或许是更大过程——北方国家和南方国家之间关系的重新定位——的一部分。南北鸿沟的概念可追溯到20世纪80年代早期对全球经济中结构性不平等的认识。这种结构性不平等体现在高工资、高投资的北方工业国家与低工资、低投资的以农村为主导的南方国家（尽管这个术语从来不仅仅是地理意义）之间。然而南北鸿沟的镜像已经丧失了其大部分的相关性。这起始于20世纪70年代和80年代，经由东亚和东南亚“四小龙”的经济崛起，持续到中国、印度、巴西等国以及其他所谓新兴经济体的经济崛起。因此，重要的南方国家在消除贫困和推动经济发展方面取得了实质性进展。这表明北方国家与南方国家之间的关系并非都是基于权力和依附的。另外，南方国家的外交声音越来越有力，如20国集团不断增长的重要性、南方国家在世界贸易组织中日益增大的影响。南方国家广泛崛起的看法假定，中国、印度、巴西等国家所树立起的范例能够，也将会被其他南方国家和地区效仿，尤其是非洲，特别是撒哈拉以南非洲。撒哈拉以南非洲是世界上赤贫集中的地区，其将会开始追赶亚洲和拉丁美洲所创造的经济进步。这个观点的乐观态度源于下面的事实，即非洲经济正在增长、战争行将结束、艾滋病等不利因素正开始得到控制。更广泛地说，人口发展趋势支持这类预测：世界上大多数人口生活在南方国家，并且这些人比快速老龄化的北方国家的人年轻得多。

南方国家的崛起如何影响全球政治呢?不管怎样，它有可能发生吗?基本上，对南方国家崛起问题的乐观与悲观看法并存。乐观论者认为，像亚洲“四小龙”及后来中国、印度、巴西的崛起一样，它有助于推动全球增长，为北方国家提供新兴市场和更为廉价的制成品。非洲及其他“欠发达”的南方国家的崛起也具有同样的意义。全球经济不仅会扩展，而且其收益也会更平等地分配。此外，这还会解除北方国家提供援助以及勾销债务的责任。悲观论者认为，如果南方国家达到发达北方国家的生活标准，它们将创造出如此巨大的食物、能源和水的需求，以至于世界其他地区长期而言将无法满足其需求。如果像马尔萨斯理论所预示的，繁荣只能由少数人真正享有，那么当许多人富裕起来时这只能导致对稀缺资源的痛苦的或许暴力性的冲突。然而，一些人首先怀疑南方国家的崛起是否会发生的问题。对新马克思主义的世界体系理论者而言，只要全球资本主义仍然没有变革，体系本身所固有的结构性不平等依然存在，那么南方国家的欠发达状态就将持续下去。更深层次的问题在于南方国家所受到的环境威胁，特别是气候变化。欧洲、美国和日本或许足够富裕，可以适应气候变化，为不断缩减的石油储量付出更高的代价，并以转移污染产业的方式向贫困国家输出其环境问题。然而，南方国家可能无法轻易避免环境问题的束缚，因为它们过于贫穷（如大多数非洲国家）或过于庞大（中国、印度和巴西）。

日益临近的环境灾难?

环境活动家一直认为，世界正梦游般地踏入生态灾难。公认的环境威胁包括森林毁坏，特别是热带雨林的损失，包括深海在内的海洋污染、物种灭绝加速、生物多样性的减少等，其中最为严重的是气候变化，或全球变暖。两大障碍妨碍着国际社会在气候变化问题上采取有效行动。第一是固有问题（intrinsic problem），即个体国家总是倾向于将其国家利益置于国际社会的共同利益之上，如“公地悲剧”（the tragedy of the commons）观念所表达出的。当考虑到发达国家和发展中国家之间在此问题上的深刻分歧时，这些困难更为尖锐。第二个障碍是，手头上任务的绝对范围和规模以及实质上全球范围内温室气体排放大量削减所涉及的政治、经济和个人代价。气候变化的解决需要以碳基生产（carbon-based production）（其中燃煤、石油、天然气生产着能源）为基础的经济体的大规模重组。不仅如此，激进的环境主义者认为，仅有更少的消耗、更微薄的生活标准，才能减少气体排放。如果这些障碍无法克服（2009 年哥本哈根气候变化大会提供了一点点有可能解决的希望），结局会是非常严重的——在世界许多地方更持久、更强烈的热浪侵袭；洪水和旱灾发生的可能性增加；北极冰盖的融化；海平面的上升；更经常、更猛烈的飓风和其他风暴；生态系统的破坏以及农业生产的损失。除了这些发展所付出的人力代价以外，它们会产生深刻的政治分歧（political ramifications），例如，由于寻找肥沃土地和宜居条件的大规模人口流动和日渐激烈的资源竞争所导致的政治分歧。

然而，一些人认为，环境主义者所想象的环境灾难的幽灵已经被极大地夸大了。这妨碍了对气候变化的代价以及可能的解决措施的客观评估。即使那些所谓的气候变化否认者（他们反对人类中心主义或人类引起全球变暖的观点）的意见被忽略，气候变化也并不像很多人所认为的那样重要。例如，备受争议的丹麦政治科学家比约恩・隆伯格（Bjørn Lomborg 2007），将气候变化列在世界上最重要问题的第十五位，将其置于传染病、干净安全饮用水短缺和营养不良之下。隆伯格认为，许多环境指标越来越好，不再变坏。他认为，尽管气候变化是一个真正的全球性问题，但是我们需要仔细考虑气候问题解决的成本和收益。例如，以贫困减轻和艾滋病传播减少的方式减轻当代人的痛苦，更符合成本效益（more cost-effective）。减少全球变暖对下一代的影响的行为不太符合成本效益。不管怎样，下一代人会比当代人更富有。这种观点一般支持适应性策略（adaptation strategies）而不是减量策略（mitigation strategy），因为前者极为廉价而且易于实施。另一种应对气候变化的方法认为，减少温室气体排放的策略比一般所认为的更易得到，而且当然不需要经济体的大规模调整。这是隆伯格自己后来所信奉的方法，他更强调对气候变化的解决措施的探寻（Lomborg 2010）。减轻气候变化中所谓的“易胜”（easy wins）例子包括回收率的提高、房屋和工作空间的隔热程度的提高、清洁汽车的引进、奶牛饮食的改变（减少甲烷气体的排放）以及集光型太阳能（Concentrated Solar Power）的使用。

迈向世界主义民主?

“世界主义民主”（cosmopolitan democracy）的概念（Held 1995）引发了关于全球治理的性质和未来方向的争论。尽管它承认全球治理的趋势是颇具深远影响或许是无法抗拒的，但是它强调了日益浮现的全球治理体系的一个主要缺陷，即民主参与和责任的缺乏。这种想法的新颖之处在于，它表明传统上聚焦于国内政治的民主化工程（project of democratization）能够并且应该重新聚焦于全球政治制度。然而，这并不是赞成世界政府或一个全球性国家（a global state），因为世界主义民主的大多数支持者赞成一个后主权治理（post-sovereign governance）的多层体系。在多层体系中，超国家机构、国家层面的机构和次国家机构互动着，而且它们都不行使最终权威。虽然如此，支持世界主义民主的观点仍是基于下面的假设，即国内民主（民主仅在国家或次国家层次运行）不再是充分的，这很大程度上是因为全球化已经“掏空”了国家并加强了跨国化进程。但是世界主义民主又是什么呢？对于赫尔德（1995）来说，这涉及一个“全球议会”（global parliament）的建立、改革过的并且更负责任的地区性和全球性政治机构的建立、“民族国家的强制能力向地区性和全球性机构的永久性让渡”。蒙贝尔特（Monbiot 2004）建议成立一个普选的世界议会（world parliament），包括 600 个代表，分别代表一个选区里大约 1 000 万人，他们大多数将会跨越国家边界。世界主义民主的替代视角没那么雄心勃勃，也不够正规化，而是更多地依赖于现有国际组织的改革以及全球公民社会的增强。

然而，世界主义民主的观念被批评为既无法实现也是不可取的。现实主义者认为，不管是民主的，还是非民主的，政治世界主义（political cosmopolitanism）的任何工程都是难以实施的，因为国家继续掌握着有效的权力，而且不愿意放弃。因此国家，特别是大国会阻碍任何通往全球民主的趋势，或确保所创建的任何“备选”机构在全球决策中处于边缘地位并且缺乏公信力。在更广泛的意义上，世界主义民主观念所暗含的平等主义推力（egalitarian thrust）跟不上现有全球体系中经济、政治和军事巨大差距的步伐。而且，即使民主的全球制度确立起来，它们也将有诸多弊端。首先，普选的全球政治制度与世界上普通公民之间的“沟壑”意味着这些制度是民主的任何观点仅仅是幌子。从这个角度来说，只有当它是本地民主或国内民主时，民主也许才有意义。无论区域性或全球性，所有超国家制度都一定深受衰弱的“民主赤字”之苦。社群主义（communitarian）和多元文化主义（multiculturalist）思想家指出，世界主义民主无法阐明以种族或文化为基础的社群的观点和利益。例如，1 000 万人的选区只能保证代议（如果它的确是存在的）是平淡的、笼统的，而不能考虑到真正的选民和真正的社区。最后，世界主义民主假定全球公民（a global citizenry）是存在的，并且全球公民的价值观和情感在某种程度上超越了民族国家。但由于民族主义没有显示出任何向世界主义屈服的迹象，所以世界主义民主是“全球化”的政治精英的产物。

一个未知的未来？

然而镜像并不是预测——即使上述众多说法已经勾勒出了各种可能或者必然的未来模式。审视镜像的价值不在于它们所给予我们对全球未来变化的洞察力，更多地在于它们突显当前全球重要趋势的能力。这些镜像的共同之处在于，它们都会以各自的方式被事件所混淆；它们将会是错的，至少在所提出的形式方面。历史具有一种似乎无穷尽的能力，让我们惊讶，并无视预测，无论它们多么具有先见之明或富有洞察力。在最初被提出来的时候，“历史的终结”和“文明冲突”等镜像激发了极大的兴趣和辩论，但后来招致了更多的批评而不是掌声。同样的，20 世纪 80 年代广泛而自信的预测是，日本注定会获得全球领导权（在那个时候，中国勉强被考虑过）。仅仅 10 年后这就被证明是荒谬的。此外，当共产主义的崩溃、宗教原教旨主义的发展或跨国恐怖主义的来临等重大历史发展的确发生时，它们似乎出乎意料地（out of the blue）发生了，并且只有在回顾的时候才有意义。

为什么预测未来这么难呢？未来是未知的吗？一个问题是，大多数预测未来的尝试是基于对当前趋势的推断，而这些趋势本来就是不靠谱的。这一点在天气预报中很明显，但是它也被应用于经济预测。在经济预测领域，大学、银行、专业组织、国家政府、国际货币基金组织等机构投入大量资源、大规模计算能力，以试图预测整体或部分经济。然而到目前为止，2007—2009 年全球金融危机等事件依然使在该领域的绝大多数评论家和分析师惊讶不已。事实上，我们所能确定的事情是，当前趋势不会毫无改变地持续下去，即使对过去趋势的最粗略认识也会确认这一点。如果它们确实毫无改变地持续下去，那么在股票市场上赚钱或投注体育赛事结果将会是比它们现在简单得多的事件。进一步的问题是，我们关于现在的知识总是有限的。无论我们的理论和模型多么精确复杂，它们都无法完全地把握几乎无限复杂的真实世界。换言之，我们身处已知和未知的浪尖上。2002 年时任美国国防部部长的唐纳德·拉姆斯菲尔德指出：“有‘已知的已知’，有些事，我们知道我们知道；我们也知道，有‘已知的未知’，也就是说，有些事，我们现在知道我们不知道。但是，同样存在‘未知的未知’，有些事，我们不知道我们不知道。”尽管他那时候经常因这一说法被嘲笑（有时是因为这折磨人的表达），拉姆斯菲尔德“未知的未知”理论精辟地传达出未来事件总是无视预测的原因：这些预测的基础总是有缺陷的，而且我们并不知道缺陷是如何产生的或者这些缺陷是什么。最后，我们的思想范围（scale of thinking）越大，这类问题会越尖锐。正如混沌理论家（chaos theorists）所强调的，复杂体系包含着如此大量的因素，以至于复杂体系的互动会否定我们的理解，并赋予事件一种似乎随机的特性。如果这适用于各个层次的政治，那么考虑到全球政治的更多复杂性，它也适用于全球政治。因此，全球的未来也一定永远留存一份惊喜。我们所能够推测的也只是何种惊喜而已。

总　结

- 镜像是一个个体、群体或事物（一个机构、事件、体系等）的表现或肖像。因此，镜像无外乎是我们脑海的错觉或构想。然而，镜像将意义强加给无形的现实，从而在提高知识和理解中扮演极为重要的角色。
- 作为解释国际舞台上行为体行为的基础，镜像在塑造人们如何看待自己和如何看待他人方面十分重要。民族主义、国家形象的角色或许表现得最为明显。后结构主义理论家进一步强调了镜像在现代全球政治中的角色和重要性。
- 镜像可能也是更广泛的解释性工具，是突显全球政治的重要趋势和发展的生动的方式。颇具影响的现代全球政治镜像强调如下趋势，即国家边界重要性的下降、民主的扩展、文化冲突的发展、中国崛起、国际共同体重要性的增加、南方国家的崛起、环境灾难的更大可能性以及国际组织的民主化。
- 审视镜像的价值不太在于它们所给予我们的对全球未来变化的洞察力，而更在于它们突显当前全球重要趋势的能力。这些镜像的共同之处在于，它们都会以各自的方式被事件所混淆。
- 未来在某种程度上是未知的，因为来自当前趋势的推断总是不正确的，趋势必然会或早或晚地偏离正常轨迹。此外，我们关于当前的知识总是有限的，因为影响结果的因素会更多，我们的思想范围越大，问题就越尖锐。这意味着全球政治的未来会（而且肯定会）是未知的。

问题讨论

- 镜像与现实最终可能会被区分开吗？
- 国家形象在冲突解决和和平构建中扮演怎样的角色？
- 现代世界的无疆界处于什么样的程度？
- 支持民主的不可避免的全球趋势存在吗？
- 在何种程度上现代冲突具有文化或文明特性？
- 21 世纪是中国的世纪吗？
- 国际共同体是维护全球正义与安全的力量吗？
- 南方国家能够逃脱对北方国家的依赖吗？
- 气候变化的不利后果是否有夸大或低估的成分？
- 未来本质上是未知的吗？
- 预测全球政治未来趋势的尝试有意义吗？

参考文献

Abbott, P., C. Wallace and M. Tyler *et al.* (2005) *An Introduction to Sociology: Feminist Perspectives.* London: Routledge.

Ackerly, B. and J. True (2010) *Doing Feminist Research in Political and Social Science.* Basingstoke: Palgrave Macmillan.

Albert, M., L.-E. Cederman and A. Wendt (eds) (2010) *New Systems Theories of World Politics.* Basingstoke: Palgrave Macmillan.

Albrow, M. (1996) *The Global Age: State and Society Beyond Modernity.* Cambridge: Polity Press.

Allison, G. (1971) *Essence of Decision.* Boston, MA: Little, Brown.

Allison, G. (2004) *Nuclear Terrorism: The Ultimate Preventable Catastrophe.* New York: Times Books.

Alston, P. (1990) 'The Fiftieth Anniversary of the Universal Declaration of Human Rights', in J. Berting *et al.* (eds), *Human Rights in a Pluralist World.* London: Meckler.

Altheide, D. (2006) *Terrorism and the Politics of Fear.* Lanham, MD: AltaMira Press

Amin, S. (1997) *Imperialism and Unequal Development.* New York: Monthly Review Press.

Amin, S. (2008) *The World We Wish to See: Revolutionary Objectives in the Twenty-First Century.* New York: Monthly Review Press.

Anand, D. (2007) 'Anxious Sexualities: Masculinity, Nationalism and Violence', *The British Journal of Politics and International Relations,* 9(2).

Anderson, B. (1983) *Imagined Communities: Reflections on the Origins and Spread of Nationalism.* London: Verso.

Anderson, B. (1998) *The Spectres of Comparison: Nationalism, Southeast Asia and the World.* London: Verso.

Anderson, B. (2005) *Under Three Flags: Anarchism and the Anti-colonial Imagination.* London: Verso.

Angus, I. (2008) 'The Myth of the Tragedy of the Commons', *Monthly Review,* August.

Annan, K. (1999) 'Two Concepts of Sovereignty', *The Economist,* 18 September.

Antony, A. (2005) *Imperialism, Sovereignty and the Making of International Law.* Cambridge: Cambridge University Press.

Archibugi, D. and D. Held (eds) (1995) *Cosmopolitan Democracy: An Agenda for a New World Order.* Cambridge: Polity Press.

Armstrong, D., L. Lloyd and J. Redmond (2004) *International Organisation in World Politics.* Basingstoke: Palgrave Macmillan.

Ash, T. G. (2005) *Free World: Why a Crisis of the West Reveals the Opportunity of Our Time.* Harmondsworth: Penguin.

Axelrod, R. (1984) *The Evolution of Cooperation.* New York: Basic Books.

Azzam, M. (2008) 'Understanding al Qa'eda', *Political Studies Review,* 6(3).

Baev, P. K. (2003) 'Examining the 'Terrorism-War' Dichotomy in the 'Russian-Chechnya Case', *Contemporary Security Policy* , 24(2).

Bales, K. (2003) 'Because She Looks Like a Child', in B. Ehrenreich and A. R. Hochschild (eds) *Global Women*. London: Granta Books.

Ball, P. (2004) *Critical Mass: How One Thing Leads to Another*. London: Arrow Books.

Barber, B. (2003) *Jihad vs McWorld*. London: Corgi Books.

Barnett, M. and R. Duvall (eds) (2005) *Power in Global Governance*. Cambridge: Cambridge University Press.

Basch, L. , N. Glick Schiller and C. Blanc-Szanton (1994) *Nations Unbound: Transnational Projects, Post-colonial Predicaments, and De-territorialized Nation-states*. Geneva: Gordon & Breach.

Bauman, Z. (1994) *Modernity and the Holocaust*. Cambridge: Polity Press.

Bauman, Z. (1998) *Globalization: The Human Consequences*. Cambridge: Polity Press.

Bauman, Z. (2000) *Liquid Modernity*. Cambridge: Polity Press.

Bauman, Z. (2007) *Liquid Times: Living in an Age of Uncertainty*. Cambridge: Polity Press.

Baylis, J., S. Smith and P. Owens (eds) (2008) *The Globalization of World Politics*. Oxford: Oxford University Press.

Beck, U. (1992) *The Risk Society: Towards a New Modernity*. London: Sage.

Beck, U. (2000) *The Brave New World of Work*. Cambridge: Cambridge University Press.

Beck, U. (2005) *Power in the Global Age*. Cambridge: Polity Press.

Beck, U. (2009) *World at Risk*. Cambridge and Malden, MA: Polity Press.

Beck, U. and E. Beck-Gernsheim (2002) *Individualization: Individualized Individualism and its Social and Political Consequences*. London: Sage.

Beeson, M. (2007) *Regionalism and Globalization in East Asia: Politics, Security and Economic Development*. Basingstoke: Palgrave Macmillan.

Beeson, M. and N. Bisley (eds) (2010) *Issues in 21st Century World Politics*. Basingstoke: Palgrave Macmillan.

Beevor, A. (2002) *Berlin: The Downfall 1945*. London: Penguin.

Bell, D. (ed.) (2010) *Ethics and World Politics*. Oxford: Oxford University Press.

Bellamy, A. (2006) *Just Wars: From Cicero to Iraq*. London: Polity Press.

Bentham, J. (1968) *The Works of Jeremy Bentham*. Oxford: Clarendon Press.

Berman, P. (2003) *Terror and Liberalism*. New York: W. W. Norton & Co.

Bernanke, B. (2004) *Essays on the Great Depression*. Princeton: Princeton University Press.

Betsill, M., K. Hochstetler and D. Stevis (eds) (2006) *International Environmental Politics*. Basingstoke: Palgrave Macmillan.

Bhagwati, J. (2004) *In Defence of Globalization*. Oxford: Oxford University Press.

Bhagwati, J. (2008) *Termites in the Trading System*. Oxford: Oxford University Press.

Bisley, N. (2007) *Rethinking Globalization*. Basingstoke: Palgrave Macmillan.

Blainey, G. (1988) *The Causes of War*. New York: Free Press.

Blair, T (2004) 'Doctrine of the International Community', in I. Stelzer (ed.) (2004) *Neoconservatism*. London: Atlantic Books.

Bloom, M. (2007) *Dying to Kill: The Allure of Suicide Terror*. New York: Columbia University Press.

Bobbitt, P. (2002) *The Shield of Achilles: War, Peace, and the Course of History*. New York: Alfred A. Knopf.

Bohne, E. (2010) *The World Trade Organization: Institutional Development and Reform*. Basingstoke: Palgrave Macmillan.

Bookchin, M. (1975) *Our Synthetic Environment*. London: Harper & Row.

Bookchin, M. (1982) *The Ecology of Freedom: The Emergence and Dissolution of Hierarchy*. Palo Alto: Cheshire.

Bookchin, M. (1995) *Re-enchanting Humanity: A Defence of the Human Spirit Against Antihumanism, Misanthropy, Mysticism and Primitivism*. New York: Continuum International Publishing.

Bookchin, M. (2006) *The Ecology of Freedom*. New York: AK Press.

Booth, K. and N. Wheeler (2008) *The Security Dilemma: Fear, Cooperation and Trust in World Politics*. Basingstoke: Palgrave Macmillan.

Boulding, K. (1956) *The Image: Knowledge in Life and Society*. Ann Arbor, MI: University of Michigan Press.
Boulding, K. (1966) 'The Economics of the Coming Spaceship Earth', in H. Jarrett (ed.) *Environmental Quality in a Growing Economy*. Baltimore: Johns Hopkins Press.
Brass, P. A. (2003) *The Production of Hindu-Muslim Violence in Contemporary India*. Washington, DC: University of Washington Press.
Braybrooke, D. and C. Lindblom (1963) *A Strategy of Decision: Policy Evaluation as a Political Process*. New York: Collier Macmillan.
Brenner, N. (2004) *New State Spaces: Urban Governance and the Rescaling of Statehood*. Oxford: Oxford University Press.
Breslin, S. (2010) 'Regions and Regionalism in World Politics' in M. Beeson and N. Bisley (eds), *Issues in 21st Century World Politics*. Basingstoke: Palgrave Macmillan.
Brett, E. (2009) *Reconstructing Development Theory*. Basingstoke: Palgrave Macmillan.
Brown, C. and K. Ainley (2009) *Understanding International Relations*. Basingstoke: Palgrave Macmillan.
Brown, G. W. (2008) 'Moving from Cosmopolitan Legal Theory to Legal Practice', *Legal Studies*, 28(3).
Brown, M. B. (1995) *Models in Political Economy: A Guide to the Arguments* (2nd edn). Harmondsworth: Penguin.
Brown, M. E. (ed) (1998) *Theories of War and Peace*. Cambridge, MA: The MIT Press
Buchanan, A. (2007) *Justice, Legitimacy, and Self-Determination: Moral Foundations for International Law*. New York: Oxford University Press.
Bull, H. (1961) *The Control of the Arms Race: Disarmament and Arms Control in the Missile Age*. New York: Praeger.
Bull, H. (1966) 'The Grotian conception of international society', in H. Butterfield and M. Wight (eds) *Diplomatic Investigations*. London: Allen & Unwin.
Bull, H. (1984) *Justice in International Relations: The Hagey Lectures*. Waterloo, Ontario: University of Waterloo.
Bull, H. (2002) *The Anarchical Society: A Study of Order in World Politics*. London: Macmillan.
Burchill, S., A. Linklater, R. Devetak, J. Donnelly, T. Nardin, M. Paterson, C. Reus-Smit and J. True (2009) *Theories of International Relations*. Basingstoke: Palgrave Macmillan.
Burke, J. (2007) *Al-Qaeda: The True Story of Radical Islam*. Harmondsworth: Penguin.
Burton, J. (1972) *World Society*. London and New York: Cambridge University Press.
Buruma, I. and A. Margalit (2004) *Occidentalism: A Short History of Anti-Westernism*. London: Atlantic Books.
Butko, J. (2009) 'Four Perspectives on Terrorism: Where They Stand Depends on Where You Sit', *Political Studies Review*, 7(2).
Buzam, B. (2004) *From International to World Society?* Cambridge: Cambridge University Press.
Byers, M. (ed.) (2000) *The Role of Law in International Politics: Essays in International Relations and International Law*. Oxford: Oxford University Press.
Caney, S. (2005) *Justice Beyond Borders: A Global Political Theory*. Oxford: Oxford University Press.
Capra, F. (1975) *The Tao of Physics*. Boston: Shambhala.
Capra, F. (1976) *The Web of Life*. London: Flamingo; New York: Anchor/Doubleday.
Capra, F. (1982) *The Turning Point*. New York: Simon & Schuster.
Capra. F. (2003) *The Hidden Connections*. London: HarperCollins.
Caprioli, M. and M. Boyer (2001) 'Gender, Violence and International Crisis', *The Journal of Conflict Resolution*, 45(4).
Carr, E. H. (1939) *The Twenty Years' Crisis 1919–39*. London: Macmillan.
Carr, N. (2008) 'Is Google Making Us Stupid?' in *The Atlantic Magazine*, July/August.
Carr, N. (2010) *The Shallows: What the Internet is Doing to our Brains*. New York: Norton.
Carson, R. (1962) *The Silent Spring*. Boston, MA: Houghton Mifflin.

Carter, A., J. Deutch and P. Zelikow (1998) 'Catastrophic Terrorism', *Foreign Affairs*, 77(6).
Castells, M. (1996) *The Rise of the Network Society*. Oxford: Blackwell.
Castells, M. (2001) *The Internet Galaxy: Reflections on the Internet, Business and Society*. Oxford: Oxford University Press.
Castells, M. (2004) *The Internet Galaxy: Reflections on the Internet: Business and Society*. Oxford: Oxford University Press.
Castells, M. (2009) *Communication Power*. New York: Oxford University Press.
Castles, S. and M. Miller (2009) *The Age of Migration: International Population Movements in the Modern World*. Basingstoke: Palgrave Macmillan.
Cerny, F. G. (2010) 'Globalization and Statehood', in M. Beeson and N. Bisley (eds), *Issues in 21st Century World Politics*. Basingstoke: Palgrave Macmillan.
Chenoy, A. (2002) 'The Politics of Gender in the Politics of Hatred', *Aman Ekta Manchin Manch Digest*, 3.
Chomsky, N. (1999) *The New Military Humanism: Lessons from Kosovo*. Monroe, ME: Common Courage Press.
Chomsky, N. (2003) *Hegemony or Survival: America's Quest for Global Dominance*. New York: Henry Holt & Company.
Chowdhry, G. and S. Nair (eds) (2002) *Postcolonialism and International Relations: Race, Gender and Class*. London: Routledge.
Chua, A. (2003) *World on Fire: How Exporting Free Market Democracy Breeds Ethnic Hatred and Global Instability*. London: Heinemann.
Clarke, J. J. (1997) *Oriental Enlightenment: The Encounter Between Asian and Western Thought*. London and New York: Routledge.
Clausewitz, K. von ([1831]1976} *On War*. Princeton: Princeton University Press.
Cockayne, J. (2010) 'Crime, Corruption and Violent Economies', in M. Bardel and A. Wennman (eds) *Ending Wars, Consolidating Peace; Economic Perspectives*. International Institute or Strategic Studies.
Cohen, R. and P. Kennedy (2007) *Global Sociology*. Basingstoke: Palgrave Macmillan.
Cohen-Tanugi, L. (2008) *The Shape of Things to Come: Charting the Geopolitics of the New Century*. New York: Columbia University Press.
Collier, P. and A. Hoeffler (2004) 'Greed and Grievance in Civil Wars', *Oxford Economic Papers*, 56(4).
Cooper, R. (2004) *The Breaking of Nations: Order and Chaos in the Twenty-first Century*. London: Atlantic Books.
Copeland, T. (2001) 'Is the New Terrorism Really New? An Analysis of the New Paradigm for Terrorism', *Journal of Conflict Studies*, 11(2).
Corbett, P. (1956) *Morals, Law and Power in International Relations*. Los Angeles: J. R. and D. Hayes Foundation.
Cornia, G. A. (2003) 'The Impact of Liberalization and Globalization on Within-Country Income Inequality', *Economic Studies*, 49(4).
Cornia, G. A. and J. Court (2001) *Inequality, Growth and Poverty in the Era of Liberalization and Globalization*. Helsinki: UNU World Institute for Development Economics Research.
Cowen, N. (2001) *Global History: A Short Overview*. Cambridge and Malden, MA: Polity Press.
Cox, R. (1981) 'Social Forces, States and World Orders: Beyond International Relations Theory', *Millennium*, 10(2).
Cox, R. (1987) *Production, Power and World Order: Social Forces in the Making of History*. New York: Columbia University Press.
Cox, R. (1993) 'Structural Issues in Global Governance: Implications for Europe', in S. Gill (ed.) *Gramsci, Historical Materialism and International Relations*. Cambridge: Cambridge University Press.
Cox, R. (1994) 'Global Restructuring: Making Sense of the Changing International Political Economy', in R. Stubbs and G. Underhill (eds) *Political Economy and the Changing Global Order*. Oxford: Oxford University Press.

Cox, R. (with T. Sinclair) (1996) *Approaches to World Order*. Cambridge: Cambridge University Press.
Cox, R. and H. Jacobson (1972) *Anatomy of Influence: Decision Making in International Organization*. Newhaven, CT: Yale University Press.
Cox, S. (1985) 'No Tragedy of the Commons', *Environmental Ethics* 7.
Crawford, M. (2009) *Sex Trafficking in South Asia: Telling Maya's Story*. London: Routledge.
Crenshaw, M. (ed.) (1983) *Terrorism, Legitimacy and Power*. Middletown: Wesleyan University Press.
Daly, H. (ed.) (1973) *Towards a Steady-State Economy*. San Francisco: Freeman.
Daly, H. and J. Cobb (1990) *For the Common Good: Redirecting the Economy towards Community, the Environment and a Sustainable Future*. London: Greenprint.
Dedeoglu, B. (2003) 'Bermuda Triangle: Comparing Official Definitions of Terrorist Activity', *Terrorism and Political Violence*. 15(3).
Deffeyes, K. (2006) *Beyond Oil: The View from Hubbert's Peak*. New York: Hill & Wang.
Der Derian, J. (20091) *Virtuous War: Mapping the Military-Industrial-Media-Entertainment Network. London: Routledge.* Boulder, CO: Westview Press.
Der Derian, J. and M. Shapiro (eds) (1989) *International/Intertextual: Postmodern Readings in World Politics*. Lexington MA: Lexington Books.
Derrida, J. (1976) *Of Grammatology*. Baltimore and London: Johns Hopkins University.
Dessler, A. and E. Parson (2010) *The Science and Politics of Global Climate Change*. Cambridge: Cambridge University Press.
Deutsch, K. (1957) *Political Community and the North Atlantic Area*. Princeton: Princeton University Press.
Dobbins, J. (2007) 'A Comparative Evaluation of United Nations Peacekeeping', Rand Corporation.
Donne, T. and N. Wheeler (eds) (1999) *Human Rights in Global Politics*. Cambridge: Cambridge University Press.
Donnelly, J. (2000) *Realism and International Relations*. Cambridge: Cambridge University Press.
Donnelly, J. (2003) *Universal Human Rights in Theory and Practice*. Ithaca: Cornell University Press.
Dower, N. (1998) *World Ethics: The New Agenda*, Edinburgh: Edinburgh University Press.
Dower, N. (2003) *An Introduction to Global Citizenship*. Edinburgh: Edinburgh University Press.
Downs, A. (1957) *An Economic Theory of Democracy*. New York: Harper & Row.
Doyle, M. (1986) 'Liberalism and World Politics', *American Political Science Review*, 80.
Doyle, M. (1995) 'Liberalism and World Politics Revisited', in C. W. Kegley (ed.) *Controversies in International Relations Theory*. New York: St. Martin's Press.
Dunne, T. and N. J. Wheeler (eds) (1999) *Human Rights in Global Politics*. Cambridge: Cambridge University Press.
Durkheim, E. (1997) *Suicide*. New York: Free Press.
Easterly, W. (2001) 'IMF and World Bank Structural Adjustment Programs and Poverty', paper prepared for the World Bank February 2001.
Easterly, W. (2006) *The Elusive Quest for Growth: Economists' Adventures and Misadventures in the Tropics*. Cambridge, MA and London: MIT Press.
Ehrenreich, B. (1999) 'Fukuyama's Follies: So What If Women Rule the World', *Foreign Affairs*, January/February.
Ehrenreich, B. and A. R. Hochschild (2003) *Global Women: Nannies, Maids and Sex Workers in the New Economy*. London: Granta Books.
Elliott, L. (2004) *The Global Politics of the Environment*. Basingstoke: Palgrave Macmillan.
Elshtain, J. B. (1981) *Public Man, Private Women: Women in Social and Political Thought*. Oxford: Martin Robertson and Princeton: Princeton University Press.
Elshtain, J. B. (1987) *Women and War*. New York: Basic Books.

Elshtain, J. B. (2003) *Just War Against Terror: The Burden of American Power in a Violent World.* New York: Basic Books.
Elshtain, J. B. (2008) *Sovereignty: God, State, and Self.* New York: Basic Books.
English, R. (2009) *Terrorism: How to Respond.* Oxford: Oxford University Press.
Enloe, C. (1989) *Bananas, Beaches and Bases: Making Feminist Sense of International Politics.* London: Pandora Books.
Enloe, C. (1993) *The Morning After: Sexual Politics at the End of the Cold War.* Berekley: University of California Press.
Enloe, C. (2000) *Manoeuvres: The International Politics of Militarizing Women's Lives.* Berekley: University of California Press.
Enloe, C. (2004) *The Curious Feminist: Searching for Women in a New Age of Empire.* Berekley: University of California Press.
Evans, G., and J. Newham (eds) (1998)*The Penguin Dictionary of International Relations.* Harmondsworth: Penguin.
Falk, R. (1991) 'The Terrorist Foundations of Recent US Foreign Policy', in A. George (ed.) *Western State Terrorism.* Cambridge: Polity Press.
Fawn, R. (2009) *Globalising the Regional, Regionalising the Global.* Cambridge: Cambridge University Press.
Field, A. (2009) 'The 'New Terrorism' : Revolution or Evolution?', *Political Studies Review*, 7(2).
Finnemore, M. (1996) *National Interests in International Society.* Ithaca, NY: Cornell University Press.
Finnemore, M. (2003) *The Purpose of Intervention: Changing Beliefs about the Use of Force.* Ithaca: Cornell University Press.
Fischer, F. (1968) *Germany's Aims in the First World War.* New York: W. W. Norton.
Forsythe, D. P. (2006) *Human rights in International Relations.* Cambridge University Press.
Fox, W. (1990) *Towards a Transpersonal Ecology: Developing the Foundations for Environmentalism.* Boston, MA: Shambhala.
Franck, T. M. (1990) *The Power of Legitimacy Among Nations.* New York: Oxford University Press.
Friedman, E. (1995) 'Women's Human Rights: The Emergence of a Movement', in Peters, J. and A. Wolper (eds) *Women's Rights, Human Rights: International Feminist Perspectives.* London & New York: Routledge.
Friedman, M. (1962) *Capitalism and Freedom.* Chicago: Chicago University Press.
Friedman, T. (2006) *The World is Flat.* New York: Farrer, Straus & Giroux.
Fromm, E. (1941) *Fear of Freedom.* London: Ark.
Fukuyama, F. (1989) 'The End of History', *The National Interest,* 16.
Fukuyama, F. (1991) *The End of History and the Last Man.* London: Hamish Hamilton.
Fukuyama, F. (1998) 'Women and the Evolution of World Politics', *Foreign Affairs,* September/October.
Fukuyama, F. (2005) *State-Building: Governance and World Order in the Twenty-First Century.* London: Profile Books.
Galbraith, J. K. (1963) *American Capitalism: The Concept of Countervailing Power.* Harmondsworth: Penguin.
Galbraith, J. K. (1992) *The Culture of Contentment.* London: Sinclair Stevenson.
Galbraith, J. K. (2009) *The Great Crash 1929.* London and New York: Penguin.
Gallie, W. B. (1955/56) 'Essentially Contested Concepts', *Proceedings of the Aristotelian Society,* Vol. 56.
Gamble, A. (2009) *The Spectre at the Feast: Capitalist Crisis and the Politics of Recession.* Basingstoke: Palgrave Macmillan.
George, S. (1976) *How the Other Half Dies: The Real Reasons for World Hunger.* Harmondsworth: Penguin.
George, S. (1988) *A Fate Worse than Debt.* New York: Grove Weidenfeld.
George, S. (2004) *Another World is Possible, If…* London: Verso.

Giddens, A. (1990) *The Consequences of Modernity.* Cambridge: Polity Press.
Giddens, A. (1994) *Beyond Left and Right: The Future of Radical Politics.* Cambridge: Polity Press.
Gilbert, P. (2003) *New Terror, New Wars.* Edinburgh: Edinburgh University Press.
Gilpin, R. (1987) *The Political Economy of International Relations.* Princeton: Princeton University Press.
Gilpin, R. (2005) 'Conversations in International Relations: Interview with Robert Gilpin', *International Relations,* 19.
Goldstein, J. (2001) *War and Gender: How Gender Shapes the War System and Vice Versa.* Cambridge: Cambridge University Press.
Goodin, R. (2006) *What's Wrong with Terrorism?* Cambridge: Polity Press.
Gramsci, A. (1971) *Selections from the Prison Notebooks.* London: Lawrence & Wishart.
Gray, C. (1997) *Postmodern War: The New Politics of Conflict.* New York: Guilford Press.
Gray, C. (2005) *Peace, War, and Computers.* New York and London: Routledge.
Gray, C. (2008) *International Law and the Use of Force.* Oxford: Oxford University Press.
Greenspan, A. (2007) *The Age of Turbulence: Adventures in a New World.* New York: Penguin Press.
Greig, A., D. Hulme and M. Turner (2007) *Challenging Global Inequality: Development Theory and Practice in the 21st Century.* Basingstoke: Palgrave Macmillan.
Griffiths, M. (ed.) (1999) *Fifty Key Thinkers in International Relations.* London and New York: Routledge.
Griffiths, M. and T. O'Callaghan (eds) (2002) *International Relations: The Key Concepts.* London and New York: Routledge.
Grovogui, S. (1996) *Sovereigns, Quasi-Sovereigns, and Africans: Race and Self-Determination in International Law.* Minneapolis: University of Minnesota Press.
Guardiola, Rivera, O. (2010) *What if Latin America Ruled the World?* London: Bloomsbury.
Gutman, R. and D. Rieff (eds) (1999) *Crimes of War: What the Public Should Know.* New York: W. W. Norton.
Haas, E. (1964) *Beyond the Nation-State: Functionalism and International Organization.* Stanford: Stanford University Press.
Haass, R. (2008) 'The Age of Nonpolarity: What will Follow US Dominance?', *Foreign Affairs,* May/June.
Habermas, J. (2006) *The Divided West.* Cambridge: Polity Press.
Hall, P. and D. Soskice (eds) (2001) *Varieties of Capitalism: The Institutional Foundations of Comparative Advantage.* Oxford: Oxford University Press.
Hanhimäki, J. (2008) *The United Nations: A Very Short Introduction.* Oxford: Oxford University Press.
Haq, M. ul (1976) *The Poverty Curtain.* New York: Columbia University Press.
Haq, M. ul (1996) *Reflections on Human Development.* Oxford: Oxford University Press.
Hardin, G. (1968) 'The Tragedy of the Commons', *Science,* 162.
Hardin, G. (1974) 'Living on a Lifeboat', *Bioscience,* 24(10).
Harvey, D. (1990) *The Condition of Postmodernity: An Enquiry into the Origins of Cultural Change.* Malden, MA and Oxford: Blackwell.
Harvey, D. (2005) *A Brief History of Neoliberalism.* Oxford and New York: Oxford University Press.
Harvey, D. (2009) *Cosmopolitanism and the Geography of Freedom.* New York: Columbia University Press.
Hay, C. (2002) *Political Analysis: A Critical Introduction.* Basingstoke: Palgrave Macmillan.
Hay, C. (ed.) (2010) *New Directions in Political Science: Responding to the Challenges of an Interdependent World.* Basingstoke: Palgrave Macmillan.
Hay, C., M. Lister and D. Marsh (eds) (2006) *The State: Theories and Issues.* Basingstoke: Palgrave Macmillan.
Hearn, J. (2006) *Rethinking Nationalism: A Critical Introduction.* Basingstoke and New York: Palgrave Macmillan.

Hehir, A. (2009) *Humanitarian Intervention: An Introduction.* Basingstoke: Palgrave Macmillan.

Heinberg, R. (2006) *The Oil Depletion Protocol: A Plan to Avert Oil Wars, Terrorism and Economic Collapse.* Gabriola Island, BC: New Society Publishers.

Held, D. (1995) *Democracy and the Global Order: From the Modern State to Cosmopolitan Governance.* Cambridge: Polity Press.

Held, D. and A. Kaya (eds) (2006) *Global Inequality: Patterns and Explanations.* Cambridge: Polity.

Held, D. and A. McGrew (2007) *Globalization/Anti-globalization: Beyond the Great Divide.* Cambridge and Malden, MA: Polity Press.

Held, D., A. McGrew, D. Goldblatt and J. Perraton (1999) *Global Transformations.* Cambridge: Polity Press.

Held, V. (2005) *The Ethics of Care: Personal, Political, and Global.* New York: Oxford University Press.

Herring, E. (ed) (2000) *Preventing the Use of Weapons of Mass Destruction. Journal of Strategic Studies,* 23(1).

Hertz, N. (2002) *The Silent Takeover.* London: Arrow.

Heywood, A. (2007) *Politics.* Basingstoke: Palgrave Macmillan.

Hill, C. (2003) *The Changing Politics of Foreign Policy.* Basingstoke: Palgrave Macmillan.

Hirst, P. and G. Thompson (1999) *Globalization in Question.* Cambridge: Polity Press.

Hobsbawm, E. (1983) 'Inventing Traditions', in E. Hobsbawm and T. Ranger (eds) *The Invention of Traditions.* Cambridge: Cambridge University Press.

Hobsbawm, E. (1992) *Nations and Nationalism since 1780.* Cambridge: Cambridge University Press.

Hobsbawm, E. (1994) *Age of Extremes: The Short Twentieth Century 1914–1991.* London: Michael Joseph.

Hobsbawm, E. (2006) *Globalization, Democracy and Terrorism.* London: Abacus.

Hoffman, B. (2006) *Inside Terrorism.* New York: Columbia University Press.

Holmes, R. (ed.) (1990) *Non-violence in Theory and Practice,* Belmont, CA: Wadsworth Publishing Co.

Honderich, T. (1989) *Violence for Equality: Inquiries in Political Philosophy.* London: Routledge.

Howard, M. (1983) *Clausewitz.* Oxford: Oxford University Press.

Howard, M. (2002) *The Invention of Peace and the Reinvention of War.* London: Profile Books.

Huntington, S. (1991) *Third Wave: Democratization in the Late Twentieth Century.* Norman, Okla. and London: University of Oklahoma Press.

Huntington, S. (1993) *The Clash of Civilizations, Foreign Affairs,* 72(3).

Huntington, S. (1996) *The Clash of Civilizations and the Remaking of World Order.* New York: Simon & Schuster.

Huntington, S. (2004) *Who Are We? The Challenges to America's National Identity.* New York: Simon & Schuster.

Hutton, W. (2007) *The Writing on the Wall: China and the West in the 21st Century.* London: Little, Brown.

Hymans, J. (2006) *The Psychology of Nuclear Proliferation.* Cambridge: Cambridge University Press.

Ignatieff, M. (2004) *The Lesser Evil: Political Ethics in an Age of Terror.* Edinburgh: Edinburgh University Press.

Inglehart, R. (1977) *The Silent Revolution: Changing Values and Political Styles Amongst Western Publics.* Princeton: Princeton University Press.

Inglehart, R. (1990) *Cultural Shift in Advanced Industrial Society.* Princeton: Princeton University Press.

Jackson, R. (2009) 'The Study of Terrorism after 11 September 2001: Problems, Challenges and Future Developments', *Political Studies Review,* 7(2).

Jackson, R. and G. Sørensen (2007) *Introduction to International Relations: Theories and Approaches.* Oxford: Oxford University Press.
Jackson, R., M. Smyth, J. Gunning and L. Jarvis (2011) *Terrorism: A Critical Introduction.* Basingstoke: Palgrave Macmillan.
Janis, I. L. (1982) *Groupthink: Psychological Studies of Policy Decisions and Fiascos.* Boston, MA: Houghton Mifflin.
Jervis, R. (1968) 'Hypotheses on Misperception', *World Politics*, 20.
Jervis, R. (1976) *Perception and Misperception in International Politics.* Princeton: Princeton University Press.
Jervis, R. (1990) *The Meaning of Nuclear Revolution: Statecraft and the Prospect of Armageddon.* Ithaca: Cornell University Press.
Jessop, B. (2002) *The Future of the Capitalist State.* Cambridge: Polity Press.
Jones, A. (2008) *Crimes Against Humanity: A Beginner's Guide.* Oxford: Oneworld Publications.
Kagan, R. (2004) *Paradise and Power: America and Europe in the New World Order.* London: Atlantic Books.
Kagan, R. (2008) *The Return of History: And the End of Dreams.* New York: Alfred A. Knopf.
Kahn, H. (1960) *On Thermonuclear War.* Princeton: Princeton University Press.
Kaldor, M. (2003) *Global Civil Society: An Answer to War.* Cambridge: Polity Press.
Kaldor, M. (2006) *New Wars and Old Wars: Organized Violence in a Global Era.* Cambridge: Polity Press.
Kaldor, M. (2007) *Human Security: Reflections on Globalization and Intervention.* Cambridge: Polity Press.
Kang, D. (2002) *Crony Capitalism: Corruption and Development in South Korea and the Philippines.* Cambridge: Cambridge University Press.
Karns, M. and K. Mingst (2009) *International Organizations: The Politics and Processes of Global Governance.* Boulder, CO: Lynne Rienner Publishers.
Kay, J. (2004) *The Truth About Markets: Why Some Nations are Rich but Others Remain Poor.* Harmondsworth: Penguin.
Keane, J. (2003) *Global Civil Society?* Cambridge and New York: Cambridge University Press.
Kedourie, E, (1966) *Nationalism.* London: Hutchinson.
Kegley, C. W. and G. A Raymond (2009) *The Global Future: A Brief Introduction to World Politics.* Boston, MA: Wadsworth.
Kennedy, P. (1989) *The Rise and Fall of Great Powers: Economic Change and Military Conflict from 1500 to 2000.* London: Fontana.
Keohane, R. (1986) 'Reciprocity in International Relations', *International Organization*, 40(1).
Keohane, R. (1989) 'International Relations Theory: Contributions of a Feminist Standpoint', *Millennium*, 18.
Keohane, R. (1998) 'Beyond Dichotomy: Conversations between International Relations and Feminist Theory', *International Studies Quarterly*, 42.
Keohane, R. and J. Nye (1977) *Power and Interdependence: World Politics in Transition.* Boston: Little Brown.
Kepel, G. (2004) *The War for Muslim Minds: Islam and the West.* Cambridge MA and London: Belknap Press.
Kepel, G. (2006) *Jihad: The Trial of Political Islam.* London: I. B. Tauris.
Kilkullen, D. (2005) 'Countering Global Insurgency', *Journal of Strategic Studies.*
Kilkullen, D. (2009) *The Accidental Guerrilla: Fighting Small Wars in the Midst of a Big One.* Oxford: Oxford University Press.
Kilkullen, D. (2010) *Counter Insurgency.* Melbourne: Scribe.
Kindleberger, C. (1973) *The World in Depression, 1929-1939.* Berkeley: University of California Press.
Klare, M. (2001) *Resource Wars: The New Landscape of Global Conflict.* New York: Henry Holt & Company.

Klare, M. (2008) *Rising Powers, Shrinking Planet: How Scarce Energy is Creating a New World Order*. Oxford: Oneworld Publications.

Klein, N. (2000) *No Logo*. London: Flamingo.

Klein, N. (2008) *The Shock Doctrine*. Harmondsworth: Penguin.

Kolko, G. (1985) *Anatomy of a War; Vietnam, the United States, and the Modern Historical Experience*. New York: The New Press

Koskenniemi, M. (2006) *From Apology to Utopia: The Structure of International Legal Argument*. Cambridge: Cambridge University Press.

Kosko, B. (1994) *Fuzzy Thinking: The New Science of Fuzzy Logic*. London: HarperCollins.

Kristof, N. D. and S. WuDunn (2010) *Half the Sky: How to Change the World*. London: Virago.

Kristol, W. and R. Kagan (2004) 'National Interest and Global Responsibility', in I. Stelzer (ed.) *Neoconservatism*. London: Atlantic Books.

Krugman, P. (2007) *The Conscience of A Liberal*. New York: W.W. Norton & Company.

Krugman, P. (2008) *The Return of Depression Economics and the Crisis of 2008*. London: Penguin.

Kuhn, T. (1962) *The Structure of Scientific Revolutions*. Chicago: Chicago University Press.

Kymlicka, W. (1999) 'Misunderstanding Nationalism', in R. Beiner (ed.) *Theorizing Nationalism*. Albany, NY: SUNY Press.

Laclau, E. and C. Mouffe (1985) *Hegemony and Socialist Strategy: Towards a Radical Democratic Politics*. London: Verso.

Laferrière and P. Stoett (1999) *International Relations Theory and Ecological Thought: Towards and Synthesis*. London and New York: Routledge.

Lal, D. (2004) *In Praise of Empire: Globalization and Order*. Basingstoke: Palgrave Macmillan.

Laqueur, W. (1977) *Terrorism*. London: Weidenfeld & Nicholson.

Laqueur, W. (1987) *The Age of Terrorism*. Boston, MA: Little, Brown.

Laqueur, W. (1996) 'Postmodern Terrorism', *Foreign Affairs*, 75 (5).

Laqueur, W. (1999) *The New Terrorism*. Oxford: Oxford University Press.

Layard, R. (2006) *Happiness: Lessons from a New Science*. Harmondsworth: Penguin.

Lenin, V. I. (1970) *Imperialism: The Highest Stage of Capitalism*. Moscow: Progress Publishers.

Leopold, A. (1968) *Sand County Almanac*. Oxford: Oxford University Press.

Lewis, B. (2004) *The Crisis of Islam: Holy War and Unholy Terror*. New York: Random House.

Lifton, R. J. and R. A. Falk (1982) *Indefensible Weapons: The Political and Psychological Case Against Nuclearism*. New York: Basic Books.

Lindblom, C. (1959) 'Science of Muddling Through', *Public Administration Review*, 19.

Linklater, A. (1990) *Beyond Realism and Marxism: Critical Theory and International Relations*. Basingstoke: Palgrave Macmillan.

Linklater, A. (1998) *The Transformation of Political Community: Ethical Foundations of a Post-Westphalian Era*. Columbia: University of South Carolina Press.

Lomborg, B. (2007) *Cool It: The Skeptical Environmentalist's Guide to Global Warming*. New York: Knopf Publishing Group.

Lomborg, B. (2010) *Smart Solutions to Climate Change*. Cambridge: Cambridge University Press.

Lorenz, K. (1966) *On Aggression*. London: Methuen.

Lovelock, J. (1979) *Gaia: A New Look at Life on Earth*. Oxford: Oxford University Press.

Lovelock, J. (1989) *The Ages of Gaia: A Biography of our Living Earth*. Oxford: Oxford University Press.

Lovelock, J. (2006) *Revenge of Gaia: Why the Earth is Fighting Back, and How we can Save Humanity*. Santa Barbara, CA: Allen Lane.

Luban, D. (1985) 'Just War and Human Rights', in C.R. Beitz *et al.* (eds), *International Ethics*. Princeton: Princeton University Press.

Luttlak, E. (2001) *Strategy: The Logic of War and Peace*. Cambridge MA and London: The Belknap Press.

Lyotard, J.-F. (1984) *The Postmodern Condition: The Power of Knowledge*. Minneapolis: University of Minnesota Press.

MacKinnon, C. (1989) *Towards a Feminist Theory of the State*. Cambridge, MA: Harvard University Press.
Marcuse, H. (1964) *One Dimensional Man: Studies in the Ideology of Advanced Industrial Society*. Boston, MA: Beacon.
Marx, K. (1968) *Marx and Engels: Selected Works*. London: Lawrence & Wishart.
Marx, K. (1971) *Grundrisse*. London: Macmillan.
Marx, K. and F. Engels (1976) *The Communist Manifesto*. Harmondsworth: Penguin.
Maslow, A. (1943) 'A Theory of Human Motivation', *Psychological Review*, 50.
Maslow, A. (1970) *Motivation and Personality*. New York: Harper & Row.
Mastanduno, M. (1991) 'Do Relative Gains Matter? America's Response to Japanese Industrial Policy', *International Security*, 16.
McCormick, R. (2005) *Understanding the European Union: A Concise Introduction*. Basingstoke: Palgrave Macmillan.
Meadows, D. H., D. L. Meadows, D. Randers and W. Williams (1972) *The Limits to Growth*. London: Earth Island.
Mearsheimer, J. (1990) 'Back to the Future: Instability after the Cold War', *International Security*, 15(1).
Mearsheimer, J. (2001) *The Tragedy of Great Power Politics*. New York: W. W. Norton.
Merchant, C. (1983) *The Death of Nature*. New York: Harper & Row.
Merchant, C. (1992) *Radical Ecology: The Search for a Liveable World*. London and New York: Routledge.
Milanovic, B. (2005) *Worlds Apart: Measuring International and Global Inequality*. Princeton: Princeton University Press.
Miller, D. (2007) *National Responsibility and Global Justice*. Oxford: Oxford University Press.
Millett, J. (1969) *Sexual Politics*. London: Grenada.
Millett, K. (1970) *Sexual Politics*. New York: Doubleday.
Mitrany, D. (1966) *A Working Peace System: An Argument for the Functional Development of International Organization*. Chicago: University of Chicago Press.
Monbiot, G. (2004) *The Age of Consent: A Manifesto for a New World Order*. London: Harper Perennial.
Moon, K. (1997) *Sex Amongst Allies: Military Prostitution in US-Korea Relations*. New York: Columbia University Press.
Morgenthau, H. (1946) *Scientific Man Versus Power Politics*. Chicago: Chicago University Press.
Morgenthau, H. (1948) *Politics Among Nations: The Struggle for Power and Peace*. New York: Knopf.
Morgenthau, H. (1951) *In Defence of the National Interest: A Critical Examination of American Foreign Policy*. New York: Knopf.
Morgenthau, H. (1960) *The Purpose of American Politics*. New York: Knopf.
Moser, C. and F. Clark (eds) (2001) *Victims, Perpetrators or Actors? Gender, Armed Conflict and Political Violence*. London: Zed Books Ltd.
Moses, J. and T. Knutsen (2007) *Ways of Knowing: Competing Methodologies in Social and Political Research*. Basingstoke: Palgrave Macmillan.
Naess, A. (1973) 'The shallow and the deep, long-range ecological movement: a summary', *Inquiry*, 16.
Naess, A. (1989) *Ecology, Community and Lifestyle*. Cambridge: Cambridge University Press.
Nardin, T. (2001) *The Philosophy of Michael Oakeshott*. Pennsylvania, PA: Pennsylvania State University Press.
Narliker, A. 2005) *The World Trade Organization: A Very Short Introduction*. Oxford: Oxford University Press.
Narveson, J. (1970) 'Pacificism: a philosophical analysis', in R. Wasserstrom (ed.) *War and Morality*, Belmont, CA: Wadsworth Publishing Co.
Nagel. T. (2005) 'The Problem of Global Justice', *Philosophy and Public Affairs*, 33.
Norberg, J. (2003) *In Defence of Global Capitalism*. Washington, DC: CATO Institute.

Norris, R. and H. Kristensen (2010) 'Global nuclear inventories, 1945-2010', *Bulletin of the Atomic Scientists*, July/August.
Nye, J. S. (1988) *Nuclear Ethics*. New York: Free Press.
Nye, J. S. (1990) *Bound to Lead: The Changing Nature of American Power*. New York: Basic Books.
Nye, J. S. (2002) *The Paradox of American Power*. New York: Oxford University Press.
Nye, J. S. (2005) *Soft Power*. New York: PublicAffairs.
Nye, J. S. (2008a) *Understanding International Conflict: An Introduction to Theory and History*. London: Longman.
Nye, J. S. (2008b) *The Powers to Lead: Soft, Hard, and Smart*. New York: Oxford University Press.
O'Brien, R. and M. Williams (2010) *Global Political Economy: Evolution and Dynamics*. Basingstoke: Palgrave Macmillan.
O'Neill, O. (1996) *Towards Justice and Virtue: A Constructive Account of Practical Reasoning*. Cambridge: Cambridge University Press.
Oakes, W. (1944) 'Towards a Permanent Arms Economy?', *Politics*, February.
Ohmae, K. (1990) *The Borderless World: Power and Strategy in the Interlinked Economy*. London: Fontana.
Ohmae, K. (1995) *The End of the Nation-State: The Rise of Regional Economies*. New York: Free Press.
Orford, A. (2003) *Reading Humanitarian Intervention*. Cambridge: Cambridge University Press.
Osborne, D. and T. Gaebler (1992) *Reinventing Government*. New York: Addison-Wesley.
Ostrom, E. (1990) *Governing the Commons: The Evolution of Institutions for Collective Action*. Cambridge: Cambridge University Press.
Oye, K. (1986) *Cooperation under Anarchy*. Princeton: Princeton University Press.
Pape, R. (2005) *Dying to Win: The Strategic Logic of Suicide Terrorism*. New York: Random House.
Parekh, B. (2000) *Rethinking Multiculturalism: Cultural Diversity and Political Theory*. Basingstoke: Palgrave Macmillan.
Parekh, B.(2008) *A New Politics of Identity: Political Principles for an Interdependent World*. Basingstoke and New York: Palgrave Macmillan.
Parmar, I. and M. Cox (eds) (2010) *Soft Power and US Foreign Policy*. London: Routledge.
Paul, T. V. and J. A. Hall (1999) *International Order and the Future of World Politics*. Cambridge: Cambridge University Press.
Paupp. T. (2009) *The Future of Global Relations: Crumbling Walls, Rising Regions*. Basingstoke: Palgrave Macmillan.
Peet, R. (2009) *Unholy Trinity: The IMF, World Bank and WTO*. New York: Zed Books.
Perkovich, G. and J. M. Acton (2008) *Abolishing Nuclear Weapons*. Abingdon: Routledge.
Peterson, V. S. (1992) *Gendered States: Feminist (Re)Visions of International Relations Theory*. Boulder, CO: Lynne Rienner Publishers.
Peterson, V. S. and A. S. Runyan (1999) *Global Gender Issues*. Boulder, CO: Westview Press.
Phillips, A. (2010) 'Transnational Terrorism', in M. Beeson and N. Bisley (eds) *Issues in 21st Century World Politics*. Basingstoke: Palgrave Macmillan.
Pierre, J. and B. G. Peters (2000) *Governance, Politics and the State*. Basingstoke: Palgrave Macmillan.
Piore, M. and C. Sabel (1984) *The Second Industrial Divide: Possibilities for Prosperity*. New York: Basic Books.
Pogge, T. (2008) *World Poverty and Human Rights: Cosmopolitan Responsibilities and Reforms*. Cambridge: Polity Press.
Pryke, S. (2009) *Nationalism in a Global World*. Basingstoke: Palgrave Macmillan.
Przeworski, A. (ed.) (2000) *Democracy and Development: Political Institutions and Well-Being in the World, 1950-1990*. New York: Cambridge University Press.

Przeworski, A. and J. R. Vernon (2000) 'The Effect of IMF Structural Adjustment Programs on Economic Growth', *Journal of Development Economics*, 62.

Putnam, R. (2000) *Bowling Alone: The Collapse and Revival of American Community*. New York: Simon & Schuster.

Rabkin, J. (2005) *Law Without Nations? Why Constitutional Government Requires Sovereign States*. Princeton: Princeton University Press.

Ralston Saul, J. (2005) *The Collapse of Globalism*. New York: Atlantic Books.

Ramo, J. (2004) *The Beijing Consensus*. London: The Foreign Policy Centre.

Ravenhill, J. (ed.) (2008) *Global Political Economy*. Oxford and New York: Oxford University Press.

Reinicke, W. H. and F. M. Deng (eds) (2000) *Critical Choices: The United Nations, Networks and the Future of Global Governance*. Ottawa, Canada: International Development Research Centre.

Riddell, R. (2007) *Does Foreign Aid Really Work?* Oxford: Oxford University Press.

Rittberger, V. and B. Zangl (2006) *International Organization: Polity, Politics and Policies*. Basingstoke: Palgrave Macmillan.

Ritzer, G. (1993) *The McDonaldization of Society: An Investigation into the Changing Character of Social Life*. Thousand Oaks, CA: Pine Forge Press.

Robertson, R. (1992) *Globalization: Social Theory and Global Culture*. London: Sage.

Rodin, D. (2002) *War and Self Defence*. Oxford: Oxford University Press.

Rosamond, B. (2000) *Theories of European Integration*. Basingstoke: Palgrave Macmillan.

Rosenau, J. N. (1990) *Turbulence in World Politics: A Theory of Change and Continuity*. Princeton: Princeton University Press.

Rostow, W. W. (1960) *The Stages of Economic Growth: The Non-Communist Manifesto*. Cambridge: Cambridge University Press.

Roszak, T. (1994) *A Cult of Information: The Folklore of Computers and the True Art of Thinking*. London: Paladin Books.

Roy, O. (1994) *The Failure of Political Islam*. Cambridge, MA: Harvard University Press.

Ruggie, J. (1992) 'Multilateralism: The Anatomy of an Institution', *International Organization*, 46.

Ruggie, J. (1998) *Constructing the World Polity: Essays on International Institutionalization*. London: Routledge.

Ruggie, J. (2008) (ed.) *Embedding Global Markets: An Enduring Challenge*. Aldershot, UK and Burlington, VT: Ashgate Publishing Company.

Ruggie, J. (ed.) (1993) *Multilateralism Matters: The Theory and Praxis of an International Form*. New York: Columbia University Press.

Ruthven, M. (2005) *Fundamentalism: The Search for Meaning*. Oxford: Oxford University Press.

Sachs, J. (2005) *The End of Poverty: Economic Possibilities for our Time*. Harmondsworth: Penguin.

Sachs, J. (2008) *Common Wealth: Economics for a Crowded Planet*. Harmondsworth: Penguin.

Sageman, M. (2004) *Understanding Terror Networks*. Philadelphia, PA: University of Pennsylvania Press.

Sageman, M. (2008) *Leaderless Jihad: Terror Networks in the Twenty-First Century*. Philadelphia, PA: University of Pennsylvania Press.

Said, E. (1993) *Culture and Imperialism*. New York: Alfred A. Knopf.

Said, E. (2003) *Orientalism*. Harmondsworth: Penguin.

Samarasinghe, V. (2009) *Female Sex Trafficking in Asia: The Resilience of Patriarchy in a Changing World*. London: Routledge.

Sandel, M. (1982) *Liberalism and the Limits of Justice*. Cambridge: Cambridge University Press.

Sassen, S. (1988) *The Mobility of Capital and Labour*. Cambridge: Cambridge University Press.

Sassen, S. (2001) *The Global City: New York, London, Tokyo*. Princeton: Princeton University Press.

Sassen, S. (2006) *Territory, Authority, Rights: From Medieval to Global Assemblages*. Princeton: Princeton University Press.
Schmid, A., and A. Jongman (1988) *Political Terrorism: A New Guide to Actors, Authors, Concepts, Databases, Theories and Literature*. Oxford: North Holland.
Schmitt, C. (1996) *The Concept of the Political*. Chicago: University of Chicago Press.
Scholte, J. A. (1993) *International Relations of Social Change*. Buckingham: Open University Press.
Scholte, J. A. (2005) *Globalization: A Critical Introduction*. Basingstoke: Palgrave Macmillan.
Schumpeter, J. (1942) *Capitalism, Socialism and Democracy*. London: Allen & Unwin.
Schumpeter, J. (1954) *History of Economic Analysis*. Oxford: Oxford University Press.
Seabrooke, L. and E. Tsingou (2010) 'Responding to the Global Credit Crisis: The Politics of Financial Reform', *The British Journal of Politics and International Relations*, 12/(2).
Sen, A. (1981) *Poverty and Famine: An Essay on Entitlements and Deprivation*. Oxford: Clarendon Press.
Sen, A. (1990) 'More than a hundred million women are missing', *The New York Review of Books*, 37(20).
Sen, A. (1999) *Development as Freedom*. Oxford: Oxford University Press.
Sen, A. (2006) *Identity and Violence: The Illusion of Destiny*. London and New York: Penguin.
Sen, A. (2009) *The Idea of Justice*. London: Allen Lane.
Shaw, M. (2003) *International Law*. Cambridge: Cambridge University Press.
Shepherd, L. J. (2009) 'Gender, Violence and Global Politics', *Political Studies Review*, 7(2).
Shepherd, L. J. (2010) *Gender Matters in Global Politics*. London and New York: Routledge.
Shimko, K. L. (2008) *International Relations: Perspectives and Controversies*. Boston, MA: Houghton Mifflin.
Shiva, V. (1993) *Monocultures of the Mind: Biodiversity, Biotechnology and Agriculture*. New Delhi: Zed Press.
Shiva V. (1999) *Stolen Harvest: The Hijacking of the Global Food Supply*. Cambridge, MA: Southend Press.
Shue, H. (1996) *Basic Rights: Subsistence, Affluence and US Foreign Policy*. Princeton: Princeton University Press.
Shultz, G. P. and W. J. Perry, H. Kissinger and S. Nunn (2007) 'A World Free of Nuclear Weapons', *The Wall Street Journal*, January 4.
Simon, H. (1983) *Models of Bounded Rationality – Vol. 2*. Cambridge, MA: MIT Press.
Singer, M. and A. Wildavsky (1993) *The Real World Order: Zones of Peace / Zones of Turmoil*. Chatham, NJ: Chatham House Publishers.
Singer, P. (1993) *Practical Ethics*. Cambridge: Cambridge University Press.
Singer, P. (2002) *One World: The Ethics of Globalization*. Newhaven CT and London: Yale University Press.
Skidelsky, R. (2009) *Keynes: The Return of the Master*. London: Allen Lane.
Smith, A. D. (1986) *The Ethnic Origin of Nations*. Oxford: Blackwell.
Smith, A. D. (1991) *National Identity*. London: Penguin.
Smith, A. D. (1995) *Nations and Nationalism in a Global Era*. Cambridge: Polity Press.
Smith, M. E. (2010) *International Security: Politics, Policy, Prospects*. Basingstoke: Palgrave Macmillan.
Smith, R. (2006) *The Utility of Force: The Art of War in the Modern World*. Harmondsworth: Penguin.
Smith, S., A. Hadfield and T. Dunne (eds) (2008) *Foreign Policy: Theories, Actors, Cases*. Oxford: Oxford University Press.
Snow, D. M. (1998) *The Shape of the Future: World Politics in a New Century*. New York: M. E. Sharpe.
Soederberg, S. (2006) *Global Governance in Question: Empire, Class and the New Commonsense in Managing North-South Relations*. London: Pluto Press.
Solingen, E. (2007) *Nuclear Logics: Contrasting Paths in East Asia and the Middle East*. Princeton: Princeton University Press.

Sørensen, G. (2004) *The Transformation of the State: Beyond the Myth of Retreat*. Basingstoke and New York: Palgrave Macmillan.
Soros, G. (2000) *Open Society: The Crisis of Global Capitalism Reconsidered*. London: Little Brown.
Soros, G. (2008) *The New Paradigm for Financial Markets: The Credit Crisis of 2008 and What it Means*. New York: PublicAffairs.
Spellman W. (2006) *A Concise History of the World Since 1945*. Basingstoke and New York: Palgrave Macmillan.
Spencer, P. and H. Wollman (2002) *Nationalism: A Critical Introduction*. London and Thousand Oaks, CA: Sage.
Sprinzak, E. (2001) 'The Lone Gunmen', *Foreign Policy*, 127.
Squires, J. (1999) *Gender in Political Theory*. Cambridge: Polity Press.
Steans, J. (1998) *Gender and International Relations: An Introduction*. Cambridge: Polity Press.
Steans, J., L. Pettiford, T. Diez and I. El-Anis (2010) *An Introduction to International Relations Theory: Perspectives and Themes*. Harlow: Pearson Education Limited.
Steger, M. (2003) *Globalization: A Very Short Introduction*. Oxford: Oxford University Press.
Stein, A. (1990) *Why Nations Cooperate: Circumstance and Choice in International Relations*. Ithaca: Cornell University Press.
Stelzer, I (ed,) (2004) *Neoconservatism*. London: Atlantic Books.
Stiglitz, J. (1996) *Whither Socialism?* Cambridge, MA: MIT Press
Stiglitz, J. (2002) *Globalization and its Discontents*. New York: W.W. Norton.
Stiglitz, J. (2003) *The Roaring Nineties*. New York: W.W. Norton.
Stiglitz, J. (2005) *Fair Trade for All: How Trade Can Promote Development*. Oxford: Oxford University Press.
Stiglitz, J. (2006) *Making Globalization Work*. London: Penguin Books.
Stiglitz, J. (2010) *Freefall: America, Free Markets, and the Sinking of the World Economy*. New York: W.W. Norton & Company.
Stoessinger, J. G. (2005) *Why Nations Go to War*. Belmont. CA: Wadsworth.
Strange, S. (1986) *Casino Capitalism*. Oxford: Basil Blackwell.
Strange, S. (1988) *States and Markets*. London: Pinter.
Strange, S. (1996) *The Retreat of the State: The Diffusion of Power in the World Economy*. Cambridge: Cambridge University Press.
Strange, S. (1998) *Mad Money: When Markets Outgrow Governments*. Manchester: Manchester University Press.
Suganami, H. (1996) *On the Causes of War*. Oxford: Clarendon Press.
Sylvester, C. (1994) *Feminist Theory and International Relations in a Postmodern Era*. Cambridge: Cambridge University Press.
Taylor, C. (1994) *Multiculturalism and 'The Politics of Recognition'*. Princeton: Princeton University Press.
Thakur, R. (2006) *The United Nations, Peace and Security: From Collective Security to the Responsibility to Protect*. Cambridge: Cambridge University Press.
Thurow, L. (1996) *The Future of Capitalism: How Today's Economic Forces Shape Tomorrow's World*. London: Penguin Books.
Tickner, J. A. (1987) *Self-Reliance Versus Power Politics*. New York: Columbia University Press.
Tickner, J. A. (1988) 'Hans Morgenthau's Principles of Political Realism: A Feminist Reformulation', *Millennium*, 17(3).
Tickner, J. A. (1992) *Gender in International Relations: Feminist Perspectives on Achieving Global Security*. New York: Columbia University Press.
Tickner, J. A. (1992a) 'On the Fringes of the Global Economy', in R. Tooze and C. Murphy (eds), *The New International Political Economy*. Boulder, CO: Lynne Rienner.
Tickner, J. A. (1997) 'You just don't understand', *International Studies Quarterly*, 41.
Tickner, J. A. (2001) *Gender in World Politics: Issues and Approaches in the Post-Cold War Era*. New York: Columbia University Press.

Tickner, J. A. (2002) 'Feminist Perspectives on 9/11', *International Studies Perspectives*, 3(4).
Tobin, J. (1955) 'A Dynamic Aggregative Model', *Journal of Political Economy* 63.(2).
Tobin, J. (1969) 'A General Equilibrium Approach to Monetary Theory', *Journal of Money, Credit and Banking* 1.1 (1).
Tormey, S. (2004) *Anti-Capitalism: A Beginner's Guide*. Oxford: Oneworld Publications.
Townsend, C. 2002) *Terrorism: A Very Short Introduction*. Oxford: Oxford University Press.
True, J. (2009) 'Feminism', in S. Burchill *et al.* (eds) *Theories of International Relations*. Basingstoke: Palgrave Macmillan.
Truong, T., S. Wieringa and A. Chhachhi (2007) *Engendering Human Security: Feminist Perspectives*. London: Zed Books.
UNDP (1994) *UN Human Development Report*. New York: Oxford University Press.
UNDP (1999) *UN Human Development Report*. New York: Oxford University Press.
UNDP (2005) *UN Human Development Report*. New York: Oxford University Press.
UNDP (2006) *UN Human Development Report*. New York: Oxford University Press.
UNDP (2007) *UN Human Development Report*. New York: Oxford University Press.
UNDP (2008) *UN Human Development Report*. New York: Oxford University Press.
UNDP (2009) *UN Human Development Report*. New York: Oxford University Press.
UNDP (2010) *UN Human Development Report*. New York: Oxford University Press.
UNODC (2006) *Trafficking in Persons: Global Patterns*. Vienna: UN High Commission for Refugees.
van Creveld, M. (1991) *The Transformation of War*. New York: Free Press.
van Creveld, M. (2000) *The Art of War: War and Military Thought*. London: Cassell.
van Kersbergen, K. (1995) *Social Capitalism: A Study of Christian Democracy and the Welfare State*. London: Routledge.
Vanderheiden, S. (2008) 'Two Conceptions of Sustainability', *Political Studies* 56(2).
Vasak, K. (1977) 'Human Rights: A Thirty-Year Struggle', *UNESCO Courier 30:11*. Paris: UNESCO.
Vincent, J. (1986) *Human Rights and International Relations*. Cambridge: Cambridge University Press.
Wallerstein, I. (1974) *The Modern World System*. New York: Academic Press.
Wallerstein, I. (1984) *The Politics of the World Economy: States, Movements and Civilizations*. Oxford: Polity Press.
Waltz, K. (1959) *Man, the State, and War*. New York: Columbia University Press.
Waltz, K. (1979) *Theory of International Politics*. Reading, MA: Addison-Wesley.
Walz, K. (2002) 'Structural Realism After the Cold War', in G. Ikenberry (ed.) *America Unrivalled: The Future of the Balance of Power*. Ithaca and London: Cornell University Press.
Walzer, M. (1977) *Just and Unjust Wars: A Moral Argument with Historical Illustrations*. New York: Basic Books.
Walzer, M. (1983) *Spheres of Justice: A Defence of Pluralism and Equality*. New York: Basic Books.
Walzer, M. (1994) *Thick and Thin: Moral Argument at Home and Abroad*. Chicago: Notre Dame Press,
Walzer, M. (2004) *Arguing about War*. London: Yale University Press.
Walzer. M. (2007) 'Political Action: The Problem of Dirty Hands', in D. Miller (ed.) *Thinking Politically: Essays in Political Theory*. Newhaven: Yale University Press.
Ward, B. and R. Dubois (1972) *Only One Earth*. Harmondsworth: Penguin; New York: New American Library.
Weber, M. (1948) *From Max Weber: Essays in Sociology*. London: Routledge & Kegan Paul.
Weiss, G, and A. Kamran (2009) 'Global Governance as International Organization', in J. Whitman (ed.) *Global Governance*. Basingstoke: Palgrave Macmillan.
Weiss, T. G. (2007) *Humanitarian Intervention: Ideas in Action*. Cambridge: Polity Press
Weiss, T. G. (2009) *What's Wrong with the United Nations (and How to Fix It)*. Cambridge and Malden, MA: Polity Press.

Wendt, A. (1987) 'The Agent-Structure Problem in International Relations Theory', *International Organization*, 41.
Wendt, A. (1992) 'Anarchy is what States make of it: The Social Construction of Power Politics'. In *International Organization*, 46(2).
Wendt, A. (1999) *Social Theory of International Politics*. Cambridge: Cambridge University Press.
Wheeler, N. (2000) *Saving Strangers: Humanitarian Intervention in International Society*. Oxford: Oxford University Press.
Whitman, J. (ed.) *Global Governance*. Basingstoke: Palgrave Macmillan.
Wight, M. (1991) *International Theory: The Three Traditions*. Leicester: Leicester University Press.
Wilkinson, P. (2003) 'Why Modern Terrorism? Differentiating Types and Distinguishing Ideological Motivations', in C. Kegley Jr (ed.) *The New Global Terrorism: Characteristics, Causes and Controls*. Upper Saddle River, NJ: Prentice Hall.
Wilkinson, P. (2006) *Terrorism Versus Democracy*. London and New York: Routledge.
Wilkinson, R. and K. Pickett (2010) *The Spirit Level: Why Equality is Better for Everyone*. Harmondsworth: Penguin.
Williamson, J. (1990) *Latin American Adjustment: How Much Has Happened?* Washington, DC: Institute for International Economics.
Williamson, J. (1993) 'Democracy and the 'Washington Consensus', *World Development*, 21 (8).
Willis, K. (2005) *Theories and Practices of Development*. London and New York: Routledge.
Wohlforth, W. (1993) *Elusive Balance: Power and Perception during the Cold War*. Ithaca, NY: Cornell University Press.
Wolf, M. (2005) *Why Globalization Works*. Newhaven, CT: Yale University Press.
Woods, N. (2006) *The Globalizers: The IMF, the World Bank, and their Borrowers*. Ithaca: Cornell University Press.
World Bank (2010) *Global Economic Prospects 2009: Forecast Update*.
World Economic Forum (2007) The Global Gender Gap Report 2007.
Yergin, D. (1980) *Shattered Peace: Origins of the Cold War and the National Security State*. Harmondsworth: Penguin.
Young, A., J. Duckett and P. Graham (eds) (2010) *Perspectives on the Global Distribution of Power*. Exceptional special edition of *Politics*, 30(1).
Young, I. (1995) *Justice and the Politics of Difference*. Princeton: Princeton University Press.
Young, J. W. and G. Kent (2004) *International Relations Since 1945: A Global History*. Oxford: Oxford University Press.
Young, R. (2003) *Postcolonialism: A Very Short Introduction*. Oxford: Oxford University Press.
Yunker, J. (2007) *Political Globalization: A New Vision of World Government*. Lanham, MD: University Press of America.
Yuval-Davis, N. (1997) *Gender and Nation*. London: Sage
Yuval-Davis, N. and F. Anthias (eds) (1989) *Woman, Nation-State*. London: Macmillan.
Zakaria, F. (1998) *From Wealth to Power*. Princeton: Princeton University Press.
Zakaria, F. (2009) *The Post-American World*. New York: W.W. Norton & Co.

Global Politics by Andrew Heywood

First published in English by Palgrave Macmillan, a division of Macmillan Publishers Limited under the title Global Politics by Andrew Heywood. This edition has been translated and published under licence from Palgrave Macmillan. The Author has asserted his right to be identified as the author of this work.

图书在版编目（CIP）数据

全球政治多棱镜/（英）海伍德著；白云真，罗文静译．—北京：中国人民大学出版社，2016.1
（人文社科悦读坊）
ISBN 978-7-300-22001-7

Ⅰ.①全…　Ⅱ.①海…②白…③罗…　Ⅲ.①国际政治-研究　Ⅳ.①D5

中国版本图书馆 CIP 数据核字（2015）第 239542 号

人文社科悦读坊
全球政治多棱镜
[英] 安德鲁·海伍德（Andrew Heywood）　著
白云真　罗文静　译
Quanqiu Zhengzhi Duolengjing

出版发行	中国人民大学出版社		
社　　址	北京中关村大街 31 号	**邮政编码**	100080
电　　话	010－62511242（总编室）		010－62511770（质管部）
	010－82501766（邮购部）		010－62514148（门市部）
	010－62515195（发行公司）		010－62515275（盗版举报）
网　　址	http://www.crup.com.cn		
	http://www.ttrnet.com（人大教研网）		
经　　销	新华书店		
印　　刷	涿州市星河印刷有限公司		
规　　格	185 mm×260 mm　16 开本	**版　　次**	2016 年 1 月第 1 版
印　　张	32.25 插页 2	**印　　次**	2020 年 5 月第 2 次印刷
字　　数	743 000	**定　　价**	78.00 元

人文社科悦读坊

大国博弈

ISBN：978-7-300-19374-8
著者：［挪威］盖尔·伦德斯塔德
定价：42.00 元
出版时间：2015-01

领导术：卓越领导者 14 项修炼

ISBN：978-7-300-20182-5
著者：［美］彼得·G·诺斯豪斯
定价：49.00 元
出版时间：2015-01

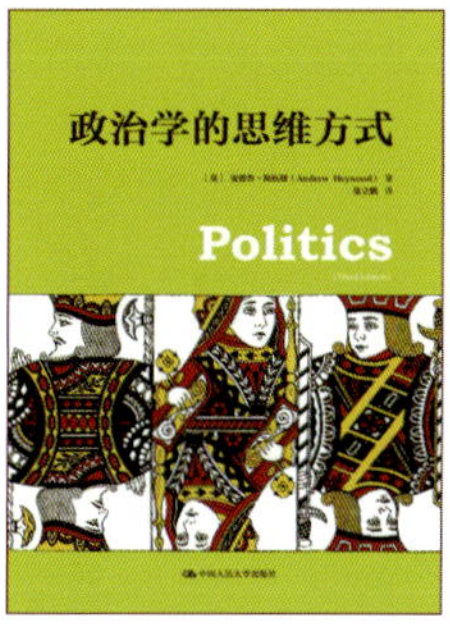

政治学的思维方式

ISBN：978-7-300-20181-8
著者：［英］安德鲁·海伍德
定价：58.00 元
出版时间：2015-01

谁在反对美国

ISBN：978-7-300-20187-0
著者：［美］彼得·J·卡赞斯坦 罗伯特·O·基欧汉
定价：48.00 元
出版时间：2015-01

美帝国的形成

ISBN：978-7-300-20185-6
著者：［巴西］路易斯·阿尔贝托·莫尼斯·班代拉
定价：78.00 元
出版时间：2015-01

东亚大局势：日本的角色与东亚走势

ISBN：978-7-300-20186-3
著者：［美］彼得·J·卡赞斯坦 ［日］白石隆
定价：48.00 元
出版时间：2015-01

政治学与生活

ISBN：978-7-300-18703-7
著者：［美］迈克尔·G·罗斯金 等
定价：58.00 元
出版时间：2014-02

政治的常识

ISBN：978-7-300-19375-5
著者：［英］安德鲁·海伍德
定价：58.00 元
出版时间：2014-07

大国外交：从拿破仑战争到第一次世界大战

ISBN：978-7-300-21319-4
著者：［美］诺曼·里奇
定价：68.00 元
出版时间：2015-08

大国外交：从第一次世界大战至今

ISBN：978-7-300-17717-5
著者：［美］诺曼·里奇
定价：78.00 元
出版时间：2015-08

大国的解体与重生：戈尔巴乔夫 & 普京

ISBN：978-7-300-22004-8
著者：［美］大卫·M·科兹　弗雷德·威尔
定价：58.00 元
出版时间：2016-01

近距离看美国政治

ISBN：978-7-300-20531-1
著者：［美］ 詹姆斯·麦格雷戈·伯恩斯 等
定价：68.00 元
出版时间：2016-01

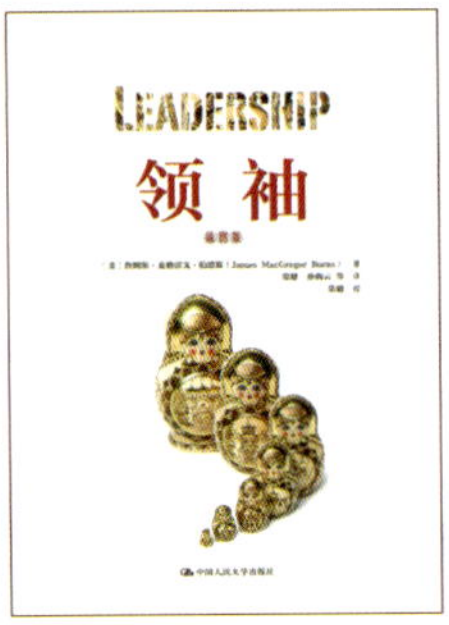

领袖（插图版）

ISBN：978-7-300-18307-7
著者：［美］詹姆斯·麦格雷戈·伯恩斯
定价：68.00 元
出版时间：2016-01

全球政治多棱镜

ISBN：978-7-300-22001-7
著者：［英］安德鲁·海伍德
定价：78.00 元
出版时间：2016-01

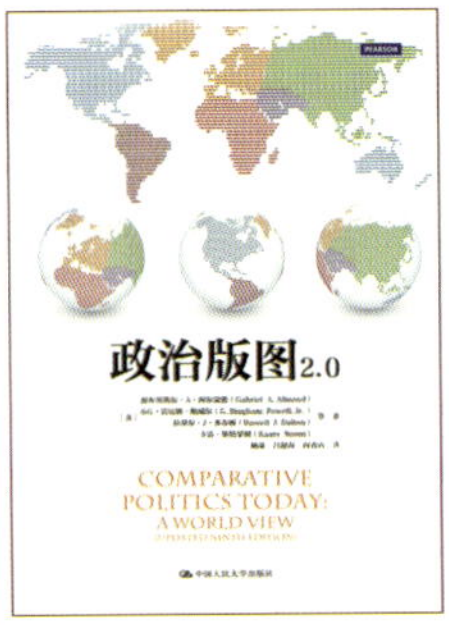

政治版图 2.0

ISBN：978-7-300-22003-1
著者：［美］加布里埃尔·A·阿尔蒙德 等
定价：88.00 元
出版时间：2016-01

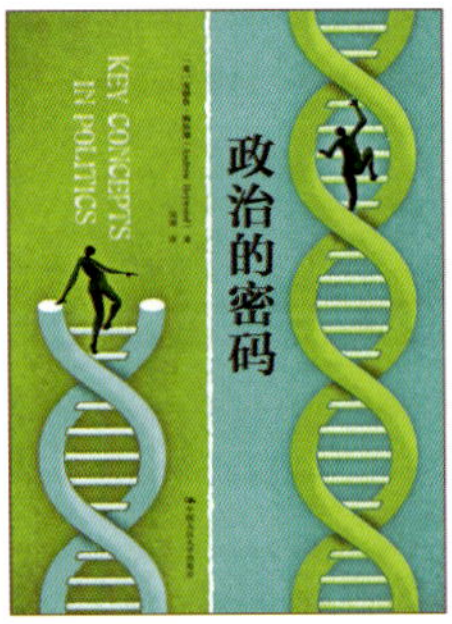

政治的密码

ISBN：978-7-300-22002-4
著者：［英］安德鲁·海伍德
定价：42.00 元
出版时间：2016-01